Michael Fuhlrott, Patrick Mückl (Hrsg.)

Praxishandbuch Low-Performance, Krankheit, Schwerbehinderung

De Gruyter Praxishandbuch

Praxishandbuch Low-Performance, Krankheit, Schwerbehinderung

Personen- und leistungsbedingte Herausforderungen für Unternehmer

Herausgegeben von
Michael Fuhlrott, Patrick Mückl

Bearbeitet von
Lars Figura, Michael Fuhlrott, Esther Herrnstadt, Martin Landauer, Christian Ley, Patrick Mückl, Sönke Oltmanns, Julia Schönfeld, Carolin Sigle, Klaus Tenbrock, Teemu Tietje

DE GRUYTER

Zitiervorschlag: Fuhlrott/Mückl/*Bearbeiter*, Kap. 1 Rn. 8

Hinweis:
Alle Angaben in diesem Werk sind nach bestem Wissen unter Anwendung aller gebotenen Sorgfalt erstellt worden. Trotzdem kann von dem Verlag und den Autoren keine Haftung für etwaige Fehler übernommen werden.

ISBN 978-3-11-033851-5
e-ISBN (PDF) 978-3-11-033855-3
e-ISBN (EPUB) 978-3-11-038947-0

Bibliografische Information der Deutschen Nationalbibliothek
Die Deutsche Nationalbibliothek verzeichnet diese Publikation in der Deutschen Nationalbibliografie; detaillierte bibliografische Daten sind im Internet über http://dnb.d-nb.de abrufbar.

Datenkonvertierung/Satz: fidus Publikations-Service GmbH, Nördlingen
Druck: CPI books GmbH, Leck
♾ Gedruckt auf säurefreiem Papier
Printed in Germany

www.degruyter.com

Vorwort

Arbeitsbedingungen und Erwerbsbiographien befinden sich derzeit stark im Wandel. Die demographische Entwicklung lässt einen Fachkräftemangel befürchten. Gleichzeitig verändern sich die Qualifikationsanforderungen an Mitarbeiter und ihre Leistungsfähigkeit. Denn insbesondere einfache, schematische Tätigkeiten entfallen durch weitere Technisierung, Automatisierung und Vernetzung zunehmend. Die Arbeitsgeschwindigkeit steigt. Gleichzeitig besteht ein immer neuer Weiterbildungs- und Qualifizierungsbedarf.

Die soeben skizzierte Entwicklung bringt nicht nur Chancen, sondern auch Risiken mit sich – und zwar für Arbeitnehmer ebenso wie für Unternehmer. Sie müssen – idealerweise gemeinsam – aufgefangen werden. Der Unternehmer muss dabei vielen unterschiedlichen Anliegen gerecht werden: Lässt man gesellschaftspolitische Forderungen einmal unberücksichtigt, gilt dies insbesondere für die Anliegen seiner Mitarbeiter, aber auch für die seiner Investoren, Kunden und Zulieferer, die sich – in politischen Diskussionen nicht immer ausreichend berücksichtigt – zumeist stabilisierend auf den Bestand der Arbeitsplätze auswirken.

Ein Ausgleich dieser Interessen ist nur begrenzt schematisch durchführbar. Vor Herausforderungen stellen Unternehmer vor allem die detaillierten und teilweise sehr kasuistisch geprägten rechtlichen Vorgaben für den Umgang mit besonders schutzwürdigen Mitarbeitern. Dies gilt insbesondere bei noch nicht abschließend rechtlich durchdrungenen Phänomenen wie z. B. dem sog. „Burn-Out", deren schlagwortartige Kennzeichnung in der betrieblichen Praxis häufig nicht dazu beiträgt, die für die Lösungsfindung notwendige Identifizierung ihrer Ursachen zu fördern.

Dabei lassen sich Phänomene wie Burn-Out oder Low Performance (Minder- oder Schlechtleistung) nur in den seltensten Fällen auf monokausale Ursachen zurückführen. Neben außerbetrieblichen Faktoren bedingt teilweise die Betriebsorganisation mit ungeeigneten betrieblichen Strukturen und Prozessen derartige Phänomene oder fördert sie zumindest. Fehlerhaftes, insbesondere unreflektiertes oder gleichgültiges Führungsverhalten kann ebenfalls einen nicht unerheblichen Beitrag leisten. Entscheidend hinzu kommen Ursachen in der Person oder dem Verhalten des Arbeitnehmers.

Leistung kann allerdings im unternehmerisch gewünschten Ausmaß und in der angestrebten Form nur erbracht werden, wenn die Mitarbeiter nicht nur – im geeigneten Umfeld – die notwendige psychische, physische und intellektuelle Konstitution mitbringen, sondern auch die erforderliche Leistungsbereitschaft und die entsprechende Ausbildung. Dementsprechend beginnen viele in Krankheit, Low Performance etc. endende Prozesse damit, dass schlicht der falsche Mann/die falsche Frau am falschen Ort eingesetzt ist. Richtige Prävention im Sinne der Vorbeugung von Gesundheitsschäden, aber auch von durch die Mitarbeiter steuerbaren Leistungsdefiziten beginnt damit bereits im Vorstellungsgespräch oder der anfänglichen Vertragsgestaltung und setzt sich nicht nur während der „Probezeit" fort, sondern auch während des weiteren Erwerbslebens. Der – zweifellos unberechtigten – Vorstellung, dass Menschen mit physischen, somatischen oder psychischen Beeinträchtigungen, Behinderungen bzw. chronischen Erkrankungen notwendig auch weniger leistungsfähig oder -willig sind als ihre „gesunden" Kolleginnen und Kollegen, hilft der vorurteilsfreie befähigungsgerechte Einsatz ebenfalls vorzubeugen.

Aus unternehmerischer Sicht dürfte darin stets das vorrangige Ziel liegen: „Der richtige Mann/die richtige Frau am richtigen Ort". Erst wenn erkennbar wird, dass sich weder ein „richtiger Ort" finden noch mit vertretbarem Aufwand erhalten oder schaffen lässt, sollte eine – dann sinnvolle – Trennung angestrebt werden. Das notwendige Instrumentarium und den Handlungsrahmen für alle vorgenannten Phasen und Optionen (Einstellung des richtigen Mitarbeiters auf der richtigen Stelle, Erhaltung bzw. Wiederherstellung der Leistungsfähigkeit und Gesundheit, Umgang mit Veränderungsprozessen und schließlich – wenn nötig – Trennung) gibt das geltende Recht vor – allerdings bisweilen nicht mit der zu wünschenden Klarheit.

An diesem Punkt setzt das vorliegende Handbuch an. Es möchte Unternehmer und ihre Berater dabei unterstützen, die zahlreichen rechtlichen Herausforderungen zu meistern, die sich im Zusammenhang mit dem Einsatz und – wenn nötig – der Trennung von Mitarbeitern und Mitarbeiterinnen stellen, die – aus den verschiedensten Gründen – vorübergehend oder dauerhaft nicht die erforderliche Leistung erbringen können oder wollen. Vom Einstellungsprozess bis zu nachwirkenden Pflichten werden deshalb nicht nur alle Fallstricke geschildert, sondern selbstverständlich auch effektive Wege und Strategien vorgestellt, um sie zu vermeiden. Eingebettet in den rechtlichen Rahmen soll das Handbuch dem Leser somit Hilfestellungen und Praxishinweise zum Erkennen sowie zur Behandlung und Lösung derartiger Situationen an die Hand geben. Aktuelle Entwicklungen konnten bis zum August 2014 berücksichtigt werden. Losgelöst davon sind die Autoren für Anregungen, Kritik und Verbesserungsvorschläge sehr dankbar, welche die Herausgeber gerne unter michael.fuhlrott@hs-fresenius.de oder patrick.mueckl@noerr.com entgegennehmen.

Hamburg/Düsseldorf, im August 2014 Michael Fuhlrott und Patrick Mückl

Inhaltsübersicht

Inhaltsverzeichnis

Abkürzungsverzeichnis

§	Paragraph
€	Euro
%	Prozent
a.A.	anderer Ansicht
a.F.	alte Fassung
ABl.	Amtsblatt
Abs.	Absatz
AFG	Arbeitsförderungsgesetz
AG	Aktiengesellschaft, Amtsgericht
AGB	Allgemeine Geschäftsbedingungen
AGG	Allgemeines Gleichbehandlungsgesetz
AktG	Aktiengesetz
Alt.	Alternative
amtl.	amtlich
AO	Abgabenordnung
AP	Arbeitsrechtliche Praxis
ArbG	Arbeitsgericht
ArbGG	Arbeitsgerichtsgesetz
ArbRAktuell	Arbeitsrecht aktuell (Zeitschrift)
ArbRB	Arbeits-Rechts-Berater (Zeitschrift)
ArbSchG	Arbeitsschutzgesetz
ArbuR	Arbeit und Recht (Zeitschrift)
ArbZG	Arbeitszeitgesetz
ARGE	Arbeitsgemeinschaft
Art.	Artikel
AuA	Arbeit und Arbeitsrecht (Zeitschrift)
AÜG	Arbeitnehmerüberlassungsgesetz
AuR	Arbeit und Recht (Zeitschrift)
Az.	Aktenzeichen
BA	Bundesagentur für Arbeit
BAG	Bundesarbeitsgericht
BAGE	Entscheidungen des Bundesarbeitsgerichts
BB	Betriebs-Berater (Zeitschrift)
BBG	Bundesbeamtengesetz
BbesG	Bundesbesoldungsgesetz
BeamtStG	Gesetz zur Regelung des Statusrechts der Beamtinnen und Beamten in den Ländern
BeckRS	Beck'sche Rechtsprechung
BEM	Betriebliches Eingliederungsmanagement
BeschFG	Beschäftigungsförderungsgesetz
Beschl.	Beschluss
BetrVG	Betriebsverfassungsgesetz
BFH	Bundesfinanzhof
BFH/NV	Entscheidungen des Bundesfinanzhofs/Nicht veröffentlicht
BFHE	Entscheidungen des Bundesfinanzhofs

BGB	Bürgerliches Gesetzbuch
BGBl.	Bundesgesetzblatt
BGV	Berufsgenossenschaftliche Vorschriften
BPersVG	Bundespersonalvertretungsgesetz
BR-Drs.	Bundesrat-Drucksache
BSG	Bundessozialgericht
BSGE	Entscheidungen des Bundessozialgerichts
BStBl.	Bundessteuerblatt
BT-Drs.	Bundestag-Drucksache
BUrlG	Bundesurlaubsgesetz
BVerfG	Bundesverfassungsgericht
BVerwG	Bundesverwaltungsgericht
BZgA	Bundeszentrale für gesundheitliche Aufklärung
bzw.	beziehungsweise
DB	Der Betrieb (Zeitschrift)
DEÜV	Datenerfassungs- und -übermittlungsverordnung
DGB	Deutscher Gewerkschaftsbund
DHS	Deutsche Hauptstelle für Suchtfragen e. V.
DÖD	Der Öffentliche Dienst (Zeitschrift)
DRV	Deutsche Rentenversicherung Bund
DStR	Deutsches Steuerrecht (Zeitschrift)
DStRE	Deutsches Steuerrecht – Entscheidungsdienst (Zeitschrift)
e. V.	eingetragener Verein
eG	eingetragene Genossenschaft
EFZG	Entgeltfortzahlungsgesetz
EStG	Einkommenssteuergesetz
etc.	et cetera
EuGH	Europäischer Gerichtshof
EuZA	Europäische Zeitschrift für Arbeitsrecht
EuZW	Europäische Zeitschrift für Wirtschaftsrecht
EWiR	Entscheidungen zum Wirtschaftsrecht (Zeitschrift)
EzA	Entscheidungen zum Arbeitsrecht
FA	Fachanwalt Arbeitsrecht (Zeitschrift)
FG	Finanzgericht
gem.	gemäß
GewO	Gewerbeordnung
GG	Grundgesetz
ggf.	gegebenenfalls
GmbH	Gesellschaft mit beschränkter Haftung
GmS-OGB	Gemeinsamer Senat der obersten Gerichtshöfe des Bundes
GüKG	Güterkraftverkehrsgesetz
GWR	Gesellschafts- und Wirtschaftsrecht (Zeitschrift)
HGB	Handelsgesetzbuch
h. M.	herrschende Meinung
Hs.	Halbsatz

i. d. F.	in der Fassung
i. S. d.	im Sinne des
i. V. m.	in Verbindung mit
JR	Juristische Rundschau (Zeitschrift)
Kap.	Kapitel
KG	Kommanditgesellschaft
KH	Das Krankenhaus (Zeitschrift)
KHEntgG	Krankenhausentgeltgesetz
krit.	kritisch
KrV	Die Krankenversicherung (Zeitschrift)
KSchG	Kündigungsschutzgesetz
LAG	Landesarbeitsgericht
LAGE	Entscheidungen der Landesarbeitsgerichte
LG	Landgericht
LohnFG	Lohnfortzahlungsgesetz
LS	Leitsatz
LSG	Landessozialgericht
LStDV	Lohnsteuer-Durchführungsverordnung
LuftSiG	Luftsicherheitsgesetz
m. Anm.	mit Anmerkung
MDR	Monatsschrift für deutsches Recht
MedR	Medizinrecht (Zeitschrift)
MuSchG	Mutterschutzgesetz
m.w.N.	mit weiteren Nachweisen
n.v.	nicht veröffentlicht
NJOZ	Neue juristische Online-Zeitschrift
NJW	Neue Juristische Wochenschrift
NJW-Spezial	Neue juristische Wochenzeitschrift spezial
Nr.	Nummer
NStZ	Neue Zeitschrift für Strafrecht
NWB	Neue Wirtschaftsbriefe
NZA	Neue Zeitschrift für Arbeitsrecht
NZA-RR	Neue Zeitschrift für Arbeitsrecht- Rechtsprechungs-Report Arbeitsrecht
NZS	Neue Zeitschrift für Sozialrecht
o. ä.	oder ähnlich
öAT	Zeitschrift für das öffentliche Arbeits- und Tarifrecht
OHG	Offene Handelsgesellschaft
OLG	Oberlandesgericht
OVG	Oberverwaltungsgericht
PersV	Die Personalvertretung (Zeitschrift)
PflR	Pflegerecht (Zeitschrift)
Pkw	Personenkraftwagen

RdA	Recht der Arbeit (Zeitschrift)
RVO	Reichsversicherungsordnung
S.	Satz; Seite
SE	Societas Europaea (Europäische Gesellschaft)
SG	Sozialgericht
SGB	Sozialgesetzbuch
SGB I	Allgemeiner Teil
SGB II	Grundsicherung für Arbeitsuchende
SGB III	Arbeitsförderung
SGB IV	Gemeinsame Vorschriften für die Sozialversicherung
SGB V	Gesetzliche Krankenversicherung
SGB VI	Gesetzliche Rentenversicherung
SGB VII	Gesetzliche Unfallversicherung
SGB VIII	Kinder- und Jugendhilfe
SGB IX	Rehabilitation und Teilhabe behinderter Menschen
SGB X	Verwaltungsverfahren und Sozialdatenschutz
SGB XI	Soziale Pflegeversicherung
SGB XII	Sozialhilfe
SGG	Sozialgerichtsgesetz
SpuRt	Sport und Recht (Zeitschrift)
StGB	Strafgesetzbuch
TzBfG	Teilzeit- und Befristungsgesetz
TVG	Tarifvertragsgesetz
u. a.	unter anderem
u. ä.	und ähnlich
UG	Unternehmergesellschaft
Urt.	Urteil
UStAE	Umsatzsteuer-Anwendungserlass
UStG	Umsatzsteuergesetz
UV-Recht Aktuell	Unfallversicherung-Recht Aktuell (Zeitschrift)
VG	Verwaltungsgericht
vgl.	Vergleiche
v.H.	vom Hundert
VwGO	Verwaltungsgerichtsordnung
VwVfG	Verwaltungsverfahrensgesetz
WiB	Wirtschaftsrechtliche Beratung
z. B.	zum Beispiel
ZFA	Zeitschrift für Arbeitsrecht
Ziff.	Ziffer
ZIP	Zeitschrift für Wirtschaftsrecht
ZPO	Zivilprozessordnung
ZTR	Zeitschrift für Tarifrecht
ZUM	Zeitschrift für Urheber- und Medienrecht
zust.	zustimmend

Literaturverzeichnis

Annuß, Georg/Thüsing, Gregor (Hrsg.), Kommentar zum Teilzeit- und Befristungsgesetz, 3. Aufl., Frankfurt 2012 (zit. Annuß/Thüsing/*Bearbeiter)*

Ascheid, Reiner/Preis, Ulrich/Schmidt, Ingrid, Kündigungsrecht, Großkommentar, 4. Aufl., München 2012 (zit.: Ascheid/Preis/Schmidt/*Bearbeiter*)

Backmeister, Thomas/Trittin, Wolfgang/Mayer, Udo R., Kündigungsschutzgesetz mit Nebengesetzen, Kommentar, 4. Aufl., München 2009 (zit. *Backmeister/Trittin/Mayer*, KSchG)

Battis, Ulrich, Bundesbeamtengesetz, Kommentar, 4. Aufl., München 2009 (zit.: *Battis*)

Bauer, Jobst-Hubertus/Göpfert, Burkard/Krieger, Steffen, Allgemeines Gleichbehandlungsgesetz, Kommentar, 3. Aufl., München 2011 (zit.: *Bauer/Göpfert/Krieger*)

Bauer, Jobst-Hubertus/Krieger, Steffen/Arnold, Christian, Arbeitsrechtliche Aufhebungsverträge, 9. Aufl., München 2014 (zit.: *Bauer/Krieger/Arnold*, Arbeitsrechtliche Aufhebungsverträge)

Brand, Jürgen, SGB III – Sozialgesetzbuch Arbeitsförderung, Kommentar, 6. Aufl., München 2012 (zit.: Brand/*Bearbeiter*)

Dau, Dirk H./Düwell, Franz Josef/Joussen, Jacob, Sozialgesetzbuch IX, Rehabilitation und Teilhabe behinderter Menschen, Lehr- und Praxiskommentar, 4. Aufl., Baden-Baden 2014 (zit.: Dau/Düwell/Joussen, Jacob/*Bearbeiter*)

Dorsch, Psychologisches Wörterbuch, Herausgeber Hartmut O. Häcker, Kurt-H. Stampf, 15. Auflage, Bern 2009

Eichenhofer, Eberhard/Wenner, Ulrich, Sozialgesetzbuch I, IV, X, Kommentar, Köln 2012 (zit.: Eichenhofer/Wenner/*Bearbeiter*)

Erfurter Kommentar zum Arbeitsrecht, 14. Aufl., München 2014 (zit.: ErfK/*Bearbeiter*)

Etzel, Peter/Bader, Gerhard u. a., Gemeinschaftskommentar zum Kündigungsschutzgesetz und zu sonstigen kündigungsschutzrechtlichen Vorschriften, 10. Aufl., Köln 2013 (zit.: GK-KR/*Bearbeiter)*

Fehlzeiten-Report 2013: Verdammt zum Erfolg – Die süchtige Arbeitsgesellschaft? Berlin – Heidelberg 2013 (zit.: Fehlzeiten-Report 2013/*Bearbeiter*)

Feichtinger, Peter/Malkmus, Hans (Hrsg.), Entgeltfortzahlungsrecht, Arbeitsrecht, Sozialrecht, Bürgerliches Recht, Handkommentar, 2. Aufl., Baden-Baden 2010 (zit.: Feichtinger/Malkmus/*Bearbeiter)*

Fitting, Karl et al, Betriebsverfassungsgesetz mit Wahlordnung, Handkommentar, 27. Aufl., München 2014 (zit.: Fitting)

Gagel, Alexander, SGB II/SGB III, Kommentar, Stand: 52. Ergänzungslieferung, München 2014 (zit.: Gagel/*Bearbeiter*)

Germelmann, Claas-Hinrich/Matthes, Hans-Christoph/Prütting, Hanns, Arbeitsgerichtsgesetz, Kommentar, 8. Aufl., München 2013 (zit.: Germelmann/Matthes/Prütting/*Bearbeiter*)

Gola, Peter/Wronka, Georg, Handbuch Arbeitnehmerdatenschutz, Rechtsfragen und Handlungshilfen, 6. Aufl., Köln 2013 (zit.: Gola/Wronka)

Hauck/Noftz, Sozialgesetzbuch (SGB) IX, Rehabilitation und Teilhabe behinderter Menschen, Kommentar, Loseblattwerk, Stand: 2013 (zit.: Hauck/Noftz/*Bearbeiter)*

Henssler, Martin/Willemsen, Heinz Josef/Kalb, Heinz-Jürgen (Hrsg.), Arbeitsrecht Kommentar, 6. Aufl., Köln 2014 (zit.: HWK/*Bearbeiter*)

Hoffmann-Remy, Till, Die Korrekturvereinbarung, Baden-Baden 2012 (zit.: *Hoffmann-Remy*, Die Korrekturvereinbarung)

von Hoyningen-Huene, Gerrick/Linck, Rüdiger/Krause, Rüdiger, Kündigungsschutzgesetz, 15. Aufl., München 2013 (zit.: von Hoyningen-Huene/Linck/Krause, Kündigungsschutzgesetz)

Hümmerich, Klaus/Boecken, Winfried/Düwell, Franz-Josef, NomosKommentar Arbeitsrecht, 2. Aufl., Baden-Baden 2010 (zit.: Hümmerich/Boecken/Düwell/*Bearbeiter*)

Jahn, Kurt/Figge, Gustav/Wältermann, Günter/Wiegand, Dietrich/Menard, Lutz, Sozialgesetzbuch für die Praxis – SGB-Kommentar, Loseblatt, Freiburg Stand: Juni 2011 (zit.: Jahn/*Bearbeiter*)

Kasseler Kommentar Sozialversicherungsrecht, Loseblatt, München, Stand: 80. Ergänzungslieferung 2014 (zit.: Kasseler Kommentar zum Sozialversicherungsrecht/*Bearbeiter*)

Kittner, Michael/Däubler, Wolfgang/Zwanziger, Bertram, Kündigungsschutzrecht, Kommentar für die Praxis, 8. Aufl., Frankfurt 2011 (zit.: Kittner/*Bearbeiter*, Kündigungsschutzrecht)

Knittel, Bernhard, SGB IX Kommentar zum Sozialgesetzbuch IX – Rehabilitation und Teilhabe behinderter Menschen – und Allgemeinen Gleichbehandlungsgesetz (AGG), 7. Aufl., Köln 2013 (zit.: *Knittel*, SGB IX)

Kollmer, Norbert/Klindt, Thomas, Arbeitsschutzgesetz mit Arbeitsschutzverordnungen, Kommentar, 2. Aufl., München 2011 (zit.: Kollmer/Klindt/*Bearbeiter, ArbSchG)*

Kossens, Michael/von der Heide, Dirk/Maaß, Michael, SGB IX, Rehabilitation und Teilhabe behinderter Menschen mit Behindertengleichstellungsgesetz, Kommentar, 3. Aufl., München 2009 (zit.: Kossens/von der Heide/Maaß/*Bearbeiter)*

Kreikebohm, Ralf, SGB IV, Kommentar, München 2008 (zit.: Kreikebohm/*Bearbeiter*)

Künzl, Reinhard/Oberlander, Thomas, Sucht und Burnout im Betrieb: Prävention – Hilfe – Konsequenzen, Berlin 2013 (zit.: Künzl/Oberlander, Sucht im Betrieb)

Küttner, Wolfdieter, Personalbuch 2013, 20. Aufl., München 2013 (zit.: Küttner/*Bearbeiter*, Personalbuch 2013)

Küttner, Wolfdieter, Personalbuch 2014, 21. Aufl., München 2014 (zit.: Küttner/*Bearbeiter*, Personalbuch 2014)

Lepke, Achim, Kündigung bei Krankheit, Handbuch für die betriebliche, anwaltliche und gerichtliche Praxis, 14. Aufl., Berlin 2012 (zit.: *Lepke*, Kündigung bei Krankheit)

Leppek, Sabine, Beamtenrecht, 11. Aufl., Heidelberg 2011 (zit.: *Leppek*)

Löwisch, Manfred/Rieble, Volker, Tarifvertragsgesetz, 3. Aufl., München 2012 (zit.: *Löwisch/Rieble*)

Moll, Wilhelm, Münchener Anwaltshandbuch Arbeitsrecht, Handbuch, 3. Aufl., München 2012 (zit.: Moll/*Bearbeiter*)

Mückl, Patrick, Arbeitsrecht in Krise und Insolvenz, Köln 2014 (zit.: *Mückl*, Arbeitsrecht in Krise und Insolvenz)

Münchener Anwaltshandbuch Sozialrecht, 4. Aufl., München 2013 (zit.: Münchener Anwaltshandbuch Sozialrecht/*Bearbeiter*)

Münchener Handbuch zum Arbeitsrecht, Band 1: Individualarbeitsrecht, 3. Aufl., München 2009 (zit.: MüArbR/*Richardi/Bearbeiter)*

Münchener Kommentar zum Bürgerlichen Gesetzbuch BGB, 6. Aufl., München 2012 (zit. MünchKomm-BGB/*Bearbeiter*)

Neumann, Dirk/Lepke, Achim, Kündigung bei Krankheit, Stuttgart 1995 (zit.: Neumann/Lepke)

Neumann, Dirk/Pahlen, Ronald/Majerski-Pahlen, Monika, Sozialgesetzbuch IX – Rehabilitation und Teilhabe behinderter Menschen, SGB IX, Kommentar, 12. Aufl., München 2010 (zit.: Neumann/Pahlen/Majerski-Pahlen/*Bearbeiter*)

Olfert, Klaus, Personalwirtschaft, 15. Aufl., Herne 2012 (zit.: *Olfert*, Personalwirtschaft)

Preis, Ulrich, Arbeitsrecht, Individualarbeitsrecht – Lehrbuch für Studium und Praxis, 4. Aufl., Köln 2012 (zit.: Preis, Arbeitsrecht)

Preis, Ulrich, Der Arbeitsvertrag, Handbuch der Vertragsgestaltung, 4. Aufl., Köln 2011 (zit.: Preis/*Bearbeiter*, Der Arbeitsvertrag)

Pschyrembel, Willibald, Klinisches Wörterbuch 2014, 265. Aufl., Berlin 2014 (zit.: *Pschyrembel*)

Richardi, Reinhard, Betriebsverfassungsgesetz, Kommentar, 13. Aufl., München 2012 (zit.: Richardi/*Bearbeiter*)

Richardi, Reinhard/Dörner, Hans-Jürgen/Weber, Christoph, Bundespersonalvertretungsgesetz mit Erläuterungen zu den Personalvertretungsgesetzen der Länder, Kommentar, 4. Aufl., München 2012 (zit.: Richardi/Dörner/Weber/*Bearbeiter*, BPersVG)

Rolfs, Christian/Giesen, Richard/Kreikebohm, Ralf/Udsching, Peter, Beckscher Onlinekommentar Arbeitsrecht, Stand 1.12.2013 (zit.: BeckOK/*Bearbeiter)*

Schaub, Günter, Arbeitsrechts-Handbuch, 15. Aufl., München 2013 (zit.: Schaub/*Bearbeiter*)

Schleßmann, Hein, Das Arbeitszeugnis, 20. Aufl., Frankfurt 2012 (zit.: Schleßmann)

Schmitt, Jochem, Entgeltfortzahlungsgesetz und Aufwendungsausgleichsgesetz, Kommentar, 7. Aufl., München 2012 (zit.: Schmitt, EFZG)

Schnellenbach, Helmut, Beamtenrecht, 8. Aufl., München 2013 (zit.: *Schnellenbach*)

Schütz, Erwin/Maiwald, Joachim/Brockhaus, Robert, Beamtenrecht des Bundes und der Länder, Kommentar zum BeamtStG und LBG NRW, Stand: 78. Ergänzungslieferung, Heidelberg Dezember 2013 (zit. *Schütz/Maiwald/Brockhaus)*

J. von Staudingers Kommentar zum Bürgerlichen Gesetzbuch, BGB, Buch 2: Recht der Schuldverhältnisse, Vorbem zu § 611 ff; §§ 611-613 (Dienstvertragsrecht 1), Berlin 2010 (zit.: Staudinger/*Bearbeiter)*

Thüsing, Gregor, Arbeitnehmerüberlassungsgesetz, Kommentar, 3. Aufl., München 2012 (zit.: Thüsing/*Bearbeiter*)

Tschöpe, Ulrich, Anwaltshandbuch Arbeitsrecht, 8. Aufl., Köln 2013 (zit.: Tschöpe/*Bearbeiter*)

Ulber, Jürgen, Arbeitnehmerüberlassungsgesetz, Kommentar, 4. Aufl., Frankfurt am Main 2011 (zit.: Ulber/*Bearbeiter*)

von Wulffen, Matthias/Schütze, Bernd, Sozialgesetzbuch X, Kommentar, 8. Aufl., München 2014 (zit.: von Wulffen/*Bearbeiter*)

Wagner, Fritjof/Leppek, Sabine, Beamtenrecht, 10. Aufl., Heidelberg 2009 (zit.: *Wagner/Leppek*)

Wichmann, Manfred/Langer, Klaus-Ulrich, Öffentliches Dienstrecht, 7. Aufl., Stuttgart 2013 (zit.: Wichmann/Langer/*Bearbeiter)*

Wiedemann, Herbert, Tarifvertragsgesetz, 7. Aufl., München 2007 (zit.: Wiedemann/*Bearbeiter*)

Bearbeiterverzeichnis

Lars Figura, Dr. iur.; Jg. 1976; Studium der Rechtswissenschaft und Promotion an der Universität Bremen; Rechtsanwalt seit 2009; Local Partner bei PricewaterhouseCoopers Legal Aktiengesellschaft Rechtsanwaltsgesellschaft („PwC Legal") am Standort Bremen; Mitglied im geschäftsführenden Ausschuss der AG Sportrecht des DAV; Lehrauftrag an der Westfälischen Wilhelms-Universität in Münster; mehrfacher Dt. Meister der Leichtathletik; Tätigkeitsschwerpunkte: Handels- und Gesellschaftsrecht, Fusionen und Übernahmen, Steuerrecht, Individuelles Arbeitsrecht sowie Recht der Beschäftigung von Vorständen und Geschäftsführern, Sportrecht.

Michael Fuhlrott, Dr. iur.; Jg. 1980; Studium der Rechtswissenschaften in Göttingen (2000-2004); Wiss. Mitarbeiter am Institut für Arbeitsrecht in Bonn (2004-2006); Promotion zum Dr. iur. (2005); Rechtsanwalt (2008) und Fachanwalt für Arbeitsrecht (2011) in Hamburg, u. a. bei CMS Hasche Sigle; Professor für Wirtschaftsprivatrecht an der FH Bielefeld (2013); seit 2014 Professor für Arbeitsrecht und Studiendekan Business Law an der Hochschule Fresenius, Hamburg, sowie Wiederzulassung als Rechtsanwalt in Hamburg; ca. 200 arbeitsrechtliche Veröffentlichungen in Fachzeitschriften sowie Vortragstätigkeit, Tätigkeitsschwerpunkt: Arbeitsrecht.

Esther Herrnstadt, Jg. 1981; Studium der Rechtswissenschaften an der Albert-Ludwigs-Universität Freiburg i.Br. und der Universidad de Valencia; seit 2010 Rechtsanwältin bei Noerr LLP; Tätigkeitsschwerpunkte: Arbeitsrecht und Recht der betrieblichen Altersversorgung; Autorin mehrerer Fachveröffentlichungen; Vortragstätigkeit insbesondere im Bereich der betrieblichen Altersversorgung.

Martin Landauer, Dr. iur., M.Jur. (Oxford), FAArbR; Jg. 1976; Studium der Rechtswissenschaften an der Universität Regensburg und an der Ludwig-Maximilians-Universität München, Postgraduiertenstudium an der University of Oxford (UK); von 2003 bis 2009 wissenschaftliche Tätigkeit am Max-Planck-Institut für Sozialrecht und Sozialpolitik in München; seit 2009 Rechtsanwalt, zunächst bei Gleiss Lutz und seit 2012 bei Noerr LLP. Tätigkeitsschwerpunkte Restrukturierung, Umstrukturierungen und Übertragungsvorgänge sowie Mitbestimmungsrecht; Mitglied der Arbeitsgemeinschaft Arbeitsrecht im Deutschen Anwaltverein; diverse Fachveröffentlichungen seit 2003; regelmäßige Seminar- und Fachvorträge, u. a. zum Betrieblichen Eingliederungsmanagement sowie zum Sonderkündigungsschutz Schwerbehinderter.

Christian Ley, Dr. iur., FAArbR; Jg. 1978; Studium der Rechtswissenschaften an der Ludwig-Maximilians-Universität in München, Ref. München, New York, London; Promotion bei Prof. Dr. Dr. Udo DiFabio; Rechtsanwalt seit 2006; fünfjährige Tätigkeit bei Linklaters LLP, zweijährige Tätigkeit bei CMS Hasche Sigle, seit Sommer 2014 bei Keller Menz Rechtsanwälte PartG mbB in München. Schwerpunkte der Tätigkeiten im Bereich der betrieblichen und Unternehmensmitbestimmung, Umstrukturierungen und Arbeitsgerichtsverfahren; Mitglied der Arbeitsgemeinschaft Arbeitsrecht im Deutschen Anwaltverein; zahlreiche Fachveröffentlichungen, Fachvorträge.

Patrick Mückl, Dr. iur., FAArbR, Jg. 1978; Studium der Rechtswissenschaften an der Universität zu Köln und rechtsvergleichende Promotion am Institut für Europäische Rechtswissenschaft der Universität Osnabrück; anwaltliche Tätigkeit im Fachbereich Arbeitsrecht von CMS Hasche Sigle von 2008 bis 2012; seit 2012 anwaltliche Tätigkeit mit dem Schwerpunkten arbeitsrechtliche Umstrukturierungen und Restrukturierungen bei Noerr LLP; seit 2014 Associated Partner bei Noerr LLP; Mitglied der Arbeitsgemeinschaft Arbeitsrecht im Deutschen Anwaltverein; Autor zahlreicher Fachveröffentlichungen, zuletzt insbesondere zum Insolvenzarbeitsrecht und zum Arbeitsrecht der Energiewirtschaft; regelmäßige Fachvorträge zu arbeitsrechtlichen Fragen der Re- und Umstrukturierung sowie aktuellen Fragen, insbesondere des kollektiven Arbeitsrechts.

Sönke Oltmanns, Dipl. Verw.wirt (FH); Jg. 1980; duales Studium zum Diplom-Verwaltungswirt (2003), im Anschluss Tätigkeit bei der Deutschen Rentenversicherung; Studium der Rechtswissenschaften an der Universität Hamburg (2004-2008); 2. Staatsexamen 2011; anschließend Tätigkeiten als Rechtsanwalt und Regierungsrat in der Senatsverwaltung der Freien und Hansestadt Hamburg (2011-2014); seit 2014 Wiederzulassung als Rechtsanwalt und Tätigkeit bei Kliemt & Vollstädt, Berlin; Tätigkeitsschwerpunkt: Arbeitsrecht.

Julia Schönfeld, FAinArbR, FAinSozR, Jg. 1972; Studium der Rechtswissenschaften in Kiel und Paris; seit 2000 Rechtsanwältin, Fachanwältin für Arbeitsrecht seit 2004, Fachanwältin für Sozialrecht seit 2008; seit 2011 bei GÖHMANN Rechtsanwälte Notare als Rechtsanwältin, seit 2013 als Partnerin tätig; Tätigkeitsschwerpunkt: Arbeitsrecht; Vorträge und Veröffentlichungen zum Arbeitsrecht.

Carolin Sigle, Jg. 1972; Studium der Rechtswissenschaften an der Westfälischen Wilhelms-Universität Münster; seit 2002 Justiziarin/Leiterin Recht der PEAG Transfer GmbH in Dortmund; dort insb. tätig im Bereich Arbeits- und Personalrecht; seit 2003 Rechtsanwältin. Diverse Veröffentlichungen und Vorträge zum Arbeits- und Personalrecht.

Klaus Tenbrock, Dr. iur.; Jg. 1974; Studium der Rechtswissenschaften an den Universitäten zu Köln und Manchester; promotionsbegleitend wissenschaftlicher Mitarbeiter am Institut für Deutsches und Europäisches Arbeits- und Sozialrecht (IDEAS) der Universität Köln; zunächst seit 2005 Rechtsanwalt bei CMS Hasche Sigle; seit 2008 als Unternehmensjurist tätig im Personalbereich des Konzerns Deutsche Post DHL, derzeit bei der Deutsche Post InHaus Services GmbH.

Teemu Tietje, Dr. iur.; Jg. 1970; Studium der Rechtswissenschaft an den Universitäten Göttingen und Paris; Promotion an der Universität Göttingen 1999; seit 2002 bei GÖHMANN Rechtsanwälte Notare als Rechtsanwalt tätig, seit 2006 Partner; Fachanwalt für Arbeitsrecht seit 2006; diverse Vorträge und Veröffentlichungen zum Arbeitsrecht und Dienstvertragsrecht.

Kapitel 1
Krankheitsbedingte Risiken und Vorsorgestrategien bei Begründung des Arbeitsverhältnisses

Arbeitsverhältnisse sind **synallagmatische Dauerschuldverhältnisse**, bei dem die Arbeitsvertragsparteien – Arbeitnehmer und Arbeitgeber – wechselseitig ihre jeweiligen **Hauptleistungspflichten** austauschen. Für den Arbeitnehmer ist dies die Erbringung seiner Arbeitsleistung, die der Arbeitgeber gemäß seiner unternehmerischen Planung einsetzen kann. Für den Arbeitgeber ist dies die Zahlung der vereinbarten Vergütung, die der Arbeitnehmer regelmäßig zur Sicherung seiner wirtschaftlichen Existenzgrundlage benötigt.[1] 1

Darüber hinaus hat die Rechtsprechung schon früh anerkannt, dass neben den Austausch „Lohn gegen Arbeit" auch soziale Aspekte treten, wie z. B. im Idealfall die Selbstverwirklichung des Arbeitnehmers durch die Erbringung seiner Tätigkeit, dem damit auch ein einklagbarer Anspruch auf tatsächliche Beschäftigung zusteht.[2] Ein reibungslos verlaufendes Arbeitsverhältnis stellt daher eine *win-win-situation* für beide Arbeitsvertragsparteien dar. 2

Dieses **Austauschverhältnis** wird jedoch gestört, wenn eine Partei ihre Leistungen nicht mehr oder nicht mehr wie geschuldet erbringt. Erkrankungen oder körperliche Beeinträchtigungen des Arbeitnehmers können dazu führen, dass dieser die arbeitsvertragliche Leistung nicht mehr erbringen kann. 3

Da eine Trennung von einem erkrankten Arbeitnehmer – jedenfalls im Anwendungsbereich des KSchG – nicht mehr ohne weiteres möglich ist und hohe Anforderungen vom Arbeitgeber verlangt[3], stellt sich die Frage, inwieweit bereits im Vorfeld – also vor Begründung des Arbeitsverhältnisses – das Risiko späterer Erkrankungen abgeschätzt und dessen Folgen minimiert bzw. für den Arbeitgeber abgestellt werden können. 4

A. Krankheitsbedingte Risiken und Kosten

Die immense Bedeutung **krankheitsbedingter Störursachen** wird bei einem Blick auf das Zahlenmaterial deutlich: Im Jahr 2012 wies eine erwerbstätige Person einen durchschnittlichen Krankenstand von 14,17 Fehltagen/Kalenderjahr auf, was einen 5

1 Grundlegend: Preis, Arbeitsrecht, §§ 6, 24, 26 und 28.
2 BAG, Urt. v. 10.11.1955 – 2 AZR 591/54, NJW 1956, 359.
3 Vgl. hierzu ausführlich unter Kap. 4 – C.

Krankenstand von 3,88 %[4] und eine kontinuierlichen Steigerung der Fehlzeiten von 2006 bis 2012 um insgesamt 23,9 % ergibt[5].

6 Damit verursachen Erkrankungen **jährliche volkswirtschaftliche Kosten von mehr als 130 Milliarden €**, die sich aus rund 46 Milliarden € Produktionsausfallkosten und rund 80 Milliarden € ausgefallener Bruttowertschöpfung zusammensetzen.[6]

7 Nicht nur die gesamte Volkswirtschaft, sondern auch den einzelnen Arbeitgeber treffen Erkrankungen seiner Mitarbeiter hart und machen sich bei diesem zum einen in Form zusätzlicher Kosten, zum anderen durch das Auftreten von Betriebsablaufstörungen bemerkbar:

- Gem. § 3 Abs. 1 EntgFG hat der Arbeitgeber für die Dauer bis zu sechs Wochen die **Lohnfortzahlungskosten** des Arbeitnehmers zu tragen.
- Kurzfristige Ausfälle müssen kompensiert werden, was ggf. die Vorhaltung einer dauerhaften **Personalreserve** erforderlich macht.
- **Überstunden** von weiteren Mitarbeitern, die zur Überbrückung der Ausfälle eingesetzt werden, müssen zusätzlich vergütet werden.
- Mitarbeiter, die den Ausfall auffangen müssen, leisten überobligatorische Mehrarbeit und erkranken ihrerseits womöglich aufgrund **Überlastung.**
- In Einzelfällen ist die Einstellung einer **Vertretungskraft** oder von **Leiharbeitnehmern**, die angelernt werden müssen, unumgänglich.
- **Betriebliche Abläufe werden gestört**, Aufträge und Produktionszyklen müssen ggf. neu zugewiesen bzw. geordnet werden.
- **Urlaubsansprüche** summieren sich auf, können nicht in natura gewährt und müssen ggf. später finanziell abgegolten werden.[7]

B. Überblick: Arten von Vorsorgestrategien

8 Aus Arbeitgebersicht bieten sich zur Risikominimierung vor bzw. bei Begründung des Arbeitsverhältnisses im Wesentlichen zwei Maßnahmen an:

---

4 Gesundheitsreport 2013, Techniker Krankenkasse, S. 73, abrufbar unter: http://www.tk.de/centaurus/servlet/contentblob/516416/Datei/83065/Gesundheitsreport-2013.pdf (letzter Abruf am 18.07.2014).

5 Gesundheitsreport 2013, Techniker Krankenkasse, S. 74, abrufbar unter: http://www.tk.de/centaurus/servlet/contentblob/516416/Datei/83065/Gesundheitsreport-2013.pdf (letzter Abruf am 18.07.2014).

6 Zahlen für das Jahr 2011, vgl. Volkswirtschaftliche Kosten durch Arbeitsunfähigkeit, Bundesanstalt für Arbeitsschutz und Arbeitsmedizin, S. 1, abrufbar unter: http://www.baua.de/de/Informationen-fuer-die-Praxis/Statistiken/Arbeitsunfaehigkeit/pdf/Kosten-2011.pdf;jsessionid=5D8E68F7E76E3CD5F899BDE7BF7F9F14.1_cid389?__blob=publicationFile&v=2 (letzter Abruf am 18.07.2014).

7 Vgl. hierzu noch unter Kap. 5 – C.

- Der Arbeitgeber kann in Form von background-checks und medizinischen Untersuchungen möglichst umfassende Kenntnis über die gesundheitliche Konstitution seines Bewerbers zu erlangen suchen, und er kann
- rechtliche Gestaltungsmöglichkeiten nutzen, ein sich bereits zu Beginn als durch von Krankheit beeinträchtigtes Arbeitsverhältnis schnell und komplikationslos zu lösen.

Während die Zulässigkeit und Ausgestaltung von background-checks und Einstel- 9
lungsuntersuchungen sogleich (vgl. hierzu Kap. 2 – A) beleuchtet werden, werden nachfolgend die rechtlichen Maßnahmen rechtlicher Risikominimierung durch vertragliche Gestaltungen dargestellt.

Als solche Gestaltungsmöglichkeiten bieten sich an 10
- Anfechtung des Arbeitsverhältnisses bei Realisierung von Täuschungen bzw. Erklärung einer fristlosen Kündigung (dazu C – I.)
- Ausspruch von Probezeitkündigungen bzw. Verlängerung der Probezeit durch eine „Kündigung zur Probezeitverlängerung“ (dazu C – II.)
- Nutzung der Befristungsmöglichkeiten gem. Teilzeit- und Befristungsgesetz (dazu C – III.)
- Vorgeschaltete Erprobung als Leiharbeitnehmer (dazu C – IV.)

C. Rechtliche Gestaltungsmöglichkeiten

Nachfolgend werden denkbare Gestaltungsmöglichkeiten dargestellt, deren Kenntnis 11
zum Standardrepertoire jeder Personalabteilung gehören sollte. Ob sich die Anwendung der jeweils dargestellten Gestaltungsoption in der betrieblichen Praxis als zielführend erweist, muss im Einzelfall beurteilt werden. So mag etwa die dargestellte Vereinbarung von Befristungen aus arbeitsrechtlicher Sicht sinnvoll sein, wird sich aber womöglich in Zeiten von Fachkräftemangel in bestimmten Berufszweigen als nicht durchsetzbar erweisen, wenn stark umworbene Fachkräfte zwischen mehreren potentiellen Arbeitgebern wählen können und diese ein lediglich befristetes Arbeitsvertragsangebot von vornherein ablehnen.

I. Anfechtung bzw. fristlose Kündigung

Dem Abschluss eines Arbeitsvertrags sind in der Regel ein oder mehrere Bewer- 12
bungsgespräche vorgeschaltet. Hierbei ist es zulässig, den Bewerber zu fragen, ob er gesundheitlich zur Erbringung der Arbeitsleistung in der Lage ist.[8] Dies kann münd-

8 Ausführlich zum Fragerecht im Einstellungsprozess s. 2 – A – I – 2.

lich im Bewerbungsgespräch oder schriftlich durch Vorlage eines Personalfragebogens erfolgen. Die Frage nach der gesundheitlichen Eignung sollte jedoch möglichst konkret erfolgen,[9] um spätere Diskussionen zu vermeiden, welche Eignung denn für die konkrete Stelle erforderlich ist. Dies lässt sich meist durch eine exemplarische Aufzählung der Arbeitstätigkeiten verdeutlichen. Insoweit ist eine Konkretisierung des arbeitgeberseitigen Auskunftsbegehrens vorzugswürdiger als die abstrakte Frage „Sind Sie zur Erbringung der geschuldeten Leistung gesundheitlich in der Lage?".

Klauselmuster

„Die Tätigkeit als Verkaufsfahrer erfordert das Führen eines KfZ im Straßenverkehr (Nah- und Fernverkehr) sowie das Be- und Entladen des Verkaufsfahrzeugs einschließlich Verkaufstätigkeiten mit Kunden. Die Tätigkeit erfordert damit Sitzen, Stehen sowie das Tragen und Heben von körperlichen Lasten bis zu 20 kg sowie die Eignung zur Teilnahme am Straßenverkehr. Der Arbeitnehmer erklärt, dass er gesundheitlich in der Lage ist, die vorgenannten Tätigkeiten zu erbringen und dass nach seinem besten Wissen keine Beeinträchtigungen bei ihm vorliegen, die der Erbringung der Tätigkeit als Verkaufsfahrer entgegenstehen."

---

13 Beantwortet der Arbeitnehmer eine solche ihm zulässig gestellte Frage wahrheitswidrig und stellt sich bei Arbeitsaufnahme heraus, dass der Arbeitnehmer gar nicht in der Lage ist, die vertraglich geschuldete Tätigkeit zu erbringen, kann der Arbeitgeber eine fristlose Kündigung erklären oder den Abschluss des Arbeitsvertrags wegen arglistiger Täuschung (§ 123 BGB) bzw. wegen Täuschung über verkehrswesentliche Eigenschaften (§ 119 Abs. 2 BGB) anfechten.[10]

Praxistipp

Eine Anfechtung hat gegenüber einer Kündigung mehrere Vorteile: Zunächst muss der Betriebsrat vor Erklärung einer Anfechtung nicht angehört werden. Schließlich ist die gem. § 623 BGB für Kündigungen und Aufhebungsvereinbarungen geltende Schriftform bei Anfechtungen entbehrlich. Auch bedarf es keiner behördlichen Genehmigung, wenn Sonderkündigungsschutz (z. B. aufgrund bestehender Schwangerschaft gem. § 9 MuSchG) vorliegt. Gleichwohl sollte in derartigen Fällen vorsichtshalber eine fristlose, hilfsweise ordentlich fristgerechte Kündigung in Schriftform erklärt werden, sollte im Rahmen eines späteren Rechtsstreits ein Arbeitsgericht zur Auffassung gelangen, ein ausreichender Anfechtungsgrund habe nicht vorgelegen.

II. Probezeitkündigungen bzw. Probezeitverlängerung

14 Häufiger wird die Konstellation sein, in der der Arbeitnehmer zunächst seine Tätigkeit vertragsgerecht erbringt, es aber bereits innerhalb der ersten Monate immer deut-

9 HWK/*Thüsing*, § 611 BGB Rn 12.

10 S. zu den Anforderungen und Auswirkungen im Einzelnen vgl. die Ausführungen unter 2 – A – I – 2.

licher absehbar wird, dass der Leistungsaustausch durch krankheitsbedingte Beeinträchtigungen gestört wird.

Hinweis
Erkrankt der Arbeitnehmer unmittelbar nach Beginn des Arbeitsverhältnisses muss der Arbeitgeber keine Entgeltfortzahlung leisten. Die Pflicht zur Entgeltfortzahlung bei Krankheit ist gem. § 3 Abs. 3 EntgFG erst dann zu leisten, wenn das Arbeitsverhältnis vier Wochen ununterbrochen bestanden hat.[11]

---

1. Grundsätze der Probezeitkündigung

Der Arbeitgeber steht bei einer Probezeitkündigung oftmals vor einem Dilemma: Will 15
er dem – womöglich mit Aufwand geworbenen – Arbeitnehmer noch eine weitere Chance geben und hofft er auf eine Verbesserung der Situation oder soll er sich von seinem Arbeitnehmer trennen.

Aus arbeitsrechtlicher Sicht sollte hierbei beachtet werden, dass ein Arbeitneh- 16
mer nach **sechsmonatigem Bestand des Arbeitsverhältnisses Kündigungsschutz** (§ 1 Abs. 1 KSchG) genießt, sofern er nicht in einem Kleinbetrieb mit zehn oder weniger Arbeitnehmern beschäftigt ist (§ 23 Abs. 1 KSchG).[12]

Eine Entscheidung über eine Trennung sollte daher diesen Zeitraum beachten, 17
da nach Erfüllung der Wartezeit des Kündigungsschutzes die Kündigung einer sozialen Rechtfertigung in Form eines Kündigungsgrundes bedarf, § 1 Abs. 1, 2 KSchG. Zwar kann auch wegen krankheitsbedingter Folgen des Arbeitnehmers in Form der personenbedingten Kündigung gekündigt werden.[13] Dies erfordert vom Arbeitgeber aber eine ausführliche und umfassende **Dokumentation der Fehlzeiten** und Folgen, die regelmäßig eine Betrachtung über einen erheblichen Zeitraum der Vergangenheit (oftmals drei Jahre) erfordert und daher bei Trennungen unmittelbar nach Erfüllung der Wartezeit nicht zu bewerkstelligen ist.[14]

Hat das Kündigungsschutzgesetz noch keine Anwendung gefunden, ist der 18
Arbeitgeber hingegen weitestgehend frei in seiner Kündigungsentscheidung: Er bedarf hierfür keines Kündigungsgrundes gem. § 1 Abs. 2 KSchG und muss lediglich

---

11 Zu den Vss. der Entgeltfortzahlung im Einzelnen s. Schaub/*Linck*, Arbeitsrechtshandbuch, Kap. 98 [Entgeltfortzahlung im Krankheitsfall], Rn 9 ff. sowie in Kap. 5.

12 Zu den Ausnahmen bei der Berücksichtigung von Arbeitnehmern, deren Beschäftigungsverhältnis bereits vor dem 1.1.2004 begonnen hat s. HWK/*Quecke*, § 23 KSchG Rn 7, 11.

13 Tschöpe/*Tschöpe*, Anwaltshandbuch Arbeitsrecht, Teil 3 E Rn 80; ausführlich hierzu *Lepke*, Kündigung bei Krankheit, Rn 106 ff.

14 Ausführlich zu den Anforderungen an krankheitsbedingte Kündigungen im Anwendungsbereich des KSchG s. unter Kap. 4 – C.

ein „ethisches Minimum" wahren,[15] was etwa diskriminierende Kündigungen verbietet.[16]

Hinweis

Begrifflich ist hierbei zu trennen zwischen dem kündigungsschutzrechtlichen **Begriff der Wartezeit** und dem arbeitsvertraglichen **Begriff der Probezeit**. Beide Begriffe werden oftmals synonym bzw. unter dem Begriff Probezeit einheitlich verwendet. Daher wird auch hier der in der Praxis geläufige Begriff „Probezeitkündigung" verwendet. Allerdings meint der Begriff der Wartezeit die sechsmonatige Zeitspanne gem. § 1 Abs. 1 KSchG bevor das Kündigungsschutzgesetz in persönlicher Hinsicht auf das Arbeitsverhältnis Anwendung findet. Dieser Zeitrahmen kann nicht zum Nachteil des Arbeitnehmers ausgedehnt werden; liegen neben der Erfüllung der Wartezeit die betrieblichen Voraussetzungen gem. § 23 Abs. 1 KSchG (kein Kleinbetrieb) vor, genießt der Arbeitnehmer zwingend Kündigungsschutz und seine Kündigung bedarf einer sozialen Rechtfertigung („Kündigungsgrund"). Probezeit meint hingegen eine zwischen den Arbeitsvertragsparteien vereinbarte Erprobungszeit, innerhalb derer mit einer meist kürzeren Kündigungsfrist gekündigt werden kann. Gem. § 622 Abs. 3 BGB kann innerhalb einer solchen maximal sechsmonatigen Probezeit eine Kündigungsfrist von zwei Wochen vereinbart werden.

---

19 Aus Arbeitgebersicht empfiehlt es sich daher, auch die krankheitsbedingten Fehlzeiten in den ersten Monaten des Arbeitsverhältnisses genau zu überwachen und spätestens zu Beginn des sechsten Monats zu entscheiden, ob eine Kündigung aufgrund befürchteter späterer gesundheitlicher Beeinträchtigungen und Störungen des Arbeitsverhältnisses vorsichtshalber bereits jetzt erfolgen sollte. Dies setzt die Implementierung entsprechender Routinen und Prozesse durch die Personalabteilung voraus.

2. Kündigung zur Probezeitverlängerung

20 Ist sich der Arbeitgeber unsicher, ob er eine Kündigung des Arbeitsverhältnisses binnen der Probezeit aussprechen soll und würde er den Arbeitnehmer lieber noch einige Zeit erproben, billigt die Rechtsprechung[17] dem Arbeitgeber vor Erreichen der Wartezeit des § 1 Abs. 1 KSchG den Ausspruch einer „Kündigung zur Probezeitverlängerung" bzw. eine Kündigung mit verlängerter Kündigungsfrist zu.

21 Der Arbeitgeber kann dem Arbeitnehmer folglich vor Ablauf der Wartezeit des § 1 Abs. 1 KSchG anbieten,[18]

---

15 *Fuhlrott/Hoppe*, ArbR Aktuell 2009, 204.

16 S. hierzu *Fuhlrott*, GWR 2014, 96 sowie die Ausführungen unter Kap. 4 – G.

17 BAG, Urt. v. 7.3.2002 – 2 AZR 93/01, DB 2002, 1997.

18 Preis/*Rolfs*, Der Arbeitsvertrag, II A 100, Rn 83; Tschöpe/*Schmalenberg*, Anwaltshandbuch Arbeitsrecht, Teil 1 E, Rn 65.

- diesem anstelle einer fristgerechten Kündigung entweder eine **Kündigung mit verlängerter Kündigungsfrist** (z. B. mit drei Monaten anstelle von zwei Wochen) gegenüber auszusprechen oder
- eine **Aufhebungsvereinbarung** abzuschließen, wonach das Arbeitsverhältnis erst mit Ablauf weiterer Zeit (z. B. erst nach drei Monaten) enden soll.

Dieses Vorgehen ist zulässig, da es der Arbeitgeber in der Hand hat, vor Erfüllung 22
der Wartezeit des Kündigungsschutzes eine ordentliche Kündigung mit der regelmäßig dann geltenden kurzen Probezeitkündigungsfrist auszusprechen. Da der Schutz des KSchG allerdings nicht umgangen werden soll, muss der Arbeitgeber zudem dem Arbeitnehmer im Falle seiner Bewährung eine Weiterbeschäftigung in Aussicht stellen.

Hinweis

Liegt kein Fall der Einräumung einer solchen „Bewährungschance“ vor, sollte der Arbeitgeber die Gewährung einer über die reguläre Kündigungsfrist erheblich verlängerten Kündigungsfrist vermeiden,[19] um eine spätere auf eine Umgehung des Kündigungsschutzgesetzes gestützte Klage auf Weiterbeschäftigung des Arbeitnehmers zu vermeiden. Dies gilt jedenfalls dann, wenn der Arbeitgeber dem Arbeitnehmer auch noch tatsächlich in diesem Zeitraum weiterbeschäftigt. Ist hingegen der verlängerte Zeitraum vielmehr durch eine sozialverträglich gestaltete „Abwicklung“ des Arbeitsverhältnisses gekennzeichnet, die sich z. B. durch eine Freistellung des Arbeitnehmers auszeichnet, dürfte im Einzelfall die Einräumung einer über die reguläre Kündigungsfrist hinausgehende Beendigungsspanne zulässig sein.[20]

Empfehlenswert ist bei Vornahme einer Probezeitverlängerung die Gestaltung durch 23
einen Aufhebungsvertrag.[21] Dies erspart eine Betriebsratsanhörung und verhindert etwaige Kündigungsschutzklagen. Sollte der Arbeitnehmer die ihm angebotene Unterzeichnung eines Aufhebungsvertrags zur Probezeitverlängerung ablehnen, kann dem Arbeitnehmer der Ausspruch einer Probezeitkündigung mit kurzer Probezeitkündigungsfrist in Aussicht gestellt werden. Für die notwendigen Gespräche mit dem Arbeitnehmer und ggf. die Einräumung einer kurzen Bedenkzeit ist allerdings noch ein entsprechendes Zeitfenster einzuplanen, um im Falle der Ablehnung noch eine Betriebsratsanhörung und Zustellung der Kündigung vornehmen zu können.

Klauselmuster

Zwischen den Parteien wurde mit Arbeitsvertrag vom ... ein Arbeitsverhältnis zum ... begründet. Derzeit befindet sich der Arbeitnehmer noch in der bis zum ... bestehenden Probezeit. Diese Probezeit

---

19 Im vom BAG (Urt. v. 7.3.2002 – 2 AZR 93/01, DB 2002, 1997) wurde eine viermonatige Verlängerung der Kündigungsfrist bei Einräumung einer Bewährungschance für zulässig angesehen.
20 Preis/*Rolfs*, Der Arbeitsvertrag, II A 100, Rn 80; ebenso: *Bauer/Krieger/Arnold*, Arbeitsrechtliche Aufhebungsverträge, Teil A, Rn 107.
21 So auch *Bauer/Krieger/Arnold*, Arbeitsrechtliche Aufhebungsverträge, Teil A, Rn 108.

sieht der Arbeitgeber als nicht bestanden an und beabsichtigt eine Kündigung. Um eine solche Probezeitkündigung zu vermeiden und dem Arbeitnehmer eine weitere Bewährungschance zu geben, vereinbaren die Parteien hiermit, dass das Arbeitsverhältnis erst mit Ablauf des ... enden wird. Sollte sich der Arbeitnehmer in diesem Zeitraum bewähren, beabsichtigt der Arbeitgeber im Anschluss hieran eine Wiedereinstellung des Arbeitnehmers.

III. Zeitlich befristete bzw. auflösend bedingte Arbeitsverträge

24 Eine andere Möglichkeit der Risikominimierung ist der Abschluss von zeitlich befristeten oder unter Bedingungseintritt gestellten Arbeitsverträgen.[22]

25 Ein auf bestimmte Zeit geschlossener Arbeitsvertrag (befristeter Arbeitsvertrag) liegt vor, wenn dessen Dauer kalendermäßig bestimmt ist (kalendermäßig befristeter Arbeitsvertrag) oder sich aus Art, Zweck oder Beschaffenheit der Arbeitsleistung ergibt (zweckbefristeter Arbeitsvertrag), § 3 Abs. 1 Teilzeit- und Befristungsgesetz (TzBfG). Das TzBfG ermöglicht Arbeitgebern damit den Abschluss von zeitlich befristeten (§ 14 TzBfG) ebenso von auflösend bedingten Arbeitsverträgen (§ 21 TzBfG). Beiden Fällen ist gemein, dass das Arbeitsverhältnis ohne Zutun des Arbeitgebers nach Ablauf der vereinbarten Zeit bzw. Eintritt des Ereignisses endet, ohne dass es des Ausspruchs einer Kündigung und damit zusammenhängender Verfahren wie ggf. einer Betriebsratsanhörung oder Einholung behördlicher Genehmigungen im Falle sondergeschützter Arbeitnehmer bedarf.

---

i **Hinweis**

Eine Befristung ist nur dann wirksam, wenn sie schriftlich vereinbart ist, § 14 Abs. 4 TzBfG. Bei Unwirksamkeit der Befristungsabrede entsteht aus dem befristeten ein unbefristetes Arbeitsverhältnis zu den ansonsten gleichen Bedingungen des befristeten Vertrages. Es tritt also keine Nichtigkeit des Arbeitsvertrages ein.

---

1. Zeitliche Befristung

26 Um den Kündigungsschutz nicht auszuhöhlen, sind zeitliche Befristungen nur in engen Grenzen möglich[23]. Andernfalls könnte der Arbeitgeber versucht sein, jedem Arbeitnehmer dauerhaft monats- oder wochenweise befristete Arbeitsverträge anzubieten.

---

22 Eine graphisch aufgelockerte Darstellung zum gesamten Befristungsrecht findet sich etwa bei Tschöpe/*Schmalenberg*, Anwaltshandbuch Arbeitsrecht, Teil 1 E; weniger ausführlich, aber genauso empfehlenswert s. die Ausführungen bei Küttner/*Kania*, Personalbuch 2013, Kap. 90 Befristetes Arbeitsverhältnis.

23 Tschöpe/*Schmalenberg*, Anwaltshandbuch Arbeitsrecht, Teil 1 E Rn 1 ff.; *Lepke*, Kündigung bei Krankheit, Rn 20.

Zeitliche Befristungen sind nach der Systematik des TzBfG als Sachgrund- (§ 14 Abs. 1) und sachgrundlose Befristungen (§ 14 Abs. 2 bzw. 2a) möglich. 27

a) Befristung mit Sachgrund, § 14 Abs. 1 TzBfG

Liegt einer der in § 14 Abs. 1 TzBfG genannten Sachgründe vor, darf der Arbeitgeber 28 das Arbeitsverhältnis befristen – beliebig oft und mit beliebiger Länge.[24] Da hierfür jedoch stets das Vorliegen eines Sachgrundes erforderlich ist, sind die im folgenden behandelten sachgrundlosen Befristungen zur Risikovorsorge für spätere krankheitsbedingte Beeinträchtigungen besser geeignet, da diese bei jeder Neueinstellung ohne Rücksicht auf das Vorhandensein eines bestimmten Grundes angewendet werden können.

b) Befristung ohne Sachgrund, § 14 Abs. 2 TzBfG

Eine Befristung ohne Sachgrund soll nach dem Willen des Gesetzgebers die Aus- 29 nahme sein. Daher unterliegt sie strengeren Voraussetzungen als die Sachgrund-Befristung. Sie ist gem. § 14 Abs. 1 TzBfG nur

- bis zur Gesamtdauer von zwei Jahren zulässig, wobei
- innerhalb dieses Zweijahreszeitraums das Arbeitsverhältnis maximal dreimal verlängert werden darf und
- sie dann nicht zulässig ist, wenn mit demselben Arbeitgeber zuvor bereits ein befristetes oder unbefristetes Arbeitsverhältnis bestand.

Nach der Rechtsprechung des BAG fallen unter „Zuvor-Arbeitsverhältnisse" nicht 30 solche Arbeitsverhältnisse, deren **Beendigung mehr als drei Jahre zurückliegt**[25]. Folglich darf auch der Arbeitnehmer sachgrundlos befristet eingestellt werden, der vor mehr als drei Jahren bereits in einem Arbeitsverhältnis zum Arbeitgeber stand. Dies soll nach dem BAG erlaubt sein, da in derartigen Konstellationen keine ungewünschten Kettenbefristungen drohen[26]. Der Arbeitgeber sollte sich daher bei Unterzeichnung des befristeten Vertrages schriftlich versichern lassen, dass in den letzten drei Jahren kein Arbeitsverhältnis zwischen Arbeitgeber und Arbeitnehmer bestand.

Hinweis

Der Arbeitgeber sollte sich bei Unterzeichnung des befristeten Vertrages schriftlich versichern lassen, dass in den letzten drei Jahren kein Arbeitsverhältnis zwischen Arbeitgeber und Arbeitnehmer

---

24 Zu den Ausnahmen bei Rechtsmissbrauch s. *Fuhlrott*, GWR 2012, 530.

25 BAG, Urt. v. 6.4.2011 – 7 AZR 716/09, NZA 2011, 905.

26 Annuß/Thüsing/*Maschmann*, § 14 TzBfG, Rn 70a ff.; Tschöpe/*Schmalenberg*, Anwaltshandbuch Arbeitsrecht, Teil 1 E Rn 15.

bestand. Vorsätzliche Falschangaben des Arbeitnehmers können dann eine spätere Anfechtung des Vertrages rechtfertigen.[27]

---

31 Weitere Sonderfälle sachgrundloser Befristung regeln § 14 Abs. 3 und 2a TzBfG, so etwa die erleichterte Befristungsmöglichkeit für Unternehmen in den ersten vier Jahren ihrer Gründung gem. § 14 Abs. 2a TzBfG. Für diese Unternehmen ist die Befristung eines Arbeitsvertrages ohne Vorliegen eines sachlichen Grundes bis zur Dauer von vier Jahren zulässig; bis zu dieser Gesamtdauer von vier Jahren ist auch die mehrfache Verlängerung zulässig.[28] Dies gilt allerdings nicht für Neugründungen im Zusammenhang mit der rechtlichen Umstrukturierung von Unternehmen und Konzernen.

32 Eine sachgrundlose Befristung ist zudem nur wirksam, wenn diese **vor Beginn des Arbeitsverhältnisses schriftlich vereinbart** worden ist und kann nicht nachträglich vereinbart werden.[29] Bei einem Verstoß hiergegen ist die Befristungsabrede unwirksam und ein unbefristetes Arbeitsverhältnis entstanden. Wird dieser Fehler gleich bemerkt, kann zwar noch eine Probezeitkündigung ausgesprochen werden. Eine wirksame Befristung ohne Sachgrund ist dann jedoch nicht mehr möglich.[30]

Praxistipp
Vor dem ersten „Handgriff" des neu eingestellten Arbeitnehmers sollte daher nachgehalten werden, ob der durch den Arbeitnehmer gegengezeichnete schriftliche Arbeitsvertrag vorliegt.

---

33 Aus Arbeitgebersicht empfiehlt sich bei Abschluss eines Arbeitsvertrages mit einem neueinzustellenden Arbeitnehmer zur **Risikominimierung** folgendes Vorgehen:
- Angebot auf Abschluss eines auf ein Jahr befristeten Arbeitsvertrags, der bereits durch die Überschrift „befristeter Arbeitsvertrag" und einer deutlichen Regelung zur automatischen Beendigung des Arbeitsverhältnisses nach Ablauf der Befristung dem Transparenzgebot genügt.
- Ausdrückliche Aufnahme der Regelung, dass der Vertrag trotz bestehender Befristung ordentlich kündbar ist.
- Bezeichnung der ersten sechs Monate als Probezeit unter Aufnahme einer verkürzten Probezeitkündigungsfrist von (mindestens) zwei Wochen.
- Einholung einer schriftlichen Versicherung des Arbeitnehmers, dass keine Vorbeschäftigung bzw. eine mehr als drei Jahre zurückliegende Vorbeschäftigung bestand.

---

27 Tschöpe/*Schmalenberg*, Anwaltshandbuch Arbeitsrecht, Teil 1 E Rn 19.

28 Einzelheiten bei Annuß/Thüsing/*Maschmann*, § 14 TzBfG, Rn 79 a ff.

29 BAG, Urt. v. 1.12.2004 – 7 AZR 198/04, NZA 2005, 575; BAG, Urt. v. 16.3.2005 – 7 AZR 289/04, BB 2005, 1856; Tschöpe/*Schmalenberg*, Anwaltshandbuch Arbeitsrecht, Teil 1 E Rn 123a; Annuß/Thüsing/*Maschmann*, § 14 TzBfG, Rn 88a.

30 BAG, Urt. v. 16.3.2005 – 7 AZR 289/04, BB 2005, 1856; BAG, Urt. v. 16.4.2008 – 7 AZR 1048/06, EWiR 2008, S. 605 mit Anm. *Roock/Fuhlrott*.

- Sicherstellung, dass der durch den Arbeitnehmer gegengezeichnete Vertrag auch bereits vor erster Arbeitsaufnahme vorliegt.

Vor Ablauf der Befristung ist sodann zu überlegen, ob eine Fortsetzung des Arbeitsverhältnisses gewünscht ist: 34

- Soll das Arbeitsverhältnis entfristet werden, genügt aus rechtlicher Sicht die schlichte einverständliche Weiterarbeit des Arbeitnehmers über das Befristungsende hinaus, wenngleich ein bestätigendes Schreiben über die „Entfristung" des Arbeitsverhältnisses hier üblich ist.
- Soll das Arbeitsverhältnis nicht fortgesetzt werden, ist arbeitgeberseitig strikt darauf zu achten, dass der Arbeitnehmer über das Ablaufdatum hinaus keine Arbeitshandlungen mehr vornimmt und nicht etwa am ersten Tag des Ablaufs der Befristungsdauer noch erscheint, „um noch kurz etwas zu Ende zu bringen". Andernfalls entsteht gem. § 15 Abs. 5 TzBfG ein unbefristetes Arbeitsverhältnis.
- Soll der Arbeitnehmer weiter beschäftigt werden, aber ist noch keine Entfristung gewünscht, kann der Arbeitgeber das Arbeitsverhältnis abermals befristen, soweit er dabei den zweijährige Gesamtzeitraum der Befristungsdauer nicht überschreitet und höchstens dreimal das Arbeitsverhältnis verlängert.

Hinweis

Bei der Verlängerung des Arbeitsverhältnisses ist unbedingt darauf zu achten, dass das Arbeitsverhältnis zum einen nahtlos fortgesetzt wird[31], zum anderen die Verlängerung schriftlich vor Ablauf des zu verlängernden Vertrages erfolgt[32] und nur die Vertragslaufzeit, nicht aber die übrigen Vertragsbedingungen geändert werden.[33]

---

2. Auflösende Bedingung

Anbieten kann es sich zudem, den Abschluss des Arbeitsvertrags (zusätzlich) unter die auflösende Bedingung zu stellen, dass der Arbeitnehmer ausweislich einer ärztlichen Untersuchung in der Lage ist, die geschuldete Tätigkeit zu erbringen. Die Vereinbarung einer solchen auflösenden Bedingung ist zulässig.[34] 35

Dieses Vorgehen ist empfehlenswert, da im Vergleich zu einer Probezeitkündigung die Durchführung einer Betriebsratsanhörung vermieden wird und im Vergleich 36

---

31 HWK/*Schmalenberg*, § 14 TzBfG Rn 105; Annuß/Thüsing/*Maschmann*, § 14 TzBfG, Rn 64.

32 BAG, Urt. v. 26.7.2000 – 7 AZR 51/99, BB 2000, 2576; BAG, Urt. v. 26.7.2006 – 7 AZR 494/05, NZA 2007, 151.

33 BAG, Urt. v. 18.1.2006 – 7 AZR 178/05, NZA 2006, 605; s. hierzu auch Annuß/Thüsing/*Maschmann*, § 14 TzBfG, Rn 65.

34 LAG Berlin, Urt. v. 16.7.1990 – 9 Sa 43/90, DB 1990, 2223; LAG Hessen, Urt. v. 8.12.1994 – 12 Sa 1103/94, ZTR 1995, 373; LAG Hamm, Urt. v. 12.9.2006 – 9 Sa 2313/05, BeckRS 2006, 44526; s. auch Tschöpe/*Schmalenberg*, Anwaltshandbuch Arbeitsrecht, Teil 1 E, Rn. 60.

zu einer Anfechtung wegen fehlender gesundheitlicher Eignung Streitigkeiten über Ursächlichkeit der Täuschung bzw. das Vorliegen von Arglist bei einer Anfechtung gem. § 123 BGB vermieden werden.

Klauselmuster

„Der Abschluss des Arbeitsvertrags erfolgt unter der auflösenden Bedingung, dass der Arbeitnehmer ausweislich des Ergebnisses der durch den Betriebsarzt Dr. ... unverzüglich durchzuführenden Einstellungsuntersuchung für den Einsatz im vorgesehenen Arbeitsbereich tauglich ist. Der Arbeitnehmer wird die Durchführung der Untersuchung vor Arbeitsaufnahme ermöglichen.“[35]

„Der Vertrag wird vorbehaltlich der noch festzustellenden gesundheitlichen Eignung des Arbeitnehmers abgeschlossen. Er endet daher, ohne dass es einer Kündigung bedarf, wenn aufgrund der gesundheitlichen Begutachtung feststeht, dass der Arbeitnehmer für die vertraglich vorgesehene Tätigkeit nicht geeignet ist, frühestens jedoch nach zwei Wochen nach Zugang der schriftlichen Mitteilung des Arbeitgebers über die Feststellung der fehlenden gesundheitlichen Eignung. Während der hier vereinbarten Vertragslaufzeit kann das Arbeitsverhältnis mit den gesetzlichen Kündigungsfristen gekündigt werden.“[36]

---

37 Eine Klausel, wonach das Arbeitsverhältnis auch später bei einer im Verlauf des Arbeitsverhältnisses eintretenden Erkrankung automatisch endet, stellt hingegen eine **Umgehung des Kündigungsschutzes** und der strengen Voraussetzungen der krankheitsbedingten Kündigung[37] dar und ist nicht zulässig.[38]

38 Zulässig sind hingegen vertragliche Formulierungen, wonach das Arbeitsverhältnis bei **eintretender Erwerbsunfähigkeit** des Arbeitnehmers endet.[39] Derartige Regelungen sind Ausfluss eines berechtigten Interesses des Arbeitgebers, sich von einem Arbeitnehmer zu trennen, der seine geschuldete Leistung nicht mehr erbringen kann[40] und finden sich auch in einigen tarifvertraglichen Regelungen. Es empfiehlt sich daher, bei fehlender Bezugnahme entsprechender tarifvertraglicher Regelungswerke eine entsprechende Formulierung in den Arbeitsvertrag mit aufzunehmen.

Beispiel

So findet sich etwa in § 33 Abs. 2 TVöD[41] folgende Regelung:

„Das Arbeitsverhältnis endet ferner mit Ablauf des Monats, in dem der Bescheid eines Rentenversicherungsträgers (Rentenbescheid) zugestellt wird, wonach die/der Beschäftigte voll oder teilweise erwerbsgemindert ist. Die/Der Beschäftigte hat den Arbeitgeber von der Zustellung des

---

35 Formulierung nach *Fuhlrott/Hoppe*, ArbR Aktuell 2010, 183, 184.

36 Formulierung von Tschöpe/*Schmalenberg*, Anwaltshandbuch Arbeitsrecht, Teil 1 E, Rn. 61.

37 S. hierzu ausführlich unter Kap. 4 – C.

38 S. etwa BAG, Urt. v. 19.12.1974 – 2 AZR 565/73, BB 1975, 651 zur Unwirksamkeit einer auflösenden Bedingung bei Nicht-Rückkehr aus dem Urlaub; *Lepke*, Kündigung bei Krankheit, Rn 28 m.w.N.

39 BAG, Urt. v. 6.12.2000 – 7 AZR 302/99, NZA 2001, 792; *Lepke*, Kündigung bei Krankheit, Rn 30.

40 BAG, Urt. v. 6.12.2000 – 7 AZR 302/99, NZA 2001, 792.

41 Tarifvertrag für den Öffentlichen Dienst in der Fassung vom 13.9.2005, zuletzt geändert durch Änderungstarifvertrag Nr. 7 vom 31.5.2012.

Rentenbescheids unverzüglich zu unterrichten. Beginnt die Rente erst nach der Zustellung des Rentenbescheids, endet das Arbeitsverhältnis mit Ablauf des dem Rentenbeginn vorangehenden Tages. Liegt im Zeitpunkt der Beendigung des Arbeitsverhältnisses eine nach § 92 SGB IX erforderliche Zustimmung des Integrationsamtes noch nicht vor, endet das Arbeitsverhältnis mit Ablauf des Tages der Zustellung des Zustimmungsbescheids des Integrationsamtes. Das Arbeitsverhältnis endet nicht, wenn nach dem Bescheid des Rentenversicherungsträgers eine Rente auf Zeit gewährt wird. In diesem Fall ruht das Arbeitsverhältnis für den Zeitraum, für den eine Rente auf Zeit gewährt wird."

IV. Vorherige Erprobung als Leiharbeitnehmer?

Vorstellbar ist es schließlich auch, einen Bewerber darauf zu verweisen, er möge sich 39
bei einem mit dem Arbeitgeber kooperierenden Zeitarbeitsunternehmen bewerben und nach dessen dort erfolgter Einstellung den Arbeitnehmer im Wege der Arbeitnehmerüberlassung als Leiharbeitnehmer zu beschäftigen. So ist verstärkt zu beobachten, dass selbst qualifizierte Fachkräfte wie z. B. Ingenieure über Zeitarbeitsunternehmen eingestellt und im Wege der Überlassung sodann eingesetzt werden.[42]

Dies setzt allerdings voraus, dass es ein kooperierendes Leiharbeitsunternehmen 40
gibt, das den gewünschten Arbeitnehmer einstellt und von dem dieser sodann entliehen werden kann. Für den Entleiher hat dies den Vorteil, sämtliche arbeitsrechtlichen Probleme auf den Verleiher auszulagern – der sich diese Risiken natürlich entsprechend vergüten lässt.

Vor dem Hintergrund, dass der Einsatz von Leiharbeitnehmern nach der Neufas- 41
sung des AÜG jedoch gem. § 1 Abs. 1 S. 2 AÜG nur vorübergehend und nicht dauerhaft erfolgen darf, ist dieses Modell nur geeignet, Auftragsspitzen oder besondere Projekte abzudecken. Da gerichtlich nach wie vor nicht geklärt ist, ab wann ein Einsatz dauerhaft ist,[43] sollte die Möglichkeit der vorherigen Erprobung in Form der Leiharbeit nur vorsichtig angewandt werden, selbst wenn nach dem BAG ein längerer Einsatz des Leiharbeitnehmers nicht zum Entstehen eines Arbeitsverhältnisses mit dem Entleiher führt.[44]

42 S. hierzu etwa Frankfurter Rundschau v. 19.1.2010 „Airbus feiert und feuert", http://www.fr-online.de/wirtschaft/leiharbeiter-jobs-airbus-feiert-und-feuert,1472780,3189654.html (letzter Abruf am 20.7.2014).

43 Zu den einzelnen hier vertretenen Auffassungen vgl. Tschöpe/*Hiekel*, Anwaltshandbuch Arbeitsrecht, Teil 6 D Rn 4 ff.; Thüsing/*Waas*, § 1 AÜG, Rn. 109a ff.

44 BAG, Urt. v. 10.12.2013 – 9 AZR 51/13, NZA 2014, 196.

Kapitel 2
Arbeitsrechtliche Möglichkeiten und Grenzen der Krankenkontrolle

A. Informationsgewinnung im Einstellungsprozess

Für Arbeitgeber besteht grundsätzlich ein Interesse, ein möglichst umfassendes Bild über ihre zukünftigen Arbeitnehmer zu erhalten. Im Hinblick auf das Austauschverhältnis „Lohn für Arbeit“ besteht dieses Interesse insbesondere in Bezug auf die körperliche und geistige Leistungsfähigkeit des jeweiligen Bewerbers. Umgekehrt hat der Bewerber ein Interesse daran, seine persönlichen Daten, soweit sie nicht besonders werbend für ihn sind, vor der Kenntnisnahme durch den potentiellen Arbeitgeber geheim zu halten. Diese sich gegenüber stehenden Interessenlagen müssen im Einstellungsprozess in Einklang gebracht werden. 1

Im Rahmen des Einstellungsprozesses hat der Arbeitgeber verschiedene Möglichkeiten, Kenntnisse über etwaige das Austauschverhältnis beeinträchtigende Krankheiten/Behinderungen des Bewerbers zu erhalten, z. B. durch Fragen an Bewerber und Vorlage von Zeugnissen (hierzu s. A. I.), durch ärztliche Untersuchungen (hierzu s. A. II.), sowie durch Befragungen ehemaliger Arbeitgeber und sonstiger Dritter und Internetrecherche (hierzu s. A. III.). Der Gesamtkomplex wird auch als „Pre-Employment-Screening“, „Background Check“ oder „Pre-Employment Due Diligence“ bezeichnet. Die vielfältigen tatsächlichen Möglichkeiten, sich über die Eignung bzw. Eigenschaften des Bewerbers zu erkundigen, sind in rechtlicher Hinsicht jedoch nicht schrankenlos. Das Allgemeine Gleichbehandlungsgesetz, das Bundesdatenschutzgesetz sowie das allgemeine Persönlichkeitsrecht bestimmen die Grenzen der Informationsgewinnung für den Arbeitgeber. 2

Praxistipp

Entwicklungen in der Gesetzgebung zum Arbeitnehmerdatenschutz: Am 28. Mai 2010 hatte das Bundesinnenministerium einen Referentenentwurf vorgelegt, der umfangreiche Bestimmungen zum Beschäftigtendatenschutz in das BDSG einführen sollte. Die Regelungen enthalten u. a. Bestimmungen über das Fragerecht des Arbeitgebers hinsichtlich des Gesundheitszustands des Arbeitnehmers im Bewerbungsverfahren. Das Gesetzesvorhaben wurde jedoch Anfang 2013 gestoppt, da auf europäischer Ebene ein Entwurf der EU-Kommission gerichtet auf eine unmittelbar geltende Datenschutz-Grundverordnung im Zuge der EU-Datenschutzreform vorgelegt wurde.
Ob und wann die Datenschutz-Grundverordnung und eine etwaige weitere Umsetzung kommen wird, ist offen, so dass derzeit das BDSG unverändert maßgeblich bleibt.

I. Befragung des Bewerbers über Krankheiten/Behinderungen

3 Sowohl für den Arbeitgeber als auch den Bewerber ist es wichtig zu wissen, wonach in einem Bewerbungsgespräch zulässigerweise gefragt werden darf (A. I. 1. bis 3.) und welches die Konsequenzen einer unwahren Aussage sein können (A. I. 2). Ob die Frage und die Antwort in mündlicher Form (Vorstellungsgespräch/Telefoninterview) oder schriftlicher Form (Fragebogen, Übersendung von Gesundheitszeugnissen) mitgeteilt werden, ist für die rechtliche Beurteilung unerheblich, kann jedoch für die Frage der Beweisbarkeit eine Rolle spielen.

1. Fragen an Bewerber – Grundsätzliches: Gesetzliche Bestimmungen und Rechtsprechung

4 Nach dem Bundesdatenschutzgesetz ist die Datenerhebung (nur) zulässig, „soweit dieses Gesetz oder eine andere Rechtsvorschrift dies erlaubt oder anordnet oder der Betroffene eingewilligt hat", § 4 Abs. 1 BDSG; es handelt sich damit um ein Erhebungsverbot mit Erlaubnisvorbehalt. § 32 Abs. 1 BDSG erlaubt die Datenerhebung dann, „wenn dies für die Entscheidung über die Begründung eines Beschäftigungsverhältnisses (...) erforderlich ist" und § 8 Abs. 1 AGG lässt eine unterschiedliche Behandlung (im Sinne eines Fragerechts) zu, „wenn (...) wegen der Art der auszuübenden Tätigkeit oder der Bedingungen ihrer Ausübung eine wesentliche und entscheidende berufliche Anforderung" erfüllt sein muss, wie etwa das Fehlen von bestimmten gesundheitlichen Einschränkungen.

5 Wann die Datenerhebung „erforderlich" bzw. die „berufliche Anforderung" wesentlich ist, lässt sich lediglich für Fragen nach der **beruflichen** und **fachlichen Qualifikation** abstrakt beantworten – derartige Fragen sind **stets** ohne Einschränkung **zulässig**. Hingegen bedarf es bei Fragen nach der **körperlichen und gesundheitlichen Verfassung**, einschließlich Erkrankungen und Behinderungen, und persönlichen Eigenschaften stets der **Einzelfallbetrachtung** und **-abwägung**. Im Rahmen der Abwägung spielt auch die gesetzgeberische Wertung eine Rolle, dass es sich bei Gesundheitsdaten um besonders sensible, zu schützende Daten handelt (vgl. § 28 Abs. 6 i. V. m. § 3 Abs. 9 BDSG; §§ 1, 7 AGG; § 75 Abs. 1 BetrVG). Erst wenn das Informationsinteresse des Arbeitgebers das Interesse des Arbeitnehmers an der Geheimhaltung der Information überwiegt, ist die Frage zulässig.

6 Das BAG löst den Widerstreit zwischen den gegenläufigen Interessen des Arbeitgebers und des Bewerbers im Vorstellungsprozess in der Weise auf, dass der Arbeitgeber berechtigt sein soll, Informationen von dem Bewerber (erneut: nur) insoweit zu erfragen, wie der Arbeitgeber ein *„berechtigtes, billigenswertes und schutzwürdiges Interesse an der Beantwortung seiner Fragen im Hinblick auf das Arbeitsverhältnis"* hat.[1]

1 BAG, Urt. v. 5.10.1995 – 2 AZR 923/94 –, NZA 1996, 371.

Das arbeitgeberseitige Interesse soll dann „berechtigt" sein, wenn es so schwer wiegt, dass „*dahinter das Interesse des Arbeitnehmers, seine persönlichen Lebensumstände zum Schutz seines Persönlichkeitsrechts und zur Sicherung der Unverletzlichkeit seiner Individualsphäre geheimzuhalten, zurückzutreten hat.*"[2] Der Arbeitgeber darf danach grundsätzlich nur Informationen erfragen, die relevant sind für die Ausübung der Tätigkeit und darüber hinaus nicht unverhältnismäßig in die Persönlichkeitssphäre des Bewerbers eingreifen.

Praxistipp

„Recht zur Lüge?!" – Auf diesen kurzen Nenner hat die juristische Literatur die Abwägungsproblematik im Hinblick auf das Bestehen eines arbeitgeberseitigen Fragerechts gebracht. Dahinter steht, dass jeder Bewerber eine unwahre Angabe gegenüber dem Arbeitgeber machen darf, wenn diese Angabe auf eine Frage des Arbeitgebers erfolgt, die nicht von einem „berechtigten Interesse" des Arbeitgebers gedeckt ist oder unverhältnismäßig in die Persönlichkeitssphäre des Bewerbers eingreift, mithin unzulässig war. Aus der unwahren Beantwortung der Frage entstehen dem Bewerber (bzw. späteren Arbeitnehmer) rechtlich keine Nachteile.[3]

---

2. Fragen an Bewerber – einzelne Fragen

a) Akute, langfristige/häufige Erkrankungen

Das BAG hat folgende Fragen an Bewerber im Hinblick auf das Vorliegen von Erkrankungen für **zulässig** erachtet:[4] 7

- *„Liegt eine Krankheit bzw. eine Beeinträchtigung des Gesundheitszustandes vor, durch die die Eignung für die vorgesehene Tätigkeit auf Dauer oder in periodisch wiederkehrenden Abständen eingeschränkt ist?"*
- *„Ist zum Zeitpunkt des Dienstantritts bzw. in absehbarer Zeit mit einer Arbeitsunfähigkeit zu rechnen, z. B. durch eine geplante Operation, eine bewilligte Kur oder auch durch eine zur Zeit bestehende akute Erkrankung?"*

b) Ansteckende Krankheiten

Das BAG hat folgende Frage an Bewerber im Hinblick auf das Vorliegen von ansteckenden Erkrankungen für **zulässig** erachtet:[5] 8

- *„Liegen ansteckende Krankheiten vor, die zwar nicht die Leistungsfähigkeit beeinträchtigen, jedoch die zukünftigen Kollegen oder Kunden gefährden?"*

---

2 BAG, Urt. v. 5.10.1995 – 2 AZR 923/94 –, NZA 1996, 371.
3 BAG, Urt. v. 19.5.1983 – 2 AZR 171/81 –, DB 1984, 298.
4 BAG, Urt. v. 7.6.1984 – 2 AZR 270/83 –, NZA 1985, 57.
5 BAG, Urt. v. 7.6.1984 – 2 AZR 270/83 –, NZA 1985, 57.

c) Vergangene Erkrankungen

9 In Bezug auf in der Vergangenheit liegende und abgeheilte Erkrankungen hat der Arbeitgeber **kein Fragerecht**. Die Kenntnis ist nicht „erforderlich" für die Durchführung des Arbeitsverhältnisses und kann den Eingriff in das Persönlichkeitsrecht des Bewerbers damit nicht rechtfertigen.

d) Schwerbehinderung und Gleichstellung

10 Die Frage nach der Schwerbehinderung oder Gleichstellung ist nach Inkrafttreten des AGG (dort insbes. § 7 Abs. 1 i. V. m. § 1) sowie unter der Geltung des § 81 Abs. 2 SGB IX, welche beide die Benachteiligung wegen einer Behinderung verbieten, **grundsätzlich unzulässig.**[6] Die anderslautende Rechtsprechung des BAG aus der Zeit vor Geltung des AGG ist damit überholt (s. dazu auch Kap. 9, C. I. 2.).

11 Eine **Ausnahme** von dem Frageverbot besteht, wenn das Fehlen einer Behinderung eine wesentliche und entscheidende berufliche Anforderung für die Ausübung der Tätigkeit ist. In diesem Fall ist die Frage des Arbeitgebers von dem Ausnahmetatbestand des § 8 Abs. 1 AGG gedeckt.[7] Die Frage muss jedoch in Bezug auf die spezielle Tätigkeit/Behinderung gestellt werden und darf nicht lediglich allgemein darauf gerichtet sein, ob der Bewerber als Schwerbehinderter anerkannt wurde.[8]

12 Darüber hinaus wird vertreten, dass Arbeitgeber, die der Ausgleichsabgabe (s. Kap. 9, E. I. III.) unterliegen, für den Fall, dass sie die maßgebliche Beschäftigungsquote nicht erfüllen, nach der Schwerbehinderung fragen dürfen, wenn sie erkennbar das Ziel verfolgen, die Quote gerade durch die Einstellung von Schwerbehinderten zu erfüllen und so der Zahlungsverpflichtung zu entgehen.[9] Allerdings soll eine Lüge – auf die in dieser Konstellation zulässige Frage – keine negativen Konsequenzen für den Bewerber haben, entweder weil sonst ein Missbrauch dieser „Hinweismöglichkeit" befürchtet würde oder weil die Kausalität für die Einstellung verneint wird.[10]

e) HIV-Infektion und Aids-Erkrankung

13 Hinsichtlich der Frage nach einer HIV-Infektion bzw. einer Aids-Erkrankung ist zu differenzieren:

---

6 Im laufenden Arbeitsverhältnis kann die Frage u. U. zulässig sein, vgl. B.
7 ErfK/*Preis*, BGB, § 611 Rn 274.
8 Henssler/Willemsen/Kalb/*Thüsing*, BGB, § 123 Rn 26.
9 Richardi/*Thüsing*, § 94 Rn 15.
10 Richardi/*Thüsing*, § 94 Rn 15.

aa) HIV-Infektion

Die Frage ist, wie bei anderen potentiell ansteckenden Krankheiten, nur zulässig, wenn im Rahmen der auszuübenden Tätigkeit ein **erhöhtes Risiko** der Ansteckung **Dritter** besteht.[11] Diese Gefahr kann bei Berufen mit häufigem Kontakt mit Dritten und der Gefahr körperlicher Verletzungen gegeben sein, wie etwa bei Ärzten, Pflegepersonal, Küchenpersonal und bei Berufsgruppen, die mit der Herstellung und Verarbeitung von Lebensmitteln beschäftigt sind. 14

bb) Aids-Erkrankung

Soweit die Aids-Erkrankung bereits absehbar zu einer Einschränkung der Leistungsfähigkeit bzw. zu „periodischen“ Abwesenheitszeiten vom Arbeitsplatz führen wird, ist die Frage nach den Grundsätzen zu akuten Erkrankungen (s. A. I. 2. a) Rn 7) zulässig.[12] 15

f) Suchterkrankungen

Für Suchterkrankungen gilt ebenfalls der Grundsatz, dass nach ihnen gefragt werden darf, wenn und soweit ihr Vorliegen zu einer schwerwiegenden Belastung des Arbeitsverhältnisses führen würde, weil der Bewerber die Tätigkeit nicht ausüben kann, bald eine lang dauernde Therapie beginnt oder häufige Fehlzeiten abzusehen sind.[13] Dies gilt in gesteigertem Maße für Tätigkeiten, bei welchen Dritte gefährdet werden könnten, wie etwa bei Fernfahrern. 16

3. Gesundheitszeugnisse/-untersuchung anfordern

Da die Informationsgewinnung aus Gesundheitszeugnissen für den Arbeitgeber den gleichen Stellenwert haben kann wie die Beantwortung einer entsprechenden Frage durch den Bewerber, unterliegt die Anforderung von Gesundheitszeugnissen den gleichen Abwägungsmaßstäben.[14] Ein Arbeitgeber darf die Einstellung eines Bewerbers auch von einer – freiwilligen – Untersuchung auf solche Krankheiten abhängig machen, über die er den Bewerber befragen darf.[15] 17

---

11 Henssler/Willemsen/Kalb/*Thüsing*, BGB, § 123 Rn 23.

12 ErfK/*Preis*, BGB, § 611 Rn 274.

13 Dies gilt unabhängig davon, ob man mit dem BAG Suchterkrankungen als Behinderung i. S. v. § 2 Abs. 1 SGB IX ansieht; bzgl. Drogenabhängigkeit BAG, Urt. v. 14.1.2004 – 10 AZR 188/03 –, NJOZ 2005, 2735.

14 Küttner/*Kreitner*, Gesundheitszeugnis Rn 9.

15 Küttner/*Kreitner*, Gesundheitszeugnis Rn 9.

4. Rechtliche Möglichkeiten des Arbeitgebers bei Falschangaben des Bewerbers

18 Hat der Bewerber bei der Beantwortung zulässiger Fragen des Arbeitgebers falsche Angaben gemacht und führt dies zu einer erheblichen Beeinträchtigung des Vertragszwecks, hat der Arbeitgeber regelmäßig ein Interesse daran, sich so schnell wie möglich vom Anstellungsvertrag zu lösen (s. dazu a) bis c)) und etwaig entstandenen Schaden ersetzt zu erhalten (s. dazu d)).

a) Anfechtung des Anstellungsvertrages – Grundsätze

19 Das Recht zur Anfechtung der auf den Abschluss des Anstellungsvertrags gerichteten Willenserklärung wird **nicht** durch das Recht zur (ggf. außerordentlichen) Kündigung **verdrängt**, da die jeweilige Zielrichtung eine andere ist.[16] Die Anfechtung beruht auf Mängeln bei der Willensbildung, während die Kündigung auf einer negativen Zukunftsprognose basiert.

Praxistipp

Die für die Kündigung geltenden Form- und Beteiligungsvorschriften (Schriftform gem. § 623 BGB, Anhörung des Betriebsrats gem. § 102 Abs. 1 BetrVG) gelten nicht für die Anfechtung. Aus den selben Gründen sind auch Kündigungsverbote (etwa §§ 85 ff. SGB IX, § 9 MuSchG, § 18 BEEG) bei der Anfechtung nicht zu berücksichtigen.

aa) Anfechtung gemäß § 123 Abs. 1 BGB

20 § 123 Abs. 1 BGB bestimmt, dass „wer zur Abgabe einer Willenserklärung durch arglistige Täuschung (...) bestimmt worden ist, (...) die Erklärung anfechten" kann. Der Bewerber täuscht den Arbeitgeber über objektiv nachprüfbare Umstände, so dass dieser im Irrtum über diese Umstände und gerade weil er über diese Umstände irrt, den Anstellungsvertrag mit dem Bewerber abschließt. Der Bewerber muss dabei entweder bewusst die Täuschung vorgenommen haben oder zumindest in Kauf genommen haben, dass der Arbeitgeber einem Irrtum über den Inhalt der Antwort auf die (zulässige) Frage unterliegen wird.[17]

21 Die Anfechtungsmöglichkeit kann dem Arbeitgeber nach den Grundsätzen von Treu und Glauben jedoch genommen sein, wenn das Arbeitsverhältnis eine erhebliche Zeit ohne Auffälligkeiten bestanden hat und die rechtliche Situation des Arbeitgebers im Zeitpunkt der Ausübung des Anfechtungsrechts durch die arglistige Täuschung nicht mehr beeinträchtigt ist[18] oder der Vertragsschluss unmissverständlich durch den

16 BAG, Urt. v. 11.11.1993 –2 AZR 467/93, NZA 1994, 407; BAG, Urt. v. 28. 5.1998 – 2 AZR 549/97 –, NZA 1998, 1052.

17 ErfK/*Preis*, BGB, § 611 Rn 360.

18 BAG, Urt. v. 11.11.1993 – 2 AZR 467/93 –, NZA 1994, 407.

Arbeitgeber bestätigt wurde; eine solche Bestätigung ist jedoch keinesfalls in einer zeitgleich zu der Anfechtung erklärten (außerordentlichen) Kündigung zu sehen,[19] so dass diese neben der Anfechtung möglich bleibt. Die Anfechtung erfolgt durch Erklärung gegenüber dem Arbeitnehmer (§ 143 Abs. 1, 2 BGB) und muss innerhalb eines Jahres ab Kenntniserlangung über die Täuschung erfolgen. Die kurze zweiwöchige Frist des § 626 Abs. 2 BGB, die für außerordentliche Kündigungen gilt, stellt keine zeitliche Begrenzung für die Anfechtung wegen arglistiger Täuschung dar.[20]

bb) Anfechtung gemäß § 119 Abs. 2 BGB

Der Arbeitgeber kann seine Willenserklärung auch anfechten, wenn er sich über eine 22
verkehrswesentliche Eigenschaft des Arbeitnehmers geirrt hat (§ 119 Abs. 2 BGB). Als solche verkehrswesentliche Eigenschaften kommen z. B. Alter, Geschlecht, Vertrauenswürdigkeit, Sachkenntnisse und Ausbildung in Betracht. [21] Einer Täuschungshandlung des Bewerbers bedarf es dabei nicht. Entscheidend ist, ob der Arbeitgeber bei verständiger Würdigung aller Umstände ohne den Irrtum den Anstellungsvertrag nicht abgeschlossen hätte,[22] wobei als Eigenschaften i. S. v. § 119 Abs. 2 BGB zugleich nur solche in Betracht kommen können, nach welcher der Arbeitgeber zulässigerweise hätte fragen dürfen.[23] Das Fehlen bzw. das Vorliegen der Eigenschaft muss zudem dazu führen, dass der Arbeitnehmer seine vertraglichen Verpflichtungen zu einem wesentlichen Teil nicht wird erfüllen können.[24] Dies ist etwa für Fälle denkbar, in welchen der Bewerber selbst nichts von (s)einer Krankheit weiß, deren Vorliegen jedoch dazu führt, dass er die Tätigkeit nicht ausüben kann, was in der Praxis jedoch die Ausnahme sein wird.

Die Anfechtung muss dem Arbeitnehmer gem. § 121 Abs. 1 BGB „unverzüglich" 23
erklärt werden; im Fall der Irrtumsanfechtung wird diese Frist jedenfalls durch § 626 Abs. 2 BGB analog auf zwei Wochen seit Erkennen des Irrtums begrenzt. Eine danach erfolgte Anfechtung ist nicht mehr „unverzüglich".[25] Häufig wird die Frist jedoch ohnehin kürzer zu bemessen sein, je nach den Umständen des Einzelfalls.

cc) Rechtsfolge wirksamer Anfechtung

Eine wirksame Anfechtung hat grundsätzlich die Rechtsfolge, dass der Vertrag als von 24
Anfang an nicht geschlossen gilt (nichtig ist) und ausgetauschte Leistungen bereiche-

19 BAG, Urt. v. 16.12.2004 – 2 AZR 148/04 –, NJOZ 2005, 2735.
20 ErfK/*Preis*, BGB, § 611 Rn 363.
21 ErfK/*Preis*, BGB, § 611 Rn 351 ff.
22 Henssler/Willemsen/Kalb/*Thüsing*, BGB, § 119 Rn 11.
23 ErfK/*Preis*, BGB, § 611 Rn 350.
24 MüArbR/*Richardi/Buchner*, § 34 Rn 22.
25 ErfK/*Preis*, BGB, § 611 Rn 356 f.

rungsrechtlich rückabgewickelt werden (§§ 812 ff. BGB). Da bereits erbrachte Arbeitsleistung jedoch nicht rückabgewickelt werden kann, wird für den Sonderbereich der Anfechtung von Anstellungsverträgen nach herrschender Meinung eine Ausnahme von dem Grundsatz der rückwirkenden Nichtigkeit gemacht.[26]

25 Wurden bereits **Leistungen ausgetauscht** und erfolgte keine Außervollzugsetzung, billigt die Rechtsprechung der Anfechtung lediglich die Wirkung einer außerordentlichen Kündigung zu, so dass das Arbeitsverhältnis folglich für die **Vergangenheit als wirksam** zustande gekommen behandelt wird, sog. fehlerhaftes Arbeitsverhältnis[27] und erst mit Wirkung für die Zukunft beendet wird.

Praxistipp
Nach der Anfechtung bedarf es zur Auflösung des Arbeitsverhältnisses noch einer (formlosen) Erklärung der Auflösung, die sofort mit Zugang wirksam wird.

---

26 In den Fällen der Vertragsdurchführung findet somit **keine Rückabwicklung** des Arbeitsverhältnisses statt, mit der Folge, dass der Arbeitnehmer das an ihn gezahlte Arbeitsentgelt behalten darf. Für die **Zukunft** werden beide Vertragsparteien jedoch von der Leistungspflicht **frei.**

Ausnahmsweise gilt: Wurde das Arbeitsverhältnis noch **nicht in Vollzug** gesetzt, bleibt es nach den allgemeinen Grundsätzen bei der **Nichtigkeit** des Anstellungsvertrags **von Anfang an**; Rückabwicklungsschwierigkeiten ergeben sich insoweit nicht. Gleiches soll gelten, wenn ein einmal in Vollzug gesetztes Arbeitsverhältnis wieder **außer Vollzug gesetzt** wurde, etwa weil der Arbeitnehmer arbeitsunfähig krank war oder (ggf. nach Ausspruch einer Kündigung) von der Erbringung der Arbeitsleistung freigestellt worden war und der Arbeitgeber zu Recht wegen arglistiger Täuschung angefochten hat – in diesem Fall wirkt die Anfechtung auf den Zeitpunkt der Außervollzugsetzung zurück, da der täuschende Arbeitnehmer nicht in den Genuss einer erst später wirkenden Auflösung des Arbeitsverhältnisses kommen soll.[28]

b) Außerordentliche Kündigung

27 Nach der gesetzlichen Definition des § 626 BGB kann der Arbeitgeber das Arbeitsverhältnis außerordentlich und fristlos kündigen, wenn Tatsachen vorliegen, die ihm auf Grund der Umstände des Einzelfalles unter Abwägung der Interessen beider Ver-

---

26 Die dogmatische Einordnung des Umgangs mit der Anfechtung von auf den Abschluss von Anstellungsverträgen gerichteten Willenserklärungen ist seit langem umstritten. Im Hinblick auf die geringe Häufigkeit der Anfechtungen im Praxisalltag wird an dieser Stelle lediglich die herrschende Meinung dargestellt.

27 BAG, Urt. v. 26.9.2007 – 5 AZR 857/06 –, NZA 2007, 1422.

28 BAG, Urt. v. 3.12.1998 – 2 AZR 754/97 –, NZA 1999, 584.

tragsteile die Fortsetzung des Arbeitsverhältnisses bis zum vorgesehenen Zeitpunkt bzw. dem Ablauf der Kündigungsfrist unzumutbar machen.[29] Ein wichtiger Grund, der den Arbeitgeber zur außerordentlichen Kündigung berechtigt, liegt in der Praxis dann vor, wenn er auch zur Anfechtung berechtigt ist (zu den Gründen vgl. oben A. I. 4. a) Rn 7), wobei sowohl der Vertrauensverlust im Falle der arglistigen Täuschung als auch die Unzumutbarkeit der Fortführung des Arbeitsverhältnisses aufgrund fehlender Eignung als Kündigungsgründe in Betracht kommen. Der Arbeitgeber hat die zweiwöchige Frist seit Kenntniserlangung gem. § 626 Abs. 2 BGB zu beachten.

c) Ordentliche Kündigung (aufgrund falscher Datenangaben zur Krankheit)

Denkbar ist auch, wenngleich in der Praxis lediglich als Vorsorgemaßnahme anzu- 28
treffen, eine ordentliche Kündigung unter Wahrung der individuellen Kündigungsfrist auszusprechen, gestützt auf die gleichen Gründe wie im Fall einer außerordentlichen Kündigung.

Praxistipp !

Dem Arbeitgeber ist zu raten, sowohl die **Anfechtung** als auch die **außerordentliche**, hilfsweise **ordentliche Kündigung** dem Arbeitnehmer gegenüber zu erklären, da die drei Rechtsinstitute unabhängig nebeneinander stehen. Zu beachten sind die möglicherweise unterschiedlichen Erklärungsfristen („unverzüglich" im Fall der Anfechtung und zwei Wochen im Fall der außerordentlichen Kündigung).

---

d) Schadenersatz

Erleidet der Arbeitgeber durch die vorsätzliche oder fahrlässige Falschbeantwortung 29
der zulässigen Frage einen Schaden, so hat der Arbeitnehmer aufgrund Verschuldens im vorvertraglichen Bereich Schadenersatz zu leisten (§§ 280 Abs. 1, 311 Abs. 2, 241 Abs. 2 BGB bzw. im Fall der Anfechtung auch gem. § 122 BGB). Zu denken ist etwa an den Ersatz der Kosten für weitere Stellenanzeigen oder die Zahlung der Ausgleichsabgabe, falls der Bewerber über seine Schwerbehinderung/Gleichstellung unwahre Angaben gemacht hat.[30]

---

29 In Einzelfällen ist die Auslegung einer unwirksame Kündigung als Anfechtungserklärung möglich, wenn und soweit der Arbeitgeber in der Erklärung klar zum Ausdruck bringt, das Arbeitsverhältnis auch mit Wirkung für die Vergangenheit beenden zu wollen (also auch keine Vergütung für die Vergangenheit mehr leisten zu wollen), da dieser Weg (rechtstheoretisch) nur über die Anfechtung eröffnet ist.

30 Staudinger/*Richardi/Fischinger*, § 611 Rn 224.

II. Einstellungsuntersuchung

30 Eine gesetzliche Grundlage für die Anordnung von Einstellungsuntersuchungen und die Reichweite ärztlicher Untersuchungen von Bewerbern gibt es nicht. Insofern ist für die Beantwortung der Frage nach der Zulässigkeit solcher Untersuchungen auf die Grundsätze der **Rechtsprechung des BAG zum Fragerecht des Arbeitgebers** zurückzugreifen.[31] Danach ist es dem Arbeitgeber erlaubt, tätigkeitsbezogene Fragen zu stellen, sofern ein berechtigtes, billigenswertes und schutzwürdiges Interesse an der Beantwortung der Frage besteht.[32] Die Zulässigkeit der Frage des Arbeitgebers ist damit auf der einen Seite die Voraussetzung für die Zulässigkeit der ärztlichen Einstellungsuntersuchung und beinhaltet auf der anderen Seite die Begrenzung der inhaltlichen Reichweite. Der Tätigkeitsbezug von Einstellungsuntersuchungen wird dadurch hergestellt, dass sie der Feststellung der Eignung eines Bewerbers für die konkrete Tätigkeit dienen müssen bzw. der Klärung der Frage, ob diese durch gesundheitliche Beeinträchtigungen auf Dauer oder in periodisch wiederkehrenden Abständen erheblich beeinträchtigt wird und gegebenenfalls in absehbarer Zeit zu Arbeitsunfähigkeit führen kann. Die Durchführung der Untersuchung hängt von einer **Einwilligung des Bewerbers** ab, da sie auf freiwilliger Basis erfolgt (soweit nicht gesetzlich angeordnet, vgl. etwa §§ 60 ff. StrahlenschutzVO). Zu beachten ist, dass die personenbezogene Daten gem. § 32 Abs. 1 S. 1 BDSG nur erhoben werden dürfen, wenn sie für die Entscheidung über die Begründung des Arbeitsverhältnisses erforderlich sind. Da die strengen Anforderungen an die gesetzliche Zulässigkeit der Erhebung von Gesundheitsdaten (§ 3 Abs. 9 BDSG) gem. § 28 Abs. 6 bis 8 BDSG in der Regel nicht erfüllt sein werden, kommt es auf die (ausdrückliche) Einwilligung des Bewerbers gem. §§ 4, 4a Abs. 1, 3 BDSG an.[33] Das Auskunftsrecht des Arbeitgebers beschränkt sich auf die Mitteilung des Untersuchungsergebnisses, ob die Eignung vorliegt oder nicht. Einzelne Befunde zum Gesundheitszustand dürfen wegen des fehlenden berechtigten Interesses des Arbeitgebers nicht an ihn herausgegeben werden.

Praxistipp
Der Arbeitsvertrag kann unter die auflösende Bedingung gestellt werden, dass die Eignung des Bewerbers durch das Untersuchungsergebnis bestätigt wird.

---

31 Fuhlrott/Hoppe, ArbRAktuell 2010, 183.

32 BAG, Urt. v. 7.6.1984 – 2 AZR 270/83 –, NZA 1985, 57.

33 Dies gilt auch für den Fall, dass in Tarifverträgen die Verpflichtung zur Durchführung einer Einstellungsuntersuchung enthalten sein sollte – das allgemeine Persönlichkeitsrecht steht nicht zur Disposition der Tarifvertragsparteien.

Fettnapf 1
Mitbestimmungsrecht: Wird die Einstellungsuntersuchung allgemein für Bewerber vom Arbeitgeber gefordert, um die Eignung für den zu besetzenden Arbeitsplatz festzustellen, besteht für den Betriebsrat ein Mitbestimmungsrecht gem. § 95 BetrVG, da es sich um (einen Bestandteil) eine(r) Auswahlrichtlinie handelt.[34]

Fettnapf 2
Soweit eine ärztliche Untersuchung vor der Einstellung bzw. vor Beginn der Beschäftigung gesetzlich angeordnet ist (etwa § 32 Abs. 1 JArbSchG, § 37 RöV, § 60 StrlSchV), besteht bis zu einer die Eignung bestätigenden ärztlichen Bescheinigung ein gesetzliches Beschäftigungsverbot.[35]

III. Background Checks

Zum Schutz des allgemeinen Persönlichkeitsrechts besteht der datenschutzrechtliche Grundsatz der Direkterhebung gem. § 4 Abs. 2 S. 1 BDSG, der vorsieht, dass Daten beim Betroffenen zu erheben sind. Trotz dieses Grundsatzes ist es dem Arbeitgeber nicht generell verwehrt, sich auch aus anderen Quellen Informationen über den Bewerber zu beschaffen. 31

Die maßgebenden (Erlaubnis-)Normen für die Erhebung von Bewerberdaten (auch) von Dritten sind § 32 Abs. 1 S. 1, § 28, ggf. § 3 Abs. 9 sowie § 4 Abs. 2 S. 2 BDSG. 32

Ebenso wie die Prüfung der Zulässigkeit von Einstellungsuntersuchungen, unterliegen Auskünfte von Dritten den Beschränkungen des arbeitgeberseitigen Fragerechts (s. A. I.).[36] Da der Betroffene grundsätzlich wissen soll, welche Daten über ihn erhoben und verarbeitet werden, stellt § 4 Abs. 2 S. 2 BDSG zusätzlich die Anforderung, dass Daten nach einer Abwägung mit Interessen des Betroffenen bei Dritten nur erhoben werden dürfen, soweit dies gesetzlich vorgesehen ist oder wenn die Erforderlichkeit für eine Verwaltungsaufgabe oder einen Geschäftszweck die Dritterhebung rechtfertigen oder ein ansonsten entstehender unverhältnismäßig hoher Aufwand zu betreiben wäre. Darüber hinaus besteht auch hier – ohne dass dies im Gesetz ausdrücklich geregelt wurde – die Möglichkeit, dass der Betroffene in die Erhebung bei Dritten ausdrücklich einwilligt (Einwilligung gem. § 4a BDSG).[37] 33

34 LAG Baden-Württemberg, Beschl. v. 13.12.2002 – 16 TaBV 4/02 –, NZA-RR 2003, 417.
35 Küttner/*Kreitner*, Gesundheitszeugnis Rn 10 f.
36 ErfK/*Preis*, BGB, § 611 Rn 291.
37 MüArbR/*Richardi/Buchner*, § 105 Rn 39.

a) Erkundigungen beim bisherigen Arbeitgeber und/oder bei anderen Dritten

34 Nach derzeit (noch) geltender Rechtsprechung des BAG ist es für den Arbeitgeber **grundsätzlich zulässig**, Erkundigungen beim vorherigen/gegenwärtigen Arbeitgeber des Bewerbers – auch ohne Zustimmung des betroffenen Bewerbers – einzuholen.[38] Die Datenerhebung darf jedoch nicht über das nach dem Fragerecht Zulässige hinausgehen und muss sich folglich auf die Umstände beschränken, bei welchen die Interessen des Arbeitgebers an der Datenerhebung in Bezug auf die konkrete Tätigkeit den Interessen des Bewerbers an Geheimhaltung der Daten überwiegen. Nach wohl herrschender Ansicht[39] muss die **Datenerhebung** jedoch unterbleiben, wenn der **Bewerber** die Anfrage bei seinem aktuellen Arbeitgeber oder sonstigen Dritten **ausdrücklich abgelehnt** hat (z. B. im Bewerbungsschreiben). In der datenschutzrechtlichen Literatur sowie in den für die Praxis relevanten Stellungnahmen der Datenschutzbehörden wird die (relativ vorbehaltlose) Zulässigkeit der Datenerhebung beim Vorarbeitgeber inzwischen sehr kritisch beurteilt. Das Recht auf informationelle Selbstbestimmung soll diese Möglichkeit der Informationsbeschaffung erheblich einschränken, indem z. B. nur noch danach gefragt werden dürfte, ob und wie lange der der Arbeitnehmer bei dem angegebenen Vorarbeitgeber beschäftigt war.[40]

Praxistipp
Aufgrund dieser Entwicklung ist Arbeitgebern zu raten, eine schriftliche Einwilligung des Bewerbers zur Datenerhebung bei Dritten, u. a. dem ehemaligen Arbeitgeber, einzuholen.

Fettnapf
Ein Arbeitgeber, der selbst in der Situation ist, von einem anderen Arbeitgeber über einen (ehemaligen) Arbeitnehmer befragt zu werden, hat seinerseits darauf zu achten, dass er Daten über den Betroffenen nur in dem Umfang mitteilt, wie dies nach dem BDSG, einer evtl. nachwirkenden Fürsorgepflicht und einem eventuell vereinbarten Stillschweigen über bestimmte Umstände (z. B. im Rahmen eines Aufhebungsvertrags/Vergleichs) zulässig ist.

---

b) Internetrecherche

35 Die Mehrzahl der erwerbstätigten Menschen in Deutschland hat heute Spuren im Internet hinterlassen, sei es aufgrund eigenen Auftritts in berufsorientierten virtuellen Netzwerken, eigenen Profilen in sozialen Netzwerken oder (freiwillig oder unfreiwillig) als Bestandteil des „virtuellen" Lebens anderer Internetnutzer. Die Datenerhebung der potentiellen Arbeitgeber im Internet kann gem. § 32 BDSG (s. dazu A. I. 1.) oder dem daneben anwendbaren § 28 Abs. 1 S. 1 Nr. 3 BDSG zulässig sein. Nach letz-

---

38 BAG, Urt. v. 18.12.1984 – 3 AZR 389/83 –, NZA 1985, 811.
39 Gola/Wronka, Rn 630.
40 Zum Ganzen Gola/Wronka, Rn 629.

terer Vorschrift ist die Datenerhebung (und -speicherung) zulässig, wenn die „Daten allgemein zugänglich“ sind und das Interesse des Arbeitnehmers am Ausschluss der Verarbeitung und Nutzung nicht überwiegt. **Allgemein zugänglich** sind Daten nach herrschender Meinung, wenn sie im Internet von jedermann abrufbar sind. Von jedermann abrufbar bedeutet in diesem Zusammenhang, dass die Daten über eine Direkteingabe einer Internetadresse oder über die Suche in einer Suchmaschine zu finden sind, ohne dass der Arbeitgeber sich selbst in passwortgeschützte Portale einloggen muss.[41] Sobald der Arbeitgeber auf für Dritte nicht unmittelbar einsehbare Seiten zugreifen muss, um Informationen über den Bewerber zu ermitteln, sind die Daten nicht mehr „allgemein zugänglich“.[42]

IV. Umgang mit Bewerberdaten (Nutzung, Löschung)

1. Nutzung nach zulässiger Datenerhebung durch den Arbeitgeber

Nach einer zulässigen Datenermittlung darf der Arbeitgeber die Daten aufbewahren, 36
solange er sie noch für den Zweck des Auswahlverfahrens benötigt. Entscheidet sich der Arbeitgeber, einen Bewerber einzustellen, so dürfen die über diesen zulässigerweise gesammelten Daten in die Personalakte übernommen werden. Die über die übrigen Bewerber erhobenen Daten müssen gelöscht werden bzw., soweit von diesen übersandt, an sie zurückgesendet werden.[43] Um dem eventuellen Interesse des Arbeitgebers an der lückenlosen Nachweisbarkeit des (AGG-konformen) Einstellungsverfahrens gerecht zu werden, wird in der Literatur vorgeschlagen, dem Arbeitgeber eine **Aufbewahrungsfrist** für die Dauer von **sechs Monaten** zuzubilligen, bevor die Daten zurückgesendet bzw. gelöscht werden müssen.[44]

2. Löschung unzulässig erhobener oder nicht mehr benötigter Daten

Gem. § 35 Abs. 1 BDSG sind unrichtige Daten zu berichtigen. Ein Berichtigungsan- 37
spruch wird jedoch überwiegend im bestehenden Arbeitsverhältnis und nicht in der Anbahnungsphase relevant werden. **Gelöscht** werden müssen die Daten gem. § 35 Abs. 2 S. 2 Nr. 1 BDSG, wenn ihre Speicherung unzulässig (geworden) ist und nach § 35

41 *Forst*, NZA 2010, 427 (430 f.).

42 In der Praxis wird der Bewerber von einer Internetrecherche über seine Person keine Kenntnis erhalten. Lediglich wenn der Arbeitgeber geschützte Internetseiten/-portale nutzt, ist es u. U. möglich, dass der Bewerber den Aufruf seiner Profilseite durch den Arbeitgeber (z. B. in Person des Personalreferenten) nachvollziehen kann.

43 BAG, Urt. v. 6.6.1984 – 5 AZR 286/81 –, NZA 1984, 321.

44 Gola/Wronka, Rn 657 f.

Abs. 2 S. 2 Nr. 3 BDSG ist zu löschen, sobald die Kenntnis der Daten nicht mehr zur Erreichung des Speicherungszwecks erforderlich ist.[45]

B. Rechte und Pflichten im laufenden Arbeitsverhältnis

I. Fragerecht des Arbeitgebers nach Schwerbehinderung

38 Im Gegensatz zur grundsätzlichen Unzulässigkeit der Frage nach einer Behinderung im Vorstellungsgespräch (s. A. I. 2. d) Rn 10 ff.), ist jedenfalls nach sechsmonatigem Bestehen des Arbeitsverhältnisses (also nach Erwerb des (Sonder-)Kündigungsschutzes gem. § 90 Abs. 1 Nr. 1 SGB IX) die Frage nach einer Schwerbehinderung oder Gleichstellung nach jüngerer Rechtsprechung des BAG zulässig und muss vom Arbeitnehmer wahrheitsgemäß beantwortet werden.[46] Bei wahrheitswidriger Verneinung der Frage ist es dem Arbeitnehmer nach den Grundsätzen über Treu und Glauben verwehrt, sich später auf den gem. §§ 85 ff SGB IX bestehenden Sonderkündigungsschutz zu berufen.

Praxistipp
Nach einem länger als sechs Monate bestehenden Arbeitsverhältnis kann es für Arbeitgeber empfehlenswert sein, ihre Arbeitnehmer standardisiert über das Bestehen einer Schwerbehinderung zu befragen. Ob eine Befragung im Vorfeld zu konkreten Planungen von Kündigungen sinnvoll ist, hängt vom Einzelfall ab, da die Planungen aufgrund einer Befragung zur Schwerbehinderung im Betrieb bekannt werden könnten und dies Unruhe in die Belegschaft bringen bzw. dazu führen könnte, dass Anträge auf Anerkennung als schwerbehinderter Mensch nun erstmals gestellt werden.

II. Pflichten des Arbeitnehmers bei Arbeitsunfähigkeit wegen einer Erkrankung

39 Gem. § 5 EFZG sind Arbeitnehmer verpflichtet, jede Arbeitsunfähigkeit und deren voraussichtliche Dauer dem Arbeitgeber unverzüglich anzuzeigen und bei länger als drei Tage andauernder Arbeitsunfähigkeit bzw. auf Verlangen des Arbeitgebers auch schon für den Zeitraum davor, eine **Arbeitsunfähigkeitsbescheinigung** („AUB“) eines Arztes vorzulegen. Dauert die Arbeitsunfähigkeit länger an als zunächst bescheinigt, muss der Arbeitnehmer eine neue AUB vorlegen.

45 Ob dem Bewerber/Arbeitnehmer daneben Löschungsansprüche gem. §§ 242, 1004 BGB zustehen, wie dies in der Literatur vertreten wird, ist nicht relevant.
46 BAG, Urt. v. 16. 2.2012 – 6 AZR 553/10 –, NJW 2012, 2058.

1. Mitteilungspflicht über die Arbeitsunfähigkeit

Der **Arbeitgeber muss** über die Arbeitsunfähigkeit des Arbeitnehmers wegen Erkrankung **informiert** werden, damit er die betrieblichen Abläufe auf den Umstand der Abwesenheit des Arbeitnehmers anpassen kann. Hat der Arbeitgeber bereits Kenntnis von der Arbeitsunfähigkeit, so kann zwar die Mitteilungspflicht darüber entfallen, jedenfalls die voraussichtliche Dauer muss der Arbeitnehmer jedoch weiterhin mitteilen.[47] 40

a) Gegenstand der Mitteilung

Grundsätzlich hat der Arbeitnehmer nur die **Tatsache der Arbeitsunfähigkeit** aufgrund der Erkrankung und die **voraussichtliche Dauer** der Arbeitsunfähigkeit mitzuteilen. Der Aufenthaltsort ist (im Inland) nicht mitzuteilen.[48] Auch die Art und Ursache der Erkrankung müssen grundsätzlich nicht mitgeteilt werden. 41

Ausnahmen bestehen in den Fällen, dass die **Art** der Erkrankung Maßnahmen des Arbeitgebers erfordert, z. B. im Fall von ansteckenden oder wiederholt gleichartigen Krankheiten[49] oder wenn es sich um eine Fortsetzungserkrankung im Sinne des § 3 Abs. 1 S. 2 EFZG handelt. Die Mitteilung der **Ursache** der Erkrankung ist erforderlich, wenn die Arbeitsunfähigkeit von einem Dritten verursacht wurde und der Arbeitgeber Schadenersatzansprüche gem. § 6 EFZG geltend machen könnte.[50] 42

b) Zeitpunkt der Mitteilung

Gem. § 5 Abs. 1 S. 1 EFZG hat die Mitteilung „**unverzüglich**" zu erfolgen. Das BAG stellt strenge Forderungen an den Zeitpunkt und verlangt, dass die Mitteilung den Arbeitgeber am ersten Tag der Arbeitsunfähigkeit während der ersten Betriebsstunde(n) erreichen muss, soweit die Arbeitsunfähigkeit nicht während der Arbeitszeit auftritt.[51] Für die Unverzüglichkeit kommt es auf den Zugang der Mittelung beim Arbeitgeber an[52]; unverzüglich sind Mitteilungen per **Telefon, Telefax, E-Mail** und **SMS**[53]. 43

Nach herrschender Meinung[54] unterliegt der Arbeitnehmer der **Mitteilungspflicht** auch dann, wenn der erste Krankheitstag **kein Arbeitstag** ist, sondern z. B. ein Urlaubstag oder ein Nicht-Arbeitstag bei Teilzeittätigkeit. Ist der Arbeitnehmer so 44

47 MüArbR/*Schlachter*, § 75 Rn 4.
48 LAG Bremen, Beschl. v. 30.6.2005 – 3 Ta 22/05 –, NZA-RR 2005, 633.
49 LAG Berlin, Urt. v. 27.11.1989 – 9 Sa 82/89 –, NJW 1990, 2956.
50 MüArbR/*Schlachter*, § 75 Rn 6.
51 BAG, Urt. v. 31.8.1989 – 2 AZR 13/89 –, NZA 1990, 433.
52 BAG, Urt. v. 31.8.1989 – 2 AZR 13/89 –, NZA 1990, 433.
53 Die Kosten der Mitteilung hat der Arbeitnehmer selbst zu tragen, wie sich aus dem Umkehrschluss zu § 5 Abs. 2 S. 2 EFZG ergibt.
54 Schmitt, § 5 Rn 19.

krank, dass er dem Arbeitgeber seine Arbeitsunfähigkeit nicht selbst mitteilen kann, hat er Dritte zu beauftragen, seinen Arbeitgeber über die Arbeitsunfähigkeit zu informieren.[55]

c) Adressat der Mitteilung

45 Ist Arbeitgeber nicht eine natürliche Person, hat die Mitteilung der Arbeitsunfähigkeit einer für die Meldung zuständigen Person beim Arbeitgeber zuzugehen. In der Regel sind zum Empfang der Meldung die Mitarbeiter der Personalabteilung und/oder der direkte Vorgesetzte berechtigt, sofern nicht besondere Regelungen getroffen bzw. bekannt gemacht wurden.[56]

2. Nachweispflicht über die Arbeitsunfähigkeit im Inland

46 Der Arbeitnehmer hat die Pflicht zur Vorlage „einer ärztlichen Bescheinigung über das Bestehen der Arbeitsunfähigkeit", wenn die Arbeitsunfähigkeit länger als drei Tage dauert, § 5 Abs. 1 S. 2 EFZG. Diese Pflicht besteht auch für Zeiten, in welchen der Arbeitnehmer keinen Anspruch auf Entgeltfortzahlung geltend machen kann[57], z. B. weil das Arbeitsverhältnis noch keine vier Wochen besteht (vgl. § 3 Abs. 3 EFZG).

a) Gegenstand der Arbeitsunfähigkeitsbescheinigung

47 Die vom behandelnden Arzt auszustellende AUB muss den Namen des Arbeitnehmers, die Tatsache, dass er **arbeitsunfähig erkrankt** ist sowie die **voraussichtliche Dauer** der Arbeitsunfähigkeit enthalten. Ist der Arbeitnehmer Mitglied der gesetzlichen Krankenkasse bedarf es zusätzlich eines Vermerks auf der AUB, dass der Krankenkasse unverzüglich eine Bescheinigung mit Angaben über Befund und voraussichtliche Dauer der Arbeitsunfähigkeit übersandt wird, § 5 Abs. 1 S. 4 EFZG.

48 Hingegen darf die AUB **keine Informationen** über die Art und Ursache der Erkrankung enthalten.[58]

b) Zeitpunkt der Vorlage der Arbeitsunfähigkeitsbescheinigung

49 Nach § 5 Abs. 1 S. 2 EFZG hat der Arbeitnehmer, wenn die Arbeitsunfähigkeit länger als drei Kalendertage dauert, an dem darauf folgenden Arbeitstag dem Arbeitgeber eine ärztliche Bescheinigung über das Bestehen der Arbeitsunfähigkeit vorzulegen.

---

55 Schmitt, § 5 Rn 25.

56 Schmitt, § 5 Rn 36.

57 LAG Rheinland-Pfalz, Urt. v. 4.4.2007 – 7 Sa 108/07 –, BeckRS 2007, 45736.

58 BAG, Urt. v. 19.3.1986 – 5 AZR 86/85 –, NJW 1986, 2902.

Einer ärztlichen Bescheinigung über die Arbeitsunfähigkeit bedarf es daher grundsätzlich nicht, wenn die Arbeitsunfähigkeit keine vier Tage andauert. Allerdings kann der Arbeitgeber die Vorlage der Bescheinigung früher verlangen, § 5 Abs. 1 S. 3 EFZG.

aa) Früheres Vorlageverlangen

- Für **einzelne Arbeitnehmer**: Der Arbeitgeber kann die Vorlage einer AUB bereits ab dem ersten Tag der Arbeitsunfähigkeit von dem einzelnen Arbeitnehmer verlangen. Hierzu bedarf es weder einer (individual-/kollektivrechtlichen) Vereinbarung noch einer bestimmten Form oder eines sachlichen Grundes.[59] Der Arbeitgeber kann bis zur Grenze der Willkür/Maßregelung (z. B. aufgrund Mitgliedschaft im Betriebsrat) die gesetzliche drei-Tages-Kulanzfrist verkürzen und den Arbeitnehmer z. B. telefonisch von der verkürzten Vorlagepflicht in Kenntnis setzen.
- Für **alle Arbeitnehmer eines Betriebs**: Will der Arbeitgeber eine Verkürzung der gesetzlichen Kulanzfrist für den gesamten Betrieb regeln, so ist dies zulässig, bedarf jedoch des Abschlusses einer Betriebsvereinbarung, da es sich um einen Tatbestand der betrieblichen Mitbestimmung gem. § 87 Abs. 1 Nr. 1 BetrVG (Frage der betrieblichen Ordnung) handelt.[60]
- Für **Tarifgemeinschaften**: Die Vorverlegung der Vorlagepflicht ist auch durch Tarifvertrag möglich.[61]

bb) Berechnung des Vorlagezeitpunkts

Die AUB muss dem Arbeitgeber innerhalb des gesetzlichen bzw. anderweitig festgelegten Zeitraums zugehen. Der **Arbeitnehmer** hat also dafür zu sorgen, dass der rechtzeitige **Zugang** gewährleistet ist; ein Abschicken innerhalb des Zeitraums, ohne dass die AUB den Arbeitgeber auch tatsächlich innerhalb des Zeitraums erreicht, genügt nicht. 50

Die Bestimmung des Zeitpunktes, wann die AUB dem Arbeitgeber zugegangen sein muss, ist nicht eindeutig aus der gesetzlichen Regelung ablesbar und entsprechend umstritten.[62] **Strittig** ist zunächst die Frage, welcher der **erste Tag** der Arbeitsunfähigkeit ist, etwa ob es auf eine bestimmte Uhrzeit ankommt oder was gilt, wenn die Arbeitsunfähigkeit nach Beendigung der individuellen (oder betrieblichen?) Arbeitszeit eintritt, jedoch vor 24 Uhr, oder wenn die Arbeitsunfähigkeit an einem Samstag, Sonntag oder gesetzlichen Feiertag eintritt. Die **herrschende Meinung** richtet sich streng nach dem **Wortlaut** der gesetzlichen Bestimmung, die von „Kalen- 51

59 BAG, Urt. v. 14.11.2012 – 5 AZR 886/11 –, NZA 2013, 322.
60 BAG, Beschl. v. 25.1.2000 – 1 ABR 3/99 –, NZA 2000, 665.
61 BAG, Urt. v. 26.2.2003 – 5 AZR 112/02 –, BB 2003, 1622.
62 Vgl. nur ErfK/*Dörner/Reinhard*, EFZG, § 5 Rn 11.

dertagen“ spricht. Im **Ergebnis** ist danach der erste Tag der Arbeitsunfähigkeit jeder Kalendertag bis 24 Uhr, an dem die Arbeitsunfähigkeit eintritt, unabhängig von der Uhrzeit, der Lage der eigenen/betrieblichen Arbeitszeit oder ob es sich um einen Feiertag handelt.

Beispiel
Tritt eine zur Arbeitsunfähigkeit führende Erkrankung am Sonntag, 25.12. um 21 Uhr ein, ist der 25.12. der erste Tag der Arbeitsunfähigkeit.

---

52 Auch die Bestimmung **des Ablaufs** der vorlagefreien Zeit muss durch Auslegung ermittelt werden, wenn das Gesetz in § 5 Abs. 1 S. 2 EFZG ausführt: „Dauert die Arbeitsunfähigkeit länger als drei Kalendertage, hat der Arbeitnehmer eine (...) Bescheinigung (...) spätestens an dem darauffolgenden Arbeitstag vorzulegen.“

– **„Darauffolgender“** Arbeitstag i. S. v. § 5 Abs. 1 S. 2 EFZG

53 Die herrschende Meinung[63] sieht als „darauffolgenden“ Arbeitstag den **vierten Kalendertag** nach Eintreten der Arbeitsunfähigkeit an. Die am Samstag eintretende Arbeitsunfähigkeit führt danach grundsätzlich dazu, dass der Arbeitnehmer dem Arbeitgeber am Dienstag die AUB vorlegen muss (Samstag ist der erste, Sonntag der zweite, Montag der dritte Tag der Arbeitsunfähigkeit, so dass Dienstag der „darauffolgende“ (Arbeits-)Tag ist).

54 Juristisch mit guten Argumenten vertretbar ist, als darauffolgenden „Arbeitstag“ den Arbeitstag anzusehen, an dem der arbeitsunfähig erkrankte Arbeitnehmer wieder zu arbeiten hätte. Bei einer Teilzeitkraft, die nur donnerstags und freitags arbeitet, wäre im soeben gebildeten Beispiel die Vorlage der AUB erst am Donnerstag erforderlich.[64]

55 Die **herrschende Meinung** stellt dagegen für die Berechnung auf die **betriebsübliche Arbeitszeit** ab, so dass die Vorlage ggf. auch an einem Samstag erfolgen muss, wenn dies ein regelmäßiger Arbeitstag in dem Betrieb ist. Ist dies nicht der Fall, muss die AUB erst am Montag (als nächstem regelmäßigen betrieblichen Arbeitstag, wenn sonntags nicht regelmäßig gearbeitet wird) beim Arbeitgeber vorgelegt werden.[65]

c) Meldepflicht bei Fortdauer der Arbeitsunfähigkeit

56 § 5 Abs. 1 S. 4 EFZG regelt: „Dauert die Arbeitsunfähigkeit länger als in der Bescheinigung angegeben, ist der Arbeitnehmer verpflichtet, eine neue ärztliche Bescheinigung vorzulegen.“ Auf diese Vorlageverpflichtung bei Fortdauer der Arbeitsunfähig-

63 Schmitt, § 5 Rn 57.
64 So etwa ErfK/*Dörner/Reinhard*, EFZG, § 5 Rn 11.
65 Schmitt, § 5 Rn 59.

keit wendet die ganz herrschende Meinung die Vorschriften des **§ 5 Abs. 1 S. 1 bis 3 EFZG entsprechend** an. Danach ist der Arbeitnehmer verpflichtet, seine auf den Tag der AUB folgende Arbeitsunfähigkeit innerhalb der ersten Betriebsstunde(n) dem Arbeitgeber mitzuteilen[66] und die AUB muss dem Arbeitgeber am vierten Tag des auf den „ersten neuen" Tag der weiteren Arbeitsunfähigkeit folgenden Tag vorliegen.

d) Form und Adressat der Arbeitsunfähigkeitsbescheinigung

Die „ärztliche Bescheinigung" muss vom „behandelnden" Arzt ausgestellt werden, 57
§ 5 Abs. 1 S. 2 u. 5 EFZG. Die schriftliche Bescheinigung muss eigenhändig vom behandelnden Arzt unterschrieben sein. In der Regel verwenden die Ärzte die Vordrucke für Arbeitsunfähigkeitsbescheinigungen nach § 31 des Bundesmantelvertrages Ärzte (BMV-Ä).[67]

Fettnapf !

Strenger als bei der bloßen Mitteilung über die Arbeitsunfähigkeit ist aus Gründen des Datenschutzes bei der **Empfangszuständigkeit der AUB** darauf zu achten, dass nur ein kleiner Kreis von Arbeitnehmern des Arbeitgebers die AUB zur Kenntnis erhält. Lediglich die zuständige Personalabteilung sollte als Empfänger der AUB benannt sein; insbesondere der Vorgesetzte oder Kollegen sollten ohne ausdrückliche Freigabe des Arbeitnehmers mit den Informationen der AUB nicht in Berührung kommen, da sich bereits aus dem auf der AUB angegebenen Namen und Fachgebiet des ausstellenden Arztes Rückschlüsse auf die Art der Erkrankung ziehen lassen.[68]

---

3. Mitteilungs-/Nachweispflicht über die Arbeitsunfähigkeit im Ausland

a) Mitteilungspflicht

Nach § 5 Abs. 2 EFZG ist es die Pflicht des sich im Ausland aufhaltenden Arbeitneh- 58
mers, dem Arbeitgeber und seiner gesetzlichen Krankenkasse mitzuteilen, dass er arbeitsunfähig erkrankt ist. Die Pflicht des Arbeitnehmers ist insofern erweitert als er die **Adresse** seines Aufenthaltsorts im Ausland **mitzuteilen** hat; mit Adresse ist die Angabe von Staat, Ort, ggf. Name des Hotels, Straße und Hausnummer gemeint. Der Arbeitgeber soll durch diese Angaben in die Lage versetzt werden, den Arbeitnehmer aufzufordern, sich durch einen Arzt vor Ort untersuchen zu lassen, den der Arbeitgeber aussucht;[69] das Recht des Arbeitnehmers, sich (zusätzlich) durch einen anderen Arzt untersuchen zu lassen, bleibt jedoch unberührt.

Im Gegensatz zu „unverzüglich" (§ 5 Abs. 1 S. 1 EFZG) muss die Mittelung der 59
Arbeitsunfähigkeit und des Aufenthaltsorts **„schnellstmöglich"** erfolgen. In der

---

66 LAG Köln, Urt. v. 9.2.2009 – 5 Sa 926/08 –, BeckRS 2009, 54542.
67 Vgl. die Vordrucke der Kassenärztlichen Bundesvereinigung: https://www.kbv.de/vl/36204.html.
68 Gola/Wronka, Rn 700.
69 Feichtinger/Malmus/*Feichtinger*, § 5 Rn 21.

Regel muss der Arbeitnehmer also telefonisch, per SMS oder E-Mail die Mitteilung übersenden.[70] Die Kosten der Übermittlung hat nach der gesetzlichen Konzeption der Arbeitgeber zu tragen, § 5 Abs. 2 S. 2 EFZG; eine Geltendmachung der Kosten durch den Arbeitnehmer wird jedoch lediglich für die Fälle eines kostenintensiven Telefaxes aus einem Hotel anzunehmen sein.

60 Teilt der Arbeitnehmer dem Arbeitgeber seine Arbeitsunfähigkeit telefonisch mit, hat der Arbeitgeber die Adressdaten abzufragen; unterlässt er dies, kann er nicht die Entgeltfortzahlung mit der Begründung gem. § 7 Abs. 1 Nr. 1 Alt. 2 EFZG verweigern, ihm wäre die Möglichkeit genommen worden, die Arbeitsunfähigkeit des Arbeitnehmers überprüfen zu lassen.[71]

b) Vorlage einer ärztlichen Arbeitsunfähigkeitsbescheinigung

61 Im Vergleich zu § 5 Abs. 1 EFZG ist die Vorlageverpflichtung insoweit modifiziert, dass die Bescheinigung keinen Vermerk des behandelnden Arztes enthalten muss, dass der Krankenkasse unverzüglich eine Bescheinigung über die Arbeitsunfähigkeit übersandt wird. Im Übrigen gelten die **gleichen Anforderungen** für die im Ausland ausgestellte **AUB** wie für eine in Deutschland ausgestellte, insbesondere ist erforderlich, dass der Arzt zwischen der **Erkrankung** und auf ihr beruhender **Arbeitsunfähigkeit unterschieden** hat. Nicht erforderlich ist, dass die AUB in deutscher Sprache ausgestellt sein muss[72] (Gleiches gilt für in Deutschland ausgestellte AUB).

4. Folgen von Verstößen gegen die Pflichten aus § 5 EFZG

62 Verstößt der Arbeitnehmer (schuldhaft) gegen seine Verpflichtungen aus § 5 EFZG, seine Arbeitsunfähigkeit (rechtzeitig) mitzuteilen und/oder eine AUB (rechtzeitig) vorzulegen, kann dies verschiedene Folgen für ihn haben.

a) Verstoß gegen die Mitteilungspflichten

- **Entgeltfortzahlung:** Der Anspruch auf Entgeltfortzahlung nach den Regeln des EFZG wird durch die Nichtmitteilung grundsätzlich **nicht berührt**, wie sich aus einem Umkehrschluss zu § 7 Abs. 1 Nr. 1 EFZG ergibt, der lediglich die fehlende Vorlage der AUB sanktioniert.[73]

---

70 Nur wenn diese Kommunikationswege nicht vorhanden sein sollten, kann z. B. ein Brief ausreichen, was jedoch in der heutigen Zeit kaum noch praxisrelevant werden dürfte.

71 BAG, Urt. v. 19.2.1997 – 5 AZR 83/96 –, NZA 1997, 652.

72 *Berenz*, DB 1995, 1462 (1463).

73 Stellt sich allerdings zu einem späteren Zeitpunkt heraus, dass der Arbeitnehmer nicht aufgrund einer Arbeitsunfähigkeit gefehlt hat, kann ihm nach den allgemeinen arbeitsrechtlichen Grundsätzen das Entgelt für die Fehlzeit von seinem Gehalt abgezogen werden.

- **Abmahnung:** Der Arbeitgeber ist berechtigt, eine Abmahnung bei nicht rechtzeitiger Mitteilung auszusprechen, da der Arbeitnehmer eine (Neben-) Pflicht aus dem Arbeitsverhältnis verletzt hat.
- **Ordentliche Kündigung:** Wenn sich die Verstöße gegen die Mitteilungspflicht trotz vorheriger Abmahnung(en) fortsetzen, kann der Arbeitgeber bei Vorliegen der übrigen Voraussetzungen eine ordentliche Kündigung aussprechen.
- **Außerordentliche Kündigung:** Eine außerordentliche Kündigung ist denkbar in Fällen, in welchen der Arbeitnehmer trotz vorheriger Abmahnungen das Fehlverhalten fortsetzt und erschwerende Umstände hinzukommen[74], wie etwa eine Ankündigung, das Verhalten nicht ändern zu wollen.
- **Schadenersatz:** Erleidet der Arbeitgeber einen Schaden dadurch, dass der Arbeitnehmer seine Arbeitsunfähigkeit nicht rechtzeitig anzeigt (z. B. weil Termine versäumt werden), kann er grundsätzlich den eingetretenen Schaden gem. § 280 Abs. 1 BGB i. V. m. Arbeitsvertrag gegen den Arbeitnehmer geltend machen.[75]
- Diese Folgen gelten in gleicher Weise, wenn der Arbeitnehmer gegen seine Verpflichtung verstößt, die **Fortdauer der Arbeitsunfähigkeit** unverzüglich anzuzeigen.

b) Verstoß gegen die Nachweispflichten

- **Entgeltfortzahlung:** Legt der arbeitsunfähig erkrankte Arbeitnehmer die AUB nicht oder nicht rechtzeig vor, steht dem Arbeitgeber ein zeitlich befristetes **Leistungsverweigerungsrecht** gem. § 7 Abs. 1 Nr. 1 EFZG zu. Der Arbeitgeber ist folglich nicht verpflichtet, Entgeltfortzahlung zu leisten. Allerdings ist der Arbeitgeber zur Nachzahlung des zurückgehaltenen Arbeitsentgelts verpflichtet, sobald der Arbeitnehmer die AUB nachreicht.
- **Abmahnung:** Aufgrund des Verstoßes gegen die (Neben-)Pflicht der Vorlage der AUB ist der Arbeitgeber zum Ausspruch einer Abmahnung berechtigt.
- **Ordentliche Kündigung:** Eine ordentliche Kündigung ist denkbar, insbesondere bei trotz vorangegangener Abmahnungen wiederholter Verstöße gegen die Vorlagepflicht. Allerdings ist zu beachten, dass die Beeinträchtigung des Arbeitgebers nur durch die fehlende Vorlage der AUB (also bei ordnungsgemäßer Mitteilung der Arbeitsunfähigkeit) begrenzt ist, da ihm das Leistungsverweigerungsrecht in Bezug auf das Entgelt zusteht. Eine Kündigungsmöglichkeit wird daher eher die Ausnahme als die Regel sein.[76]

---

74 BAG, Urt. v. 15.1.1986 – 7 AZR 128/83 –, NZA 1987, 93; LAG Köln, Urt. v. 9.2.2009 – 5 Sa 926/08 –, BeckRS 2009, 54542.

75 LAG Hamm, Urt. v. 9.1.1992 – 17 Sa 1419/91 –, BeckRS 1992, 40319.

76 *Schomaker*, AiB 2010, 388 (389).

- **Außerordentliche Kündigung:** Aus den gleichen Gründen wie im Fall der ordentlichen Kündigung müssen besondere Umstände vorliegen, die bei bloßem Unterlassen der Vorlage der AUB zu einer außerordentlichen Kündigung führen können.
- **Schadenersatz:** Sollte dem Arbeitgeber durch die verspätete Vorlage der AUB ein Schaden entstanden sein, kann er bei Vorliegen der weiteren Voraussetzungen des § 280 Abs. 1 BGB i. V. m. Arbeitsvertrag diesen Schaden vom Arbeitnehmer grundsätzlich ersetzt verlangen.

III. Möglichkeiten des Arbeitgebers zur Überprüfung der Arbeitsunfähigkeitsbescheinigung

1. Grundsätzlicher Beweiswert der Arbeitsunfähigkeitsbescheinigung

63 Damit der Arbeitnehmer seinen Anspruch auf Entgeltfortzahlung im Krankheitsfall auf der Grundlage des EFZG geltend machen kann, ist es nach den allgemeinen Regeln der Beweislastverteilung erforderlich, dass er seine Arbeitsunfähigkeit aufgrund Krankheit nachweist. Diesen Beweis erbringt er i. d. R. durch die AUB nach § 5 Abs. 1 EFZG. Das **BAG** billigt der ärztlich ausgestellten AUB einen **sehr hohen Beweiswert** zu, da es die Vermutung ihrer Richtigkeit annimmt. Das BAG geht davon aus, dass die AUB *„den vom Gesetz vorgesehenen und gewichtigsten Beweis für die Tatsache der krankheitsbedingten Arbeitsunfähigkeit darstellt“*[77] und dass *„der Tatrichter (...) normalerweise den Beweis der Erkrankung als erbracht ansehen* [kann], *wenn der ArbN im Rechtsstreit eine solche Bescheinigung vorlegt.“*[78] Es handelt sich zwar nicht um eine gesetzliche Vermutung i. S. d. § 292 ZPO, jedoch kommt der AUB eine tatsächliche Vermutung im Sinne eines Anscheinsbeweises zu.[79]

2. Möglichkeiten zur Erschütterung des Beweiswertes der Arbeitsunfähigkeitsbescheinigung (AUB)

64 Bestreitet der Arbeitgeber das Vorliegen einer Arbeitsunfähigkeit des Arbeitnehmers trotz Vorlage einer AUB, muss der Arbeitgeber auf der Grundlage der Regeln der Beweislastverteilung den **Beweiswert der AUB erschüttern.** Ist der Beweiswert der AUB erschüttert, kann der Arbeitnehmer das Vorliegen der Arbeitsunfähigkeit aber immer noch auf anderem Weg beweisen. Es gibt verschiedene Möglichkeiten, den Beweiswert einer vom Arbeitnehmer vorgelegten AUB zu erschüttern, auch wenn es gewichtiger Beweise oder Anhaltspunkte bedarf, um dies im Ergebnis zu erreichen:

---

77 BAG, Urt. v. 15.7.1992 – 5 AZR 312/91 –, NZA 1993, 23.

78 BAG, Urt. v. 19.2.1997 – 5 AZR 83/96 –, NZA 1997, 652.

79 Zu Beweiswert und Erschütterungsmöglichkeiten ausländischer AUB vgl. unten B. III. 3.

a) Aus der AUB selbst oder der Art ihres Zustandekommens

Bietet die AUB selbst Anhaltspunkte für ein nicht ordnungsgemäßes Zustandekommen oder lassen sich Umstände dafür belegen (z. B. über Zeugen), kann dies für die Erschütterung ausreichend sein: 65

- Der die AUB ausstellende Arzt hat den Arbeitnehmer gar nicht untersucht.[80]
- Die AUB wurde mehr als zwei Tage rückdatiert.[81]
- Die Folgebescheinigung weist dasselbe Ausstellungsdatum auf wie die Erstbescheinigung.
- Arbeitsunfähigkeitsbescheinigungen für zwei Monate von fünf Ärzten, die zeitlich lückenlos nacheinander konsultiert wurden, mit fünf unterschiedlichen Beschwerden.[82]

b) Äußerungen/Verhalten des Arbeitnehmers (vor/nach) Vorlage der Arbeitsunfähigkeitsbescheinigung

aa) Der Arbeitnehmer gibt Anlass, an der Ordnungsmäßigkeit der Arbeitsunfähigkeitsbescheinigung zu zweifeln, bevor diese dem Arbeitgeber zugeht

In manchen Fällen zeigt der Arbeitnehmer bereits vor Zugang der AUB, dass die folgende AUB nicht unbedingt berechtigt sein muss: 66

- Ankündigung der Arbeitsunwilligkeit.[83]
- Ankündigung einer Krankheit für den Fall, dass einem Urlaubs- oder Versetzungswunsch nicht entsprochen wird.[84]
- *„Drei aufeinanderfolgende Erstbescheinigungen von zwei unterschiedlichen Ärzten, nach inhaltlicher Auseinandersetzung mit dem Arbeitgeber, vorheriger Eigenkündigung samt Mitnahme sämtlicher persönlicher Gegenstände aus dem Betrieb am letzten tatsächlichen Arbeitstag, gut sechs Wochen vor Ablauf der ordentliche Kündigungsfrist begründen ernsthafte Zweifel an der Richtigkeit der ärztlichen Arbeits unfähigkeitsbescheinigungen.“*[85]

---

80 BAG, Urt. v. 11.8.1976 – 5 AZR 422/75 –, NJW 1977, 350.

81 LAG Mecklenburg-Vorpommern, Urt. v. 30.5.2008 – 3 Sa 195/07 –, NZA-RR 2008, 500 (§ 31 BMV-Ä bestimmt, dass eine Rückdatierung nicht für mehr als zwei Tage zulässig sein soll).

82 LAG Hamm, Urt. v. 10.9.2003 – 18 Sa 721/03 –, NZA-RR 2004, 292; zuvor gab es erschwerend eine Auseinandersetzung zwischen Arbeitgeber und Arbeitnehmer.

83 BAG, Urt. v. 20.3.1985 – 5 AZR 229/83 –, NZA 1986, 193.

84 ArbG Hamm, Urt. v. 29.7.1986 – 1 Ca 485/86 –, BB 1986, 2127.

85 LAG Niedersachsen, Urt. v. 7.5.2007 – 6 Sa 1045/05 –, BeckRS 2007, 45982.

bb) Der Arbeitnehmer gibt Anlass, an der Ordnungsmäßigkeit der Arbeitsunfähigkeitsbescheinigung zu zweifeln, nachdem diese dem Arbeitgeber zugegangen ist

67 Meistens wird der Arbeitgeber in die Lage versetzt, den Beweiswert der AUB in Frage zu stellen, weil der Arbeitnehmer während seiner attestierten Arbeitsunfähigkeit privaten oder gewerblichen Tätigkeiten nachgeht, die mit der Arbeitsunfähigkeit nicht in Einklang zu bringen sind:

- Ankündigung, zur Durchführung von Schwarzarbeit während der Arbeitsunfähigkeit bereit zu sein.[86]
- Tatsächliche Verrichtung von Schwarzarbeit während der Krankheit.[87]
- Fortsetzung einer Nebentätigkeit im Schichtdienst.[88]
- Teilnahme an einem Marathon.[89]
- Bestellen eines Feldes während der Arbeitsunfähigkeit.[90]
- Ganztägige Mitarbeit beim Bau des eigenen Hauses.[91]
- Mehrstündiger Besuch eines Spielkasinos mit längerer An- und Abfahrt.[92]
- Sich widersprechende Angaben über den zur angeblichen Arbeitsunfähigkeit führenden Unfallhergang.[93]
- Regelmäßige Arbeitsunfähigkeit im Anschluss an den Urlaub.[94]
- Verschiebung eines Urlaubsrückflugs kurz vor Ausstellung der AUB.[95]
- Teilnahme an einer längeren oder beschwerlichen Reise.[96]
- Ob längere **Aufenthalte in Gaststätten** oder das Unternehmen von **Freizeitaktivitäten** den Beweiswert einer AUB erschüttern können, hängt von den **Umständen des Einzelfalls** ab. Generalisierend kann eine Erschütterung nicht angenommen werden, jedoch erscheinen Tätigkeiten, die während der Arbeitsunfähigkeit ausgeübt werden und Ähnlichkeit mit der während der Arbeitszeit auszuübenden Tätigkeiten haben, geeignet, den Beweiswert der AUB erschüttern zu können.

---

86 LAG Hessen, Urt. v. 1.4.2009 – 6 Sa 1593/08 –, BeckRS 2010, 66992.
87 BAG, Urt. v. 11.8.1976 – 5 AZR 422/75 –, NJW 1977, 350.
88 BAG, Urt. v. 26.8.1993 – 2 AZR 154/93 –, NZA 1994, 63.
89 ArbG Mannheim, Urt. v. 3.2.2011 – 3 Ca 432/10 –, zitiert nach juris.
90 LAG Hamm, Urt. v. 8.10.1970 – 4 Sa 534/70 –, DB 1970, 2379.
91 LAG Düsseldorf, Urt. v. 16.12.1980 – 24 Sa 1230/80 –, DB 1981, 900.
92 LAG Hamm, Urt. v. 11.5.1982 – 13 Sa 85/82 –, DB 1983, 235.
93 BAG, Urt. v. 15.7.1992 – 5 AZR 312/91 –, NZA 1993, 23 (dieser Umstand sei jedenfalls näher zu beachten).
94 BAG, Urt. v. 20.2.1985 – 5 AZR 180/83 –, NZA 1985, 737 (hier fünf Mal in sieben Jahren).
95 LAG Hamm, Urt. v. 8.6.2005 – 18 Sa 1962/04 –, NZA-RR 2005, 625.
96 LAG Berlin, Urt. v. 30.4.1979 – 9 Sa 58/78 –, zitiert nach juris.

c) Anrufe und Krankenbesuche durch den Arbeitgeber

Der Arbeitgeber kann bei dem arbeitsunfähigen Arbeitnehmer anrufen und/oder 68
ihn zu Hause besuchen (lassen). Dabei dürfen die Kontaktaufnahmen jedoch nicht zur Unzeit erfolgen. Darüber hinaus hat der Arbeitgeber ggf. die Pflicht, soweit ihm die Art der Erkrankung bekannt geworden ist, hierauf Rücksicht zu nehmen. Der Arbeitgeber kann zwar versuchen, diese Kontrollmöglichkeit als Erkenntnisquelle zu nutzen, jedoch ist der Arbeitnehmer nicht verpflichtet, den Anruf anzunehmen oder die Tür zu öffnen, um mit dem Arbeitgeber zu sprechen. Aus der Verweigerung kann kein rechtserheblicher Schluss auf eine fehlende Arbeitsunfähigkeit gezogen werden.[97]

d) Anordnung einer Untersuchung durch vom Arbeitgeber benannten Arzt

Rechtlich nicht abschließend geklärt ist die Frage, ob der Arbeitgeber Anspruch 69
darauf haben kann, dass sich der Arbeitnehmer (zusätzlich) von einem Arzt untersuchen lassen muss, den der Arbeitgeber ausgewählt hat. Denkbar ist, eine solche Pflicht als arbeitsvertragliche Nebenpflicht anzunehmen oder die Verpflichtung durch besondere Vereinbarungen als begründbar zu sehen oder auf der anderen Seite eine derartige Untersuchungspflicht gänzlich abzulehnen.

Eindeutig ist, dass die Untersuchung durch einen vom Arbeitgeber ausgewählten 70
Arzt jedenfalls nicht zur Voraussetzung des Entgeltfortzahlungsanspruches gemacht werden kann, da eine solche Regelung eine gegen § 12 EFZG verstoßende ungünstige Abweichung von § 5 Abs. 1 EFZG wäre, was die Nichtigkeit einer entsprechenden Reglung bedeutet.

aa) Generelle Ablehnung einer Untersuchungspflicht

Unter Hinweis auf das Recht der freien Arztwahl (§ 76 SGB V) und den Eingriff in das 71
allgemeine Persönlichkeitsrecht durch die Untersuchung wird zum Teil eine Pflicht zur (Zweit-)Untersuchung durch einen vom Arbeitgeber ausgewählten Arzt **vollständig abgelehnt**.[98] Etwaige Vereinbarungen, die derartige Pflichten statuieren, sollen unwirksam sein.[99]

---

97 *Ruhnke*, Die Entgeltfortzahlung im Krankheitsfall und die Möglichkeiten des Arbeitgebers, gegen einen etwaigen Missbrauch dieses Rechts vorzugehen, Diss. Uni Konstanz 2004, S. 174.

98 ErfK/*Dörner/Reinhard*, EFZG, § 5 Rn 13.

99 Henssler/Willemsen/Kalb/*Schliemann*, EFZG, § 5 Rn 19.

bb) Untersuchungspflicht ohne Vorliegen einer individuellen/kollektivrechtlichen Regelung

72 Soweit ersichtlich, wird für den Fall, dass eine Untersuchung zum **Schutz des Arbeitnehmers** bzw. seines **Arbeitsumfeldes** erforderlich sein könnte, auch ohne Vorliegen einer besonderen Vereinbarung gefordert, dass den Arbeitnehmer eine Nebenpflicht aus §§ 241 Abs. 2, 242 BGB trifft, die Untersuchung durch einen vom Arbeitgeber benannten Arzt zu dulden.[100] Einzelne Autoren vertreten unter Berufung auf ältere Rechtsprechung darüber hinaus die Ansicht, dass der Arbeitnehmer auch verpflichtet sei, sich einer solchen vom Arbeitgeber angeordneten Untersuchung zu unterziehen, wenn der Arbeitgeber Anlass zur Vermutung habe, bei der AUB handele es sich um ein **Gefälligkeitsattest.**[101]

cc) Untersuchungspflicht aufgrund einer Regelung in Arbeitsvertrag/ Betriebsvereinbarung/Tarifvertrag

73 Soweit angenommen wird, dass es weder eine gesetzliche noch eine nebenvertragliche Verpflichtung zur Duldung einer (Zweit-)Untersuchung bei einem vom Arbeitgeber ausgewählten Arzt gibt und dem Arbeitgeber auch kein entsprechendes Direktionsrecht zusteht, **könnte** sich eine **Duldungspflicht** unter Umständen aus einer arbeitsvertraglichen Regelung oder Normierung in einer Betriebsvereinbarung oder einem Tarifvertrag ergeben.

74 Sollte eine Verpflichtung zur Duldung einer (Zweit-)Untersuchung in Arbeitsverträge aufgenommen werden, ist darauf zu achten, dass sie den Regelungen der **§§ 305 ff. BGB** zu den allgemeinen Geschäftsbedingungen gerecht wird.

75 Wenn der Arbeitgeber eine Verpflichtung auf Ebene des Betriebs schaffen möchte, hat er jedenfalls das zwingende Mitbestimmungsrecht des Betriebsrats gem. **§ 87 Abs. 1 Nr. 1 BetrVG** zu beachten.

76 Die (Un-)Wirksamkeit eines Tarifvertrages, der die Untersuchungspflicht von Arbeitnehmern anordnet, falls der Arbeitgeber Zweifel an ihrer Arbeitsfähigkeit bzw. an einer fehlenden Ansteckungsgefahr für die übrigen Mitarbeiter hat, wird vom BAG nicht diskutiert.[102] Diese Entscheidung ist jedoch nicht ohne Weiteres auf die Situation der Überprüfung der Richtigkeit der AUB übertragbar, da die Zielrichtungen der Untersuchungsverpflichtungen in diesen beiden Fällen entgegengesetzt ist.

77 Im – soweit ersichtlich – einzigen Fall, in welchem das **BAG** über einen **Tarifvertrag** zu entscheiden hatte, der eine **(Zweit-)Untersuchungspflicht** vorsah, lautete

100 Neumann/Lepke, Rn 596 m.w.N.

101 Neumann/Lepke, Rn 596; LAG Berlin, Urt. v. 27.11.1989 – 9 Sa 82/89 –, NJW 1990, 2956, unter Hinweis auf die auch damals bereits existierende gegenläufige Rechtsprechung anderer Landesarbeitsgerichte.

102 BAG, Urt. v. 25.6.1992 – 6 AZR 279/91 –, NZA 1993, 81.

die Regelung: „*Der Unternehmer kann innerhalb von 24 Stunden verlangen, daß der Artist sich auf Kosten des Unternehmers einer Untersuchung durch einen vom Unternehmer genannten Arzt unterzieht und von diesem ein Attest vorlegt. Weigert sich der Artist diesem Verlangen nachzukommen, so stellt dies einen Vertragsbruch dar und die Konventionalstrafe ist fällig.*“ Das BAG hat die Frage der rechtlichen Zulässigkeit der Untersuchungspflicht gesehen und **ausdrücklich offen gelassen.**[103]

Die Weigerung, sich unter Geltung der zitierten tariflichen Bestimmung von dem vom Arbeitgeber benannten Arzt untersuchen zu lassen, führte auch nicht dazu, dass der Beweiswert der AUB als erschüttert anzusehen war.[104] 78

Praxistipp
Im Ergebnis spricht für den Arbeitgeber nichts gegen die Schaffung entsprechender Regelungen über die Verpflichtung der Arbeitnehmer, im Falle der Arbeitsunfähigkeit sich (auch) von einem vom Arbeitgeber benannten Arzt untersuchen zu lassen. Kommt der Arbeitnehmer der entsprechenden Aufforderung in der Praxis nicht nach, besteht allerdings das Risiko, dass der Arbeitgeber aus der Weigerung keine für ihn vorteilhaften Rechtsfolgen ableiten kann.

e) Einschaltung des Medizinischen Dienstes der Krankenversicherung

Gem. § 275 Abs. 1 Nr. 3 b SGB V besteht eine Verpflichtung der (gesetzlichen) Krankenkasse zur Einholung eines Gutachtens des Medizinischen Dienstes der Krankenversicherung (auch: Medizinischer Dienstes der Krankenkassen, „MDK“) zur Beseitigung von Zweifeln an der Arbeitsunfähigkeit. Diese Zweifel müssen indes nicht originär bei der Krankenkasse entstehen. Auch der **Arbeitgeber** kann gem. § 275 Abs. 1a S. 3 SGB V **verlangen**, dass die Krankenkasse eine gutachterliche Stellungnahme des Medizinischen Dienstes zur Überprüfung des tatsächlichen Vorliegens der Arbeitsunfähigkeit einholt. 79

aa) Tatbestände des § 275 Abs. 1a S. 1 SGB V

§ 275 Abs. 1a S. 1 SGB V listet in einer – nicht abschließenden – Aufzählung Fallgestaltungen auf, in welchen Zweifel an dem Vorliegen der Arbeitsunfähigkeit anzunehmen sind, mit der Folge, dass eine gutachterliche Stellungnahme des MDK einzuholen ist: 80

– § 275 Abs. 1a S. 1 lit. a 1. u. 2. Var. SGB V: auffällige Häufung von Krankheiten/von Kurzerkrankungen 81
  Ein lediglich subjektiv bestehender Eindruck ist nicht ausreichend, um eine „auffällige Häufung“ zu behaupten, sondern es bedarf einer nachvollziehbaren Grundlage für die Einholung einer Stellungnahme des MDK. Eine solche Häufung

103 BAG, Urt. v. 4.10.1978 – 5 AZR 326/77 –, NJW 1979, 1264.
104 BAG, Urt. v. 4.10.1978 – 5 AZR 326/77 –, NJW 1979, 1264.

soll nach der Gesetzesbegründung vorliegen, wenn die Fehlzeiten „nach allgemeiner Lebenserfahrung nicht plausibel“ erscheinen[105]; in der Literatur wird eine um 50 % über einer Vergleichsgruppe liegende Häufigkeit genannt.[106]

1. Bildung einer Vergleichsgruppe
   Zunächst muss eine nachvollziehbar begründbare Vergleichsgruppe gebildet werden. Dies können zum einen alle Mitarbeiter mit einer identischen/ähnlichen Tätigkeit sein oder alle Arbeitnehmer des Betriebs, etc. Ein „Zuschneiden“ der Vergleichsgruppe, so dass ein Arbeitnehmer „auffällige“ Werte erreicht, ist freilich nicht zulässig.
2. Abweichung von der Vergleichsgruppe
   Berechnung einer etwaigen Abweichung der Arbeitsunfähigkeitszeiten (etwa im Bereich von 50 % oder darüber) des betroffenen Arbeitnehmers unter Berücksichtigung aller Umstände des Einzelfalls.

- § 275 Abs. 1a S. 1 lit. a 3. Var. SGB V: häufige Erkrankungen zu Wochenbeginn/zum Ende der Woche
  In diesem Fällen ist die für den betroffenen Arbeitnehmer individuelle Fehlzeit an den „Randtagen“ zu ermitteln. „Häufig“ liegen Erkrankungen erneut vor, wenn die Werte „nach allgemeiner Lebenserfahrung nicht plausibel“ erscheinen.[107]
- § 275 Abs. 1a S. 1 lit. b SGB V: „auffälliger“ Arzt
  Wird ein Arzt wegen der Häufigkeit der von ihm ausgestellten AUBen auffällig, besteht ebenfalls eine Pflicht zur Überprüfung der Arbeitsunfähigkeit für den MDK. „Auffällig“ soll die Zahl der AUBen eines Arztes sein, wenn sie im Vergleich zu anderen Ärzten in erheblich höherem Umfang durch ihn ausgestellt werden.[108] Eine feste Grenze gibt es insoweit nicht, jedoch wird man auch hier einen Wert von über 50 % des Durchschnitts fordern müssen, um den Misstrauenstatbestand erfüllt zu sehen.
- Sonstige Fälle („insbesondere“)
  Die Aufzählung in § 275 Abs. 1a S. 1 SGB V ist nicht abschließend; über die genannten Fälle kommen Zweifelsfälle etwa in folgenden Konstellationen in Betracht: nicht eindeutige Diagnose, der Arzt stellt die AUB außerhalb seines Fachgebietes aus, Arbeitsunfähigkeitsmeldung nach innerbetrieblichen Differenzen, häufige Arztwechsel oder regelmäßige Arbeitsaufnahme vor der ersten Einladung zur Begutachtung durch den MDK.[109]

105 BT-Drs. 12/5262, S. 157.
106 Schmitt, EFZG, § 5 Rn 192.
107 BT-Drs. 12/5262, S. 157.
108 BT-Drs. 12/5262, S. 157.
109 Vgl. die Richtlinien über die Zusammenarbeit der Krankenkassen mit den Medizinischen Diensten, S. 25, mit weiteren Beispielen; http://www.mds-ev.de/media/pdf/RL_ZusArb.pdf.

bb) Wie kann der Arbeitgeber erreichen, dass der MDK einen Arbeitnehmer zu einer Untersuchung einlädt?

Der Arbeitgeber kann sich grundsätzlich nicht unmittelbar an den MDK wenden, um eine Überprüfung einer AUB zu erreichen. Wie sich aus § 275 Abs. 1a S. 3 SGB V ergibt, muss sich der Arbeitgeber an die für den Arbeitnehmer zuständige (gesetzliche)[110] Krankenkasse wenden und dieser die Zweifel an der Arbeitsunfähigkeit des Arbeitnehmers mitteilen. Die Zweifel, die der Arbeitgeber vorbringt, müssen „begründet", also objektiv berechtigt sein.[111] Sind die Zweifel objektiv berechtigt, muss die Krankenkasse unverzüglich den MDK mit der Erstellung einer gutachterlichen Stellungnahme beauftragen. Der MDK hat dabei kein eigenes Ermessen, ob eine Einladung zur Untersuchung an den Arbeitnehmer ausgesprochen wird – er wird von der Krankenkasse „beauftragt". 82

Weigert sich die Krankenkasse, den MDK einzuschalten, steht dem Arbeitgeber der Sozialgerichtsweg gegen die Krankenkasse offen. 83

cc) Verfahren vor der Untersuchung

Hat der MDK einen Arbeitnehmer zu untersuchen, so fordert er diesen auf (ggf. nach vorheriger Kontaktaufnahme mit dem behandelnden Arzt), bei einem Arzt des MDK vorstellig zu werden, um sich untersuchen zu lassen. Diese Aufforderung ist kein hoheitlicher Akt mit Außenwirkung – insoweit liegt kein Verwaltungsakt vor, der etwa mit Verwaltungszwang durchgesetzt werden könnte. Die Nichtbefolgung einer Untersuchungsvorladung hat demnach nicht zur Folge, dass eine „Zwangsuntersuchung" stattfinden könnte (zu etwaigen Rechtsfolgen der Weigerung s. unten B. III. 2. e) ee) Rn 92 ff. 84

dd) Verfahren nach der Untersuchung

Wurde der Arbeitnehmer durch einen vom MKD benannten Arzt untersucht, erhält der MDK sowohl die Stellungnahme, **ob** eine **Arbeitsunfähigkeit** bestand bzw. besteht als auch die **Diagnose**, für den Fall, dass eine Krankheit vorliegt. Der MDK leitet das Ergebnis der Untersuchung samt Diagnose in der Folge an die Krankenkasse weiter, die ihrerseits (nur) das Ergebnis, ob die AUB bestätigt wurde oder nicht, an den Arbeitgeber und den Arbeitnehmer bekannt gibt. Das Gutachtensergebnis kann 85

---

110 Der MDK hat keine Befugnis, Arbeitnehmer, die bei einer privaten Krankenversicherung versichert sind, zu überprüfen. Hier bleibt in erster Linie der Weg über den Einsatz von Privatdetektiven, s. dazu unten B. III. 2. f) Rn 98 f.

111 *„Der Arbeitgeber muss dabei konkret und schlüssige Tatsachen vorbringen, die seine Zweifel an der Arbeitsunfähigkeit begründen"* (Richtlinien über die Zusammenarbeit der Krankenkassen mit den Medizinischen Diensten, S. 26).

sowohl im Hinblick auf das **Bestehen** als auch in Bezug auf die **Dauer** der Arbeitsunfähigkeit von der AUB abweichen.

86 Weicht das Gutachten von der AUB ab, kann der die AUB ausstellende Arzt **Einspruch** gegen das Gutachten einlegen mit der Folge, dass ein **Zweitgutachten** erstellt wird, falls der Erstgutachter sein Ergebnis nochmals bestätigt. Der Arbeitnehmer selbst hat keine Möglichkeit, ein Zweitgutachten beim MDK zu verlangen.

ee) Rechtsfolgen einer Weigerung, sich untersuchen zu lassen

87 Bezieht der Arbeitnehmer bereits Krankengeld von der Krankgenkasse gem. §§ 44 ff. SGB V, besteht bei Weigerung des Arbeitnehmers, sich untersuchen zu lassen, die Möglichkeit, das Krankengeld zurückzuhalten.

88 Der Arbeitgeber ist grundsätzlich nicht allein aufgrund der Weigerung berechtigt, die **Entgeltfortzahlung** im Krankheitsfall zu beenden oder zu unterbrechen. Sollte er dies allerdings tun und der Arbeitnehmer auf Zahlung der Vergütung während der Arbeitsunfähigkeit klagen, ist es möglich, dass die Untersuchungsverweigerung als ausreichend angesehen wird, den **Beweiswert** der AUB zu **erschüttern.**[112] Dies gilt insbesondere in den Fällen, in welchen der Arbeitgeber bereits sachliche Gründe für die Einschaltung des MDK hatte.[113]

ff) Rechtsfolgen bei einem die Arbeitsunfähigkeit nicht bestätigenden Gutachten

89 Durch ein von der AUB abweichendes Gutachten des MDK ist der Beweiswert der AUB zu erschüttern.[114]

gg) Effizienz der Einschaltung des MDK bei der Missbrauchsbekämpfung

90 Bis eine Aufforderung des MDK an den Arbeitnehmer ausgesprochen wird, sich untersuchen zu lassen, vergeht aufgrund des Wegs vom Arbeitgeber über die Krankenkasse zum MDK in der Regel eine nicht unerhebliche Zeitspanne (je nach Beantragungstag zwischen 5 und 10 Werktagen), so dass insbesondere Kurzerkrankungen, die im Verdacht stehen, lediglich vorgetäuscht zu sein, nicht widerlegt werden können. Hat der Arbeitgeber andererseits einen Arbeitnehmer bereits länger in Verdacht, „Blau zu machen“, kann er unmittelbar bei Vorliegen der AUB die Krankenkasse informieren, die ihrerseits gem. § 275 Abs. 1a S. 2 SGB V verpflichtet ist, „unverzüglich“ tätig zu werden.

---

112 LAG Hamm, Urt. v. 29.1.2003 – 18 Sa 1137/02 –, BeckRS 2003, 31014231.

113 Vgl. Feichtinger/Malkmus/*Feichtinger*, § 5 Rn 159.

114 Vgl. Hümmerich/Boecken/Düwell/*Sievers*, EFZG, § 5 Rn 71.

Praxistipp
Ist das Phänomen der häufigen Kurzerkrankungen bei bestimmten Arbeitnehmern bekannt, lässt sich in der Praxis in enger Zusammenarbeit mit Krankenkasse und MDK auch in kurzer Zeit der Versand einer Untersuchungsaufforderung an den Arbeitnehmer durch den MDK erreichen. Hierzu kann eine telefonische Absprache zwischen Arbeitgeber und Krankenkasse (und ggf. MDK) empfehlenswert sein.

Geht der Arbeitgeber aufgrund objektiv nachvollziehbarer Gründe von einer nicht- 91
bestehenden Arbeitsunfähigkeit trotz Vorlage einer AUB aus, ist unabhängig von anderen Maßnahmen die Einschaltung des MDK anzuraten, da eine Einladung des MDK sowohl für den betroffenen Arbeitnehmer als auch für Kollegen, die davon erfahren, in der Regel eine warnende Wirkung hat.

hh) Einschaltung des MDK als Voraussetzung für die Beendigung der Entgeltfortzahlung?

Nach **ganz herrschender Meinung** ist der Arbeitgeber **nicht verpflichtet**, gegen- 92
über der Krankenkasse zu verlangen, dass der MDK eingeschaltet wird und auch nicht verpflichtet, bei Weigerung der Krankenkasse zur Bauftragung des MDK eine gerichtliche Verurteilung zur Beauftragung des MDK zu erwirken, um berechtigt zu sein, die Entgeltfortzahlung zu stoppen. Der Arbeitgeber kann somit bereits bei Zweifeln an dem tatsächlichen Vorliegen einer Arbeitsunfähigkeit trotz Vorlage einer AUB die Entgeltfortzahlung berechtigt beenden[115], ohne dass ein Gutachten des MDK angefordert wurde. In einem etwaig folgenden Prozess um Zahlung des Entgelts hat der Arbeitgeber seine Zweifel an der Arbeitsunfähigkeit freilich zur Überzeugung des Gerichts zu beweisen.

f) Überwachung des Arbeitnehmers durch Detektive

aa) Zulässigkeit der Überwachung eines arbeitsunfähig erkrankten Arbeitnehmers durch Detektive

Jedes Ausspähen eines anderen Menschen, auch und insbesondere mittels Bild- und 93
Tonaufnahmen, ist ein Eingriff in das allgemeine Persönlichkeitsrecht in seiner Ausprägung des Rechts auf freie Entfaltung der Persönlichkeit, Art. 2 Abs. 1 GG. Damit ein solcher Eingriff rechtlich zulässig erfolgen kann, bedarf es einer Rechtfertigung. Diese **Rechtfertigung** für die Überwachung eines Arbeitnehmers kann sich aufgrund einer **Interessenabwägung** ergeben, wenn die (wirtschaftlichen) Interessen des Arbeitgebers an der Überwachung die Interessen des Arbeitnehmers daran, nicht beobachtet zu werden, überwiegen. Dabei ist unstreitig, dass der Arbeitgeber für die

115 LAG Hamm, Urt. v. 9.4.2008 – 18 Sa 1938/07 –, BeckRS 2008, 54151; Henssler/Willemsen/Kalb/*Schliemann*, EFZG, § 5 Rn 41.

Überwachung einen **begründeten Verdacht** haben muss, dass der Arbeitnehmer eine **schwerwiegende Vertragspflichtverletzung** begeht.[116] Eine **reine Routineüberwachung** ist stets **unzulässig**. Auch im Rahmen einer grundsätzlich zulässigen Überwachung, weil der Arbeitgeber einen konkreten Verdacht einer erheblichen Pflichtverletzung hat, ist der Eingriff in das allgemeine Persönlichkeitsrecht so schonend vorzunehmen wie möglich. Danach kann es angezeigt sein, dass der Detektiv nur in eigener Person beobachtet und/oder Personenbefragungen durchführt, statt Photos oder Filmaufnahmen anzufertigen.

94 Hat der Arbeitgeber den begründeten Verdacht, dass der Arbeitnehmer ihn über das Vorliegen einer Arbeitsunfähigkeit täuschen will, liegt jedenfalls der Versuch eines Betrugs zu Lasten des Arbeitgebers gem. § 263 Abs. 1 StGB vor, da der Arbeitgeber zur Leistung der Entgeltfortzahlung veranlasst werden soll[117], so dass der Einsatz eines Privatdetektivs grundsätzlich zulässig ist.

bb) Kein Mitbestimmungsrecht des Betriebsrats

95 Die Beauftragung eines Privatdetektivs zur Überwachung eines Arbeitnehmers unterliegt nicht der Mitbestimmung des Betriebsrats. Weder geht es bei der Überwachung um die Ordnung des Betriebes noch das Verhalten der Arbeitnehmer innerhalb dieser Ordnung i. S. v. § 87 Abs. 1 Nr. 1 BetrVG, sondern es geht um das sog. Arbeitsverhalten des Arbeitnehmers. Die Überwachung der Arbeitsleistung selbst unterliegt nach § 87 Abs. 1 Nr. 6 BetrVG nur dann der Mitbestimmung des Betriebsrates, wenn sie mit Hilfe technischer Einrichtungen erfolgt[118], was auf den Einsatz eines Detektivs nicht zutrifft, selbst wenn dieser technische Einrichtungen verwendet.

! **Fettnapf**

Wird ein Detektiv in den Betrieb eingegliedert, um (verdeckt) interne Überwachungsaufgaben wahrzunehmen, handelt es sich um eine Einstellung i. S. v. § 99 BetrVG, mit der Folge, dass der Betriebsrat ein auf die Einstellung bezogenes Mitbestimmungsrecht hat.[119]

---

cc) Gerichtliche Verwertung der Ermittlungsergebnisse

96 Hatte der Arbeitgeber einen begründeten Verdacht, dass der Arbeitnehmer trotz Vorlage einer AUB nicht arbeitsunfähig war, können die von einem daraufhin beauftragten Detektiv **rechtmäßig** gesammelten **Beweise** grundsätzlich in einem Gerichtsprozess **verwendet** werden. Beobachtet etwa ein Detektiv einen angeblich arbeitsun-

---

116 Gola/Wronka, Rn 744.

117 Zum Anspruch auf Ersatz der Detektivkosten, vgl. unten B. III. 4. b) Rn 115.

118 BAG, Beschl. v. 26.3.1991 – 1 ABR 26/90 –, NZA 1991, 729.

119 BAG, Beschl. v. 26.3.1991 – 1 ABR 26/90 –, NZA 1991, 729.

fähig erkrankten Arbeitnehmer, der in dieser Zeit im Haus seiner Tochter Bauarbeiten verrichtet und fasst er diese Beobachtungen in einem schriftlichen Bericht zusammen, können diese Beobachtungsergebnisse im Rahmen des Kündigungsschutzprozesses verwertet werden.[120]

Ob Beweise aus einer unzulässigen (unverhältnismäßigen) Arbeitnehmerüberwa- 97
chung im Rahmen eines Kündigungsschutzprozesses verwertet werden können, ist jedoch umstritten; weder das Arbeitsgerichtsgesetz noch die Zivilprozessordnung enthalten Regelungen, wie mit **rechtswidrig erhobenen Beweisen** umzugehen ist. Höchstrichterliche Rechtsprechung zu Beispielen einer generell zulässiger Verwertung rechtswidrig erhobener Beweismittel gibt es, soweit ersichtlich, nicht – hier kommt es auf den **Einzelfall** an. Je schwerer das Interesse des Arbeitgebers wiegt und je weniger (andere) Möglichkeiten ihm zur Aufklärung zur Verfügung stehen, desto eher muss das allgemeine Persönlichkeitsrecht des Arbeitnehmers dahinter zurückstehen.

Dazu, wie weit die Grenzen der Zulässigkeit im Einzelfall verschoben sein 98
können, führt das BAG führt aus: „*Danach ist die heimliche Videoüberwachung eines Arbeitnehmers zulässig, wenn der konkrete Verdacht einer strafbaren Handlung oder einer anderen schweren Verfehlung zu Lasten des Arbeitgebers besteht, weniger einschneidende Mittel zur Aufklärung des Verdachts ausgeschöpft sind, die verdeckte Video-Überwachung praktisch das einzig verbleibende Mittel darstellt und insgesamt nicht unverhältnismäßig ist.*“[121]

An dieser Rechtsprechung hält das BAG auch in jüngerer Zeit insbesondere zu 99
heimlichen **Videoüberwachung** fest:[122] „*Auch bezogen auf einen so genannten Zufallsfund muss aber das Interesse des Arbeitgebers an der prozessualen Verwendung und Verwertung der Daten und/oder Beweismittel höher zu gewichten sein als das Interesse des Arbeitnehmers an der Achtung seines durch Art. 2 I in Verbindung mit Art. 1 I GG gewährleisteten allgemeinen Persönlichkeitsrechts. Davon kann nur ausgegangen werden, wenn es um den Nachweis eines strafbaren Verhaltens oder einer ähnlich schwerwiegenden Pflichtverletzung des Arbeitnehmers geht und die Informationsbeschaffung und -verwertung selbst dann nicht unverhältnismäßig ist.*“

120 LAG Rheinland-Pfalz, Urt. v. 11.7.2013 – 10 Sa 100/13 –, BeckRS 2013, 71999.

121 BAG, Urt. v. 27.3.2003 – 2 AZR 51/02 –, NJW 2003, 3436.

122 BAG, Urt. v. 21.11.2013 – 2 AZR 797/11 –, NJW 2014, 810. In dem zu entscheidenden Fall erachtete das BAG die Kündigung der Kassiererin als unwirksam, die heimlich aufgenommenen Videoaufzeichnungen durften nicht verwertet werden, da der Arbeitgeber nicht ausreichend dargelegt hatte, dass ihm keine anderen (milderen) Mittel zur Aufklärung der Fehlbestände zur Verfügung gestanden hatten.

3. Sonderfall: Beweiswert von Arbeitsunfähigkeitsbescheinigungen aus dem Ausland und Erschütterung des Beweiswerts

100 Erkrankt der Arbeitnehmer arbeitsunfähig, während er sich im Ausland aufhält, hat er auch dort den Grundsätzen des § 5 Abs. 1 EFZG entsprechend seine Arbeitsunfähigkeit schnellstmöglich mitzuteilen und eine ärztliche AUB zu besorgen, wenn die Arbeitsunfähigkeit länger als drei Kalendertage dauert. Zweifels- und Missbrauchsfälle von Krankschreibungen aus dem europäischen und nicht-europäischen Ausland haben zu einer intensiven Beschäftigung der Rechtsprechung mit dieser Thematik geführt:

a) Beweiswert und Erschütterung einer Arbeitsunfähigkeitsbescheinigung aus dem EU-Ausland

101 In den bekannten Entscheidungen „Paletta I"[123] und „Paletta II"[124] hat der **Europäische Gerichtshof** entschieden, dass Arbeitgeber (und Arbeitsgerichte) grundsätzlich an die Feststellungen von Ärzten aus anderen europäischen Ländern über Arbeitsunfähigkeiten von Arbeitnehmern gebunden sind und dass eine bloße „Erschütterung" des Beweiswertes, wie es das BAG für in Deutschland ausgestellte AUB ausreichen lässt, nicht ausreichen soll. Vielmehr sei erforderlich, dass nachgewiesen werde, dass der Arbeitnehmer sich eine AUB **rechtsmissbräuchlich** oder **betrügerisch erschlichen** habe.

102 Nach der Rechtsprechung des **BAG** bleibt es den Arbeitgebern jedoch unverwehrt, die Arbeitsgerichte im Rahmen der **Beweiswürdigung** davon zu überzeugen, dass nicht lediglich Zweifel an der Unrichtigkeit der AUB vorliegen, sondern die **Tatsachen für einen Beweis** der Unrichtigkeit ausreichen.[125] Materiell-rechtlich soll auf diesem Weg wieder eine möglichst starke Angleichung zu Prozessen über in Deutschland ausgestellte AUB hergestellt werden.

b) Beweiswert und Erschütterung einer Arbeitsunfähigkeitsbescheinigung aus dem nicht-EU-Ausland

103 Zwar kommt einer im (auch nicht-EU-)Ausland ausgestellten AUB grundsätzlich der gleiche Beweiswert zu wie einer in Deutschland ausgestellten AUB. Ebenso wie eine in Deutschland ausgestellte AUB muss jedoch auch die im nicht-EU-Ausland ausgestellte AUB erkennen lassen, dass der behandelnde Arzt zwischen der Erkrankung an sich und einer daraus resultierenden Arbeitsunfähigkeit unterschieden hat. Kommt

123 EuGH, Urt. v. 3.6.1992 – Rs C 45/90 –, NJW 1992, 2687.
124 EuGH, Urt. v. 2.5.1996 – Rs C 206/94 –, NZA 1996, 635.
125 MüArbR/*Schlachter*, § 75 Rn 27.

diese Entscheidung in der AUB nicht zum Ausdruck, kann der Arbeitgeber den Beweiswert dieser AUB aufgrund dieses Umstands bereits erschüttern.[126]

Praxistipp
Da diese Unterscheidungspflicht nicht allen Ärzten im nicht-EU-Ausland bekannt sein dürfte, besteht in der Praxis eine leichtere Beweiserschütterung als dies für in der EU ausgestellte AUB der Fall sein wird.

---

4. Rechtsfolge der erfolgreichen Erschütterung des Beweiswerts der Arbeitsunfähigkeitsbescheinigung

a) Anderweitiger Nachweis der Arbeitsunfähigkeit durch den Arbeitnehmer

Hat der Arbeitgeber den Beweiswert der AUB erfolgreich erschüttert, steht es dem Arbeitnehmer immer noch frei, das tatsächliche Vorliegen seiner Arbeitsunfähigkeit zu beweisen. Hierzu kann der Arbeitnehmer sich **sämtlicher Beweismittel** bedienen, z. B. Vorlage von Photos und Aussagen von Partnern, Verwandten und Freunden. 104

In erster Linie wird jedoch die **Entbindung** des behandelnden **Arztes** von der **Schweigepflicht** in Betracht kommen, damit dieser im Prozess als Zeuge vernommen werden kann. **Entbindet** der Arbeitnehmer den behandelnden Arzt **nicht** von der **Schweigepflicht**, wertet die Rechtsprechung diese Verweigerung als **Beweisvereitelung** mit der Folge, dass dieser Umstand zu Lasten des Arbeitnehmers berücksichtigt wird.[127] 105

b) Kein anderweitiger Nachweis der Arbeitsunfähigkeit durch den Arbeitnehmer

Gelingt dem Arbeitnehmer nach Erschütterung des Beweiswerts seiner AUB nicht der Beweis seiner Arbeitsunfähigkeit kann dies vielfältige Folgen für ihn haben: 106

aa) Rückzahlung von Arbeitsentgelt für den Entgeltfortzahlungszeitraum

Hat der Arbeitgeber währen der angeblichen Arbeitsunfähigkeit Entgeltfortzahlung im Krankheitsfall oder etwaige Aufstockungsleistungen zum Krankengeld geleistet, hat der Arbeitnehmer diese Beträge an den Arbeitgeber nach bereicherungsrechtlichen Grundsätzen (§§ 812 ff. BGB) zurückzuzahlen, da die Leistungen ohne Rechts- 107

---

126 BAG, Urt. v. 19.2.1997 – 5 AZR 83/96 –, NZA 1997, 652.

127 LAG Hamm Urt. v. 31.5.2006 – 18 Sa 115/06 –, BeckRS 2006, 43141; dogmatisch umstritten ist, ob es in der Folge zu einer Beweislastumkehr kommt oder die Verweigerung im Rahmen der freien Beweiswürdigung des Gerichts zu berücksichtigen ist. Germelmann/Matthes/Prütting/*Prütting*, § 58 Rn 69 f. vertritt die zustimmungswürdige Auffassung, dass §§ 371, 427, 444 ZPO anzuwenden sind, so dass Behauptungen „als bewiesen angesehen (angenommen) werden“ können, auch wenn sich der Richter nicht von der Richtigkeit der Behauptungen überzeugen konnte.

grund erfolgten. Auf eine etwaige Entreicherung wird sich der Arbeitnehmer nur in den seltensten Fällen berufen können, da ihm bekannt gewesen sein wird, dass er tatsächlich nicht arbeitsunfähig krank war.

bb) Außerordentliche Kündigung

108 Ist zur Überzeugung des Gerichts bewiesen, dass der Arbeitnehmer trotz der AUB nicht arbeitsunfähig krank war, sind praktisch keine Fallgestaltungen denkbar, in welchen der Arbeitnehmer die Krankschreibung nicht erschlichen hat oder auf andere Weise schwerwiegende Vertragsverstöße begeht: entweder der Arbeitnehmer war nicht arbeitsunfähig krank, behauptete dies jedoch oder der er war tatsächlich arbeitsunfähig krank und be-/verhinderte durch sein Verhalten seine baldige Genesung und Wiederherstellung der Arbeitsfähigkeit. In beiden Konstellationen wird grundsätzlich der eine außerordentliche fristlose Kündigung rechtfertigende wichtige Grund gegeben sein. Ob die Kündigung als Tat- oder Verdachtskündigung ausgesprochen wird, hängt von den Umständen des Einzelfalls ab. Einer Abmahnung bedarf es bei derartig schwerwiegenden Vertragspflichtverstößen grundsätzlich nicht.[128]

cc) Ordentliche Kündigung/Abmahnung

109 Aus den gleichen Gründen ist im Fall einer zu Unrecht erlangten AUB der Ausspruch einer ordentliche Kündigung oder Abmahnung möglich. Die ordentliche Kündigung sollte in den Fällen einer erschlichenen AUB jedoch lediglich hilfsweise ausgesprochen werden.

dd) Schadensersatzansprüche, insbes. Ersatz von Detektivkosten

110 Aufgrund der Vertragspflichtverletzung kann der Arbeitgeber nach den allgemeinen Grundsätzen den ihm daraus entstandenen Schaden vom Arbeitnehmer ersetzt verlangen (§ 280 Abs. 1 i. V. m. Arbeitsverhältnis, § 823 Abs. 2 i. V. m. § 263 StGB). Zwar kann der Arbeitgeber die eigenen allgemeinen Verwaltungskosten nicht vom Arbeitnehmer ersetzt verlangen, jedoch besteht eine ständige Rechtsprechung für den in der Praxis relevantesten Fall des Ersatzes von Detektivkosten: *„Der Arbeitnehmer hat dem Arbeitgeber die durch das Tätigwerden eines Detektivs entstandenen notwendigen Kosten zu ersetzen, wenn der Arbeitgeber anlässlich eines konkreten Tatverdachts gegen den Arbeitnehmer einem Detektiv die Überwachung des Arbeitnehmers überträgt und der Arbeitnehmer einer vorsätzlichen vertragswidrigen Handlung überführt wird"*.[129]

---

128 BAG, Urt. v. 26.8.1993 – 2 AZR 154/93 –, NZA 1994, 63.
129 BAG, Urt. v. 17.9.1998 – 8 AZR 5/97 –, NZA 1998, 1334.

Allerdings kann der Arbeitgeber die Kosten für den Einsatz nur verlangen, wenn und soweit er einen konkreten Tatverdacht gegen den Arbeitnehmer hatte und haben durfte und der Einsatz des Detektivs bei vernünftiger, wirtschaftlicher Betrachtung erforderlich erschien.[130] Erforderlich bedeutet dabei, dass andere, günstigere Möglichkeiten zum Nachweis der Unrichtigkeit der AUB nicht zur Verfügung standen oder nicht annähernd die gleichen Aussichten auf Erfolg versprachen. Zu den günstigeren Möglichkeiten zählt das BAG auch, dass im Einzelfall die Einschaltung des MDK zur Aufdeckung von erschlichenen AUBen genügen soll, da dies einen „*einfacheren, kostengünstigeren und jedenfalls kompetenteren Weg zur Beseitigung von Zweifeln an der Arbeitsunfähigkeit darstellt, als die kostenintensive und im Ergebnis in solchen Fragen stets interpretationsbedürftige Beauftragung einer Detektei*“.[131] 111

Praxistipp

Trotz des Restrisikos im Hinblick auf die Kostentragungspflicht empfiehlt es sich häufig für Arbeitgeber, die Dienste von (ggf. auf Arbeitnehmerüberwachung spezialisierten) Detekteien in Anspruch zu nehmen. Bei professioneller Ausrichtung sind dort die Methoden bekannt, die (mit hoher Wahrscheinlichkeit) nicht zu einem Beweisverwertungsverbot führen. Zudem führen die Ergebnisse nicht selten zu einer einvernehmlichen Lösung mit dem betroffenen Mitarbeiter, ohne dass der Rechtsweg beschritten werden muss.

---

130 BAG, Urt. v. 28.5.2009 – 8 AZR 226/08 –, NZA 2009, 1300; die Kostenerstattungspflicht besteht bei einer Verdachtskündigung für den Fall, dass die Ermittlungsergebnisse den Verdacht tatsächlich gestützt haben, vgl. BAG, Urt. v. 26.9.2013 – 8 AZR 1026/13 –, NJW 2014, 877.

131 BAG, Urt. v. 28.5.2009 – 8 AZR 226/08 – NZA 2009, 1300.

Kapitel 3
Grenzen der Entgeltfortzahlung im Krankheitsfall

Die mit Krankheitsfällen für den Arbeitgeber verbundenen **Entgeltfortzahlungskosten** werden in der betrieblichen Praxis als **besonders belastend** empfunden, zumal sie selbst durch betriebliche Gesundheitsvorsorgemaßnahmen **kaum steuerbar** sind. Sie erwachsen regelmäßig allein aus der Arbeitnehmersphäre, so dass von vielen die gesetzgeberische Grundentscheidung, für die ersten sechs Wochen jeder Krankheit den Arbeitgebern und nicht der Solidargemeinschaft die Sicherung des Lebensunterhalts der arbeitsunfähigen Arbeitnehmer aufzuerlegen, nicht akzeptiert wird.[1] Die betriebliche Praxis muss allerdings mit diesen Kosten grundsätzlich „leben". Umso wichtiger ist es, die Grenzen des Entgeltfortzahlungsanspruchs sowie die bestehenden Gestaltungsspielräume zu kennen, die nachfolgend aufgezeigt werden. 1

Die in der betrieblichen Praxis als besonders belastend und teilweise auch überraschend empfundene Entgeltfortzahlung bei sog. Anlasskündigung nach § 8 EFZG wird dabei als „echte" Rechtsfolge einer krankheitsbedingten Kündigung unter Kapitel 5 Rn 45 ff. gesondert behandelt. 2

A. Überblick über die Anspruchsvoraussetzungen

Die Vorgaben dafür, dass während des **laufenden Arbeitsverhältnisses** ein Entgeltfortzahlungsanspruch des Arbeitnehmers besteht, sind in § 3 EFZG geregelt. Eine weitere Anspruchsgrundlage für den Sonderfall einer Entgeltfortzahlung bei Spende von Organen oder Geweben findet sich in § 3a EFZG. 3

Die **Anspruchsvoraussetzungen** nach § 3 EFZG lauten: 4
1. Bestehen eines Arbeitsverhältnisses i. S. d. EFZG (§ 1 EFZG),
2. seit ununterbrochen mindestens vier Wochen (§ 3 Abs. 3 EFZG),
3. Erkrankung des Arbeitnehmers (§ 3 Abs. 1 S. 1 EFZG),
4. Arbeitsunfähigkeit infolge der Erkrankung (§ 3 Abs. 1 S. 1 EFZG),
5. alleinige Ursächlichkeit der Erkrankung für den Arbeitsausfall (§ 3 Abs. 1 S. 1 EFZG) und
6. kein (überwiegendes) Verschulden des Arbeitnehmers an der Erkrankung (§ 3 Abs. 1 S. 1 EFZG).

Für den Fall, dass diese Voraussetzungen erfüllt sind, ist die **Anspruchsdauer** in § 3 Abs. 1 S. 1 und 2 EFZG geregelt:

1 Vgl. nur *Müller-Glöge*, RdA 2006, 105.

- Sie beträgt wegen derselben Erkrankung grundsätzlich „nur“ einmalig bis zu sechs Wochen (§ 3 Abs. 1 S. 1 EFZG).
- § 3 Abs. 1 S. 2 EFZG macht davon in zwei Fällen eine Ausnahme:
1. wenn der Arbeitnehmer vor der erneuten Arbeitsunfähigkeit mindestens sechs Monate nicht infolge derselben Krankheit arbeitsunfähig war oder
2. seit Beginn der ersten Arbeitsunfähigkeit infolge derselben Krankheit eine Frist von zwölf Monaten abgelaufen ist.

Die **Anspruchshöhe** ist in §§ 4, 4a EFZG geregelt, wobei § 4 EFZG die Fortzahlung des regelmäßigen Arbeitsentgelts vorsieht, während § 4a EFZG bestimmt, in welchem Umfang Sondervergütungen zulässig infolge Krankheit gekürzt werden können.

B. Rechtliche Einordnung des Entgeltfortzahlungsanspruchs

5 Um die Anwendbarkeit der allgemeinen Regeln über Grenzen der erfolgreichen Geltendmachung von Ansprüchen mit Blick auf den Entgeltfortzahlungsanspruch richtig bewerten zu können, muss dieser Anspruch zunächst **rechtlich eingeordnet** werden. Im Anschluss werden dann die ihm immanenten Grenzen näher beleuchtet.

I. Entgeltfortzahlungsanspruch als aufrechterhaltener Vergütungsanspruch

6 Der Entgeltfortzahlungsanspruch bei krankheitsbedingter Arbeitsunfähigkeit folgt aus § 3 Abs. 1 S. 1 EFZG und modifiziert die Rechtsfolgen der §§ 275, 326 BGB, indem er den vertraglichen Vergütungsanspruch aufrecht erhält. Er ist nach der Rechtsprechung des BAG **kein Lohnersatzanspruch.**[2] Denn der Arbeitgeber kann vom Arbeitnehmer keine Arbeitsleistung beanspruchen, wenn der Arbeitnehmer hierzu wegen krankheitsbedingter Arbeitsunfähigkeit nicht in der Lage ist und deshalb einer der in § 275 BGB geregelten Tatbestände vorliegt.[3]

Praxistipp
Rechtmäßige Sterilisationen und Schwangerschaftsabbrüche sind der unverschuldeten Arbeitsunfähigkeit wegen Krankheit gleichgestellt (§ 3 Abs. 2 EFZG). Gleiches gilt nach § 3a EFZG bei einer Spende von Organen und Geweben, die nach §§ 8, 8a Transplantationsgesetz erfolgt.[4]

2 BAG, Urt. v. 16.1 2002 – 5 AZR 430/00 – NZA 2002, 746.
3 Vgl. nur *Müller-Glöge*, RdA 2006, 105 und unter Kapitel 5 Rn 94 ff.
4 Dazu ausführlich *Greiner*, NZS 2013, 241 ff.

Praxistipp
Anders als im Rahmen von § 615 BGB erfolgt keine Anrechnung anderweitigen Erwerbs, unabhängig davon, ob er tatsächlich erzielt oder böswillig unterlassen wurde.[5] Allerdings unterliegen Entgeltfortzahlungsansprüche in den Grenzen des § 850 c ZPO der Lohnpfändung.[6]

II. Allgemeine Grenzen des Entgeltfortzahlungsanspruchs

1. Verjährung und Ausschlussfristen

Entgeltfortzahlungsansprüche unterliegen aufgrund ihrer Einordnung als aufrechterhaltene Vergütungsansprüche durch das BAG ebenso der Verjährung (§§ 194, 195, 199 BGB) wie einer ggf. einschlägigen tariflichen oder vertraglichen Ausschlussfrist (vgl. zu Ausschlussfristen und Krankheit unter Kapitel 5 Rn 198 ff.).[7] 7

2. Treu und Glauben (Rechtsmissbrauch)

Die Geltendmachung des Anspruchs auf Entgeltfortzahlung kann – wie die Geltendmachung jedes anderen Anspruchs auch – wegen Verstoßes gegen Treu und Glauben (§ 242 BGB) rechtmissbräuchlich sein. 8

Praxistipp
Liegt ein Verschulden des Arbeitnehmers an seiner krankheitsbedingten Arbeitsunfähigkeit vor, ist bereits unerheblich, ob die Geltendmachung der Entgeltfortzahlung gegen § 242 BGB verstößt, weil der Anspruch ohnehin nicht besteht.[8]

Ein solcher Rechtsmissbrauch liegt vor, wenn sich der Arbeitnehmer das Arbeitsverhältnis in Kenntnis seiner Arbeitsunfähigkeit erschlichen hat.[9] 9

Beispiel
Dies ist z. B. dann der Fall, wenn er bereits bei Abschluss des Arbeitsverhältnisses arbeitsunfähig erkrankt war und dies noch bei Ablauf der Wartezeit des § 3 Abs. 3 EFZG andauert[10] oder wenn er seinen Anspruch auf Entgeltfortzahlung verwirkt hat.[11]

5 BAG, Urt. v. 4.12.2002 – 5 AZR 494/01 – ZTR 2003, 241.
6 HWK/*Schliemann*, § 3 EFZG Rn 7.
7 BAG, Urt. v. 16.1 2002 – 5 AZR 430/00 – NZA 2002, 746.
8 BAG, Urt. v. 21.4.1982 – 5 AZR 1019/79 – DB 1982, 1729. Zum fehlenden Verschulden als Tatbestandsmerkmal vgl. unten unter Kapitel 3 Rn 62 ff.
9 HWK/*Schliemann*, § 3 EFZG Rn 10.
10 BAG, Urt. v. 26.7.1989 – 5 AZR 491/88 – EzA § 1 LohnFG Nr. 110.
11 BAG, Urt. v. 27.8.1971 – 1 AZR 107/71 – BB 1971, 1461.

C. Anwendungsbereich des EFZG

I. Berufsbildung

10 Das EFZG regelt die Entgeltfortzahlung im Krankheitsfall und an Feiertagen für Arbeiter, Angestellte und die zu ihrer Berufsbildung Beschäftigten. Denn § 1 Abs. 2 EFZG stellt die zu ihrer Berufsbildung Beschäftigten im Rahmen des Geltungsbereichs des EFZG den Arbeitern und Angestellten gleich.[12]

Praxistipp
Damit gehören nicht nur die Auszubildenden im Sinne des Berufsbildungsgesetzes (BBiG) zum berechtigten Personenkreis, sondern auch Praktikanten, die zur Vorbereitung ihrer eigentlichen Ausbildung beschäftigt werden, und Volontäre mit einem Vergütungsanspruch.[13]

---

11 Die Fortzahlung der Ausbildungsvergütung bei anderen Verhinderungstatbeständen richtet sich nach **§ 19 Abs. 1 Nr. 2 Buchst. b) BBiG**, der den Auszubildenden einen Entgeltfortzahlungsanspruch bei unverschuldeter Verhinderung bis zur Dauer von sechs Wochen gewährleistet.

Praxistipp
Aus dem Umstand, dass diese Regelung in Grundzügen § 616 S. 1 BGB entspricht, aber anders als § 12 Abs. 1 S. 2 BBiG a.F. auf eine besondere Verweisung auf das EFZG verzichtet, hat die Rechtsprechung gefolgert, dass ein vorangegangenes Berufsausbildungsverhältnis mit einem anschließenden Arbeitsverhältnis derselben Vertragsparteien entgeltfortzahlungsrechtlich eine Einheit bildet. Dementsprechend muss die Wartezeit (§ 3 Abs. 3 EFZG) nur einmal zu Beginn des Berufsausbildungsverhältnisses, nicht aber erneut zu Beginn des anschließenden Arbeitsverhältnisses zurückgelegt werden.[14] Daraus folgt allerdings auch, dass kein Entgeltfortzahlungsanspruch besteht, wenn im Arbeitsverhältnis eine Fortsetzungserkrankung zu einer früheren Arbeitsunfähigkeit während des Berufsausbildungsverhältnisses auftritt.[15]

II. Krankenversicherungsrechtliche Wiedereingliederung

12 Kein Arbeitsverhältnis, sondern ein **Rechtsverhältnis eigener Art** entsteht, wenn ein Arbeitnehmer im Rahmen einer krankenversicherungsrechtlichen Wiedereinglie-

---

12 BAG, Urt. v. 20.8.2003 – 5 AZR 436/02 – NZA 2004, 205.

13 ErfK/*Reinhard*, § 1 EFZG Rn 3; *Müller-Glöge*, RdA 2006, 105.

14 BAG, Urt. v. 20.8.2003 – 5 AZR 436/02 – NZA 2004, 205; LAG Sachsen, Urt. v. 12.6.2002 – 9 Sa 170/02 – NZA-RR 2003, 127.

15 *Müller-Glöge*, RdA 2006, 105 f.

derung nach § 74 SGB V beschäftigt wird.[16] In diesem Rechtsverhältnis schuldet der beschäftigende Arbeitgeber weder Arbeitsentgelt noch Entgeltfortzahlung.[17]

III. Räumlicher Geltungsbereich

1. Geltung in der Bundesrepublik Deutschland

Das EFZG gilt mangels abweichender Regelung zunächst einmal im gesamten Bundesgebiet.[18] 13

Praxistipp
Welche Staatsangehörigkeit die Arbeitsvertragsparteien besitzen, spielt keine Rolle.[19]

---

2. Arbeitsverhältnisse mit Auslandsberührung

Bei Arbeitsverhältnissen mit Auslandsberührung sind die Regeln des **Internationalen Privatrechts** zu beachten, die in der Rom I-VO geregelt sind. 14

a) Rechtswahl

Haben die Vertragsparteien keine Rechtswahl nach Art. 3 Rom I-VO getroffen, kommen die Regelungen des Art. 8 Abs. 2, 3 und 4 Rom I-VO zur Anwendung. 15

Praxistipp
Eine Rechtswahl ergibt sich häufig zumindest konkludent aus den Bestimmungen des Vertrages oder aus den Umständen des Einzelfalls.[20]

Die Rechtswahl der Vertragsparteien darf nach Art. 8 Abs. 1 Rom I-VO allerdings nicht dazu führen, dass dem Arbeitnehmer der Schutz entzogen wird, der ihm durch die **zwingenden Bestimmungen** des Rechts gewährt wird, das nach Art. 8 2, 2 oder 4 Rom I-VO anzuwenden wäre. Wird gegen dieses Verbot verstoßen, kann das EFZG trotz entgegenstehender Rechtswahl zur Anwendung kommen.[21] 16

---

16 BAG, Urt. v. 29.1.1992 – 5 AZR 37/91 – NZA 1992, 643.
17 Vgl. nur ErfK/*Reinhard*, § 1 EFZG Rn 4 m.w.N. und BAG, Urt. v. 13.6.2006 – 9 AZR 229/05 – NZA 2007, 91.
18 ErfK/*Reinhard*, § 1 EFZG Rn 5; *Müller-Glöge*, RdA 2006, 105, 106.
19 ErfK/*Reinhard*, § 1 EFZG Rn 5.
20 Vgl. z. B. BAG, Urt. v. 12.12.2001 – 5 AZR 255/00 – NZA 2002, 734.
21 ErfK/*Reinhard*, § 1 EFZG Rn 6.

b) Ohne Rechtswahl anzuwendendes Recht

17 Gemäß Art. 8 Abs. 2 S. 1 Rom I-VO unterliegt das Arbeitsverhältnis dem Recht des Staates, in dem bzw. von dem aus der Arbeitnehmer in Erfüllung des Arbeitsvertrags **gewöhnlich seine Arbeit verrichtet**, selbst wenn er vorübergehend in einen anderen Staat entsandt ist (Art. 8 Abs. 2 S. 2 Rom I-VO). Verrichtet der Arbeitnehmer seine Arbeit gewöhnlich nicht in ein und demselben Staat bzw. aus ihm heraus, ist nach Art. 8 Abs. 3 Rom I-VO das Recht des Staates maßgebend, in dem sich die Niederlassung befindet, die den Arbeitnehmer **eingestellt hat**. Jedoch gilt nach Art. 8 Abs. 4 Rom I-VO die gemäß Art. 8 Abs. 2, 3 Rom I-VO getroffene Zuordnung des Arbeitsverhältnisses nicht, wenn sich aus der **Gesamtheit der Umstände** ergibt, dass der Arbeitsvertrag engere Verbindungen zu einem anderen Staat aufweist.

c) Eingriffsnormen

18 Erhebliche entgeltfortzahlungsrechtliche Bedeutung kommt in diesem Kontext Art. 9 Rom I-VO zu. Danach bleibt die Anwendung derjenigen Bestimmungen des deutschen Rechts unberührt, die ohne Rücksicht auf das auf den Vertrag anzuwendende Recht den Sachverhalt regeln, der in ihren Geltungsbereich fällt.

19 Zu diesen sog. Eingriffsnormen zählen nur diejenigen inländischen Vorschriften, die entweder **ausdrücklich oder nach Sinn und Zweck** ohne Rücksicht auf das nach den deutsche Kollisionsnormen anwendbare Recht gelten sollen. Nach der Rechtsprechung des BAG zählt § 3 Abs. 1 EFZG dann zu den Eingriffsnormen, wenn **deutsches Sozialversicherungsrecht Anwendung findet** und die Entgeltfortzahlung damit der **Entlastung der Krankenkassen** und somit öffentlichen Interessen dient.[22]

20 Nach Art. 9 Rom I-VO findet § 3 Abs. 1 EFZG Anwendung, wenn der nötige Inlandsbezug des Arbeitsverhältnisses gegeben ist.[23]

Beispiel

Dies ist z. B. dann anzunehmen, wenn der Arbeitnehmer dem deutschen Sozialversicherungsrecht unterliegt, die deutsche Staatsangehörigkeit besitzt, seinen Wohnsitz in Deutschland hat und seine Arbeitseinsätze in Deutschland beginnen und enden.[24]

---

22 BAG, Urt. v. 12.12.2001 – 5 AZR 255/00 – NZA 2002, 734; BAG, Urt. v. 18.4.2012 – 10 AZR 200/11 – NZA 2012, 1152; *Müller-Glöge*, RdA 2006, 105, 106.

23 Vgl. *Müller-Glöge*, RdA 2006, 105, 106.

24 BAG, Urt. v. 12.12.2001 – 5 AZR 255/00 – NZA 2002, 734.

D. Monokausalität der Arbeitsunfähigkeit

Eine der in der betrieblichen Praxis wichtigsten **immanenten Grenze** des Entgeltfortzahlungsanspruchs stellt der Umstand dar, dass Entgeltfortzahlung im Krankheitsfall nach der Rechtsprechung des BAG nur dann geschuldet wird, wenn die krankheitsbedingte Arbeitsunfähigkeit die **alleinige Ursache** für die Arbeitsverhinderung und damit den Ausfall der Arbeitsleistung ist (sog. Monokausalität).[25] 21

I. Tarifdispositivität

Von dem in § 3 Abs. 1 EFZG und § 4 Abs. 1 EFZG angelegten Grundsatz, dass die Arbeit allein auf Grund der Arbeitsunfähigkeit ausgefallen sein muss, kann indes tarifvertraglich durch Änderung der Berechnungsgrundlage und/oder -methode (vgl. § 4 Abs. 4 EFZG) abgewichen werden. 22

Beispiel
Z. B. kann eine Entgeltfortzahlung für jeden „Kalendertag" vorgesehen werden.[26]

II. Arbeitsbefreiung aus anderen Gründen mit der Folge keines Entgeltfortzahlungsanspruchs

1. Ausgangspunkt: Tagesbezogene Betrachtung der Ausfallzeiten

Konsequenz der vom BAG geforderten Monokausalität ist, dass dann, wenn in den Zeitraum der Arbeitsunfähigkeit ein arbeitsfreier, nicht vergüteter Tag fällt, der Arbeitnehmer für diesen Tag keinen Entgeltfortzahlungsanspruch besitzt.[27] 23

Beispiel
Kein Anspruch auf Entgeltfortzahlung besteht folgerichtig z. B. dann, wenn an bestimmten Tagen die Arbeit auf Grund wirksamer Betriebsvereinbarung – bspw. infolge Kurzarbeit „Null" – ausfällt.[28] Die

---

25 BAG, Urt. v. 26.6.1996 – 5 AZR 872/94 – NZA 1996, 1087; BAG, Urt. v. 19.1.2000 – 5 AZR 637/98 – NZA 2000, 771; BAG, Urt. v. 22.8.2001 – 5 AZR 699/99 – NZA 2002, 610; BAG, Urt. v. 4.12.2002 – 5 AZR 494/01 – ZTR 2003, 241.

26 BAG, Urt. v. 9.10.2002 – 5 AZR 356/01 – NZA 2003, 978.

27 BAG, Urt. v. 7.9.1988 – 5 AZR 558/87 – NZA 1989, 53.

28 Vgl. z. B. BAG, Urt. v. 9.5.1984 – 5 AZR 412/81 – NZA 1984, 162; BAG, Urt. v. 28.1.2004 – 5 AZR 58/03 – AP Nr. 21 zu § 3 EntgeltFG; ErfK/*Reinhard*, § 3 EFZG Rn 20 (Kurzarbeit) und 22 (sonstige Betriebsvereinbarungen).

Berechnung von Ansprüchen für den Fall des Zusammentreffens von Kurzarbeit, Arbeitsunfähigkeit und/oder Feiertag, regelt im Übrigen § 4 Abs. 3 EFZG.[29]

24 Davon zu unterscheiden ist der Fall, dass die wegen des freien Tags **ausgefallene Arbeitszeit** an einem anderen Tag durch Verlängerung der üblichen Arbeitszeit **ausgeglichen** werden soll und der Arbeitnehmer an diesem Tag krankheitsbedingt ausfällt. Dann erhält er für diesen Krankheitstag nach § 4 EFZG sogar eine erhöhte Entgeltfortzahlung.[30] Eine Zusammenrechnung der beiden Tage findet nicht statt.

25 Umgekehrt erhält der Arbeitnehmer dann keine Entgeltfortzahlung im Krankheitsfall, sondern die auf dem Arbeitszeitkonto „angesparte“ Vergütung, wenn auf Grund einer Betriebsvereinbarung Betriebsferien in der Form durchgeführt werden, dass die ausfallende Arbeitszeit auf den Arbeitszeitkonten als Zeitausgleich gebucht wird, und der Arbeitnehmer während dieser Freistellungsphase arbeitsunfähig krank ist. Sein Konto ist dementsprechend zu belasten.[31]

2. Schuldnerverzug des Arbeitnehmers/Arbeitsunwilligkeit

26 Die andere Ursache des Arbeitsausfalls, die den Entgeltfortzahlungsanspruch ausschließen soll, muss sich allerdings **realisiert** haben, um den Ausfall der Arbeit im konkreten Fall zu belegen.[32] Während dies in den Fällen der Betriebsferien leicht feststellbar ist, bestehen in der betrieblichen Praxis diesbezüglich vor allem dann Schwierigkeiten, wenn sich der Arbeitnehmer zu Beginn der Arbeitsunfähigkeit (ggf.) im Schuldnerverzug befindet, er also (ggf.) arbeitsunwillig ist.

Beispiel
Dies sind z. B. die berühmten Fälle der Ankündigung, der Arbeitnehmer werde „krank“ sein, wenn er bestimmte Arbeiten verrichten oder zu bestimmten Zeiten arbeiten müsse.

27 In Fällen dieser Art geht die Rechtsprechung[33] vom Fortbestand des Schuldnerverzugs als einer Mitursache aus, es sei denn, die Wiederherstellung der Leistungsbereitschaft des Arbeitnehmers ließe sich feststellen.

29 Näher dazu z. B. HWK/*Schliemann*, § 4 EFZG Rn 42.

30 *Müller-Glöge*, RdA 2006, 105, 106.

31 BAG, Urt. v. 28.1.2004 – 5 AZR 58/03 – AP Nr. 21 zu § 3 EntgeltFG.

32 BAG, Urt. v. 4.12.2002 – 5 AZR 494/01 – ZTR 2003, 241.

33 BAG, Urt. v. 20.3.1985 – 5 AZR 229/83 – NZA 1986, 193; BAG, Urt. v. 4.12.2002 – 5 AZR 494/01 – ZTR 2003, 241.

Praxistipp
Nicht ausreichend hierfür sind die fristgerechte Anzeige der Arbeitsunfähigkeit nebst Übersendung der Arbeitsunfähigkeitsbescheinigung.[34] Gleiches gilt selbstverständlich für die bloße Mitteilung des Arbeitnehmers, gerade zum Zeitpunkt des Eintritts der Arbeitsunfähigkeit habe er sich entschlossen, den Schuldnerverzug zu beenden.[35] Der Arbeitnehmer muss vielmehr andere Indizien vortragen und ggf. beweisen, aus denen sich ergibt, dass er sein vertragswidriges Verhalten beenden wollte.[36]

3. Annahmeverzug des Arbeitgebers

Befindet sich der Arbeitgeber zu Beginn der Arbeitsunfähigkeit im Annahmeverzug (§ 615 BGB i. V. m. § 293 BGB), endet dieser mit dem Eintritt der Arbeitsunfähigkeit (§ 297 BGB).[37] 28

Dies gilt nur dann nicht, wenn ein Fall des **§ 275 Abs. 3 BGB** vorliegt und der Arbeitnehmer **die Einrede nicht erhebt** (z. B. durch Vorlage der Arbeitsunfähigkeitsbescheinigung).[38] Wird die Einrede hingegen erhoben, fehlt die Leistungsfähigkeit des Arbeitnehmers. Die Arbeitsunfähigkeit ist dann monokausal für den Arbeitsausfall, sodass nach § 3 EFZG ein Anspruch auf Entgeltfortzahlung besteht.[39] 29

4. Freistellungsvereinbarung

Vereinbaren die Arbeitsvertragsparteien – z. B. in einem Aufhebungsvertrag –, den Arbeitnehmer „unter Anrechnung etwaiger Mehrarbeit und Urlaubsansprüche bei Fortzahlung der Vergütung unwiderruflich von der Arbeitsleistung" freizustellen, **verzichtet der Arbeitgeber** damit auf die Erbringung von Arbeitsleistungen und verpflichtet sich, das Arbeitsentgelt fortzuzahlen. 30

Im Zweifel wird damit zwar – wie das LAG Hessen in seinem Urteil vom 24.1.2007[40] zu Recht angenommen hat – **kein Rechtsgrund** für eine Zahlungspflicht geschaffen, die über die gesetzlich geregelten Fälle der Entgeltfortzahlung bei krankheitsbedingter Arbeitsunfähigkeit hinausgeht.[41] Darauf sollte sich die betriebliche Praxis mit Blick auf die Vorgaben der **§§ 305 ff. BGB** allerdings nicht verlassen, sondern besser wie folgt formulieren[42]: 31

34 *Müller-Glöge*, RdA 2006, 105, 106.
35 *Müller-Glöge*, RdA 2006, 105, 106.
36 BAG, Urt. v. 20.3.1985 – 5 AZR 229/83 – NZA 1986, 193; BAG, Urt. v. 4.12.2002 – 5 AZR 494/01 – ZTR 2003, 241.
37 BAG, Urt. v. 29.10.1998 – 2 AZR 666/97 – NZA 1999, 377; HWK/*Schliemann*, § 3 EFZG Rn 14.
38 *Müller-Glöge*, RdA 2006, 105, 107.
39 *Müller-Glöge*, RdA 2006, 105, 107.
40 6 Sa 1393/06 – NZA-RR 2007, 401.
41 *Müller-Glöge*, RdA 2006, 105, 107.
42 Zu diesem Formulierungsvorschlag und den Anforderungen an eine Freistellungserklärung vgl. *Mückl*, EWiR 2013, 137; *ders.*, EWiR 2012, 433.

Klauselmuster

„Sie werden mit sofortiger Wirkung von der Pflicht zur Erbringung der Arbeitsleistung freigestellt. **Etwaige Vergütungsansprüche bleiben hiervon unberührt.** Die Freistellung erfolgt zunächst unwiderruflich für die Dauer bestehender oder etwaig in Zukunft noch entstehender Ansprüche auf Urlaub und Freizeitausgleich, die damit erledigt sind. Im Anschluss daran bleibt die Freistellung widerruflich aufrecht erhalten. Der Vertrag im Übrigen wird hiervon nicht berührt. Insbesondere bestehen die Verschwiegenheitspflicht, das vertragliche Wettbewerbsverbot und die Anrechnung anderweitigen Verdienstes (gemäß/analog § 615 S. 2 BGB) fort".

Praxistipp

Der im Fettdruck hervorgehobene Satz ist wichtig, um klarzustellen, dass keine über „bestehende" Vergütungsansprüche hinausgehende Verpflichtung gewollt ist, sondern diese lediglich – soweit sie bestehen – unberührt bleiben. Die gewählte Reihenfolge der Anrechnung von Freizeitansprüchen (erst Urlaub, dann Freizeitausgleich) ist in der Insolvenz wichtig.[43]

32 Der Anspruch richtet sich in derartigen Fällen nach den vertraglichen Vorgaben und nicht nach § 3 Abs. 1 EFZG. Denn der Arbeitsausfall beruht bei vereinbarter Freistellung nicht auf der Arbeitsunfähigkeit des Arbeitnehmers, sondern auf der Freistellungsvereinbarung, in welcher der Arbeitgeber auf seinen Anspruch auf Arbeitsleistung verzichtet hat.[44]

5. Arbeitskampf

33 Ist ein Arbeitskampf die Ursache für den Arbeitsausfall, entfällt der Anspruch auf Entgeltfortzahlung im Krankheitsfall.[45] Dies gilt sowohl bei einer Streikbeteiligung des Arbeitnehmers[46] als auch im Fall der Aussperrung durch den Arbeitgeber[47] bzw. bei einer suspendierenden Betriebsstilllegung.[48] Im Fall des Streiks besteht allerdings ein Anspruch auf Entgeltfortzahlung im Krankheitsfall, wenn die Beschäftigung des nicht am Streik teilnehmenden Arbeitnehmers ohne seine Arbeitsunfähigkeit möglich gewesen wäre.[49]

43 Zu den insolvenzrechtlichen Anforderungen an Freistellungserklärungen näher *Mückl*, Arbeitsrecht in Krise und Insolvenz, Rn 132 ff.

44 HWK *Schliemann*, § 3 EFZG Rn 22.

45 HWK/*Schliemann*, § 3 EFZG Rn 15.

46 BAG, Urt. v. 8.3.1972 – 5 AZR 491/72 – AP Nr. 29 zu § 1 LohnFG.

47 BAG, Urt. v. 7.6.1988 – 1 AZR 597/86 – AP Nr. 107 zu Art. 8 und 9 GG Arbeitskampf.

48 BAG, Urt. v. 13.12.2011 – 1 AZR 495/10 – DB 2012, 1818.

49 BAG, Urt. v. 1.10.1991 – 1 AZR 147/91 – AP Nr. 121 zu Art. 9 GG Arbeitskampf.

6. Beschäftigungsverbote

Entfällt die Arbeitsleistung infolge eines gesetzlichen Beschäftigungsverbotes, folgt daraus grundsätzlich der Wegfall eines Entgeltfortzahlungsanspruchs wegen krankheitsbedingter Arbeitsunfähigkeit. Denn der Arbeitsausfall beruht dann nicht mehr allein auf der krankheitsbedingten Arbeitsunfähigkeit.[50] 34

a) Ärztliches Beschäftigungsverbot für Schwangere

Nach § 11 Abs. 1 MuSchG hat eine schwangere Arbeitnehmerin, soweit sie nicht Mutterschaftsgeld nach der RVO beziehen kann, Anspruch auf Weitergewährung ihres bisherigen Durchschnittsverdienstes, wenn sie wegen eines Beschäftigungsverbots nach § 3 Abs. 1 MuSchG mit der Arbeit aussetzt. Gemäß § 3 Abs. 1 MuSchG dürfen werdende Mütter nicht beschäftigt werden, soweit nach ärztlichem Zeugnis Leben oder Gesundheit von Mutter oder Kind bei Fortdauer der Beschäftigung gefährdet ist. 35

aa) Prinzip der Monokausalität

Der Anspruch auf Mutterschutzlohn nach § 11 Abs. 1 S. 1 MuSchG besteht aber seinerseits nur, wenn allein das mutterschutzrechtliche Beschäftigungsverbot dazu führt, dass die Schwangere mit der Arbeit aussetzt.[51] Es gilt also auch insoweit das Prinzip der Monokausalität. 36

Für die Zeit, in der die Schwangere arbeitsunfähig krank ist, ist dieser alleinige Ursachenzusammenhang jedoch nicht gegeben.[52] 37

bb) Entscheidungsfaktor: Krankhafter Zustand oder nicht

Entscheidend ist daher, ob ein krankhafter Zustand – im Zusammenhang mit der Schwangerschaft oder unabhängig von ihr – besteht, der zur Arbeitsunfähigkeit der Schwangeren führt[53]: 38

Ist dies der Fall, muss der Arzt krankheitsbedingte Arbeitsunfähigkeit bescheinigen. Ein gleichzeitig ausgesprochenes Beschäftigungsverbot löst dann zwar die Wirkungen der §§ 3 Abs. 1, 21, 24 MuSchG aus, begründet aber keine Vergütungspflicht nach § 11 MuSchG. Worauf die krankheitsbedingte Arbeitsunfähigkeit beruht, spielt keine Rolle.[54] 39

---

50 HWK/*Schliemann*, § 3 EFZG Rn 18.
51 BAG, Urt. v. 9.10.2002 – 5 AZR 443/01 – NZA 2004, 257.
52 BAG, Urt. v. 9.10.2002 – 5 AZR 443/01 – NZA 2004, 257.
53 BAG, Urt. v. 1.10.1997 – 5 AZR 685/96 – NZA 1998, 194.
54 *Müller-Glöge*, RdA 2006, 105, 108.

40 Liegt dagegen keine Krankheit vor oder führt diese nicht zur Arbeitsunfähigkeit, bleibt die Vergütungspflicht nach § 11 MuSchG durch das Beschäftigungsverbot aufrecht erhalten.

41 Je nachdem, ob eine Arbeitsunfähigkeit vorliegt oder nicht, hat die Schwangere also entweder einen – gesetzlich auf sechs Wochen beschränkten – Anspruch auf Entgeltfortzahlung wegen krankheitsbedingter Arbeitsunfähigkeit gegen den Arbeitgeber (§ 3 EFZG) und anschließend auf Krankengeld gegen die Krankenkasse (§ 44 SGB V), oder sie hat gegen den Arbeitgeber einen – nicht auf sechs Wochen beschränkten – Anspruch nach § 11 Abs. 1 S. 1 MuSchG.[55]

cc) Arbeitsunfähigkeit durch Fortführung der Beschäftigung

42 Nach den vorstehend entwickelten Grundsätzen ist auch der Fall zu behandeln, dass eine bestehende Krankheit bei Fortführung der Beschäftigung eine weitere Verschlechterung der Gesundheit und diese die Arbeitsunfähigkeit herbeiführt.[56] Der Arzt kann hier eine krankheitsbedingte Arbeitsunfähigkeit bescheinigen, ohne dass die Arbeitnehmerin die Arbeit zuvor wieder aufnehmen müsste.[57]

dd) Darlegungslast und Beweiswert ärztlicher Bescheinigungen

43 Besteht über die Suspendierung der Arbeitspflicht und die daraus folgende Vergütungspflicht nach § 11 MuSchG Streit, gelten für die Darlegungs- und Beweislast die folgenden Grundsätze:[58]

ee) Vorlage einer ärztlichen Bescheinigung

44 Der schriftlichen Bescheinigung nach § 3 Abs. 1 MuSchG kommt ein hoher Beweiswert zu. Die Arbeitnehmerin genügt ihrer Darlegungslast zur Suspendierung der Arbeitspflicht und zur Begründung eines Anspruchs aus § 11 Abs. 1 MuSchG nach der Rechtsprechung des BAG zunächst **durch Vorlage dieser ärztlichen Bescheinigung** über das Beschäftigungsverbot.[59]

45 Der Arbeitgeber, der in diesem Fall ein Beschäftigungsverbot nach § 3 Abs. 1 MuSchG anzweifelt, kann allerdings vom ausstellenden Arzt **Auskunft** über die

---

55 BAG, Urt. v. 1.10.1997 – 5 AZR 685/96 – NZA 1998, 194; BAG, Urt. v. 12.3.1997 – 5 AZR 677/95 – NZA 1997, 882.

56 BAG, Urt. v. 9.10.2002 – 5 AZR 443/01 – NZA 2004, 257.

57 *Müller-Glöge*, RdA 2006, 105, 108.

58 Zur Darlegungs- und Beweislast im Rahmen des § 3 EFZG vgl. unter Kapitel 3 Rn 175 ff.

59 BAG, Urt. v. 7.11.2007 – 5 AZR 883/06 – DB 2008, 303; BAG, Urt. v. 21.3.2001 – 5 AZR 352/99 – DB 2001, 1939.

Gründe verlangen, soweit diese nicht der Schweigepflicht unterliegen.[60] Der Arzt hat dem Arbeitgeber dann mitzuteilen, von welchen tatsächlichen Arbeitsbedingungen der Arbeitnehmerin er bei Erteilung seines Zeugnisses ausgegangen ist und ob krankheitsbedingte Arbeitsunfähigkeit vorgelegen hat.[61]

Praxistipp
Ein erhebliches Vorbringen des Arbeitgebers wäre auf dieser Grundlage etwa, die Arbeitnehmerin habe dem Arzt ihre Arbeitsbedingungen, die für den Ausspruch des Verbots ausschlaggebend gewesen seien, unzutreffend beschrieben.[62]

---

ff) Qualifizierte ärztliche Bescheinigung

Legt die Arbeitnehmerin trotz Aufforderung des Arbeitgebers **keine entsprechende (qualifizierte) ärztliche Bescheinigung** vor, ist der **Beweiswert** eines zunächst nicht näher begründeten ärztlichen Beschäftigungsverbots **erschüttert**.[63] Denn nur dann, wenn der Arbeitgeber die tatsächlichen Gründe des Beschäftigungsverbots kennt, kann er prüfen, ob er der Arbeitnehmerin andere zumutbare Arbeit zuweisen kann, die dem Beschäftigungsverbot nicht entgegensteht.[64] 46

Entgegen einer in der betrieblichen Praxis bisweilen herrschenden Vorstellung, verletzen derartige Angaben des Arztes nicht das **Persönlichkeitsrecht der Arbeitnehmerin**.[65] Vom Arzt wird nämlich nicht die Mitteilung des medizinischen Befunds verlangt, sondern die Angabe der Verhaltensanordnungen, die er der Arbeitnehmerin auf der Grundlage seiner Untersuchungen erteilt hat.[66] 47

Beispiel
Z. B. muss der Arzt auf Nachfrage mitteilen, ob und inwieweit die Arbeitnehmerin Arbeiten sitzend oder stehend verrichten soll und ob sie körperlich belastende Arbeiten verrichten kann.[67]

---

gg) Nichtbeantwortung der Frage nach einer Erkrankung

Im Zusammenhang mit qualifizierten Bescheinigungen kann der Arbeitgeber legitimer Weise auch nach dem **Bestehen einer Erkrankung**, welche die Beschäftigung 48

60 BAG, Urt. v. 7.11.2007 – 5 AZR 883/06 – DB 2008, 303.
61 BAG, Urt. v. 7.11.2007 – 5 AZR 883/06 – DB 2008, 303; BAG, Urt. v. 9.10.2002 – 5 AZR 443/01 – NZA 2004, 257; BAG, Urt. v. 13.2.2002 – 5 AZR 588/00 – AP Nr. 22 zu § 11 MuSchG 1968.
62 *Müller-Glöge*, RdA 2006, 105, 108.
63 BAG, Urt. v. 7.11.2007 – 5 AZR 883/06 – DB 2008, 303.
64 BAG, Urt. v. 7.11.2007 – 5 AZR 883/06 – DB 2008, 303 m.w.N.
65 BAG, Urt. v. 9.10.2002 – 5 AZR 433/01 – NZA 2004, 257.
66 *Müller-Glöge*, RdA 2006, 105, 108.
67 *Müller-Glöge*, RdA 2006, 105, 108.

ausschließt, fragen. Vor dem Hintergrund, dass der Arzt die Möglichkeit hat, die Beschäftigung auch dann zu verbieten, wenn krankheitsbedingte Arbeitsunfähigkeit vorliegt, ist nämlich der Beweiswert des Verbots auch dann erschüttert, wenn die entsprechende Nachfrage des Arbeitgebers unbeantwortet bleibt.[68] Denn dann steht nicht mehr mit der gebotenen Zuverlässigkeit fest, dass die Arbeitnehmerin i. S. v. § 11 Abs. 1 MuSchG „wegen eines Beschäftigungsverbots" mit der Arbeit ausgesetzt hat. Es ist dann an der Arbeitnehmerin, die **Tatsachen darzulegen und ggf. zu beweisen**, auf Grund derer ein Beschäftigungsverbot tatsächlich bestand.[69]

hh) Ergänzende ärztliche Untersuchung

49 Will der Arbeitgeber das Beschäftigungsverbot wegen objektiv begründbarer Zweifel nicht gegen sich gelten lassen, kann er eine weitere ärztliche Untersuchung der Arbeitnehmerin verlangen.[70] Die Arbeitnehmerin muss dem regelmäßig nachkommen, wenn der Arbeitgeber ihr die ihn dazu bewegenden Gründe mitteilt.[71]

ii) Ergänzende Angaben zu unzutreffenden tatsächlichen Voraussetzungen

50 Das MuSchG hindert den Arbeitgeber auch nicht, Umstände darzulegen, die ungeachtet der medizinischen Bewertung den Schluss zulassen, dass ein Beschäftigungsverbot auf **unzutreffenden tatsächlichen Voraussetzungen** beruht.[72] Denn der Ausspruch des Beschäftigungsverbots stellt „keine hinreichende Bedingung des Anspruchs dar, sondern dient nur als Beweismittel für das Vorliegen des Beschäftigungsverbots; als Beweismittel kann die ärztliche Bescheinigung durch anderweitige Tatsachen mehr oder weniger entwertet werden".[73]

b) Rechtsfolgen einer Erschütterung des Beweiswerts der ärztlichen Bescheinigung

51 Ist der Beweiswert des ärztlichen Zeugnisses erschüttert, steht nicht mehr mit der gebotenen Zuverlässigkeit fest, dass die Arbeitnehmerin im Sinne von § 11 Abs. 1 MuSchG „wegen eines Beschäftigungsverbots" mit der Arbeit ausgesetzt hat. Es ist

---

68 *Müller-Glöge*, RdA 2006, 105, 108.
69 BAG, Urt. v. 31.7.1996 – 5 AZR 474/95 – NZA 1997, 29; BAG, Urt. v. 9.10.2002 – 5 AZR 433/01 – NZA 2004, 257.
70 *Müller-Glöge*, RdA 2006, 105, 108 f.
71 BAG, Urt. v. 21.3.2001 – 5 AZR 352/99 – NZA 2001, 1017.
72 BAG, Urt. v. 7.11.2007 – 5 AZR 883/06 – DB 2008, 303; BAG, Urt. v. 31.7.1996 – 5 AZR 474/95 – BB 1996, 2467.
73 *Müller-Glöge*, RdA 2006, 105, 108.

dann ihre Sache, die Tatsachen darzulegen und ggf. zu beweisen, die das Beschäftigungsverbot rechtfertigen.[74]

Zur Beweisführung kann die Arbeitnehmerin ihren behandelnden Arzt **von seiner Schweigepflicht entbinden** und ihn als **sachverständigen Zeugen** für die Verbotsgründe benennen.[75] Dann kommt erst der näheren ärztlichen Begründung gegenüber dem Gericht ein ausreichender Beweiswert zu, wobei das Gericht den Arzt mit den festgestellten Tatsachen konfrontieren muss.[76] 52

Praxistipp
Wegen der Komplexität und Schwierigkeit der Materie wird vielfach eine schriftliche Auskunft des Arztes (§ 377 Abs. 3 ZPO) nicht genügen, sondern dessen persönliche Befragung durch das Gericht erforderlich sein.[77]

Das Gericht wird das nachvollziehbare fachliche Urteil des Arztes aber nach der Rechtsprechung des BAG weitgehend zu respektieren haben.[78] 53

c) Seuchenpolizeiliches Beschäftigungsverbot

Bei einem seuchenpolizeilichen Beschäftigungsverbot wird der Anspruch auf Entgeltfortzahlung im Krankheitsfall dann nicht ausgeschlossen, wenn das Beschäftigungsverbot die Folge der zur Arbeitsunfähigkeit geführt habenden Erkrankung ist.[79] 54

d) Arbeitsförderungsrechtliches Beschäftigungsverbot

Ein arbeitsförderungsrechtliches Beschäftigungsverbot (vgl. § 284 SGB III) steht dem Anspruch auf Entgeltfortzahlung im Krankheitsfall grundsätzlich entgegen, weil die Einhaltung des Beschäftigungsverbotes einen Grund für die Nichtleistung der Arbeit darstellt.[80] 55

Praxistipp
Etwas anderes kann gelten, wenn der Arbeitnehmer (und der Arbeitgeber) dieses Beschäftigungsverbot (wissentlich oder unbemerkt) nicht beachtet. Ob das Fehlen der Arbeitserlaubnis einer Entgeltfortzahlung im Krankheitsfall mangels „Monokausalität" entgegensteht, ist nach den gesamten

74 BAG, Urt. v. 7.11.2007 – 5 AZR 883/06 – DB 2008, 303.
75 BAG, Urt. v. 7.11.2007 – 5 AZR 883/06 – DB 2008, 303.
76 BAG, Urt. v. 7.11.2007 – 5 AZR 883/06 – DB 2008, 303.
77 BAG, Urt. v. 7.11.2007 – 5 AZR 883/06 – DB 2008, 303.
78 BAG, Urt. v. 7.11.2007 – 5 AZR 883/06 – DB 2008, 303; vgl. auch BAG, Urt. v. 9.10.2002 – 5 AZR 433/01 – NZA 2004, 257.
79 BAG, Urt. v. 26.4.1978 – 5 AZR 7/77 – BB 1978, 1780; HWK/*Schliemann*, § 3 EFZG Rn 20.
80 BAG, Urt. v. 26.6.1996 – 5 AZR 872/94 – BB 1996, 2045.

Umständen des Einzelfalles anhand des hypothetischen Kausalverlaufs zu prüfen[81]: Nur wenn die Arbeitserlaubnis sofort antragsgemäß erteilt worden wäre, ist das Fehlen der Arbeitserlaubnis für den Arbeitsausfall nicht mitursächlich.[82]

---

7. Erwerbsminderung des Arbeitnehmers

56 Entgegen einer in der betrieblichen Praxis verbreiteten Vorstellung schließt die vollständige Erwerbsminderung im Sinne des Rentenversicherungsrechts eine **krankheitsbedingte Arbeitsunfähigkeit i. S. d. § 3 EFZG nicht aus.**[83] Denn die arbeitsrechtlichen Voraussetzungen einer krankheitsbedingten Arbeitsunfähigkeit und die sozialrechtlichen Voraussetzungen einer Erwerbsminderung sind nicht notwendig deckungsgleich und daher unabhängig voneinander zu beurteilen.[84] Im Falle einer besonders schweren Erkrankung des Arbeitnehmers, die sogar die zeitweise oder dauernde volle Erwerbsminderung zur Folge hat, wird der Arbeitgeber bei Fortbestand des Arbeitsverhältnisses nicht von der Pflicht zur Entgeltfortzahlung frei[51].

8. Ruhen des Arbeitsverhältnisses

57 Keinen Anspruch auf Entgeltfortzahlung hat allerdings ein Arbeitnehmer, dessen Arbeitsverhältnis ruht.[85]

---

i **Beispiel**

Dies gilt z. B. für einen Arbeitnehmer in Elternzeit, der während der Elternzeit nicht in Teilzeit arbeitet.

---

9. Gesetzliche Feiertage

58 Treffen Entgeltfortzahlung im Krankheitsfall und Entgeltfortzahlung an Feiertagen zusammen, wären mangels Monokausalität, die für beide Entgeltansprüche erforderlich ist, an sich sowohl der Anspruch auf Entgeltfortzahlung am Feiertag (§ 2 Abs. 1 EFZG) als auch der auf Fortzahlung des Arbeitsentgeltes (§ 3 Abs. 1 EFZG) ausgeschlossen. Mit Blick auf den **arbeitnehmerschützenden Zweck** dieser Normen wird die Kollision durch die Rechtsprechung jedoch dahin aufgelöst, dass der Arbeitnehmer zwar einen Anspruch auf Entgeltfortzahlung nach § 3 Abs. 1 EFZG hat, sich aber die Höhe der Entgeltfortzahlung nach § 2 Abs. 1 EFZG berechnet.[86]

---

81 HWK/*Schliemann*, § 3 EFZG Rn 21.

82 BAG, Urt. v. 26.6.1996 – 5 AZR 872/94 – BB 1996, 2045.

83 BAG, Urt. v. 29.9.2004 – 5 AZR 558/03 – NZA 2005, 225.

84 ErfK/*Reinhard*, § 3 EFZG Rn 18.

85 BAG, Urt. v. 17.10.1990 – 5 AZR 10/90 – DB 1991, 448.

86 BAG, Urt. v. 15.9.1989 – 5 AZR 248/88 – NZA 1989, 715.

10. Urlaub

Wird ein Arbeitnehmer während des (bezahlten) Erholungsurlaubs arbeitsunfähig krank, werden ihm nach § 9 BUrlG die durch ärztliches Zeugnis nachgewiesenen Tage der Arbeitsunfähigkeit auf den Jahresurlaub nicht angerechnet. 59

Praxistipp

Dies gilt auch dann, wenn die Arbeitsunfähigkeit während der Betriebsferien eintritt.[87] Gleiches gilt, wenn sie während eines Erholungsurlaubs eintritt, der für die Zeit oder während der Betriebsferien gewährt wurde.[88]

Hintergrund hierfür ist, dass die Erfüllung des Urlaubsanspruchs während der krankheitsbedingten Arbeitsunfähigkeit unmöglich ist (§ 275 BGB).[89] Für die Tage der krankheitsbedingten Arbeitsunfähigkeit, die in den Zeitraum des gewährten Erholungsurlaubs fallen, richtet sich die Entgeltfortzahlung nach § 3 EFZG.[90] 60

E. Verschulden

Der Entgeltfortzahlungsanspruch nach § 3 Abs. 1 S. 1 EFZG setzt voraus, dass der Arbeitnehmer durch Arbeitsunfähigkeit infolge Krankheit an seiner Arbeitsleistung verhindert wird, **ohne dass ihn ein Verschulden trifft**. Dies muss in der betrieblichen Praxis – neben der Monokausalität – ebenfalls stets geprüft werden. Denn nicht selten sind Krankheiten – jedenfalls in gewissem Umfang – selbstverschuldet. Das Verschulden bildet die zweite § 3 EFZG immanente Grenze für einen Entgeltfortzahlungsanspruch. 61

I. Verschulden i. S. d. EFZG

„Verschulden" i. S. d. § 3 Abs. 1 S. 1 EFZG meint allerdings nach allgemeiner Meinung nicht ein Verschulden i. S. d. § 276 Abs. 1 S. 1 BGB, weil es in § 276 BGB um ein Verschulden gegenüber Dritten geht, während im Rahmen des EFZG ein **Verschulden gegen die eigenen Interessen**, also gegen sich selbst, in Rede steht.[91] Das machen nicht 62

---

87 BAG, Urt. v. 16.3.1972 – 5 AZR 357/71 – DB 1972, 782.
88 LAG Niedersachsen, Urt. v. 21.11.2008 – 10 Sa 289/08 – juris.
89 BAG, Urt. v. 9.6.1988 – 8 AZR 755/85 – BB 1988, 2108. Zur Urlaubsabgeltung in diesem Fall vgl. ausführlich unter Kapitel 5 Rn 94 ff.
90 Vgl. näher ErfK/*Reinhard*, § 3 EFZG Rn 15 und HWK/*Schliemann*, § 3 EFZG Rn 29, bei beiden auch zu Sonderurlaub, unbezahltem Urlaub und Bildungsurlaub.
91 Vgl. nur HWK/*Schliemann*, § 3 EFZG Rn 51; ErfK/*Reinhard*, § 3 EFZG Rn 23.

zuletzt die Klarstellungen in § 3 Abs. 2 EFZG für die Fälle einer nicht rechtswidrigen Sterilisation bzw. eines nicht rechtswidrigen Schwangerschaftsabbruchs deutlich.

63 Schuldhaft i. S. d. § 3 Abs. 1 S. 1 EFZG handelt daher – nach der bereits zum LohnFG entwickelten Rechtsprechung des BAG – der Arbeitnehmer, „der in erheblichem Maße gegen die von einem verständigen Menschen im eigenen Interesse zu erwartende Verhaltensweise verstößt“.[92]

64 Ob ein die Entgeltfortzahlung ausschließendes Verschulden des Arbeitnehmers vorliegt, lässt sich immer nur anhand **aller Umstände des Einzelfalls** beurteilen.[93] Dementsprechend hat sich zum Verschulden eine kaum noch überschaubare Rechtsprechung entwickelt. Für eine nach Sachverhaltsgruppen differenzierende Darstellung, die – ohne unzulässige Pauschalierung – eine gewisse Typisierung ermöglicht, sei daher an dieser Stelle auf die einschlägigen Kommentierung verwiesen.[94] Denn wichtig für die betriebliche Praxis ist vor allem eine Kenntnis der Grundlagen, anhand derer die jeweiligen Umstände des Einzelfalls gewürdigt werden müssen.

II. Kausalität – Worauf muss sich das Verschulden beziehen?

65 Der Gesetzeswortlaut hilft dabei kaum. Denn er lässt bereits offen, worauf genau sich das Verschulden des Arbeitnehmers beziehen muss. Nach allgemeiner Ansicht genügt es aber, dass das Verschulden **einen der folgenden drei Punkte** betrifft[95]:
- die Verhinderung an der Arbeitsleistung,
- die Arbeitsunfähigkeit oder
- die zur Arbeitsunfähigkeit führende Erkrankung.

66 Denn nach der Rechtsprechung des BAG genügt es, wenn der Arbeitnehmer seine Erkrankung schuldhaft verursacht, dies zur Arbeitsunfähigkeit führt und er infolge dessen verhindert ist, seine Arbeit zu leisten.[96]

67 Maßgeblich ist insoweit nicht nur das Verhalten des Arbeitnehmers, das unmittelbar zu Erkrankung oder zu einem Unfall mit Krankheitsfolge geführt hat. Vielmehr handelt ein Arbeitnehmer auch dann schuldhaft i. S. d. EFZG, wenn er in einem hinreichenden Verschuldensgrad **Vorkehrungen unterlässt**, durch die der Unfall oder seine Arbeitsunfähigkeit vermieden worden oder jedenfalls nur in zeitlich geringerem

---

92 BAG, Urt. v. 27.5.1992 – 5 AZR 297/91 – EzA Nr. 123 zu § 1 LohnFG; BAG, Urt. v. 30.3.1988 – 5 AZR 42/87 – DB 1988, 1403; aus jüngerer Zeit Hessisches LAG, Urt. v. 23.7.2013 – 4 Sa 617/13 – juris.

93 Statt aller HWK/*Schliemann*, § 3 EFZG Rn 55; ErfK/*Reinhard*, § 3 EFZG Rn 25.

94 Vgl. nur HWK/*Schliemann*, § 3 EFZG Rn 56 – 71 und ErfK/*Reinhard*, § 3 EFZG Rn 26 – 31.

95 HWK/*Schliemann*, § 3 EFZG Rn 52.

96 BAG, Urt. v. 7.10.1981 – 5 AZR 1113/79 – BB 1982, 618.

Umfang eingetreten wären.[97] Gleiches gilt, wenn er den **Heilungsprozess verzögert** und dadurch die krankheitsbedingte Arbeitsunfähigkeit länger dauert.[98]

III. Mitverschulden

1. (Mit-)Verschulden Dritter

In vielen Fällen wird der Arbeitnehmer aber nicht allein an seiner zur Arbeitsunfähigkeit führenden Erkrankung „schuld" sein. Das muss am Nichtbestehen eines Anspruchs allerdings nichts ändern. Nach ständiger Rechtsprechung des BAG steht ein (Mit-)Verschulden Dritter an der krankheitsbedingten Arbeitsunfähigkeit des Arbeitnehmers der Annahme eines den Entgeltfortzahlungsanspruch ausschließenden Eigenverschuldens nämlich nicht unbedingt entgegen.[99] 68

Erforderlich bleibt aber ein **erheblicher Verstoß** des Arbeitnehmers gegen das (objektivierte) eigene Interesse. Ist daher das Eigenverschulden des Arbeitnehmers unter Einbindung des Verhaltens Dritter **derart gering**, dass es nicht mehr als erheblicher Verstoß gegen Eigeninteressen eines verständigen Menschen gewertet werden kann, besteht der Entgeltfortzahlungsanspruch auch dann, wenn Dritte die Arbeitsunfähigkeit mitverschuldet haben.[100] 69

Praxistipp
Für die betriebliche Praxis ist es in diesen Fällen wichtig, zu prüfen, ob und inwieweit dem Arbeitnehmer Schadensersatzansprüche gegen den Dritten zustehen. Denn diese Ansprüche gehen gemäß § 6 EFZG in Höhe der Entgeltfortzahlungskosten kraft Gesetzes auf den Arbeitgeber über. Arbeitsvertraglich sollte diese Verpflichtung durch ausdrückliche Mitwirkungspflichten (Auskunftspflichten, etc.) des Arbeitnehmers abgesichert werden. Soweit es sich um Berufsunfälle handelt, ist in diesem Zusammenhang das Haftungsprivileg der §§ 104, 105 SGB VII zu beachten.

Ist der Arbeitnehmer hingegen **weit überwiegend verantwortlich**, entfällt sein Vergütungsanspruch ebenso wie der Anspruch nach § 3 Abs. 1 S. 1 EFZG infolge Verschuldens.[101] 70

2. (Mit-)Verschulden des Arbeitgebers

Soweit den Arbeitgeber – z. B. aufgrund eines Arbeitsunfalls – selbst ein Verschulden an der Erkrankung oder an der Arbeitsunfähigkeit des Arbeitnehmers trifft, muss ent- 71

97 BAG, Urt. v. 7.10.1981 – 5 AZR 1113/79 – BB 1982, 618.
98 BAG, Urt. v. 26.8.1993 – 2 AZR 154/93 – DB 1993, 2534.
99 Grundlegend BAG, Urt. v. 23.11.1971 – 1 AZR 388/70 – AP Nr. 8 zu § 1 LohnFG.
100 Im Schrifttum umstritten, wie hier ErfK/*Reinhard*, § 3 EFZG Rn 24 m.w.N.
101 ErfK/*Reinhard*, § 3 EFZG Rn 24; HWK/*Schliemann*, § 3 EFZG Rn 54.

geltfortzahlungsrechtlich danach differenziert werden, ob und in welchem **Umfang ein Mitverschulden** vorliegt bzw. ob der Arbeitgeber allein verantwortlich ist:
- Ist der Arbeitgeber **allein oder weit überwiegend** verantwortlich, bleibt bereits der Anspruch des Arbeitnehmers auf Arbeitsentgelt nach § 326 Abs. 2 S. 1 BGB bestehen.[102] Ein Anspruch nach § 3 EFZG besteht nicht.
- Trifft den Arbeitgeber ein – allerdings **nicht überwiegendes** – Mitverschulden, gelten im Rahmen des § 3 EFZG dieselben Grundsätze, die bei einem Mitverschulden sonstiger Dritter gelten. Denn eine Quotierung der Schadensanteile nach § 254 BGB kommt nicht in Betracht.[103] Aus dem Rechtsgedanken des § 6 EFZG folgt nichts anderes.[104]
- Liegt bei einem (einfachen bzw.) nicht überwiegenden Mitverschulden des Arbeitgebers ein **grobes Mitverschulden des Arbeitnehmers** vor, entfällt dessen Anspruch nach § 3 Abs. 1 S. 1 EFZG.[105]

F. Dauer der Entgeltfortzahlung

72 Der Anspruch auf Entgeltfortzahlung besteht – sofern der Arbeitnehmer alle vorstehenden Hürden genommen hat – nach § 3 Abs. 1 EFZG für die Zeit der Arbeitsunfähigkeit, grundsätzlich aber längstens für sechs Wochen.

I. Fristberechnung

73 Für die Berechnung gelten grundsätzlich die **§§ 187 ff. BGB**. Aufgrund arbeitsrechtlicher Besonderheiten hat die Rechtsprechung aber teilweise **Modifikationen** entwickelt.

74 So ist z. B. der Tag des Eintritts der Arbeitsunfähigkeit auf Grund einer arbeitsrechtlichen Reduktion des § 187 Abs. 1 BGB bei der Berechnung des Fortzahlungszeitraums auch dann mitzuzählen, wenn die Arbeitsunfähigkeit an diesem Tag vor der Arbeitspflicht entstanden ist.[106]

75 Verliert der Arbeitnehmer im Verlauf des Arbeitstags seine Arbeitsfähigkeit, beginnt der Anspruchszeitraum demgegenüber mit dem nächsten Tag.[107] Denn für den Tag mit teilweiser Arbeitsleistung hat der Arbeitnehmer nach der Rechtspre-

102 ErfK/*Reinhard*, § 3 EFZG Rn 24; HWK/*Schliemann*, § 3 EFZG Rn 54.
103 ErfK/*Reinhard*, § 3 EFZG Rn 24 m.w.N.
104 HWK/*Schliemann*, § 3 EFZG Rn 54.
105 HWK/*Schliemann*, § 3 EFZG Rn. 54 m.w.N.
106 BAG, Urt. v. 21.9.1971 – 1 AZR 65/71 – AP Nr. 6 zu § 1 LohnFG.
107 BAG, Urt. v. 26.2.2003 – 5 AZR 112/02 – AP Nr. 8 zu § 5 EntgeltFG.

chung des BAG seinen regulären Vergütungsanspruch aus § 611 BGB sowie für die Fehlzeiten einen aus § 616 BGB abgeleiteten Anspruch.[108]

Tritt die Arbeitsunfähigkeit während der Wartezeit i. S. v. § 3 Abs. 3 EFZG ein und besteht über das Ende der Vier-Wochen-Frist hinaus fort, erhält der kranke Arbeitnehmer Entgeltfortzahlung vom ersten Tag der fünften Woche für die gesetzlich vorgesehene Dauer von bis zu sechs Wochen unabhängig davon, ob er in den ersten vier Wochen Arbeitsleistungen erbringen konnte.[109] Die in die Wartezeit fallenden Krankheitstage werden also nicht angerechnet. 76

II. Maßgeblichkeit eines Zeitraums von 42 Kalendertagen

Dem maßgeblichen Sechs-Wochen-Zeitraum entsprechen 42 Kalendertage. Dies gilt unabhängig davon, welche Tage in diesem Zeitraum als Arbeitstage ausgefallen sind.[110] Zu den 42 Tagen zählen damit nicht nur alle **Sonn- und Feiertage**.[111] Erfasst sind auch die **arbeitsfreien Tage** auf Grund eines Schichtplans oder wegen Freizeitausgleichs – und zwar auch dann, wenn sie am Anfang oder am Ende des Zeitraums liegen.[112] 77

III. Besonderheiten bei ruhendem Arbeitsverhältnis

Bei ruhenden Arbeitsverhältnissen gelten mit Blick auf die Berechnung insoweit Besonderheiten, als die Zeit des Ruhens nicht auf den Sechs-Wochen-Zeitraum angerechnet wird, wenn der Arbeitnehmer während eines ruhenden Arbeitsverhältnisses erkrankt. Hintergrund hierfür ist, dass die krankheitsbedingte Arbeitsunfähigkeit für das Arbeitsverhältnis, solange es ruht, deswegen unerheblich ist, weil die **beiderseitigen Hauptpflichten ohnehin nicht bestehen**. Der Sechs-Wochen-Zeitraum beginnt deshalb nicht mit der Erkrankung, sondern erst mit der tatsächlichen Verhinderung an der Arbeitsleistung infolge der Krankheit.[113] Denn dies ist der Zeitpunkt, in dem das Arbeitsverhältnis wieder aktualisiert wird.[114] 78

108 BAG, Urt. v. 26.2.2003 – 5 AZR 112/02 – AP Nr. 8 zu § 5 EntgeltFG.
109 BAG, Urt. v. 26. 5. 1999 – 5 AZR 476/98 – AP Nr. 10 zu § 3 EntgeltFG.
110 BAG, Urt. v. 22. 8. 2001 – 5 AZR 699/99 – NZA 2002, 610.
111 BAG, Urt. v. 19. 4. 1989 – 5 AZR 248/88 – NZA 1989, 715.
112 *Müller-Glöge*, RdA 2006, 105, 110 m.w.N. auch zur Gegenansicht.
113 BAG, Urt. v. 29.9.2004 – 5 AZR 558/03 – NZA 2005, 225.
114 BAG, Urt. v. 22.8.2001 – 5 AZR 699/99 – NZA 2002, 610.

IV. Abgrenzung der wiederholten Erkrankung von einer Fortsetzungserkrankung

79 Wird der Arbeitnehmer nach wiederhergestellter Arbeitsfähigkeit erneut krankheitsbedingt arbeitsunfähig, entsteht ein neuer Anspruch nach § 3 Abs. 1 EFZG auf Entgeltfortzahlung für die Dauer von sechs Wochen grundsätzlich nur dann, wenn die Arbeitsunfähigkeit **auf einer anderen Krankheit beruht**. Das EFZG beschränkt in diesem Fall den Entgeltfortzahlungsanspruch nicht auf eine Gesamtdauer von sechs Wochen pro Jahr.[115]

80 Ist dagegen **dieselbe Krankheit** Ursache für die erneute Arbeitsunfähigkeit, liegt eine sog. „Fortsetzungserkrankung" vor, die nur begrenzt einen Entgeltfortzahlungsanspruch begründet. Denn nach § 3 Abs. 1 S. 2 EFZG besteht – zur Begrenzung der wirtschaftlichen Belastung des Arbeitgebers durch Entgeltfortzahlungsansprüche – bei Fortsetzungserkrankungen ein neuer Entgeltfortzahlungsanspruch nur, wenn der

- Arbeitnehmer vor der erneuten Arbeitsunfähigkeit mindestens sechs Monate nicht infolge derselben Krankheit arbeitsunfähig war (Nr. 1) oder
- seit Beginn der ersten Arbeitsunfähigkeit infolge derselben Krankheit eine Frist von zwölf Monaten abgelaufen ist (Nr. 2).

81 Eine wiederholte Arbeitsunfähigkeit infolge derselben Krankheit und damit eine Fortsetzungserkrankung ist gegeben, wenn die Krankheit, auf der die frühere Arbeitsunfähigkeit beruhte, in der Zeit zwischen dem Ende der vorausgegangenen und dem Beginn der neuen Arbeitsunfähigkeit medizinisch **nicht vollständig ausgeheilt** war, sondern **als Grundleiden latent weiter bestanden** hat, so dass die neue Erkrankung nur eine Fortsetzung der früheren Erkrankung bildet.[116]

82 Die wiederholte Arbeitsunfähigkeit muss auf demselben nicht behobenen Grundleiden beruhen. Dies kann auch aufgrund von Symptomen nicht immer sicher festgestellt werden. Denn die **Krankheitssymptome müssen nicht identisch sein**. Vielmehr können verschiedene Folgen einer Krankheit unterschiedliche Erscheinungsbilder haben.[117]

83 Die Insoweit maßgeblichen Grundsätze hat das BAG in seinem Urteil vom 13.7.2005[118] zusammengefasst und dabei die nachfolgenden Klarstellungen vorgenommen:

- Als „Fortsetzungserkrankung" ist auch eine Maßnahme der medizinischen Vorsorge oder Rehabilitation nach § 9 Abs. 1 EFZG zu qualifizieren, soweit sie zur Arbeitsunfähigkeit führt.

---

115 BAG, Urt. v. 13.7.2005 – 5 AZR 389/04 – DB 2005, 2359.

116 BAG, Urt. v. 13.7.2005 – 5 AZR 389/04 – DB 2005, 2359.

117 ErfK/*Reinhard*, § 3 EFZG Rn 38. Anschaulich – zu den verschiedenen Krankheitsbildern einer multiplen Sklerose – BAG, Urt. v. 4.12.1985 – 5 AZR 656/84 – AP Nr. 42 zu § 63 HGB.

118 5 AZR 389/04 – DB 2005, 2359.

- Soweit eine vorangegangene oder nachfolgende Arbeitsunfähigkeit dieselbe Ursache haben, liegt eine Fortsetzungserkrankung vor.[119] Gleiches gilt, wenn während bestehender Arbeitsunfähigkeit eine neue Krankheit auftritt, die ebenfalls zur Arbeitsunfähigkeit führt.

Praxistipp
Bei entsprechender Dauer der durch beide Erkrankungen verursachten Arbeitsverhinderung kann der Arbeitnehmer die Sechs-Wochen-Frist dementsprechend nur einmal in Anspruch nehmen (sog. Grundsatz der Einheit des Verhinderungsfalls).[120]

- Lediglich dann, wenn die erste Arbeitsverhinderung bereits zu dem Zeitpunkt beendet war, in dem eine weitere Erkrankung zu einer neuen Arbeitsverhinderung führt, besteht ein weiterer Entgeltfortzahlungsanspruch.
- Sofern eine Krankheit, die sich später als Fortsetzungserkrankung herausstellt, zu einer bereits bestehenden, zur Arbeitsunfähigkeit führenden Krankheit hinzutritt und über deren Ende hinaus andauert, ist sie für die Zeit, in der sie die alleinige Ursache der Arbeitsunfähigkeit war, als Teil der späteren Fortsetzungserkrankung zu werten.
- Führen zwei Krankheiten jeweils für sich betrachtet nicht zur Arbeitsunfähigkeit, sondern nur deshalb, weil sie zusammen auftreten, liegt eine Fortsetzungserkrankung auch dann vor, wenn später eine der beiden Krankheiten erneut auftritt und allein zur Arbeitsunfähigkeit führt.

G. Höhe der Entgeltfortzahlung

Erfüllt der Arbeitnehmer alle Voraussetzungen des § 3 EFZG, besteht für die den in **84**
§ 3 EFZG geregelten Sechs-Wochen-Zeitraum ein Anspruch auf Entgeltfortzahlung, dessen Höhe sich nach § 4 EFZG richtet:

I. Lohnausfallprinzip

Nach § 4 Abs. 1 EFZG gilt das sog. Lohnausfallprinzip: Dies bedeutet, dass das Entgelt **85**
fortgezahlt wird, das der Arbeitnehmer ohne die Arbeitsunfähigkeit bei Fortsetzung seiner Tätigkeit erzielt hätte. Grundlage der Berechnung ist die Multiplikation eines Zeitfaktors mit einem Geldfaktor.[121]

---

119 BAG, Urt. v. 13.7.2005 – 5 AZR 389/04 – DB 2005, 2359.
120 BAG, Urt. v. 13.7.2005 – 5 AZR 389/04 – DB 2005, 2359; *Müller-Glöge*, RdA 2006, 105, 110.
121 Vgl. nur ErfK/*Reinhard*, § 4 EFZG Rn 2.

II. Zeitfaktor

86 Das fortzuzahlende Entgelt ist nach § 4 Abs. 1 EFZG das für die regelmäßige Arbeitszeit des Arbeitnehmers geschuldete Entgelt.

1. Individuelle Arbeitszeit

87 § 4 Abs. 1 EFZG legt der Entgeltfortzahlung ein **modifiziertes Lohnausfallprinzip** zu Grunde. Maßgebend ist nach der Rechtsprechung des BAG allein die individuelle Arbeitszeit des erkrankten Arbeitnehmers.[122] Es kommt dementsprechend für die Berechnung darauf an, welche Arbeitszeit auf Grund der Arbeitsunfähigkeit als regelmäßige Arbeitszeit **des konkret arbeitsunfähigen Arbeitnehmers** ausgefallen ist.

88 Die individuelle Arbeitszeit folgt in erster Linie aus dem Arbeitsvertrag. Auf die allgemein im Betrieb geltende Arbeitszeit kommt es nicht an.[123] Dies folgt aus dem Gesetzeswortlaut, in dem es „bei der für ihn maßgebenden ... Arbeitszeit" heißt.

Praxistipp
Auch die kraft Tarifvertrag oder Betriebsvereinbarung im Betrieb geltende Arbeitszeit kann von der individuellen Arbeitszeit des Arbeitnehmers nach oben oder nach unten abweichen. Grundlage hierfür kann eine ausdrückliche oder konkludente Vereinbarung oder etwa eine betriebliche Übung sein.

89 Schwierigkeiten bereiten in der betrieblichen Praxis Schwankungen der individuellen Arbeitszeit, sei es saisonbedingt oder durch einen nicht kalkulier- und steuerbaren Auftrags- oder Kundenfluss. In derartigen Fällen ist zur Bestimmung der „regelmäßigen" Arbeitszeit eine **vergangenheitsbezogene Betrachtung** zulässig und geboten.[124] Welcher Zeitraum insoweit sinnvoll ist, richtet sich in der Praxis vor allem nach dem praktizierten Vergütungs- und Arbeitszeitmodell. Typische Fälle, in denen die Bestimmung der Praxis Schwierigkeiten bereitet, werden nachfolgend behandelt.

2. Maßgeblichkeit des gelebten Arbeitsverhältnisses

90 Zunächst sei aber klargestellt, dass eine **wirksame Vereinbarung** über die Arbeitszeit nach der Rechtsprechung des BAG richtigerweise **nicht erforderlich** ist.[125] Denn das Gesetz stellt dem Grundsatz nach entscheidend darauf ab, welche Arbeitsleistung tatsächlich ausgefallen ist. Es kommt darauf an, in welchem Umfang der Arbeitneh-

122 BAG, Urt. v. 26.6.2002 – 5 AZR 153/01 – NZA 2003, 156.
123 BAG, Urt. v. 26.6.2002 – 5 AZR 153/01 – NZA 2003, 156.
124 BAG, Urt. v. 26.6.2002 – 5 AZR 153/01 – NZA 2003, 156.
125 BAG, Urt. v. 26.6.2002 – 5 AZR 153/01 – NZA 2003, 156, dort auch zu den nachfolgenden Argumenten.

mer gearbeitet hätte, wenn er arbeitsfähig gewesen wäre. Etwaige gesetzliche oder tarifliche Höchstarbeitszeiten spielen insoweit keine Rolle. Sie dienen dem Schutz des Arbeitnehmers, bewahren den Arbeitgeber aber nicht vor der Verpflichtung, die über ihre Vorgaben hinausgehende Arbeitszeit zu vergüten.

3. Differenzierung nach Vergütungsarten

a) Stundenvergütung

Zur Berechnung des fortzuzahlenden Arbeitsentgelts ist bei einer Stundenvergütung die Zahl der durch die Arbeitsunfähigkeit ausfallenden Arbeitsstunden (Zeitfaktor) mit dem hierfür jeweils geschuldeten Arbeitsentgelt (Geldfaktor) zu multiplizieren. 91

b) Verstetigte Arbeitszeit und korrespondierende Vergütung

Bei einer verstetigten, also stets gleichbleibenden Arbeitszeit bereitet die Feststellung der maßgebenden Arbeitszeit in der betrieblichen Praxis keine Schwierigkeiten: Ist ein festes Monatsentgelt vereinbart, ist dieses bis zur Dauer von sechs Wochen fortzuzahlen.[126] 92

c) Unregelmäßige Schwankungen

Unterliegt die Arbeitszeit und damit die Entgelthöhe vereinbarungsgemäß unregelmäßigen Schwankungen und kann deshalb der Umfang der ausgefallenen Arbeit nicht exakt bestimmt werden, bedarf es der Festlegung eines **Referenzzeitraums**, dessen durchschnittliche Arbeitsmenge maßgebend ist.[127] Den maßgeblichen Zeitfaktor bildet in diesem Fall nach jüngerer Rechtsprechung der Durchschnitt der vergangenen **zwölf Monate**.[128] 93

d) Schichtmodelle

Besondere Schwierigkeiten bei der Berechnung der Entgeltfortzahlung bereitet in der betrieblichen Praxis der Umgang mit **Wechselschichten und Freischichten**.[129] Maßgeblich sind insoweit folgende Grundsätze: 94

126 BAG, Urt. v. 26.6.2002 – 5 AZR 153/01 – NZA 2003, 156.
127 BAG, Urt. v. 26.6.2002 – 5 AZR 153/01 – NZA 2003, 156.
128 BAG, Urt. v. 21.11.2001 – 5 AZR 296/00 – RdA 2003, 48; BAG, Urt. v. 26.6.2002 – 5 AZR 153/01 – NZA 2003, 156.
129 Anschaulich *Leinemann*, BB 1998, 1414.

- Sofern tariflich oder vertraglich nicht anderes vereinbart worden ist, bleiben im Rahmen von Schichtmodellen die arbeitsfreien Ausgleichstage bei der Berechnung des Entgelts unberücksichtigt.[130]
- Ist der Arbeitnehmer für Arbeiten an einem Sonntag und/oder an einem Wochenfeiertag zur Arbeit eingeteilt, steht ihm bei krankheitsbedingter Arbeitsunfähigkeit an diesem Tag sein Arbeitsentgelt in Form der Entgeltfortzahlung zu.[131]

4. Keine Berücksichtigung von Überstunden

95 Überstunden sind gemäß § 4 Abs. 1a EFZG bereits beim Zeitfaktor (und nicht lediglich beim Geldfaktor) nicht zu berücksichtigen.[132]

96 Überstunden in diesem Sinne liegen allerdings nur vor, wenn die **individuelle regelmäßige Arbeitszeit** des Arbeitnehmers überschritten wird. Denn Überstunden werden wegen bestimmter besonderer Umstände – vorübergehend – zusätzlich geleistet[133] und liegen demnach nur vor, wenn diese Voraussetzungen erfüllt sind. Das ist für jeden Arbeitnehmer individuell zu beurteilen.[134]

Praxistipp

Dabei darf nicht allein der Wortlaut der ggf. sehr knappen Vertragsurkunde beurteilt werden. Vielmehr stellt die Rechtsprechung auf das gelebte Rechtsverhältnis ab, das als Ausdruck des wirklichen Parteiwillens gewertet wird. Daraus folgt: Wird regelmäßig eine bestimmte, erhöhte Arbeitszeit abgerufen und geleistet, ist dies Ausdruck der vertraglich geschuldeten Leistung.[135]

97 Ausgehend von der in der Rechtsprechung des BAG entwickelten Überstundendefinition fallen einerseits die bis zur Einführung von § 4 Abs. 1a EFZG der regelmäßigen Arbeitszeit zugerechneten wiederholt anfallenden Überstunden[136] aus der Entgeltfortzahlung heraus.[137]

98 Andererseits sei – so das BAG – „nicht zu übersehen, dass es Fälle einer individuellen regelmäßigen Arbeitszeit gibt, die von der betriebsüblichen oder tariflichen Arbeitszeit abweicht. Leistet der Arbeitnehmer ständig eine bestimmte Arbeitszeit,

130 Für viele ErfK/*Reinhard*, § 4 EFZG Rn 8 m.w.N.
131 BAG, Urt. v. 14.1.2009 – 5 AZR 89/08 – DB 2009, 909.
132 BAG, Urt. v. 26.6.2002 – 5 AZR 153/01 – NZA 2003, 156.
133 BAG, Urt. v. 26.6.2002 – 5 AZR 153/01 – NZA 2003, 156; BAG, Urt. v. 21.11.2001 – 5 AZR 296/00 – RdA 2003, 48; LAG Niedersachsen, Urt. v. 16.1.2006 – 5 Sa 765/05, LAGE § 4 EntgetfortzG Nr. 6.
134 BAG, Urt. v. 21.11.2001 – 5 AZR 296/00 – RdA 2003, 48.
135 *Müller-Glöge*, RdA 2006, 105, 110.
136 Vgl. BAG, Urt. v. 16.3.1988 – 5 AZR 40/87 – EzA Nr. 93 zu § 1 LohnFG; BAG, Urt. v. 3.5.1989 – 5 AZR 249/88 – AP Nr. 19 zu § 2 LohnFG.
137 BAG, Urt. v. 21.11.2001 – 5 AZR 296/00 – RdA 2003, 48.

die mit der betriebsüblichen oder tariflichen Arbeitszeit nicht übereinstimmt, kann von Überstunden nicht gesprochen werden".[138]

Auch bei einer beständigen Arbeitszeit kommen nach den Feststellungen des BAG „(außerdem) Überstunden in Betracht, die für die Entgeltfortzahlung nicht zu berücksichtigen sind. Nur die hierfür geleistete Vergütung stellt für den Arbeitnehmer zusätzliches Entgelt dar".[139] 99

III. Geldfaktor

1. Kennzeichnung des Arbeitsentgelts i. S. d. § 4 Abs. 1 EFZG

Nach § 4 Abs. 1 EFZG ist das dem Arbeitnehmer bei der für ihn maßgebenden regelmäßigen Arbeitszeit zustehende Arbeitsentgelt fortzuzahlen. Damit ist der sog. Geldfaktor angesprochen. 100

Das in § 4 Abs. 1 EFZG verankerte Entgeltausfallprinzip erhält dem Arbeitnehmer dabei grundsätzlich **die volle Vergütung einschließlich etwaiger Zuschläge.**[140] 101

Praxistipp

Zum Arbeitsentgelt sind auch etwaige Sachbezüge zu rechnen, z. B. Kost und Logis oder die Benutzung des Dienstwagens für private Zwecke.[141] Sondervergütungen gehören hingegen als neben dem laufenden Arbeitsentgelt erbrachte Leistungen nicht zum Arbeitsentgelt i. S. d. § 4 Abs. 1 EFZG, wie ein Umkehrschluss aus der sie betreffenden Sonderregelung in § 4a EFZG deutlich macht (vgl. dazu unter Kapitel 3 Rn 201 ff.).

Die gesetzlich geregelte Entgeltfortzahlung umfasst aber nach der Rechtsprechung des BAG auch die nicht in Monatsbeträgen festgelegten Entgeltbestandteile, sofern diese nicht – wie z. B. Überstunden – unter § 4 Abs. 1a EFZG fallen.[142] 102

Praxistipp

Deshalb ist im Einzelfall im Wege der Auslegung zu bestimmen, welche Leistung zum Arbeitsentgelt gehört und welche Leistung nicht fortzuzahlen ist.[143]

Nicht zum fortzuzahlenden Arbeitsentgelt gehört demgegenüber der **Ersatz von Aufwendungen** des Arbeitnehmers, soweit der Anspruch auf sie davon abhängig ist, 103

138 BAG, Urt. v. 21.11.2001 – 5 AZR 296/00 – RdA 2003, 48.
139 BAG, Urt. v. 21.11.2001 – 5 AZR 296/00 – RdA 2003, 48.
140 BAG, Urt. v. 1.9.2010 – 5 AZR 557/09 – NZA 2010, 1360; BAG, Urt. v. 14.1.2009 – 5 AZR 89/08 – EzA EntgeltfortzG § 4 Nr. 14.
141 HWK/*Schliemann*, § 4 EFZG Rn 17.
142 BAG, Urt. v. 1.9.2010 – 5 AZR 557/09 – NZA 2010, 1360.
143 ErfK/*Reinhard*, § 4 EFZG Rn 11.

dass sie dem Arbeitnehmer **tatsächlich entstanden** sind, und sie ihm während der Arbeitsunfähigkeit nicht entstehen (§ 4 Abs. 1a S. 1 HS. 2 EFZG).

104 Losgelöst davon folgert die allgemeine Meinung[144] aus der Differenzierung in Abs. 1 und Abs. 1a des § 4 EFZG zutreffend, dass unter Arbeitsentgelt i. S. d. EFZG der Bruttobetrag zu verstehen ist, den der Arbeitnehmer als Gegenleistung für seine im Arbeitsverhältnis erbrachte Arbeitsleistung erhält.[145]

2. Orientierung an bisherigen Entscheidungen

105 Die Abgrenzung des Arbeitsentgelts i. S. d. § 4 Abs. 1 EFZG von den Fällen des § 4 Abs. 1a EFZG und denen des § 4a EFZG fällt in der betrieblichen Praxis nicht immer leicht. Denn bei der Zuordnung der einzelnen im Arbeitsverhältnis üblichen Zahlungen oder geldwerten Leistungen ist stets zu berücksichtigen, dass der Entgeltfortzahlung im Krankheitsfall ein **modifiziertes Entgeltausfallprinzip** zugrunde liegt.[146] Dies drückt sich nicht nur in der Nichtberücksichtigung von Überstunden und Überstundenvergütungen sowie von Aufwendungsersatz, sondern auch in der Differenzierung zwischen den nicht zu berücksichtigenden und den für die Entgeltfortzahlung zu berücksichtigenden Zahlungen und Leistungen des Arbeitgebers aus.[147]

106 In der Praxis ermöglicht am Ehesten die Orientierung an der bisherigen Rechtsprechung eine zuverlässige Einschätzung, weshalb nachfolgend in **alphabethischer Reihenfolge** wichtige Fallgruppen aufgezeigt werden:

a) Antrittsgebühr

107 Eine – z. B. im Druckereigewerbe übliche[148] – Antrittsgebühr, d. h. eine Leistung, die der Arbeitnehmer allein dafür erhält, dass er seine Arbeit wie versprochen beginnt, ist eine Gegenleistung für den Arbeitsantritt und daher Arbeitsentgelt.[149] Sie ist nach § 4 Abs. 1 EFZG fortzuzahlen, sofern die Fortzahlung nicht wirksam ausgeschlossen worden ist.[150]

---

144 Statt aller ErfK/*Reinhard*, § 4 EFZG Rn 11.

145 Vgl. bereits BAG, Urt. v. 31.5.1978 – 5 AZR 116/77 – AP Nr. 9 zu § 2 LohnFG.

146 HWK/*Schliemann*, § 4 EFZG Rn 19.

147 HWK/*Schliemann*, § 4 EFZG Rn 19.

148 HWK/*Schliemann*, § 4 EFZG Rn 20

149 BAG, Urt. v. 12.9.1959 – 2 AZR 50/59 – AP Nr. 9 zu § 2 ArbKrankhG; vgl. auch BAG, Urt. v. 13.7.1994 – 7 AZR 477/93 – NZA 1995, 588.

150 Vgl. zur Antrittsgebühr in der Druckindustrie BAG, Urt. v. 21.9.1971 – 1 AZR 336/70 – AP Nr. 1 zu § 2 LohnFG.

b) Anwesenheitsprämie

Die Behandlung von Anwesenheitsprämien richtet sich nach den zu § 4a EFZG entwickelten Grundsätzen (vgl. dazu unter Kapitel 3 Rn 201 ff.). 108

c) Auslösungen

Mit Blick auf Auslösungen, die vor allem im gewerblichen Bereich, insbesondere im 109
Montagebau und Baugewerbe, üblich sind[151], muss danach entschieden werden, ob durch sie ein Mehraufwand ausgeglichen werden soll, der tatsächlich infolge einer konkreten Auswärtsbeschäftigung entsteht oder ob stattdessen unabhängig von den einzelnen Aufwendungen eine Pauschale für die Auswärtsbeschäftigung gewährt werden soll. Sofern keine spezifische Fortzahlungsregelung für den Krankheitsfall besteht, nimmt die herrschende Meinung[152] folgende Interessenbewertung vor, die allerdings nur eine Orientierungslinie sein kann[153]:

- Fernauslösungen, die gezahlt werden, wenn der Arbeitnehmer wegen der Entfernung der Arbeitsstelle vom Wohnort nicht täglich zurückkehren kann, sind typischerweise als Aufwendungsersatz i. S. d. § 4 Abs. 1a S. 1 EFZG zu qualifizieren.
- Nahauslösungen, die gezahlt werden, wenn der Arbeitnehmer täglich in seine Wohnung zurückkehren kann, sind typischerweise als fortzuzahlendes Arbeitsentgelt zu bewerten.

d) Erschwerniszulagen

Erschwerniszulagen wie Nachtzuschläge, die auch nach § 615 BGB fortzuzahlen 110
wären, unterfallen § 4 Abs. 1 EFZG.[154]

e) Feiertagszuschläge

Die gesetzliche Entgeltfortzahlung für wegen krankheitsbedingter Arbeitsunfähigkeit 111
ausgefallene Feiertagsarbeit schließt die entsprechenden Zuschläge nach der Rechtsprechung des BAG mit ein.[155]

---

151 HWK/*Schliemann*, § 4 EFZG Rn 21.
152 Vgl. nur Staudinger/Oetker, § 616 BGB Rn 403; ErfK/*Reinhard*, § 4 EFZG Rn 12 m.w.N.
153 So zutreffend gegen eine vollkommen pauschale Bewertung HWK/*Schliemann*, § 4 EFZG Rn 21.
154 LAG Köln, Urt. v. 12.3.2009 – 7 Sa 1258/08 – AE 2010, 86 (LS).
155 BAG, Urt. v. 16.7.1980 – 5 AZR 989/78 – DB 1980, 2292; BAG, Urt. v. 1.12.2004 – 5 AZR 68/04 – NZA 2005, 1315.

f) Freizeitgutschriften

112 Soweit Freizeitgutschriften (z. B. nach kollektiven Regelungen) an tatsächliche Beschäftigungen anknüpfen, müssen sie bei Krankheit nicht entstehen.[156]

g) Gefahrenzulagen

113 Gefahrenzulagen und Leistungszulagen gehören zu den Gegenleistungen des Arbeitgebers für die Tätigkeit des Arbeitnehmers und sind daher bei krankheitsbedingter Arbeitsunfähigkeit zu leisten.[157]

h) Inkassoprämien

114 Inkassoprämien, die für den sofortigen Einzug des Kaufpreises bei der Auslieferung einer Ware beim Kunden versprochen sind, gehören nach der Rechtsprechung des BAG ebenfalls zum Arbeitsentgelt i. S. d. EFZG.[158]

i) Mankogelder

115 Dasselbe gilt für Mankogelder, die zum Ausgleich für das Haftungsrisiko über einen Kassenbestand gewährt werden.[159]

j) Mehrarbeitsverdienst/Überstundenvergütung

116 Mehrarbeitsverdienste, d. h. Überstundenvergütungen, sind nach § 4 Abs. 1a EFZG nicht fortzuzahlen. Dies gilt für die Grundvergütung und den etwaigen Überstundenzuschlag[160] und zwar unabhängig davon, ob entsprechende Zuschläge nicht ohnehin nur Erschwernis- und Aufwandsentschädigung für tatsächlich geleistete Stunden sind.[161]

k) Nachtarbeitszuschläge

117 Zuschläge für Nachtarbeit sind im Rahmen der Entgeltfortzahlung nach § 4 Abs. 1 EFZG zu berücksichtigen.[162]

---

156 BAG, Urt. v. 20.10.1993 – 5 AZR 715/92 – AP Nr. 1 zu § 1 TVG Tarifverträge: Binnenschiffahrt.
157 ErfK/*Reinhard*, § 4 EFZG Rn 12 m.w.N.
158 BAG, Urt. v. 11.1.1978 – 5 AZR 829/76 – AP Nr. 7 zu § 2 LohnFG.
159 MünchKomm-BGB/*Müller-Glöge*, § 4 EFZG Rn 15; ErfK/*Reinhard*, § 4 EFZG Rn 12 m.w.N.
160 ErfK/*Reinhard*, § 4 EFZG Rn 12.
161 BAG, Urt. v. 21.11.2001 – 5 AZR 296/00 – AP Nr. 56 zu § 4 EntgeltFG; BAG, Urt. v. 26.6.2002 – 5 AZR 153/01 – NZA 2003, 156.
162 Vgl. BAG, Urt. v. 16.7.1997 – 5 AZR 780/96 – EEK I/1194.

l) Naturalleistungen/Sachbezüge

Naturalleistungen (bisweilen auch „Deputate" genannt) müssen im Rahmen von § 4 Abs. 1 EFZG weiter entrichtet oder nach den Werten der SachBezV 1994 gem. § 17 I Nr. 4 SGB IV i. d. F. der Bekanntmachung vom 23.1.2006 in der jeweils zum Jahresende angepassten Fassung in bar vergütet werden.[163] Dasselbe gilt für einen „auch zur privaten Nutzung" überlassenen Dienstwagen.[164] 118

m) Prämien

Prämien, wie sie im Berufssport geleistet werden (für Spiele, Siege oder Punkte), hat das BAG ursprünglich[165] für nicht entgeltfortzahlungspflichtig gehalten; es tendiert mittlerweile aber zur Gegenansicht.[166] 119

n) Reisekosten und Spesen

Reisekosten und Spesen sind allenfalls ausnahmsweise entgeltfortzahlungspflichtig, wenn sie pauschaliert ohne Rücksicht auf die Ausgaben für Reisen, Unterkunft und Verpflegung gezahlt werden.[167] In aller Regel wird es sich um Aufwendungsersatz i. S. d. § 4 Abs. 1a S. 1 EFZG handeln.[168] 120

o) Schmutzzulagen

Bei Schmutzzulagen ist zu differenzieren: Sie können wie Erschwerniszulagen zu behandeln sein (vgl. oben unter Kapitel 3 Rn 111). Voraussetzung hierfür ist, dass sie ein verstetigter Ausgleich für immer wiederkehrende Arbeiten in verschmutzter Umgebung sind.[169] Handelt es sich hingegen um Ausgleichsbeträge für die Reinigung von verschmutzter Kleidung, die bei anderen Arbeitnehmern vom Arbeitgeber erbracht oder finanziert wird, besteht kein Anspruch nach § 4 Abs. 1 EFZG.[170] 121

---

163 HWK/*Schliemann*, § 4 EFZG Rn 28; ErfK/*Reinhard*, § 4 EFZG Rn 12 m.w.N.
164 BAG, Urt. v. 14.12.2010 – 9 AZR 631/09 – NZA 2011, 569.
165 BAG, Urt. v. 22.8.1984 – 5 AZR 539/81 – AP Nr. 65 zu § 616 BGB.
166 BAG, Urt. v. 6.12.1995 – 5 AZR 237/94 – AP Nr. 9 zu § 611 BGB Berufssport; BAG, Urt. v. 6.12.1995 – 5 AZR 85/95; vgl. auch BAG, Urt. v. 19.1.2000 – 5 AZR 637/98 – NZA 2000, 771.
167 BAG, Urt. v. 8.11.1962 – 2 AZR 109/62 – DB 1963, 207; LAG Düsseldorf, Urt. v. 6.9.1971 – 12 Sa 233/71 – DB 1972, 50.
168 ErfK/*Reinhard*, § 4 EFZG Rn 12; HWK/*Schliemann*, § 4 EFZG Rn 26.
169 ErfK/*Reinhard*, § 4 EFZG Rn 12; HWK/*Schliemann*, § 4 EFZG Rn 31.
170 ErfK/*Reinhard*, § 4 EFZG Rn 12; HWK/*Schliemann*, § 4 EFZG Rn 31.

p) Sozialversicherungsbeiträge

122 Sozialversicherungsbeiträge des Arbeitnehmers und Arbeitgebers zählen nach dem Bruttolohnprinzip unmittelbar zum Arbeitsentgelt. Dies schließt die Arbeitgeberbeiträge zur Kranken- und Altersversorgung des Arbeitnehmers ein. Die rechtliche Ausgestaltung dieser Versorgung spielt dabei keine Rolle.[171]

q) Sozialzulagen

123 Sozialzulagen wie Familien-, Kinder- und Ortszuschläge sind ebenfalls als Arbeitsentgelt i. S. d. § 4 Abs. 1 EFZG zu qualifizieren.[172]

r) Trennungsentschädigungen

124 Trennungsentschädigungen sind nach den oben unter Kapitel 3 Rn 110) zu Auslösungen entwickelten Grundsätzen zu bewerten.

s) Trinkgelder

125 Da die bloße Möglichkeit, von den Gästen Trinkgelder zu erhalten, nicht unter den Arbeitsentgeltbegriff fällt,[173] ist ein krankheitsbedingt arbeitsunfähiger Arbeitnehmer nur ausnahmsweise dann an ihnen zu beteiligen, wenn darauf ein arbeitsvertraglich vereinbarter Anspruch gegen den Arbeitgeber besteht.

Beispiel

Dies kann z. B.[174] dann der Fall sein, wenn ein geringes Festgehalt gezahlt und die Trinkgelder der Gäste – wie z. B. bei Spielbanken üblich[175] – in einer speziellen Kasse gesammelt und als Arbeitgeberleistung ausgeschüttet werden. Dann hat der arbeitsunfähig erkrankte Arbeitnehmer einen Anspruch auf seinen Anteil daran.

---

t) Vermögenswirksame Leistungen

126 Vermögenswirksame Leistungen des Arbeitgebers nach dem Fünften VermBG in Form eines laufenden Zuschusses sind Teil des monatlichen Entgelts und daher bei krankheitsbedingter Arbeitsunfähigkeit weiter zu zahlen.[176]

171 ErfK/*Reinhard*, § 4 EFZG Rn 12.
172 ErfK/*Reinhard*, § 4 EFZG Rn 12.
173 BAG, Urt. v. 28.6.1995 – 7 AZR 1001/94 – AP Nr. 112 zu § 37 BetrVG 1972.
174 Vgl. ErfK/*Reinhard*, § 4 EFZG Rn 12 m.w.N.
175 HWK/*Schliemann*, § 4 EFZG Rn 30.
176 BAG, Urt. v. 26.2.2003 – 5 AZR 112/02 – AP Nr. 8 zu § 5 EntgeltFG.

u) Verpflegungskostenzuschüsse

Verpflegungskostenzuschüsse stehen sachlich im Zusammenhang mit Auslösungen und Trennungsentschädigungen und sind daher nach denselben Grundsätzen zu bewerten.[177] 127

v) Wegeentschädigungen

Wegeentschädigungen sind demgegenüber regelmäßig als Aufwendungsersatz i. S. d. § 4 Abs. 1a EFZG für die Kosten der Fahrt vom Wohnort zur Betriebsstätte oder zum Arbeitsort. Etwas anderes kann nur ausnahmsweise dann gelten, wenn sie vom Arbeitgeber pauschal ohne Rücksicht auf die tatsächlich anfallenden Kosten geleistet werden.[178] 128

w) Urlaubs- und Weihnachtsgeld

Einmalzahlungen wie Urlaubs- und Weihnachtsgeld spielen – unabhängig davon, ob sie als aufgespartes Entgelt oder als Sonderleistung zu qualifizieren sind – für die Entgeltberechnung im Rahmen des § 4 Abs. 1 EFZG keine Rolle.[179] Denn in den Monaten, in denen sie nicht fällig werden, sind Einmalzahlungen auch im Krankheitsfall weder ganz noch anteilig zu leisten. Werden sie hingegen bei bestehender krankheitsbedingter Arbeitsunfähigkeit zur Zahlung fällig, sind sie zu leisten, soweit nicht eine Kürzung nach § 4 a EFZG erfolgt. 129

IV. Besonderheiten bei Leistungsentgelt

Eine Sonderregelung für die Berechnung der Fortzahlungshöhe von **leistungsabhängigem Entgelt** trifft § 4 Abs. 1a S. 2 EFZG. Danach ist dann, wenn der Arbeitnehmer eine auf das Ergebnis der Arbeit abstellende Vergütung erhält, der von dem Arbeitnehmer in der für ihn maßgebenden regelmäßigen Arbeitszeit erzielbare Durchschnittsverdienst der Berechnung zugrunde zu legen. 130

Diese Regelung erfasst nach allgemeiner Meinung nicht nur den Leistungslohn im engeren Sinne – also den Akkord- und Prämienlohn –, sondern **auch die Beträge, die allein oder neben einem festen Zeitlohn als Erfolgsvergütung vereinbart sind.**[180] 131

---

177 ErfK/*Reinhard*, § 4 EFZG Rn 12.
178 ErfK/*Reinhard*, § 4 EFZG Rn 12.
179 BAG, Urt. v. 30.9.2008 – 1 AZR 684/07 – NZA 2009, 386.
180 Vgl. nur ErfK/*Reinhard*, § 4 EFZG Rn 13; HWK/*Schliemann*, § 4 EFZG Rn 36 ff.

Beispiel
Beispiele hierfür sind Provisionen, Tantiemen, Boni und Prämien.

1. Maßgeblichkeit des Entgeltausfallprinzips

132 In Übereinstimmung mit dem Gesetzeswortlaut („erzielbaren Verdienst") ist nach der Rechtsprechung des BAG auch beim Leistungslohn das **Entgeltausfallprinzip** maßgebend.[181] Es ist daher bei der Leistungslohnberechnung jeweils die Methode zu wählen, die dem Entgeltausfallprinzip am besten gerecht wird.[182]

2. Umgang mit praktisch schwierigen Berechnungen

133 In der betrieblichen Praxis führt die Berechnung indes häufig zu Schwierigkeiten, weil das Entgelt menschlichen Leistungsschwankungen entsprechend variieren kann. Deshalb darf nach der in der Literatur herrschenden Meinung im Einzelfall auf **Anhaltspunkte in der Vergangenheit** zurückgegriffen werden, sofern nicht die erzielten Leistungen der tatsächlich arbeitenden Kollegen ausreichende Hinweise geben[183], auf deren Grundlage notfalls eine Schätzung nach § 287 ZPO erfolgen kann.[184]

134 Dabei kann – als **Indizien** – auf[185]
- die Leistung im Abrechnungszeitraum unmittelbar vor der Erkrankung,
- den Durchschnittswert mehrerer Wochen vor dem Ausfall und
- bei saisonalen Schwankungen auch auf die vergleichbaren Leistungen im entsprechenden Vorjahreszeitraum zurückgegriffen werden.

3. Akkordlohn

a) Grundsatz

135 Beim Akkordlohn muss ausgehend von diesen Grundsätzen der Lohn weitergezahlt werden, den der Akkordarbeiter erzielt hätte, wenn er nicht krank geworden wäre.[186]

181 BAG, Urt. v. 26.2.2003 – 5 AZR 162/02, AP Nr. 64 zu § 4 EntgeltFG.
182 BAG, Urt. v. 26.2.2003 – 5 AZR 162/02, AP Nr. 64 zu § 4 EntgeltFG.
183 Vgl. nur ErfK/*Reinhard*, § 4 EFZG Rn 13 m.w.N.
184 Vgl. BAG, Urt. v. 5.6.1985 – 5 AZR 459/83, AP Nr. 39 zu § 63 HGB; HWK/*Schliemann*, § 4 EFZG Rn 33.
185 Vgl. nur ErfK/*Reinhard*, § 4 EFZG Rn 14 m.w.N.
186 BAG, Urt. v. 26.2.2003 – 5 AZR 162/02, AP Nr. 64 zu § 4 EntgeltFG.

b) Besonderheiten beim Gruppenakkord

Beim Gruppenakkord kommt es der Bestimmung des tatsächlichen Entgeltausfalls nach der Rechtsprechung des BAG am nächsten, auf den **Verdienst der weiterarbeitenden Akkordgruppenmitglieder** abzustellen.[187] Das **Referenzprinzip** ist für die Bestimmung des Entgeltausfalls hier nach der Bewertung des BAG **weniger gut geeignet**, weil es die tatsächlichen Besonderheiten der ausgefallenen Arbeit nicht berücksichtigt. Denn regelmäßig werden Akkordgruppen aus ungefähr gleich leistungsstarken Arbeitnehmern gebildet.[188] Hiervon ausgehend ist es wahrscheinlich, dass der erkrankte Arbeitnehmer eine dem Verdienst der übrigen Arbeitnehmer entsprechende Vergütung erzielt hätte.[189] 136

Praxistipp

Das gilt nach der Rechtsprechung des BAG[190] auch bei einer aus zwei Personen bestehenden Akkordgruppe, wenn der verbleibende Arbeitnehmer allein im Akkord weiterarbeitet. Zwar entfallen für ihn die Vorteile der Zusammenarbeit. Doch tritt – z. B. bei Akkordarbeit im Baubereich – deren Bedeutung regelmäßig hinter die Bedeutung der Art der Arbeit auf unterschiedlichen Baustellen in unterschiedlichen Zeiträumen zurück.

Vor diesem Hintergrund ist es nach der Rechtsprechung des BAG auch Sache des Arbeitnehmers, einen Ausnahmefall darzulegen, der es rechtfertigt, auf den höheren Verdienst in der Vergangenheit abzustellen.[191]

Eine andere Berechnung wird man allerdings dann vornehmen müssen, wenn die Leistung der Akkordgruppe gerade durch den Ausfall des Erkrankten oder weiterer Gruppenmitglieder bzw. die Minderleistung eines Ersatzmanns zurückgegangen ist. 137

Praxistipp

Ob der zu einer Akkordgruppe hinzugetretene Ersatzmann die gleiche Leistung erbringt wie der erkrankte Arbeiter, lässt sich zwar häufig nur schwer beurteilen. Rückschlüsse können insoweit nach der Rechtsprechung des BAG z. B. daraus gezogen werden, dass ein anderes Mitglied der Akkordgruppe in der maßgeblichen Zeit mit dem Ersatzmann Verdienste erzielt hat, die aus dem Rahmen der vorher und nachher erzielten Akkordverdienste herausfallen. Das lässt den Schluss zu, dass die Arbeitsleistung des Ersatzmanns nicht ohne weiteres mit der der erkrankten Kläger zu vergleichen ist.[192]

In derartigen Fällen kann nur auf die allgemeinen Kriterien (vgl. oben Kapitel 3 Rn 134 f.) zurückgegriffen werden.[193] 138

---

187 BAG, Urt. v. 26.2.2003 – 5 AZR 162/02, AP Nr. 64 zu § 4 EntgeltFG.
188 BAG, Urt. v. 26.2.2003 – 5 AZR 162/02, AP Nr. 64 zu § 4 EntgeltFG.
189 BAG, Urt. v. 26.2.2003 – 5 AZR 162/02, AP Nr. 64 zu § 4 EntgeltFG.
190 BAG, Urt. v. 26.2.2003 – 5 AZR 162/02, AP Nr. 64 zu § 4 EntgeltFG.
191 BAG, Urt. v. 26.2.2003 – 5 AZR 162/02, AP Nr. 64 zu § 4 EntgeltFG.
192 BAG, Urt. v. 22.10.1980 – 5 AZR 438/78 – BB 1981, 1467.
193 Ebenso ErfK/*Reinhard*, § 4 EFZG Rn 15.

c) Akkordsystem mit parallelen Einzelakkorden

139 Die vorstehenden Grundsätze gelten auch bei einem Akkordsystem, nach dem mehrere im Einzelakkord arbeiten. Zunächst einmal muss in derartigen Fällen ein **Vergleich mit der Leistung der Kollegen** erfolgen, bei dem allerdings auch der durchschnittliche Abstand der Einzelleistungen berücksichtigt werden darf.[194] Auf die **Leistungen des Erkrankten in der Vergangenheit** kann demgegenüber nur hilfsweise abgestellt werden.[195]

4. Provisionen und sonstige Leistungsentgelte

a) Typische Besonderheiten

140 Nicht nur die Schwankungsbreite, sondern auch die Tatsache, dass zumeist besondere Fälligkeits- und Stornierungsvorschriften gelten, ist bei Provisionen (z. B. Abschluss- sowie Bezirksprovisionen) und vergleichbaren auf das Ergebnis abstellende Vergütungen (z. B. Boni und Prämien) zu beachten.[196]

b) Bestimmung des maßgeblichen Vergleichszeitraums

141 Für die betriebliche Praxis folgt daraus, dass **nicht auf eine zu kurze Vergleichszeit** in der Vergangenheit zurückgegriffen werden darf. Ausgehend von den hierzu in der Rechtsprechung des BAG entwickelten Grundsätzen[197] sind vielmehr die Vergleichszahlen aus dem Vorjahr unter Einschluss der Steigerung oder Minderung des laufenden Jahres zugrunde zu legen.[198]

Beispiel

Dies gilt z. B. für Abschlussprovisionen[199] und Inkassoprämien[200].

Praxistipp

Ähnliches gilt für variable Vergütungsbestandteile als Gegenstand einer Zielvereinbarung.[201]

---

194 ErfK/*Reinhard*, § 4 EFZG Rn 15.

195 Str. wie hier MünchKomm-BGB/*Müller-Glöge*, § 4 EFZG Rn 21 ff.; ErfK/*Reinhard*, § 4 EFZG Rn 15 m.w.N.

196 ErfK/*Reinhard*, § 4 EFZG Rn 16.

197 Vgl. BAG, Urt. v. 5.6.1985 – 5 AZR 459/83 – AP Nr. 39 zu § 63 HGB; BAG, Urt. v. 21.11.2001 – 5 AZR 296/00 – AP Nr. 56 zu § 4 EntgeltFG.

198 HWK/*Schliemann*, § 4 EFZG Rn 38; ErfK/*Reinhard*, § 4 EFZG Rn 16 m.w.N.

199 BAG, Urt. v. 5.6.1985 – 5 AZR 459/83 – AP Nr. 39 zu § 63 HGB.

200 BAG, Urt. v. 11.1.1978 – 5 AZR 829/76 – AP Nr. 7 zu § 2 LohnFG.

201 *Reiserer*, NJW 2008, 609, 611; *Annuß*, NZA 2007, 290, 293.

c) Ausgrenzung von bereits berücksichtigten Ausfallzeiten

Im Rahmen des anzustellenden Vergleichs muss jedoch auch geprüft werden, inwiefern Zielvorgaben bereits durchschnittlich Krankheitszeiträume berücksichtigen. 142

Beispiel
Das gilt z. B. bei vorgegebenen Auslastungszahlen, die nicht von den reinen Arbeitstagen ausgehen, sondern bereits urlaubs- und krankheitsbedingte Ausfallzeiten miteinrechnen.[202]

---

d) Darlegungs- und Beweislast

Da es letztlich auf den für den konkret in Rede stehenden Arbeitnehmer „erzielbaren" Verdienst ankommt, bleibt es dem Arbeitgeber unbenommen, Umstände des Einzelfalls vorzutragen und ggf. zu beweisen, die eine Abweichung von den Vergleichszahlen eines angemessenen Vergleichszeitraums oder einer vergleichbaren Personengruppe rechtfertigen.[203] 143

H. Grenzen tarif- und arbeitsvertraglicher Regelungen der Entgeltfortzahlung

I. Zwingender Charakter des EFZG

Von den zwingenden[204] Vorschriften des EFZG kann gemäß § 12 EFZG nicht zu Ungunsten der Arbeitnehmer abgewichen werden. 144

Praxistipp
Insbesondere kann – auch tarifvertraglich – keine aus der Sicht der Arbeitnehmer ungünstigere Regelung der Wartezeit, der Dauer der Entgeltfortzahlung und der Mehrfacherkrankung geregelt werden.[205]

II. Gestaltungsspielraum bezüglich Bemessungsgrundlage

Lediglich § 4 Abs. 4 EFZG öffnet die Vorgaben des EFZG begrenzt, indem er die Festlegung einer von § 4 Abs. 1, 1a und 3 EFZG abweichende Bemessungsgrundlage des fortzuzahlenden Arbeitsentgelts durch Tarifvertrag gestattet. 145

---

202 ErfK/*Reinhard*, § 4 EFZG Rn 16.
203 ErfK/*Reinhard*, § 4 EFZG Rn 16.
204 Vgl. BAG, Urt. v. 9.10.2002 – 5 AZR 356/01 – NZA 2003, 978.
205 *Müller-Glöge*, RdA 2006, 105, 112.

Praxistipp
Durch kirchliche Arbeitsrechtsregelungen (z. B. AVR Caritas, AVR Diakonie, BAT-KF) kann, da sie auf dem sog. „zweiten" bzw. „dritten Weg" zustande kommen und keine Tarifverträge darstellen, nicht vom EFZG zu Lasten der Arbeitnehmer abgewichen werden.[206] Mit Blick darauf, dass der Gesetzgeber bisweilen ausdrücklich Öffnungsklauseln für auch für kirchliche Arbeitsrechtsregelungen vorsieht (vgl. z. B. § 7 Abs. 4 ArbZG), dürfte auch keine planwidrige Regelungslücke vorliegen, die eine analoge Anwendung rechtfertigt.[207]

146 Zur Bemessungsgrundlage i. S. d. § 4 Abs. 4 EFZG, die modifiziert werden kann, gehören nach der Rechtsprechung des BAG sowohl die Berechnungsmethode als auch die Berechnungsgrundlage.[208]

1. Berechnungsmethode

147 Eine von § 4 EFZG abweichende Berechnungsmethode liegt vor, wenn das Entgeltausfallprinzip modifiziert oder durch das **Referenzprinzip** in seinen unterschiedlichen Durchführungsformen ersetzt wird.[209]

Beispiel
Ein Beispiel hierfür bildet § 12 Ziff. 2 Abs. 1 Manteltarifvertrag für die gewerblichen Arbeitnehmer der Druckindustrie im Gebiet der Bundesrepublik Deutschland vom 6. 2. 1997, der das Lohnausfallprinzip durch ein Referenzprinzip ersetzt und darüber hinaus für die Ermittlung des Durchschnittsverdienstes in dem bis zu zwölfmonatigen Berechnungszeitraum nähere Vorgaben trifft. Insoweit werden u. a. die Zuschläge für Feiertagsarbeit nicht berücksichtigt.[210]

2. Berechnungsgrundlage

148 Darüber hinaus gestattet § 4 Abs. 4 EFZG den Tarifvertragsparteien, abweichende Regelungen zur Berechnungsgrundlage zu treffen. Unter der „Berechnungsgrundlage" sind

- der Umfang und
- die Bestandteile

des der Berechnung zugrunde zu legenden Arbeitsentgelts zu verstehen.

206 HWK/*Schliemann*, § 4 EFZG Rn 45.
207 Vgl. BAG, Urt. 25.3.2009 – 7 AZR 710/07 – NZA 2009, 1417; HWK/*Schliemann*, § 4 EFZG Rn 45.
208 BAG, Urt. v. 26.9.2001 – 5 AZR 539/00 – AP Nr. 55 zu § 4 EntgeltFG; BAG, Urt. v. 13.3.2002 – 5 AZR 648/00 – AP Nr. 58 zu § 4 EntgeltFG; BAG, Urt. v. 9.10.2002 – 5 AZR 356/01 – NZA 2003, 978.
209 BAG, Urt. v. 9.10.2002 – 5 AZR 356/01 – NZA 2003, 978.
210 BAG, Urt. v. 1.12.2004 – 5 AZR 68/04 – AP Nr. 68 zu § 4 EntgeltFG.

Beispiel

Tarifvertraglich kann nach der Rechtsprechung des BAG z. B. eine Entgeltfortzahlung für jeden „Kalendertag" in Höhe von *1/364* des Bruttoarbeitsentgelts der letzten zwölf abgerechneten Monate vorgesehen werden.[211]

a) Geldfaktor

Abweichungen durch Tarifvertrag sind nach § 4 Abs. 4 EFZG damit zunächst einmal mit Blick den Geldfaktor möglich. Zulässig sind sie in Bezug auf **alle den Geldfaktor bestimmenden Elemente.**[212] 149

Beispiel

Denkbar ist daher z. B. auch, tarifliche Zuschläge, die im Arbeitsverhältnis regelmäßig anfallen (wie z. B. die Nachtarbeitszuschläge), von der Entgeltfortzahlung im Krankheitsfall auszunehmen.[213] Denn selbst bei einer Mehrzahl tariflicher Zuschläge müssen nach der Rechtsprechung des BAG nicht einzelne für die Entgeltfortzahlung bestehen bleiben.[214] Schließlich unterliegt die Entscheidung darüber, ob, aus welchem Anlass und in welchem Umfang Zuschläge in Tarifverträgen geregelt werden, der Beurteilung der Tarifvertragsparteien.

An den **Grundsatz der vollen Entgeltfortzahlung (100 %)** im Krankheitsfall sind die Tarifvertragsparteien nach der Rechtsprechung des BAG allerdings auch im Rahmen des § 4 Abs. 4 EFZG **gebunden.** 150

Beispiel

Nicht zulässig wäre daher z. B. eine tarifliche Regelung, nach welcher der Arbeitnehmer für jeden Tag der Entgeltfortzahlung 1,5 Stunden nacharbeiten muss bzw. ihm für jeden dieser Tage, sofern ein Arbeitszeitkonto vorhanden ist, von diesem Zeitkonto 1,5 Stunden abgezogen werden.[215] Ebenso wenig ermächtigt § 4 Abs. 4 EFZG die Tarifvertragsparteien, im Rahmen der Berechnungsgrundlage einzelne Faktoren lediglich anteilig zu berücksichtigen (z. B. zu 4/5).[216]

Konsequenz dieser Rechtsprechung ist, dass durch Tarifvertrag **zwar einzelne Entgeltbestandteile** von der Entgeltfortzahlung ausgenommen werden dürfen, die **Grundvergütung aber in vollem Umfang** in die Entgeltfortzahlung eingehen muss.[217] 151

---

211 BAG, Urt. v. 9.10.2002 – 5 AZR 356/01 – NZA 2003, 978.
212 *Müller-Glöge*, RdA 2006, 105, 112.
213 *Müller-Glöge*, RdA 2006, 105, 112.
214 BAG, Urt. v. 13.3.2002 – 5 AZR 648/00 – AP Nr. 58 zu § 4 EntgeltFG; BAG, Urt. v. 7.12.2005 – 5 AZR 228/05 – EzA § 3 EntgeltfortzG Nr. 15.
215 BAG, Urt. v. 26.9.2001 – 5 AZR 539/00 – AP Nr. 55 zu § 4 EntgeltFG.
216 Staudinger/*Oetker*, § 616 BGB Rn 464; *Müller-Glöge*, RdA 2006, 105, 112.
217 *Müller-Glöge*, RdA 2006, 105, 112.

Praxistipp
Im Ergebnis besteht Gestaltungsfreiheit für die Tarifvertragsparteien damit vor allem in Bezug auf tarifliche Zuschläge, die von der Bemessungsgrundlage der Entgeltfortzahlung ausgenommen werden dürfen.[218] Im Übrigen ist bei der Gestaltung Zurückhaltung geboten.

b) Zeitfaktor

152 § 4 Abs. 4 EFZG eröffnet den Tarifvertragsparteien auch die Möglichkeit, den für die Entgeltfortzahlung maßgeblichen Zeitfaktor zu modifizieren. Denn zu den „Berechnungsgrundlagen" i. S. d. § 4 Abs. 4 EFZG zählen nach der Rechtsprechung des BAG nicht nur sämtliche Bestandteile des Geld-, sondern auch des Zeitfaktors.[219]

Praxistipp
Denkbar ist daher insbesondere eine tarifliche Regelung zu dem in der betrieblichen Praxis nicht immer leichten Umgang mit der Berücksichtigung von Wechsel- und Freischichten.[220]

Beispiel
Ausgehend von dieser Rechtsprechung können tarifliche Regelungen über die Entgeltfortzahlung im Krankheitsfall z. B. auch die näheren Modalitäten von Zeitgutschriften auf einem Arbeitszeitkonto festlegen, wenn sich der Vergütungsanspruch nach diesem Konto richtet. Die verstetigte Auszahlung der Vergütung steht dem nach der Rechtsprechung des BAG nicht entgegen.[221]

153 Parallel zu der vom BAG mit Blick auf den Geldfaktor vorgenommenen Bewertung eröffnet § 4 Abs. 4 EFZG nach der Rechtsprechung aber **nicht die Möglichkeit**, die zu **berücksichtigende Arbeitszeit lediglich anteilig** (z. B. zu ⁴⁄₅) in die Bemessung der Entgeltfortzahlung einfließen zu lassen. Infolge der ausdrücklichen Inbezugnahme von § 4 Abs. 1a EFZG ist es hingegen zulässig, als maßgeblichen Zeitfaktor nicht die individuelle Arbeitszeit, sondern die regelmäßige betriebliche oder tarifliche Arbeitszeit festzulegen.[222]

218 *Müller-Glöge*, RdA 2006, 105, 112.
219 BAG, Urt. v. 9.10.2002 – 5 AZR 356/01 – NZA 2003, 978.
220 BAG, Urt. v. 5.10.1988 – 5 AZR 352/87 – AP Nr. 80 zu § 1 LohnFG; BAG, Urt. v. 10.7.1996 – 5 AZR 284/95 – AP Nr. 142 zu § 1 TVG Tarifverträge: Metallindustrie.
221 BAG, Urt. v. 13.2.2002 – 5 AZR 470/00 – AP Nr. 57 zu § 4 EntgeltFG.
222 BAG, Urt. v. 7.11.2002 – 2 AZR 742/00 – AP Nr. 100 zu § 615 BGB – zum Manteltarifvertrag für die Arbeitnehmer der niedersächsischen Metallindustrie; BAG, Urt. v. 24.3.2004 – 5 AZR 346/03 – NZA 2004, 1042 – zur VW-Arbeitszeit von 28,8 Stunden/Woche.

Beispiel
So hat das BAG z. B. bei VW eine tarifliche Festlegung des maßgeblichen Zeitfaktors auf 28 Stunden pro Woche für zulässig gehalten.[223]

Praxistipp
In Branchen mit erheblichen Abweichungen zwischen regelmäßiger tariflicher Arbeitszeit und der in der betrieblichen Praxis geleisteten Arbeitsstunden (z. B. Kraftfahrer) kann eine derartige tarifliche Regelung zu erheblich geringeren Verdiensten während der Entgeltfortzahlung führen. Wirkt sich ein solcher Tarifvertrag in seinem Geltungsbereich signifikant ungleich auf die verschiedenen Beschäftigtengruppen (z. B. Bürokräfte einerseits, Außendienstmitarbeiter andererseits) aus, kann seine Wirksamkeit allerdings an Art. 3 Abs. 1 GG scheitern.[224]

III. Arbeitsvertragliche Inbezugnahme von Tarifverträgen als Gestaltungsoption

§ 4 Abs. 4 S. 2 EFZG eröffnet als weitere Gestaltungsoption für nicht tarifgebundene Arbeitsvertragsparteien die arbeitsvertragliche Inbezugnahme einer tariflichen Regelung gemäß § 4 Abs. 4 S. 1 EFZG. Dies ermöglicht es, die durch einen Tarifvertrag gemäß § 4 Abs. 4 S. 1 EFZG bewirkten Modifikationen **auch auf die Arbeitsverhältnisse nicht tarifgebundener Mitarbeiter** anzuwenden. Dies gilt auch dann, wenn sie zu Lasten der betroffenen Mitarbeiter (verschlechternd) von § 4 Abs. 1, 1a und 3 EFZG abweichen. 154

Diese Gestaltungsmöglichkeit dürfte – in Übereinstimmung mit der in der Literatur herrschenden Meinung – allerdings nur unter folgenden **Voraussetzungen** zulässig sein: 155

- Voraussetzung dieser Gestaltungsmöglichkeit dürfte zunächst sein, dass sich das in Rede stehende Arbeitsverhältnis im sachlichen, räumlichen und persönlichen Geltungsbereich eines § 4 Abs. 4 S. 1 EFZG entsprechenden Tarifvertrags befindet. Die Übernahme einer branchenfremden verschlechternden Tarifregelung ist nach der in der Literatur h. M. nicht möglich.[225]
- Zudem muss eine Inbezugnahme aller tariflichen Vorgaben zur Entgeltfortzahlung erfolgen.[226] Es dürfen also nicht den Arbeitnehmer belastende Regelungen einbezogen werden, den Arbeitnehmer begünstigende Regelung aber nicht.[227]

223 BAG, Urt. v. 24.3.2004 – 5 AZR 346/03 – NZA 2004, 1042.
224 *Müller-Glöge*, RdA 2006, 105, 112.
225 Für viele HWK/*Schliemann*, § 4 EFZG Rn 68; ErfK/*Reinhard*, § 4 EFZG Rn 28.
226 HWK/*Schliemann*, § 4 EFZG Rn 69; *Müller-Glöge*, RdA 2006, 105, 112; a.A. Staudinger/*Oetker*, § 616 BGB Rn 466.
227 ErfK/*Reinhard*, § 4 EFZG Rn 28.

Praxistipp
In einer Betriebsvereinbarung kann die Übernahme einer tariflichen Regelung nach dem klaren Wortlaut des EFZG nicht geregelt werden.[228]

I. Zuschüsse zum Krankengeld

156 In der betrieblichen Praxis spielen insbesondere tarifvertragliche Regelung von Entgeltfortzahlungsansprüchen über die Vorgaben des EFZG hinaus zunehmend eine geringe(re) Rolle. Hintergrund hierfür ist die damit verbundene erhebliche Kostenbelastung der Arbeitgeber.

I. Krankengeldzuschuss statt Entgeltfortzahlung

157 Soll den Arbeitnehmern ihr Einkommen für länger während Arbeitsunfähigkeitszeiten erhalten bleiben, wird stattdessen zumeist die Zahlung von Zuschüssen zum Krankengeld vereinbart.[229]

158 Entsprechende Regelungen finden sich häufig auf tariflicher, bisweilen aber auch auf betrieblicher[230] oder individualvertraglicher Ebene. Nicht selten lösen sie dann – unter Wahrung der allgemeinen Grundsätze zur Ablösung tariflicher, betrieblicher und individualvertraglicher Ansprüche – die bisherigen Regelungen der vollen, längerfristigen Entgeltfortzahlung ab.[231]

II. Inhaltliche Gestaltungsfreiheit

159 In derartigen Regelungen verpflichtet sich der Arbeitgeber, nach Ablauf des sechswöchigen Entgeltfortzahlungszeitraums einen Zuschuss zu dem dann bezogenen Krankengeld zu leisten. **Inhaltlich** bestehen für derartige Regelungen **keine gesetzlichen Vorgaben**. In der betrieblichen Praxis wird zumeist an das letzte Nettoeinkommen angeknüpft und die Differenz hierzu entweder teilweise oder vollständig ausgeglichen.[232]

228 ErfK/*Reinhard*, § 4 EFZG Rn 28.
229 *Müller-Glöge*, RdA 2006, 105, 113.
230 Vgl. z. B. BAG, Urt. v. 15.11.2000 – 5 AZR 310/99 – NZA 2001, 900.
231 Vgl. z. B. BAG, Urt. v. 15.11.2000 – 5 AZR 310/99 – NZA 2001, 900.
232 HWK/*Schliemann*, § 4 EFZG Rn 40.

Praxistipp
Ist in einem Tarifvertrag z. B. geregelt, dass tarifgebundene Arbeitnehmer, „wenn sie dem Betrieb mindestens fünf Jahre angehören, im Anschluss an die gesetzliche Gehaltsfortzahlung während der ersten sechs Wochen den Unterschiedsbetrag zwischen ihrem Nettogehalt und dem Krankengeld aus der gesetzlichen Rentenversicherung" für die Dauer von höchstens sieben Wochen zu erhalten haben, muss die Erfüllung der fünfjährigen Betriebszugehörigkeit nach Ablauf der sechswöchigen Gehaltsfortzahlung vorliegen, damit ein tariflicher Anspruch besteht.[233]

III. Berechnung von Zuschüssen

Diskussionen (und Rechtsstreite) entstehen in der betrieblichen Praxis zumeist mit Blick auf die richtige Berechnung des Krankengeldzuschusses. 160

1. Nettogehalt als Bemessungsgrundlage

a) Grundfall

Wird in der Zuschussregelung auf das Nettogehalt als Bemessungsgrundlage abgestellt, meinen die Parteien damit nach der Rechtsprechung des BAG **das um die gesetzlichen Abzüge**, d. h. die vom Arbeitnehmer zu tragenden Sozialversicherungsbeiträge und die auf die Bezüge entfallenden Steuern, **verminderte Bruttoarbeitsentgelt.**[234] 161

Praxistipp
Soweit dies nicht dem Parteiwillen entspricht, sollte dies ausdrücklich klargestellt werden.

b) Besonderheiten bei privat krankenversicherten Arbeitnehmern

aa) Keine Berücksichtigung arbeitgeberseitiger Beitragszuschüsse

Nicht bei der Berechnung des Nettoentgelts **zu berücksichtigen** sind demgegenüber die **arbeitgeberseitigen Beitragszuschüsse** nach § 257 Abs. 2 SGB V und § 61 Abs. 2 SGB XI an einen privat krankenversicherten Arbeitnehmer. Denn diese Beitragszuschüsse sind das Pendant zu dem in § 249 Abs. 1 SGB V und § 58 Abs. 1, 3 SGB XI gesetzlich vorgeschriebenen Arbeitgeberanteil für in der gesetzlichen Kranken- und sozialen Pflegeversicherung versicherungspflichtige Beschäftigte und daher kein Bruttoarbeitsentgelt[235]; sie stellen keinen Gehaltsbestandteil dar. Es handelt sich viel- 162

233 BAG, Urt. v. 12.12.2001 – 5 AZR 238/00, AP Nr. 179 zu § 1 TVG Auslegung.
234 BAG, Urt. v. 22.10.1986 – 5 AZR 733/85 – AP Nr. 5 zu § 14 MuSchG 1968; BAG, Urt. v. 26. 3. 2003 – 5 AZR 186/02 – NZA 2003, 1168; BAG, Urt. v. 31. 8. 2005 – 5 AZR 6/05 – ZTR 2006, 202.
235 BAG, Urt. v. 5.11.2003 – 5 AZR 682/02 – NZA 2004, 989; BAG, Urt. v. 31.8.2005 – 5 AZR 6/05 – ZTR 2006, 202 .

mehr – ebenso wie bei Beiträgen für einen versicherungspflichtig Beschäftigten – um eine auf öffentlich-rechtlicher Grundlage beruhende Beitragsleistung des Arbeitgebers, die er **neben dem Gehalt** zu erbringen hat.[236]

bb) Kein Verstoß gegen den Gleichbehandlungsgrundsatz

163 Entgegen einem in der betrieblichen Praxis bisweilen zu findenden Argument, ist die Berücksichtigung der Beitragszuschüsse zur privaten Kranken- und Pflegeversicherung nach der Rechtsprechung des BAG auch nicht mit Blick auf den Gleichbehandlungsgrundsatz zur Vermeidung einer Schlechterstellung der privat krankenversicherten Angestellten gegenüber den freiwillig in der gesetzlichen Krankenversicherung versicherten Angestellten geboten. Denn die Außerachtlassung der Beitragszuschüsse des Arbeitgebers bei der Bemessung des Nettogehalts führt nach der Rechtsprechung des BAG **nicht zu einer sachwidrigen Benachteiligung** der privat krankenversicherten Arbeitnehmer.[237]

Praxistipp
Als Vorsichtsmaßnahme für privat Krankenversicherte kommt z. B. der Abschluss einer ausreichend hohen Krankentagegeldversicherung in Betracht.[238] Soweit sich daraus höhere Krankenversicherungsbeiträge ergeben, wird der Arbeitgeber, solange er das Entgelt schuldet, durch den nach § 257 SGB V zu leistenden Beitragszuschuss hieran hälftig beteiligt.

---

cc) Behandlung des Arbeitnehmeranteils

164 Während der Arbeitgeberzuschuss zum privaten Krankenversicherungsbeitrag nicht bei der Bemessung des Nettogehalts berücksichtigt wird, ist der **vom Arbeitnehmer erbrachte Anteil** nach der Rechtsprechung des BAG **abzuziehen**, obwohl er den Auszahlungsbetrag des Arbeitgebers nicht beeinflusst.[239]

165 Ebenso fließt der Arbeitnehmerbeitrag des freiwillig in der gesetzlichen Krankenversicherung versicherten Arbeitnehmers in die Berechnung des Nettogehalts ein. Denn ließe man die Beiträge des Arbeitnehmers unberücksichtigt, würde dies die privat krankenversicherten Arbeitnehmer ungerechtfertigt begünstigen.[240]

236 BAG, Urt. v. 1.6.1999 – 5 AZB 34/98 – NZA 1999, 1174; BAG, Urt. v. 31. 8. 2005 – 5 AZR 6/05 – ZTR 2006, 202.
237 Vgl. dazu nur BAG, Urt. v. 25.10.2001 – 6 AZR 342/00 – ZTR 2002, 480.
238 *Müller-Glöge*, RdA 2006, 105, 113.
239 BAG, Urt. v. 26.3.2003 – 5 AZR 186/02 – NZA 2003, 1168; BAG, Urt. v. 5. 11. 2003 – 5 AZR 682/02 – NZA 2004, 989 (zu freiwillig rentenversicherten Arbeitnehmern).
240 *Müller-Glöge*, RdA 2006, 105, 113.

c) Berücksichtigung der Steuerklasse

Das monatliche Nettoeinkommen war früher auf der Grundlage der in der Lohnsteuerkarte eingetragenen Steuerklasse fiktiv zu ermitteln. Da die Lohnsteuerkarte abgeschafft und zum 1.1.2013 durch **E**lektronische **L**ohn**St**euer**A**bzugs**M**erkmale (ELStAM) ersetzt wurde, sind nun diese maßgeblich. 166

Abzustellen ist dabei auf die Verhältnisse des **Fälligkeitsmonats**[241], sodass zwar typischerweise die jeweilige Einkommenssituation beibehalten wird, die bestünde, wenn der Lohnanspruch weiter aufrechterhalten würde. Es werden aber nach der Rechtsprechung des BAG auch Änderungen der Lohnsteuerklasse wirksam.[242] 167

Praxistipp
Eine Änderung der Lohnsteuerklasse kann dementsprechend zur Verminderung oder zum Wegfall der Zuschusszahlung führen.[243]

Der Arbeitgeber kann allerdings einer Wahl bzw. Änderung der Lohnsteuerklasse durch den Arbeitnehmer ggf. den Einwand des **Rechtsmissbrauchs** gemäß § 242 BGB entgegenhalten. Dies ist dann der Fall, wenn kein sachlicher Grund besteht, sondern die Wahl bzw. Änderung ausschließlich zur Erhöhung des Zuschusses erfolgt, ohne steuerlich den tatsächlichen Einkommensverhältnissen zu entsprechen.[244] 168

2. Krankengeld als Vergleichsgröße

In der betrieblichen Praxis wird im Übrigen als Vergleichsgröße häufig das Krankengeld zur Berechnung genutzt.[245] 169

Das „Krankengeld" ist dabei nach der Rechtsprechung des BAG das **Krankengeld i. S. d. §§ 44 ff. SGB V.**[246] Dabei handelt es sich gemäß § 47 Abs. 1 S. 1 und 2 SGB V um das volle, nicht um die Beiträge zur Renten-, Pflege- und Arbeitslosenversicherung geminderte Krankengeld[247] (umgangssprachlich: „Bruttokrankengeld"[248]). Das 170

---

241 Küttner/*Griese*, Personalhandbuch 2014, Krankengeldzuschuss Rn 1; *Müller-Glöge*, RdA 2006, 105, 113.
242 BAG, Urt. v. 18.8.2004 – 5 AZR 518/03 – NZA 2005, 240 (LS).
243 BAG, Urt. v. 18.8.2004 – 5 AZR 518/03 – NZA 2005, 240 (LS).
244 BAG, Urt. v. 22.10.1986 – 5 AZR 733/85 – AP Nr. 5 zu § 14 MuSchG 1968; BAG, Urt. v. 18.9.1991 – 5 AZR 581/90 – NZA 1992, 411.
245 *Müller-Glöge*, RdA 2006, 105, 114.
246 BAG, Urt. v. 24.4.1996 – 5 AZR 798/94 – NZA 1997, 213; BAG, Urt. v. 21.8.1997 – NZA 1998, 211; BAG, Urt. v. 26.3.2003 – AP Nr. 1 zu § 47 SGB V; BAG, Urt. v. 31.8.2005 – 5 AZR 6/05 – NZA 2006, 232 (LS).
247 BAG, Urt. v. 24.4.1996 – 5 AZR 798/94 – NZA 1997, 213; BAG, Urt. v. 13.2.2002 – 5 AZR 604/00 – NZA 2003, 49; BAG, Urt. v. 26.3.2003 – 5 AZR 549/02 – AP Nr. 1 zu § 47 SGB V.
248 HWK/*Schliemann*, § 4 EFZG Rn 40; *Müller-Glöge*, RdA 2006, 105, 114.

Krankengeld ist gemäß § 47 Abs. 1 S. 2 SGB V auf „90 vom Hundert des Nettoarbeitsentgelts" beschränkt.

171 Nach der Systematik des SGB V sind die abzuführenden Beiträge als Leistungen der Krankenversicherung (§§ 11 ff. SGB V) zum Krankengeld zu zählen, auf das der Versicherte Anspruch hat, während die Beitragspflichten bei den einzelnen Versicherungszweigen geregelt sind.[249] Denn die Abführung der Arbeitnehmeranteile zur Sozialversicherung unmittelbar durch die Krankenkasse geschieht ausschließlich zu Gunsten der Versicherten, die die auf die Krankengeldleistung entfallenden Beiträge zur Hälfte zu tragen haben.[250]

172 Daraus folgt im Ergebnis, dass das dem Arbeitnehmer **tatsächlich zufließende Einkommen** (Zahlbetrag des Krankengelds plus Zuschuss zum Krankengeld) **geringer ausfällt als das letzte Nettoarbeitseinkommen.**[251]

Praxistipp

Im Regelfall löst die Zahlung eines Zuschusses zum Krankengeld nicht ihrerseits die Pflicht des Arbeitgebers zur Leistung von Beiträgen auf diese Zuschüsse an die betriebliche Altersversorgung aus.[252]

J. Darlegungs- und Beweislast

I. Grundtatbestand der Entgeltfortzahlung

173 Allgemeinen Grundsätzen entsprechend trägt die Darlegungs- und Beweislast für die anspruchsbegründenden Tatsachen, die § 3 EFZG fordert, **der Arbeitnehmer.**[253] Er hat daher darzulegen und zu beweisen, dass er arbeitsunfähig krank war.

174 Den entsprechenden Beweis führt der Arbeitnehmer in der Regel durch Vorlage einer **ärztlichen Arbeitsunfähigkeitsbescheinigung**[254], kann ihn aber selbstverständlich auch mit jedem anderen zulässigen Beweismittel führen.[255]

175 Er hat allerdings zunächst die seine Krankheit und die dadurch verursachte Arbeitsunfähigkeit belegenden Tatsachen **so substantiiert vorzutragen**, dass das Gericht die hierfür angebotenen Beweise erheben kann, ohne von Amts wegen den Sachverhalt erforschen zu müssen.[256]

---

249 BAG, Urt. v. 31.8.2005 – 5 AZR 6/05 – NZA 2006, 232 (LS).
250 BAG, Urt. v. 31.8.2005 – 5 AZR 6/05 – NZA 2006, 232 (LS).
251 *Müller-Glöge*, RdA 2006, 105, 114.
252 BAG, Urt. v. 14.6.2005 – 3 AZR 301/04 – NZA 2005, 1263 (LS).
253 BAG, Urt. v. 26.2.2003 – 5 AZR 112/02 – BB 2003, 1622; HWK/*Schliemann*, § 3 EFZG Rn 72.
254 BAG, Urt. v. 26.2.2003 – 5 AZR 112/02 – BB 2003, 1622; HWK/*Schliemann*, EFZG § 5 Rn 38.
255 BAG, Urt. v. 26.2.2003 – 5 AZR 112/02 – BB 2003, 1622; HWK/*Schliemann*, EFZG § 5 Rn 38.
256 BAG, Urt. v. 26.2.2003 – 5 AZR 112/02 – BB 2003, 1622; HWK/*Schliemann*, EFZG § 5 Rn 38.

Praxistipp
In der betrieblichen und gerichtlichen Praxis spielt das insbesondere dann eine Rolle, wenn der Arbeitnehmer wegen der Kürze seiner Arbeitsunfähigkeit keine ärztliche Arbeitsunfähigkeitsbescheinigung vorgelegt hat und der Arbeitgeber die Arbeitsunfähigkeit bestreitet.[257] § 7 Abs. 1 Nr. 1 EFZG regelt nach der Rechtsprechung des BAG lediglich die Rechtsfolgen einer fehlenden oder verspäteten Vorlage der Arbeitsunfähigkeitsbescheinigung. Die Norm begründet ein Leistungsverweigerungsrecht des Arbeitgebers und schließt damit dessen Verzug aus, regelt aber nicht die Darlegungs- und Beweislast im Entgeltfortzahlungsprozess abweichend von den allgemeinen Regeln.[258] Die gesetzlich erst zum vierten Tag bestehende Vorlagepflicht lässt die Darlegungs- und Beweislast für die ersten drei Tage der Arbeitsunfähigkeit damit unberührt „und hindert den Arbeitgeber nicht, die behauptete Arbeitsunfähigkeit erst am Ende der Lohnzahlungsperiode zu bestreiten".[259]

II. Bedeutung einer Arbeitsunfähigkeitsbescheinigung

Die ärztliche Arbeitsunfähigkeitsbescheinigung ist für den Arbeitnehmer das gesetzlich vorgesehene Mittel zum Nachweis seiner Arbeitsunfähigkeit und für deren Dauer. 176

1. Im Inland ausgestellte Arbeitsunfähigkeitsbescheinigung

Einer im Inland ordnungsgemäß ausgestellten Arbeitsunfähigkeitsbescheinigung 177 kommt nach der Rechtsprechung des BAG im Rahmen der richterlichen Beweiswürdigung (§ 286 Abs. 1 ZPO) ein **hoher Beweiswert** zu.[260] Sie begründet aber **keine gesetzliche Vermutung** i. S. v. § 292 ZPO.[261] Ihrem Beweiswert nach kann sie aber mit einer **tatsächlichen Vermutung** verglichen werden.[262]

a) Anforderungen an ein wirksames Bestreiten des Arbeitgebers

Der Arbeitgeber kann die Arbeitsunfähigkeit des Arbeitnehmers allerdings auch dann 178 erfolgreich bestreiten, wenn der Arbeitnehmer eine Arbeitsunfähigkeitsbescheinigung vorlegt. Dazu muss er tatsächliche Umstände darlegen und ggf. beweisen, die – so das BAG – „zu ernsthaften Zweifeln an der Arbeitsunfähigkeit Anlass geben".[263]

257 *Müller-Glöge*, RdA 2006, 105, 114.
258 BAG, Urt. v. 26.2.2003 – 5 AZR 112/02 – BB 2003, 1622; HWK/*Schliemann*, EFZG § 5 Rn 38.
259 *Müller-Glöge*, RdA 2006, 105, 114.
260 BAG, Urt. v. 26.2.2003 – 5 AZR 112/02 – BB 2003, 1622; BAG, Urt. v. 17.6.2003 – 2 AZR 123/02 – NZA 2004, 564.
261 BAG, Urt. v. 11.8.1976 – 5 AZR 422/75 – AP Nr. 2 zu § 3 LohnFG; *Müller-Glöge*, RdA 2006, 105, 114.
262 Vgl. BAG, Urt. v. 19.2.1997 – 5 AZR 83/96 – NZA 1997, 652; HWK/*Schliemann*, EFZG § 5 Rn 39.
263 BAG, Urt. v. 15.7.1992 – 5 AZR 312/91 – NZA 1993, 23; BAG, Urt. v. 17.6.2003 – 2 AZR 123/02 – NZA 2004, 564.

Praxistipp
Das ist weniger als der Beweis des Gegenteils (Hauptbeweis).[264] Denn der Arbeitgeber kann sich auf den Vortrag und ggf. Beweis von Tatsachen beschränken, aus denen der Richter den Schluss ziehen wird, der Beweiswert der Arbeitsunfähigkeitsbescheinigung sei erschüttert, weil ernsthafte Zweifel an der krankheitsbedingten Arbeitsunfähigkeit bestehen.[265]

179 Diese Tatsachen müssen allerdings konkret den jeweiligen Entgeltfortzahlung fordernden Arbeitnehmer betreffen. **Allgemeine Überlegungen** zum „Krankfeiern" **genügen nicht.**[266]

Praxistipp
Erforderlich für einen hinreichenden Vortrag sind daher in der betrieblichen Praxis zumeist genauere Ermittlungen[267], wobei der Arbeitgeber etwaige Detektivkosten ggf. vom Arbeitnehmer ersetzt verlangen kann.[268]

180 Gelingt dem Arbeitgeber der Beweis dieser den Beweiswert erschütternden Tatsachen, muss der Arbeitnehmer weiteren Beweis für seine Arbeitsunfähigkeit führen, z. B. durch **Vernehmung des behandelnden Arztes nach entsprechender Befreiung von der Schweigepflicht.**[269]

b) Erschütterung des Beweiswerts durch Indizien

181 Anerkannte Indizien, die zur Erschütterung des Beweiswertes einer ärztlichen Arbeitsunfähigkeitsbescheinigung führen können, ergeben sich entweder aus dem Verhalten des Arbeitnehmers, den seine Arbeitsunfähigkeitszeiten wiederholt begleitenden Umständen oder aus der Arbeitsunfähigkeitsbescheinigung selbst:

aa) Verhalten des Arbeitnehmers

182 Aus dem Verhalten des Arbeitnehmers resultierende Indizien sind z. B.:
– das als Drohmittel angekündigte Fernbleiben von der Arbeit,[270]

264 *Müller-Glöge*, RdA 2006, 105, 114.
265 BAG, Urt. v. 15.7.1992 – 5 AZR 312/91 – NZA 1993, 23; LAG Hamm, Urt. v. 29.1.2003 – 18 Sa 1137/02 – LAGReport 2003, 171.
266 *Müller-Glöge*, RdA 2006, 105, 114.
267 *Müller-Glöge*, RdA 2006, 105, 114.
268 Vgl. zuletzt ausführlich BAG, Urt. v. 26.9.2013 – 8 AZR 1026/12 – NZA 2014, 301.
269 Vgl. BAG, Urt. v. 26.9.2013 – 8 AZR 1026/12 – NZA 2014, 301.
270 BAG, Urt. v. 4.10.1978 – 5 AZR 326/77 – NJW 1979, 1264; BAG, Urt. v. 17.6.2003 – 2 AZR 123/02 – NZA 2004, 564; LAG Berlin, Urt. v. 14.11.2002 – 16 Sa 970/02 – NZA-RR 2003, 523.

- des Nichterscheinen zur Untersuchung durch den Medizinischen Dienst der Krankenkasse,[271]
- ein für einen Kranken auffälliges Verhalten[272], insbesondere
- Nachgehen einer Beschäftigung bei einem anderen Arbeitgeber während der attestierten Arbeitsunfähigkeit.[273]

bb) Arbeitsunfähigkeitszeiten wiederholt begleitende Umstände

Den Beweiswert erschütternde Umstände sind insbesondere die wiederholte Arbeits- **183**
unfähigkeit im zeitlichen Zusammenhang mit
- Urlaub oder
- Feiertagen bzw.
- Wochenenden.[274]

cc) Arbeitsunfähigkeitsbescheinigung

Anhand der Arbeitsunfähigkeitsbescheinigung selbst kann deren Beweiswert z. B. **184**
unter folgenden Umständen erschüttert sein:
- Die Ausstellung der ärztlichen Bescheinigung erfolgte ohne vorhergehende Untersuchung;[275]
- die untersuchte Person wird mehrdeutig benannt;[276]
- die Arbeitsunfähigkeitsbescheinigung ist um mehr als zwei Tage rückdatiert[277] oder
- die Bescheinigung erfolgt rückwirkend für mehr als zwei Tage.[278]

Praxistipp
Ungeachtet dieser Typisierung kommt es aber letztlich auf die Umstände des Einzelfalls an.[279]

---

271 BAG, Urt. v. 20.2.1985 – 5 AZR 180/83 – AP Nr. 4 zu § 3 LohnFG; LAG Hamm, Urt. v. 8.6.2005 – 18 Sa 1962/04 – NZA-RR 2005, 625.
272 LAG Hamm, Urt. v. 29.1.2003 – 18 Sa 1137/02 – LAGReport 2003, 171.
273 BAG, Urt. v. 15.7.1992 – 5 AZR 312/91 – NZA 1993, 23.
274 BAG, Urt. v. 26.8.1993 – 2 AZR 154/93 – AP Nr. 112 zu § 626 BGB.
275 BAG, Urt. v. 11.8.1976 – 5 AZR 422/75 – AP Nr. 2 zu § 3 LohnFG.
276 BAG, Urt. v. 17.6.2003 – 2 AZR 123/02 – NZA 2004, 564.
277 *Müller-Glöge*, RdA 2006, 105, 115 m.w.N.
278 LAG Köln v. 21.11.2003 – 4 Sa 588/03 – NZA-RR 2004, 572.
279 *Müller-Glöge*, RdA 2006, 105, 115.

c) Arbeitsunfähigkeitsgutachten durch den Medizinischen Dienst der Krankenkassen

185 Unter anderem zur Beseitigung von Zweifeln an der Arbeitsunfähigkeit sind die Krankenkassen nach § 275 SGB V verpflichtet, ein Gutachten einzuholen.

Praxistipp

Die in § 275 Abs. 1a S. 1 SGB V genannten Regelbeispiele können auch unter arbeitsrechtlichen Gesichtspunkten bei Zweifeln an der Arbeitsunfähigkeit herangezogen werden.[280]

---

186 Anders als der Gesetzeswortlaut des § 257 Abs. 1a S. 3 SGB V glauben lässt, nach dem der Arbeitgeber von der Krankenkasse die Einschaltung des Medizinischen Dienstes „verlangen" kann, wenn er Zweifel an der Arbeitsunfähigkeit des Mitarbeiters hat, besteht **(leider) kein unmittelbarer Anspruch** gegen den medizinischen Dienst auf Begutachtung.[281]

Praxistipp

Stellt der Arbeitgeber kein Verlangen nach § 275 Abs. 1a S. 3 SGB V, ist er dementsprechend dadurch auch nicht gehindert, den Beweiswert der Arbeitsunfähigkeitsbescheinigung in anderer Weise zu erschüttern.[282]

---

187 Kommt der Arbeitnehmer einer Aufforderung zur Untersuchung nicht nach, sind dieses Verhalten und die zur Entschuldigung vorgebrachten Gründe nach § 286 ZPO zu würdigen.[283]

2. Im Ausland ausgestellte Arbeitsunfähigkeitsbescheinigung

a) Nicht EU-Mitgliedstaaten

188 Einer Arbeitsunfähigkeitsbescheinigung, die in einem Land außerhalb der Europäischen Union ausgestellt wird, kommt grundsätzlich der **gleiche Beweiswert** zu wie einer in Deutschland ausgestellten Bescheinigung.[284]

189 Die Bescheinigung muss jedoch erkennen lassen, dass der ausländische Arzt zwischen einer bloßen Erkrankung und einer mit Arbeitsunfähigkeit verbundenen

---

280 HWK/*Schliemann*, EFZG § 5 Rn 40; *Gola*, BB 1995, 2318, 2321; *Müller-Glöge*, RdA 2006, 105, 115. Zum Beweiswert des sozialmedizinischen Gutachtens des Medizinischen Dienstes vgl. LAG Köln, Urt. v. 2.8.2002 – 11 Sa 1097/01 – MDR 2003, 462 (§ 418 Abs. 1 ZPO).

281 *Müller-Glöge*, RdA 2006, 105, 115 m.w.N.

282 *Müller-Glöge*, RdA 2006, 105, 115 m.w.N.

283 Vgl. BAG, Urt. v. 3.10.1972 – 5 AZR 215/72 – AP Nr. 1 zu § 5 LohnFG.

284 *Müller-Glöge*, RdA 2006, 105, 115.

Krankheit unterschieden und damit eine den Begriffen des deutschen Arbeits- und Sozialversicherungsrechts entsprechende Beurteilung vorgenommen hat.[285]

Praxistipp
Dies wird in der Praxis häufig nicht beachtet. Darauf muss die ausgestellte Bescheinigung deshalb genau geprüft werden.

b) EU-Mitgliedsstaat

Da die Leistungen des Arbeitgebers nach dem EFZG nach der Rechtsprechung des EuGH[286] Leistungen bei Krankheit i. S. d. EWG-Verordnung 1408/71 zur Anwendung der Systeme der sozialen Sicherheit auf Arbeitnehmer und deren Familien[287] sind, gelten mit Blick auf Arbeitsunfähigkeitsbescheinigungen aus anderen EU-Mitgliedsstaaten **besondere – durch die Rechtsprechung des EuGH geprägte – Grundsätze.** 190

In Auseinandersetzung mit einer entsprechenden Nachfrage des BAG[288] hat der EuGH seine diesbezügliche Rechtsprechung zuletzt dahingehend erläutert, dass das Gemeinschaftsrecht dem Arbeitgeber im Zusammenhang mit einer im EU-Ausland erstellten Arbeitsunfähigkeitsbescheinigung gestatte, einen Nachweis zu erbringen, anhand dessen das nationale Gericht ggf. feststellen könne, dass der Arbeitnehmer **missbräuchlich oder betrügerisch** eine gemäß Art. 18 VO 574/72 festgestellte Arbeitsunfähigkeit gemeldet habe, ohne krank gewesen zu sein.[289] Weitergehende Anforderungen an die Beweisführung des Arbeitnehmers seien hingegen mit den Zielen des Art. 18 VO 574/72 nicht vereinbar.[290] 191

Das BAG hat dies dahin interpretiert, dass es dem Arbeitgeber nicht verwehrt sei, Nachweise zu erbringen, anhand derer das nationale Gericht ggf. feststellen könne, der Arbeitnehmer habe missbräuchlich oder betrügerisch eine gemäß Art. 18 VO Nr. 574/72 festgestellte Arbeitsunfähigkeit gemeldet, ohne krank gewesen zu sein.[291] Die **Beweislast** dafür, dass der Arbeitnehmer nicht arbeitsunfähig krank sei, **trage** zwar der **Arbeitgeber**. Es reiche anders als bei einer im Inland ausgestellten Arbeits- 192

285 BAG, Urt. v. 20.2.1985 – 5 AZR 180/83 – AP Nr. 4 zu § 3 LohnFG; BAG, Urt. v. 19.2.1997 – 5 AZR 83/96 – AP Nr. 4 zu § 3 EntgeltFG; LAG Hamm, Urt. v. 8.6.2005 – 18 Sa 1962/04 – NZA-RR 2005, 625.
286 EuGH, Urt. v. 3.6.1992 – C-45/90 – NZA 1992, 735 – Paletta I; EuGH, Urt. v. 2.5.1996 – C-206/94 – NZA 1996, 635 – Paletta II.
287 ABl. EG Nr. L 149, S. 2.
288 BAG, Urt. v. 27.4.1994 – 5 AZR 747/93 (A), 5 AZR 747/93 – NZA 1994, 683.
289 EuGH, Urt. v. 2.5.1996 – C-206/94 – NZA 1996, 635 – Paletta II.
290 Zur EU-rechtsdogmatischen Einordnung der EuGH-Rechtsprechung vgl. zusammenfassend *Müller-Glöge*, RdA 2006, 105, 115.
291 BAG, Urt. v. 19.2.1997 – 5 AZR 747/93 – NZA 1997, 705; BAG, Urt. v. 17.6.2003 – 2 AZR 123/02 – NZA 2004, 564.

unfähigkeitsbescheinigung auch nicht aus, dass der Arbeitgeber Umstände beweise, die lediglich zu ernsthaften Zweifeln an der krankheitsbedingten Arbeitsunfähigkeit Anlass gäben. Ergänzend hat das BAG aber darauf hingewiesen, dass **keine zu hohen Anforderungen** an den Nachweis der betrügerischen oder rechtsmissbräuchlichen Inanspruchnahme der Entgeltfortzahlung gestellt werden dürften.[292]

193 Im Ergebnis ist die Beweislage damit für Arbeitnehmer, deren Arbeitsunfähigkeit im EU-Ausland attestiert wurde, relativ günstiger als bei Vorlage einer inländischen Arbeitsunfähigkeitsbescheinigung.

Praxistipp

In der Literatur wird aber für möglich gehalten, Umstände, die bislang nur als Widerlegung der tatsächlichen Vermutung gewertet wurden, nunmehr als solche anzunehmen, die auch eine rechtliche Vermutung widerlegen. Konsequenz daraus wäre, dass künftig bei In- und Auslandsbescheinigungen solche Tatsachen als Beweis des Gegenteils angesehen werden.[293] Mit einer entsprechenden Begründungsstruktur hat das LAG Baden-Württemberg in seinem Urteil vom 9.5.2000[294] einen EU-Auslandssachverhalt entschieden.

III. Schuldhafte Herbeiführung der Arbeitsunfähigkeit

1. Darlegungs- und Beweislast des Arbeitgebers

194 Wenn der Arbeitgeber anspruchshindernd einwenden möchte, der Arbeitnehmer habe die Arbeitsunfähigkeit **schuldhaft herbeigeführt**, ist er verpflichtet, die entsprechenden Tatsachen vorzutragen, aus denen sich die schuldhafte Herbeiführung ergeben soll.[295] Das ist in der betrieblichen Praxis häufig sehr schwierig[296], weil der Arbeitgeber zumeist keine genauen Kenntnisse über die Geschehensabläufe hat.

2. Mitwirkungspflicht des Arbeitnehmers

195 Ausgehend davon, dass der Arbeitgeber deshalb auf die Mitwirkung des Arbeitnehmers angewiesen ist, verpflichtet die Rechtsprechung[297] ebenso wie die in der Literatur h. M. den Arbeitnehmer, entsprechend mitzuwirken[298], wobei der Umfang der

---

292 BAG, Urt. v. 19.2.1997 – 5 AZR 747/93 – NZA 1997, 705.

293 Vgl. *Heinze/Giesen*, BB 1996, 1830, 1833; HWK/*Schliemann*, EFZG § 5 Rn 50.

294 10 Sa 85/97 – NZA-RR 2000, 514.

295 BAG, Urt. v. 23.11.1971 – 1 AZR 404/70 – AP Nr. 9 zu § 1 LohnFG; BAG, Urt. v. 7.8.1991 – 5 AZR 410/90 – NZA 1992, 69.

296 Anschaulich *Stückmann*, DB 1996, 1822 ff.

297 BAG, Urt. v. 1.6.1983 – 5 AZR 536/80 – DB 1983, 2420.

298 HWK/*Schliemann*, § 3 EFZG Rn 72; ErfK/*Reinhard*, § 3 EFZG Rn 32.

notwendigen Darlegung ebenso wie das Ausmaß der Mitwirkungspflichten von der Art des behaupteten Selbstverschuldens abhängt.[299]

Beispiel
In seinem Urteil vom 1.6.1983[300] hat das BAG für die eine Alkoholerkrankung betreffende Aufklärungspflicht klargestellt, dass den „Arbeiter, der Lohnfortzahlung fordert, [...] eine Pflicht zur Mitwirkung an der Aufklärung aller für die Entstehung des Anspruchs erheblichen Umstände treffen könne". Der Senat habe „keine Bedenken, auf [die im Rahmen der §§ 60 ff. SGB I geltenden] Grundsätze auch in Fällen der vorliegenden Art zurückzugreifen". Denn auch hier sei es dem Arbeitgeber „kaum möglich, die für die Entstehung der Krankheit erheblichen Umstände, die aus dem Lebensbereich des Arbeiters herrühren, im einzelnen darzulegen". Diese müsse deshalb der Arbeitnehmer dem Arbeitgeber auf Verlangen offenbaren. Erst danach könne sich der Arbeitgeber darüber schlüssig werden, ob er zur Lohnfortzahlung verpflichtet ist. Verletzte der Arbeiter seine Mitwirkungspflichten, geht das zu seinen Lasten.

3. Auswirkungen eines Anspruchsübergangs

An diesen für die Darlegungs- und Beweislast geltenden Grundsätzen ändert sich 196
auch dann nichts, wenn an Stelle des Arbeitnehmers eine gesetzliche Krankenkasse aus übergegangenem Recht gegen den Arbeitgeber klagt.[301]

Der Arbeitgeber muss also den vorstehend entwickelten Grundsätzen entspre- 197
chend vortragen. Das schließt das Verlangen nach Mitwirkung des Arbeitnehmers ein. Er kann allerdings auch einwenden, die klagende Krankenkasse **sei im Besitz der Unterlagen**, aus denen sich das Selbstverschulden des Versicherten ergebe.[302]

IV. Fortsetzungserkrankung

Da der Arbeitgeber kaum in der Lage ist, das Bestehen einer Fortsetzungserkrankung 198
darzulegen, und auch ein Anscheinsbeweis meist nicht in Betracht kommt, hat das BAG seine **frühere Rechtsprechung** zur Verteilung der Darlegungslast zum Bestehen einer Fortsetzungserkrankung im Urteil vom 13.7.2005[303] **aufgegeben** und die Darlegungslast insoweit wie folgt verteilt:

- Die Darlegungs- und Beweislast für die Anspruchsvoraussetzungen des § 3 Abs. 1 S. 1 EFZG trägt der Arbeitnehmer. Er genügt seiner Darlegungs- und Beweislast

299 *Müller-Glöge*, RdA 2006, 105, 116.
300 5 AZR 536/80 – DB 1983, 2420.
301 BAG, Urt. v. 7.8.1991 – 5 AZR 410/90 – NZA 1992, 69; ErfK/*Reinhard*, § 3 EFZG Rn 32.
302 ErfK/*Reinhard*, § 3 EFZG Rn 32; *Müller-Glöge*, RdA 2006, 105, 116.
303 5 AZR 389/04 – BB 2005, 2642.

gemäß § 5 Abs. 1 EFZG regelmäßig durch die Vorlage einer ärztlichen Arbeitsunfähigkeitsbescheinigung.

- Ist der Arbeitnehmer jedoch innerhalb der Zeiträume des § 3 Abs. 1 S. 2 Nr. 1 und 2 EFZG länger als sechs Wochen arbeitsunfähig, ist die Arbeitsunfähigkeitsbescheinigung nicht ausreichend, weil sie keine Angaben zum Bestehen einer Fortsetzungserkrankung enthält. Der Arbeitnehmer muss deshalb darlegen, dass keine Fortsetzungserkrankung vorliegt. Hierzu kann er eine ärztliche Bescheinigung vorlegen.
- Bestreitet der Arbeitgeber das Vorliegen einer neuen Krankheit, obliegt dem Arbeitnehmer die Darlegung der Tatsachen, die den Schluss erlauben, es habe keine Fortsetzungserkrankung vorgelegen. Dabei hat der Arbeitnehmer den Arzt von der Schweigepflicht zu entbinden.
- Die Folgen der Nichterweislichkeit einer Fortsetzungserkrankung sind allerdings vom Arbeitgeber zu tragen. Denn nach dem Wortlaut des § 3 Abs. 1 S. 2 Nr. 1 und 2 EFZG trifft die objektive Beweislast den Arbeitgeber.

K. Kürzung von freiwilligen Sonderleistungen

199 Soweit der Arbeitgeber „freiwillige" Leistungen erbringt, d. h. Leistungen, zu denen er nicht bereits aufgrund Gesetzes, Tarifvertrag, Betriebsvereinbarung und Arbeitsvertrag (einschließlich betrieblicher Übung und Gesamtzusage) verpflichtet ist, geschieht dies ggf. zu ganz unterschiedlichen Zwecken.

Praxistipp
Dass eine Leistung als „freiwillig" bezeichnet wird, verhindert keine betriebliche Übung. Denn die Rechtsprechung interpretiert diesen Hinweis lediglich im vorgenannten Sinn. Ein „richtiger", d. h. dem Maßstab des § 307 BGB gerecht werdender Freiwilligkeitsvorbehalt verbindet die (verbindliche) Zusage einer einmaligen (gegenwärtigen) Leistung mit dem Hinweis auf das Fehlen einer Zusage für die Zukunft und verhindert so das Entstehen eines Anspruchs aufgrund betrieblicher Übung.[304]

200 Denkbar ist, dass mit derartigen Leistungen lediglich Betriebstreue honoriert werden soll (häufig als „Treueprämie" oder „Retention-Bonus" bezeichnet), oder der Arbeitgeber in Zeiten, in denen typischerweise eine besondere finanzielle Belastung besteht – klassisch: Urlaub und Weihnachtszeit –, einen Beitrag leisten möchte, um sie zu senken. Ebenso häufig dienen Sonderleistungen aber auch zu Motivationszwecken, d. h. der Leistungsförderung („Leistungsprämie") bzw. der Verringerung der

304 Näher *Mückl*, Arbeitsrecht in Krise und Insolvenz, Rn 209 ff. m.w.N.

Zahl der „krankheitsbedingten“ Fehltage („Anwesenheitsprämie“)[305]. Sie knüpfen dann an die individuelle Leistung, das Abteilungs-, Betriebs-, Unternehmens- oder Konzernergebnis bzw. auf diese Einheiten bezogene Kennzahlen an oder machen eine Zahlung von einer bestimmten Quote an krankheitsbedingten Fehltagen in der jeweiligen Einheit abhängig.

Soweit eine Zahlung noch nicht erfolgt ist, stellt sich in der betrieblichen Praxis in diesem Zusammenhang nicht nur mit Blick auf die letzte Fallgruppe zumeist die Frage, ob eine krankheitsbedingte Arbeitsunfähigkeit bzw. Kündigung zum Anlass genommen werden kann, die Sonderleistung zu reduzieren – ggf. auf „Null“. 201

Nach der Rechtsprechung des BAG steht es dem Arbeitgeber grundsätzlich frei, im Einzelnen zu bestimmen, welche Zeiten ohne tatsächliche Arbeitsleistung sich anspruchsmindernd oder anspruchsausschließend auf die Sonderzahlung auswirken sollen, soweit dem gesetzliche Regelungen nicht entgegenstehen.[306] Auch Zeiten ohne tatsächliche Arbeitsleistung, für die ein gesetzlicher Anspruch auf Fortzahlung des Arbeitsentgeltes besteht, können sich anspruchsmindernd oder anspruchsausschließend auf eine freiwillige Sonderzahlung auswirken.[307] 202

Daran ändert der Umstand, dass freiwillige Jahressonderzahlungen regelmäßig auch Entgeltcharakter haben, d. h. die im Betrieb während des Bezugszeitraumes geleistete Arbeit zusätzlich vergüten sollen, nach der bisherigen Rechtsprechung des BAG nichts. Denn sie sind kein Arbeitsentgelt, das kraft Gesetzes für Zeiten der Arbeitsunfähigkeit fortgezahlt werden muss.[308] 203

Praxistipp

Eine Kürzung der Jahressonderzahlung wegen krankheitsbedingter Fehlzeiten verstößt dementsprechend grundsätzlich auch nicht gegen das Maßregelungsverbot des § 612 a BGB, wie sich bereits § 4a EFZG entnehmen lässt.[309]

Ob und inwieweit eine Kürzung von freiwilligen Leistungen infolge Krankheit zulässig ist, hängt nach der Rechtsprechung des BAG und § 4a EFZG zunächst vom dem Zweck der Sonderleistung ab: 204

Praxistipp

Maßgeblich für die Beurteilung ist insoweit nach der Rechtsprechung des BAG nicht die Bezeichnung, sondern entscheidend sind die Anspruchsvoraussetzungen.[310]

---

305 BAG, Urt. v. 25.7.2001 – 10 AZR 502/00 – DB 2001, 2608; ArbG Köln v. 9.10.2013 – 3 Ca 1819/13 – BB 2013, 2932 (LS).
306 BAG, Urt. v. 7.8.2002 – 10 AZR 709/01 – DB 2002, 2384.
307 BAG, Urt. v. 7.8.2002 – 10 AZR 709/01 – DB 2002, 2384.
308 BAG, Urt. v. 7.8.2002 – 10 AZR 709/01 – DB 2002, 2384.
309 BAG, Urt. v. 7.8.2002 – 10 AZR 709/01 – DB 2002, 2384.
310 BAG, Urt. v. 14.3.2012 – 10 AZR 112/11 – DB 2012, 1817 (LS).

I. Begrenzung des Gestaltungsspielraums durch § 4a EFZG

205 Ausgangspunkt ist dabei das in §§ 3, 4 EFZG zugrunde gelegte **Entgeltausfallprinzip**, das dem Arbeitnehmer grundsätzlich die **volle Vergütung einschließlich etwaiger Zuschläge** erhält. Lediglich Leistungen, die **nicht** an die Erbringung der Arbeitsleistung in einem **bestimmten Zeitabschnitt** gekoppelt sind, sondern hiervon unabhängig aus besonderem Anlass gezahlt werden, bleiben **unberücksichtigt**.[311]

Praxistipp
Die Entgeltfortzahlung für wegen krankheitsbedingter Arbeitsunfähigkeit ausgefallene Feiertagsarbeit schließt entsprechende tariflich vorgesehene Zuschläge mit ein; gleiches gilt für Sonntagszuschläge. Denn diese Zuschläge sind zusätzliche Gegenleistung für die an Sonn- und Feiertagen zu leistende besonders lästige bzw. belastende Arbeit.[312] Sie sind nicht zum Aufwendungsersatz i. S. d. § 4 Abs. 1a S. 1 EFZG, der im Krankheitsfall nicht geschuldet ist, zu zählen.[313]

---

206 Nach § 4a S. 1 EFZG ist eine Vereinbarung über die Kürzung von „Leistungen, die der Arbeitgeber zusätzlich zum laufenden Arbeitsentgelt erbringt (Sondervergütungen)", auch für Zeiten der Arbeitsunfähigkeit infolge Krankheit zulässig. Die Kürzung darf gemäß § 4a S. 2 EFZG für jeden Tag der Arbeitsunfähigkeit infolge Krankheit aber „ein Viertel des Arbeitsentgelts, das im Jahresdurchschnitt auf einen Arbeitstag entfällt, nicht überschreiten". Gleiches gilt nach § 9 EFZG für Zeiten einer Maßnahme der medizinischen Vorsorge oder Rehabilitation. Nicht erfasst sind Kürzungen wegen Fehltagen aus anderen Anlässen.[314]

1. Was sind Sondervergütungen?

207 Mit der vorgenannten gesetzlichen Definition der Sondervergütung wird klargestellt, dass das laufende Arbeitsentgelt, d. h. die versprochene Vergütung für bestimmte Zeitabschnitte oder die Vergütung für eine bestimmte Leistung innerhalb einer genau bemessenen Zeit von § 4a EFZG nicht berührt wird.[315]

Praxistipp
Soweit der Arbeitgeber diesen Teil der Vergütung mindern will, ist dies nach den allgemeinen schuld- und entgeltfortzahlungsrechtlichen Vorgaben zu beurteilen.[316]

---

311 BAG, Urt. v. 14.1.2009 – 5 AZR 89/08 – DB 2009, 909.
312 BAG, Urt. v. 14.1.2009 – 5 AZR 89/08 – DB 2009, 909.
313 BAG, Urt. v. 14.1.2009 – 5 AZR 89/08 – DB 2009, 909.
314 Statt aller HWK/*Schliemann*, § 4a EFZG Rn 17.
315 BAG, Urt. v. 25.7.2001 – 10 AZR 502/00 – DB 2001, 2608.
316 ErfK/*Reinhard*, § 4a EFZG Rn 5.

Während das laufende Entgelt also dem Schutz des § 3 EFZG unterliegt, sind Sondervergütungen i. S. d. § 4a EFZG grundsätzlich einer Kürzungsvereinbarung zugänglich. 208

a) Kennzeichnung von Sonderleistungen

Als Sondervergütungen in diesem Sinne sind alle Leistungen zu qualifizieren, die der der Arbeitgeber dem Arbeitnehmer **ohne Bezug zur Arbeitsleistung innerhalb der laufenden Abrechnungsperiode**, d. h. dem Abrechnungsmonat oder der Lohnwoche, erbringt.[317] 209

Praxistipp

Im Umkehrschluss folgt daraus: Wird ein 13. Monatsgehalt als arbeitsleistungsbezogene Sonderzahlung vereinbart, entsteht für Zeiten, in denen bei Arbeitsunfähigkeit infolge Krankheit kein Entgeltfortzahlungsanspruch mehr besteht, auch kein anteiliger Anspruch auf das 13. Monatsgehalt. Einer gesonderten arbeitsvertraglichen Kürzungsvereinbarung bedarf es in diesem Fall nicht.[318]

Für die Qualifikation als Sondervergütung ist – wie bereits erläutert – nicht die Bezeichnung, sondern der **Inhalt der Leistung** maßgeblich.[319] Insofern bedarf es regelmäßig einer Auslegung, weil der Inhalt der Vergütung und die Kürzungsmöglichkeit nicht konkret und deutlich bezeichnet werden (vgl. näher zu vertraglichen Gestaltungsmöglichkeiten Kapitel 3 Rn 225 ff.). 210

b) Typische Beispiele

Auch wenn es sich bei Leistungen, die der der Arbeitgeber dem Arbeitnehmer ohne Bezug zur Arbeitsleistung erbringt, in aller Regel um Einmalzahlungen handeln wird, kommen sonstige Sonderzahlungen ebenfalls in Betracht. 211

Praxistipp

Keine Rolle spielt dabei, ob sie in der laufenden Abrechnungsperiode erbracht werden, solange sie von ihrem Anlass her zu ihr keinen (ausschließlichen) Bezug haben.[320]

Erfasst sind insbesondere[321] 212
- Gratifikationen,
- Jahressonderzahlungen,
- Weihnachtsgeld,

---

317 HWK/*Schliemann*, § 4a EFZG Rn 2.
318 BAG, Urt. v. 21.3.2001 – 10 AZR 28/00 – BB 2001, 1363.
319 BAG, Urt. v. 14.3.2012 – 10 AZR 112/11 – DB 2012, 1817 (LS); ErfK/*Reinhard*, § 4a EFZG Rn 3, 8.
320 HWK/*Schliemann*, § 4a EFZG Rn 2.
321 HWK/*Schliemann*, § 4a EFZG Rn 2.

- Urlaubsgeld, aber auch
- Erfolgs- und Anwesenheitsprämien.

213 Unter einer sog. **Anwesenheitsprämie**, die vor Einführung des §4a EFZG Gegenstand einer besonders intensiven Diskussion in Rechtsprechung und Literatur war, wird eine Geldleistung verstanden, aufgrund der dem Arbeitnehmer dadurch der Anreiz geboten wird, die Zahl seiner berechtigten oder unberechtigten Fehltage (im Bezugszeitraum) möglichst gering zu halten, dass jeder Fehltag zum Verlust eines Teils der Sonderzahlung führt.[322]

Beispiel
Der Arbeitgeber zahlt für jedes Quartal eine freiwillige Sonderleistung von EUR 500 (brutto), sofern im abgeschlossenen Quartal keine Fehltage infolge unentschuldigter Abwesenheit oder infolge krankheitsbedingter Arbeitsunfähigkeit angefallen sind. Andernfalls wird die Prämie überhaupt nicht gezahlt.[323]

Praxistipp
Das LAG Rheinland-Pfalz[324] hat angenommen, dass **übergesetzliche Urlaubsansprüche** keine „Sondervergütung" i. S. d. § 4a EFZG darstellen, sondern lediglich Zahlungsansprüche im engeren Sinne erfasst sind. Im Rahmen der Revision[325] brauchte das BAG dies nicht zu entscheiden, da die Regelung bereits intransparent i. S. d. § 307 BGB und deshalb unwirksam war. Entscheidend dürfte losgelöst davon sein, ob der Urlaubsanspruch – der Rechtsprechung des EuGH folgend – als geldwerter Vorteil qualifiziert wird. Dann wird man die Kürzung des übergesetzlichen freiwilligen Urlaubs zulassen müssen.[326]

c) Bedeutung der Höhe der Sonderleistung

214 Keine Rolle für die Kürzungsmöglichkeit spielt die Höhe der Sondervergütung, sodass auch sehr geringe Sondervergütungen gekürzt werden können.[327]

322 ErfK/*Reinhard*, § 4a EFZG Rn 3.
323 Beispiel nach BAG, Urt. v. 25.7.2001 – 10 AZR 502/00 – DB 2001, 2608 und HWK/*Schliemann*, EZFG § 4a Rn 5.
324 LAG Rheinland-Pfalz, Urt. v. 1.3.2012 – 11 Sa 647/11 – juris; LAG Hamm, Urt. v. 22.5.2013 – 4 Sa 1232/12 – juris.
325 BAG, Urt. v. 15.10.2013 – 9 AZR 374/12 – juris.
326 ErfK/*Reinhard*, § 4a EFZG Rn 6.
327 HWK/*Schliemann*, § 4a EFZG Rn 8.

2. Kennzeichnung von aufgespartem Arbeitsentgelt

Nur wenn die in Rede stehende Leistung letztlich als aufgespartes Entgelt für geleistete Arbeit zu qualifizieren ist und gemäß dem Inhalt der Vereinbarung ohne weitere Voraussetzungen (bei vorzeitigem Ausscheiden auch ratierlich) gezahlt wird, scheidet eine Kürzung nach § 4a EFZG aus.[328] 215

a) Leistungszulagen

Dies gilt z. B. für Leistungszulagen, die schließlich unmittelbar an die Arbeitsleistung 216 anknüpfen und schon deshalb regelmäßig i. S. d. § 4a EFZG als laufendes (synallagmatisches) Arbeitsentgelt und nicht als Sondervergütung zu qualifizieren sind. Ob sie gekürzt oder widerrufen werden können, richtet sich danach, ob die Zusage eine entsprechende Möglichkeit vorbehält.[329]

b) Bonuszahlungen

Gleiches gilt für ebenfalls an die individuelle Leistung anknüpfende Bonuszahlungen 217 aus entsprechenden Zielvereinbarungen.[330] Sie können allerdings nach einer in der Literatur vertretenen Auffassung auch nicht aufgrund einer einzelvertraglicher Vereinbarung bei krankheitsbedingten Fehlzeiten gekürzt werden.[331]

Richtig dürfte demgegenüber sein, dass sich ein Arbeitnehmer im Falle einer 218 Krankheit nicht auf die hypothetische Zielerreichung berufen, sondern Ansprüche nur nach Maßgabe seiner tatsächlichen Zielerreichung geltend machen kann, da eine „zielvereinbarungsgestützte" Vergütung nur im Zielerreichungsfall geschuldet ist.[332] Soweit dagegen eingewandt wird, dass dies mit „dem aus § 3 EFZG sprechenden Grundsatz nicht vereinbar sei[n], den Arbeitnehmer im Krankheitsfall für die Dauer von bis zu sechs Wochen so zu stellen, als hätte er seine Arbeitsleistung in der fraglichen Zeit in gleicher Weise wie sonst erbracht"[333], wird dabei übersehen, dass im Rahmen des von § 611 BGB vorgesehenen Synallagmas für die Vergütung gerade kein Erfolg (Ziel), sondern eine bloße Tätigkeit geschuldet ist. Dies ist bei Zielvereinbarungen aber grundlegend anders: Hier kommt es gerade auf die Zielerreichung an, während § 3 EFZG die in § 611 BGB zugrunde gelegte Vergütungspflicht aufrecht erhält, die auch ohne Erreichung eines Ziels besteht.

---

328 ErfK/*Reinhard*, § 4a EFZG Rn 8.
329 BAG, Urt. v. 1.3.1990 – 6 AZR 447/88 – AP Nr. 2 zu § 20 BMT-G II; ErfK/*Reinhard*, § 4a EFZG Rn 8.
330 ErfK/*Reinhard*, § 4a EFZG Rn 8.
331 So ErfK/*Reinhard*, § 4a EFZG Rn 8; krit. *Annuß*, NZA 2007, 290, 293; a.A. *Lindemann/Simon*, BB 2002, 1807, 1813.
332 Ebenso *Bauer/Diller/Göpfert*, BB 2002, 882.
333 *Annuß*, NZA 2007, 290, 293.

Praxistipp
Auf die vorstehende Streitfrage dürfte es – mit Blick auf die von der Rechtsprechung des BAG zu Stichtagsregelungen entwickelten Grundsätze – auch dann ankommen, wenn der in Rede stehende Bonus deshalb nicht als individueller Leistungsbonus, sondern als „Mischbonus" zu qualifizieren ist, weil er zusätzlich an bestimmten Unternehmensergebnissen, einer Betriebstreue oder sonstigen Voraussetzungen außerhalb der reinen Arbeitsleistung anknüpft.[334] Knüpft er hingegen lediglich an arbeitsleistungsunabhängige Faktoren an, unterliegt er den Kürzungsvorgaben des § 4a EFZG.

3. Wann sind Leistungen „freiwillig"?

219 Soweit § 4a S. 1 EFZG von „freiwilligen" Leistungen spricht, bedeutet dies im vorliegenden Zusammenhang nur, dass der Arbeitgeber regelmäßig **nicht bereits normativ** zur Erbringung der Sondervergütung aufgrund der Erbringung der Arbeitsleistung verpflichtet ist, sondern sich selbst dazu **verpflichtet** hat.[335]

Praxistipp
Denkbarer Verpflichtungsgrund sind insoweit neben ausdrücklichen Individualvereinbarungen auch alle übrigen arbeitsrechtlich anerkannten Verpflichtungstatbestände, also z. B. betriebliche Übungen, Gesamtzusagen oder eine freiwillige Betriebsvereinbarung.[336]

220 Denkbar ist bei einer freiwilligen Leistung allerdings auch eine „Freiwilligkeit" im Sinne des Fehlens einer Zusage für die Zukunft[337], d. h. im Sinne eines wirksamen Freiwilligkeitsvorbehalts.[338] Ob ein solcher **Freiwilligkeitsvorbehalt** vereinbart ist, muss durch Auslegung geklärt werden.

4. Wann bedarf es einer Vereinbarung?

221 § 4 a S. 1 EFZG selbst führt nicht zu einer Kürzung von Sondervergütungen[339]. Er stellt nur klar, dass vorhandene oder künftige Normen oder Vereinbarungen über die Kürzung von Sondervergütungen nicht gegen das Gesetz – insbesondere nicht gegen das Maßregelungsverbot (§ 612 a BGB) – verstoßen, sofern die Verhältnismäßigkeitsgrenze des § 4 a S. 2 EFZG eingehalten ist.[340]

334 A.A insoweit wohl ErfK/*Reinhard*, § 4a EFZG Rn 8, die hier einen großzügigeren Maßstab anlegen will.

335 ErfK/*Reinhard*, § 4a EFZG Rn 6.

336 ErK/*Reinhard*, § 4a EFZG Rn 6.

337 Vgl. dazu den nachfolgenden Praxistipp.

338 Zu den Anforderungen an einen wirksamen Freiwilligkeitsvorbehalt, vgl. *Mückl*, Arbeitsrecht in Krise und Insolvenz, Rn 213 ff.

339 Statt aller ErfK/*Reinhard*, § 4a EFZG Rn 2.

340 ErfK/*Reinhard*, § 4a EFZG Rn 2.

Praxistipp
Eine Kürzungsvereinbarung ist dennoch nicht stets, sondern nur dann Voraussetzung einer Kürzung, wenn die Sonderzahlung ihrerseits „vereinbart" ist[341].

Praxistipp
Steht hingegen eine in dem Sinne „freiwillige" Leistung in Rede, dass auf sie kein Rechtsanspruch für die Zukunft besteht, bedarf es nach der Rechtsprechung des BAG keiner Vereinbarung im technischen Sinne, um die Sonderleistung kürzen zu können[342]: Denn eine freiwillige Sonderleistung des Arbeitgebers, auf die keinerlei Anspruch der Arbeitnehmer besteht, sondern allenfalls aus dem Gleichbehandlungsgrundsatz erwachsen könnte, belohnt die in der Vergangenheit tatsächlich erbrachte Arbeitsleistung. In den Grenzen des § 4a S. 2 EFZG ist daher eine Kürzung sachlich gerechtfertigt und zulässig, ohne dass es einer vorherigen „Vereinbarung" i. S. d. § 4a S. 1 EFZG bedarf, weil auch die Sonderzahlung nicht vereinbart ist und deshalb ein Anspruch der Arbeitnehmer bis zu einer Zusage oder der Zahlung ohnehin nicht besteht. Erfolgt die Zahlung aber mit einer § 4a S. 2 EFZG entsprechenden Differenzierung unter einem wirksamen Freiwilligkeitsvorbehalt, können die Arbeitnehmer allenfalls hoffen, nicht aber darauf vertrauen, dass auch künftig wieder entsprechende Sonderzahlungen erfolgen werden. Für den Fall, dass sich diese Hoffnung erfüllt, müssen sie dann aber ohnehin damit rechnen, dass der Arbeitgeber wiederum entsprechend § 4a S. 2 EFZG differenzieren wird.[343] Letztlich handelt es sich nicht um eine Frage der Kürzung eines bestehenden Anspruchs, sondern um eine Frage der Entstehung (Ausschluss) eines Anspruchs, die unabhängig von krankheitsbedingten Fehlzeiten nach Regeln des Vertragsrechts zu lösen ist.[344]

Entscheidend für die Notwendigkeit einer „Kürzungsvereinbarung" ist damit allein, 222
dass eine Regelung vorhanden ist, die

- entweder einerseits eine Sondervergütung vorsieht und andererseits den Arbeitgeber berechtigt, diese wegen krankheitsbedingter Fehltage zu kürzen, oder
- eine Regelung existiert, die eine Sondervergütung entstehen lässt oder steigert, wenn krankheitsbedingte Fehltage nicht oder nur in geringem Umfang anfallen.[345]

5. Formale Ausgestaltung von Kürzungsvereinbarungen

Die damit lediglich bei zugesagten Sondervergütungen erforderliche Kürzungsverein- 223
barung kann mit der Zusage der Sondervergütung selbst verbunden werden oder in

341 BAG, Urt. v. 14.1.2009 – 5 AZR 89/08 – DB 2009, 909; a.A. (wohl unabsichtlich) ErfK/*Reinhard*, § 4a EFZG Rn 2.

342 BAG, Urt. v. 7.8.2002 – 10 AZR 709/01 – DB 2002, 2384.

343 BAG, Urt. v. 7.8.2002 – 10 AZR 709/01 – DB 2002, 2384.

344 ErfK/*Reinhard*, § 4a EFZG Rn 6.

345 HWK/*Schliemann*, § 4a EFZG Rn 11.

einem separaten Dokument geregelt sein. Ihr Inhalt ist – in den Grenzen des § 4a S. 2 EFZG, die nicht ausgeschöpft werden müssen – frei vereinbar.[346]

224 Sie muss allerdings die Rangfolge arbeitsrechtlicher Normen (vgl. z. B. §§ 87 Abs. 1 Einleitungssatz, 77 BetrVG) und das sog. Günstigkeitsprinzip (vgl. § 4 Abs. 3 TVG) beachten.

Praxistipp
Gestaltungsmöglichkeiten im Sinne eines verschlechternden Eingriffs in Arbeitsverträge auf Grundlage einer Betriebsvereinbarung hat das BAG allerdings in seinem Urteil vom 5.3.2013[347] eröffnet.

225 „Vereinbarung" i. S. d. § 4a EFZG sind indes nicht nur die ausdrücklichen einzelvertraglichen Abreden von Arbeitsvertragsparteien, sondern auch Gesamtzusagen und Regelungen aufgrund betrieblicher Übung sowie Betriebsvereinbarungen, Regelungsabreden und Tarifverträge.[348]

Praxistipp
Ob ein Tarifvertrag eine Kürzungsvereinbarung i. S. d. § 4a EFZG enthält, ist ebenfalls durch Auslegung zu klären. Keine tarifvertragliche Kürzungsvereinbarung in diesem Sinne liegt z. B. vor, wenn der Arbeitgeber für jeden Tag der Entgeltfortzahlung eine nicht vergütungspflichtige Vor-oder Nacharbeit verlangen darf.[349]

226 Besondere Vorsicht ist infolge der Vorgaben von §§ 307 ff. BGB bei der Gestaltung vertraglicher Kürzungsmöglichkeiten geboten: Zwar muss die Kürzungsvereinbarung nach Maßgabe von § 4a EFZG nicht dem Wortlaut des § 4 a EFZG entsprechen oder ähneln. [350] Vielmehr kann eine Kürzungsvereinbarung auch darin liegen, dass bei Fehlzeiten überhaupt kein Anspruch besteht.[351] Denn eine (ggf. unzulässige) Kürzung im Sinne des § 4a EFZG liegt auch dann vor, wenn bereits die Anspruchsvoraussetzungen so formuliert werden, dass dasselbe Ergebnis wie bei einer deutlich als solche benannten Kürzungsvereinbarung erzielt wird.[352]

Praxistipp
Da Kürzungsvereinbarungen in der Praxis zumeist AGB sind, müssen sie aber insbesondere dem Transparenzgebot des § 307 Abs. 1 S. 2 BGB gerecht werden.[353] Dazu genügt es nicht, lediglich auf § 4a EFZG hinzuweisen.

346 Vgl. BAG, Urt. v. 14.3.2012 – 10 AZR 112/11 – DB 2012, 1817 (LS).
347 1 AZR 417/12 – ZIP 2013, 1542.
348 MünchKomm-BGB/*Müller-Glöge*, § 4a EFZG Rn 5; ErfK/*Reinhard*, § 4a EFZG Rn 4.
349 BAG, Urt. v. 5.12.2001 – 10 AZR 242/01 – NZA 2002, 584 (LS).
350 ErfK/*Reinhard*, § 4a EFZG Rn 3.
351 ErfK/*Reinhard*, § 4a EFZG Rn 3.
352 BAG, Urt. v. 25.7.2001 – 10 AZR 502/00 – DB 2001, 2608.
353 LAG Hamm, Urt. v. 7.3.2007 – 18 Sa 1663/06 – NZA-RR 2007, 629.

Klauselmuster

Nicht Geeignet: „Gewährt der Arbeitgeber zusätzlich zum laufenden Arbeitsentgelt Sonderzuwendungen, ist der Arbeitgeber berechtigt, eine prozentuale Kürzung vorzunehmen, sofern der Arbeitnehmer infolge Krankheit arbeitsunfähig ist. Für die Kürzung von Sonderzuwendungen gelten die gesetzlichen Bestimmungen (§ 4a EFZG)".

Die „sicherste" Gestaltung liegt darin, den Gesetzeswortlaut in der Klausel zu wiederholen. Denn dann ist eine Qualifikation als intransparent ausgeschlossen.[354] 227

Klauselmuster

„Gewährt der Arbeitgeber zusätzlich zum laufenden Arbeitsentgelt Sondervergütungen im Sinne des § 4a S. 1 EFZG, werden diese für jeden Tag der Arbeitsunfähigkeit infolge Krankheit um ein Viertel des Arbeitsentgelts, das im Jahresdurchschnitt **[ggf.:** berechnet anhand des dem Beginn der Arbeitsunfähigkeit vorangehenden Jahres**]** auf einen Arbeitstag entfällt, gekürzt (§ 4a S. 2 EFZG). **[Ggf.:** „Arbeitsentgelt" im vorgenannten Sinne sind die folgenden Entgeltbestandteile: **[Aufzählung]**.**] [Ggf.:** Als Anzahl der „Arbeitstage" i. S. dieser Vereinbarung werden **[Zahl]** Arbeitstage vereinbart.**]**"

6. Inhaltliche Ausgestaltung von Kürzungsvereinbarungen

§ 4a S. 2 EFZG gibt die **Obergrenze** für Kürzungen vor, die nicht ausgeschöpft werden muss, aber ausgeschöpft werden kann, ohne dass eine Maßregelung i. S. d. § 612 a BGB vorliegt. 228

Praxistipp

§ 4a S. 2 EFZG entbindet aber nicht vom Gleichbehandlungsgrundsatz.[355] Insofern sind zwar individuelle Vereinbarungen zulässig. Dies allerdings nur solange, wie kein Anspruch auf Gleichbehandlung besteht.

a) Berechnung zulässiger Kürzungen

Die zulässige Obergrenze wird anhand von **vier Faktoren** ermittelt[356]: 229

- Zunächst ist die Höhe des Arbeitsentgelts zu bestimmen (Geldfaktor),
- das im Jahresdurchschnitt (1. Zeitfaktor) verdient wird.
- Diese Summe ist auf den arbeitstäglichen Verdienst umzurechnen (2. Zeitfaktor).
- Der arbeitstägliche Verdienst ist dann wiederum durch vier zu teilen.

354 Vgl. in anderem Kontext BAG, Urt. v. 23.8.2012 – 8 AZR 804/11 – NZA 2013, 268.

355 Vgl. LAG Bremen, Urt. v. 19.8.2009 – 2 Sa 17/09 – juris.

356 ErfK/*Reinhard*, § 4a EFZG Rn 11.

230 Der sich daraus ergebende Bruchteil ist die zulässige Obergrenze der Kürzung. Der Gesetzeswortlaut ist indes weder hinsichtlich des Geldfaktors noch mit Blick auf die Zeitfaktoren eindeutig:

b) Jahresdurchschnitt

231 Als erster zeitlicher Faktor ist nach § 4a S. 2 EFZG die Höhe des Arbeitsentgelts pro Arbeitstag innerhalb eines Jahresdurchschnitts maßgebend. Nicht definiert ist, auf welchen Jahreszeitraum es ankommt: Das (laufende) Kalenderjahr oder das (vergangene) Zeitjahr?

232 Der Gesetzeswortlaut ist **nicht eindeutig**. Soweit in anderen Gesetzen parallele Sachfragen geregelt werden, knüpfen sie aber nicht an das Kalenderjahr, sondern an kalenderunabhängige Zeitabschnitte an. Dies gilt z. B. für das Urlaubsgeld (§ 11 BurlG) und die Karenzentschädigung (§ 74 b HGB).

233 Führt man sich zudem vor Augen, dass der Gesetzgeber in § 3 Abs. 1 Nr. 2 EFZG gerade nicht an das Kalenderjahr, sondern das Zeitjahr anknüpft, während er in §§ 1, 5, 6 und 7 BUrlG ausdrücklich vom Kalenderjahr spricht, führt eine **systematische Auslegung** zu dem Ergebnis, dass – mit der herrschenden Meinung in der Literatur[357] – das **Zeitjahr** maßgeblich ist.

234 Das BAG hat diese Frage bislang offen gelassen. In seinem Urteil vom 15.12.1999[358] hat das BAG allerdings – ausgehend davon, dass der Kläger dort im November 1996 eine Bruttomonatsvergütung von DM 3854,50 erzielt hatte – angenommen, dass bei der Berechnung des Jahresentgeltes nur die laufenden Monatsvergütungen, nicht jedoch gewährte Sondervergütung zu berücksichtigen sind und den Jahresverdienst des Klägers dann selbst mithilfe einer Multiplikation von 12 x DM 3854,50 errechnet. Damit **scheint das BAG** – ohne dies näher zu problematisieren – davon auszugehen, dass der Jahresdurchschnitt sich (zumindest auch) **anhand des Zeitjahres** berechnen lässt.

Praxistipp

In der Literatur wird überwiegend für möglich gehalten, den maßgeblichen Jahreszeitraum in der Kürzungsvereinbarung autonom festzulegen[359]. Dies sei der rechtssicherste Weg – und dürfte jedenfalls vertretbar sein.

---

357 ErfK/*Reinhard*, § 4a EFZG Rn 12; MünchKomm-BGB/*Müller-Glöge*, *§ 4a EFZG* Rn. 14; *Bauer/Lingemann*, BB 1996, Beil. 17, 8, 15.

358 10 AZR 626/98 – NZA 2000, 1062.

359 ErfK/*Reinhard*, § 4a EFZG Rn 12; HWK/*Schliemann*, § 4a EFZG Rn 23.

c) Geldfaktor

Unklar ist der **Gesetzeswortlaut** auch hinsichtlich des Geldfaktors, nämlich des „Arbeitsentgelts", das der Berechnung zugrunde zu legen ist. Im **Umkehrschluss** aus der in § 4a S. 1 EFZG vorgenommenen Unterscheidung zwischen laufendem (synallagmatischem) Arbeitsentgelt und Sondervergütungen, die im Wortlaut des § 4a S. 2 EFZG nicht wieder aufgegriffen wird, sind aber – auch wenn das BAG[360] dies bislang offen gelassen hat – alle Beträge, die **arbeitsrechtlich als Arbeitsentgelt zu qualifizieren** sind, einzubeziehen.[361] Das kann nicht mit dem Hinweis auf den Wortlaut des § 4 EFZG überspielt werden[362], da § 4a EFZG insoweit gerade autonom definiert. Konsequenterweise gilt der Einbezug daher auch für die zu kürzende Sondervergütung selbst.[363] Denn Ausgangspunkt der Betrachtung muss letztlich der **Gesamtbetrag** sein, der einem gesunden Arbeitnehmer geschuldet wäre.[364] Nur dann kann nämlich berechnet werden, was ein erkrankter Arbeitnehmer als Kürzung gerade noch hinzunehmen hat.[365] Dies dürfte auch der Rechtsprechung des BAG entsprechen. Denn ansonsten wäre auch die vom BAG angenommene Gleichbehandlung von Kürzungsregelung und Anwesenheitsprämie wertungswidersprüchlich.[366] 235

Praxistipp
Hält man hinsichtlich des Zeitfaktors eine Vereinbarung für zulässig, ist kein Grund ersichtlich, dies hinsichtlich des Geldfaktors anders zu bewerten. Daher sollte auch insoweit ein (ggf. deklaratorischer) Hinweis erfolgen.[367]

d) Umrechnung auf den arbeitstäglichen Verdienst

Bei der im nächsten Schritt erforderlichen Umrechnung auf den arbeitstäglichen Verdienst **fehlt** es ebenfalls an einer **höchstrichterlichen Klärung** der maßgeblichen Grundlagen. Die größte Sicherheit bietet hier die – von Teilen der Literatur[368] befür- 236

360 BAG, Urt. v. 15.12.1999 – 10 AZR 626/98 – NZA 2000, 1062.
361 ErfK/*Reinhard*, § 4a EFZG Rn 13; MünchKomm-BGB/*Müller-Glöge*, *§ 4a EFZG* Rn 15; *Bauer/Lingemann*, BB 1996, Beil. 17, 8, 15; a.A. HWK/*Schliemann*, *§ 4a EFZG* Rn 24.
362 So aber HWK/*Schliemann*, *§ 4a EFZG* Rn 24.
363 ErfK/*Reinhard*, § 4a EFZG Rn 13.
364 ErfK/*Reinhard*, § 4a EFZG Rn 13.
365 A.A. LAG Hamm v. 21.2.2013 – 8 Sa 1588/12 – juris; Revision anhängig unter Az.: 10 AZR 362/13.
366 ErfK/*Reinhard*, § 4a EFZG Rn 13.
367 ErfK/*Reinhard*, § 4a EFZG Rn 14.
368 Sehr streitig. Wie hier ErfK/*Reinhard*, § 4a EFZG Rn 14; a.A. *Bauer/Lingemann*, BB 1996, Beil 17, 8, 14, die von 230 Tagen als Divisor ausgehen, indem sie zu Unrecht 30 Urlaubstage abziehen; ebenfalls a.A. MüKoBGB/*Müller-Glöge*, § 4a EFZG Rn 16, der alle vergüteten Arbeitstage einschließlich Urlaubs-, Wochenfeier-und Krankheitstage einbeziehen will und damit jedenfalls bei einer 5-Tage-Woche jedoch zum selben Ergebnis (260) Tage kommt wie hier.

wortete – Heranziehung der zum Urlaubsrecht entwickelten Grundsätze,[369] die der Gesetzgeber in § 125 SGB IX bestätigt hat.

Beispiel
Ist der Arbeitnehmer zur Arbeit an fünf Tagen in der Woche verpflichtet, ergeben sich nach der im Urlaubsrecht für die Berechnung der Urlaubsmenge entwickelten Formel, 260 Tage (52 Wochen á 5 Tage).

237 Die sich aus dieser Berechnung ergebende Zahl ist der Divisor zur Ermittlung des Entgelts für einen Arbeitstag.[370]

238 Bei Arbeitnehmern mit schwankender Arbeitsverpflichtung (z. B. Teilzeitbeschäftigten, Abrufbeschäftigten, Schichtarbeitern etc.) sind ebenfalls die zum Urlaubsrecht entwickelten Grundsätze[371] für die Ermittlung des Divisors heranzuziehen.[372]

239 Die so ermittelte Zwischensumme ist dann im letzten Schritt durch vier zu teilen. Daraus ergibt sich das Viertel, der eigentlich Kürzungsbetrag.

Beispiel[373]
Der Arbeitnehmer bezieht ein monatliches Gehalt von EUR 2.000,00 (brutto) und hat Anspruch auf eine Sondervergütung (Weihnachtsgeld) in Höhe eines 13. Monatsgehalts. Damit beträgt sein Jahresverdienst EUR 26.000,00 (brutto). Teilt man diesen Jahresverdienst durch 260, ergibt sich ein arbeitstäglicher Verdienst von EUR 100,00 (brutto). Ein Viertel davon sind EUR 25,00 (brutto). Bei einer krankheitsbedingten Arbeitsunfähigkeit wäre sein Weihnachtsgeld daher unter Ausnutzung des durch § 4a EFZG gewährten Spielraums nach 80 Tagen aufgezehrt.

Praxistipp
Konsequenterweise wird man den Parteien auch mit Blick auf den maßgeblichen Divisor eine autonome Vereinbarung jedenfalls bis zur Obergrenze nach § 4a S. 2 EFZG gestatten müssen.[374]

7. Rechtsfolgen einer unzulässigen Kürzung

240 Da § 4a EFZG zwingendes Recht ist, führt ein Überschreitung der in ihm vorgeschriebenen Grenzen zur **Unwirksamkeit** der Kürzungsvereinbarung (§ 12 EFZG, § 134 BGB). Teile der Literatur befürworten aber im Ergebnis eine **geltungserhaltende Reduktion** im Hinblick darauf, dass „sich die unterschiedlichen Jahresverdienste und deren

369 Vgl. dazu für viele ErfK/*Gallner*, § 3 BUrlG Rn 4 ff.
370 ErfK/*Reinhard*, § 4a EFZG Rn 14.
371 Vgl. wiederum nur ErfK/*Gallner*, § 3 BUrlG Rn 16 ff.
372 ErfK/*Reinhard*, § 4a EFZG Rn 14.
373 Nach ErfK/*Reinhard*, § 4a EFZG Rn 14.
374 Nach ErfK/*Reinhard*, § 4a EFZG Rn 14.

Begrenzungen höchst unterschiedlich auf die Kürzungen auswirken können und die Kürzungsgrenzen vor allem nicht mehr von der Höhe der Sondervergütung abhängig sind".[375] Denn die Zahlung der Sondervergütung und deren Kürzungsmöglichkeit seien mit der Folge als **einheitliches Rechtsgeschäft** anzusehen, dass der Arbeitgeber nicht nur den ihn belastenden Teil aufrechterhalten wolle, sondern – soweit das Gesetz dies erlaube – auch den Teil der Abrede, die die Kürzung ermögliche.[376] Sei dies nicht anzunehmen, könne die gesamte Vereinbarung über die Sonderzahlung nichtig sein.[377]

Praxistipp
So sinnvoll diese Bewertung ist, dürfte sie in der betrieblichen Praxis dennoch mit Vorsicht zu genießen sein. Denn gegen sie sprechen in den meisten Fällen AGB-rechtliche Grundsätze, namentlich das dort aus § 306 BGB gefolgerte Verbot der geltungserhaltenden Reduktion. – Richtig dürfte diese Bewertung jedoch für vor dem Inkrafttreten des § 4a EFZG nach den damals von der Rechtsprechung entwickelten Grundsätzen wirksame Kürzungsvereinbarungen sein. Insoweit wird man nämlich dieselben Grundsätze anwenden müssen, die das BAG infolge der Erstreckung der §§ 305 ff. BGB auf das Arbeitsrecht entwickelt hat. Rechtstechnisch dürfte danach keine geltungserhaltende Reduktion, sondern eine ergänzende Vertragsauslegung erfolgen[378], wenn die ursprünglich wirksame Kürzungsvereinbarung am Maßstab des (nach ihrem Abschluss eingeführten) § 4a EFZG unwirksam wäre.

Für Tarifverträge ist wegen der Tarifautonomie jedoch eine geltungserhaltende Reduktion geboten.[379] Gleiches gilt für Betriebsvereinbarungen. 241

II. Gestaltungsspielraum außerhalb des Anwendungsbereichs von § 4a EFZG

1. Geltung der allgemeinen Gestaltungsregeln

Losgelöst von den vorstehend zu § 4a EFZG entwickelten Grundsätzen richtet sich die Wirksamkeit von Kürzungsvereinbarungen, die sich auf Zeiträume außerhalb der Entgeltfortzahlung nach § 3 EFZG beziehen, nach den allgemeinen Regeln[380], in der Vertragspraxis insbesondere nach §§ 307 ff. BGB. 242

---

375 HWK/*Schliemann*, § 4a EFZG Rn 27.
376 HWK/*Schliemann*, § 4a EFZG Rn 27.
377 HWK/*Schliemann*, § 4a EFZG Rn 27.
378 Ausführlich dazu *Gaul/Mückl*, NZA 2009, 1233; ebenso wie dort BAG, Urt. v. 20.4.2011 – 5 AZR 191/10 – NJW 2011, 2153.
379 HWK/*Schliemann*, § 4a EFZG Rn 27.
380 So ErfK/*Reinhard*, § 4a EFZG Rn 8. Zu diesen allgemeinen Regeln vgl. für viele HWK/*Thüsing*, § 611 BGB Rn 102 ff.

a) Transparenzgebot

243 Insofern müssen sie insbesondere dem Transparenzgebot des § 307 Abs. 1 S. 2 BGB gerecht werden. Letztlich gelten damit die vorstehend zur Transparenz von Kürzungsregelungen nach § 4a EFZG entwickelten Grundsätze entsprechend. Lediglich die inhaltlichen Grenzen sind nicht durch § 4a S. 2 EFZG vorgegeben.

b) Inhaltliche Gestaltungsgrenzen

244 Führt man sich insoweit vor Augen, dass § 4a EFZG geschaffen wurde, um die **Rechtsprechung des BAG** zur Kürzung von Sondervergütungen aufzunehmen und hinsichtlich ihrer Zulässigkeit eindeutig zu regeln[381], wird man sich auch außerhalb des Anwendungsbereichs von § 4a EFZG weiterhin an dieser Rechtsprechung orientieren müssen.

245 Mit Blick auf die Zulässigkeit der Kürzung von Sondervergütungen, welche die Anwesenheit des Arbeitnehmers fördern und honorieren sollen, hat das BAG einen **völligen Wegfall** im Fall kürzerer Krankheitszeiten als **unbillig** und die Grenze der Vertragsfreiheit überschreitend bewertet.[382]

246 Hingegen hatte des BAG eine Kürzung in Höhe von 1/60 pro Fehltag für zulässig gehalten.[383] Bei Sonderzahlungen auf der Grundlage einer Betriebsvereinbarung hat es nicht einmal eine Kürzung um 1/30 pro Fehltag beanstandet.[384]

247 Hintergrund hierfür ist der **doppelte Zweck** einer solchen Kürzungsregelung:

- Anreiz zur Minderung von Fehlzeiten und
- Belohnung des Arbeitnehmers für die Miterwirtschaftung des Betriebsergebnisses durch vollständige Erfüllung der arbeitsvertraglichen Pflichten.

248 Die Zulässigkeit eines solchen Anreizes ergebe sich – so das BAG – daraus, dass auch der gesetzlich vorgesehene Wegfall des Entgeltanspruchs nach sechs Wochen Krankheit einen Anreiz zur Wiederaufnahme der Arbeit trotz Krankheit gebe. Das berechtigte Interesse des Arbeitgebers ende erst dort, wo die Kürzung der Jahresleistung ihre Steuerungsfunktion verliere und **Sanktionscharakter** habe.

Praxistipp

Bei arbeitsleistungsbezogenen Jahreszahlungen würde die Zulassung einer derartigen nicht lediglich proportionalen Kürzung indes zum Wegfall bereits verdienter Entgeltbestandteile führen. Letztlich würde es sich in der Sache um eine Vertragsstrafe handeln, die zudem im Prinzip an rechtmäßiges Verhalten, nämlich an die Entscheidung, bei objektiv bestehender Arbeitsunfähigkeit nicht zu arbei-

---

381 BT-Drucks. 13/4612 S. 11 und 16.

382 BAG, Urt. v. 15.2.1990 – 6 AZR 381/88, BB 1990, 1275; BAG, Urt. v. 26.10.1994 – 10 AZR 482/93 – BB 1995, 312; BAG, Urt. v. 6.12.1995 – 10 AZR 123/95 – NZA 1996, 531.

383 BAG, Urt. v. 15.2.1990 – 6 AZR 381/88 – NZA 1990, 601.

384 BAG, Urt. v. 26.10.1994 – 10 AZR 482/93 – BB 1995, 312.

ten, anknüpft und deshalb unzulässig ist.[385] Sie dürfte auch mit der aktuellen Rechtsprechung des BAG zum Wegfall von an die Arbeitsleistung anknüpfenden Sonderzahlungen nicht mehr vereinbar sein (vgl. dazu unter Kapitel 3 Rn 253 ff.). Zulässig dürften diese Grenzen nur noch dann sein, wenn eine nicht – auch nicht mittelbar – an die Arbeitsleistung anknüpfende Sonderzahlung in Rede steht.

Weiterhin gültig sind auch die durch den Gleichbehandlungsgrundsatz geschaffenen Grenzen, wobei allerdings auch die hierzu anerkannten Rechtfertigungsgründe eingreifen, soweit durch das AGG keine abweichenden Grundsätze gelten. 249

Ausgangspunkt – auch für die Bestimmung der Gestaltungsgrenzen – ist dabei stets der Zweck der freiwilligen Leistung.[386] Mit Blick auf den maßgeblichen Zweck können – wie nachfolgend gezeigt wird (vgl. unter Kapitel 3 Rn 253 ff.) – vor allem die vom BAG zuletzt zur (Un-)Wirksamkeit von Stichtagsregeln entwickelten Grundsätze herangezogen werden. 250

2. Krankheitsbedingte Beendigung des Arbeitsverhältnisses und Stichtagsregelungen

In der betrieblichen Praxis spielen in Bezug auf Sonderleistungen – auch im Zusammenhang mit der krankheitsbedingten Beendigung von Arbeitsverhältnissen – nämlich vor allem Stichtagsregelungen zuletzt eine wichtige Rolle, nach denen ein Anspruch ausgeschlossen ist, wenn das Arbeitsverhältnis zu einem bestimmten Zeitpunkt nicht mehr besteht. Im Zusammenhang mit krankheitsbedingten Kündigungen stellt sich dann immer wieder die Frage nach der Wirksamkeit entsprechender Regelungen. Maßgeblich ist insoweit insbesondere der Zweck der in Rede stehenden Sonderleistung: 251

a) Zweck der Sonderleistung

Das BAG bildet insoweit zwei unterschiedlich zu behandelnde Fallgruppen: 252

Zweck einer Sonderleistung ist entweder 253

- die **zusätzliche Vergütung** erbrachter Arbeitsleistung (**Fallgruppe 1**) oder
- es werden **„sonstige“ Zwecke** verfolgt, d. h. die Zahlung hängt nicht von einer bestimmten Arbeitsleistung, sondern regelmäßig nur vom Bestand des Arbeitsverhältnisses ab (**Fallgruppe 2**).

---

385 MünchHdb-ArbR/*Krause*, § 59 Rn 14.
386 HWK/*Thüsing*, § 611 BGB Rn 102.

Beispiel

Der Fallgruppe 2 ordnet der 10. Senat[387] z. B.
- die Honorierung (kurzfristiger) künftiger Betriebstreue (durch Zusage eines Retention Bonus) oder
- die Beteiligung an typischerweise erhöhten Aufwendungen zu bestimmten Tagen (durch Zusage eines Weihnachtsgelds)

zu.

Letztlich der Fallgruppe 1 zugeordnet hat derselbe Senat[388]
- Sonderzahlungen mit Mischcharakter.

254 Welcher Fallgruppe die jeweilige Sonderleistung zuzuordnen sei, muss durch Auslegung der Vereinbarung ermittelt werden, die der Zusage zugrunde liegt.

Praxistipp

Dabei geht das BAG[389] davon aus, der Vergütungscharakter sei eindeutig, wenn die Sonderzahlung an das Erreichen quantitativer oder qualitativer Ziele geknüpft werde.

b) Gestaltungsgrenzen für die Flexibilisierung von Sonderleistungen

255 Die betriebliche Praxis muss bei der Ausgestaltung von Sonderleistungen anhand des Leistungszwecks differenzieren und die von der Rechtsprechung des BAG entwickelten Grenzen zulässiger Vereinbarungsinhalte beachten.[390] Dabei muss zwischen Klauseln über die Gewährung eines Bonus mit und ohne Entgeltcharakter sowie hinsichtlich der zeitlichen Lage etwaiger Stichtage differenziert werden:

aa) Sonderleistungen ohne Entgeltcharakter

256 Weitestgehend unproblematisch sind Boni ohne Entgeltcharakter, die nicht der Vergütung geleisteter Arbeit dienen, sondern nur den Bestand des Arbeitsverhältnisses bis zu einem Stichtag innerhalb des Bemessungszeitraums voraussetzen.[391]

257 Ein Stichtag außerhalb des Bemessungszeitraums sollte auch bei Boni ohne Entgeltcharakter nur unter Berücksichtigung der vom BAG für Rückzahlungsklauseln entwickelten Grundsätze (vgl. dazu Kapitel 5 Rn 119 ff.) gewählt werden. Denn der 10. Senat hat angedeutet, die insoweit entwickelten Vorgaben zum angemessenen Ver-

387 BAG, Urt. v. 14.11.2012 – 10 AZR 3/12, ZIP 2013, 532; BAG, Urt. v. 14.11.2012 – 10 AZR 793/11 – NZA 2013, 273.

388 Zuletzt BAG, Urt. v. 13.11.2013 – 10 AZR 848/12 – NZA 2014, 368.

389 Vgl. bereits BAG, Urt. v. 18.1.2012 – 10 AZR 667/10 – NZA 2012, 620.

390 Vgl. dazu zusammenfassend *Dzida/Klopp*, ArbRB 2013, 49 ff.; *dies.*, ArbRB 2014, 146 ff.

391 BAG, Urt. v. 24.10.2007 – 10 AZR 825/06 – NJW 2008, 680.

hältnis von Bindungsdauer und Bonushöhe auch auf Stichtagsklauseln anwenden zu wollen.[392]

bb) Sonderleistungen mit Entgeltcharakter

Für Sonderleistungen mit Entgeltcharakter gelten strengere Vorgaben als für Sonder- 258
leistungen ohne Entgeltcharakter, weil erstere durch die Erbringung der geschuldeten Arbeitsleistung **erdient worden** sind, sodass ihre Zahlung **nicht vom Vorliegen weiterer Voraussetzungen abhängig** gemacht werden kann.[393]

Nach Ansicht des BAG hat eine Sonderleistung regelmäßig dann Entgeltcharak- 259
ter, wenn sie einen wesentlichen Teil der Gesamtvergütung ausmacht. Das soll der Fall sein, wenn sie mindestens 25 % der Gesamtvergütung erreicht.[394]

Nicht möglich ist im Fall einer Sonderleistung mit Entgeltcharakter, einen Stich- 260
tag außerhalb des Bemessungszeitraums zu wählen. Denn eine Sonderzahlung, die jedenfalls auch Vergütung für erbrachte Arbeitsleistung darstellt, kann nach der Rechtsprechung des BAG **nicht vom ungekündigten Bestand** des Arbeitsverhältnisses zu einem **außerhalb des Bezugszeitraums** liegenden Stichtag abhängig gemacht werden.[395]

Praxistipp
Dies gilt auch dann, wenn entsprechende Regelungen in Betriebsvereinbarungen enthalten sind[396] oder die Klausel Mischcharakter hat, d. h. erbrachte Arbeitsleistung vergütet und Betriebstreue honoriert.[397]

Nach aktueller Rechtsprechung **nicht mehr zulässig** ist es auch, eine Sonderleis- 261
tung mit Entgeltcharakter an einen **innerhalb des Bemessungszeitraums** liegenden Stichtag anzuknüpfen. Das BAG hatte dies früher für zulässig gehalten, wenn in der Klausel betriebsbedingte Kündigungen des Arbeitgebers ausgenommen und das Geschäftsjahr als Zielperiode einer entgeltrelevanten Vergütungsvereinbarung gewählt wird.[398] Der 10. Senat hält an dieser Rechtsprechung aber nicht mehr fest. Denn in seinem Urteil vom 13.11.2013[399] hat er eine Klausel mit Mischcharakter für unzulässig gehalten, die den 31. Dezember des Jahres als Stichtag für ein „ungekün-

---

392 BAG, Urt. v. 24.10.2007 – 10 AZR 825/06 – NJW 2008, 680.
393 BAG, Urt. v. 24.10.2007 – 10 AZR 825/06 – NJW 2008, 680.
394 BAG, Urt. v. 6.5.2009 – 10 AZR 443/08 – NZA 2009, 783.
395 BAG, Urt. v. 24.10.2007 – 10 AZR 825/06 – NJW 2008, 680.
396 BAG, Urt. v. 12.4.2011 – 1 AZR 412/09 – NZA 2011, 989.
397 BAG, Urt. v. 18.1.2012 – 10 AZR 667/10 – NZA 2012, 620; BAG, Urt. v. 13.11.2013 – 10 AZR 848/12 – NZA 2014, 368.
398 BAG, Urt. v. 6.5.2009 – 10 AZR 443/08 – NZA 2009, 783.
399 10 AZR 848/12 – NZA 2014, 368.

digtes“ Arbeitsverhältnis vorsah. Durch die Vorgabe, das Arbeitsverhältnis müsse „ungekündigt“ sein, werde eine unzulässige Bindung über den Bemessungszeitraum hinaus begründet.

3. Unzulässige Diskriminierung als Gestaltungsgrenze

262 Werden die vorstehend dargelegten Grenzen eingehalten, ergeben sich weitere Gestaltungsgrenzen vor allem aus dem Gleichbehandlungsgrundsatz und dem AGG.

a) Gleichbehandlungsgrundsatz

263 Ein Arbeitgeber ist grundsätzlich in seiner Entscheidung **frei, ob und unter welchen Voraussetzungen** er seinen Arbeitnehmern eine vertraglich nicht vereinbarte Leistung freiwillig gewährt.[400] Bei einer solchen Gewährung ist er aber an den Grundsatz der Gleichbehandlung gebunden, wenn er die freiwillige Leistung nach von ihm selbst gesetzten allgemeinen Regelungen gewährt.[401]

264 Der **gewohnheitsrechtlich anerkannte arbeitsrechtliche Gleichbehandlungsgrundsatz** verbietet die sachfremde Schlechterstellung einzelner Arbeitnehmer gegenüber anderen Arbeitnehmern in vergleichbarer Lage ebenso wie eine sachfremde Differenzierung zwischen Gruppen von Arbeitnehmern. Zwar gilt im Bereich der Vergütung der Gleichbehandlungsgrundsatz **nur eingeschränkt**, weil der Grundsatz der Vertragsfreiheit für individuell vereinbarte Löhne und Gehälter Vorrang hat. Das Gebot der Gleichbehandlung greift jedoch ein, wenn der Arbeitgeber Leistungen **aufgrund genereller Regelungen für bestimmte Zwecke** gewährt.[402] Zahlt er aufgrund einer abstrakten Regelung eine freiwillige Leistung nach einem **erkennbar generalisierenden** Prinzip und legt er entsprechend dem mit der Leistung verfolgten Zweck die Anspruchsvoraussetzungen für diese Leistung fest, darf er einzelne Arbeitnehmer von der Leistung nur ausnehmen, wenn dies den **sachlichen Kriterien** entspricht.[403] Arbeitnehmer werden nicht sachfremd benachteiligt, wenn nach dem Zweck der Leistung Gründe vorliegen, die es unter Berücksichtigung aller Umstände rechtfertigen, ihnen die anderen Arbeitnehmern gewährten Leistungen vorzuenthalten.[404]

265 Die Zweckbestimmung einer Sonderzahlung ergibt sich vorrangig aus ihren tatsächlichen und rechtlichen Voraussetzungen. Dementsprechend ist zunächst der

---

400 BAG, Urt. v. 12.10.2011 – 10 AZR 510/10 – NZA 2012, 680.
401 BAG, Urt. v. 12.10.2011 – 10 AZR 510/10 – NZA 2012, 680.
402 BAG, Urt. v. 12.10.2011 – 10 AZR 510/10 – NZA 2012, 680.
403 BAG, Urt. v. 12.10.2011 – 10 AZR 510/10 – NZA 2012, 680.
404 BAG, Urt. v. 12.10.2011 – 10 AZR 510/10 – NZA 2012, 680.

Zweck der Leistung zu ermitteln und zu beurteilen, ob der von ihr ausgeschlossene Personenkreis berechtigterweise außerhalb der allgemeinen Zweckrichtung steht.[405]

Praxistipp
Steht eine unterschiedliche Ausgestaltung der Zusatzleistung nach Gruppen von Arbeitnehmern fest, hat der Arbeitgeber die Gründe für eine Differenzierung offenzulegen und substanziiert die sachlichen Unterscheidungskriterien darzutun. Sind die Unterscheidungsmerkmale nicht ohne weiteres erkennbar und legt der Arbeitgeber seine Differenzierungsgesichtspunkte nicht dar oder ist die unterschiedliche Behandlung nach dem Zweck der Leistung nicht gerechtfertigt, kann der benachteiligte Arbeitnehmer verlangen, nach Maßgabe der begünstigten Arbeitnehmer(gruppe) behandelt zu werden.[406]

Für eine unterschiedliche Behandlung bei der **Kürzung von Sonderleistungen** wegen krankheitsbedingter Fehlzeiten hat das BAG[407] allerdings wiederholt klargestellt, dass „es sachlich gerechtfertigt ist, wenn der Arbeitgeber aufgrund erheblicher Unterschiede in den krankheitsbedingten Ausfallzeiten – und daraus folgend auch der Kosten für die Lohn- bzw. Gehaltsfortzahlung im Krankheitsfalle – die Berücksichtigung der krankheitsbedingten Fehlzeiten bei der Jahressonderzahlung in unterschiedlicher Weise vornimmt".[408] Soweit die hierdurch keine bereits erdiente Vergütung reduziert werden soll, ist diese Differenzierung weiterhin grundsätzlich zulässig und maßgeblich. 266

b) Allgemeines Gleichbehandlungsgesetz

Eine mittelbare Diskriminierung wegen des Alters kann allerdings in der Benachteiligung des Arbeitnehmers durch Kürzung von Sonderzahlungen wegen vermehrten krankheitsbedingten Fehltagen liegen.[409] Dies kann z. B. bei einer Anwesenheitsprämie, die sich auch auf krankheitsbedingte Fehltage bezieht, dann der Fall sein, wenn sie ältere Arbeitnehmer überproportional belastet, weil der Krankheitsstand Älterer im konkreten Betrieb höher ist. Dies muss indes durchaus nicht in jedem Betrieb der Fall sein.[410] Hier ist jeweils nach einer Rechtfertigung i. S. d. § 3 Abs. 2 AGG zu suchen, die sich oftmals auch findet[411] – z. B. in erhöhten Entgeltfortzahlungskosten. 267

---

405 BAG, Urt. v. 26.9.2007 – 5 AZR 808/06 – NZA 2008, 179; BAG, Urt. v. 3.12.2008 – 5 AZR 74/08 – NZA 2009, 367.
406 St. Rspr., vgl. nur BAG, Urt. v. 1.4.2009 – 10 AZR 353/08 – DB 2009, 2494.
407 BAG, Urt. v. 19.4.1995 – 10 AZR 136/94 – NZA 1996, 133; BAG, Urt. v. 6.12.1995 – 10 AZR 123/95 – NZA 1996, 531.
408 BAG, Urt. v. 6.12.1995 – 10 AZR 123/95 – NZA 1996, 531.
409 MünchKomm-BGB/*Thüsing*, § 3 AGG Rn 47; *Lepke*, Kündigung bei Krankheit, Rn 762.
410 Zutreffend MünchKomm-BGB/*Thüsing*, § 3 AGG Rn 47.
411 MünchKomm-BGB/*Thüsing*, § 3 AGG Rn 47; *Lepke*, Kündigung bei Krankheit, Rn 762.

III. Mitbestimmungsrecht des Betriebsrats

268 Soweit Sonderleistungen in Betrieben, in denen ein Betriebsrat gebildet wurde, infolge krankheitsbedingter Fehlzeiten – ohne tarifliche Grundlage – gekürzt werden sollen, unterliegt dies regelmäßig dann der Mitbestimmung des Betriebsrats nach **§ 87 Abs. 1 Nr. 10 BetrVG**, wenn die Kürzung nicht im Rahmen der tatsächlichen und individualrechtlichen Möglichkeiten des Arbeitgebers „vollständig" erfolgt. Insoweit wird man nämlich die vom BAG zur **Anrechnung von Tariflohnerhöhungen** auf übertarifliche Zulagen entwickelten Grundsätze übertragen müssen.

269 Nach der ständigen Rechtsprechung des BAG hat der Betriebsrat gemäß § 87 Abs. 1 Nr. 10 BetrVG bei der Anrechnung einer Tariflohnerhöhung auf übertarifliche Zulagen mitzubestimmen, wenn (**kumulativ**)[412]
- eine generelle Maßnahme vorliegt,
- wenn sich durch die Anrechnung die bisher bestehenden Verteilungsrelationen ändern und
- wenn für die Neuregelung innerhalb des vom Arbeitgeber mitbestimmungsfrei vorgegebenen Dotierungsrahmens ein Gestaltungsspielraum besteht.

270 Die Anrechnung unterliegt deshalb **keiner Mitbestimmung**, wenn (**alternativ**)[413]
- sie das Zulagenvolumen völlig aufzehrt oder
- die Tariferhöhung im Rahmen des rechtlich und tatsächlich Möglichen vollständig und gleichmäßig auf die übertariflichen Zulagen angerechnet wird.

1. Voraussetzungen für ein Mitbestimmungsrecht

271 Dieses Mitbestimmungsrecht erstreckt sich danach nur auf generelle Regelungen und nicht auf die Gestaltung von Einzelfällen.

272 Dabei hängt die Beantwortung der Frage, ob ein kollektiver und damit mitbestimmungspflichtiger Tatbestand vorliegt, nach der Rechtsprechung des BAG **nicht notwendigerweise von der Zahl der Betroffenen** ab. Es seien vielmehr – so das BAG – generelle Regelungsfragen vorstellbar, die vorübergehend nur einen Arbeitnehmer betreffen; andererseits könnten individuelle Sonderregelungen auf Wunsch der betroffenen Arbeitnehmer gehäuft auftreten.[414]

273 Allerdings kann die **Anzahl der betroffenen Arbeitnehmer ein Indiz** dafür sein, dass ein kollektiver Tatbestand vorliegt. Denn es widerspräche – so das BAG – „dem Zweck des Mitbestimmungsrechts, wenn der Arbeitgeber es allein dadurch ausschließen könnte, dass er mit einer Vielzahl von Arbeitnehmern jeweils „individuelle" Vereinbarungen trifft und dabei die Formulierung einer allgemeinen Regel

412 BAG, Urt. v. 8.6.2004 – 1 AZR 308/03 – NZA 2005, 66.
413 BAG, Urt. v. 8.6.2004 – 1 AZR 308/03 – NZA 2005, 66.
414 BAG, Beschl. v. 22.4.1997 – 1 ABR 80/96 – juris.

vermeidet.[415] Sonst könnte nämlich mit der Behauptung, nur individuell entscheiden zu wollen, jedes Mitbestimmungsrecht ausgeschlossen werden.[416]

Praxistipp
Entgegen einer in der betrieblichen Praxis immer wieder anzutreffenden Vorstellung wird die Annahme eines kollektiven mitbestimmungspflichtigen Tatbestands nach der Rechtsprechung des BAG nicht dadurch ausgeschlossen, dass der Arbeitgeber die Arbeitsleistungen seiner Beschäftigten und damit die Höhe der übertariflichen Zulagen nicht anhand abstrakt definierter Kriterien bestimmt, sondern nach einer Liste nicht näher gewichteter Gesichtspunkte.[417] Gerade in diesem Fall besteht nämlich nach der Bewertung des BAG[418] die Gefahr einer willkürlichen Lohngestaltung durch den Arbeitgeber, die § 87 Abs. 1 Nr. 10 BetrVG ausschließen soll.

Praxistipp
Auch dann, wenn neben einer Kürzung von Sonderleistungen wegen krankheitsbedingter Ausfallzeiten (Mutterschutz, Elternzeit) auch eine Kürzung wegen anderer Ausfallzeiten erfolgt, liegt nach der Bewertung des BAG „der kollektive Bezug gleichfalls auf der Hand".[419] Denn dann werde „ein allgemeiner Lohngrundsatz deutlich, nämlich der, bei der Frage der Weitergabe von Tariflohnerhöhungen zu berücksichtigen, daß das Arbeitsverhältnis faktisch zur Zeit nicht vollzogen wird. Dies ist ein Sachverhalt, der nicht auf die unmittelbar betroffenen Personen beschränkt ist, sondern als abstrakter Grundsatz jeden anderen Arbeitnehmer in gleicher Weise treffen kann".[420]

---

2. Grundsätzlich Mitbestimmung bei krankheitsbedingter Kürzung

Für einen kollektiven Tatbestand spricht in den Fällen krankheitsbedingter Kürzungen nach der Bewertung des BAG insbesondere, dass durch „die Verringerung der Zulagenhöhe [...] zum Ausdruck gebracht [wird], [dass der Arbeitgeber] die Arbeitsleistung des [Arbeitnehmers] geringer bewertet als die der anderen Arbeitnehmer, deren Zulagen sich nicht verändert haben".[421] Der Arbeitgeber ändere damit das leistungsbezogene übertarifliche Lohngefüge in seinem Betrieb, wobei nach § 87 Abs. 1 Nr. 10 BetrVG der Betriebsrat zu beteiligen sei.[422] 274

Dass die Kürzung der Zulage letztlich auf einer **krankheitsbedingten Leistungsminderung** beruht, führt nach der Bewertung des BAG **nicht** dazu, einen **Einzelfall anzunehmen.** Denn letztlich geht es auch hier um die Frage, ab welcher Arbeitsleistung ein Arbeitnehmer seine übertarifliche Zulage bei einer Tariflohnerhöhung unge- 275

---

415 BAG, Beschl. v. 22.4.1997 – 1 ABR 80/96 – juris.
416 BAG, Beschl. v. 22.4.1997 – 1 ABR 80/96 – juris.
417 BAG, Urt. v. 22.9.1992 – 1 AZR 460/90 – NZA 1993, 568.
418 BAG, Urt. v. 22.9.1992 – 1 AZR 460/90 – NZA 1993, 568.
419 BAG, Beschl. v. 27.10.1992 – 1 ABR 17/92 – NZA 1993, 561.
420 BAG, Beschl. v. 27.10.1992 – 1 ABR 17/92 – NZA 1993, 561.
421 BAG, Urt. v. 22.9.1992 – 1 AZR 460/90 – NZA 1993, 568.
422 BAG, Urt. v. 22.9.1992 – 1 AZR 460/90 – NZA 1993, 568.

kürzt weiter erhält.[423] Die Kürzung übertariflicher Zulagen bei krankheitsbedingter Leistungsminderung unterscheide sich – so das BAG – im Ergebnis nicht von den anderen Fällen der Anrechnung wegen schlechter Arbeitsleistungen, weil es für die Höhe der Zulage allein auf die erbrachte Leistung ankomme. Um zu gewährleisten, dass es auch bei krankheitsbedingtem Leistungsabfall nicht zu einer willkürlichen Lohngestaltung kommt, die das innerbetriebliche Lohngefüge unausgewogen werden lässt, habe der Betriebsrat daher gemäß § 87 Abs. 1 Nr. 10 BetrVG bei der Anrechnungsentscheidung mitzubestimmen.[424]

3. Ausnahmen von der Mitbestimmungspflicht

276 Auch außerhalb tariflicher Grenzen nach § 87 Abs. 1 Einleitungssatz BetrVG muss in der betrieblichen Praxis allerdings stets geprüft werden, ob die Anrechnung nach den oben unter Kapitel 3 Rn 273 ff. geschilderten Grundsätzen nicht mitbestimmungsfrei ist.

277 Danach ist eine Anrechnung nämlich selbst dann, wenn sich durch sie die Verteilungsrelationen ändern, dennoch mitbestimmungsfrei, sofern der Arbeitgeber seine soweit vorhandenen individualrechtlichen Möglichkeiten voll ausschöpft.[425] Darin liegt die mitbestimmungsrechtliche Bedeutung von individualrechtlichen Kürzungsregelungen, die auch zur Bewahrung der Gestaltungsfreiheit des Arbeitgebers gegenüber dem Betriebsrat individualvertraglich (insbesondere AGB-rechtlich) wirksam vereinbart werden sollten. Denn die „aus ihnen fließenden Bindungen [begrenzen] den Spielraum der Arbeitgeberin hinsichtlich des Inhalts der Anrechnungsentscheidung".[426]

Praxistipp
Schranken, die sich dabei aus der Begrenzung der Reichweite eines arbeitsvertraglichen Anrechnungsvorbehalts ergeben, sind demnach auch mitbestimmungsrechtlich beachtlich.[427] Vor diesem Hintergrund ist auch das in der betrieblichen Praxis nicht selten von Betriebsratsseite bemühte Argument nicht zielführend, dass es sich bei entsprechenden Vereinbarungen um vorweggenommene negative Anrechnungsentscheidungen handele. Das BAG hat dies explizit zurückgewiesen.[428]

---

423 BAG, Urt. v. 22.9.1992 – 1 AZR 460/90 – NZA 1993, 568.
424 BAG, Urt. v. 22.9.1992 – 1 AZR 460/90 – NZA 1993, 568.
425 BAG, Beschl. v. 22.4.1997 – 1 ABR 80/96 – juris; BAG, Urt. v. 8.6.2004 – 1 AZR 308/03 – NZA 2005, 66
426 BAG, Beschl. v. 22.4.1997 – 1 ABR 80/96 – juris.
427 BAG, Beschl. v. 22.4.1997 – 1 ABR 80/96 – juris.
428 BAG, Beschl. v. 22.4.1997 – 1 ABR 80/96 – juris.

Kapitel 4
Krankheitsbedingte Kündigung

1 Das KSchG kennt den Begriff der krankheitsbedingten Kündigung nicht. Der Gesetzgeber spricht in § 1 Abs. 2 Var. 1 KSchG lediglich von einer sozialen Rechtfertigung solcher Kündigungen, die auf **Gründen in der Person** des Arbeitnehmers beruhen. Hierunter fallen allerdings krankheitsbedingte Kündigungen, die in der Praxis den **Hauptanwendungsfall personenbedingter ordentlicher Kündigungen** ausmachen.[1]

2 Rechtstechnisch umfassen personenbedingte Kündigungen jedoch alle Störungen des Arbeitsverhältnisses, bei denen der Arbeitnehmer aufgrund
- persönlicher (Un-)Fähigkeiten
- (fehlender) Eigenschaften oder
- nicht vorwerfbarer Einstellungen

3 nicht mehr in der Lage ist, künftig eine vertragsgerechte Leistung zu erbringen.[2]

4 Gemeinsam ist personen- mit verhaltensbedingten Kündigungen, dass die Störung des synallagmatischen Austauschverhältnisses aus der Sphäre des Arbeitnehmers stammt.[3] Im Unterschied zu einer verhaltensbedingten Kündigung ist die Störung bei personenbedingten Gründen durch den Arbeitnehmer aber **nicht steuerbar** bzw. jedenfalls dem Arbeitnehmer **nicht vorwerfbar**.

Beispiel: Personenbedingte Störungsursachen i

Arbeitnehmer AN ist durch eine Beinamputation nicht (mehr) in der Lage, seiner Tätigkeit als Briefzusteller nachzukommen. (AN kann seine Arbeitsleistung aufgrund eines nicht steuerbaren Umstands aus seiner Sphäre nicht erbringen, selbst wenn er wollte: personenbedingte Ursache).

Arbeitnehmer AN ist es aufgrund seines Glaubens untersagt, Alkohol auszuschenken (AN will seine Arbeitsleistung aufgrund eines ihm nicht vorwerfbaren Umstands aus seiner Sphäre nicht erbringen: personenbedingte Ursache).

Arbeitnehmer AN ist krankhaft alkoholabhängig und aufgrund einer akuten Alkoholintoxikation nicht arbeitsfähig (AN kann seine Arbeitsleistung aufgrund eines nicht steuerbaren Umstands aus seiner Sphäre nicht erbringen, selbst wenn er wollte: personenbedingte Ursache).

---

5 Bei der Abgrenzung zwischen personen- und verhaltensbedingten Gründen ist damit stets auf die **Reichweite der arbeitsvertraglichen Pflichten** abzustellen: Verletzt

---

1 Vgl. hierzu mit weiteren Nachweisen v. Hoyningen-Huene/Linck/Krause/*Krause*, Kündigungsschutzgesetz, § 1 KSchG Rn 361.

2 BAG, Urt. v. 20.5.1988 – 2 AZR 682/87 – NZA 1989, 464; BAG, Urt. v. 8.9.2011 – 2 AZR 543/10, – NZA 2012, 444.

3 BAG, Urt. v. 24.3.2011 – 2 AZR 790/09 – NZA 2011, 1084; BAG, Urt. v. 24.2.2005 – 2 AZR 211/04 – NZA 2005, 759; BAG, Urt. v. 26.11.2009 – 2 AZR 272/08 – NZA 2010, 628.

der Arbeitnehmer seine arbeitsvertraglichen Pflichten, liegt ein verhaltensbedingter Umstand vor, selbst wenn die Pflichtverletzung zu einem personenbedingten Hindernis führt. Ist das personenbedingte Hindernis auf ein willensgesteuertes, aber nicht vertragswidriges Verhalten zurückzuführen, kommt nur eine personenbedingte Kündigung in Betracht.[4]

Beispiel

Arbeitnehmer AN begeht eine vorsätzliche Straftat und wird zu einer mehrjährigen Haftstrafe verurteilt. Offener Vollzug wird abgelehnt, so dass AN seiner Arbeitspflicht nicht mehr nachkommen kann. Obwohl die Ursache des Hindernisses hier in einem willensgesteuerten Verhalten zu erblicken ist, kommt eine personenbedingte Kündigung des AN in Betracht, da das Begehen der Straftat keine arbeitsvertragswidrige Handlung darstellt.

Arbeitnehmer AN schneidet sich absichtlich mit einem Messer in seinen Finger, um so die eigene Arbeitsunfähigkeit herbeizuführen und die nächste Woche nicht arbeiten zu müssen. Hier entfällt aufgrund des eigenen Verschuldens nicht nur der Anspruch auf Lohnfortzahlung im Krankheitsfall gem. § 3 Abs. 1 S. 1 EFZG, sondern kann die vorsätzliche Herbeiführung der Arbeitsunfähigkeit auch eine verhaltensbedingte Kündigung rechtfertigen,[5] da das vorsätzliche Herbeiführen der Arbeitsunfähigkeit eine arbeitsvertragswidrige Handlung darstellt.

6 Überschreiten die personenbedingten Störungen des arbeitsvertraglichen Austauschverhältnisses ein bestimmtes Maß, so überwiegen die Interessen des Arbeitgebers an der Beendigung des Arbeitsverhältnisses das soziale Bestandsschutzinteresse des Arbeitnehmers an dessen Fortsetzung.[6] Ein Arbeitsverhältnis kann dann wirksam gekündigt werden.

Praxistipp

Eine vorherige Abmahnung ist bei personenbedingten Kündigungen aus Rechtsgründen nicht erforderlich. Eine Abmahnung hat die Funktion, dem Arbeitnehmer deutlich zu machen, dass der Arbeitgeber die eingetretene Störung nicht duldet. Hierdurch soll der Arbeitnehmer gewarnt und dazu bewegt werden, künftig entsprechende Störungen zu unterlassen. Da es bei personenbedingten Ursachen jedoch an einem steuerbaren bzw. vorwerfbaren Fehlverhalten mangelt und der Arbeitnehmer gar nicht in der Lage ist, sein Verhalten zu ändern, verfehlt eine Abmahnung ihren Zweck. Gleichwohl sollte insbesondere in Fällen mit Abgrenzungsschwierigkeiten zwischen personen- und verhaltensbedingter Ursache, die sich z. B. im Bereich der Low-Performance[7] oder bei Alkoholmissbrauch[8] ergeben können, „vorsichtshalber" abgemahnt werden.

7 Da dem Arbeitnehmer bei krankheitsbedingten Kündigungen aber kein Schuldvorwurf zu machen ist bzw. es in diesem Kontext auf eine Vorwerfbarkeit nicht ankommt,

4 BAG, Urt. v. 25.11.2010 – 2 AZR 984/08 – NZA 2011, 686.
5 *Schmitt*, § 3 EFZG Rn 141; s. auch BAG, Urt. v. 2.3.2006 – 2 AZR 53/05, NZA-RR 2006, 636.
6 BAG, Urt. v. 12.4.2002 – 2 AZR 148/01 – NZA 2002, 1081.
7 Vgl. hierzu noch Kap. 11.
8 Vgl. hierzu noch Kap. 10 – C – III.

bedarf es einer konkreten und genau dargelegten Beeinträchtigung der betrieblichen und wirtschaftlichen Belange des Arbeitgebers.[9]

Hinweis
Eine personenbedingte Kündigung erfolgt nicht „wegen Krankheit" des Arbeitnehmers oder dessen Auswirkungen in der Vergangenheit, sondern allein aufgrund der in Zukunft zu erwartenden weiteren Störungen des arbeitsrechtlichen Austauschverhältnisses. Andererseits begründet eine Krankheit keine Kündigungssperre, so dass der Zugang einer Kündigung auch während bestehender Krankheit nicht zu deren Unwirksamkeit führt.[10] Dies ergibt sich auch bereits aus § 8 EFZG, der – insoweit unscharf – von einer erlaubten „Kündigung aus Anlass der Arbeitsunfähigkeit" spricht.

A. Begriff der Krankheit

Den Begriff der Krankheit definiert das BAG in einer Kurzformel als **regelwidrigen Körper- oder Geisteszustand**, der eine Heilbehandlung erforderlich macht.[11] 8

Nach einer ausführlicheren Definition wird Krankheit im medizinischen Sinne 9 auch als ärztlich diagnostizierbarer, nach außen in Erscheinung tretender, auf die Funktionstauglichkeit abgestellter regelwidriger Körper-, Geistes- oder Seelenzustand umschrieben, der in der Regel durch eine ärztliche Heilbehandlung behoben bzw. verbessert werden kann.[12] Regelwidrig ist ein solcher körperlicher oder geistiger Zustand nur dann, wenn er nach allgemeiner Erfahrung unter Berücksichtigung des natürlichen Lebensgangs nicht bei jedem anderen Menschen gleichen Alters zu erwarten ist.[13]

Bestimmte Anforderungen an Dauer oder Intensität sind zur Erfüllung des Krank- 10 heitsbegriffes nicht erforderlich. Arbeitsrechtliche Konsequenzen kommen einer Krankheit gleichwohl nur dann zu, wenn sich diese störend auf das vertragliche Austauschverhältnis auswirkt.[14]

---

9 BAG, Urt. v. 26.9.1991 – 2 AZR 132/91 – DB 1992, 2196.
10 ErfK/*Oetker*, § 1 KSchG Rn 110.
11 BAG, Urt. v. 5.4.1976 – 5 AZR 397/75 – DB 1976, 1386; BAG, Urt. v. 25.6.1981 – 6 AZR 940/78, NJW 1982, 712.
12 *Lepke*, Kündigung bei Krankheit, Rn 76.
13 *Lepke*, Kündigung bei Krankheit, Rn 76 auch zu weiteren Ausnahmen und Sonderkonstellationen.
14 BAG, Urt. v. 28.2.1990 – 2 AZR 401/89 – NZA 1990, 727; BAG, Urt. v. 26.9.1991 – 2 AZR 132/91 – NZA 1992, 1073.

I. Krankheit vs. Behinderung i. S. d. SGB IX

11 Eine Krankheit stellt nicht per se eine Schwerbehinderung i. S. d. § 2 Abs. 1 SGB IX dar, kann allerdings zu einer solchen führen bzw. eine solche begründen.

12 Die Annahme einer Schwerbehinderung und damit das Entstehen des gesetzlichen Sonderschutzes gem. SGB IX ist in verschiedener Hinsicht strenger und geht über den Begriff der arbeitsrechtlichen Krankheit hinaus: Zum einen reichen in zeitlicher Hinsicht nur vorübergehende gesundheitliche Störungen nicht aus. Zum anderen muss eine Schwerbehinderung zu einer **Beeinträchtigung der gesellschaftlichen Teilhabe** führen, so dass eine gewisse Intensität der Erkrankung erforderlich ist.[15]

13 Die Vorschriften des SGB IX finden damit auf krankheitsbedingte Kündigungen nur dann Anwendung, wenn der Arbeitnehmer (zusätzlich zu seiner Erkrankung) schwerbehindert i. S. d. § 2 Abs. 1 SGB IX ist.[16] Ausführlich zum Begriff der Schwerbehinderung und des gesetzlichen Sonderschutzes vgl. Kap. 9.

II. Krankheit vs. Behinderung i. S. d. AGG

14 Auch stellt eine Krankheit im arbeitsrechtlichen Sinne grundsätzlich **keine Behinderung im Sinne des § 1 AGG** und der diesem zugrundeliegenden Richtlinie 2000/78/EG dar.[17]

1. Behinderungsbegriff i. S. d. AGG

15 Insoweit kann auf die Ausführungen zum Behindertenbegriff des SGB IX verwiesen werden: Auch wenn der Begriff der Behinderung in § 1 AGG nicht deckungsgleich mit dem der Schwerbehinderung in § 2 Abs. 1 SGB IX ist, kann er gleichwohl zunächst auch hier als Ausgangspunkt dienen.[18] Allerdings ist der Behinderungsbegriff des AGG weiter als der (Schwer-)Behinderungsbegriff des SGB IX: Das BAG[19] geht im

---

15 Zum Begriff der Schwerbehinderung: BSG, Urt. v. 12.4.2000 – B 9 SB 3/99 R – SozR 3-3870 § 3 Nr. 9; BAG, Urt. v. 16.2.2012 – 8 AZR 697/10 – NZA 2012, 667; BAG, Urt. v. 22.10.2009 – 8 AZR 642/08 – NZA 2010, 280.

16 Eine Ausnahme stellt das in § 84 Abs. 2 SGB IX verankerte betriebliche Eingliederungsmanagement dar, das auch bei „normalen" krankheitsbedingten Gründen als Ausfluss des Verhältnismäßigkeitsprinzips zu beachten ist, vgl. hierzu noch unter Kap. 4 – C – III – 2 – a, sowie im Kap. 6.

17 EuGH, Urt. v. 11.7.2006 – C-13/05 – NZA 2006, 839; von Hoyningen-Huene/Linck/Krause/*Krause*, Kündigungsschutzgesetz, § 1 Rn 362; Schaub/*Linck*, Arbeitsrechtshandbuch, § 131 [Personenbedingte Kündigung] Rn 31; zur Ausnahme bei chronischen Erkrankungen s. noch sogleich.

18 BAG, Urt. v. 16.2.2012 – 8 AZR 697/10 – NZA 2012, 667; BAG, Urt. v. 7.6.2011 – 1 AZR 34/10 – NZA 2011, 1370.

19 BAG, Urt. v. 19.12.2013 – 6 AZR 190/12 – BeckRS 2014, 66665 mit Anm. *Fuhlrott*, GWR 2014, 96.

Einklang mit dem Europäischen Gerichtshof[20] im AGG von einem sog. **bio-psycho-sozialen Behinderungsbegriff** aus, wonach für die Annahme einer Behinderung maßgeblich auf die Beeinträchtigung der gesellschaftlichen Teilhabe abzustellen ist.

Kündigungen aufgrund „normaler" krankheitsbedingter Störungen unterfallen daher grundsätzlich nicht dem Anwendungsbereich des AGG. 16

2. Ausnahme: Chronische Erkrankung und AGG

Hiervon macht das BAG aber seit einer Entscheidung vom 19.12.2013[21] eine wichtige Ausnahme für **chronisch Erkrankte**: 17

Beispiel: Kündigung wegen HIV i

In der Entscheidung vom 19.12.2013 kündigte ein Pharmaunternehmen einem HIV-infizierten Arbeitnehmer, der im Labor-/Fertigungsbereich im Rahmen der Herstellung intravenös zu verabreichender Medikamente eingesetzt war. Das Unternehmen begründete diese Kündigung mit Ansteckungsgefahren der Kunden durch verunreinigte Arzneimittel infolge nicht auszuschließender blutender Schnittverletzungen des infizierten Arbeitnehmers. Der Arbeitnehmer, für den mangels Erfüllung der sechsmonatigen Wartezeit des § 1 Abs. 1 KSchG das Kündigungsschutzgesetz noch nicht Anwendung fand, erhob Kündigungsschutzklage und verlangte wegen Diskriminierung eine Entschädigungszahlung nach dem AGG. Das BAG gab dem Arbeitnehmer im Grundsatz Recht und sah selbst in der symptomlosen HIV-Infektion eine Behinderung i. S. d. AGG, da die Erkrankung gesellschaftliche Stigmatisierung und Ausgrenzung nach sich ziehe. Der Arbeitnehmer sei aufgrund Behinderung benachteiligt worden. Demnach hätte die Kündigung einer Rechtfertigung bedurft. Diese konnte der Arbeitgeber nicht ausreichend darlegen, da er sich pauschal auf „Infektionsgefahren" berufen hatte, ohne diese konkret darzulegen.

Als Folge dieser Entscheidung ist davon auszugehen, dass **chronische Erkrankungen** bei entsprechender Beeinträchtigung der gesellschaftlichen Teilhabe auch eine Behinderung i. S. d. AGG darstellen können. Die weitere Präzisierung durch die Rechtsprechung bleibt hier abzuwarten.[22] 18

Vorsicht !

Für den Arbeitgeber droht hier die Gefahr, dass eine unwirksame Kündigung eines chronisch Erkrankten Entschädigungsansprüche nach dem AGG nach sich zieht. Stellt die chronische Erkrankung nämlich eine Beeinträchtigung der gesellschaftlichen Teilhabe dar und ist damit als Behinderung i. S. d. AGG zu qualifizieren, so ist eine nicht gerechtfertigte Kündigung eine Diskriminierung gem. § 7 AGG, die zu einem Entschädigungsanspruch gem. § 15 AGG führen kann.

---

20 EuGH, Urt. v. 11.4.2013 – C-335/11 und C-337/11 – NZA 2013, 553.
21 BAG, Urt. v. 19.12.2013 – 6 AZR 190/12 – BeckRS 2014, 66665 mit Anm. *Fuhlrott*, GWR 2014, 96.
22 Fuhlrott/Wesemann, ArbR Aktuell 2014, 307.

B. Arten krankheitsbedingter Beeinträchtigungen

19 Kündigungsrechtliche Relevanz kommt einer Krankheit nur zu, wenn deren Auswirkungen zu Beeinträchtigungen des Arbeitsverhältnisses führen.[23]

I. „Echte" krankheitsbedingte Beeinträchtigungen

20 Die Beeinträchtigungen durch Krankheit lassen sich in nachstehende vier Fallgruppen unterteilen:

1. Häufige Kurzerkrankungen

21 Häufige Kurzerkrankungen liegen vor, wenn Leistungsausfälle in Form von Fehlzeiten von jeweils **kürzerer Dauer** sind und **sich häufig wiederholen**, ohne dass die Ausfallzeitpunkte im Voraus berechenbar wären.[24]

22 Für den Arbeitgeber stellen derartige Kurzerkrankungen oftmals eine besondere Schwierigkeit dar, da kurzfristig Ersatz gesucht werden muss, ggf. fristgebundene Arbeiten liegen bleiben und der betriebliche Ablauf kurzfristig umorganisiert werden muss, was zu empfindlichen Störungen führt. Handelt es sich um verschiedene Erkrankungen und keine Folgeerkrankungen gem. § 3 EFZG, stellen sie für den Arbeitgeber auch eine große wirtschaftliche Belastung dar, da sie in der jährlichen Summe den sechswöchigen Entgeltfortzahlungszeitraum des EFZG überschreiten können.

2. Langzeiterkrankungen

23 Eine Langzeiterkrankung oder langanhaltende Krankheit besteht, wenn die geschuldete Leistung infolge Erkrankung über eine **längere, zusammenhängende Zeit** nicht erbracht werden kann.

24 Wann eine Krankheit als Langzeiterkrankung gilt, wird von der Rechtsprechung von Fall zu Fall entschieden.

---

i **Beispiel**

So ist eine Langzeiterkrankung dann angenommen worden, wenn eine Erkrankung bereits 1,5 Jahre angedauert hat und eine Genesung nicht absehbar ist.[25] Bei einem fünf Jahre andauernden Arbeitsverhältnis hingegen liegt eine lang anhaltende Erkrankung nicht vor, wenn der Arbeitnehmer erst seit

23 BAG, Urt. v. 7.11.2002 – 2 AZR 599/01 – NZA 2003, 483; BAG, Urt. v. 20.7.1989 – 2 AZR 114/87 – NZA 1990, 614.

24 BAG, Urt. v. 23.9.1992 – 2 AZR 63/92 – BeckRS 1992, 30742491.

25 BAG, Urt. v. 21.5.1992 – 2 AZR 399/91 – BB 1993, 727.

zwei Monaten erkrankt ist,[26] wobei eine viermonatige Erkrankung hingegen zur Annahme einer lang andauernden Erkrankung ausreichend sein kann.[27]

Auch ist den konkreten Ursachen der Erkrankung – soweit bekannt – Bedeutung zu schenken: Selbst wenn der Arbeitnehmer erst seit kurzer Zeit erkrankt ist, können die konkreten Umstände die Annahme einer lang andauernden Erkrankung rechtfertigen. 25

Beispiel

Arbeitnehmer AN ist als Bauarbeiter beschäftigt und erleidet einen schweren Unfall, der dazu führt, dass AN in absehbarer Zeit nicht mehr seiner bisherigen Beschäftigung nachgehen können wird. Hier kann der Arbeitgeber schon vor Ablauf des sechswöchigen Entgeltfortzahlungszeitraumes eine lang andauernde Erkrankung annehmen.[28]

Auch wenn Langzeiterkrankungen nach einmaliger Ausschöpfung des sechswöchigen Entgeltfortzahlungszeitraumes zu keinen bzw. geringen unmittelbaren finanziellen Belastungen des Arbeitgebers führen,[29] beeinträchtigen sie oftmals die betrieblichen Abläufe: Der lange Ausfall des erkrankten Arbeitnehmers führt dazu, dass dieser nicht mehr einplanbar ist. Der Arbeitsausfall muss kompensiert werden, was ggf. die Einstellung einer Vertretungskraft erforderlich machen kann. Diese muss zunächst eingearbeitet werden und ist bei Rückkehr des Erkrankten „überflüssig". Rechtstechnisch ist zwar deren befristete Beschäftigung als Krankheitsvertretung gem. § 14 Abs. 1 S. 2 Nr. 3 TzBfG möglich. Allerdings wird es in Zeiten von Fachkräftemangel schwer fallen, hierfür gut qualifizierte Kandidaten zu gewinnen. 26

3. Dauernde Arbeitsunfähigkeit

Dauernde Arbeitsunfähigkeit ist anzunehmen, wenn der Arbeitnehmer dauerhaft nicht (mehr) in der Lage ist, die geschuldete Leistung zu erbringen. Die Leistungsunfähigkeit kann auf körperlichen Erkrankungen – insbesondere unfallbedingten Verletzungen – oder auf psychischen Gründen beruhen. Eine dauernde Arbeitsunfähigkeit liegt auch vor, wenn die dauernde Erwerbsunfähigkeit des Arbeitnehmers feststeht.[30] 27

Gleichzusetzen mit der dauerhaften Arbeitsunfähigkeit ist die Ungewissheit der Wiedererlangung der Arbeitsfähigkeit des Arbeitnehmers, wenn innerhalb der nächs- 28

---

26 LAG Köln, Urt. v. 25.8.1995 – 13 Sa 440/95 – NZA-RR 1996, 247.
27 LAG Köln, Urt. v. 19.12.1995 – 13 Sa 928/95 – NZA-RR 1996, 250.
28 Beispiel nach APS/*Dörner/Vossen*, Kündigungsrecht, § 1 KSchG Rn 145.
29 Zur Übertragung von Erholungsurlaub bei Arbeitsunfähigkeit und dessen Abgeltung s. noch Kap. 5 – C.
30 ErfK/*Oetker*, § 1 KSchG Rn 127.

ten 24 Monate nicht mit einer anderen Prognose als der der Arbeitsunfähigkeit zu rechnen ist.[31]

29 Zwar ist der Arbeitgeber in derartigen Fällen dauerhafter Arbeitsunfähigkeit nach Ablauf des Entgeltfortzahlungszeitraumes von seiner Lohnfortzahlungspflicht befreit, so dass seine betrieblichen Interessen nur gering beeinträchtigt werden. Allerdings stellt das Arbeitsverhältnis lediglich noch eine **„inhaltsleere Hülle"** dar, so dass auch dem Arbeitnehmer kein verstärktes Interesse an dessen Fortbestand mehr zugebilligt wird.[32]

4. Krankheitsbedingte Leistungsminderungen

30 Auch krankheitsbedingte Leistungsminderungen können eine personenbedingte Kündigung rechtfertigen.[33] Die Leistungsminderung muss allerdings erheblich sein, was im Fall einer **Minderleistung von 2/3 der Normalleistung** vom BAG bejaht wird.[34] Die Arbeitsleistung muss durch den Arbeitnehmer folglich in einen solchen Maße unterschritten werden, dass dem Arbeitgeber ein Festhalten an dem (unveränderten) Arbeitsvertrag unzumutbar wird und eine Wiederherstellung des Gleichgewichts nicht erwartet werden kann.[35]

31 Die Störung der betrieblichen Interessen ist darin zu erblicken, dass dem Arbeitgeber bei Zahlung des vollen Lohnes für den Arbeitnehmer keine betriebswirtschaftlich entsprechende Arbeitsleistung mehr gegenübersteht.

II. „Unechte" krankheitsbedingte Beeinträchtigungen

32 Von „unechten" krankheitsbedingten Beeinträchtigungen wird bisweilen gesprochen, wenn das Austauschverhältnis durch Verhaltensweisen des Arbeitnehmers beeinträchtigt werden, die auf den ersten Blick einen Zusammenhang mit einer Krankheit aufweisen, bei genauer Betrachtung aber seitens des Arbeitnehmers „anlässlich" einer Krankheit oder unter dem Vorwand einer Erkrankung erfolgen.

---

31 BAG, Urt. v. 12.4.2002 – 2 AZR 148/01 – NZA 2002, 1081; BAG, Urt. v. 29.4.1999 – 2 AZR 431/98 – NZA 1999, 978.

32 Vgl. etwa von Hoyningen-Huene/Linck/Krause/*Krause*, Kündigungsschutzgesetz, § 1 Rn 425, der von einem „sinnentleerten" vertraglichen Austauschverhältnis spricht.

33 BAG, Urt. v. 5.8.1976 – 3 AZR 110/75 – DB 1976, 2307; BAG, Urt. v. 26.9.1991 – 2 AZR 132/91 – DB 1992, 2196.

34 BAG, Urt. v. 26.9.1991 – 2 AZR 132/91 – DB 1992, 2196.

35 Von Hoyningen-Huene/Linck/Krause/*Krause*, Kündigungsschutzgesetz, § 1 KSchG Rn 448.

Beispiele unechter krankheitsbedingter Beeinträchtigungen

i

Arbeitnehmer AN verfügt über eine labile Gesundheit, so dass er jedes Jahr mehrere Wochen an Atemwegsinfektionen leidet. Um seinen Urlaub aufzusparen, ruft AN seinen Arbeitgeber AG an und zeigt seine Arbeitsunfähigkeit für zwei Tage an, da es ihn „schon wieder mal erwischt habe".

Arbeitnehmer AN bekommt von seinem Arbeitgeber AG eine neue Aufgabe zugewiesen, die AN nicht genügend reizvoll findet. Unter Verweis auf bei ihm bestehende und betriebsärztlich bekannte Rückenprobleme teilt AN wahrheitswidrig mit, die neue ihm zugewiesene Aufgabe gesundheitlich nicht leisten zu können.

Arbeitnehmer AN ist in der Fertigung eingesetzt. Während im Durchschnitt die Arbeitnehmer dort 30 Stück/Stunde fertigen, findet AN dieses Tempo zu hoch. Obwohl er schneller arbeiten könnte, begnügt er sich mit der Fertigung von 20 Stück/Stunde und gibt gegenüber Arbeitgeber AG wahrheitswidrig an, er bemühe nach sich nach besten Kräften, könne aber nicht schneller.

Nach der eingangs dargestellten Systematik handelt es sich in derartigen Fällen nicht 33
um personenbedingte Gründe, sondern um vorwerfbare bzw. steuerbare Ursachen, die sich nach den Vorgaben an verhaltensbedingte Kündigungen richten.

C. Voraussetzungen ordentlicher krankheitsbedingter Kündigung im KSchG

Eine krankheitsbedingte Kündigung ist keine Bestrafung für Fehlzeiten in der Vergan- 34
genheit.[36] Sie ist eine Reaktion des Arbeitgebers aufgrund in der Vergangenheit aufgetretener Fehlzeiten, die in der Zukunft weitere Störungen des Austauschverhältnisses befürchten lassen.

Folglich steht bei einer krankheitsbedingten Kündigung die **künftige Entwick-** 35
lung des Arbeitsverhältnisses im Blickwinkel, wobei im Rahmen einer Rückschau den Geschehnissen der Vergangenheit jedoch indizielle Wirkung zukommt.

Diese Kombination von vergangenen Ereignissen und künftigen Entwicklungen 36
gibt bereits Aufschluss über den umfangreichen inhaltlichen Prüfungsmaßstab krankheitsbedingter Kündigungen, der sich in drei wesentliche Stufen unterteilen lässt:[37]

- **Stufe 1:** **Negative Gesundheitsprognose**
  Sind über den Ablauf der Kündigungsfrist hinaus weitere Fehlzeiten bzw. personenbedingte Leistungsmängel zu erwarten?
- **Stufe 2:** **Beeinträchtigung betrieblicher Interessen**
  Führen die aufgrund der festgestellten Negativprognose zu erwartenden Störungen auch in Zukunft zu einer erheblichen Beeinträchtigung der betrieblichen Interessen?

36 BAG, Urt. v. 7.11.1985 – 2 AZR 657/84 – NZA 1986, 359; BAG, Urt. v. 29.7.1993 – 2 AZR 155/93 – DB 1993, 2439.

37 BAG, Urt. v. 24.11.2005 – 2 AZR 514/04 – NZA 2006, 665; BAG, Urt. v. 12.4.2002 – 2 AZR 148/01 – NZA 2002, 1081.

– **Stufe 3:** **Interessenabwägung und ultima-ratio-Prinzip**
Ist unter Berücksichtigung und Abwägung der beiderseitigen Interessen die Fortsetzung des Arbeitsverhältnisses für den Arbeitgeber nicht mehr zumutbar? Gibt es andere Beschäftigungsmöglichkeiten?

37 Dieses Grobraster lässt sich auf alle dargestellten Arten krankheitsbedingter Beeinträchtigung anwenden, wobei innerhalb der Prüfungsschritte im Einzelnen die Anforderungen variieren.

I. Negative Gesundheitsprognose

38 Ausgangspunkt einer jeden krankheitsbedingten Kündigung ist damit das Vorliegen einer **negativen Gesundheitsprognose**. Da das Arbeitsrecht den Blick auf die künftige störungsfreie Zusammenarbeit der Arbeitsvertragsparteien richtet, setzt eine krankheitsbedingte Kündigung auch in der Zukunft weitere Störungen voraus, so dass die prognostizierte gesundheitliche Entwicklung des Arbeitnehmers maßgeblich ist.

1. Begriff der negativen Gesundheitsprognose

39 Eine negative Gesundheitsprognose wird dann angenommen, wenn zum Zeitpunkt des Zugangs der Kündigung aufgrund objektiver Tatsachen damit zu rechnen ist, dass der Arbeitnehmer auch in Zukunft wiederholt arbeitsunfähig sein wird.[38] Subjektive Vorstellungen und Erwartungen des Arbeitgebers oder des Arbeitnehmers sind damit nicht maßgeblich.

a) Art des Leistungsmangels

40 Zur Feststellung einer negativen Prognose bedarf es einer Berücksichtigung der Art des Leistungsmangels. Im Einzelfall kann sich bereits aus der Art des Mangels eine negative Prognose ergeben. Dies ist insbesondere bei sog. **objektiven Eignungsmängeln** – wie etwa einer fehlenden Arbeitserlaubnis[39] oder dem Verlust einer bestimmten beruflich notwendigen Qualifikation (Führerscheinentzug) – der Fall. Hier folgt die negative Prognose unmittelbar aus der Störung, so dass davon ausgegangen werden kann, dass es auch künftig zu Störungen des Arbeitsverhältnisses kommen wird.[40]

---

38 Von Hoyningen-Huene/Linck/Krause/*Krause*, Kündigungsschutzgesetz, § 1 KSchG Rn 375; HWK/*Thies*, § 1 KSchG Rn 103.
39 BAG, Urt. v. 7.2.1990 – 2 AZR 359/89 – NZA 1991, 341.
40 HWK/*Thies*, § 1 KSchG Rn 104.

Bei krankheitsbedingten Leistungsmängeln handelt es sich hingegen regelmäßig um **subjektive Eignungsmängel** in Bezug auf die Ausübung der vertraglich geschuldeten Arbeitsleistung. Diese sind schwerer feststellbar als objektive Eignungsmängel und erfordern eine Einschätzung und Bewertung des zukünftigen Krankheitsverlaufes des Arbeitnehmers. 41

b) Fehlzeiten in der Vergangenheit

Fehlzeiten in der Vergangenheit können ein **Indiz für weitere Fehlzeiten** in der Zukunft sein.[41] Dies gilt allerdings nur für solche Krankheiten, die auch die Gefahr zukünftiger weiterer Erkrankungen indizieren.[42] 42

Einmalige, überstandene und auskurierte Krankheiten oder Gesundheitsschäden taugen daher nicht als Indiz weiterer gesundheitlicher Beeinträchtigungen und können nicht als Prognosebasis herangezogen werden.[43] 43

Beispiel i

So ist z. B. eine einmalige Blinddarmentzündung mit anschließender Operation nicht geeignet, ein Indiz für die zukünftige Gesundheit des Arbeitnehmers abzugeben.

Auch ist ein erlittener Unfall des Arbeitnehmers – der zu keinen dauernden Beeinträchtigungen führt – als einmaliges Ereignis ebenfalls nicht geeignet, künftige Störungen zu indizieren, wenn der Heilverlauf positiv und eine Gesundung absehbar ist.

Anderes gilt jedoch für Erkrankungen, die auf eine bestimmte gesundheitliche Anfälligkeit des Arbeitnehmers hindeuten[44] oder bei regelmäßigen Unfällen aus einer Sportausübung des Arbeitnehmers[45]. Diese können ein Indiz für eine gewisse gesundheitliche Anfälligkeit oder Risikofreude des Arbeitnehmers sein, die die Gefahr auch künftiger Erkrankungen bzw. Unfälle begründen. Der Arbeitnehmer muss dann darlegen, warum in Zukunft der Eintritt weiterer Unfälle unwahrscheinlich ist.[46] 44

41 BAG, Urt. v. 16.2.1989 – 2 AZR 299/88 – NZA 1989, 923; BAG, Urt. v. 8.11.2007 – 2 AZR 292/06 – NZA 2008, 593; BAG, Urt. v. 7.11.2002 – 2 AZR 493/01 – NJOZ 2003, 1481.

42 BAG, Urt. v. 16.2.1989 – 2 AZR 299/88 – NZA 1989, 923; BAG, Urt. v. 6.9.1989 – 2 AZR 19/89 – NZA 1990, 307; BAG, Urt. v. 10.11.2005 – 2 AZR 44/05 – NZA 2006, 655; BAG, Urt. v. 8.11.2007 – 2 AZR 292/06 – NZA 2008, 593.

43 BAG, Urt. v. 6.9.1989 – 2 AZR 19/89 – NZA 1990, 307; BAG, Urt. v. 7.12.1989 – 2 AZR 225/89 – BeckRS 1989, 30732608.

44 BAG, Urt. v. 10.111.2005 – 2 AZR 44/05 – NZA 2006, 655.

45 BAG, Urt. v. 7.12.1989 – 2 AZR 225/89 – BeckRS 1989, 30732608; LAG Baden-Württemberg, Urt. v. 15.12.1987 – 14 Sa 67/87 – NZA 1988, 436.

46 Von Hoyningen-Huene/Linck/Krause/*Krause*, Kündigungsschutzgesetz, § 1 KSchG Rn 378.

Beispiel

Arbeitnehmer AN ist Kick-Boxer. Regelmäßig kommt es zu Verletzungen und krankheitsbedingten Ausfallzeiten. Arbeitnehmer AN ist nicht bereit, sein Hobby aufzugeben. Risikominimierungsmaßnahmen zur Unfallverhütung sind nach den Regularien des Sportes auch nicht möglich bzw. werden von AN abgelehnt. In einem solchen Fall sind auch in der Zukunft weitere Verletzungen zu befürchten, so dass die bisherigen Unfälle von AN als Prognosebasis für die zukünftige Entwicklung berücksichtigt werden dürfen.

45 Chronische Leiden – wie etwa Bronchitis oder Gastritis – indizieren hingegen regelmäßig eine negative Prognose.[47]

46 Selbst bei eintretenden Einzelerkrankungen, die zusammenhanglos und isoliert zu betrachten sind, kann in Fällen einer Häufung derartiger Erkrankungen eine generelle gesundheitliche Schwäche und besondere Krankheitsanfälligkeit angenommen werden. Die Rechtsprechung hat dies etwa in Fällen wiederholter Erkältungskrankheiten sowie Beschwerden des Bewegungsapparates bejaht.[48]

c) Kenntnis des Arbeitgebers von gesundheitlicher Störursache

47 Der Arbeitgeber steht regelmäßig vor dem Problem, dass er um das Krankheitsbild und die Diagnose des Arbeitnehmers nicht (genau) informiert ist. Informationen, die der Arbeitnehmer von seinem behandelnden Arzt oder vom Betriebsarzt erhält, unterliegen der **ärztlichen Schweigepflicht**. Vom Arbeitnehmer vorgelegte Arbeitsunfähigkeitsbescheinigungen geben ebenfalls keinen Aufschluss über das Krankheitsbild des Arbeitnehmers. Allenfalls aus der Spezialisierung des behandelnden Arztes können ggf. in gewissem Umfang Rückschlüsse gezogen werden. Für die Beurteilung und Einschätzung der Erfolgsaussichten einer krankheitsbedingten Kündigung ist der Arbeitgeber jedoch daran interessiert, möglichst detaillierte Kenntnis über die Erkrankungsursachen zu erlangen.

aa) Bekanntes Krankheitsbild

48 Ist der Arbeitnehmer bereit, dem Arbeitgeber seine gesundheitliche Situation im Einzelnen darzulegen, kann der Arbeitgeber – gegebenenfalls durch Rücksprache mit dem Betriebsarzt oder die Einholung allgemeiner ärztlicher Informationen zum genannten Krankheitsbild – eine Einschätzung treffen.

49 Selbst in diesen Fällen bekannter Störursache ist zwischen Arbeitnehmer und Arbeitgeber jedoch oftmals streitig, ob und ab wann aufgrund des bestehenden

47 ErfK/*Oetker*, § 1 KSchG Rn 124.

48 BAG, Urt. v. 10.11.2005 – 2 AZR 44/05 – NZA 2006, 655.

Krankheitsbildes eine Wiederherstellung der Arbeitsfähigkeit bzw. Verbesserung der gesundheitlichen Situation eintreten wird.

Sofern der Arbeitnehmer hieran mitzuwirken bereit ist, kann der Arbeitgeber den **50** Arbeitnehmer ärztlich begutachten lassen (näher – auch zu den begrenzten Möglichkeiten eines Anspruchs auf Untersuchung – s. Kap. 2 – B – III – 2 – d).

Praxistipp
Arbeitgeber und Arbeitnehmer sollte sich hierfür auf einen Arzt einigen. Aus Arbeitgebersicht bietet es sich an, hierfür nicht den Hausarzt des Arbeitnehmers auszuwählen, der zu diesem ggf. in einem besonderen Nähe- und Vertrauensverhältnis steht. Vorzugswürdiger dürfte sich hier ein dem Arbeitnehmer neutraler gegenüber stehender Gutachter wie z. B. der Betriebsarzt erweisen. Auch eine Anfrage bei der jeweiligen Ärztekammer zur Benennung eines geeigneten Arbeitsmediziners ist möglich.

Stellt der behandelnde Arzt im Rahmen der Begutachtung fest, dass auch in Zukunft **51** mit weiteren Leistungsstörungen zu rechnen ist, kann von einer negativen Prognose ausgegangen werden.[49] Liegt eine solche gutachterliche und eine negative Prognose rechtfertigende Stellungnahme vor, genügt bereits die Mitteilung des abschließenden Untersuchungsergebnisses gegenüber dem Arbeitgeber, auch wenn eine Entbindung der Schweigepflicht des Arztes durch den Arbeitnehmer erst später im Kündigungsschutzverfahren erfolgt und dort die Krankheitsursache im Einzelnen offenbart wird.[50]

Hinweis
Es besteht allerdings keine vorprozessuale Mitwirkungspflicht des Arbeitnehmers im Rahmen der Vorbereitung bzw. Erwägung einer krankheitsbedingten Kündigung durch den Arbeitgeber[51] Der Arbeitnehmer ist daher nicht verpflichtet, dem Arbeitgeber Informationen über Diagnosen, Befunde oder ärztliche Einschätzungen mitzuteilen bzw. die ihn behandelnden Ärzte von der Schweigepflicht zu entbinden.[52] Allerdings darf der Arbeitgeber bei begründeten Zweifeln an der Arbeitsfähigkeit des Arbeitnehmers diesen auffordern, sich unter Schweigepflichtentbindung durch den Betriebsarzt untersuchen zu lassen, um dann von dem Betriebsarzt die Mitteilung zu erhalten, ob der Arbeitnehmer (derzeit) arbeitsfähig ist oder nicht.[53] Dies gebietet auch bereits die arbeitgeberseitige Fürsorgepflicht, wonach der Arbeitgeber einen Mitarbeiter nicht zu Tätigkeiten einsetzen darf, die dieser gesundheitlich nicht leisten kann. Auf die Mitteilung weitergehender Informationen oder einzelner Untersuchungsergebnisse bzw. eine insoweit erteilte Schweigepflichtentbindung hat der Arbeitgeber aber keinen Anspruch.

---

49 ErfK/*Oetker*, § 1 KSchG Rn 120.
50 BAG, Urt. v. 6.2.1992 – 2 AZR 364/91 – BeckRS 1992, 30740083.
51 BAG, Urt. v. 10.11.2005 – 2 AZR 44/05 – NZA 2006, 655.
52 BAG, Urt. v. 12.4.2002 – 2 AZR 148/01 – NZA 2002, 1081; BAG, Urt. v. 25.11.1982 – 2 AZR 140/81 – NJW 1983, 2897.
53 BAG, Urt. v. 12.8.1999 – 2 AZR 55/99 – BB 1999, 2564; BAG, Urt. v. 6.11.1997 – 2 AZR 801/96 – NZA 1998, 326; s. auch *Fuhlrott*, AuA 2012, 648, 651.

bb) Unbekanntes Krankheitsbild

52 Häufiger sind aber die Fälle, in denen der Arbeitgeber über die Erkrankung des Arbeitnehmers keine genaue Kenntnis hat. Der Arbeitgeber kann lediglich aus den Arbeitsunfähigkeitsbescheinigungen schließen, dass der Arbeitnehmer aufgrund eines nicht steuerbaren Verhaltens in Form einer Erkrankung an der Erbringung der Arbeitsleistung verhindert ist, ggf. kann er grobe Schlüsse aus den Facharztbezeichnungen der auf der Arbeitsunfähigkeitsbescheinigung unterschreibenden Ärzten ziehen. Ebenso wenig wie der Arbeitnehmer verpflichtet ist, vorprozessual den Arbeitgeber über die bei ihm bestehenden Erkrankungen Auskunft zu geben, ist der Arbeitgeber nicht verpflichtet, „Ermittlungen" über den Gesundheitszustand des Arbeitnehmers anzustellen, bevor er eine Kündigung ausspricht.[54]

53 Für den arbeitgeberseitigen Vortrag ist es in derartigen Fällen ausreichend, wenn sich der Arbeitgeber auf die Fehlzeiten der Vergangenheit beruft und hieraus schließt, der Arbeitnehmer werde in Zukunft mit gleicher Häufigkeit fehlen. Damit diese Indizwirkung eintritt, bedarf es der Darlegung eines ausreichenden Zeitraumes. Auch wenn sich das BAG gegenüber starren Zeiträumen sperrt und diese ablehnt,[55] werden in der Praxis hierbei oftmals die letzten (drei) Jahre als ausreichender Referenzzeitraum betrachtet.[56]

Praxistipp
Da die Validität der Ergebnisse mit zunehmender Dauer des Referenzzeitraumes steigt, empfiehlt sich die Erstreckung der rückblickenden Betrachtung auf einen möglichst großen Zeitraum – sofern es dort jeweils zu erheblichen Fehlzeiten kam. Ist bei dieser Betrachtung ein Anstieg der Fehlzeiten zu verzeichnen, indiziert dies auch für die Zukunft hohe Fehlzeiten und kann eine negative Prognose rechtfertigen.

---

d) Negativprognose im Kündigungsschutzprozess

54 Hat der Arbeitgeber die aus seiner Sicht eine negative Prognose rechtfertigen Indizien dargelegt und unter Beweis gestellt, muss sich der Arbeitnehmer in einem Kündigungsschutzprozess gem. § 46 Abs. 2 ArbGG, § 138 Abs. 2 ZPO zu diesem Tatsachenvortrag erklären und darlegen, warum er in Zukunft nicht mehr oder nicht mehr im gleichen Umfang erkranken wird.[57]

---

54 BAG, Urt. v. 15.8.1984 – 7 AZR 536/82 – NJW 1985, 2783.

55 BAG, Urt. v. 10.11.2005 – 2 AZR 44/05 – NZA 2006, 655,

56 Schaub/*Linck*, Arbeitsrechtshandbuch, § 131 [Personenbedingte Kündigung] Rn 35; HWK/*Thies*, § 1 KSchG Rn 142.

57 BAG, Urt. v. 15.8.1984 – 7 AZR 536/82 – NZA 1985, 357; BAG, Urt. v. 7.11.2002 – 2 AZR 599/01 – NJOZ 2003, 1746.

Hinweis
Hat der Arbeitgeber also entsprechende Zeiträume mit Fehlzeiten in der Vergangenheit dargelegt, genügt schlichtes Bestreiten einer Negativprognose durch den Arbeitnehmer nicht mehr. Auch eine Nicht-Äußerung des Arbeitnehmers zu dem Tatsachenvortrag des Arbeitgebers führt gem. § 46 Abs. 2 ArbGG, § 138 Abs. 3 ZPO dazu, dass dieser als zugestanden gilt.

Da der Arbeitnehmer als medizinischer Laie regelmäßig nicht den notwendigen Sach- 55 verstand verfügt, die Annahme einer negativen Prognose zu widerlegen, genügt seine Behauptung, der ihn behandelnde Arzt gehe von einer Verbesserung des Gesundheitszustandes aus und den Arzt sodann unter **Entbindung von der Schweigepflicht** als Zeugen benennt.

Hinweis
Der Arbeitnehmer ist auch im Prozess nicht dazu verpflichtet, seine ihn behandelnden Ärzte von der Schweigepflicht zu entbinden. Die Weigerung führt dann aber dazu, dass der Arbeitnehmer beweisfällig bleibt und mit prozessualen Nachteilen und einem Unterliegen mit seiner Kündigungsschutzklage rechnen muss.

Selbst wenn sich der Arbeitnehmer außergerichtlich nicht zu seiner Erkrankung 56 geäußert hat, kann er in einem späteren Rechtsstreit die Annahme einer negativen Prognose durch Bezugnahme auf ein ärztliches Zeugnis bestreiten.[58]

Trägt der Arbeitnehmer entsprechend vor und entkräftet durch seine Angaben 57 die vom Arbeitgeber vorgetragenen auf vergangenen Fehlzeiten beruhenden Indizien, muss der Arbeitgeber gem. der ihn nach § 1 Abs. 2 S. 4 KSchG treffenden Darlegungs- und Beweislast die Annahme künftiger Fehlzeiten beweisen.[59]

Den hierzu notwendigen Beweis kann der Arbeitgeber dann nur noch durch die 58 Beantragung der Einholung eines **medizinischen Sachverständigengutachtens** erbringen.[60] Ist eine Partei mit dem späteren Ergebnis des Sachverständigengutachtens nicht einverstanden, so muss sie konkrete Tatsachen vortragen, warum das ärztliche Gutachten ihrer Ansicht nach fehlerhaft ist.[61]

Dieses aus der Darlegungs- und Beweislast resultierende „Ping-Pong-Spiel" zwi- 59 schen Arbeitgeber und Arbeitnehmer illustriert das nachfolgende

Beispiel

Arbeitnehmer:	Erhebung Kündigungsschutzklage, Bestreiten von Kündigungsgründen, Verweis auf Anwendbarkeit KSchG
Arbeitgeber:	Erwiderung und Verweis auf Fehlzeiten in der Vergangenheit, die eine negative Prognose indizieren

58 BAG, Urt. v. 12.4.2002 – 2 AZR 148/01 – NZA 2002, 1081.
59 BAG, Urt. v. 7.11.2002 – 2 AZR 599/01 – NJOZ 2003, 1746.
60 BAG, Urt. v. 6.9.1989 – 2 AZR 19/89 – NZA 1990, 307.
61 LAG Hamm, Urt. v. 26.6.2008 – 8 Sa 331/08 – BeckRS 2008, 57839.

Arbeitnehmer:	Substantiiertes Bestreiten des Vortrags unter Verweis auf ärztliche Stellungnahmen
Arbeitgeber:	Antrag auf Einholung eines Sachverständigengutachtens

2. Besonderheiten der Negativprognose je nach Erkrankungsart

60 Während bei **häufigen Kurzerkrankungen** die Darlegung der einzelnen, sich wiederholenden Fehlzeiten und der Verknüpfung dieser ggf. isoliert nebeneinanderstehenden Erkrankungen zur Entstehung des Gesamtbildes „anfällige Gesundheit" maßgebliches Gewicht zukommt, ist bei **lang andauernder Erkrankung** regelmäßig nur eine Krankheitsursache und deren Verlauf Ansatzpunkt für die negative Prognose.

61 Daher ist ein Rückblick in die Vergangenheit bei lang andauernder Erkrankung weniger aussagekräftig als bei Kurzerkrankungen, im Vordergrund steht hier die Diagnose für die bestehende und noch anhaltende Erkrankung. Deren Ende darf nicht absehbar sein.[62] Dies ist dann der Fall, wenn in den **nächsten 24 Monaten** nach Zugang der Kündigung mit einer anderen Prognose als der Arbeitsunfähigkeit nicht gerechnet werden kann. Zeiten bereits aufgrund dieser Erkrankung bestehender Fehlzeiten vor Zugang der Kündigung sind nach dem BAG nicht in den 24-monatigen Prognosezeitraum einzurechnen.[63] Diese Anforderungen der Rechtsprechung werden bisweilen als überspannt bewertet,[64] da es aus medizinischer Sicht nur in seltensten Fällen möglich sei, eine so weite Vorausschau abzugeben, sind aber gefestigter gerichtlicher Prüfungsmaßstab.

62 Eine **dauerhafte Arbeitsunfähigkeit** führt hingegen ohne weiteres zu einer negativen Prognose.[65] Die Gewährung einer nur befristeten Erwerbsunfähigkeitsrente steht einer negativen Prognose nicht entgegen.[66]

63 Bei **krankheitsbedingten Leistungsminderungen** ist zur Bejahung einer negativen Gesundheitsprognose zu prüfen, ob der Arbeitnehmer auch in Zukunft in erheblichem Umfang Minderleistungen erbringen wird.[67]

62 BAG, Urt. v. 22.2.1980 – 7 AZR 295/78 – NJW 1981, 298; BAG, Urt. v. 25.11.1982 – 2 AZR 140/81 – NJW 1983, 2897; BAG, Urt. v. 15.8.1984 – 7 AZR 536/82 – NZA 1985, 357; BAG, Urt. v. 12.4.2002 – 2 AZR 148/01 – NZA 2002, 1081.

63 BAG, Urt. v. 29.4.1999 – 2 AZR 431/98 – NZA 1999, 978; BAG, Urt. v. 21.2.2001 – 2 AZR 558/- juris; BAG, Urt. v. 12.4.2002 – 2 AZR 148/01 – NZA 2002, 1081.

64 Von Hoyningen-Huene/Linck/Krause/*Krause*, Kündigungsschutzgesetz, § 1 KSchG Rn 424.

65 BAG, Urt. v. 30.1.1986 – 2 AZR 668/84 – NZA 1987, 555; BAG, Urt. v. 28.2.1990 – 2 AZR 401/89 – NZA 1990, 727.

66 BAG, Urt. v. 3.12.1998 – 2 AZR 773/97 – NZA 1999, 440.

67 BAG, Urt. v. 26.9.1991 – 2 AZR 132/91 – NZA 1992, 1073.

3. Maßgeblicher Zeitpunkt

Die Beurteilung der sozialen Rechtfertigung der krankheitsbedingten Kündigung erfolgt im **Zeitpunkt des Kündigungszugangs**. 64

a) Zugang der Kündigung

Daher ist auch für die Annahme einer negativen Prognose der Zugang der Kündigung maßgeblicher Zeitpunkt. 65

Hinweis

Krankheit oder Abwesenheit aufgrund von Krankheit steht dem Zugang der Kündigungserklärung nicht entgegen. Zugang im Rechtssinne ist anzunehmen, wenn die Kündigungserklärung so in den Machtbereich des Arbeitnehmers gelangt ist, dass bei Annahme gewöhnlicher Umstände mit einer Kenntnisnahme gerechnet werden kann.[68] Da hiernach die gewöhnlichen Umstände maßgeblich sind, ist es unerheblich, wenn und aus welchen Gründen eine tatsächliche Kenntnisnahme nicht erfolgt. Selbst die Kenntnis des Arbeitgebers von einer örtlichen Abwesenheit des Arbeitnehmers – z. B. aufgrund eines Krankenhausaufenthalts – steht dem Zugang der Kündigungserklärung bei Einwurf in den Hausbriefkasten des Arbeitnehmers grundsätzlich nicht entgegen.[69]

Nur die zu diesem Zeitpunkt bestehenden gesundheitlichen Verhältnisse dürfen bei der Prüfung der Sozialwidrigkeit zu Grunde gelegt werden.[70] 66

Das ärztliche Sachverständigengutachten und sonstige ärztliche Auskünfte sind folglich allein auf die **gesundheitliche Situation bei Zugang der Kündigung** zu beziehen. Nur auf diesen Zeitpunkt dürfen ihre Schlussfolgerungen und Prognosen aufbauen. 67

Nach dem Zugang der Kündigung eintretende neue Tatsachen beeinträchtigen die zuvor erstellte Prognose nicht, es erfolgt also **keine Korrektur** selbst bei einem neu eingetretenen Sachverhalt.[71] Hierbei ist es gleich, ob die neue Situation auf einer Änderung der objektiven Umstände beruht oder der Arbeitnehmer seine subjektive Lebensweise ändert. Es bleibt daher unbeachtlich, wenn sich der Arbeitnehmer erst nach Erhalt der Kündigung entschließt, eine Therapie aufzunehmen, seine Lebensumstände ändert oder eine heilende Operation durchführen lässt. 68

---

68 St. Rspr., vgl. statt aller BAG, Urt. v. 16.1.1976 – 2 AZR 619/74 – NJW 1976, 1284.

69 Versäumt der Arbeitnehmer in einem solchen Fall aber die Klagefrist für die Kündigungsschutzklage, kann dies einen Anspruch des Arbeitnehmers auf Wiedereinsetzung in den vorigen Stand gem. § 5 Abs. 1 S. 1 KSchG begründen; für den Zeitpunkt der Prognose hat dies indes keine Auswirkungen.

70 HWK/*Thies*, § 1 KSchG Rn 101.

71 BAG, Urt. v. 29.4.1999 – 2 AZR 431/98 – NZA 1999, 978; BAG, Urt. v. 7.11.2002 – 2 AZR 599/01 – NJOZ 2003, 1746.

b) Wiedereinstellungsanspruch

69 Da auch positive Neuentwicklungen bzw. positiv geänderte Krankheitsverläufe nach Kündigungszugang für die Beurteilung der Kündigung ohne Relevanz bleiben, kann dies im Einzelfall zu dem Ergebnis führen, dass bei Ausscheiden des Arbeitnehmers aus dem Arbeitsverhältnis gar keine negative Prognose mehr besteht bzw. der Arbeitnehmer sogar wieder vollkommen gesundet ist.

Beispiel

Arbeitnehmer AN ist alkoholkrank. Zahlreiche Gespräche und Entziehungskuren waren ohne Erfolg, AN ist mehrfach rückfällig geworden. Arbeitgeber AG entschließt sich zur fristgerechten Kündigung des AN zum 31.12.2014. Bei Kündigungszugang am 28.4.2014 ist die Gesundheitsprognose von AN negativ, wie ein Gutachter feststellt. Wider Erwarten nimmt sich AN die Kündigung jedoch zu Herzen und schwört erfolgreich dem Alkohol ab. Mitte Oktober 2014 ist er „trocken" und nicht mehr rückfällig. In der Kammerverhandlung vor dem Arbeitsgericht im November 2014 legt AN – durch Gutachten bestätigt – dar, dass seine gesundheitliche Prognose nunmehr positiv ist.

---

70 Im vorgenannten Beispiel kommt es allein auf die Prognose im Kündigungszeitpunkt an. Diese ist negativ, so dass – bei Vorliegen der übrigen Voraussetzungen – das Arbeitsgericht die Kündigung als sozial gerechtfertigt beurteilen und die spätere Entwicklung unberücksichtigt lassen wird.

71 Zwar sorgt diese Stichtagsbetrachtung für Rechtssicherheit, wird von der Rechtsprechung aber im Einzelfall als unbillig angesehen, wenn sich die maßgeblichen Verhältnisse zu Gunsten des Arbeitnehmers verändert haben. Zur Kompensation hat die Rechtsprechung den sog. **arbeitsrechtlichen Wiedereinstellungsanspruch** begründet.[72]

72 Diesen Anspruch leitet das BAG aus einer vertraglichen Nebenpflicht des Arbeitsverhältnisses ab und begründet ihn wie folgt: Zwar gebiete es die Rechtssicherheit, die Wirksamkeit der Kündigung nach den zum Zeitpunkt des Kündigungszugangs bestehenden Ursachen zu beurteilen. Eine solche Betrachtung erweist sich aber dann als ungerechtfertigt, wenn **nachträglich die die Kündigung begründenden Umstände entfallen**, vorliegend sich also die negative Prognose zu Gunsten des Arbeitnehmers ändert bzw. gänzlich entfällt. Der Arbeitnehmer kann dann seine Wiedereinstellung verlangen.

Hinweis

Eine Verschlechterung des Gesundheitszustands des Arbeitnehmers nach Zugang der Kündigung, die überhaupt erst zur Annahme einer negativen Prognose führt, bleibt indes unberücksichtigt. In einem solchen Fall müsste der Arbeitgeber eine erneute Kündigung aussprechen.

---

72 BAG, Urt. v. 28.6.2000 – 7 AZR 904/98 – NZA 2000, 1097; BAG, Urt. v. 27.2.1997 – 2 AZR 160/96 – NJW 1997, 2257.

Voraussetzung für den Wiedereinstellungsanspruch ist weiterhin, dass das **Arbeitsverhältnis rechtlich noch besteht**, die Kündigungsfrist folglich noch nicht abgelaufen ist.[73] Ebenfalls darf der Arbeitgeber im Vertrauen auf die Wirksamkeit der Kündigung im Zeitpunkt deren Zugangs noch **keine anderweitigen Dispositionen** getroffen haben. Eine anderweitige Disposition liegt etwa dann vor, wenn der Arbeitgeber im Vertrauen auf die wirksame Beendigung des Arbeitsverhältnisses bereits den Arbeitsplatz neu besetzt hat.[74] 73

Checkliste: Arbeitsrechtlicher Wiedereinstellungsanspruch
- Entfallen der negativen Gesundheitsprognose nach Zugang der Kündigung
- Kein Ablauf der Kündigungsfrist
- Keine anderweitigen Dispositionen des Arbeitgebers im Hinblick auf die Beendigung des Arbeitsverhältnisses

Einen Wiedereinstellungsanspruch wird der Arbeitnehmer im laufenden Kündigungsschutzverfahren regelmäßig als Hilfsantrag zum kündigungsschutzrechtlichen Feststellungsantrag geltend machen, wenn dieser von einer **zwischenzeitlichen Verbesserung** seiner gesundheitlichen Konstitution überzeugt ist. 74

Formulierungsbeispiel
Die Geltendmachung des arbeitsrechtlichen Wiedereinstellungsanspruchs kann vor dem Arbeitsgericht wie folgt beantragt werden:
„Die Beklagte wird verurteilt, dem Abschluss eines Arbeitsvertrags ab dem ... zu den Bedingungen des Arbeitsvertrages vom ... und einem Bruttomonatsverdienst von .... zuzustimmen.“[75]

II. Beeinträchtigung betrieblicher Interessen

Nach Feststellung einer negativen gesundheitlichen Prognose ist – als zweiter Prüfungsschritt – der zu erwartende Eintritt **erheblicher betrieblicher Beeinträchtigungen** zu prüfen. 75

Eine solche Beeinträchtigung betrieblicher Interessen kann sich aus erheblichen 76
- Betriebsablaufstörungen oder
- wirtschaftlichen Beeinträchtigungen

ergeben.[76] 77

73 BAG, Urt. v. 6.8.1997 – 7 AZR 557/96 – NZA 1998, 254; BAG, Urt. v. 28.6.2000 – 7 AZR 904/98 – NZA 2000, 1097.

74 Von Hoyningen-Huene/Linck/Krause/*Krause*, Kündigungsschutzgesetz, § 1 KSchG Rn 256.

75 BAG, Urt. v. 21.8.2008 – 8 AZR 201/07 – NZA 2009, 29; ausführlich mit weiteren Formulierungsvorschlägen Tschöpe/*Tschöpe*, Anwaltshandbuch Arbeitsrecht, Teil 3 E Rn 332 ff.

76 BAG, Urt. v. 29.7.1993 – 2 AZR 155/93 – NZA 1994, 67.

78 Der Arbeitgeber muss hierzu anhand der betrieblichen Situation die absehbaren Auswirkungen darlegen. Aufgrund seiner Sachnähe und -kenntnis der betrieblichen Situation reicht ein pauschaler Vortrag des Arbeitgebers nicht aus, vielmehr muss dieser so konkret wie möglich die Störungen darlegen, damit der Arbeitnehmer hierauf erwidern kann.[77]

79 Bei dauernder Unfähigkeit des Arbeitnehmers zur Erbringung der vertraglich geschuldeten Leistung bzw. bei dieser gleichstehender völliger Ungewissheit über die Wiedererlangung der Arbeitsfähigkeit bedarf es allerdings keiner Darlegung einer erheblichen Betriebsbeeinträchtigung.[78] In diesem Fall ist der Einsatz des Arbeitnehmers schlicht nicht mehr planbar, so dass selbst Überbrückungsmaßnahmen ausscheiden.[79]

1. Erhebliche Betriebsablaufstörungen

80 Unter kündigungsrelevanten Betriebsablaufstörungen können sämtliche Beeinträchtigungen des regulären betrieblichen (Produktions-)Ablaufs gefasst werden, die sich von ihren Auswirkungen her als erheblich erweisen.

81 Insbesondere sind hier zu nennen:[80]
- Stillstand von Maschinen,
- Stillstand der EDV-Anlage,
- Produktionsausfälle,
- Rückgang der Produktion wegen Einarbeitung von Vertretungskräften oder Abzug von Arbeitskräften aus anderen Arbeitsbereichen,
- Überlastung des verbliebenen Personals,
- Nicht-Einhaltung von Lieferterminen und hierdurch Verärgerung von Kunden oder Verlust von Kundenaufträgen,
- Verringerung von Abnahmemengen durch Produktionsrückgang und hierdurch Nicht-Einhaltung von Lieferantenverträgen,
- Ausfallzeiten durch notwendige Umsetzungen und Einarbeitungen.

82 Störungen in den betrieblichen Abläufen sind nur dann kündigungsrelevant, wenn sie nicht durch **Überbrückungsmaßnahmen** des Arbeitgebers (Überstunden, Einsatz einer Personalreserve) ausgeglichen werden können.[81] Schafft es der Arbeit-

---

77 *Lepke*, Kündigung bei Krankheit, Rn 288.

78 BAG, Urt. v. 29.4.1999 – 2 AZR 431/98 – NZA 1999, 978; BAG, Urt. v. 27.11.2003 – 2 AZR 601/02 – NZA 2004, 1118; BAG, Urt. v. 12.7.2007 – 2 AZR 716/07 – BB 2008, 278.

79 BAG, Urt. v. 6.2.1992 – 2 AZR 364/91 – BeckRS 1992, 30740083.

80 Beispiele teilweise nach HWK/*Thies*, § 1 KSchG Rn 107 ff.; von Hoyningen-Huene/Linck/Krause/*Krause*, Kündigungsschutzgesetz, § 1 KSchG Rn 401 ff.

81 BAG, Urt. v. 16.2.1989 – 2 AZR 299/88 – NZA 1989, 923; BAG, Urt. v. 10.5.1990 – 2 AZR 580/89 – BeckRS 1990, 30734040.

geber, durch solche Maßnahmen Ausfälle zu überbrücken, fehlt es bereits objektiv an einer Störung des Betriebsablaufs.[82] Allerdings ist der Arbeitgeber nicht verpflichtet, eine Personalreserve vorzuhalten,[83] sondern darf (ohne Nachteile im Rahmen der krankheitsbedingten Kündigung) auch mit „dünner Personaldecke“ arbeiten.

Praxistipp
Eine entsprechende Festhaltung der Störungen durch den Arbeitgeber ist ratsam. Stellungnahmen von Dritten (z. B. Lieferanten) oder überlasteten Arbeitnehmern sollte der Arbeitgeber entgegennehmen und dokumentieren.

---

2. Erhebliche wirtschaftliche Beeinträchtigungen

Erhebliche wirtschaftliche Beeinträchtigungen sind dann anzunehmen, wenn den Arbeitgeber **zusätzliche finanzielle Belastungen** treffen, die dem krankheitsbedingten Ausfall geschuldet sind. 83

Dies ist etwa der Fall, wenn:[84] 84

- die Ausfallzeit des erkrankten Arbeitnehmers zu Mehraufwendungen für Beschäftigung von Aushilfskräften verursacht,
- der Arbeitgeber durch die Erkrankung mit außergewöhnlich hohen, jährlich mehr als sechs Wochen ausmachenden Entgeltfortzahlungskosten belastet wird,
- Zuschüsse zum Krankengeld gezahlt werden müssen, die in Kombination mit anderen Leistungen eine finanzielle Mehrbelastung ausmachen,
- den Arbeitgeber durch den Einsatz von Leiharbeitnehmern höhere Kosten treffen.

Offen gelassen hat das BAG die Frage, ob auch **(tarifliche) Sonderzahlungen** wie „Urlaubsgeld“ oder „Weihnachtsgeld“ eine wirtschaftliche Beeinträchtigung darstellen können[85]; gegen eine Berücksichtigung solcher Zahlungen bestehen hingegen keine Bedenken,[86] da es sich um unmittelbar aus der Erkrankung folgende finanzielle Belastungen handelt. 85

Hinweis
Die wirtschaftliche Beeinträchtigung ist stets in Bezug auf das einzelne Arbeitsverhältnis zu prüfen. Es ist folglich unerheblich, ob der Arbeitgeber insgesamt Gewinne erzielt und die im Einzelfall entstandenen Kosten sich auf die Gesamtkalkulation des Unternehmens kaum auswirken.

---

82 BAG, Urt. v. 17.6.1999 – 2 AZR 574/98 – BeckRS 1999, 30779333.
83 BAG, Urt. v. 29.7.1993 – 2 AZR 155/93 – NZA 1994, 67.
84 Beispiele teilweise nach HWK/*Thies*, § 1 KSchG Rn 110 f.; von Hoyningen-Huene/Linck/Krause/*Krause*, Kündigungsschutzgesetz, § 1 KSchG Rn 404 ff.
85 BAG, Urt. v. 21.5.1992 – 2 AZR 399/91 – NZA 1993, 497.
86 Von Hoyningen-Huene/Linck/Krause/*Krause*, Kündigungsschutzgesetz, § 1 KSchG Rn 408.

3. Kombination von Betriebsablaufstörungen und wirtschaftlichen Beeinträchtigungen

86 Sowohl Betriebsablaufstörungen, als auch wirtschaftliche Beeinträchtigungen sind jeweils alleine geeignet, eine Beeinträchtigung betrieblicher Interessen zu begründen. Kommen zu Störungen des Betriebsablaufs aber wirtschaftliche Beeinträchtigungen hinzu, so sinken die jeweiligen Anforderungen. Daher ist von der Rechtsprechung anerkannt, dass bei bestehenden Betriebsablaufstörungen auch jährliche Ausfallzeiten und Lohnfortzahlung von weniger als sechs Wochen im Jahr Kündigungsrelevanz entfalten können.[87]

III. Interessenabwägung und ultima-ratio-Prinzip

87 Als dritter Prüfungsschritt sind die wechselseitigen Interessen der Arbeitsvertragsparteien miteinander abzuwägen, also das **Bestandsschutzinteresse des Arbeitnehmers** mit dem **Auflösungsinteresse des Arbeitgebers** ins Verhältnis zu setzen. Eine soziale Rechtfertigung der Kündigung ist nur dann gegeben, wenn die aufgrund der negativen Prognose zu erwartenden erheblichen Beeinträchtigung der betrieblichen Interessen es dem Arbeitgeber billigerweise nicht mehr zumutbar machen, das Arbeitsverhältnis fortzusetzen[88] (dazu sogleich 1.).

88 Zudem ist als Ausfluss des **Verhältnismäßigkeitsprinzips** zu prüfen, ob die Kündigung das „letzte" Mittel des Arbeitgebers darstellt; es darf also keine weniger einschneidenden Maßnahmen geben, die den Arbeitsplatz erhalten könnten bzw. die dazu führten, dass die gesundheitlichen Mängel keine oder nur noch unbedeutende Auswirkungen nach sich zögen[89] (dazu sogleich 2.).

1. Interessenabwägung

89 Im Rahmen der Interessenabwägung ist unter **Berücksichtigung sämtlicher Einzelfallumstände** zu prüfen, ob eine solche Äquivalenzstörung des Arbeitsverhältnisses vorliegt.[90] Auch wenn es aufgrund der gebotenen Einzelfallbetrachtung **keinen abschließenden Kriterienkatalog** geben kann[91], sind typischerweise die nachstehenden Kriterien in die Abwägung mit einzubeziehen:

---

87 BAG, Urt. v. 6.9.1989 – 2 AZR 224/89 – NZA 1990, 434.
88 BAG, Urt. v. 12.4.2002 – 2 AZR 148/01 – NZA 2002, 1081.
89 BAG, Urt. v. 10.3.1977 – 2 AZR 79/76 – NJW 1977, 2132; BAG, Urt. v. 24.11.2005 – 2 AZR 514/04 – NZA 2006, 665.
90 HWK/*Thies*, § 1 KSchG Rn 112.
91 HWK/*Thies*, § 1 KSchG Rn 112.

a) Auf Seiten des Arbeitnehmers zu beachtende Kriterien

Auf Seiten des Arbeitnehmers sind z. B. in die Abwägung mit einzubeziehen: 90

- **Dauer der Betriebszugehörigkeit**
  Mit zunehmender Dauer der Betriebszugehörigkeit steigt das Bestandsschutzinteresse des Arbeitnehmers, so dass die Anforderungen an den Arbeitgeber zur Durchführung von Überbrückungsmaßnahmen ebenfalls ansteigen.[92]
- **Lebensalter** des Arbeitnehmers
  Auch ein hohes Lebensalter sowie ein ggf. nur noch geringer Zeitraum bis zum Erreichen der Regelaltersgrenze sind zu Gunsten des Arbeitnehmers zu berücksichtigen.[93]
- **Soziale Schutzbedürftigkeit** des Arbeitnehmers, z. B. durch Unterhaltspflichten
  Schlechte Chancen des Arbeitnehmers zur erneuten Vermittlung auf dem Arbeitsmarkt und bestehende Unterhaltspflichten können hier zu Gunsten des Arbeitnehmers zu berücksichtigende Aspekte sein.[94]
- **Besonderer Kündigungsschutz** des Arbeitnehmers
  Besteht ein besonderer Kündigungsschutz (einzelvertraglich, tarifvertraglich oder gesetzlich), der eine ordentliche Kündigung ausschließt, ist dieser besondere Kündigungsschutz zu Gunsten des Arbeitnehmers ebenfalls zu berücksichtigen, s. hierzu noch sogleich Kap. 4 – F. Auch eine bestehende Schwerbehinderung ist – selbst wenn die sechsmonatige Wartezeit zur Entstehung des Sonderkündigungsschutzes gem. § 85 SGB IX noch nicht erfüllt ist – zu Gunsten des Arbeitnehmers zu berücksichtigen.[95]
- **Ursachen der Erkrankung**
  Insbesondere wenn die Erkrankung auf einem Betriebsunfall beruht, ist dieser zu Gunsten des Arbeitnehmers in die Abwägung einzubeziehen.[96] Andererseits kann auch genesungswidriges Verhalten oder ein durch den Arbeitnehmer schuldhaft verursachter Unfall zu Lasten des Arbeitnehmers in die Abwägung einfließen.[97]

b) Auf Seiten des Arbeitgebers zu beachtende Kriterien

Auf der Seite des Arbeitgebers können alle betrieblichen und wirtschaftlichen Beeinträchtigungen einbezogen werden, die vom Arbeitnehmer ausgehen.[98] 91

92 BAG, Urt. v. 22.2.1980 – 7 AZR 295/78 – DB 1980, 1446.
93 LAG Hamm, Urt. v. 26.2.2004 – 8 Sa 1897/03 – BeckRS 2004, 42088.
94 BAG, Urt. v. 20.1.2000 – 2 AZR 378/99 – NZA 2000, 768.
95 Von Hoyningen-Huene/Linck/Krause/*Krause*, Kündigungsschutzgesetz, § 1 KSchG Rn 309.
96 BAG, Urt. v. 6.9.1989 – 2 AZR 224/89 – NZA 1990, 434; BAG, Urt. v. 14.1.1993 – 2 AZR 343/92 – NZA 1994, 309; LAG Hamm, Urt. v. 20.1.2000 – 8 Sa 1420/99 – NZA-RR 2000, 239.
97 LAG Köln, Urt. v. 15.10.2009 – 7 Sa 581/09 – BeckRS 2010, 72853; *Lepke*, Kündigung bei Krankheit, Rn 210 ff.
98 Von Hoyningen-Huene/Linck/Krause/*Krause*, Kündigungsschutzgesetz, § 1 KSchG Rn 310.

92 Hierunter können insbesondere nachfolgende Punkte fallen:

- **Überlastung** weiterer Arbeitnehmer
  Die Mehrbelastung anderer Arbeitnehmer und damit die berechtigten Belange der durch den Ausfall betroffenen nicht erkrankten Arbeitnehmer ist auf Seiten des Arbeitgebers in die Interessenabwägung einzubringen.[99]
- **Kosten einer Personalreserve**
  Der Arbeitgeber darf die Kosten für die etwaige Vorhaltung einer Personalreserve zur Kompensation krankheitsbedingter Ausfälle ebenfalls zu seinen Gunsten berücksichtigen.[100]
- **Entgeltfortzahlungskosten** und sonstige unmittelbar aus der Erkrankung des Arbeitnehmers folgende Kosten
  Die Höhe der den Arbeitgeber treffenden Entgeltfortzahlungskosten ist ein besonders wichtiger auf Seiten des Arbeitgebers zu berücksichtigender Umstand.[101]
- **Größe des Betriebs**
  In kleineren Betrieben wirken sich Störungen tendenziell stärker aus als in Großbetrieben, wo eine entsprechende Kompensation einfacher ist, so dass auch die Betriebsgröße auf Seiten des Arbeitgebers zu berücksichtigen ist.[102]

c) Durchführung des Abwägungsvorgangs

93 Konkrete Vorgaben zur Durchführung der Abwägung oder Richtlinien zur Findung eines Abwägungsergebnisses existieren nicht. Dies ermöglicht zwar eine **am jeweiligen Einzelfall ausgerichtete Entscheidung**, geht aber zu Lasten der für die Praxis wünschenswerten Rechtssicherheit.

94 Da es auch keine Rangfolge des Gewichts der einzelnen Abwägungskriterien gibt, bleibt der Praxis nichts anderes übrig, als eine im Einzelfall orientierte Bewertung durchzuführen.

Hinweis
Bei einer durchzuführenden und ggf. dem Betriebsrat oder Arbeitsgericht zu erläuternden Abwägung sollte beachtet werden, dass alle Umstände des Einzelfalls vom Arbeitgeber ermittelt und erwähnt werden. Damit vermeidet der Arbeitgeber den Vorwurf, er habe ein bestimmtes – im jeweiligen Fall aber wichtiges – Kriterium nicht berücksichtigt, so dass sich das Ergebnis der Interessenabwägung bereits schon aus diesem Grund als unzutreffend erweisen müsse. Daher sollten jedenfalls die „klas-

---

99 LAG München, Urt. v. 4.2.1980 – 8 Sa 687/79 – n.v.; *Lepke*, Kündigung bei Krankheit, Rn 218 mit weiteren Nachweisen.
100 BAG, Urt. v. 29.7.1993 – 2 AZR 155/93 – NZA 1994, 67.
101 BAG, Urt. v. 17.6.1999 – 2 AZR 639/98 – NZA 1999, 1328.
102 BAG, Urt. v. 10.3.1977 – 2 AZR 79/76 – NJW 1977, 2132; *Lepke*, Kündigung bei Krankheit, Rn 218.

sischen" Kriterien wie die persönlichen Umstände des Arbeitnehmers und die finanzielle Belastung des Arbeitgebers bzw. die betrieblichen Störungen in jeder Abwägung Berücksichtigung finden.[103]

2. Ultima-ratio-Prinzip

Da eine Kündigung als schärfste arbeitgeberseitige Reaktion erst als letztes Mittel erfol- 95
gen darf (sog. ultima-ratio-Prinzip), ist ebenfalls zu prüfen, ob andere, der Kündigung deshalb vorrangige Maßnahmen möglich sind, weil sie ebenfalls zum gewünschten Erfolg führen. Dies ist bei allen Kündigungsarten z. B. dann der Fall, wenn es anderweitige Einsatzmöglichkeiten für den von Kündigung bedrohten Arbeitnehmer gibt.

a) Besondere Ausprägungen bei krankheitsbedingten Kündigungen

Bei krankheitsbedingten Kündigungen sind darüber hinaus die nachfolgenden 96
besonderen Ausprägungen des ultima-ratio-Prinzips zu beachten:

aa) Betriebliches Eingliederungsmanagement

Ein milderes und damit einer Kündigung vorgehendes und im Rahmen des ultima- 97
ratio-Prinzips zu prüfendes Mittel ist die Frage, ob der Arbeitgeber vor Ausspruch der Kündigung ein sog. **betriebliches Eingliederungsmanagement („BEM")** durchgeführt hat.[104]

Regelungen zum betrieblichen Eingliederungsmanagement finden sich in § 84 98
Abs. 2 SGB IX.[105] Hiernach hat der Arbeitgeber bei Arbeitsunfähigkeitszeiträumen eines Arbeitnehmers von mehr als sechs Wochen innerhalb eines Jahres unter Beteiligung des Arbeitnehmers zu erörtern, welche Maßnahmen zur Vorbeugung weiterer Arbeitsunfähigkeit dienen können, um den Arbeitsplatz zu erhalten.

Hinweis i

Obgleich das SGB IX Sondervorschriften für schwerbehinderte Arbeitnehmer und diesen Gleichgestellten enthält, sieht die Rechtsprechung in der Regelung des § 84 Abs. 2 SGB IX eine besondere Ausprägung des Verhältnismäßigkeitsprinzips und wendet die Vorschrift auf bei nicht-behinderten Arbeitnehmern an.[106]

---

103 Vgl. zum erforderlichen Umfang der Betriebsratsanhörung und den prozessualen Folgen unzureichenden Vortrags noch sogleich unter Kap. 4 – D.

104 LAG Niedersachsen, Urt. v. 25.10.2006 – 6 Sa 974/05 – BB 2007, 719.

105 Ausführlich zum BEM unter Kap. 6.

106 BAG, Urt. v. 12.7.2007 – 2 AZR 716/06 – NZA 2008, 173.

99 Eine formelle Wirksamkeitsvoraussetzung der krankheitsbedingten Kündigung stellt das BEM damit aber nicht dar[107] (vgl. ausführlich zum Ablauf und den Anforderungen an das bEM sowie dessen kündigungsschutzrechtliche Relevanz im Einzelnen: Kap. 6 – C).

100 Dem bEM kommt folgende kündigungsrechtliche Relevanz zu:
- Ist seitens des Arbeitgebers ein bEM nicht oder nicht ordnungsgemäß durchgeführt worden, hat der Arbeitgeber darzulegen, warum es keine Alternativen zur Kündigung gibt.
- Ist das bEM ordnungsgemäß durchgeführt worden und zu einem negativen Ergebnis gelangt, muss der Arbeitnehmer darlegen, welche Alternativen es zu einer Kündigung gab
- Kommt das ordnungsgemäß durchgeführte bEM zu einem positiven Ergebnis, hat der Arbeitgeber dessen Vorschläge umzusetzen. Will er gleichwohl kündigen, muss er darlegen, warum die Vorschläge nicht umsetzbar waren bzw. zu keiner Verbesserung geführt hätten.[108]

bb) Präventionsverfahren?

101 Gem. § 84 Abs. 1 SGB IX hat der Arbeitgeber zudem bei personenbedingten, das Arbeitsverhältnis gefährdenden Schwierigkeiten im Arbeitsverhältnis u. a. Schwerbehindertenvertretung und Integrationsamt einzuschalten, um die aufgetretenen Schwierigkeiten zu beseitigen.

---

i **Hinweis**

Diese Vorschrift ist jedoch nicht auf alle Arbeitsverhältnisse zu erstrecken, sondern umfasst nur schwerbehinderte Arbeitnehmer[109] (s. im Einzelnen zum besonderen Kündigungsschutz schwerbehinderter Arbeitnehmer noch unter Kap. 9 – F).

---

102 Die unterschiedliche Erstreckung des Anwendungsbereiches von § 84 Abs. 1 und Abs. 2 SGB IX wird damit begründet, dass der Wortlaut des Abs. 2 allgemein von „Beschäftigten" spreche und in Abs. 1 zudem durch die ausschließliche Erwähnung der Schwerbehindertenvertretung und des Integrationsamtes auf die spezifische Situation schwerbehinderter Arbeitnehmer abgestellt werde.[110]

103 Bei krankheitsbedingten Kündigungen nicht schwerbehinderter Arbeitnehmer kommt dem Präventionsverfahren des § 84 Abs. 1 SGB IX damit keine Bedeutung zu.

---

107 BAG, Urt. v. 12.7.2007 – 2 AZR 716/06 – NZA 2008, 173.
108 In Anlehnung an Tschöpe/*Tschöpe*, Anwaltshandbuch Arbeitsrecht, Teil 3 E Rn 83c.
109 *Fuhlrott*, DB 2012, 2343, 2344 f.
110 *Fuhlrott*, DB 2012, 2343, 2343 f. m.w.N.

b) Allgemeine Verhältnismäßigkeitserwägungen

Wie bei jeder Kündigung muss der Arbeitgeber auch vor dem Ausspruch einer krank- 104
heitsbedingten Kündigung jede ihm zumutbare und geeignete Maßnahme unternehmen, die die Kündigung vermeiden hilft.[111] Daher muss der Arbeitgeber im Einzelnen prüfen, ob

1. ein **gleichwertiger freier Arbeitsplatz** im Betrieb oder Unternehmen besteht, auf dem der Arbeitnehmer weiterbeschäftigt werden kann.[112]
   Als freie Arbeitsplätze werden nur solche Arbeitsplätze angesehen, die bei Kündigungszugang unbesetzt sind oder bis zum Ablauf der Kündigungsfrist frei werden.[113]
2. **Möglichkeiten zur Weiterbeschäftigung** nach Umschulung oder Fortbildung des Arbeitnehmers bestehen.[114]
   Umschulungs- oder Fortbildungsmaßnahmen müssen vom Arbeitgeber nur im zumutbaren Umfang erfolgen. Als Faustformel hierzu dient in zeitlicher Hinsicht die Möglichkeit der Qualifikation des Arbeitnehmers für einen etwaigen anderen Arbeitsplatz binnen drei Monaten bzw. binnen der verbleibenden Kündigungsfrist.
3. ein Einsatz des Arbeitnehmers auf einem **leidensgerechten Arbeitsplatz** möglich ist,[115], sofern der Arbeitnehmer diesem im Wege des Direktionsrechts zugewiesen werden kann.[116]
   Die Rechtsprechung verlangt dabei vom Arbeitgeber nicht die Freikündigung eines leidensgerechten Arbeitsplatzes, wohl aber dessen „Freimachung" im Wege des arbeitgeberseitigen Direktionsrechts.[117] Gegebenenfalls muss der Arbeitgeber im Wege eines Tausches die Beschäftigung des Arbeitnehmers auf diesem Arbeitsplatz ermöglichen.

Beispiel

Arbeitnehmer AN1 kann nur Gewichte bis 10kg tragen und kann auf seinem bisherigen Arbeitsplatz im Bereich „Sperrgut" in der Logistik nicht eingesetzt werden. AN1 könnte allerdings im Bereich „Kleinteile" auf einem vergleichbaren Arbeitsplatz beschäftigt werden. Dort sind aber alle Arbeitsplätze besetzt. Arbeitgeber AG muss nun den bisher im Bereich „Kleinteile" beschäftigten AN2 in den Bereich „Sperrgut" versetzen und dem AN1 den (vormaligen) Arbeitsplatz des AN2 zuweisen.

---

111 BAG, Urt. v. 12.7.2007 – 2 AZR 716/06 – NZA 2008, 173.
112 BAG, Urt. v. 10.6.2010 – 2 AZR 1020/08 – NZA 2010, 1234.
113 BAG, Urt. v. 29.3.1990 – 2 AZR 369/89 – NZA 1991, 181.
114 BAG, Urt. v. 7.2.1991 – 2 AZR 205/90 – NZA 1991, 806.
115 Zu den Grenzen eines Anspruchs auf einen leidensgerechten Arbeitsplatz *Mückl/Hiebert*, NZA 2010, 1259 ff.
116 BAG, Urt. v. 12.7.2007 – 2 AZR 716/06 – NZA 2008, 173; BAG, Urt. v. 29.1.1997 – 2 AZR 9/96 – NZA 1997, 709.
117 LAG Hamm, Urt. v. 31.3.2004 – 18 Sa 2219/03 – AuA 2004, 48.

4. durch den Ausspruch einer **Änderungskündigung** der Arbeitnehmer auf einem anderen Arbeitsplatz weiter beschäftigt werden kann.[118]
   Verfügt der Arbeitgeber nur über einen freien, geringer wertigen Arbeitsplatz oder ist der Einsatz des Arbeitnehmers arbeitsvertraglich so fixiert, dass auch die Zuweisung einer anderen, gleichwertigen Tätigkeit nicht im Wege des Direktionsrechts möglich ist, muss der Arbeitgeber vor Ausspruch einer Beendigungskündigung dem Arbeitnehmer diesen (geringer wertigen) Arbeitsplatz durch Ausspruch einer Änderungskündigung anbieten.

Hinweis
Ein Anspruch auf Beförderung steht dem Arbeitnehmer nicht zu. Höherwertige – auch freie – Arbeitsplätze muss der Arbeitgeber dem Arbeitnehmer nicht anbieten, selbst wenn dieser die dortige Tätigkeit ausüben könnte.

---

105 Erst wenn sämtliche vorgenannte Möglichkeiten ausscheiden, kommt eine krankheitsbedingte Beendigungskündigung als ultima-ratio in Betracht.

3. Checkliste: Anforderungen an krankheitsbedingte Kündigungen

106 Die Anforderungen an ordentliche krankheitsbedingte Kündigungen verdeutlicht zusammenfassend im Grobraster die nachfolgende

---

Checkliste: Krankheitsbedingte Kündigung
Negative Gesundheitsprognose
- Bei Zugang der Kündigung
- Bei späterer Veränderung: ggf. Wiedereinstellungsanspruch

Erhebliche Beeinträchtigung der betrieblichen Belange
- Wirtschaftliche Belastungen des Arbeitgebers
- Betriebliche Ablaufstörungen durch Fehlzeiten
- Keine Vermeidbarkeit durch Überbrückungsmaßnahmen

Interessenabwägung im Einzelfall und ultima-ratio-Prinzip
- Ursache der Krankheit (Betriebsunfall?)
- Betriebliche Umstände (Verlauf Arbeitsverhältnis, Gewicht der Störungen, Auswirkungen, Höhe finanzieller Belastung)
- Persönliche Umstände Arbeitnehmer (Dauer Betriebszugehörigkeit, Lebensalter, Unterhaltspflichten, Funktion etc.)
- Maßnahmen Arbeitgeber zum anderweitigen Einsatz des Arbeitnehmers (Umsetzung, leidensgerechter Arbeitsplatz etc.)
- Betriebliches Eingliederungsmanagement

---

118 BAG, Urt. v. 27.9.1984 – 2 AZR 62/83 – NZA 1985, 455; BAG, Urt. v. 24.11.2005 – 2 AZR 514/04 – NZA 2006, 665.

D. Darlegungsumfang und Beweislast

Eine erfolgreiche krankheitsbedingte Kündigung bedarf aufgrund der detaillierten Wirksamkeitsanforderungen einer **umfassenden Vorbereitung und Dokumentation**: 107

So muss der Arbeitgeber im Anwendungsbereich des KSchG bei einem gerichtlichen Kündigungsschutzprozess die Kündigungsgründe darlegen und bei Bestreiten beweisen, § 1 Abs. 2 S. 4 KSchG (dazu sogleich II.). In Betrieben, in denen ein Betriebsrat besteht, muss der Arbeitgeber zudem den Betriebsrat über die beabsichtigte Kündigung gem. § 102 Abs. 1 BetrVG informieren und hierzu die aus seiner Sicht die Kündigung begründenden Tatsachen dem Betriebsrat darlegen (dazu sogleich I.). 108

Praxistipp
Es empfiehlt sich daher sorgfältig im Vorfeld einer krankheitsbedingten Kündigung neben den Fehlzeiten die eingetretenen Beeinträchtigungen, die arbeitgeberseitig unternommenen Schritte sowie jedwede Korrespondenz mit dem Arbeitnehmer – seien es Telefonate, Emails oder Briefe – hinsichtlich der Erkrankung zu dokumentieren. Persönliche Gespräche mit dem Arbeitnehmer sowie dessen Äußerungen oder eigene Einschätzungen des Arbeitnehmers zu Diagnosen, Verlauf oder Prognose sollten in Form von Stichwortprotokollen festgehalten werden.

I. Betriebsratsanhörung

Im Rahmen der gem. § 102 Abs. 1 BetrVG erforderlichen Betriebsratsanhörung muss der Arbeitgeber dem Betriebsrat die aus seiner Sicht die Kündigung rechtfertigenden Umstände mitteilen. 109

Hinweis
Auch wenn für die Betriebsratsanhörung eine bestimmte Form nicht vorgeschrieben ist, ist es bei krankheitsbedingten Kündigung aufgrund der Komplexität der Anforderungen nahezu unumgänglich, dem Betriebsrat schriftlich oder in Textform den Kündigungssachverhalt mitzuteilen.

---

1. Inhalt der Anhörung

Eine ordnungsgemäße Anhörung setzt damit voraus, dass der Arbeitgeber dem Betriebsrat die Gründe mitteilt, die für seinen Kündigungsentschluss maßgeblich sind[119] (sog. **subjektive Determinierung**). 110

---

119 BAG, Urt. v. 7.11.2002 – 2 AZR 599/01 – NJOZ 2003, 1746; BAG, Urt. v. 6.7.2006 – 2 AZR 520/05 – NZA 2007, 266.

a) Anhörungsumfang

111 Dies verlangt vom Arbeitgeber die vollständige Darlegung des Kündigungssachverhalts einschließlich aller Gesichtspunkte, die ihn zur Kündigung bewegt haben. Dies erfordert regelmäßig eine Übermittlung sämtlicher aus Sicht des Arbeitgebers kündigungsrelevanter Tatsachen an den Betriebsrat, so dass dieser in die Lage versetzt wird, ohne eigene Nachforschungen die Stichhaltigkeit der Kündigungsgründe zu prüfen.[120] Hierzu ist der Betriebsrat nicht in der Lage, wenn der Arbeitgeber diesem nur allgemein gehaltene Vorwürfe mitteilt.[121]

---

i **Beispiel**

Eine unzureichende Anhörung stellte es dar, wenn der Arbeitgeber den Betriebsrat lediglich informiert, er beabsichtige eine krankheitsbedingte Kündigung eines Arbeitnehmers, da dieser „in den letzten Jahren zu häufig gefehlt habe und die betrieblichen Auswirkungen nicht mehr hinnehmbar seien".

---

b) Krankheitsbedingte Besonderheiten

112 Im Rahmen der Anhörung zu einer beabsichtigten krankheitsbedingten Kündigung bedeutet dies, dass der Arbeitgeber den Betriebsrat über

- die die negative Prognose rechtfertigenden Tatsachen,
- die betrieblichen Beeinträchtigungen im Einzelnen sowie
- die bei der Interessenabwägung berücksichtigten Kriterien

zu unterrichten hat.

113 Die Rechtsprechung hat in weiteren Einzelfallentscheidungen zum Umfang der Anhörung bei krankheitsbedingten Kündigungen zudem entschieden, dass

- dem Betriebsrat die einzelnen Fehlzeiten nach Jahren aufgeschlüsselt mitgeteilt werden müssen und eine pauschale Angabe der Summe der Fehltage insgesamt nicht genügt, [122]
- es hingegen nicht erforderlich ist, dass der Arbeitgeber die einzelnen Tage der Fehlzeiten je Kalenderjahr benennt, insoweit genügt die Angabe der auf das Jahr bezogenen Summe,[123]
- genau anzugeben ist, welche Betriebsbeeinträchtigungen entstanden sind und darzulegen ist, mit welchen der Arbeitgeber noch rechnet und ein pauschaler Vortrag insoweit nicht genügt,[124]

---

120 BAG, Urt. v. 7.11.2002 – 2 AZR 599/01 – NJOZ 2003, 1746.
121 LAG Hamm, Urt. v. 14.7.2005 – 15 Sa 508/05 – BeckRS 2005, 43146.
122 BAG, Urt. v. 18.9.1986 – 2 AZR 638/85 – BeckRS 1986, 30718426.
123 BAG, Urt. v. 7.11.2002 – 2 AZR 599/01 – NJOZ 2003, 1746.
124 BAG, Urt. v. 7.11.2002 – 2 AZR 493/01 – NJOZ 2003, 1481.

- dem Betriebsrat – sofern dem Arbeitgeber bekannt – auch die Art der Erkrankung mitzuteilen ist.[125]
- die Kündigungsgründe „Kurzerkrankungen“, „Langerkrankungen“, „dauernde Arbeitsunfähigkeit“ strikt voneinander zu trennen sind und insoweit ein späteres „Umschwenken“ bei der Begründung der Kündigung nicht erlaubt ist.[126]

Darüber hinaus sind dem Betriebsrat die im Rahmen jeder Kündigungsanhörung mitzuteilenden Gründe anzugeben, wie etwa die Sozialdaten des Arbeitnehmers (Lebensalter, Betriebszugehörigkeit, Verdienst, Unterhaltspflichten etc).[127] 114

2. Individualrechtliche Folgen unzureichender Betriebsratsanhörung

Eine diesen Erfordernissen nicht genügende Betriebsratsanhörung stellt keine ordnungsgemäße Betriebsratsanhörung dar und führt zur Unwirksamkeit der ausgesprochenen Kündigung. 115

a) Grundsatz: Unwirksamkeit der Kündigung

Nach dem Wortlaut von § 102 Abs. 1 S. 3 BetrVG ist zwar nur eine ohne Anhörung des Betriebsrats ausgesprochene Kündigung unwirksam. Dies umfasst aber nicht bloß Fälle, in denen der Arbeitgeber gar keine Betriebsratsanhörung vorgenommen hat, sondern gleichermaßen Konstellationen, in denen die Anhörung fehlerhaft ist, insbesondere, weil der Arbeitgeber seiner Unterrichtungspflicht nicht ausführlich genug nachgekommen ist.[128] 116

b) Ausnahme: Fehler aus Betriebsratssphäre

Ein Fehler im Anhörungsverfahren ist aber dann unbeachtlich, wenn er aus der Sphäre des Betriebsrats stammt.[129] 117

Beispiel

Arbeitgeber AG übergibt dem Betriebsratsvorsitzenden BV eine schriftliche Kündigungsanhörung. BV lädt daraufhin zu einer Sitzung des Betriebsrats, unterlässt es aber, alle Mitglieder und insbesondere das ihm unangenehme Betriebsratsmitglied B2 zu laden. Auf der Sitzung wird sodann über die Kündigung beschlossen. Diesen Beschluss teilt BV AG sodann mit.

125 BAG, Urt. v. 7.11.2002 – 2 AZR 493/01 – NJOZ 2003, 1481.
126 LAG Hamm, Urt. v. 21.10.2003, 19 Sa 1113/03, LAGReport 2004, 255.
127 Vgl. zu weiteren Anforderungen der Anhörung *Ohlendorf/Fuhlrott*, ArbR Aktuell 2011, 292, 293 f.
128 BAG, Urt. v. 29.1.1997 – 2 AZR 292/96 – NZA 1997, 813; BAG, Urt. v. 16.9.1993 – 2 AZR 267/93 – NZA 1994, 311.
129 BAG, Urt. v. 16.1.2003 – 2 AZR 707/01 – NZA 2003, 927.

118 In diesem Fall wäre trotz fehlerhaftem Ablauf des Anhörungsverfahrens auf Seiten des Betriebsrats die Anhörung wirksam. Selbst wenn der Arbeitgeber im Kündigungszeitpunkt Kenntnis erlangt, dass der Betriebsrat die Anhörung fehlerhaft behandelt hat, geht dies nicht zu Lasten des Arbeitgebers. Denn dieser hat keinen Einfluss auf die Beschlussfassung des Betriebsrats.[130]

Hinweis
Hingegen handelt es sich nach der Rechtsprechung um keinen Mangel aus der Betriebsratssphäre und stellt damit für den Arbeitgeber einen beachtlichen Fehler dar, wenn der Arbeitgeber nach Übergabe der Anhörung an den Betriebsratsvorsitzenden von diesem sofort eine Stellungnahme zur Kündigung erhält und hieraufhin unmittelbar die Kündigung ausspricht.[131]

---

119 Das Anhörungsverfahren endet nämlich nicht durch die Äußerung des Betriebsratsvorsitzenden, so dass keine **abschließende Beschlussfassung** des Betriebsrats als Gremium vorliegt. Kann der Arbeitgeber jedoch erkennen, dass dies der Fall ist und wartet er gleichwohl mit dem Kündigungsausspruch nicht bis zum Fristablauf, ist die Kündigung unwirksam.[132]

3. Prozessuale Folgen unzureichender Betriebsratsanhörung

120 Hiervon abzugrenzen sind die prozessualen Folgen unvollständiger Betriebsratsanhörungen. Da es für die Wirksamkeit der Betriebsratsanhörung gem. § 102 Abs. 1 BetrVG allein darauf ankommt, dass der Arbeitgeber dem Betriebsrat die aus seiner Sicht maßgeblichen Umstände vollständig mitteilt, sind Konstellationen denkbar, in denen der Arbeitgeber im späteren Prozess bemerkt, dass es weitere Umstände gibt, die für seinen vormaligen Kündigungsentschluss nicht maßgeblich waren, die er aber nunmehr gerne erörtern möchte.

Beispiel
Arbeitgeber AG hatte den Betriebsrat im Rahmen der Anhörung nur zu Betriebsablaufstörungen unterrichtet. Die – ihm auch bekannten – wirtschaftlichen Belastungen hatte AG dem Betriebsrat nicht mitgeteilt, da diese für seinen Kündigungsentschluss nicht maßgeblich waren. Im Prozess äußert das Gericht Bedenken, ob die Betriebsablaufstörungen erheblich sind. AG möchte daraufhin die wirtschaftlichen Belastungen darstellen, die er bislang nicht für kündigungsrelevant ansah.

---

130 BAG, Urt. v. 6.10.2005 – 2 AZR 316/04 – NZA 2006, 990; BAG, Urt. v. 24.06.2004 – 2 AZR 461/03 – NZA 2004, 1330.

131 BAG, Urt. v. 28.3.1974 – 2 AZR 472/73 – NJW 1974, 1726.

132 BAG, Urt. v. 6.10.2005 – 2 AZR 316/04 – NZA 2006, 990; s. auch APS/*Koch*, Kündigungsrecht, § 102 BetrVG Rn 157.

Im vorgenannten Beispiel ist die Kündigungsanhörung gem. § 102 Abs. 1 BetrVG nicht deswegen unwirksam, weil der Arbeitgeber die wirtschaftlichen Belastungen nicht mitgeteilt hatte – denn diese waren nach dem Grundsatz der subjektiven Determinierung für ihn nicht ausschlaggebend und daher nicht vorzutragen. 121

Allerdings kann eine insoweit unzureichende Betriebsratsanhörung Auswirkungen auf die **Verwertbarkeit des arbeitgeberseitigen Vortrags** in einem etwaigen späteren Kündigungsrechtsstreit zur Folge haben. 122

Vorsicht

Der Arbeitgeber wird später im Prozess nämlich nur mit denjenigen Tatsachen gehört, die er auch dem Betriebsrat mitgeteilt hat. Fehler oder Ungenauigkeiten bei der Betriebsratsanhörung können daher auch auf den Prozess ausstrahlen, da dem Betriebsrat nicht mitgeteilte Gründe zu einem Verwertungsverbot im Kündigungsrechtsstreit führen und durch den Arbeitgeber später regelmäßig nicht mehr in den Prozess eingeführt werden können.[133]

Erlaubt ist dem Arbeitgeber hingegen im Prozess die weitere Substantiierung bereits im Rahmen der Anhörung vorgetragener Gründe.[134] 123

Eine **zulässige Substantiierung** liegt vor, wenn der Arbeitgeber dem Betriebsrat bereits dem Grunde nach mitgeteilte Informationen aufgrund von Einwänden des Arbeitnehmers im Prozess weiter ausführt. Ein über eine Substantiierung oder Konkretisierung hinausgehender Vortrag erfolgt hingegen dann, wenn der Arbeitgeber Tatsachen vorträgt, durch die der bisherige Vortrag erst das Gewicht einer kündigungsrelevanten Pflichtverletzung erlangt.[135] 124

Beispiel

Hat der Arbeitgeber den Betriebsrat im Rahmen der Beeinträchtigung der betrieblichen Belange nur über Betriebsablaufstörungen durch Überlastung der übrigen Arbeitnehmer informiert, so wäre der erstmals im Prozess eingeführte Vortrag einer zudem bestehenden wirtschaftlichen Beeinträchtigung durch Lohnfortzahlungskosten nicht verwertbar (= unzulässiges Nachschieben bekannter Tatsachen). Verwertbar wäre es hingegen, wenn der Arbeitgeber auf ein Bestreiten der Betriebsablaufstörungen im Prozess konkret darlegt, welche Arbeitnehmer in welcher Art und Weise überlastet sind (= zulässige Konkretisierung und Substantiierung).

Ein **Nachschieben von Gründen** ist nur ausnahmsweise zulässig, wenn es sich um Tatsachen handelt, die dem Arbeitgeber vor Ausspruch der Kündigung nicht bekannt waren.[136] 125

133 BAG, Urt. v. 18.12.1980 – 2 AZR 1006/78 – NJW 1981, 2316; BAG, Urt. v. 1.4.1981 – 7 AZR 1003/78 – NJW 1981, 2772.

134 LAG Hamm, Urt. v. 17.11.1997 – 8 Sa 467/97 – BeckRS 1997, 30459674.

135 BAG, Urt. v. 18.12.1980 – 2 AZR 1006/78 – NJW 1981, 2316.

136 Tschöpe/*Seitz*, Anwaltshandbuch Arbeitsrecht, Teil 3 J Rn 136.

Praxistipp
Es empfiehlt sich daher, die Betriebsratsanhörung bereits mit den Inhalten so zu erstellen, wie der Arbeitgeber im späteren Kündigungsschutzprozess seine Klageerwiderung fertigen würde. Eine sorgfältig dokumentierte und überzeugende Betriebsratsanhörung – die dem Arbeitnehmer vom Betriebsrat zudem oftmals zur Stellungnahme ausgehändigt wird – kann daher auch die Vergleichsbereitschaft des Arbeitnehmers erhöhen, wenn dieser ggf. nach anwaltlicher Prüfung zu dem Ergebnis kommt, an der Kündigung „könne etwas dran sein".

II. Kündigungsschutzverfahren

126 Den Arbeitgeber trifft gem. § 1 Abs. 2 S. 4 KSchG die **Darlegungs- und Beweislast** für das Vorliegen aller Kündigungsumstände. Dieser muss daher darlegen und beweisen, dass eine negative Prognose besteht, die zu betrieblichen Beeinträchtigungen führt sowie die Interessenabwägung zu seinen Gunsten ausgeht.

Hinweis
Der Arbeitnehmer hat in vielen Fällen keine Möglichkeit, betriebliche Ursachen und Störungen ohne detaillierten Vortrag des Arbeitgebers zu bewerten und sich hierzu substantiiert zu äußern. Andererseits ist es dem Arbeitgeber oftmals gar nicht möglich, sämtliche Umstände vollständig darzulegen und zu beweisen: Insbesondere bei den krankheitsbedingten Ursachen verfügt der Arbeitgeber nur über Indizien.

127 Daher erfährt der Grundsatz des § 1 Abs. 2 S. 4 KSchG im Rahmen der krankheitsbedingten Kündigung folgende Modifikationen bzw. Abstufungen durch die Grundsätze der abgestuften Darlegungs- und Beweislast:

1. Negative Prognose

128 Zur Annahme einer negativen Prognose muss der Arbeitgeber zunächst entsprechende Indiztatsachen vortragen.

129 Sodann ist im Rahmen der abgestuften Darlegungs- und Beweislast der Arbeitnehmer gem. § 46 Abs. 2 ArbGG, § 138 Abs. 2 ZPO verpflichtet, diesen Vortrag unter Angabe solcher Umstände, die eine baldige Genesung annehmen lassen, zu entkräften. Äußert sich der Arbeitnehmer hierzu nicht, gilt der Vortrag des Arbeitgebers gem. § 46 Abs. 2 ArbGG, § 138 Abs. 3 ZPO als zugestanden. Kann der Arbeitnehmer hingegen den Vortrag des Arbeitgebers entkräften, muss der Arbeitgeber durch ein Beweisangebot der Einholung eines medizinischen Sachverständigengutachtens den Beweis des Bestehens einer negativen Gesundheitsprognose erbringen.[137]

137 Vgl. hierzu bereits ausführlich oben unter Kap. 4 – C – I – 1 – d.

2. Betriebliche Beeinträchtigungen

Das Vorliegen betrieblicher Beeinträchtigungen, aus denen auch für die Zukunft auf entsprechende weitere Störungen geschlossen werden kann, muss der Arbeitgeber konkret darlegen und beweisen. 130

Der Arbeitgeber muss hierzu anhand der betrieblichen Situation die absehbaren Auswirkungen darlegen. Aufgrund seiner Sachnähe und -kenntnis der betrieblichen Situation reicht ein pauschaler Vortrag des Arbeitgebers nicht aus, vielmehr muss dieser so konkret wie möglich die Störungen darlegen, damit der Arbeitnehmer hierauf erwidern kann.[138] 131

3. Interessenabwägung und ultima-ratio-Prinzip

Im Rahmen der **Interessenabwägung** obliegt dem Arbeitgeber die Darlegung, dass sein Beendigungsinteresse das Bestandschutzinteresse des Arbeitnehmers überwiegt. Behauptet der Arbeitnehmer hier, die Ursachen seiner Erkrankung seien betrieblich bedingt, so muss der Arbeitgeber das Fehlen eines solchen Kausalzusammenhangs darlegen und beweisen.[139] 132

Bezüglich der **fehlenden Weiterbeschäftigungsmöglichkeiten** trifft den Arbeitgeber ebenfalls eine abgestufte Darlegungs- und Beweislast. Der Arbeitgeber darf – unter Berücksichtigung des Ergebnisses des betrieblichen Eingliederungsmanagements[140] – zunächst behaupten, dass es an Weiterbeschäftigungsmöglichkeiten fehlt. 133

Sodann muss der Arbeitnehmer konkret darlegen, wie er sich eine Änderung seines bisherigen Arbeitsplatzes vorstellt oder eine anderweitige Tätigkeit aufzeigen, die er trotz seiner gesundheitlichen Einschränkungen ausüben kann.[141] 134

Der Arbeitgeber muss auf einen solchen Vortrag hin darstellen, aus welchen Gründen eine solche Beschäftigung nicht möglich ist bzw. zu keiner Verbesserung der Beeinträchtigungen führen wird.[142] Gegebenenfalls muss der Arbeitgeber hierzu erneut Beweis durch ein Sachverständigengutachten erbringen. 135

E. Sondergeschützte Arbeitsverhältnisse

Bestimmte Arbeitnehmergruppen genießen **besonderen Kündigungsschutz**. Der besondere Kündigungsschutz kann sich ergeben aus 136

138 *Lepke*, Kündigung bei Krankheit, Rn 288.
139 BAG, Urt. v. 7.11.2002 – 2 AZR 599/01 – NJOZ 2003, 1746.
140 S. hierzu ausführlich Kap. 6.
141 BAG, Urt. v. 10.12.2009 -2 AZR 400/08 – NZA 2010, 398.
142 Schaub/*Linck*, Arbeitsrechtshandbuch, § 131 [Personenbedingte Kündigung] Rn 4a.

- **arbeitsvertraglichen Abreden** (z. B. Ausschluss der ordentlichen Kündbarkeit)
- **tarifvertraglichen Einschränkungen** (z. B. in Form tarifvertraglichen Sonderkündigungsschutzes für Arbeitnehmer nach Erreichen einer bestimmten Betriebszugehörigkeit) oder
- **gesetzlichen Vorgaben** (z. B. MuSchG, BEEG, SGB IX, PflegeZG, KSchG, BBiG)

137 Je nach Art des einschlägigen Sonderschutzes kann eine Kündigung
- gänzlich ausgeschlossen sein bzw. erst nach Einholung einer behördlichen (z. B. bei schwerbehinderten Arbeitnehmern) oder gerichtlichen Erlaubnis (z. B. bei Betriebsratsmitgliedern) oder
- nur in Form der außerordentlichen Kündigung (z. B. tariflich unkündbaren Arbeitnehmern)

138 möglich sein.

139 Insbesondere wenn die krankheitsbedingte Kündigung in Zusammenhang mit dem Sonderschutz steht wie z. B. bei einer Kündigung eines schwerbehinderten Arbeitnehmers, der aufgrund seiner Schwerbehinderung weniger leistungsfähig ist als nichtbeeinträchtigte Arbeitnehmer, ist diese Wechselwirkung in besonderem Umfang der Interessenabwägung zu beachten.

140 Zu den Einzelheiten der Kündigung schwerbehinderter Arbeitnehmer wird hierzu verwiesen auf die Ausführungen im Kap. 9 – F, während die Besonderheiten der außerordentlichen krankheitsbedingter Kündigung unkündbarer Arbeitnehmer nachfolgend unter Kap. 4 – F behandelt werden.

F. Außerordentliche Kündigung wegen Krankheitsfolgen

141 Eine krankheitsbedingte Kündigung wird regelmäßig als ordentliche Kündigung ausgesprochen. Eine außerordentlich fristlose Kündigung setzt gem. § 626 Abs. 1 BGB u. a. das Vorliegen eines wichtigen Grundes voraus, der es unter Abwägung aller Umstände des Einzelfalls den Arbeitsvertragsparteien unmöglich macht bzw. es unzumutbar erscheinen lässt, das Arbeitsverhältnis bis zum Ablauf der ordentlichen Kündigungsfrist fortzusetzen.

I. Außerordentliche Kündigung ordentlich kündbarer Arbeitnehmer

142 Da die Ursache krankheitsbedingter Kündigungen durch den Arbeitnehmer nicht verschuldet sein muss und bei der Abwägung in der Regel zu Gunsten des Arbeitnehmers zu berücksichtigen ist, ist eine fristlose außerordentliche Kündigung wegen Krankheit(sfolgen) grundsätzlich nicht möglich bzw. nur in besonderen Konstellati-

onen denkbar[143] Regelmäßig wird es dem Arbeitgeber nämlich zumutbar sein, die Kündigungsfrist einzuhalten.[144]

Nur ausnahmsweise wird ein wichtiger Grund bejaht werden können, etwa dann, 143
wenn die für die Dauer der Kündigungsfrist zu leistende Lohnfortzahlung erheblich ist oder andere betriebliche Störungen zu erwarten sind[145] bzw. aufgrund von Sicherheits-/oder Gesundheitsgefahren eine sofortige Entfernung des Arbeitnehmers notwendig ist.[146]

II. Außerordentliche Kündigung ordentlich unkündbarer Arbeitnehmer

Bestimmte Arbeitnehmergruppen können durch den Arbeitgeber nicht ordentlich 144
gekündigt werden. Der Ausschluss der ordentlichen Kündbarkeit kann sich z. B. aus einer vertraglichen Vereinbarung, einer Befristung des Arbeitsverhältnisses, aus tarifvertraglichen Vorgaben oder gesetzlichen Schutzbestimmungen ergeben. Hierbei wird weiter unterschieden, ob es sich um Arbeitnehmer mit dauerhaftem oder nur vorübergehendem Ausschluss der ordentlichen Kündigung handelt:

1. Dauerhafter Ausschluss der ordentlichen Kündbarkeit

Im Falle dauerhaft ordentlich unkündbarer Arbeitnehmer können **Krankheitsfolgen** 145
als wichtiger Grund gem. § 626 Abs. 1 BGB zu qualifizieren sein.[147]

Zu beachten ist allerdings, dass bei der außerordentlich fristlosen Kündigung 146
wegen Krankheitsfolgen gem. § 626 BGB die von der Rechtsprechung zur ordentlichen krankheitsbedingten Kündigung entwickelten Grundsätze übertragen und auch dort angewendet werden.[148] Auch ist bei der Kündigung regelmäßig eine der ordentlichen Kündigungsfrist entsprechende soziale Auslauffrist einzuhalten.[149] Darüber hinaus ist insbesondere im Rahmen der Interessenabwägung den **hohen Anforderungen außerordentlicher Kündigungen** besonderes Gewicht zu schenken.[150]

---

143 BAG, Urt. v. 9.9.1992 – 2 AZR 190/92 – NZA 1993, 598; LAG Köln, Urt. v. 4.9.2002 – 7 Sa 415/02 – NZA-RR 2003, 360.

144 *Lepke*, Kündigung bei Krankheit, Rn 310.

145 BAG, Urt. v. 18.10.2000 – 2 AZR 131/00 – DB 2001, 1044.

146 So z. B. im Fall einer ansteckenden Krankheit, die zu einem behördlichen Beschäftigungsverbot nach dem Infektionsschutzgesetz führt, vgl. hierzu *Lepke*, Kündigung bei Krankheit, Rn 319 a.E.

147 BAG, Urt. v. 25.3.2004 – 2 AZR 399/03 – NZA 2004, 1216; BAG, Urt. v. 27.11.2003 – 2 AZR 601/02 – NJOZ 2004, 3301.

148 BAG, Urt. v. 9.9.1992 – 2 AZR 190/92 – BB 1993, 291.

149 BAG, Urt. v. 18.1.2001 – 2 AZR 616/99 – NZA 2002, 455; BAG, Urt. v. 18.10.2000 – 2 AZR 627/99 – NZA 2001, 219.

150 BAG, Urt. v. 9.7.1998 – 2 AZR 201/98 – BeckRS 1998, 13908; BAG, Urt. v. 16.9.1999 – 2 AZR 123/99 – NZA 2000, 141; BAG, Urt. v. 23.1.2014 – 2 AZR 582/13 mit Anm. Fuhlrott, GWR 2014, 356.

Hinweis
Rechtstechnisch handelt es sich dann zwar um eine außerordentliche Kündigung gem. § 626 BGB, die jedoch von ihren inhaltlichen Anforderungen (3-Stufen-Prüfung) und Folgen (Auslauffrist entsprechend der ordentlichen Kündigungsfrist) faktisch einer ordentlichen personenbedingten Kündigung gleichsteht. Zu beachten ist jedoch, dass der Arbeitgeber diese Kündigung gegenüber Betriebsrat und im Kündigungsschreiben als „außerordentliche Kündigung" bezeichnet und insb. gegenüber dem Betriebsrat erläutert, dass der Arbeitgeber um die ordentliche Unkündbarkeit des Arbeitnehmers weiß, aber im vorliegenden Fall – ausnahmsweise – außerordentlich personenbedingt zu kündigen wünscht.

147 Im Einzelfall hat die Rechtsprechung außerordentliche Kündigungen unkündbarer Arbeitnehmer grundsätzlich für zulässig angesehen bei:
- tariflich unkündbaren Arbeitnehmern wegen Alkoholsucht[151]
- tariflich unkündbaren Arbeitnehmern wegen häufiger Kurzerkrankungen[152]
- tariflich unkündbaren Arbeitnehmern wegen dauernder krankheitsbedingter Arbeitsunfähigkeit[153]
- Auszubildenden nur dann, wenn durch die Krankheit das Ausbildungsziel derart in Frage gestellt ist, dass dessen Zweck nicht mehr erreicht werden kann[154]
- befristet beschäftigten und daher ordentlich unkündbaren Arbeitnehmern, die an einer unheilbaren Krankheit leiden, die zur dauernden Arbeitsunfähigkeit führt;[155] ansonsten nur dann, wenn sich die negative Gesundheitsprognose über den gesamten Befristungszeitraum erstreckt.[156]

148 Bei lediglich **partieller Minderung** der Leistungsfähigkeit soll eine außerordentliche Kündigung unkündbarer Arbeitnehmer nicht möglich sein.[157]

2. Vorübergehender Ausschluss der ordentlichen Kündbarkeit

149 Handelt es sich hingegen um Arbeitnehmer mit nur vorübergehendem bzw. noch nachwirkendem Sonderkündigungsschutz – z. B. aus einer Betriebsratstätigkeit – so ist es dem Arbeitgeber zuzumuten, bis zum Ablauf des Sonderkündigungsschutzes

151 BAG, Urt. v. 16.9.1999 – 2 AZR 123/99 – NZA 2000, 141.
152 BAG, Urt. v. 9.9.1992 – 2 AZR 190/92 – NZA 1993, 598; BAG, Urt. v. 23.1.2014 – 2 AZR 582/13 mit Anm. Fuhlrott, GWR 2014, 356.
153 BAG, Urt. v. 27.11.2003 – 2 AZR 601/02 – BeckRS 2004, 40927; BAG, Urt. v. 25.03.2004 – 2 AZR 341/03 – NZA 2004, 1216.
154 LAG Düsseldorf, Urt. v. 24.1.1968 – 3 Sa 497/67 – DB 1968, 401.
155 LAG Schleswig-Holstein, Urt. v. 21.8.1969 – 1 Sa 122/68 – DB 1969, 2091.
156 LAG Berlin, Urt. v. 10.4.1995 – 9 Sa 122/94 – SpuRt 1998, 200.
157 BAG, Urt. v. 12.7.1995 – 2 AZR 762/94 – DB 1995, 2617.

zu warten und ihn dann auf die Möglichkeit der ordentlichen Kündigung zu verweisen.[158]

Daher hat die Rechtsprechung die außerordentliche Kündigung eines Betriebsratsmitglieds wegen häufiger Kurzerkrankungen abgelehnt.[159] 150

G. Die krankheitsbedingte Kündigung außerhalb des KSchG

Die zuvor (vgl. hierzu zuvor unter Kap. 4 – C) dargestellten Anforderungen für krankheitsbedingte Kündigungen gelten nur im Anwendungsbereich des KSchG. Außerhalb dessen Anwendungsbereiches – also vor Erfüllung der sechsmonatigen Wartezeit gem. §1 Abs.1 KSchG oder im Kleinbetrieb gem. §23 Abs.1 KSchG – bedarf der Arbeitgeber keines Kündigungsgrundes gem. §1 KSchG und wird dessen Kündigung nicht auf ihre soziale Rechtfertigung geprüft. 151

Praxistipp

Außerhalb des Anwendungsbereiches des KSchG ist der Arbeitgeber weitestgehend frei in seiner Kündigungsentscheidung, muss aber rechtliche „Mindeststandards" wahren. So sind Kündigungen, die gegen gesetzliche Verbote (§134 BGB), das Gebot von Treu und Glauben (§242 BGB), die guten Sitten (§138 BGB) oder Diskriminierungsvorschriften (§1 AGG) verstoßen, rechtsunwirksam. Der Arbeitgeber muss darüber hinaus ein Mindestmaß an sozialer Rücksicht wahren, da andernfalls eine ungerechtfertigte Ungleichbehandlung solcher vom KSchG nicht erfasster und solcher dem KSchG unterfallender Arbeitsverhältnisse erfolgte.[160]

Für den Bereich der krankheitsbedingten Kündigung bedeutet dies aber, dass es dem Arbeitgeber erlaubt ist, auch bei Fehlen einer negativen Prognose, geringeren Fehlzeiten oder weniger starken Beeinträchtigungen des Betriebsablaufs eine wirksame Kündigung auszusprechen. 152

Beispiel

So ist nach der Rechtsprechung[161] eine Kündigung im Kleinbetrieb selbst dann erlaubt, wenn der Arbeitnehmer dem Arbeitgeber mitteilt, er werde aufgrund einer bevorstehenden Operation für ca. fünf Wochen krankheitsbedingt ausfallen. Eine solche Kündigung erweise sich nicht als sittenwidrig, da im Kleinbetrieb betrieblichen Ablaufstörungen und finanziellen Belastungen größeres Gewicht zukommt.

---

158 BAG, Urt. v. 15.3.2001 – 2 AZR 624/99 – NZA-RR 2002, 20.

159 BAG, Urt. v. 18.2.1993 – 2 AZR 526/92 – NZA 1994, 74; BAG, Urt. v. 9.7.1964 – 2 AZR 419/63 – DB 1964, 1523.

160 Zu einzelnen Beispielsfällen s. *Fuhlrott/Hoppe*, ArbR Aktuell 2009, 204, 204 ff.

161 LAG Rheinland-Pfalz, Urt. v. 30.8.2007 – 2 Sa 373/07 – BeckRS 2007, 48513.

153 Eine Besonderheit gilt hierbei allerdings nach einer aktuellen Entscheidung des Bundesarbeitsgerichts[162] bei chronisch erkrankten Arbeitnehmern (s. hierzu auch bereits zuvor unter Kap. 4 – A – II):

154 Führt die Erkrankung zur Beeinträchtigung an der gesellschaftlichen Teilhabe, so ist diese ausnahmsweise als Behinderung i. S. d. § 1 AGG zu qualifizieren. Eine Kündigung eines solchen Arbeitnehmers stellt dann eine Benachteiligung gem. § 7 AGG dar, die nicht nur zur Unwirksamkeit der Kündigung führen kann, sondern ebenfalls Entschädigungsansprüche wegen Diskriminierung gem. § 15 AGG nach sich ziehen kann.

Praxistipp

Diskriminieren kann allerdings nur derjenige, der um das Bestehen eines Diskriminierungsmerkmals weiß. Hat der Arbeitnehmer sein Diskriminierungsmerkmal nicht offen gelegt und weiß der Arbeitgeber auch von anderer Seite nicht hierum, scheiden Entschädigungsansprüche gegen den Arbeitgeber aus. Gleiches gilt, wenn der Arbeitnehmer „Merkmalsträger" i. S. d. AGG ist, ihn der Arbeitgeber aber aus völlig anderen Gründen kündigt.

155 Weiß der Arbeitgeber um das Diskriminierungsmerkmal „Behinderung" und möchte sich gleichwohl von dem Arbeitnehmer trennen, so muss der Arbeitgeber darlegen, dass die Benachteiligung in Form der Kündigung aufgrund beruflicher Anforderungen gem. § 8 AGG gerechtfertigt ist. Bei der Darlegung der Rechtfertigungsgründe genügt kein pauschaler Vortrag des Arbeitgebers. Vielmehr muss der Arbeitgeber konkret und substantiiert darlegen, welche wesentlichen und entscheidenden beruflichen Anforderungen fehlen.[163]

162 BAG, Urt. v. 19.12.2013 – 6 AZR 190/12 – BeckRS 2014, 66665 mit Anm. *Fuhlrott*, GWR 2014, 96.
163 Vgl. hierzu *Fuhlrott*, GWR 2014, 96 sowie Fuhlrott/Wesemann, ArbR Aktuell 2014, 307.

Kapitel 5
Rechtsfolgen krankheitsbedingter Kündigung

Wird ein Arbeitsverhältnis krankheitsbedingt beendet, treten grundsätzlich dieselben Rechtsfolgen wie auch bei anderen Beendigungstatbeständen ein. Das Arbeitsverhältnis ist insbesondere ordnungsgemäß abzuwickeln. Dabei können sich jedoch insbesondere im Hinblick auf die einer krankheitsbedingten Kündigung häufig vorangehenden Ausfallzeiten **Besonderheiten hinsichtlich der Abwicklung** von Vergütungs- und Urlaubsabgeltungsansprüchen ergeben. Häufig überraschend ist in diesem Zusammenhang die Verpflichtung nach § 8 EFZG, die Entgeltfortzahlung auch über die Beendigung des Arbeitsverhältnisses hinaus fortführen zu müssen, wenn die Kündigung gerade wegen der Krankheit des Arbeitnehmers ausgesprochen wurde. Darüber hinaus stellt sich in der betrieblichen Praxis bei der krankheitsbedingten Kündigung häufig die Frage, wie mit der Krankheit und/oder mit ihr verbundenen Fehlzeiten im Rahmen des Zeugnisanspruches oder Auskünften über den Arbeitnehmer umgegangen werden soll. In Zeiten zunehmender Fälle vor allem psychischer Erkrankungen sind Arbeitgeber zudem mit der Frage konfrontiert, ob sie in die Haftung genommen werden können, wenn eine Kündigung selbst eine Erkrankung auslöst oder eine bestehende Erkrankung verschlimmert. 1

A. Krankheit durch Kündigung

In seltenen Fällen wird die Krankheit des Arbeitnehmers durch eine arbeitgeberseitige (Änderungs-)Kündigung erst ausgelöst oder aber verstärkt.[1] Dann stellt sich die Frage, ob der Arbeitgeber sich gegenüber dem Arbeitnehmer durch den Ausspruch der Kündigung schadensersatzpflichtig macht. 2

I. Schadensersatzersatzansprüche wegen Gesundheitsschädigung und Verletzung des Persönlichkeitsrechts

Praktische Relevanz hat das Thema Krankheit durch Kündigung insbesondere in Fällen, in denen mehrere **(vermeintliche) Mobbing-Handlungen** des Arbeitgebers in einer (Änderungs-)Kündigung kumulieren.[2] 3

---

1 Ausführlich zu dem Zusammenhang zwischen einer Kündigung und dem Gesundheitszustand des Arbeitnehmers *Lepke*, Rn 734 f. m.w.N.
2 Vgl. BAG, Urt. v. 24.08.2008 – 8 AZR 347/07 – NZA 2009, 38.

4 In diesen Fällen wird der Arbeitnehmer neben der Gesundheitsschädigung, die regelmäßig schwer nachzuweisen sein wird, etwaige Schadensersatzansprüche auch oder sogar ausschließlich auf eine **Verletzung seines Persönlichkeitsrechts** durch den Ausspruch der Kündigung stützen, da dieses gerade die Achtung und Entfaltung der Persönlichkeit in der sozialen Umgebung schützt, die durch das „Mobbing" herabgesetzt sein soll und im Gegensatz zur Gesundheitsschädigung keine weiteren Beeinträchtigungen oder Schäden verlangt.[3]

1. Mögliche Anspruchsgrundlagen

5 Will der Arbeitnehmer Schadensersatz für eine mit der arbeitgeberseitigen Kündigung verbundene Gesundheitsschädigung und/oder Verletzung seines Persönlichkeitsrechts geltend machen, kommen dafür verschiedene Anspruchsgrundlagen in Betracht.

a) Vertragliche Anspruchsgrundlagen

6 Verletzt der Arbeitgeber durch den Ausspruch der Kündigung schuldhaft seine dem Arbeitnehmer gegenüber bestehenden Pflichten aus dem Arbeitsvertrag, kommt zunächst ein Schadensersatzanspruch des Arbeitnehmers wegen **Vertragspflichtverletzung gem. § 280 Abs. 1 BGB** in Betracht. Durch den Ausspruch einer gesundheitsschädigenden oder persönlichkeitsrechtsverletzenden Kündigung kann der Arbeitgeber insbesondere gegen seine gegenüber dem Arbeitnehmer bestehenden **Schutz- und Fürsorgepflichten** verstoßen (vgl. § 241 Abs. 2 BGB).

7 Eine **besondere Teilausprägung** der Schutz- und Fürsorgepflichten zum Schutz der Gesundheit des Arbeitnehmers findet sich in **§ 618 BGB.** Da § 618 BGB aber darauf abzielt, den Schutz des Arbeitnehmers vor mit der Erbringung der Arbeitsleistung verbundenen spezifischen Gefahren für Leben und Gesundheit, die insbesondere von den technischen Einrichtungen des Betriebs her drohen, zu gewährleisten,[4] und es sich bei einer Kündigung nicht um eine solche spezifische tätigkeitsbezogene Gefahr handelt, ist sein Schutzbereich bei einer Gesundheitsschädigung durch Kündigung nicht eröffnet. Es ist vielmehr auf die **allgemeine Schutz- und Fürsorgepflicht** nach § 241 Abs. 2 BGB zurückzugreifen.

8 Danach hat der Arbeitnehmer Anspruch darauf, dass auf sein Wohl und seine berechtigten Interessen Rücksicht genommen wird, dass er vor Gesundheitsgefahren, auch psychischer Art, geschützt wird, und dass er keinem Verhalten ausgesetzt wird, das bezweckt oder bewirkt, dass seine Würde verletzt und ein von Einschüchterungen, Anfeindungen, Erniedrigungen, Entwürdigungen und Beleidigungen gekenn-

---

3 *Rieble/Klumpp*, ZIP 2002, 369, 371.
4 MünchKomm-BGB/*Henssler*, § 618 Rn 1.

zeichnetes Umfeld geschaffen wird (vgl. auch §3 Abs. 3, 4 AGG). Der Arbeitgeber ist in diesem Zusammenhang insbesondere auch zum Schutz der Gesundheit und der Persönlichkeitsrechte des Arbeitnehmers verpflichtet.[5]

b) Deliktische Anspruchsgrundlagen

Als deliktische Anspruchsgrundlage kommt in der Praxis **insbesondere § 823 Abs. 1 BGB** in Betracht, der als absolute Rechtsgüter sowohl die Gesundheit als auch das Persönlichkeitsrecht des Arbeitnehmers schützt. Voraussetzung für einen Schadensersatzanspruch des Arbeitnehmers gegen seinen Arbeitgeber nach § 823 Abs. 1 BGB ist, dass der Arbeitgeber den Arbeitnehmer durch den Ausspruch der Kündigung **vorsätzlich oder fahrlässig in rechtswidriger Weise** an dessen Gesundheit und/oder in seinem Persönlichkeitsrecht verletzt hat. 9

Neben Ansprüchen aus § 823 Abs. 1 BGB sind auch Ansprüche des Arbeitnehmers gegen seinen Arbeitgeber wegen **schuldhafter Verletzung eines Schutzgesetzes (§ 823 Abs. 2 BGB) und/oder wegen vorsätzlicher sittenwidriger Schädigung (§ 826 BGB)** denkbar. Als Schutzgesetze i. S. d. § 823 Abs. 2 BGB kommen hier insbesondere die Strafvorschriften zur vorsätzlichen bzw. fahrlässigen Körperverletzung (§§ 223, 229 StGB) in Betracht. Hier ist allerdings die Rechtsprechung des BGH zum Vorliegen einer Körperverletzung bei psychischen Beeinträchtigungen zu beachten, nach der zwar grundsätzlich auch eine **psychische Einwirkung** den krankhaften Zustand hervorrufen kann, der für eine Gesundheitsbeschädigung i. S. d. §§ 223, 229 StGB erforderlich ist, jedoch die psychischen Beeinträchtigungen jedenfalls den Körper im weitesten Sinne in einen **pathologischen, somatisch objektivierbaren Zustand** versetzen müssen.[6] Die von § 826 BGB geforderte vorsätzliche Schädigung wird in der Praxis meist nicht nachzuweisen sein.[7] 10

2. Keine Haftung bei rechtmäßiger Kündigung

a) Grundsatz

Unabhängig von der jeweiligen Anspruchsgrundlage scheidet ein Anspruch des Arbeitnehmers gegen seinen Arbeitgeber auf Schadensersatz aber aus, wenn der Ausspruch der Kündigung **rechtmäßig, d. h. insbesondere sozial gerechtfertigt**, war. 11

---

5 BAG, Urt. v. 25.10.2007 – 8 AZR 593/06 – NZA 2008, 223.

6 BGH, Beschl. v. 5.11.1996 – 4 StR 490/96 – NStZ 1997, 123.

7 *Benecke*, NZA-RR 2003, 225, 227.

Praxistipp

Die rechtmäßige Ausübung von Gestaltungsrechten kann grundsätzlich keine Schadensersatzansprüche auslösen. Erkrankt der Arbeitnehmer infolge einer rechtmäßigen Arbeitgeberkündigung, handelt es sich – wenn keine besonderen Umstände hinzutreten –, um eine Ausprägung des allgemeinen Lebensrisikos des Arbeitnehmers.[8] Eine Persönlichkeitsrechtsverletzung scheidet bereits tatbestandlich aus.

Fettnapf

Eine rechtmäßige arbeitgeberseitige Kündigung in diesem Sinne liegt jedoch nicht schon dann vor, wenn der Arbeitnehmer die Kündigung nicht in der Frist des § 4 KSchG angreift und deswegen die Rechtswirksamkeit der Kündigung gem. § 7 KSchG fingiert wird. Die Fiktion des § 7 KSchG führt lediglich zur wirksamen Beendigung des Arbeitsverhältnisses und hat Auswirkungen auf alle weiteren Ansprüche zwischen den Arbeitsvertragsparteien, für die das Bestehen oder Nichtbestehen eines Arbeitsverhältnisses unabdingbare Voraussetzung ist. Wie bei einem Urteil werden von der Fiktionswirkung aber nicht die Elemente des Subsumtionsschlusses, d. h. die Urteilsgründe, erfasst. Demnach steht durch die Fiktionswirkung des § 7 KSchG noch nicht fest, dass die für die Kündigung tragenden Gründe vorlagen.[9] Der Arbeitnehmer kann daher in einem Schadensersatzprozess gleichwohl geltend machen, dass dem Arbeitgeber keine die Kündigung rechtfertigende Gründe zur Seite standen und er durch die Kündigung in seinem Persönlichkeitsrecht verletzt sei bzw. diese bei ihm eine Gesundheitsschädigung herbei geführt habe. Unter Umständen muss der Arbeitnehmer sich jedoch im Rahmen des Mitverschuldens nach § 254 BGB entgegen halten lassen, dass er den durch die Kündigung verursachten Schaden durch die Nicht-Erhebung einer Kündigungsschutzklage in der Frist des § 4 KSchG mit der Folge, dass die (rechtswidrige) Kündigung bestandkräftig wurde, mitverursacht hat bzw. er dadurch seine Schadensminderungspflicht verletzt hat.

b) Exkurs: Ausnahmsweise rechtswidrige Kündigung wegen Krankheit

12 Bislang kaum beantwortet ist die Frage, ob eine grundsätzlich rechtmäßige Kündigung ausnahmsweise infolge krankheitsbedingter Umstände rechtswidrig sein kann und – wenn ja – unter welchen Umständen dies der Fall ist.

13 Ansatzpunkt hierfür könnte die **Schutz- und Fürsorgepflicht** des Arbeitgebers sein, die im Rahmen des das Kündigungsrecht beherrschenden Ultima-Ratio-Grundsatzes eine Kündigung eines kranken Arbeitnehmers **ausnahmsweise als unverhältnismäßig und daher rechtswidrig** erscheinen lässt. **In aller Regel wird dies nicht der Fall sein**, da im Rahmen krankheitsbedingter Kündigungen eine umfassende Interessenabwägung erfolgt, welche die Krankheit berücksichtigt und – unter den von der Rechtsprechung entwickelten Voraussetzungen (vgl. Kapitel 4 Rn 34 ff.) – dennoch zur Rechtmäßigkeit der Kündigung führt.

14 Vor diesem Hintergrund wird man die „Verhinderung“ einer im Regelfall möglichen Kündigung durch ein Überwiegen der durch Schutz- und Fürsorgepflichten

8 BAG, Urt. v. 11.7.2013 – 2 AZR 241/12 – NZA 2013, 1259.

9 Ascheid/Preis/Schmidt/*Hesse*, § 7 KSchG, Rn 7.

geschützten Interessen des Arbeitnehmers **nur im absoluten Ausnahmefall** annehmen können. Denkbar ist dies vor allem dann, wenn die Kündigung nachweislich zu einer **chronischen Erkrankung** führt, die ihrerseits **nachweislich oder i.S. einer allgemein bekannten Tatsache den Ausschluss des Arbeitnehmers von der sozialen Teilhabe bewirkt und deshalb als Behinderung i. S. d. § 1 AGG zu qualifizieren ist.** Insoweit wird man nämlich die zur Kündigung wegen einer symptomlosen HIV-Infektion entwickelten Grundsätze übertragen können, die nach der Rechtsprechung des BAG aufgrund der mit ihr verbundenen Ausgrenzung und Stigmatisierung als Behinderung i. S. d. § 1 AGG zu qualifizieren ist.[10]

Auf den Grund der Behinderung oder ihre Art kommt es nach der Rechtsprechung 15
des BAG insoweit nicht an.[11] Auch chronische Krankheiten werden vom Begriffsverständnis der Behinderung i. S. d. § 1 AGG erfasst. Das setzt – so das BAG – allerdings voraus, dass die erforderliche Beeinträchtigung der Teilhabe vorliegt.[12] Eine chronische Erkrankung, die solche Beeinträchtigungen nicht mit sich bringen kann, führt nicht zu einer Behinderung i. S. d. § 1 AGG.[13]

Praxistipp
Eine derartige chronische Erkrankung wird man nur extrem selten annehmen können. Ausgehend von den vom BAG zu Auflösungsanträgen nach § 9 KSchG bei depressiver Erkrankung infolge Kündigung entwickelten Grundsätzen,[14] wird man insbesondere nicht jede Depression als Behinderung i. S. d. § 1 AGG qualifizieren können. Maßgeblich sind die Umstände des Einzelfalls. Um eine ausnahmsweise aufgrund der psychischen Verfassung des Arbeitnehmers unwirksame Kündigung auszuschließen, sollte sich der Arbeitgeber, soweit möglich, vor Ausspruch der Kündigung – unter Beachtung der Vorgaben des BDSG – durch Erkundigungen und ggf. über ein Personalgespräch einen Eindruck von der psychischen Verfassung des Arbeitnehmers verschaffen.

---

3. Auch bei rechtswidriger Kündigung Haftung nur im Ausnahmefall

a) Grundsatz

Aber auch wenn der Ausspruch der Kündigung rechtswidrig erfolgte, hat der Arbeit- 16
nehmer – im Ergebnis – nur in **seltenen Ausnahmefällen** einen Anspruch gegen seinen Arbeitgeber auf Ersatz der mit der Kündigung verbundenen Gesundheitsschäden bzw. einen Ausgleich für die Persönlichkeitsrechtsverletzungen.

10 BAG, Urt. v. 19.12.2013 – 6 AZR 190/12 – NZA 2014, 372; dazu *Fuhlrott*, GWR 2014, 96.
11 BAG, Urt. v. 19.12.2013 – 6 AZR 190/12 – NZA 2014, 372.
12 BAG, Urt. v. 19.12.2013 – 6 AZR 190/12 – NZA 2014, 372.
13 BAG, Urt. v. 19.12.2013 – 6 AZR 190/12 – NZA 2014, 372; vgl. für die RL 2000/78/EG ebenso EuGH, Urt. v. 11.4.2013 – C-335/11 ua. – NZA 2013, 553 – Ring.
14 BAG, Urt. v. 11.7.2013 – 2 AZR 241/12 – NZA 2013, 1259.

aa) Rechtsprechung des BAG

17 Im Zusammenhang mit Schadensersatzansprüchen des Arbeitnehmers gegen den Arbeitgeber wegen Gesundheitsbeschädigung bzw. der Verletzung des Persönlichkeitsrechts durch den Ausspruch einer Kündigung hat das BAG jedoch – ohne sich dogmatisch abschließend festzulegen – entschieden, dass allein durch den **Ausspruch einer unwirksamen Kündigung** ein Arbeitgeber **nicht** seine dem Arbeitnehmer gegenüber bestehenden **Rücksichtnahmepflichten verletzt**, da im Arbeitsleben übliche Konfliktsituationen wie der Ausspruch einer (rechtswidrigen) Kündigung grundsätzlich nicht geeignet sind, die Tatbestandsvoraussetzungen einer Vertragspflichtverletzung oder einer unerlaubten Handlung zu erfüllen. Auch eine unwirksame Kündigung sei eine **sozial adäquate Maßnahme**, die nicht – ohne das Hinzutreten weiterer Umstände – zur Haftung des Arbeitgebers führen könne. Eine nicht mehr sozial adäquate Maßnahme könne eine Kündigung nur dann darstellen, wenn sie den Arbeitnehmer über den bloßen Kündigungsausspruch hinaus in seinem Persönlichkeitsrecht beeinträchtigt **und dies vom Arbeitgeber auch so gewollt ist.**[15]

18 Erst dann, wenn der Ausspruch der Kündigung entweder **zielgerichtet erfolgt**, um dem Arbeitnehmer gesundheitlichen Schaden zuzufügen oder seine gesundheitliche Labilität auszunutzen oder wenn die Kündigung **leichtfertig oder unter Heranziehung offensichtlich ungeeigneter, insbesondere herabsetzender Kündigungsgründe** erfolgt, kann ein Verhalten des Arbeitgebers angenommen werden, das (bei einer nachfolgenden kausalen Erkrankung des Arbeitnehmers) zur Haftung des Arbeitgebers führen kann.

Beispiel

Dies ist etwa dann der Fall, wenn der Arbeitgeber dem Arbeitnehmer im Rahmen einer offensichtlich unwirksamen Änderungskündigung, eine neue Tätigkeit anbietet, die bewusst mit einem erheblichen Ansehensverlust verbunden ist.[16] Gleiches gilt, wenn der Arbeitgeber eine offensichtlich unwirksame Kündigung ausspricht, um den Arbeitnehmer gesundheitlich zu schädigen, d. h. „ihn fertigzumachen".[17]

bb) Dogmatische Einordnung

19 Dieser Rechtsprechung ist zuzustimmen. Dogmatisch wird man dieses Ergebnis wie folgt begründen können:

20 Stellt sich eine Kündigung, wenn sie auch rechtswidrig ist, noch als sozialadäquate Maßnahme des Arbeitgebers dar, weil sie bspw. auf **sachlichen Erwägungen** wie betriebsbedingten Gründen beruht, liegt i. d. R. zwar eine Vertragsverletzung

15 BAG, Urt. v. 24.8.2008 – 8 AZR 347/07 – NZA 2009, 38.
16 Vgl. BAG, Urt. v. 16.5.2007 – 8 AZR 709/06 – NZA 2007, 1154.
17 BAG, Urt. v. 24.8.2008 – 8 AZR 347/07 – NZA 2009, 38.

(dazu sogleich), aber bereits **kein Eingriff in das Persönlichkeitsrecht** des Arbeitnehmers vor, auch wenn dieser die Kündigung als belastend empfindet.[18] Der Tatbestand der Persönlichkeitsrechtsverletzung ist damit nicht erfüllt. Darüber hinaus wird bei einer Verletzung des Persönlichkeitsrechts als sog. Rahmenrecht die von § 823 Abs. 1 BGB geforderte Rechtswidrigkeit **nicht bereits durch die Verwirklichung des Eingriffstatbestandes indiziert**, sondern ist auf Grund einer **Güter- und Pflichtenabwägung im Einzelfall** festzustellen, die zwischen den schützenswerten Interessen der betroffenen Personen vorzunehmen ist.[19] Dementsprechend wird es zumindest an der Rechtswidrigkeit des Eingriffes in das Persönlichkeitsrecht des Arbeitnehmers durch den Ausspruch der (rechtswidrigen) Kündigung fehlen, solange der Arbeitgeber den Kündigungsentschluss auf berechtigte Interessen stützen kann.

Beispiel

Versucht ein Arbeitgeber vergeblich, einen Arbeitnehmer mehrmals krankheitsbedingt zu kündigen, um die durch Fehlzeiten aufgetretene betriebliche Störung zu beseitigen und den Arbeitsplatz dauerhaft neu besetzen zu können, muss der Arbeitnehmer das hinnehmen. Insofern gibt es – soweit die vorgenannte Begründung nicht lediglich „vorgeschoben" wird – kein Rücksichtnahmegebot, das den Arbeitgeber verpflichtet, den Arbeitnehmer „in Ruhe" zu lassen. Solange der Arbeitgeber seine Kündigungsversuche auf sein Interesse an einem störungsfreien Betriebsablauf stützt, muss der Arbeitnehmer dies hinnehmen, ebenso wie der Arbeitgeber es akzeptieren muss, dass der Arbeitnehmer sich beharrlich gegen die rechtswidrigen Kündigungen zur Wehr setzt.[20]

Hinsichtlich etwaiger durch die Kündigung verursachter Gesundheitsschäden des Arbeitnehmers wird es – sofern überhaupt nachweisbar ist, dass diese adäquat kausal durch die Kündigung herbeigeführt wurden – sowohl im Rahmen vertraglicher als auch deliktischer Schadensersatzansprüche an der **Zurechenbarkeit des Gesundheitsschadens** fehlen, solange sich die Kündigung als sozialadäquate Maßnahme darstellt. 21

Praxistipp

Grundsätzlich kann sich eine unberechtigte Kündigung zwar als eine Arbeitsvertragsverletzung darstellen, die dann zum Ersatz eines durch die Kündigung verursachten **Vermögensschadens** führen kann, wenn der Arbeitgeber bei Anwendung der im Verkehr erforderlichen Sorgfalt (§ 276 Abs. 2 BGB) hätte erkennen können, dass die Kündigung unwirksam ist.[21]

Gesundheitsschäden fallen aber – ohne das Hinzutreten weiterer Umstände – nicht unter den Schutzzweck der mit dem Ausspruch der unwirksamen Kündigung verletzen Verhaltensnorm, die den Arbeitnehmer primär vor dem Verlust des Arbeitsplatzes und 22

18 Vgl. *Rieble/Klumpp*, ZIP 2002, 369, 373.
19 BAG, Urt. v. 23.4.2009 – 6 AZR 189/08 – AP BGB § 611 Persönlichkeitsrecht Nr. 40.
20 Vgl. *Rieble/Klumpp*, ZIP 2002, 369, 375.
21 Vgl. BAG, Urt. v. 17.7.2003 – 8 AZR 486/02 – AP BGB § 611 Haftung des Arbeitgebers Nr. 27.

den damit verbundenen Vermögensschäden schützen soll. Insoweit wird man – zur Vermeidung von Wertungswidersprüchen – auch die **Bewertung von Bagatellschäden durch die Rechtsprechung** beachten müssen. Nach dieser fehlt es an der Zurechenbarkeit eines psychischen Schadens, wenn das schädigende Ereignis geringfügig ist und nicht gerade speziell die Schadensanlage des Verletzten trifft und deshalb die psychische Reaktion im konkreten Fall, weil **in einem groben Missverhältnis zu dem Anlass stehend**, (schlechterdings) nicht mehr verständlich ist.[22] Sofern keine besonderen Umstände hinzutreten, steht auch eine durch die Kündigung verursachte psychische Erkrankung in einem groben Missverhältnis zum Anlass, wenn die Kündigung zwar rechtswidrig, aber eben noch sozialadäquat ist. Mit der Erkrankung des Arbeitnehmers verwirklicht sich in diesem Fall vielmehr ein **allgemeinen Lebensrisikos des Arbeitnehmers**, das dem Arbeitgeber nicht zugerechnet werden kann.

! **Fettnapf**

Stellt sich die Kündigung allerdings nicht mehr als sozialadäquate Maßnahme dar, etwa weil der Arbeitgeber sie gerade deshalb ausspricht, um den Arbeitnehmer herabzusetzen oder ihn zu zermürben, und tritt beim Arbeitnehmer daraufhin eine psychische Erkrankung ein, kann sich der Arbeitgeber nicht darauf berufen, ein psychischer Gesundheitsschaden sei nur deshalb eingetreten, weil der Verletzte in Folge von körperlichen Anomalien oder Dispositionen zur Krankheit besonders anfällig gewesen sei. Wer einen gesundheitlich schon geschwächten Menschen verletzt, kann nicht verlangen, so gestellt zu werden, als wenn der Betroffene gesund gewesen wäre.[23] Ruft die sozialwidrige Kündigung allerdings eine so schwere gesundheitliche Beeinträchtigung hervor, dass diese zu einem Suizid des Arbeitnehmers führt, fehlt es nach der Rechtsprechung des BAG am haftungsbegründenden adäquat kausalen Zusammenhang. Denn bei einem Suizid handelt es sich um einen derart seltenen und damit unwahrscheinlichen Geschehensablauf, dass er sich regelmäßig nicht als adäquat kausal durch im Arbeitsleben immer wiederkehrende schädigende Handlungen – wie den Ausspruch einer Kündigung – verursacht darstellt.[24]

---

b) Exkurs: Regelmäßig auch keine Entschädigung infolge Auflösungsantrags nach § 9 KSchG

23 Im Übrigen kann auch nicht der Ausspruch jeder sozialwidrigen Kündigung, die rein kausal zu einer Erkrankung des Arbeitnehmers führt, einen Auflösungsantrag des Arbeitnehmers begründen. Darauf hat das LAG Baden-Württemberg in seinem Urteil vom 21.12.2011 zu Recht hingewiesen.[25] Das BAG hat diese Bewertung in seinem Urteil vom 11.7.2013 bestätigt.[26] Denn das Grundprinzip des Kündigungsschutzrechtes ist

---

22 Vgl. BGH, Urt. v. 30.4.1996 – VI ZR 55/95 – NJW 1996, 2425.
23 BGH, Urt. v. 30.4.1996 – VI ZR 55/95 – NJW 1996, 2425.
24 BAG, Urt. v. 24.8.2008 – 8 AZR 347/07 – NZA 2009, 38.
25 LAG Baden-Württemberg, Urt. v. 21.12.2011 – 9 Sa 136/11 – juris, vgl. auch *Hjort*, ArbRAktuell 2012, 257.
26 BAG, Urt. v. 11.7.2013 – 2 AZR 241/12 – NJW 2013, 3388.

der Bestandsschutz und damit der Erhalt des Arbeitsplatzes, wenn eine Kündigung sozial nicht gerechtfertigt ist. **Die mit dem Ausspruch einer Arbeitgeberkündigung regelmäßig verbundenen – auch psychischen – Beeinträchtigungen hat der Arbeitnehmer daher hinzunehmen.** Denn andernfalls würde das Bestandsschutzprinzip des Kündigungsschutzgesetzes aufgeweicht.[27]

Unzumutbarkeit im Sinne des § 9 Abs. 1 S. 1 KSchG setzt daher eine wertende Betrachtung der Ursache voraus, die der Arbeitgeber gesetzt hat. Sie muss von solchem Gewicht sein, dass es gerechtfertigt ist, **den Bestandsschutz zu Gunsten einer Entlassungsentschädigung zu durchbrechen.** Das Verhalten des Arbeitgebers, das zur Unzumutbarkeit der Fortsetzung des Arbeitsverhältnisses führt, muss von der Rechtsordnung daher in stärkerem Maße als der bloßen Rechtsunwirksamkeit mangels fehlender sozialer Rechtfertigung missbilligt werden. 24

Der bloße Ausspruch einer sozial nicht gerechtfertigten Kündigung ist, auch dann, wenn sie zu einer Erkrankung des Arbeitnehmers führt, **noch kein von der Rechtsordnung missbilligtes Verhalten des Arbeitgebers**, welches die Unzumutbarkeit der Fortsetzung des Arbeitsverhältnisses im Sinne des § 9 Abs. 1 KSchG begründen könnte.[28] Erkrankt der Arbeitnehmer in Folge des Ausspruchs der Kündigung, so handelt es sich, wenn keine besonderen Umstände hinzutreten, um eine Ausprägung des **allgemeinen Lebensrisikos des Arbeitnehmers.** Die gilt umso mehr, als die Rechtsordnung für den in Folge der Kündigung erkrankten Arbeitnehmer Hilfen wie das betriebliche Eingliederungsmanagement bereithält, die zu seiner Reintegration in das Arbeitsleben beitragen. Auch eine krankheitsbedingte Kündigung ist in diesen Fällen im Hinblick auf die betriebliche Verursachung **nur unter besonders erschwerten Bedingungen möglich**, so dass es für den Arbeitnehmer ausreichenden Schutz gibt, um das Arbeitsverhältnis unter zumutbaren Bedingungen weiter fortzusetzen.[29] 25

Praxistipp
Ein Auflösungsgrund i. S. d. § 9 Abs. 1 Satz 1 KSchG liegt damit jedenfalls dann nicht vor, wenn die einer Weiterarbeit entgegenstehenden Tatsachen im Einfluss- oder Risikobereich des Arbeitnehmers liegen.[30] Davon ist nach der Rechtsprechung des BAG auszugehen, wenn der Arbeitnehmer infolge einer sozialwidrigen Kündigung erkrankt oder sich durch sie eine schon bestehende Erkrankung verschlimmert, aber der Arbeitgeber die Krankheit weder zielgerichtet herbeigeführt, noch mit einer offensichtlich unbegründeten Kündigung oder etwa ehrverletzenden Äußerungen die Verschlechterung des Gesundheitszustands des Arbeitnehmers als möglich angesehen und bewusst in Kauf genommen hat.[31]

27 LAG Baden-Württemberg, Urt. v. 21.12.2011 – 9 Sa 136/11 – juris.
28 LAG Baden-Württemberg, Urt. v. 21.12.2011 – 9 Sa 136/11 – juris.
29 LAG Baden-Württemberg, Urt. v. 21.12.2011 – 9 Sa 136/11 – juris.
30 BAG, Urt. v. 11.7.2013 – 2 AZR 241/12 – NJW 2013, 3388.
31 BAG, Urt. v. 11.7.2013 – 2 AZR 241/12 – NJW 2013, 3388.

4. Ersatzfähiger Schaden

26 Verwirklicht der Arbeitgeber durch den Ausspruch der rechtswidrigen Kündigung ausnahmsweise die oben genannten vertraglichen und deliktischen Haftungstatbestände, ist hinsichtlich der ersatzfähigen Schäden danach zu differenzieren, ob der Arbeitnehmer **lediglich eine Persönlichkeitsrechtsverletzung oder aber auch eine Gesundheitsschädigung** geltend macht.

27 Stützt der Arbeitnehmer seine Schadensersatzansprüche auf eine Gesundheitsschädigung, ist zunächst der damit verbundene Vermögensschaden (z. B. Verdienstausfall, Krankheitskosten) nach §§ 249 ff. BGB zu ersetzen.

Praxistipp
Entgangener Verdienst kann jedoch nicht wegen der Verletzung des Persönlichkeitsrechts beansprucht werden.[32]

---

28 Zum Ausgleich eines **immateriellen Schadens** durch Verletzung eines absoluten Rechts kommen im Hinblick auf die Gesundheitsschädigung Ansprüche auf Schmerzensgeld nach § 253 Abs. 2 BGB[33] und wegen der Persönlichkeitsrechtsverletzung Ansprüche auf eine angemessenen Entschädigung nach §§ 823 ff. BGB i. V. m. Art. 1 Abs. 1 und Art. 2 Abs. 1 GG[34] in Betracht.

Praxistipp
Die Höhe der geschuldeten „billigen“ Entschädigung orientiert sich insbesondere am Ausmaß des Verschuldens sowie an Art und Intensität der Beeinträchtigung. Der Betrag ist jedenfalls so bemessen, dass der Arbeitnehmer Genugtuung erfährt. Bei der Beurteilung, ob dem Arbeitnehmer eine finanzielle Entschädigung für immaterielle Schäden zusteht, kann auch eine bereits gezahlte besonders hohe Abfindung berücksichtigt werden.[35]

---

5. Haftungsbeschränkung nach § 104 SGB VII

29 Im Rahmen von Schadensersatzansprüchen des Arbeitnehmers gegen seinen Arbeitgeber aufgrund einer gesundheitsverletzenden rechtswidrigen Kündigung dürfte **für die Haftungserleichterung nach § 104 Abs. 1 SGB VII nahezu kein Raum** bleiben, da es sich bei den Fällen von Kündigungen, die keine sozialadäquate Maßnahme darstellen und zum Schadensersatz führen, typischerweise um Fallgestaltungen handelt, in denen der Arbeitgeber den Arbeitnehmer vorsätzlich schädigen will. Denn die Haftungserleichterung des § 104 Abs. 1 SGB VII greift nur dann, wenn ein Versicherungs-

32 BAG, Urt. v. 16.5.2007 – 8 AZR 709/06 – NZA 2007, 1154.
33 Vgl. LAG Hamm, Urt. v. 15.3.2012 – 15 Sa 1424/11 – BeckRS 12, 75250.
34 BGH, Urt. v. 15.11.1994 – VI ZR 56/94 – NJW 1995, 861.
35 LAG Köln, Urt. v. 13.1.2005 – 6 Sa 1154/04 – NZA-RR 2005, 575.

fall fahrlässig verursacht wird. **Bei vorsätzlicher Verursachung bleibt es bei der vollen Haftung des Schädigers.**

Praxistipp
Versicherungsfall i. S. d. § 104 Abs. 1 SGB VII kann nur die Gesundheitsschädigung, nicht aber eine Persönlichkeitsverletzung sein.

Aber auch wenn dem Arbeitgeber hinsichtlich der durch den Ausspruch der Kündigung verursachten Gesundheitsschädigung nur Fahrlässigkeit zur Last gelegt werden kann, **scheidet die Anwendung des § 104 Abs. 1 SGB VII regelmäßig aus**, wenn die die Gesundheitsschädigung verursachende Kündigung lediglich den Schlusspunkt einer Ereigniskette aus verschiedenen Mobbinghandlungen bildet. Bei wiederholten psychischen Einwirkungen gleicher Art **fehlt es** nämlich an der für die Annahme eines Versicherungsfalles i. S. d. §§ 7 Abs. 1, 8 Abs. 1 SGB VII erforderlichen **Plötzlichkeit.**[36] 30

Praxistipp
Nur wenn die Kündigung ein singuläres Ereignis darstellt und (trotzdem) beim Arbeitnehmer zu einer Gesundheitsschädigung führt, kann sie einen Versicherungsfall i. S. d. §§ 7 Abs. 1, 8 Abs. 1 SGB VII bilden, für den bei fahrlässiger Verursachung die Haftungserleichterung des § 104 Abs. 1 SGB VII greift.[37]

---

6. Darlegungs- und Beweislast

Macht der **Arbeitnehmer** wegen einer gesundheitsschädigenden und/oder persönlichkeitsrechtsverletzenden Kündigung Schadensersatzansprüche gegen seinen Arbeitgeber geltend, trifft ihn für die vertragliche Pflichtverletzung und die unerlaubte Handlung des Arbeitgebers die **Darlegungs- und Beweislast.** Im Hinblick auf die im Einzelfall schwierige Abgrenzung zwischen einer sozialadäquaten und nicht mehr sozialadäquaten Kündigung muss der Arbeitnehmer **konkret darlegen und ggf. beweisen,** dass die Kündigung etwa zielgerichtet erfolgte, um ihm gesundheitlichen Schaden zuzufügen oder seine gesundheitliche Labilität auszunutzen oder dass die Kündigung unter Heranziehung offensichtlich ungeeigneter, insbesondere herabsetzender Kündigungsgründe erfolgte. **Für eine Beweiserleichterung ist kein Raum;** die Rechtsprechung des BAG zur Beweislast bei Schadensersatz wegen Mobbings ist eindeutig.[38] 31

---

36 BSG, Beschl. v. 1.9.2008 – B 2 U 195/07 B – BeckRS 2008, 56792.

37 Vgl. zur Bejahung eines Arbeitsunfalles bei einer Selbsttötung infolge eines Personalgespräches Bayerisches LSG, Urt. v. 29.4.2008 – L 18 U 272/04 – NZS 2009, 232.

38 BAG, Urt. v. 16.5.2007 – 8 AZR 709/06 – NZA 2007, 1154; BAG, Urt. v. 28.10.2010 – 8 AZR 546/09 – NZA-RR 2011, 378.

II. Exkurs: Entschädigung wegen benachteiligender Kündigung nach AGG

32 Liegt in einer Arbeitgeberkündigung wegen Krankheit des Arbeitnehmers zugleich eine Benachteiligung i. S. d. § 7 Abs. 1 AGG i. V. m. § 1 AGG, stellt sich die Frage, ob der Arbeitnehmer gegen den Arbeitgeber auch Schadensersatz- bzw. Entschädigungsansprüche nach § 15 AGG geltend machen kann.

1. Eröffnung des Geltungsbereichs des AGG

33 Liegt eine benachteiligende Maßnahme in dem Ausspruch einer Kündigung, ist umstritten, ob der Anwendungsbereich des AGG überhaupt eröffnet ist.[39] § 2 Abs. 4 AGG bestimmt nämlich seinem Wortlaut nach, dass für Kündigungen ausschließlich die Bestimmungen zum allgemeinen und besonderen Kündigungsschutz gelten. Nach § 2 Abs. 1 Nr. 2 AGG erfasst das Gesetz allerdings ausdrücklich auch Benachteiligungen in Bezug auf Maßnahmen bei der Beendigung eines Beschäftigungsverhältnisses.

Praxistipp
Nach der Rechtsprechung des BAG steht die Ausschließlichkeitsanordnung des § 2 Abs. 4 AGG aber jedenfalls einem Entschädigungsanspruch gem. § 15 Abs. 2 AGG nicht entgegen.[40] Der Arbeitnehmer ist deshalb auch nicht gezwungen, zunächst Klage gegen eine diskriminierende Kündigung zu erheben.[41]

34 Ob bei diskriminierenden Kündigungssachverhalten weitere Ansprüche auf Ersatz des materiellen Schadens nach § 15 Abs. 1 AGG in Betracht kommen können, ist von der Rechtsprechung bisher **noch nicht entschieden**. Diese Frage hat jedoch auch wenig praktische Relevanz, da jedenfalls bei einer für unwirksam befundenen Kündigung der materielle Schaden, was die Kündigung selbst angeht, grundsätzlich im Wege der Naturalrestitution ausgeglichen wird. Für weitere materielle Folgen von Kündigungen stehen darüber hinaus die Anspruchsgrundlagen des bürgerlichen Rechts (z. B. § 615 BGB) unabhängig von § 15 Abs. 1 AGG zur Verfügung.[42]

2. Anspruchsvoraussetzungen

35 Der Entschädigungsanspruch nach § 15 Abs. 2 AGG setzt einen Verstoß gegen das Benachteiligungsverbot gem. § 7 Abs. 1 i. V. m. § 1 AGG voraus.[43]

39 Vgl. BAG, Urt. v. 22.10.2009 – 8 AZR 642/08 – NZA 2010, 280.
40 BAG, Urt. v. 12.12.2013 – 8 AZR 838/12 – BeckRS 2014 66001.
41 BAG, Urt. v. 22.10.2009 – 8 AZR 642/08 – NZA 2010, 280.
42 BAG, Urt. v. 22.1.2009 – 8 AZR 906/07 – NZA 2009, 945.
43 BAG, Urt. v. 22.1.2009 – 8 AZR 906/07 – NZA 2009, 945.

Dementsprechend kann eine Kündigung dann zu einer Entschädigung nach § 15 Abs. 2 AGG führen, wenn sie an ein Merkmal nach § 1 AGG anknüpft und der Arbeitnehmer dadurch eine Benachteiligung erfährt. 36

Praxistipp
Unter bestimmten Voraussetzungen kann auch eine Krankheit des Arbeitnehmers, insbesondere wenn sie zu Teilhabedefiziten am Gesellschafts- bzw. Berufsleben von einer gewissen Dauer führt, eine Behinderung i. S. d. § 1 AGG darstellen.[44]

Die Rechtsprechung fordert zudem einen **Kausalzusammenhang** zwischen benachteiligender Maßnahme und Merkmal nach § 1 AGG.[45] **Ein Verschulden des Arbeitgebers ist nicht erforderlich.**[46] 37

a) Benachteiligung

Eine Benachteiligung liegt nach der **Legaldefinition des § 3 Abs. 1 und 2 AGG** vor, wenn 38

- eine Person wegen eines in § 1 AGG genannten Grundes eine weniger günstige Behandlung erfährt, als eine andere Person in einer vergleichbaren Situation erfährt, erfahren hat oder erfahren würde (unmittelbare Benachteiligung).
- dem Anschein nach neutrale Vorschriften, Kriterien oder Verfahren Personen wegen eines in § 1 AGG genannten Grundes gegenüber anderen Personen in besonderer Weise benachteiligen können, es sei denn, die betreffenden Vorschriften, Kriterien oder Verfahren sind durch ein rechtmäßiges Ziel sachlich gerechtfertigt und die Mittel sind zur Erreichung dieses Ziels angemessen und erforderlich (mittelbare Benachteiligung).

Beispiel
Das BAG hat eine Kündigung mit benachteiligender Wirkung z. B. in einem Fall angenommen, in dem ein Arzneimittel herstellender Arbeitgeber einem HIV-infizierten Arbeitnehmer, bei dem die Krankheit noch nicht ausgebrochen war, gekündigt hatte, weil er ihn aufgrund der HIV-Infektion nicht im sog. Reinraumbereich einsetzen konnte.[47]

Stützt der Arbeitgeber seine Kündigung auf **krankheitsbedingte Fehlzeiten**, ist darin nach der Rechtsprechung des BAG[48] noch **keine unmittelbare oder mittelbare** 39

44 Dazu im Einzelnen BAG, Urt. v. 22.10.2009 – 8 AZR 642/08 – NZA 2010, 280; BAG, Urt. v. 19.12.2013 – 6 AZR 190/12 – NZA 2014, 372.
45 BAG, Urt. v. 22. 10.2009 – 8 AZR 642/08 – NZA 2010, 280.
46 BAG, Urt. v. 22.1.2009 – 8 AZR 906/07 – NZA 2009, 945.
47 BAG, Urt. v. 19.12.2013 – 6 AZR 190/12 – NZA 2014, 372.
48 BAG, Urt. v. 22.10.2009 – 8 AZR 642/08 – NZA 2010, 280.

Benachteiligung i. S. v. § 3 Abs. 1 und 2 AGG zu sehen. Auch wenn die Fehlzeiten auf eine Krankheit des Arbeitnehmers zurückzuführen sind, die eine Behinderung i. S. d. § 1 AGG darstellt, ist eine unmittelbare Benachteiligung nicht gegeben, solange keine Anhaltspunkte dafür ersichtlich sind, dass der Arbeitgeber gegenüber einem anderen, nicht behinderten Arbeitnehmer mit Arbeitsunfähigkeitszeiten in gleichem oder auch nur ähnlichem Umfang keine Kündigung ausspricht, ausgesprochen hat oder aussprechen würde. Auch eine mittelbare Benachteiligung scheidet i. d. R. aus, da zu berücksichtigen ist, dass Behinderung und zu Ausfallzeiten führende Arbeitsunfähigkeit nicht gleichgesetzt werden können. **Dementsprechend verbietet sich der Schluss, dass durch personen- bzw. krankheitsbedingte Kündigungen überproportional behinderte Menschen betroffen sind.**

b) Kausalzusammenhang

40 Auch wenn der Anspruch nach § 15 Abs. 2 AGG kein Verschulden des Arbeitgebers voraussetzt, fordert die Rechtsprechung einen Kausalzusammenhang zwischen der benachteiligenden Kündigung und der Behinderung des Arbeitnehmers, der dann gegeben ist, wenn die Kündigung **an die Behinderung des Arbeitnehmers anknüpft oder dadurch motiviert wurde.**[49] Ausreichend ist, dass ein in § 1 AGG genannter Grund **Bestandteil eines Motivbündels** ist, das die Entscheidung beeinflusst hat.

Praxistipp
Insoweit können aber etwa die Kündigungsmotivation bzw. die der Kündigungsentscheidung zu Grunde liegenden Überlegungen durchaus Anhaltspunkte für eine Relation der Kündigungserklärung zu einer Behinderung i. S. d. § 1 AGG sein. Auf solche kann aus der Kündigungsbegründung oder aus anderen äußeren Umständen geschlossen werden.

41 Nach der **gesetzlichen Beweisregelung des § 22 AGG** genügt es, dass der benachteiligte Arbeitnehmer im Streitfall Indizien beweist, die eine Benachteiligung wegen seiner Behinderung i. S. d. § 1 AGG vermuten lassen. Sodann trägt der Arbeitgeber die Beweislast dafür, dass kein Verstoß gegen die Bestimmungen zum Schutz vor Benachteiligung vorgelegen hat.

Praxistipp
Kündigt der Arbeitgeber „aus krankheitsbedingten Gründen“, ist die Krankheit aber als solche kein Grund, derentwegen Personen zu benachteiligen nach dem AGG verboten wäre.[50] Auch das Vorliegen eines Diskriminierungsmerkmals in der Person des Benachteiligten reicht für die Annahme eines Kausalzusammenhangs prinzipiell noch nicht aus.[51]

49 BAG, Urt. v. 22. 10.2009 – 8 AZR 642/08 – NZA 2010, 280.
50 BAG, Urt. v. 22.10.2009 – 8 AZR 642/08 – NZA 2010, 280.
51 BAG, Urt. v. 22.10.2009 – 8 AZR 642/08 – NZA 2010, 280.

c) Entschädigung

Liegen die oben genannten Voraussetzungen des § 15 Abs. 2 AGG vor, hat der benachteiligte Arbeitnehmer Anspruch auf eine angemessene Entschädigung in Geld. 42

Praxistipp

Voraussetzung für einen Entschädigungsanspruch wegen eines erlittenen Nichtvermögensschadens nach § 15 Abs. 2 AGG ist nicht, dass der Arbeitnehmer in seinem allgemeinen Persönlichkeitsrecht verletzt worden ist. Bei einem Verstoß des Arbeitgebers gegen das Benachteiligungsverbot ist grundsätzlich das Entstehen eines immateriellen Schadens beim Arbeitnehmer anzunehmen, der zu einem Entschädigungsanspruch führt.[52]

Hinsichtlich der Höhe des Entschädigungsanspruches gelten die gleichen Grundsätze wie bei der Bemessung der Höhe von Schmerzensgeld nach § 253 Abs. 2 BGB.[53] Danach sind die **Umstände des Einzelfalles**, d. h. insbesondere das **Ausmaß und Schwere** der Benachteiligung sowie das Verschulden der Benachteiligung zu berücksichtigen. Eine unmittelbare Benachteiligung ist regelmäßig schwerwiegender als eine mittelbare.[54] 43

d) Ausschlussfrist

Gem. § 15 Abs. 4 AGG muss ein Anspruch nach § 15 Abs. 2 AGG innerhalb einer Frist von zwei Monaten schriftlich geltend gemacht werden, es sei denn, die Tarifvertragsparteien haben etwas anderes vereinbart. Die Frist beginnt zu dem Zeitpunkt, in dem der oder die Beschäftigte von der Benachteiligung Kenntnis erlangt. 44

B. Fortzahlung der Vergütung (über die Beendigung des Arbeitsverhältnisses hinaus)

Ausgangspunkt für die Bewertung von Entgeltfortzahlungsansprüchen ist in der betrieblichen Praxis zu Recht der Grundsatz, dass der Anspruch auf Entgeltfortzahlung im Krankheitsfall nach § 3 EFZG mit der Beendigung des Arbeitsverhältnisses endet. Als überraschend empfunden wird demgegenüber häufig, dass dieser Grundsatz durch die §§ 8 und 9 EFZG durchbrochen wird.[55] Denn 45

- kündigt der Arbeitgeber das Arbeitsverhältnis aus Anlass der Arbeitsunfähigkeit (§ 8 Abs. 1 S. 1 EFZG) oder

---

52 BAG, Urt. v. 22.1.2009 – 8 AZR 906/07 – NZA 2009, 945.
53 BAG, Urt. v. 22.1.2009 – 8 AZR 906/07 – NZA 2009, 945.
54 BAG, Urt. v. 18.3.2010 – 8 AZR 1044/08 – NZA 2010, 1129.
55 Vgl. LAG Rheinland-Pfalz, Urt. v. 10.11.2006 – 8 Sa. 526/06 – juris.

- kündigt der Arbeitnehmer das Arbeitsverhältnis aus einem vom Arbeitgeber zu vertretenden Grund, der den Arbeitnehmer zur Kündigung aus wichtigem Grund ohne Einhaltung einer Kündigungsfrist berichtigt (§ 8 Abs. 1 S. 2 EFZG),

46 bleibt der Anspruch auf Entgeltfortzahlung davon (über die Beendigung des Arbeitsverhältnisses hinaus) unberührt.

Praxistipp
Gem. § 9 Abs. 1 S. 1 EFZG gelten die Regelungen des § 8 EFZG entsprechend für die Arbeitsverhinderung infolge einer Maßnahme der medizinischen Vorsorge oder Rehabilitation.

I. Allgemeines

1. Hintergrund der verlängerten Entgeltfortzahlung

47 Hintergrund der Regelung in § 8 EFZG ist, dass der kranke Arbeitnehmer vor dem Verlust des Entgeltfortzahlungsanspruches geschützt werden soll.[56] Der Arbeitgeber soll sich der Entgeltfortzahlungspflicht **nicht** durch Kündigung des Arbeitsverhältnisses bzw. durch eine von ihm durch vertragswidriges Verhalten veranlasste Eigenkündigung des Arbeitnehmers **zu Lasten der Sozialversicherung entziehen** können.[57]

2. Grundvoraussetzung: Bestehen eines Entgeltfortzahlungsanspruchs

48 Da § 8 Abs. 1 EFZG den Entgeltfortzahlungsanspruch „unberührt" lässt und keine originäre Anspruchsgrundlage für die Entgeltfortzahlung enthält, ist Voraussetzung für die Anwendung des § 8 Abs. 1 EFZG, dass ein Entgeltfortzahlungsanspruch i. S. d. § 3 EFZG überhaupt entstanden ist. Dies bedeutet, es muss insbesondere bei Beginn der krankheitsbedingten Arbeitsunfähigkeit ein Arbeitsverhältnis bestanden und der Arbeitnehmer die krankheitsbedingte Arbeitsunfähigkeit nicht selbst verschuldet haben (zu den Voraussetzungen des Entgeltfortzahlungsanspruches ausführlich Kapitel 3 Rn 3 ff.).

Praxistipp
Erkrankt der Arbeitnehmer erst, nachdem das Arbeitsverhältnis bereits beendet ist, scheidet die Sicherung des Anspruchs auf Entgeltfortzahlung nach § 8 Abs. 1 EFZG aus.[58]

---

56 MünchKomm-BGB/*Müller-Glöge*, § 8 EFZG Rn 1.

57 BAG, Urt. v. 22.12.1971 – 1 AZR 180/71 – AP Nr. 2 zu § 6 LohnFG; MünchKomm-BGB/*Müller-Glöge*, § 8 EFZG Rn 1; ErfK/*Reinhard*, § 8 EFZG Rn 1.

58 BAG, Urt. v. 17.4.2002 – 5 AZR 2/01 – NZA 2002, 899.

Fettnapf

Achtung: Besondere Grundsätze gelten für Kündigungen während der Wartezeit. Ein Anspruch auf Entgeltfortzahlung über die Beendigung des Arbeitsverhältnisses hinaus entsteht nach der Rechtsprechung des BAG nämlich auch dann, wenn der Arbeitnehmer während der Wartezeit des § 3 Abs. 3 EFZG erkrankt und das Arbeitsverhältnis aufgrund einer Kündigung i. S. d. § 8 Abs. 1 EFZG noch innerhalb der Wartezeit beendet wird, sofern die Arbeitsunfähigkeit über den Ablauf der Wartezeit hinaus andauert. Der Anspruch auf Entgeltfortzahlung entsteht dann nach Beendigung des Arbeitsverhältnisses für maximal sechs Wochen. Die in die Wartezeit fallenden Krankheitstage werden nicht angerechnet.[59]

Praxistipp

Der Anspruch auf Entgeltfortzahlung über die Beendigung des Arbeitsverhältnisses hinaus wird in der betrieblichen Praxis häufig nicht vom Arbeitnehmer selbst, sondern von Krankenkassen geltend gemacht, auf die infolge der Leistung von Krankengeld (§§ 44 ff., 49 Abs. 1 Nr. 1 SGB V) der nicht erfüllte Entgeltfortzahlungsanspruch im Krankheitsfall nach § 115 SGB X übergegangen ist.[60]

II. Voraussetzungen des § 8 EFZG

Gem. § 8 Abs. 1 EFZG hat der Arbeitnehmer nur dann Anspruch auf Entgeltfortzahlung 49
über die Beendigung des Arbeitsverhältnisses hinaus, wenn

1. der Arbeitgeber das Arbeitsverhältnis aus Anlass der Arbeitsunfähigkeit oder
2. der Arbeitnehmer das Arbeitsverhältnis aus einem vom Arbeitgeber zu vertretenden Grund, der den Arbeitnehmer zur Kündigung aus wichtigem Grund ohne Einhaltung einer Kündigungsfrist berechtigt,

kündigt. 50

§ 8 Abs. 2 EFZG stellt klar, dass bei Vorliegen anderer Beendigungstatbestände der 51
Entgeltfortzahlungsanspruch **grundsätzlich mit Beendigung des Arbeitsverhältnisses endet.**

1. Anlasskündigung

Die in § 8 Abs. 1 S. 1 EFZG geregelte sog. „Anlasskündigung“, setzt voraus, dass der 52
Arbeitgeber das Arbeitsverhältnis **aus Anlass der Arbeitsunfähigkeit kündigt.**

59 BAG, Urt. v. 26.5.1999 – 5 AZR 476/98 – AP Nr. 10 zu § 3 EntgeltFG.
60 HWK/*Schliemann*, § 8 EFZG Rn 3.

a) Wirksame Kündigung

53 Der Tatbestand des § 8 Abs. 1 S. 1 EFZG verlangt eine (ggf. infolge der Anwendung der §§ 4, 7 KSchG) wirksame Kündigung, da bei einer unwirksamen Kündigung das Arbeitsverhältnis fortbestehen und der Entgeltfortzahlungsanspruch sich dann bereits aus § 3 oder § 3a EFZG ergeben würde.

Praxistipp
Die Wirksamkeit der Kündigung muss allerdings nicht in einem gerichtlichen Verfahren geklärt worden sein. Es ist ausreichend, wenn beide Parteien von der Beendigung durch Kündigung ausgehen.[61]

54 Für die Anwendung des § 8 EFZG ist **nicht erforderlich**, dass der Arbeitnehmer Kündigungsschutz i. S. d. KSchG genießt.[62]

b) Erfasste Kündigungsarten

aa) Beendigungskündigungen

55 Vom Anwendungsbereich des § 8 Abs. 1 S. 1 EFZG erfasst ist sowohl die ordentliche als auch die außerordentliche Beendigungskündigung.

bb) Änderungskündigungen

56 Von der Rechtsprechung bisher nicht entschieden ist, ob auch eine aus Anlass der Arbeitsunfähigkeit erklärte Änderungskündigung, die mit einer Vergütungsabsenkung verbunden ist, die Voraussetzungen des § 8 Abs. 1 S. 1 EFZG erfüllt.

Beendigung des Arbeitsverhältnisses

57 Im Ergebnis einer Beendigungskündigung entsprechend behandelt werden muss zunächst der Fall, dass die Änderungskündigung zur Beendigung des Arbeitsverhältnisses führt, weil der Arbeitnehmer das Änderungsangebot nicht annimmt. In diesem Fall findet § 8 EFZG uneingeschränkt Anwendung.

Fortsetzung zu geänderten Bedingungen (geringere Vergütung)

58 Wird das Arbeitsverhältnis nach Ablauf der Kündigungsfrist allerdings zu veränderten Bedingungen unter Verminderung des fortzuzahlenden Entgelts fortgesetzt, stellt sich die Frage, ob der Entgeltfortzahlungsanspruch in Anwendung des § 8 Abs. 1 EFZG in der ursprünglichen Höhe aufrechterhalten bleibt.

61 ErfK/*Reinhard*, § 8 EFZG Rn 4.
62 MünchKomm-BGB/*Müller-Glöge*, § 8 EFZG Rn 7.

Während teilweise vertreten wird, dass auch die Änderungskündigung als Kündigung dem Wortlaut des § 8 EFZG unterfällt, so dass der Entgeltfortzahlungsanspruch trotz geänderter Entgeltbedingungen ungeschmälert bestehen bleibe,[63] bewirkt eine wirksame Änderungskündigung den Erhalt des Anspruchs in der ursprünglichen Höhe nach § 8 Abs. 1 S. 1 EFZG nach der Gegenansicht nicht, da die Regelung die Beendigung des Arbeitsverhältnisses und nicht nur den Ausspruch einer Kündigung erfordere.[64] 59

Führt man sich allerdings noch einmal vor Augen, dass § 8 Abs. 1 EFZG gerade den Sonderfall der Entgeltfortzahlung **über die Beendigung des Arbeitsverhältnisses hinaus** regelt, sprechen die besseren Argumente dafür, den Anwendungsbereich des § 8 Abs. 1 EFZG auf die Beendigungskündigung und die zur Beendigung des Arbeitsverhältnisses führende Änderungskündigung zu beschränken. Wird das Arbeitsverhältnis infolge der Änderungskündigung zu geänderten Bedingungen fortgesetzt, ergibt sich der Anspruch auf Entgeltfortzahlung – ggf. in geringerer Höhe – richtigerweise **unmittelbar aus § 3 EFZG.** 60

c) Aus Anlass der Arbeitsunfähigkeit

Aus Anlass der Arbeitsunfähigkeit kündigt der Arbeitgeber, wenn die Arbeitsunfähigkeit die **wesentliche Bedingung** der Kündigung ist. 61

aa) Kennzeichnung des „Anlasses"

Dabei kommt es auf die objektive Ursache der Kündigung und – wie gleich näher erläutert wird – nicht auf den Kündigungsgrund an. Der Begriff *„aus Anlass"* ist nach der Rechtsprechung des BAG sehr weit auszulegen.[65] Maßgebend sind die **objektiven Umstände bei Ausspruch der Kündigung.** Es genügt, wenn die Kündigung ihre objektive Ursache und wesentliche Bedingung in der Arbeitsunfähigkeit des Arbeitnehmers und diese **den entscheidenden Anstoß** für den Kündigungsentschluss gegeben hat.[66] 62

Praxistipp
Die Arbeitsunfähigkeit muss nicht das alleinige Motiv oder der unmittelbar leitende Beweggrund gewesen sein.[67]

63 MünchKomm-BGB/*Müller-Glöge*, § 8 EFZG Rn 6; noch weiter differenzierend danach, ob mit der Änderungskündigung eine Reduzierung der Arbeitszeit einhergeht, HWK/*Schliemann*, § 8 EFZG Rn 9.
64 ErfK/*Reinhard*, § 8 EFZG Rn 3.
65 BAG, Urt. v. 17.4.2002 – 5 AZR 2/01 – NZA 2002, 899.
66 BAG, Urt. v. 17.4.2002 – 5 AZR 2/01 – NZA 2002, 899.
67 HWK/*Schliemann*, § 8 EFZG Rn 15.

bb) Abgrenzung vom Kündigungsgrund

63 Der Anlass der Kündigung ist von dem Kündigungsgrund zu unterscheiden: Während der Kündigungsgrund regelmäßig unabhängig von der zur Kündigung des Arbeitnehmers führenden Arbeitsunfähigkeit im Verhalten, in der Person oder in betrieblichen Belangen liegt und vom Arbeitgeber bisher nicht für den Ausspruch einer Kündigung genutzt wurde, ist die Arbeitsunfähigkeit der Anlass der Kündigung i. S. d. § 8 EFZG, **wenn sie die Entscheidung des Arbeitgebers beeinflusst hat, gerade zu diesem Zeitpunkt den Kündigungsgrund auszunutzen und die Kündigung zu erklären.**[68]

64 Anlass und Kündigungsgrund können sich allerdings auch decken.

Beispiel

1. Der Arbeitgeber kündigt, um die durch das Fehlen des Arbeitnehmers entstandene betriebliche Störung durch die dauerhafte Besetzung des Arbeitsplatzes mit einem gesunden Arbeitnehmer zu beseitigen.[69]
2. Dem Arbeitnehmer wird gekündigt, nachdem feststeht, dass die Arbeitsunfähigkeit in die Berufs- bzw. Erwerbsunfähigkeit mündet.[70]
3. Der Arbeitgeber kündigt das Arbeitsverhältnis gerade des erkrankten Arbeitnehmers ohne Durchführung einer Sozialauswahl betriebsbedingt.[71]

---

65 Keine Anlasskündigung i. S. d. § 8 Abs. 1 S. 1 EFZG liegt vor, wenn der Arbeitnehmer zwar bei Ausspruch der Kündigung arbeitsunfähig erkrankt, seine Arbeitsunfähigkeit aber nicht den entscheidenden Anstoß für die Kündigung gegeben hat.

Beispiel

1. Der Arbeitgeber kündigt wegen (wiederholter) Verletzung der Mitteilungs- und Nachweispflichten des § 5 EFZG während der Arbeitsunfähigkeit.[72]
2. Der Arbeitnehmer wird während der Arbeitsunfähigkeit gekündigt, weil er (noch gesund) zur Erreichung eigener Ziele mit einer „Erkrankung" gedroht hatte.

---

cc) Bestehende oder absehbare Arbeitsunfähigkeit

66 Die Anlasskündigung setzt in der Regel voraus, dass die Arbeitsunfähigkeit im Zeitpunkt des Ausspruches der Kündigung bereits vorliegt. Objektive Ursache für die Kündigung kann aber auch eine unmittelbar und absehbar bevorstehende Arbeitsunfähigkeit des Arbeitnehmers, z. B. aufgrund eines geplanten ärztlichen Eingriffs, sein.[73]

68 *Müller-Glöge*, RdA 2006, 105, 111.
69 BAG, Urt. v. 26.10.1971 – 1 AZR 40/71 – AP Nr. 1 zu § 6 LohnFG.
70 BAG, Urt. v. 22.12.1971 – AZR 180/71 – AP Nr. 2 zu § 6 LohnFG.
71 BAG, Urt. v. 28.11.1979 – 5 AZR 725/77 – DB 1980, 788.
72 BAG, Urt. v. 29.8.1980 – 5 AZR 1051/79 – AP Nr. 18 zu § 6 LohnFG.
73 BAG, Urt. v. 17.4.2002 – 5 AZR 2/01 – NZA 2002, 899.

Die Arbeitsunfähigkeit des Arbeitnehmers muss dann allerdings noch während des Bestehens des Arbeitsverhältnisses eintreten, da andernfalls bereits kein Entgeltfortzahlungsanspruch nach § 3 EFZG entsteht, der durch die Regelung in § 8 Abs. 1 EFZG über die Beendigung des Arbeitsverhältnisses hinaus aufrecht erhalten bleiben kann.

dd) Kenntnis von der Arbeitsunfähigkeit

Da die Arbeitsunfähigkeit den entscheidenden Anstoß für die Kündigung geben 67
muss, setzt die Kündigung aus Anlass der Arbeitsunfähigkeit gem. § 8 Abs. 1 S. 1 EFZG die Kenntnis des Arbeitgebers von der Arbeitsunfähigkeit voraus. Maßgeblich ist die **Kenntnis desjenigen, der die Kündigung ausspricht[74] bzw. veranlasst.**

Praxistipp
Der Kenntnis von der Arbeitsunfähigkeit steht es gleich, wenn der Arbeitgeber mit einer bevorstehenden Arbeitsunfähigkeit auf Grund entsprechender Mitteilung sicher rechnen muss.[75]

Auf die Unkenntnis von der Arbeitsunfähigkeit des Arbeitnehmers kann der Arbeit- 68
geber sich nicht berufen, wenn er das Arbeitsverhältnis kündigt, ohne die **Nachweisfrist** i. S. d. § 5 Abs. 1 S. 2 bzw. 3 EFZG abzuwarten.[76]

Praxistipp
Nimmt der Arbeitgeber lediglich irrig an, der Arbeitnehmer sei arbeitsunfähig erkrankt, ist eine erklärte Kündigung auch dann keine Anlasskündigung i. S. d. § 8 Abs. 1 S. 1, wenn der Arbeitnehmer später (vor Beendigung des Arbeitsverhältnisses) tatsächlich erkrankt.[77]

---

2. Kündigung des Arbeitnehmers aus wichtigem Grund

Der Entgeltfortzahlungsanspruch des Arbeitnehmers bleibt gem. § 8 Abs. 1 S. 2 EFZG 69
auch dann erhalten, wenn

- der Arbeitnehmer selbst 70
- aus einem vom Arbeitgeber zu vertretenden wichtigen Grund kündigt und
- zum Kündigungszeitpunkt arbeitsunfähig erkrankt ist.

Praxistipp
Die Regelung des § 8 Abs. 1 S. 2 EFZG geht in diesem Fall als Spezialregelung dem § 628 Abs. 2 BGB vor.

---

74 HWK/*Schliemann*, § 8 EFZG Rn 20.
75 BAG, Urt. v. 17.4.2002 – 5 AZR 2/01 – NZA 2002, 899.
76 BAG, Urt. v. 26.4.1978 – 5 AZR 5/77 – NJW 1979, 286.
77 BAG, Urteil v. 20.8.1980 – 5 AZR 227/79 – NJW 1981, 1059.

a) Wirksame Kündigung

71 Auch insoweit ist Voraussetzung eines über die Beendigung des Arbeitsverhältnisses hinausdauernden Entgeltfortzahlungsanspruchs zunächst einmal, dass die Kündigung wirksam ist.[78] Es ist allerdings – abweichend von § 628 BGB – nicht erforderlich, dass der Arbeitnehmer eine außerordentliche fristlose Kündigung ausspricht. Auch eine **ordentliche Kündigung** kann den Tatbestand des § 8 Abs. 1 S. 2 EFZG erfüllen, wenn ihr ein vom Arbeitgeber zu vertretender wichtiger Grund i. S. d. § 626 BGB zugrunde liegt.[79] Denn § 8 Abs. 1 S. 2 EFZG setzt seinem Wortlaut nach keine fristlose Kündigung voraus, sondern verlangt nur, dass der Arbeitnehmer zu einer solchen berechtigt wäre.

b) Vorliegen eines wichtigen Grundes

72 Dies ist dann der Fall, wenn Tatsachen gegeben sind, aufgrund derer dem Arbeitnehmer **unter Berücksichtigung aller Umstände des Einzelfalles und unter Abwägung der Interessen beider Vertragsteile** die Fortsetzung des Arbeitsverhältnisses bis zum Ablauf der Kündigungsfrist **nicht zugemutet** werden kann. Es kommen grundsätzlich alle von der Rechtsprechung in ihrer umfangreichen Kasuistik zu § 626 Abs. 1 BGB anerkannten wichtigen Gründe in Betracht,[80] wobei diese meist im Zusammenhang mit der Krankheit des Arbeitnehmers stehen werden.

---

i **Beispiel**

1. Der Arbeitgeber beleidigt den Arbeitnehmer grob bei der Krankmeldung, indem er ihm unberechtigter Weise Simulantentum o. Ä. vorwirft.
2. Der Arbeitgeber missachtet dauerhaft zwingende Arbeitsschutzvorschriften.

---

c) Nichteingreifen der Frist des § 626 Abs. 2 BGB

73 Kündigt der Arbeitnehmer das Arbeitsverhältnis nur ordentlich, muss er nach überwiegender Auffassung auch die Zweiwochenfrist nach § 626 Abs. 2 BGB nicht einhalten.[81]

Praxistipp

Allerdings ist zu berücksichtigen, dass das Vorliegen eines wichtigen Grundes, der die Unzumutbarkeit der Fortsetzung des Arbeitsverhältnisses bis zum Ablauf der ordentlichen Kündigungsfrist zur

---

78 HWK/*Schliemann*, § 8 EFZG Rn 27.

79 HWK/*Schliemann*, § 8 EFZG Rn 28.

80 Vgl. dazu nur die Darstellung bei HWK/*Sandmann*, § 626 BGB Rn 307 ff.

81 ErfK/*Reinhard*, § 8 EFZG Rn 11; HWK/*Schliemann*, § 8 EFZG Rn 28; a.A. MünchKomm-BGB/*Müller-Glöge*, § 8 EFZG Rn 14.

Folge hat, immer mehr in Zweifel gezogen wird, je länger der Arbeitnehmer mit dem Ausspruch der Kündigung zuwartet.

3. Andere Beendigungstatbestände

§ 8 Abs. 2 EFZG stellt klar, dass in den Fällen, in denen das Arbeitsverhältnis, ohne dass es einer Kündigung bedarf, oder infolge einer Kündigung aus anderen als den in § 8 Abs. 1 EFZG bezeichneten Gründen endet, mit der Beendigung des Arbeitsverhältnisses auch der Entgeltfortzahlungsanspruch erlischt. 74

a) Kein Entgeltfortzahlungsanspruch

Unstreitig endet mit der Beendigung des Arbeitsverhältnisses auch der Entgeltfortzahlungsanspruch in folgenden Fällen: 75

- wirksame Befristung,
- Eintritt einer wirksam vereinbarten auflösenden Bedingung,
- Tod des Arbeitnehmers und
- Kündigung, die nicht aus Anlass der Arbeitsunfähigkeit des Arbeitnehmers ausgesprochen wurde, d. h. insbesondere Kündigung aus betrieblichen Gründen.

b) Auswirkung der Neuregelung auf die bisherige Rechtsprechung

Wird das Arbeitsverhältnis durch 76

- Aufhebungsvertrag,
- Anfechtung oder
- Auflösung durch Urteil gem. § 9 KSchG

beendet, stellt sich die Frage, **ob § 8 Abs. 1 EFZG (entsprechend) anzuwenden** ist, wenn diese durch die Arbeitsunfähigkeit des Arbeitnehmers motiviert sind. Dem Wortlaut der Vorschrift unterfallen diese Beendigungstatbestände nicht. Sie beenden das Arbeitsverhältnis vielmehr im Sinne des § 8 Abs. 2 EFZG, ohne dass es einer Kündigung bedarf. 77

In Fällen, in denen der Arbeitgeber die Arbeitsunfähigkeit des Arbeitnehmers zum Anlass nimmt, mit diesem die Auflösung des Arbeitsverhältnisses zu vereinbaren, hat die Rechtsprechung früher den damaligen § 6 Abs. 1 S. 1 LFZG (nunmehr § 8 Abs. 1 EFZG) unabhängig davon analog angewendet, ob dem Aufhebungsvertrag eine Anlasskündigung vorausgegangen war.[82] 78

Diese Rechtsprechung wird man jedoch **nicht auf § 8 EFZG übertragen können**, da es seit der Schaffung des EFZG an einer für die analoge Anwendung erforderlichen 79

82 HWK/*Schliemann*, § 8 EFZG Rn 12 m.w.N.

planwidrigen Regelungslücke fehlt.[83] Denn der Gesetzgeber hätte dies in Kenntnis der früheren Rechtsprechung ausdrücklich regeln müssen, wenn er diese Rechtsprechung hätte bestätigen wollen. Darauf hat er jedoch verzichtet. Stattdessen hat er in §8 Abs. 2 EFZG klargestellt, dass alle Beendigungstatbestände, die nicht §8 Abs. 1 EFZG unterfallen, zu einer Beendigung des Entgeltfortzahlungsanspruches führen. Eine entsprechende Anwendung des § 8 Abs. 1 EFZG auf die Beendigung durch Aufhebungsvertrag scheidet daher aus. **Das Gleiche gilt für die Beendigung durch Urteil gemäß § 9 Abs. 1 KSchG und die rückwirkende Beseitigung des Arbeitsvertrages durch Anfechtung.** Auch hier fehlt es an einer für die entsprechende Anwendung des §8 Abs. 1 EFZG erforderlichen Regelungslücke. Dem steht nämlich die Entstehungsgeschichte des EFZG entgegen.[84] Denn der Gesetzgeber hat mit §8 Abs. 1 EFZG einen Sonderfall geregelt, den er bewusst auf die genannten Beendigungstatbestände begrenzt hat.

80 Losgelöst davon **fehlt es** an einer weiteren Voraussetzung für eine Analogie: dem Bestehen einer **vergleichbaren Interessenlage**. Die vorgenannten Beendigungstatbestände unterscheiden sich nämlich von der in §8 Abs. 1 EFZG genannten Kündigung:

- Der Abschluss eines Aufhebungsvertrages erfolgt einvernehmlich. Dem Arbeitnehmer steht es frei, ob er sich darauf einlässt.
- Die Anfechtung des Arbeitsverhältnisses setzt voraus, dass der Arbeitgeber bei Abschluss des Arbeitsvertrages einem Irrtum unterlag bzw. zum Abschluss durch Drohung oder arglistige Täuschung bewegt wurde. Zudem sind die Anfechtungsfristen nach §§ 121, 124 BGB zu beachten.
- Eine Auflösung des Arbeitsverhältnisses durch Urteil nach §9 KSchG ist auf Antrag des Arbeitgebers nur möglich, wenn der Arbeitnehmer den Auflösungsgrund selbst gesetzt hat.[85]

III. Rechtsfolge des § 8 Abs. 1 EFZG

81 Die Sicherung des Anspruchs auf Entgeltfortzahlung durch §8 Abs. 1 EFZG reicht **inhaltlich und zeitlich nicht weiter** als der ihr zugrunde liegende Entgeltfortzahlungsanspruch im bestehenden Arbeitsverhältnis. Demnach endet die Entgeltfortzahlungsverpflichtung des Arbeitgebers auch in diesem Fall spätestens nach sechs Wochen, (vgl. §3 Abs. 1 S. 1 EFZG). Eine zu der bei Beendigung des Arbeitsverhältnisses bestehenden Krankheit **hinzutretende Krankheit verlängert** den Entgeltfort-

83 ErfK/*Reinhard*, § 8 EFZG Rn 16; HWK/Schliemann, § 8 EFZG Rn 12; MünchKomm-BGB/*Müller-Glöge*, § 8 EFZG Rn 17; a.A. Staudinger/*Oetker*, § 616 BGB Rn 386 m.w.N.
84 HWK/*Schliemann*, § 8 EFZG Rn 10 ff.; a.A. ErfK/*Reinhard*, § 8 EFZG Rn 14 ff.
85 HWK/*Schliemann*, § 8 EFZG Rn 14.

zahlungszeitraum nach dem Grundsatz der Einheit des Verhinderungsfalles **nicht**.[86] Denn § 8 Abs. 1 EFZG verpflichtet den Arbeitgeber nach der Rechtsprechung des BAG nur, das Entgelt des arbeitsunfähig erkrankten Arbeitnehmers über die Beendigung des Arbeitsverhältnisses hinaus bis zum Ende des Verhinderungsfalles (nicht der Krankheit) fortzuzahlen, der Anlass für die Kündigung war. Ein neuer Verhinderungsfall ist ein neues Risiko, für das der Arbeitgeber nicht mehr einzustehen hat.[87]

IV. Darlegungs- und Beweislast

Die Darlegungs- und Beweislast für den Entgeltfortzahlungsanspruch und dessen **82**
Sicherung über die Beendigung des Arbeitsverhältnisses hinaus trägt der Arbeitnehmer.

1. Kündigung durch den Arbeitgeber

a) Darlegungslast des Arbeitnehmers

Im Rahmen der Anlasskündigung genügt regelmäßig der Hinweis des Arbeitnehmers **83**
auf die **Kenntnis des Arbeitgebers** von der Arbeitsunfähigkeit und der **zeitliche Zusammenhang** zwischen Arbeitsverhinderung und Kündigung, die als Indizien den Schluss auf das Vorliegen einer Anlasskündigung im Sinne des § 8 Abs. 1 S. 1 EFZG zulassen.[88]

Praxistipp
Eine tatsächliche Vermutung entsteht dadurch aber nicht.[89]

---

b) Reaktion des Arbeitgebers

Der Indizienschluss kann vom Arbeitgeber durch den Vortrag entsprechender Tatsa- **84**
chen widerlegt werden. Der Arbeitgeber muss substantiiert darlegen und ggf. beweisen, dass die Kündigung nicht aus Anlass der krankheitsbedingten Arbeitsunfähigkeit ausgesprochen wurde, sondern andere Gründe seinen Kündigungsentschluss maßgeblich bestimmt haben.

86 BAG, Urt. v. 2.12.1981 – 5 AZR 89/80 – NJW 1981, 1664.
87 BAG, Urt. v. 2.12.1981 – 5 AZR 953/79 – NJW 1982, 1664.
88 BAG, Urt. v. 20.8.1980 – 5 AZR 218/78 – NJW 1981, 1061.
89 ErfK/*Reinhard*, § 8 EFZG Rn 10; MünchKomm-BGB/*Müller-Glöge*, § 8 EFZG Rn 18.

Beispiel
Dies ist insbesondere dann der Fall, wenn im Kündigungszeitpunkt Massenentlassungen durchgeführt worden sind[90] oder der Arbeitgeber zur Kündigung bereits fest entschlossen war und mit deren Umsetzung begonnen hatte, bevor er von der Arbeitsunfähigkeit des Arbeitnehmers Kenntnis erlangt hat.

Praxistipp
Steht zu befürchten, dass der Arbeitnehmer im Zeitpunkt des Ausspruches der Kündigung arbeitsunfähig erkrankt sein könnte, z. B. weil er häufig wegen Kurzerkrankungen ausfällt, sollte der Kündigungsentschluss und dessen Umsetzung sorgfältig dokumentiert werden, um im Gerichtsverfahren den Nachweis erbringen zu können, dass der Kündigungsausspruch nicht durch die Arbeitsunfähigkeit motiviert war.[91]

2. Kündigung durch den Arbeitnehmer

85 Im Rahmen der Eigenkündigung des Arbeitnehmers nach § 8 Abs. 1 S. 2 EFZG muss der Arbeitnehmer die Tatsachen, aus denen der wichtige Grund im Sinne des § 626 Abs. 1 BGB folgt, darlegen und ggf. beweisen.

3. Geltendmachung durch eine Krankenkasse

86 Wird der Anspruch auf Entgeltfortzahlung durch eine Krankenkasse aus übergegangenem Recht geltend gemacht (vgl. Kapitel 5 Rn 48), gilt für sie dieselbe Darlegungs- und ggf. Beweislast wie für den Arbeitnehmer. Allerdings kann der Arbeitnehmer im Prozess als Zeuge gehört werden.[92]

C. Urlaubsanspruch und -abgeltung bei Krankheit und Kündigung

87 Wird ein Arbeitsverhältnis – wirksam – krankheitsbedingt gekündigt (zu den Anforderungen ausführlich Kapitel 4 Rn 34 ff.), stellt sich in der betrieblichen Praxis zunächst einmal die Frage, ob ein etwaiger Urlaubsanspruch noch während des Laufs der Kündigungsfrist gewährt werden kann oder ob die Gewährung mit der Folge ausscheidet, dass der Urlaub abgegolten werden muss. Dies hängt u. a. von der Länge der Kündigungsfrist und dem Umfang des Urlaubsanspruchs, vor allem aber auch davon ab, ob der Arbeitnehmer während der Kündigungsfrist weiterhin arbeitsunfähig erkrankt ist.

90 *Lepke*, Kündigung bei Krankheit, Rn 731.
91 Die Anforderungen an eine ausreichende Dokumentation sind verhältnismäßig hoch, vgl. LAG Schleswig-Holstein, Urt. v. 6.2.2014 – 5 Sa 324/13 – ArbRAktuell 2014, 232.
92 Vgl. näher zu Reaktionsmöglichkeiten des Arbeitgebers Kapitel 3 Rn 198 f.

I. Anspruch auf Erholungsurlaub

Dies hat seinen Grund darin, dass der Urlaub arbeitsrechtlich als Erholungsurlaub zu qualifizieren ist. 88

1. Urlaubsanspruch nach deutschem Recht

Erholungsurlaub ist die zum Zwecke der Erholung erfolgte zeitweise Freistellung des Arbeitnehmers von der ihm nach dem Arbeitsvertrag obliegenden Arbeitspflicht durch den Arbeitgeber unter Fortzahlung der Vergütung, um ihm Gelegenheit zur **selbstbestimmten Erholung** zu geben.[93] Das folgt letztlich bereits aus §1 BUrlG. Denn dort wird der Anspruch als Anspruch auf Erholungsurlaub bezeichnet. 89

Praxistipp
Für das Entstehen und die Erteilung des Urlaubs kommt es auf ein konkretes Erholungsbedürfnis des Arbeitnehmers allerdings nicht an.[94]

Gesetzlich ist ein Anspruch auf Mindesturlaub zunächst einmal im BUrlG geregelt. 90

Praxistipp
Daneben bestehen gesetzliche Urlaubsregelungen für den Bereich Heimarbeit (§12 BurlG), in §19 JArbSchG, beim Zusatzurlaub für schwerbehinderte Menschen (§125 SGB IX) und im Seemannsgesetz (§§53 ff. SeemG).

2. Urlaubsanspruch nach europäischem Recht

Aber auch das Europarecht sieht einen Urlaubsanspruch vor. Denn Art. 7 Richtlinie 2003/88/EG des Europäischen Parlaments und des Rates vom 04.11.2003 über bestimmte Aspekte der Arbeitszeitgestaltung (sog. „Arbeitszeitrichtlinie") legt ebenso wie das nationale Recht fest, dass ein **bezahlter Mindesturlaub** tatsächlich zu nehmen ist und nur bei der Beendigung des Arbeitsverhältnisses durch eine finanzielle Vergütung ersetzt werden darf. 91

Der europarechtliche Urlaub ist ebenso wie der Mindesturlaub nach den vorgenannten nationalen Vorschriften als Erholungsurlaub ausgestaltet.[95] Er dient der **Regeneration der Arbeitskraft** und dem **Erhalt der Arbeitsfähigkeit**, wie die Erwägungsgründe der Richtlinie (Nr. 2, 4) belegen. Denn sie verweisen auf Art. 137 EGV (Art. 153 AEUV), wonach die Europäische Union zu Verbesserungen der Arbeitsum- 92

93 BAG, Urt. v. 20.6.2000 – 9 AZR 405/99 – DB 2000, 2327.
94 BAG, Urt. v. 20.5.2008 – 9 AZR 219/07 – NZA 2008, 1237.
95 *Schubert*, RdA 2014, 9, 10.

welt zum Schutz der Gesundheit des Arbeitnehmers ermächtigt ist. Zudem nimmt die Richtlinie 2003/88/EG auf die Grundsätze der Arbeitszeitgestaltung der Internationalen Arbeitsorganisation Bezug (Erwägungsgrund 9). Der Begriff „Arbeitszeit" erfasst nach der Rechtsprechung des EuGH alle Arbeits- und Ruhezeiten, einschließlich des Erholungsurlaubs.[96] Daher ist der Verweis in der Richtlinie weit auszulegen, sodass er die IAO-Konvention Nr. 132 über bezahlten Jahresurlaub erfasst.[97]

93 Der EuGH ordnet den bezahlten Jahresurlaub des Arbeitnehmers als besonders bedeutsamen Grundsatz des Sozialrechts ein.[98] Dies bestätigt Art. 31 Abs. 2 Grundrechtecharta (GR-Charta), der jedoch nur einen bezahlten Urlaub gewährleistet, ohne seine Länge, Durchführung und Abgeltung zu regeln.

Praxistipp
Der gesetzliche Urlaubsanspruch ist als Mindesturlaub nach § 13 Abs. 1 S. 1 BUrlG sowohl für die Arbeits- als auch für die Tarifvertragsparteien unabdingbar und unverzichtbar. Nach europäischem Recht gilt nichts anderes.[99]

II. Urlaubsgewährung und Arbeitsunfähigkeit

1. Ausschluss von Erholungsurlaub bei krankheitsbedingter Arbeitsunfähigkeit nach deutschem Recht

94 Die Erfüllung eines Anspruchs auf Erholungsurlaub setzt nach der Rechtsprechung des BAG voraus, dass der Arbeitnehmer im Voraus durch eine unwiderrufliche Freistellungserklärung des Arbeitgebers zu Erholungszwecken **von seiner sonst bestehenden Arbeitspflicht befreit** wird.[100] Ist der Arbeitnehmer arbeitsunfähig erkrankt, scheidet eine Urlaubsgewährung folgerichtig aus, da schon keine Arbeitspflicht besteht, von welcher der Arbeitnehmer zu Erholungszwecken befreit werden könnte. Denn die Arbeitspflicht entfällt bei krankheitsbedingter Arbeitsunfähigkeit bereits nach § 275 Abs. 1 BGB,[101] sofern nicht ein Fall des § 275 Abs. 3 BGB vorliegt und der Arbeitnehmer die insoweit bestehende Einrede nicht erhebt. Infolge des Entfallens der Arbeitspflicht **ist eine Urlaubsgewährung während der krankheitsbedingten Arbeitsunfähigkeit ausgeschlossen.**[102] Dies wird durch § 9 BUrlG bestätigt, nach dem die durch ärztliches Zeugnis nachgewiesenen Tage der Arbeitsunfähigkeit bei

96 EuGH, Urt. v. 9.9.2003 – Rs. C-151/02 – NZA 2003, 1019 – *Jaeger*.
97 EuGH, Urt. v. 20.1.2009 – Rs. C-350/06, C-520/06 – NZA 2009, 135 – *Schultz-Hoff, Stringer*.
98 EuGH, Urt. v. 8.11.2012 – Rs. C-229/11, C-230/11 – NZA 2012, 1273 – *Heimann/Toltschin*.
99 EuGH, Urt. v. 16.3.2006 – Rs. C-131/04 und C-257/04, C-131/04, C-257/04 – NZA 2006, 481.
100 BAG, Urt. v. 16.7.2013 – 9 AZR 50/12 – ArbRAktuell 2013, 520 (LS).
101 Vgl. BAG, Urt. v. 15.2.2012 – 7 AZR 774/10 – NZA 2012, 1112 zur Aufrechterhaltung des Vergütungsanspruchs entgegen § 326 BGB nach § 3 EFZG.
102 Für viele ErfK/*Gallner*, § 7 BUrlG Rn 21 m.w.N.

einer Erkrankung während des Urlaubs nicht auf den Jahresurlaub nach dem BUrlG angerechnet werden.

Wie die Arbeitsunfähigkeit wegen Krankheit **rechtstechnisch** einzuordnen ist, 95 ist umstritten. Während der Gesetzgeber wohl ebenso wie Teile des Schrifttums der Annahme einer Unzumutbarkeit zuneigt,[103] nehmen andere an, dass der wegen Krankheit Arbeitsunfähige gem. § 275 Abs. 1 BGB kraft Gesetzes von seiner Leistungspflicht frei wird.[104]

Richtig dürfte sein, mit einem anderen Teil der Literatur[105] danach zu differen- 96 zieren,
- ob dem Arbeitnehmer die Arbeitsleistung auf Grund seines Gesundheitszustandes objektiv nicht möglich ist, sodass er kraft Gesetzes gemäß § 275 Abs. 1 BGB von seiner Leistungspflicht frei wird, oder
- ob er potenziell zur Arbeitsleistung im Stande wäre, sodass „nur" ein Fall der Unzumutbarkeit i. S. d. § 275 Abs. 3 BGB vorliegt.

Nach der Rechtsprechung des BAG[106] liegt eine Arbeitsunfähigkeit bereits vor, wenn 97 der Arbeitnehmer die Arbeit nur unter der **Gefahr** aufnehmen oder fortsetzen könnte, in absehbarer Zeit seinen Gesundheitszustand zu verschlechtern. Bleibt der Arbeitnehmer jedoch in solchen Fällen weiterhin zur Arbeitsleistung im Stande, liegt richtigerweise ein Fall des § 275 Abs. 3 BGB vor.[107]

Praxistipp
Dies ist insofern keine theoretische Frage, als sich der Arbeitnehmer auf § 275 Abs. 3 BGB berufen muss, damit eine Arbeitsbefreiung eintritt, während die Arbeitsbefreiung als Rechtsfolge von § 275 Abs. 1 BGB kraft Gesetzes eintritt und von Amts wegen zu beachten ist.[108]

---

2. Ausschluss von Erholungsurlaub bei krankheitsbedingter Arbeitsunfähigkeit nach europäischem Recht

Etwas anderes folgt auch nicht aus Art. 7 RL 2003/88/EG, wie der EuGH in der Sache 98 „*Schultz-Hoff*" in dem Teil „*Stringer*" klargestellt hat, der eine britische Regelung betrifft.[109] Denn nach Auffassung des EuGH steht Art. 7 Abs. 1 RL 2003/88/EG einzel-

---

103 BT-Drucks. 14/6857, S. 47; *Löwisch*, NZA 2001, 465 f.
104 Vgl. zum alten Recht BAG, Urt. v. 8.9.1998 – 9 AZR 273/97 – NZA 1999, 824; *Däubler*, NZA 2001, 1329, 1332.
105 ErfK/*Preis*, § 611 BGB Rn 685; HWK/*Thüsing*, § 611 BGB Rn 393 m.w.N.
106 BAG, Urt. v. 1.6.1983 – 5 AZR 468/80 – AP Nr. 54 zu § 1 LohnFG.
107 ErfK/*Preis*, § 611 BGB Rn 685; HWK/*Thüsing*, § 611 BGB Rn 393 m.w.N.
108 ErfK/*Preis*, § 611 BGB Rn 673; HWK/*Thüsing*, § 611 BGB Rn 390 m.w.N.
109 EuGH, Urt. v. 20.1.2009 – C-350/06 und C-520/06, C-350/06, C-520/06, NZA 2009, 135 – *Schultz-Hoff*.

staatlichen Rechtsvorschriften oder Gepflogenheiten nicht entgegen, nach denen ein Arbeitnehmer im sog. „Krankheitsurlaub" nicht berechtigt ist, während eines Zeitraums, der in die Zeit des Krankheitsurlaubs fällt, bezahlten Jahresurlaub zu nehmen.

Praxistipp
Der Begriff des Krankheitsurlaubs dürfte auf eine direkte Übersetzung der französischen und englischen Begriffe zurückzuführen sein („congé de maladie", „sick leave"). Für die deutsche Rechtslage ist die krankheitsbedingte Arbeitsunfähigkeit gemeint.[110]

99 Der vom deutschen Recht – wie eben dargelegt – vorgesehene Ausschluss einer Verbindung von krankheitsbedingter Arbeitsunfähigkeit und Urlaub entspricht angesichts seiner gesundheitspolitischen Zielrichtung den Vorstellungen des Unionsrechts.[111] Denn auch unionsrechtlicher Zweck des bezahlten Jahresurlaubs ist es, sich zu erholen und über einen Zeitraum für Entspannung und Freizeit zu verfügen.[112]

100 Davon geht auch das BAG nach seiner Rechtsprechungsänderung infolge der Entscheidung des EuGH in der Rechtssache „*Schultz-Hoff*" weiterhin zu Recht aus. Denn die Rechtsprechungsänderung betrifft nicht die Erfüllbarkeit, sondern die Übertragung und das Erlöschen des Urlaubs(-abgeltungs)anspruchs.[113]

III. Untergang des Urlaubsanspruchs trotz Arbeitsunfähigkeit

101 §7 Abs. 3 BurlG ist vor diesem Hintergrund zwar aufgrund der Vorgaben des Art. 7 der Richtlinie 2003/88/EG unionsrechtskonform so auszulegen, dass der gesetzliche Urlaub **nicht erlischt**, wenn der Arbeitnehmer **bis zum Ende des Urlaubsjahres und/oder des Übertragungszeitraums erkrankt und deshalb arbeitsunfähig** ist. Das führt aber zu keinem unbegrenzten Ansammeln von Urlaubsansprüchen bei Krankheit.

102 Der EuGH hatte bereits in der sog. „KHS-Entscheidung" vom 22.11.2011[114] festgestellt, dass tarifliche Vorschriften zur Übertragung von Urlaubsansprüchen nicht gegen Unionsrecht verstoßen, wenn sie einen generellen Übertragungszeitraum von 15 Monaten für sämtliche Urlaubsansprüche vorsehen. Mit Urteil vom 7.8.2012[115] hatte das BAG diese Rechtsprechung aufgegriffen und entschieden, dass nach unionskonformer Auslegung des §7 Abs. 3 BUrlG gesetzliche Urlaubsansprüche, die der Arbeit-

110 Vgl. nur ErfK/*Gallner*, §7 BUrlG Rn 21.
111 Vgl. nur ErfK/Gallner, §7 BUrlG Rn 21.
112 EuGH, Urt. v. 20.1.2009 – C-350/06 und C-520/06, C-350/06, C-520/06 – NZA 2009, 135 – *Schultz-Hoff*.
113 Vgl. nur BAG, Urt. v. 24.3.2009 – 9 AZR 983/07 – NZA 2009, 538.
114 Rs. C-214/20 – NZA 2011, 1333.
115 9 AZR 353/10 – NZA 2012, 1216.

nehmer aus gesundheitlichen Gründen nicht in natura nehmen kann, 15 Monate nach Ablauf des Urlaubsjahres verfallen.

In seinem Urteil vom 16.10.2012[116] hatte der Senat ergänzend klargestellt, dass 103
weder Art. 31 Abs. 2 EU-GRCharta noch die Grundsätze über die unmittelbare Geltung von Richtlinien gegenüber dem Staat und seinen Einrichtungen einer derartigen unionsrechtskonformen Auslegung des BUrlG entgegenstehen. Diese Grundsätze hat das BAG in seinem Urteil vom 11.6.2013[117] in einem Fall bestätigt, in dem die Parteien über die Abgeltung des gesetzlichen Mindesturlaubs und des Schwerbehindertenzusatzurlaubs aus dem Jahr 2006 stritten.

Nach den Feststellungen des BAG waren die in Rede stehenden Urlaubsansprü- 104
che bei unionsrechtskonformer Auslegung des § 7 Abs. 3 BUrlG bereits vor Beendigung des Arbeitsverhältnisses verfallen. Zwar sei § 7 Abs. 3 BUrlG aufgrund der Vorgaben des Art. 7 RL 2003/88/EG unionsrechtskonform so auszulegen, dass der gesetzliche Urlaub nicht erlösche, wenn der Arbeitnehmer bis zum Ende des Urlaubsjahres und/oder des Übertragungszeitraums erkrankt und deshalb arbeitsunfähig sei. Dies habe **aber nur zur Folge**, dass der aufrechterhaltene Urlaubsanspruch zu dem im Folgejahr entstandenen Urlaubsanspruch hinzutrete und damit **erneut der Fristenregelung in § 7 Abs. 3 BUrlG unterfalle**. Bestehe aber die Arbeitsunfähigkeit – wie hier über den 31.3. des zweiten auf das Urlaubsjahr folgenden Jahres fort, gebiete das Unionsrecht keine Aufrechterhaltung des Urlaubsanspruchs mehr. Der zunächst aufrecht erhaltene Urlaubsanspruch erlösche daher zu diesem Zeitpunkt.

Praxistipp
Dies gilt nach Ansicht des BAG auch für den Staat als Arbeitgeber, dem gegenüber die Arbeitszeitrichtlinie – wie im entschiedenen Fall – unmittelbar zur Anwendung komme.[118]

IV. Verzicht des Arbeitnehmers auf Urlaubsabgeltung

Die Neuausrichtung der Rechtsprechung des BAG zur Rechtsnatur des Urlaubsabgel- 105
tungsanspruchs hat in der betrieblichen Praxis wiederholt zu der Frage geführt, in welchem Umfang ein Arbeitnehmer auf die Abgeltung seines Urlaubsanspruchs verzichten kann und inwieweit damit ein Gestaltungspielraum für individualvertragliche Regelungen über die Abgeltung des gesetzlichen bzw. individualrechtlichen Urlaubs besteht.

116 9 AZR 63/11 – NZA 2013, 326.
117 9 AZR 855/11 – juris.
118 BAG, Urt. v. 11.6.2013 – 9 AZR 855/11 – juris.

1. Der Urlaubsabgeltungsanspruch als „reiner" Geldanspruch

106 Ausgangspunkt dafür, dass insoweit überhaupt ein Gestaltungsspielraum bestehen kann, ist, dass das BAG – im Gegensatz zu seiner früheren Rechtsprechung[119] – nicht mehr annimmt, dass aufgrund der Unabdingbarkeit des Urlaubsabgeltungsanspruchs (§§ 7 Abs. 4, 13 Abs. 1 S. 3 BUrlG) über diesen auch nicht wirksam durch Rechtsgeschäft verfügt werden könne. Nach der vorhergehenden Rechtsprechung war aufgrund dieser Annahme ausgeschlossen, diesen Anspruch in einem gerichtlichen oder außergerichtlichen Vergleich zum Gegenstand eines negativen Schuldanerkenntnisses zu machen.

107 Aufgrund der Rechtsprechung des EuGH im Urteil vom 20.1.2009[120] hatte das BAG dann jedoch – wie vorstehend dargestellt – die Surrogatstheorie zunächst nur partiell, später aber vollständig aufgegeben. Nach aktueller Rechtsprechung des BAG ist der Anspruch auf Abgeltung des Urlaubs bei lang andauernder Arbeitsunfähigkeit des Arbeitnehmers ein **reiner Geldanspruch**, der sich nicht mehr von sonstigen Entgeltansprüchen aus dem Arbeitsverhältnis unterscheidet und deshalb nicht mehr dem Fristenregime des BUrlG unterfällt.[121]

Praxistipp
Die Surrogatstheorie gilt aber auch für den Fall der Arbeitsfähigkeit des aus dem Arbeitsverhältnis ausscheidenden Arbeitnehmers nicht mehr.[122]

2. Differenzierung nach Entstehen des Anspruchs und entstandenem Anspruch

108 In seinem Urteil vom 14.5.2013[123] hat der 9. Senat die Bedeutung der Unabdingbarkeit des Urlaubsabgeltungsanspruchs neu justiert. Aus der gesetzlich geregelten Unabdingbarkeit folgt danach weiterhin, dass das Entstehen des Abgeltungsanspruchs nicht zu Ungunsten von Arbeitnehmern in Frage gestellt werden kann. Abreden über den entstandenen Anspruch sind demgegenüber zulässig.

109 Danach kann der Arbeitnehmer, wenn das Arbeitsverhältnis beendet und der Urlaubsabgeltungsanspruch gemäß § 7 Abs. 4 BUrlG entstanden ist, grundsätzlich auf ihn verzichten. Denn gemäß § 13 Abs. 1 S. 3 BUrlG könne zwar – wie das BAG bestätigt – von der Regelung in § 7 Abs. 4 BUrlG, wonach der Urlaub abzugelten ist, wenn er wegen Beendigung des Arbeitsverhältnisses ganz oder teilweise nicht mehr gewährt werden könne, nicht zu Ungunsten des Arbeitnehmers abgewichen werden. Jedoch

119 BAG, Urt. v. 21.7.1978 – 6 AZR 1/77 – AP Nr. 5 zu § 13 BUrlG; BAG, Urt. v. 31.5.1990 – 8 AZR 132/89 – NZA 1990, 935.
120 C-350/06 und C-520/06, C-350/06, C-520/06 – NZA 2009, 135 – *Schultz-Hoff.*
121 BAG, Urt. v. 19.6.2012 – 9 AZR 652/10 – NZA 2012, 1087.
122 BAG, Urt. v. 19.6.2012 – 9 AZR 652/10 – NZA 2012, 1087.
123 9 AZR 844/11 – NZA 2013, 1098.

hindere diese Regelung nur einzelvertragliche Abreden, **die das Entstehen von Urlaubsabgeltungsansprüchen ausschließen**. Habe der Arbeitnehmer dagegen die Möglichkeit, Urlaubsabgeltung in Anspruch zu nehmen und sehe er davon ab, stehe – so das BAG weiter – weder nationales noch Unionsrecht **einem Verzicht des Arbeitnehmers** entgegen.

Praxistipp
Nicht anwendbar ist diese Entscheidung allerdings auf tarifvertragliche Abgeltungsansprüche. Denn nach § 4 Abs. 4 S. 1 TVG ist ein Verzicht auf entstandene tarifliche Rechte nur in einem von den Tarifvertragsparteien gebilligten Vergleich zulässig.[124] Gleiches gilt nach § 77 Abs. 4 S. 2 BetrVG für Ansprüche aus Betriebsvereinbarungen,[125] soweit die Tarifsperre nach § 77 Abs. 3 BetrVG nicht eingreift.[126]

3. Gestaltungslösung vor Bestätigung durch den EuGH

Vor einer Bestätigung dieser Rechtsprechung des EuGH sollte in Aufhebungsverträgen und (außer-)gerichtlichen Vergleichen – soweit gleichzeitig eine Abfindung vorgesehen ist, auf die ergänzende Zahlungen angerechnet werden können – sinngemäß folgende Klausel aufgenommen werden: 110

Klauselmuster
„Sollte dennoch ein Urlaubsabgeltungsanspruch bestehen, so mindert sich die in Ziff. [...] vereinbarte Abfindung um den Bruttobetrag der Urlaubsabgeltung zuzüglich hierauf entfallender Arbeitgeberbeiträge zur Sozialversicherung".[127]

Praxistipp
Während die unwiderrufliche Freistellung zur Erfüllung von Urlaubsansprüchen führt und eine Ausgleichsklausel Abgeltungsansprüche erfassen kann, ist die bloße Nichtgewährung von Urlaub ohne ergänzende Ausgleichsklausel am Ende des Arbeitsverhältnisses selbstverständlich kein Mittel zur Reduzierung der mit Urlaubs(abgeltungs)ansprüchen verbundenen Belastungen. Dies gilt insbesondere für die Nichtgewährung im laufenden Arbeitsverhältnis. Völlig zu Recht hat das BAG dies noch einmal in seinem Urteil vom 14.5.2013[128] klargestellt. Daran hat auch die Aufgabe der Surrogatstheorie nichts geändert.

124 Zum Untergang von tarifvertraglichen Mehrurlaubsansprüchen vgl. BAG, Urt. v. 16.7.2013 – 9 AZR 914/11 – EzA-SD 2013, Nr. 23, 13.
125 Zu den Anforderungen an eine wirksame Zustimmung des Betriebsrats vgl. BAG, Urt. v. 15.10.2013 – 1 AZR 405/12 – DB 2014, 310.
126 § 87 Abs. 1 Nr. 5 BetrVG gilt insoweit nicht, vgl. nur *Fitting*, § 87 BetrVG Rn 212.
127 Formulierungsvorschlag nach *Bauer*, ArbRAktuell 2013, 289.
128 9 AZR 760/11 – DB 2013, 2155.

V. Urlaubsabgeltung bei Tod des Arbeitnehmers

111 Stirbt ein Arbeitnehmer nach langdauernder krankheitsbedingter Arbeitsunfähigkeit, führt dies bisweilen auch dazu, dass seine Erben gegenüber dem Arbeitgeber Urlaubsabgeltungsansprüche als Teil ihres Erbes geltend machen.

1. Nichtvererbbarkeit von Urlaubsabgeltungsansprüchen nach bisheriger BAG-Rechtsprechung

112 In seinem Urteil vom 12.3.2013[129] hatte der 9. Senat aber noch angenommen, dass Urlaubsabgeltungsansprüche nicht vererblich sind. Denn der Urlaubsanspruch des Erblassers gehe mit dessen Tod unter und könne sich nicht in einen Abgeltungsanspruch i. S. v. § 7 Abs. 4 BUrlG umwandeln. Dabei sei unerheblich, ob der Erblasser bis zur Beendigung des Arbeitsverhältnisses arbeitsunfähig krank gewesen ist.

2. Neue Rechtsprechung des EuGH

113 Diese Sichtweise ist mit der Rechtsprechung des EuGH[130] aber nicht vereinbar. Auch der EuGH geht zwar davon aus, dass Urlaubs- und Urlaubsgeltungsansprüche zwei Aspekte eines einzigen Anspruchs sind. Art. 7 RL 2003/88/EG stellt sicher, dass der Arbeitnehmer sich zum einen von der Ausübung der ihm nach seinem Arbeitsvertrag obliegenden Aufgaben erholen kann und zum anderen über einen Zeitraum für Entspannung und Freizeit verfügt. Diese Zwecke lassen sich zwar durch den Tod des Arbeitnehmers nicht mehr erreichen[131].

114 Der EuGH betont aber den Vermögenscharakter des Abgeltungsanspruchs. Denn Art. 7 Abs. 2 RL 2003/88/EG sichert den Urlaubsabgeltungsanspruch eines Arbeitnehmers, der aus dem Arbeitsverhältnis ausscheidet, in finanzieller Form. Endet das Arbeitsverhältnis in Folge des Todes des Arbeitnehmers, könnten daher seine Erben in den Genuss der Abgeltung gelangen. Auch wenn diese Rechtsprechung – insbesondere dogmatisch – nicht überzeugt, muss sich die Gestaltungspraxis darauf einstellen.[132]

Praxistipp
Die Praxis muss nun erst recht darauf achten, hinsichtlich Verfallszeitpunkts und Übertragbarkeit ausdrücklich zwischen gesetzlichem Mindesturlaub und vertraglichem Mehrurlaub zu differenzieren.[133]

129 9 AZR 532/11 – NZA 2013, 678.
130 EuGH, Urt. v. 12.6.2014 – C-118/13 – NZA 2014, 651.
131 BAG, Urt. v. 12.3.2013 – 9 AZR 532/11 – NZA 2013, 678.
132 Näher zur dogmatischen Bewertung Mückl/Krause, EWiR 2014, 529.
133 Vgl. Mückl/Krause, EWiR 2014, 529.

D. Rückzahlung freiwilliger Leistungen

Soweit die Zahlung freiwilliger Leistungen bereits erfolgt ist und dementsprechend nicht unter Ausschöpfung der in Kapitel 3 Rn 207 ff. aufgezeigten Möglichkeiten verhindert worden ist, stellt sich in der betrieblichen Praxis häufig die Frage, ob und unter welchen Voraussetzungen entsprechende Leistungen zurückgefordert werden können. 115

I. Typische Irrelevanz bereicherungsrechtlicher Rückzahlungsansprüche

Bereicherungsrechtliche Rückzahlungsansprüche (§§ 812 ff. BGB) spielen dabei nicht nur mit Blick auf den Entreicherungseinwand (§ 818 Abs. 3 BGB), sondern vor allem deshalb keine Rolle, weil die Zahlung in aller Regel **mit Rechtsgrund**, nämlich aufgrund des Arbeitsverhältnisses und der mit ihm im Zusammenhang stehenden Vereinbarungen gezahlt worden ist. 116

Dies gilt auch bei sog. „freiwilligen" Leistungen (vgl. zum Freiwilligkeitsbegriff unter Kapitel 3 Rn 221 f.), deren Zweck (z. B. das Bewirken zukünftiger Betriebstreue) bei krankheitsbedingter Beendigung des Arbeitsverhältnisses verfehlt wird. Denn ein Bereicherungsanspruch nach § 812 Abs. 1 S. 2 Alt. 2 BGB erfordert nach der Rechtsprechung des BAG eine Einigung der Parteien über den mit der Leistung bezweckten Erfolg. Die Einigung **darf aber nicht den Charakter einer vertraglichen Bindung** haben.[134] Haben die Parteien eine Vereinbarung geschlossen, aufgrund derer die Leistungen erbracht werden sollen, ist das Rechtsverhältnis nach den Grundsätzen des Vertragsrechts abzuwickeln. Ein Bereicherungsanspruch wegen Zweckverfehlung ist ausgeschlossen, wenn der bezweckte, aber nicht (vollständig) erreichte Erfolg Inhalt einer vertraglichen Bindung war; für die Abwicklung gelten dann die Grundsätze des Vertragsrechts.[135] Zudem werden durch diese Bewertung ansonsten eintretende Wertungswidersprüche zwischen §§ 812 ff. BGB und §§ 305 ff. BGB vermieden.[136] 117

II. Regelmäßige Maßgeblichkeit der getroffenen Vereinbarungen

Freiwillige Leistungen unterliegen auch nicht etwa „von selbst" einem Rückzahlungsvorbehalt.[137] Die Rückzahlungspflicht bedarf einer besonderen Grundlage (z. B. Tarif- 118

---

134 BAG, Urt. v. 28.5.2013 – 3 AZR 103/12 – DB 2013, 2152.
135 BAG, Urt. v. 28.5.2013 – 3 AZR 103/12 – DB 2013, 2152.
136 BAG, Urt. v. 28.5.2013 – 3 AZR 103/12 – DB 2013, 2152.
137 MünchKomm-BGB/*Müller-Glöge*, § 611 BGB Rn 878.

vertrag, Betriebsvereinbarung oder einzelvertragliche Abrede).[138] Vor diesem Hintergrund sind in der betrieblichen Praxis vor allem die getroffenen Vereinbarungen maßgeblich.

III. Wirksamkeitsvorgaben für vertragliche Rückzahlungsansprüche

119 Mit Blick darauf, dass Arbeitnehmer im Zusammenhang mit Vereinbarungen im Rahmen ihres Arbeitsverhältnisses als Verbraucher i. S. d. § 13 BGB zu qualifizieren sind,[139] greift in der betrieblichen Praxis in aller Regel § 310 Abs. 3 BGB mit der Folge ein, dass die §§ 305c Abs. 2, 306 und 307 bis 309 BGB Anwendung finden.[140] Die für individualvertraglich vereinbarte Rückzahlungsklauseln maßgeblichen Vorgaben folgen daher ganz regelmäßig aus den vorgenannten Vorschriften.

1. Spezialgesetzliche Vorgaben

a) Berufsausbildungsverhältnisse

120 Spezialgesetzliche Vorgaben bestehen lediglich in Bezug auf Berufsausbildungsverhältnisse. Denn gemäß § 12 Abs. 1 S. 1 BBiG ist eine Vereinbarung **nichtig**, wenn sie Auszubildenden nach Beendigung eines Berufsausbildungsverhältnisses in der **Ausübung ihrer beruflichen Tätigkeit** beschränkt. Eine derartige Beschränkung kann auch in einer Rückzahlungsverpflichtung liegen.[141]

121 Nicht erfasst sind von § 12 Abs. 1 S. 1 BBiG aber Weiterbildungsmaßnahmen in Arbeitsverhältnissen, die – basierend auf einer bereits vorhandenen Grundbildung – weitere berufliche Kenntnisse, Fertigkeiten oder Erfahrungen vermitteln.[142]

122 Losgelöst davon regelt § 12 Abs. 1 S. 1 BBiG lediglich die betriebliche und nicht die schulische Ausbildung,[143] sodass sein Eingreifen voraussetzt, dass der Auszubildende in den Betrieb eingegliedert ist und für den Betrieb mit einer vom Ausbildungszweck bestimmten Zielrichtung arbeitet.[144]

Praxistipp
Für die betriebliche Praxis folgt daraus, dass bei der Vereinbarung von Rückzahlungsklauseln zunächst geprüft werden muss, ob ein Berufsausbildungsverhältnis oder eine Weiterbildung im Arbeitsverhältnis in Rede steht.

138 BAG, Urt. v. 8.5.1974 – 5 AZR 359/73 – NJW 1974, 2151.
139 Vgl. nur HWK/*Gotthardt*, § 310 BGB Rn 2 ff. m.w.N.
140 Vgl. BAG, Urt. v. 8.8.2007 – 7 AZR 855/06 – NZA 2008, 229.
141 BAG, Urt. v. 25.4.2001 – 5 AZR 509/99 – NZA 2002, 1396.
142 *Schmidt*, NZA 2004, 1002, 1003; *Elking*, BB 2014, 885, 887.
143 *Elking*, BB 2014, 885, 887.
144 BAG, Urt. v. 21.11.2001 – 5 AZR 158/00 – BB 2002, 628.

b) Steuerliche Bewertung

Die Pflicht eines Arbeitnehmers, eine freiwillige Leistung „in voller Höhe" zurückzuzahlen, bezieht sich auch auf die vom Arbeitgeber an das Finanzamt abgeführte Lohnsteuer.[145] Denn Steuerschuldner ist der Arbeitnehmer (§ 38 Abs. 2 S. 1 EStG). Der Arbeitgeber ist lediglich Haftungsschuldner (§ 42d EStG) und tilgt mit der Abführung der Lohnsteuer die zivilrechtliche Lohnforderung des Arbeitnehmers. 123

Dem Arbeitnehmer kann in solchen Fällen ein steuerlicher Nachteil entstehen, wenn wegen der Progression des Steuertarifs im Zuflussjahr die auf den Bruttobetrag entfallende Steuer höher war als die Vorteile einer möglichen Verrechnung als „negative Einnahme" im Rückzahlungsjahr.[146] Dies wird vor allem dann eintreten, wenn im Rückzahlungsjahr der Arbeitnehmer wenig oder gar nichts verdient hat.[147] 124

Ein Anspruch des Arbeitnehmers gegen den Arbeitgeber auf Ersatz eines solchen Nachteils besteht nicht. Er kann insbesondere nicht aus der Fürsorgepflicht des Arbeitgebers hergeleitet werden.[148] 125

Folgt der Rückzahlungsanspruch – ausnahmsweise – aus §§ 812 ff. BGB, kann eine steuerliche Mehrbelastung des Bereicherungsschuldners – soweit nicht § 819 BGB eingreift[149] – als ein die Bereicherung mindernder Nachteil zu berücksichtigen sein.[150] 126

2. AGB-rechtliche Vorgaben

In den meisten Fällen richtet sich die Zulässigkeit einer Rückzahlungsklauseln hinsichtlich des „Ob" und des „Wie" der Rückzahlung allerdings – wie gezeigt – nach AGB-rechtlichen Vorgaben. Das BAG prüft sie vornehmlich am Maßstab des § 307 Abs. 1 BGB. 127

Danach ist eine entsprechende Klausel unwirksam, wenn sie den Vertragspartner des Verwenders (also den Arbeitnehmer des Arbeitgebers, § 310 Abs. 3 Nr. 1 BGB) entgegen der Gebote von Treu und Glauben unangemessen benachteiligt (§ 307 Abs. 1 S. 1 BGB), wobei sich eine unangemessene Benachteiligung auch daraus ergeben kann, dass die Bestimmung nicht klar und verständlich ist, sog. Transparenzkontrolle (§ 307 Abs. 1 S. 2 BGB). 128

145 BAG, Urt. v. 15.3.2000 – 10 AZR 101/99 – NZA 2000, 1004; BAG, Urt. v. 5.4.2000 – 10 AZR 257/99 – NZA 2000, 1008.
146 MünchKomm-BGB/*Müller-Glöge*, § 611 BGB Rn 879.
147 MünchKomm-BGB/*Müller-Glöge*, § 611 BGB Rn 879.
148 BAG, Urt. v. 15.3.2000 – 10 AZR 101/99 – NZA 2000, 1004; BAG, Urt. v. 5.4.2000 – 10 AZR 257/99 – NZA 2000, 1008.
149 Vgl. BAG, Urt. v. 13.10.2010 – 5 AZR 648/09 – NZA 2011, 219.
150 BAG, Urt. v. 12.1.1994 – 5 AZR 597/92 – AP Nr. 3 zu § 818 BGB.

a) Inhaltskontrolle nach § 307 Abs. 1 S. 1 BGB

129 Unangemessen ist dabei nach der Rechtsprechung des BAG jede Beeinträchtigung eines rechtlich anerkannten Interesses des Arbeitnehmers, die nicht durch begründete und billigenswerte Interessen des Arbeitgebers gerechtfertigt oder durch gleichwertige Vorteile ausgeglichen wird.[151] Die Feststellung einer in diesem Sinne „unangemessenen" Benachteiligung setzt eine **wechselseitige Berücksichtigung und Bewertung rechtlich anzuerkennender Interessen** der Vertragspartner voraus. Dabei ist ein **genereller, typisierender, vom Einzelfall losgelöster Maßstab** anzulegen.[152]

130 Abzuwägen sind die Interessen des Verwenders (also des Arbeitgebers) gegenüber den Interessen der typischerweise beteiligten Vertragspartner (also des Arbeitnehmers) unter Berücksichtigung der Art, des Gegenstandes, des Zwecks und der besonderen Eigenart des jeweiligen Geschäfts.[153]

131 Hiervon ausgehend ist in der Praxis eine **zweistufige Prüfung** sinnvoll: Zunächst sollte das „Ob" einer Rückzahlung und – bejahendenfalls – dann das „Wie" der Rückzahlung bewertet werden.[154]

aa) Zumutbarkeit der Rückzahlung an sich („Ob")

132 Da mit freiwilligen Leistungen des Arbeitgebers in aller Regel ein geldwerter Vorteil des Arbeitnehmers verbunden ist,[155] stellt sich in Fällen einer krankheitsbedingten Beendigung des Arbeitsverhältnisses vor allem die Frage nach einem berechtigten Interesse des Arbeitgebers an einer Rückzahlung. Insoweit wird man auf die Kriterien zurückgreifen müssen, die das BAG im Zusammenhang mit freiwilligen Leistungen des Arbeitgebers für Stichtagsklauseln entwickelt hat (vgl. dazu unter Kapitel 3 Rn 253 ff.). Ausgehend von den dazu entwickelten Grundsätzen scheidet ein berechtigtes Interesse an der Rückforderung von erdientem Arbeitsentgelt aus.

Praxistipp

Da § 3 EFZG den Vergütungsanspruch bei krankheitsbedingter Arbeitsunfähigkeit aufrecht erhält (vgl. dazu unter Kapitel 3 Rn 6), gilt dies auch für Arbeitsentgelt i. S. d. §§ 3 Abs. 1, 4 EFZG. Führt man sich allerdings den Umstand vor Augen, dass die Kürzungsmöglichkeiten nach § 4a EFZG nach der Rechtsprechung des BAG ggf. auch ohne ausdrückliche Vereinbarung Anwendung finden (vgl. dazu unter Kapitel 3 Rn 223 f.), wird man sie auch bei der Bewertung der Zulässigkeit einer Rückzahlungsklausel nicht unberücksichtigt lassen dürfen. Dies gilt umso mehr, als das BAG bereits angedeutet hat,

---

151 BAG, Urt. v. 19.1.2011 – 3 AZR 621/08 – NZA 2012, 85.

152 BAG, Urt. v. 19.1.2011 – 3 AZR 621/08 – NZA 2012, 85.

153 BAG, Urt. v. 19.1.2011 – 3 AZR 621/08 – NZA 2012, 85.

154 Ebenso für die Prüfung der Wirksamkeit von auf Fortbildungskosten bezogenen Rückzahlungsklauseln *Elking*, BB 2014, 885, 888.

155 Vgl. zu diesem Gesichtspunkt im Rahmen der Bewertung einer Rückzahlungsklausel z. B. BAG, Urt. v. 19.1.2011 – 3 AZR 621/08 – NZA 2012, 85.

die Rechtsprechung zu Rückzahlungs- und Stichtagsklauseln kongruent ausgestalten zu wollen (vgl. dazu unter Kapitel 3 Rn 259). Dann wird man aber gesetzlich eröffnete Kürzungsmöglichkeiten konsequenterweise bei der Bewertung von Rückzahlungsklauseln ebenfalls nicht unberücksichtigt lassen dürfen. Denn eine Stichtagsklausel wirkt schließlich wie eine Kürzung – ggf. auf „Null".

Ein „an sich" evident berechtigtes Interesse an der Rückzahlung besteht umgekehrt dann, wenn mit der freiwilligen Leistung zukünftige Betriebstreue bezweckt war. Dabei wird es sich mit Blick auf die Bewertung von Zuwendungen mit Mischcharakter als erdientes Arbeitsentgelt durch das BAG (vgl. dazu unter Kapitel 3 Rn 255) wohl um die einzig praxisrelevante Fallgruppe handeln. 133

Praxistipp
Bei der Bewertung einer Fortbildungskosten betreffenden Rückzahlungsklausel wird ein berechtigtes Interesse des Arbeitgeber nur zu verneinen sein, wenn der Arbeitgeber dem Arbeitnehmer die Teilnahme an der Fortbildungsveranstaltung lediglich aus sozialen Erwägungen ermöglicht, ohne die erworbenen Fähigkeiten und Kenntnisse später zu eigenen Zwecken nutzen zu wollen, oder sich die dem Arbeitgeber entstehenden Kosten im Bagatellbereich bewegen.[156]

bb) Konkrete Ausgestaltung der Klausel („Wie")

Liegt ausgehend von diesen Grundsätzen ein berechtigtes Interesse vor, ist zu prüfen, ob die Klausel auch inhaltlich interessengerecht ausgestaltet ist. 134

Führt man sich vor Augen, dass in der betrieblichen Praxis Zweck entsprechender Klauseln die **Herbeiführung künftiger Betriebstreue** ist, wird sich die Angemessenheit im konkreten Einzelfall vornehmlich nach der Bindungsdauer der Klausel richten, die letztlich davon abhängt, innerhalb welches Zeitraums welche Rückzahlung zu leisten ist. 135

Denn muss der Arbeitnehmer bei Beendigung seines Arbeitsverhältnisses mit Rückforderungen des Arbeitgebers rechnen, wird er mittelbar in seiner von Art. 12 Abs. 1 GG geschützten freien Wahl des Arbeitsplatzes betroffen. Da dieser mittelbare Eingriff objektiv berufsregelnde Tendenz hat, ist er an Art. 12 GG zu messen.[157] 136

Bindungsdauer und Höhe des Rückzahlungsbetrags

Um die von Art. 12 GG letztlich geforderte Verhältnismäßigkeit herzustellen, hat das BAG für Rückzahlungsvereinbarungen zwischen Arbeitgeber und Arbeitnehmer 137

156 Vgl. *Elking*, BB 2014, 885, 887; a. A. jetzt offenbar BAG, Urt. v. 18.5.2014 – 9 AZR 545/12 – juris, das bei fehlender Nutzbarkeit der auf Kosten des Arbeitgebers erworbenen Kenntnisse eine Bindung verneint.
157 BAG, Urt. v. 23.4.1997 – 5 AZR 29/96 – NZA 1997, 1002.

sowohl hinsichtlich der Rückzahlungshöhe als auch der Bindungsdauer die folgenden Grenzen entwickelt:

- Eine Rückzahlung von **(Kleinst-)Gratifikation bis 100 Euro**[158] kann überhaupt nicht vereinbart werden.[159] Das BAG hat den Betrag von 100 Euro indes immer lediglich als Grenze betrachtet und nicht als „Sockelbetrag", der in jedem Falle dem Arbeitnehmer verbleiben müsste.[160]
- Bei Gratifikationen, die zwar die Grenze der Kleinstgratifikation überschreiten und im November oder Dezember gezahlt werden, aber **unter einer Monatsvergütung** liegen, ist eine Bindung bis zum 31. März des Folgejahres zumutbar.[161]
- Nur wenn im November oder Dezember (z. B. als „Weihnachtsgratifikation" bzw. „13. Monatsgehalt") eine **zusätzliche volle Monatsvergütung** (maßgeblich hierfür ist der **Zahlungsmonat**[162]) gezahlt wird, ist eine Bindung über den 31. März hinaus zulässig.[163] Ein Ausscheiden mit Ablauf des 31. März erfüllt diese Pflicht nicht.[164]
- Erhält der Arbeitnehmer eine Gratifikation, die **geringer ist als zwei Monatsgehälter**, darf eine Rückzahlungsklausel jedenfalls dann keine über den 30. Juni des folgenden Jahres hinaus gehende Bindung vorsehen, wenn er bis dahin mehrere Kündigungsmöglichkeiten hätte.[165]
- Bei **zwei Monatsverdiensten und einer Staffelung der Rückzahlung bis auf ein halbes Monatsgehalt** soll eine Bindung bis zum 30. September des folgenden Jahres zulässig sein.[166]
- Ist die Höhe der freiwilligen Leistung vertraglich nicht geregelt, weil sie von anderen Faktoren abhängt und daher **nicht im Vorhinein bestimmbar** ist, qualifiziert das BAG eine Bindung bis zum 30. September des Folgejahres als unangemessen i. S. d. § 307.[167] Als maximale Bindungsdauer dürfte vielmehr die Dauer der Kündigungsfrist vereinbart werden können (also der ungekündigte Bestand des Arbeitsverhältnisses im Zeitpunkt der Fälligkeit der freiwilligen Leistung).[168]

---

158 BAG, Urt. v. 21.5.2003 – 10 AZR 390/02 – NZA 2003, 1032; BAG, Urt. v. 15.4.2007 – 10 AZR 634/06 – NZA 2007, 875.

159 BAG, Urt. v. 17.3.1982 – 5 AZR 1250/79 – NJW 1983, 67.

160 Vgl. bereits BAG, Urt. v. 11.6.1964 – 5 AZR 472/63 – NJW 1964, 1873.

161 BAG, Urt. v. 21.5.2003 – 10 AZR 390/02 – NZA 2003, 1032.

162 BAG, Urt. v. 28.4.2004 – 10 AZR 356/03 – NZA 2004, 924. Zur näheren Bestimmung des Tarifbegriffs „Monatsverdienst" vgl. BAG, Urt. v. 28.3.2007 – 10 AZR 66/06 – NZA-RR 2007, 587.

163 BAG, Urt. v. 15.4.2007 – 10 AZR 634/06 – NZA 2007, 875; BAG, Urt. v. 24.10.2007 – 10 AZR 825/06 – NZA 2008, 40.

164 Vgl. BAG, Urt. v. 25.9.2002 – 10 AZR 7/02 – NZA 2003, 617; BAG, Urt. v. 15.4.2007 – 10 AZR 634/06 – NZA 2007, 875.

165 BAG, Urt. v. 27.10.1978 – 5 AZR 754/77 – BB 1979, 1350.

166 BAG, Urt. v. 13.11.1969 – 5 AZR 232/69 – AP Nr. 69 zu § 611 BGB Gratifikation.

167 BAG, Urt. v. 24.10.2007 – 10 AZR 825/06 – NZA 2008, 40.

168 MünchKomm-BGB/*Müller-Glöge*, § 611 BGB Rn 876.

Praxistipp
Nach der bisherigen Rechtsprechung des BAG richtet sich die zulässige Bindungsdauer, die durch eine Rückzahlungsklausel bewirkt werden kann, auch dann ausschließlich nach der Höhe der freiwilligen Leistung und der vereinbarten Fälligkeit, wenn die freiwillige Leistung in zwei Teilbeträgen zu unterschiedlichen Zeitpunkten fällig wird.[169]

Ob das BAG an dieser Rechtsprechung weiterhin uneingeschränkt festhalten wird, ist mit Blick auf die zu §§ 305 ff. BGB entwickelten Vorgaben nicht abschließend geklärt. 138

Praxistipp
Vor dem Hintergrund der zu § 307 BGB insbesondere im Zusammenhang mit der Rückzahlung von Fortbildungskosten entwickelten Grundsätze[170] ist aber eine Harmonisierung wahrscheinlich.[171] Die betriebliche Praxis sollte sie unbedingt einplanen.

Praxistipp
In den Fällen krankheitsbedingter Beendigung wird man zudem – schon mit Blick auf § 307 Abs. 2 Nr. 1 BGB – einen wertungsmäßigen Gleichlauf mit den Vorgaben des EFZG herstellen müssen. Denn die Rückzahlung führt zum selben wirtschaftlichen Ergebnis wie eine vorgeschaltete Reduktion der Zahlungspflicht auf „Null".

Grund für die Beendigung des Arbeitsverhältnisses

Hiervon ausgehend muss eine Rückzahlungsklausel den Grund für die Beendigung des Arbeitsverhältnisses, der eine Rückzahlungspflicht auslösen soll, unbedingt differenziert benennen. 139

Denn eine Klausel, die nicht danach unterscheidet, ob der Grund für die Beendigung des Arbeitsverhältnisses der Sphäre des Arbeitgebers oder der des Arbeitnehmers entstammt, benachteiligt den Arbeitnehmer unangemessen.[172] 140

Nicht ausreichend ist, dass die Klausel grundsätzlich zwischen zwei unterschiedlichen Beendigungstatbeständen, d. h. zwischen der vom Arbeitnehmer ausgesprochenen Kündigung einerseits und der vom Arbeitgeber ausgesprochenen Kündigung andererseits, differenziert.[173] Vielmehr beinhaltet eine Rückzahlungsklausel nach der Rechtsprechung des BAG nur dann eine ausgewogene Gesamtregelung, 141

169 BAG, Urt. v. 21.5.2003 – 10 AZR 390/02 – NZA 2003.
170 Dazu zuletzt *Dorth*, RdA 2013, 287 ff.; *Elking*, BB 2014, 885 ff.
171 Ebenso MünchKomm-BGB/*Müller-Glöge*, § 611 BGB Rn 876.
172 BAG, Urt. v. 13.12. 2011 – 3 AZR 791/09 – NZA 2012, 738.
173 BAG, Urt. v. 28.5.2013 – 3 AZR 103/12 – NZA 2013, 1419.

wenn es der Arbeitnehmer selbst in der Hand hat, durch eigene Betriebstreue der Rückzahlungsverpflichtung zu entgehen.[174]

142 Für Fälle krankheitsbedingter Kündigung bedeutet dies, dass eine Rückzahlungspflicht zunächst einmal dann zulässig ist, wenn der Arbeitnehmer krankheitsbedingt kündigt, ohne dass der Arbeitgeber dies – z. B. durch die zur Erkrankung führende Vernachlässigung von Fürsorgepflichten nach § 618 BGB – veranlasst hat.

---

i **Beispiel**
In der betrieblichen Praxis kommt dies nicht selten bei psychischen Erkrankungen (Depressionen, Burnout etc.) vor, die durch außerdienstliche Aktivitäten bedingt sind (familiäre Situation, Belastung durch aufwändiges außerdienstliches (soziales, politisches) Engagement). Darüber hinaus sind hierfür häufig Drogen-, Medikamenten- oder Alkoholmissbrauch ursächlich.

---

143 Differenziert beurteilen müssen, wird man auch arbeitgeberseitige Kündigungen. Nach der Rechtsprechung des BAG stellte eine Rückzahlungsklausel „nur dann eine ausgewogene Gesamtregelung dar, wenn es der Arbeitnehmer in der Hand hat, durch eigene Betriebstreue der Rückzahlungspflicht zu entgehen".[175] Versteht man die **Betriebstreue als bloßes Unterlassen einer Eigenkündigung**, dürfte eine Rückzahlung für den Fall arbeitgeberseitiger Kündigung stets ausscheiden. Diese Bewertung erscheint allerdings zu pauschal, wenn man die Wertungen der §§ 3 bis 4a EFZG mit in den Blick nimmt – was bereits infolge des Rechtsgedanken von § 307 Abs. 2 Nr. 1 BGB erforderlich scheint, **von der Rechtsprechung bislang aber noch nicht aufgegriffen** worden ist:

- Zulässig dürfte eine Rückzahlungsverpflichtung richtigerweise zunächst einmal jedenfalls dann sein, wenn der Arbeitnehmer die zur wirksamen Kündigung führende Erkrankung i. S. d. § 3 EFZG „verschuldet" hat (zum Verschuldensbegriff vgl. unter Kapitel 3 Rn 63). Denn damit wird nicht nur ein Gleichlauf zu der in § 3 EFZG zum Ausdruck gekommenen gesetzgeberischen Wertung hergestellt, sondern auch zu den Wertungen des Kündigungsrechts, die strenger sind. Dies scheint im Übrigen auch mit den in der Rechtsprechung des BAG zur verhaltensbedingten Kündigung zum Ausdruck kommenden Wertungen übereinzustimmen, die bei verhaltensbedingtem Anlass darauf abstellt, „ob ein verständiger Arbeitgeber [...] das vertragswidrige Verhalten des Arbeitnehmers zum Anlass genommen hätte, die arbeitsvertraglichen Beziehungen zu beenden",[176] wo eine soziale Rechtfertigung der Rückzahlungspflicht i. S. d. § 1 KSchG ausdrücklich nicht erforderlich ist.[177]

---

174 BAG, Urt. v. 28.5.2013 – 3 AZR 103/12 – NZA 2013, 1419.
175 BAG, Urt. v. 24.6.2004 – 6 AZR 383/03 – NZA 2004, 1035.
176 BAG, Urt. v. 24.6.2004 – 6 AZR 383/03 – NZA 2004, 1035.
177 BAG, Urt. v. 24.6.2004 – 6 AZR 383/03 – NZA 2004, 1035.

- Die nicht i. S. d. § 3 EFZG „verschuldete" Erkrankung wird nur dann überhaupt eine Pflicht zur Erbringung der freiwilligen Leistung auslösen, wenn von den im Rahmen und außerhalb von § 4a EFZG bestehenden Gestaltungsmöglichkeiten kein hinreichender Gebrauch gemacht wurde (vgl. zu ihnen unter Kapitel 3 Rn 207 ff.). Denn nur dann entsteht überhaupt eine Zahlungspflicht, deren wirtschaftliches Ergebnis durch eine Rückzahlungsklausel umgekehrt werden soll. Letztlich wird man insoweit aber einen **Gleichlauf mit dem EFZG** herstellen müssen. Denn nach der Rechtsprechung des BAG beurteilt sich die Wirksamkeit der Klausel inhaltlich nach einer interessengerechten Abgrenzung von Verantwortungs- und Risikobereichen.[178] Eine – nicht vom Arbeitgeber i. S. d. EFZG verschuldete – krankheitsbedingte Arbeitsunfähigkeit ist nach der Bewertung des EFZG aber mit Blick auf Arbeitsentgelt i. S. d. § 3 EFZG infolge derselben Krankheit lediglich für einen Zeitraum von 6 Wochen dem Verantwortungs- und Risikobereich des Arbeitgebers zugewiesen (§ 3 Abs. 1 EFZG). Daneben wird man § 4a EFZG beachten müssen. Im Ergebnis gilt insoweit also Folgendes:
  - Soweit es sich bei freiwilligen Leistungen um Sonderleistungen i. S. d. § 4a EFZG handelt, wird bei „unverschuldeter" Erkrankung nur eine § 4a EFZG entsprechende Rückzahlungsverpflichtung zulässig sein. Dies bedeutet, dass sich der Rückzahlungsanspruch ratierlich für jeden Tag der Betriebszugehörigkeit um den in § 4a S. 2 EFZG vorgesehenen Betrag verringern darf.
  - Außerhalb des Anwendungsbereichs von § 4a EFZG gelten zunächst die zu § 3 EFZG und außerhalb von dessen Anwendungsbereich die zu Stichtagsregelungen entwickelten Grundsätze mit der Folge entsprechend, dass – in den von der Rechtsprechung zu Rückzahlungshöhe und Bindungsdauer aufgezeigten Grenzen – ein Rückzahlungsverlangen zulässig ist.

Beispiel

Ist die freiwillige Leistung als Arbeitsentgelt i. S. d. § 3 EFZG zu qualifizieren und der Arbeitgeber während der zulässigerweise in der Rückzahlungsklausel vereinbarten Bindungsdauer nicht mehr entgeltfortzahlungspflichtig, muss der Arbeitnehmer den gesamten – nach der Rechtsprechung des BAG zulässigen – Betrag zurückzahlen, sofern der Arbeitgeber das Arbeitsverhältnis wirksam krankheitsbedingt kündigt.

Diese Differenzierung **greift die Rechtsprechung bislang allerdings noch nicht auf**, sodass in der betrieblichen Praxis **vorsorglich** eine nicht vom Arbeitnehmer im vorgenannten Sinne „veranlasste" Arbeitgeberkündigung von den Auslösern einer Rückzahlungspflicht **ausgenommen werden sollte**. 144

178 BAG, Urt. v. 24.6.2004 – 6 AZR 383/03 – NZA 2004, 1035.

Praxistipp
Treffen allerdings verhaltens- und krankheitsbedingte Beendigungsgründe zusammen, ändert das Bestehen einer krankheitsbedingten Beendigung dann nichts an der Zulässigkeit des Rückzahlungsverlangens, wenn gleichzeitig die Voraussetzungen für eine verhaltensbedingte Rückzahlungspflicht vorliegen. Im Sinne der Transparenzkontrolle (vgl. unter Kapitel 5 Rn 148) sollte dies explizit klargestellt werden.

Abmilderung der Bindungsintensität

145 Die Bindungsintensität kann zudem durch die Vereinbarung ratierlicher Kürzungen gemildert werden.[179] Die Staffelung erfolgt „im Idealfall monatlich",[180] wobei auch kürzere oder längere, z. B. vierteljährige Kürzungen zulässig sind.

Praxistipp
Im Zweifel sollte immer eine entsprechende Staffelung vereinbart werden.[181]

Keine geltungserhaltende Reduktion/Ergänzende Vertragsauslegung

146 Eine Klausel, die diesen Vorgaben nicht gerecht wird, ist nicht mit dem gerade noch zulässigen Inhalt aufrechtzuerhalten, sondern unwirksam (§§ 306 Abs. 2, 307 BGB). Denn eine entsprechende Aufrechterhaltung wäre eine **geltungserhaltende Reduktion**, die im Rahmen des Rechts der Allgemeinen Geschäftsbedingungen nach der Rechtsprechung des BAG **nicht möglich** ist.[182]

147 Soweit im Zeitpunkt der Verwendung der bereits bekannt, dass eine Rückzahlungsklausel unwirksam ist, die an Beendigungstatbestände eine Rückzahlungspflicht knüpft, deren Ursache der Risikosphäre des Arbeitgebers zuzurechnen ist, kommt nach der Rechtsprechung des BAG auch **keine ergänzende Vertragsauslegung** in Betracht.[183] Da sich dies bereits aus der Entscheidung des BAG vom 6.5.1998[184] ergab, kann nach der Bewertung des BAG mit der Folge auch nicht auf den Fortbestand einer anderslautenden früheren Rechtsprechung vertraut werden, dass

179 BAG, Urt. v. 23.4.1986 – 5 AZR 159/85 – NZA 1986, 741; BAG, Urt. v. 13.11.1969 – 5 AZR 232/69 – AP Nr. 69 zu § 611 BGB Gratifikation.

180 So für Rückzahlungsklauseln in Bezug auf Fortbildungskosten *Schmidt*, NZA 2004, 1002, 1006.

181 Vgl. i. E. *Schmidt*, NZA 2004, 1002, 1006.

182 BAG, Urt. v. 13.12.2011 – 3 AZR 791/09 – NZA 2012, 738; BAG, Urt. v. 28.5.2013 – 3 AZR 103/12 – NZA 2013, 1419.

183 BAG, Urt. v. 28.5.2013 – 3 AZR 103/12 – NZA 2013, 1419.

184 5 AZR 535/97 – NZA 1999, 79.

abweichende Klauseln, die nach dem 6.5.1998 vereinbart wurden, ohne die Möglichkeit einer ergänzenden Vertragsauslegung[185] unwirksam sind.[186]

Praxistipp
Dieses Risiko kann nach der Rechtsprechung des BAG[187] nicht mit einer salvatorischen Klausel aufgefangen werden, weil mit einer derartigen Ersetzungsklausel nicht nur die Rechtsfolge einer Unwirksamkeit nach dem Recht der Allgemeinen Geschäftsbedingungen abweichend von dem in § 306 BGB geregelten Rechtsfolgensystem gestaltet wird (Verstoß gegen § 307 Abs. 2 Nr. 1 BGB), indem die in § 306 Abs. 2 BGB vorgesehene Geltung des dispositiven Rechts verdrängt wird. Zudem werden die Rechte und Pflichten des Vertragspartners entgegen § 307 Abs. 1 S. 2 BGB nicht „klar und durchschaubar dargestellt".[188]

---

b) Transparenzkontrolle gemäß § 307 Abs. 1 S. 2 BGB

Erfüllt die Klausel die vorstehend entwickelten Vorgaben, muss sie zusätzlich dem Transparenzgebot des § 307 Abs. 1 S. 2 BGB gerecht werden. Denn nach § 307 Abs. 1 S. 2 BGB kann sich die zur Unwirksamkeit einer Allgemeinen Geschäftsbedingung führende unangemessene Benachteiligung daraus ergeben, dass die Vertragsklausel nicht klar und verständlich ist. 148

aa) Inhalt und Sinn

Dieses Transparenzgebot schließt nach der Rechtsprechung des BAG das **Bestimmtheitsgebot** ein. Danach müssen die tatbestandlichen Voraussetzungen und Rechtsfolgen einer Vertragsbestimmung so genau beschrieben werden, dass für den Verwender der Klausel **keine ungerechtfertigten Beurteilungsspielräume** entstehen.[189] Sinn des Transparenzgebots ist es, der Gefahr vorzubeugen, dass der Vertragspartner des Klauselverwenders von der Durchsetzung bestehender Rechte abgehalten wird.[190] 149

bb) Vorgaben für die Gestaltungspraxis

Daraus schlussfolgert das BAG[191] folgende Vorgaben: Eine Klausel muss – im Rahmen des rechtlich und tatsächlich Zumutbaren – die Rechte und Pflichten des Vertrags- 150

---

185 Etwas anderes gilt für Widerrufsvorbehalte in sog. Alt-Verträgen vgl. *Gaul/Mückl*, NZA 2009, 1233; ebenso wie dort BAG, Urt. v. 20.4.2011 – 5 AZR 191/10 – NJW 2011, 2153.
186 BAG, Urt. v. 28.5.2013 – 3 AZR 103/12 – NZA 2013, 1419.
187 BAG, Urt. v. 28.5.2013 – 3 AZR 103/12 – NZA 2013, 1419.
188 So BAG, Urt. v. 28.5.2013 – 3 AZR 103/12 – NZA 2013, 1419.
189 BAG, Urt. v. 21.8.2012 – 3 AZR 698/10 – NZA 2012, 1428.
190 BAG, Urt. v. 24.10.2007 – 10 AZR 825/06 – NZA 2008, 40.
191 BAG, Urt. v. 21.8.2012 – 3 AZR 698/10 – NZA 2012, 1428.

partners des Klauselverwenders so klar und präzise wie möglich umschreiben. Sie verletzt das Bestimmtheitsgebot, wenn sie vermeidbare Unklarheiten enthält und Spielräume eröffnet. Die Voraussetzungen und der Umfang der Leistungspflicht müssen so bestimmt oder zumindest so bestimmbar sein, dass der Vertragspartner des Verwenders **bereits bei Vertragsschluss erkennen kann, was ggf. „auf ihn zukommt“**. Allerdings darf das Transparenzgebot den Verwender nicht überfordern. Die Verpflichtung, den Klauselinhalt klar und verständlich zu formulieren, besteht nur im Rahmen des Möglichen.

cc) Gestaltung von Rückzahlungsklauseln

151 Nach der vom BAG[192] für die Rückzahlung von Fortbildungskosten entwickelten Rechtsprechung folgt daraus für die Gestaltung von Rückzahlungsklauseln:

- Dem Transparenzgebot ist nur genügt, wenn die ggf. zu erstattenden Kosten dem Grunde und der Höhe nach im Rahmen des Möglichen angegeben sind.
- Dabei ist allerdings zu berücksichtigen, dass die Anforderungen, die an die Transparenz einer Rückzahlungsvereinbarung zu stellen sind, nicht überzogen sein dürfen. Der Verwender der Klausel ist nicht verpflichtet, den zurückzubezahlenden Betrag bei Abschluss der Rückzahlungsvereinbarung exakt der Höhe nach zu beziffern.
- Im Sinne eines Ausgleichs der widerstreitenden Interessen von Klauselverwender und Vertragspartner müssen die Angaben jedoch so beschaffen sein, dass der Vertragspartner sein Rückzahlungsrisiko abschätzen kann.
- Dazu sind zumindest **Art und Berechnungsgrundlagen** der ggf. zu erstattenden Zahlungen anzugeben. Ohne die genaue und abschließende Bezeichnung der einzelnen Positionen, aus denen sich die Gesamtforderung zusammensetzen soll, und der Angabe, nach welchen Parametern die einzelnen Positionen berechnet werden, bleibt für den Vertragspartner nämlich unklar, in welcher Größenordnung eine Rückzahlungsverpflichtung auf ihn zukommen kann, wenn er das Arbeitsverhältnis beendet. Ohne diese Angaben kann der Vertragspartner sein Zahlungsrisiko nicht abschätzen und bei Vertragsschluss in seine Überlegungen einbeziehen. Zudem eröffnet das Fehlen solcher Angaben dem Verwender der Klausel vermeidbare Spielräume.

152 Diese Vorgaben sind in der betrieblichen Praxis mit Blick auf die Rückzahlung von Fortbildungskosten häufig schwieriger zu wahren als im Regelfall der Rückzahlung von freiwilligen Leistungen i. S. v. Sonderleistungen. Denn bei Sonderleistungen sind der Betrag und seine Kosten zumeist bereits bei Vertragsschluss benennbar. Etwas anderes kommt – nur theoretisch – bei erfolgsabhängigen Gratifikationen in

---

192 BAG, Urt. v. 21.8.2012 – 3 AZR 698/10 – NZA 2012, 1428.

Betracht, die nach der Rechtsprechung des BAG zu Stichtagsklauseln allerdings als erdientes Arbeitsentgelt zu bewerten sind (vgl. dazu unter Kapitel 3 Rn 255) und daher nicht zum Gegenstand einer Rückzahlungsverpflichtung gemacht werden können.

Praxistipp
Wichtig ist allerdings, klarzustellen, ob sich seine Rückzahlungsverpflichtungen auf die Netto- oder Bruttosumme bezieht.[193]

IV. Anforderungen an kollektivrechtliche Rückzahlungsansprüche

Rückzahlungsklauseln in Kollektivvereinbarungen sind bislang wenig verbreitet, 153
kommen in der betrieblichen Praxis aber durchaus vor.[194]

1. Tarifvertragliche Regelungen

Das BAG hat seine vorstehend nachgezeichnete Rechtsprechung zu Rückzahlungs- 154
klauseln bereits vor der Schuldrechtsmodernisierung nicht auf abschließende tarifvertragliche Regelungen angewendet.[195] Es handelte sich also um „tarifdispositives Richterrecht“,[196] das heute in § 307 BGB abgebildet und nachgezeichent ist.[197] Auch nach der Schuldrechtsmodernisierung besteht in Tarifverträgen allerdings ein größerer Gestaltungsspielraum als in AGB, weil § 310 Abs. 4 BGB Tarifverträge von der AGB-Kontrolle ausnimmt.

In der betrieblichen Praxis stehen mit Betriebstreueprämien Zahlungspflichten 155
in Rede, die im Zusammenhang mit dem übrigen tariflichen Entgeltsystem stehen, sodass insoweit ein großer Gestaltungsspielraum der Tarifvertragsparteien besteht.[198] Der Tarifvertrag darf die Rückzahlung insbesondere – anders als nach derzeitiger Rechtsprechung in AGB – auch für den Fall der Auflösung des Arbeitsverhältnisses durch arbeitgeberseitige Kündigung (ohne Veranlassung durch den Arbeitnehmer)

193 Vgl. auch *Elking*, BB 2014, 885, 890.
194 Die Ursache hierfür wird man nicht mit *Dorth*, RdA 2013, 287, 288, in einem „individuellen Charakter“ von Sonderzahlungen sehen können. So sind z. B. Treuprämien weit verbreitet und gerade nicht individuell ausgestaltet.
195 Vgl. bereits BAG, Urt. v. 23.2.1967 – 5 AZR 234/66 – AP Nr. 57 zu § 611 BGB Gratifikation.
196 *Löwisch/Rieble*, § 1 TVG Rn 2056; MünchKomm-BGB/*Müller-Glöge*, § 611 BGB Rn 877.
197 MünchKomm-BGB/*Müller-Glöge*, § 611 BGB Rn 877.
198 BAG, Urt. v. 4.9.1985 – 5 AZR 655/84 – NZA 1986, 225.

vorsehen.[199] Vermieden werden müssen lediglich überhohe Rückzahlungspflichten, die in ihrer Wirkung einer **Vertragsstrafe** entsprechen.[200]

2. Regelungen durch Betriebsvereinbarungen

156 Für Rückzahlungsklauseln in Betriebsvereinbarungen folgt aus § 310 Abs. 4 BGB zwar unter AGB-rechtlichen Gesichtspunkten keine vom Tarifrecht abweichende Bewertung. Kontrollmaßstab ist vielmehr § 75 BetrVG, der eigentlich für eine weitgehende Parallelität des Gestaltungsspielraums streitet.[201]

157 Hinsichtlich der inhaltlichen Ausgestaltung dürfte sich die Rechtsprechung aber – rein tatsächlich – zunehmend an den für vertragliche Regelungen entwickelten Regelungen orientieren. Mit Blick auf Stichtagsklauseln, die wirtschaftlich ganz ähnlich wie Rückzahlungsklauseln wirken, differenziert das BAG nämlich inhaltlich nicht zwischen den für die inhaltliche Ausgestaltung von Arbeitsverträgen und Betriebsvereinbarungen geltenden Regeln.[202]

158 Konsequenz daraus dürfte sein, dass die oben unter Kapitel 5 Rn 129 ff. entwickelten Vorgaben in der betrieblichen Praxis – **rein vorsorglich – auch bei der Ausgestaltung einer Betriebsvereinbarung** beachtet werden müssen. Die Transparenzkontrolle greift insoweit allerdings nach § 310 Abs. 4 S. 1 BGB ebenso wenig[203] ein wie das Verbot der geltungserhaltenden Reduktion.[204]

V. Praktikable Anspruchsrealisierung

1. Verrechnung als „Vorschuss"

159 Den Rückforderungsanspruch kann der Arbeitgeber – anstelle einer Klage – nach der Rechtsprechung des BAG nur dann wie einen Vorschuss mit dem Vergütungsanspruch des Arbeitnehmers für die Lohnzahlungsperiode verrechnen, wenn dies **eindeutig kollektivrechtlich oder einzelvertraglich vereinbart** ist.[205]

---

199 BAG, Urt. v. 4.9.1985 – 5 AZR 655/84 – NZA 1986, 225; BAG, Urt. v. 23.1.1992 – 6 AZR 539/89 – NZA 1992, 1086.

200 *Löwisch/Rieble*, § 1 TVG Rn 2056.

201 In diesem Sinne auch *Löwisch*, NZA 2013, 549 ff.

202 BAG, Urt. v. 12.4.2011 – 1 AZR 412/09 – NZA 2011, 989.

203 Vgl. statt aller nur HWK/*Gaul*, § 77 BetrVG Rn 21.

204 BAG, Beschl. v. 26.4.2005 – 1 ABR 1/04 – DB 2005, 2030. Etwas anderes gilt allerdings dann, wenn bereits das Inkrafttreten nicht wirksam geregelt ist. Eine solche Form einer Art „geltungserhaltenden Reduktion" ist angesichts des Normencharakters einer Betriebsvereinbarung nicht möglich, BAG, Beschl. v. 19.10.2011 – 4 ABR 116/09 – NZA-RR 2012, 417.

205 BAG, Urt. v. 11.10.2006 – 5 AZR 755/05 – DB 2007, 1313.

2. Aufrechnung

Ansonsten kommt als gegenüber einer Klage praktikablerer Weg der Realisierung lediglich die Aufrechnung in Betracht, bei der allerdings die sich aus § 394 BGB i. V. m. §§ 850a ff. ZPO ergebenden Grenzen beachtet werden müssen.[206] 160

E. Zeugnisanspruch

Die Beendigung des Arbeitsverhältnisses löst weiter den Anspruch des Arbeitnehmers gegen den Arbeitgeber auf Erteilung eines Zeugnisses aus (§ 109 Abs. 1 S. 1 GewO). Aus welchem Grund das Arbeitsverhältnis beendet wird, spielt keine Rolle. Da § 109 Abs. 1 S. 1 GewO insoweit keine Einschränkung vorsieht, besteht selbstverständlich auch bei krankheitsbedingter Beendigung des Arbeitsverhältnisses ein Anspruch auf ein Zeugnis. 161

I. Anspruchsentstehung

Nach der Rechtsprechung des BAG entsteht der Zeugnisanspruch nicht erst nach, sondern bereits **anlässlich** der Beendigung des Arbeitsverhältnisses.[207] Muss das Zeugnis inhaltlichen Veränderungen noch zugänglich sein, z. B. weil es während des Ablaufs der Kündigungsfrist verlangt wird, darf der Arbeitgeber es aber als **Zwischenzeugnis oder vorläufiges Zeugnis** bezeichnen.[208] 162

II. Form und Inhalt

Die für Form und Inhalt des Zeugnisses maßgeblichen Vorgaben sind in § 109 Abs. 1 bis 3 GewO geregelt. Nach § 109 Abs. 1 S. 1 GewO muss das Zeugnis schriftlich erteilt werden (§ 126 BGB); die elektronische Form ist gemäß § 109 Abs. 3 GewO ausgeschlossen.[209] Der Aussteller muss das Zeugnis daher gemäß § 126 BGB **eigenhändig unterschreiben.** 163

Es obliegt gem. § 109 Abs. 1 S. 2 und 3 GewO dem Arbeitnehmer, ob er ein einfaches Zeugnis, das nur die Art des Dienstverhältnisses und dessen Dauer dokumentiert, oder ein qualifiziertes Zeugnis, dessen Inhalt sich darüber hinaus auch auf Leistung und Führung des Arbeitnehmers im Arbeitsverhältnis erstreckt, verlangt. 164

---

206 BAG, Urt. v. 25.9.2002 – 10 AZR 7/02 – NZA 2003, 617.
207 BAG, Urt. v. 27.2.1987 – 5 AZR 710/85 – DB 1987, 1845.
208 ErfK/*Müller-Glöge*, § 109 GewO Rn 8.
209 ErfK/*Müller-Glöge*, § 109 GewO Rn 10.

165 Während einfache Zeugnisse in der betrieblichen Praxis in Fällen krankheitsbedingter Beendigung des Arbeitsverhältnisses typischerweise keine Schwierigkeiten bereiten, stellen sich bei qualifizierten Zeugnissen nicht selten schwierige inhaltliche Gestaltungsfragen (vgl. unter Kapitel 5 Rn 171 ff.).

III. Zeugnisgrundsätze

166 Hintergrund der vorgenannten Schwierigkeiten ist, dass das Arbeitszeugnis grundsätzlich einheitlich, vollständig, wahr und wohlwollend sein muss.

167 Der Grundsatz der Einheitlichkeit besagt, dass es nur ein einziges Zeugnis gibt, dessen Bewertung die gesamte Beschäftigungsdauer umfasst.[210]

168 Der Grundsatz der Zeugniswahrheit ist eng mit dem der Zeugnisvollständigkeit verknüpft. Danach muss der Inhalt des Zeugnisses so ausgestaltet sein, dass er dritten Personen ein möglichst vollständiges und zutreffendes Bild über den Arbeitnehmer vermittelt.[211]

169 Da das Arbeitszeugnis dem Arbeitnehmer vor allem zur Bewerbung dient, muss dieses von verständigem Wohlwollen gegenüber dem Arbeitnehmer getragen und entsprechend formuliert sein, um dessen weitere berufliches Fortkommen nicht ungerechtfertigt zu erschweren.[212]

170 Vor diesem Hintergrund muss das Zeugnis nach § 109 Abs. 2 S. 1 GewO klar und verständlich formuliert sein und darf nach § 109 Abs. 2 S. 2 GewO keine Merkmale oder Formulierungen enthalten, die den Zweck haben, eine andere als aus der äußeren Form oder aus dem Wortlaut ersichtliche Aussage über den Arbeitnehmer zu treffen.

IV. Besonderheiten bei krankheitsbedingter Kündigung

171 Im Zusammenhang mit einer krankheitsbedingten Kündigung stellt sich insbesondere die Frage, ob

- die krankheitsbedingten Fehlzeiten,
- die Krankheit selbst und/oder
- die Krankheit als ausschlaggebender Grund für die Beendigung des Arbeitsverhältnisses

210 Hessisches LAG, Urt. v. 14.9.1984 – 13 Sa 64/84 – NZA 1985, 27.

211 BAG, Urt. v. 12.8.1976 – 3 AZR 720/75 – AP BGB § 630 Nr. 11; BAG, Urt. v. 29.7.1971 – 2 AZR 250/70 – AP BGB § 630 Nr. 6.

212 BAG, Urt. v. 3.3.1993 – 5 AZR 182/92 – NZA 1993, 697; BAG, Urt. v. 14.10.2003 – 9 AZR 12/03 – NZA 2004, 842.

im Zeugnis Niederschlag finden dürfen bzw. sogar müssen. 172

Dies ist am Maßstab der allgemeinen, für die Erteilung eines Arbeitszeugnisses geltenden Grundsätze zu beurteilen. Dabei sind insbesondere 173
- das Interesse des Arbeitnehmers an seinem beruflichen Fortkommen und
- das Interesse des künftigen Arbeitgebers an der Kenntnis dieser Tatsachen

in einen **angemessenen verhältnismäßigen Ausgleich** zu bringen. 174

1. Krankheitsbedingte Ausfallzeiten

Ob und ab welchem Ausmaß krankheitsbedingte Fehlzeiten in einem Arbeitszeugnis erwähnt werden dürfen oder müssen, ist von der Rechtsprechung bislang **nicht abschließend geklärt**. 175

a) Starre Grenzen

Instanzgerichtlich wird vereinzelt vertreten, krankheitsbedingte Fehlzeiten seien gar nicht aufzunehmen.[213] Andere nehmen an, sie seien nur dann zu erwähnen, wenn sie ca. die Hälfte der Beschäftigungszeit ausmachten oder innerhalb der letzten 12 Monate erfolgt seien.[214] Schematische Grenzen erscheinen hier – ausgehend von den vorgenannten Interessen, die es auszugleichen gilt – aber nicht sinnvoll. 176

b) Richtiger Ansatz: Erheblichkeit und Vermeidung einer Irreführung

In Anlehnung an die Rechtsprechung des BAG zu elternzeitbedingten Ausfallzeiten[215] sind krankheitsbedingte Ausfallzeiten vielmehr dann in das Arbeitszeugnis aufzunehmen, wenn sie **für die Bewertungsgrundlage wesentlich**, d. h. nach Lage und Dauer erheblich sind und bei ihrer Nichterwähnung für Dritte der falsche Eindruck entstünde, die Beurteilung des Arbeitnehmers beruhe auf einer der Dauer des rechtlichen Bestands des Arbeitsverhältnisses entsprechenden tatsächlichen Arbeitsleistung.[216] 177

Für die Beurteilung der Maßgeblichkeit der Ausfallzeiten sind damit zunächst einmal von Belang: 178

---

213 ArbG Frankfurt/M., Urt. v. 19.3.1991 – 8 Ca 509/90 – DStR 1991, 1503.
214 Sächsisches LAG, Urt. v. 30.1.1991 – 5 Sa 996/95 – NZA-RR 1997, 47; MünchHdB-ArbR/*Wank*, § 128 Rn 18.
215 BAG, Urt. v. 10.5.2005 – 9 AZR 261/04 – BB 2005, 2755.
216 BAG, Urt. v. 10.5.2005 – 9 AZR 261/04 – BB 2005, 2755.

- die Unterbrechungsdauer im Verhältnis zur Dauer des rechtlichen Bestandes des Arbeitsverhältnisses,
- die zeitliche Lage der Unterbrechung im Verlauf des Arbeitsverhältnisses sowie
- die Bedeutung einer Berufserfahrung in dem jeweiligen Berufszweig.[217]

aa) Dauer der Ausfallzeit

179 Hiervon ausgehend sind krankheitsbedingte Ausfallzeiten jedenfalls dann in das Zeugnis aufzunehmen, wenn sie **im Verhältnis zur Gesamtbeschäftigungsdauer so erheblich** sind, dass ohne sie ein **falscher Eindruck über den Umfang der Berufserfahrung** entstünde.[218]

Praxisbeispiel

Der Arbeitgeber beschäftigt den Arbeitnehmer vom 1.5.1998 bis zum 30.06.2002 als Koch in einer Großküche. Vom 3.5.1999 bis zum 15.2.2002 war der Arbeitnehmer arbeitsunfähig erkrankt. Der Arbeitnehmer ist damit während des 50 Monate dauernden Arbeitsverhältnisses nur etwa 16,5 Monate der arbeitsvertraglichen Tätigkeit nachgegangen. Da bei einem Koch der Berufserfahrung eine wesentliche Bedeutung zukommt, wäre diese erhebliche Ausfallzeit in das Arbeitszeugnis mit aufzunehmen.

---

bb) Bedeutung für die Berufserfahrung

180 Die Gewichtigkeit der Ausfallzeiten für die Berufserfahrung ist wiederum abhängig davon, ob es bei der Art der zu beurteilenden Tätigkeit **auf Erfahrungswissen besonders ankommt.**[219]

181 Gerade bei **einfachen Tätigkeiten** ist davon auszugehen, dass ab einer bestimmten Dauer des Arbeitsverhältnisses alle für die Tätigkeit wesentlichen Fähigkeiten und Kenntnisse erlernt wurden, so dass auch längere Ausfallzeiten nicht übermäßig ins Gewicht fallen und das Arbeitszeugnis auch dann noch eine richtige und zutreffende Aussage über Leistungen und Führung treffen kann, wenn die Ausfallzeiten nicht genannt werden. Wo hier die Grenze zu ziehen ist, kann freilich nur anhand des jeweiligen Einzelfalles beurteilt werden.

---

217 *Mühlhausen*, NZA-RR 2006, 337, 339 ff.
218 BAG, Urt. v.10.5.2005 – 9 AZR 261/04 – NZA 2005, 1237 – zum Ausfall wegen Elternzeit.
219 Küttner/*Poesche*, Zeugnis, Rn 23.

cc) Bedeutung der Lage der Ausfallzeit

Da das Arbeitszeugnis auch Aufschluss über die aktuelle Leistung und Führung des Arbeitnehmers geben soll, fallen Ausfallzeiten unmittelbar vor der Ausstellung des Arbeitszeugnisses stärker ins Gewicht.[220] 182

dd) Ausfallzeiten innerhalb des Entgeltfortzahlungszeitraums

Grundsätzlich unbeachtlich sind Ausfallzeiten, die nicht über den Entgeltfortzahlungszeitraum hinausgehen.[221] **Ausnahmsweise** können diese jedoch zu erwähnen sein, wenn das Arbeitsverhältnis insgesamt nur sehr kurz andauert, und dem Arbeitgeber aufgrund der sich noch im Entgeltfortzahlungszeitraum bewegenden Ausfallzeiten eine Beurteilung der Arbeitsleistung und Führung des Arbeitnehmers nicht möglich ist. 183

2. Krankheit

Eng verbunden mit der Frage, ob die Ausfallzeiten im Arbeitszeugnis zu erwähnen sind, ist die Frage, ob im Arbeitszeugnis ein Hinweis auf die Krankheit selbst erfolgen darf. 184

a) Grundsatz

Grundsätzlich gilt, dass Krankheiten im Zeugnis **nicht** vermerkt werden. 185

b) Ausnahme

Sind aber die Ausfallzeiten im Arbeitszeugnis zu erwähnen, ist es in der Regel im Interesse des Arbeitnehmers, dass auch der Hinweis erfolgt, dass diese krankheitsbedingt angefallen sind. Ansonsten regt die fehlende Information eher zu Mutmaßungen an und ein potentieller neuer Arbeitgeber könnte etwa den Eindruck gewinnen, die Ausfallzeiten seien auf die Verbüßung einer Freiheitsstrafe zurückzuführen. 186

Praxistipp

Sind krankheitsbedingte Ausfallzeiten so maßgeblich, dass sie in das Arbeitszeugnis aufzunehmen sind, bietet es sich an, mit dem Arbeitnehmer im Vorfeld zu besprechen, ob und in welcher Art der Hinweis erfolgen soll, dass diese auf eine Krankheit des Arbeitnehmers zurückzuführen sind. Das Interesse des Arbeitnehmers an einem solchen Hinweis wird umso größer sein, je weniger die Krankheit Auswirkungen auf sein berufliches Fortkommen haben wird (z. B. bei temporären, abgeschlossenen Krankheitsverläufen).

---

220 *Mühlhausen*, NZA-RR 2006, 337, 341.
221 *Mühlhausen*, NZA-RR 2006, 337, 338.

c) Ablehnung durch den Arbeitnehmer

187 Ist der ausscheidende Arbeitnehmer mit dem Hinweis auf die Krankheit nicht einverstanden, ist in der Regel nur die entsprechende Beurteilung bzw. die Angabe der tatsächliche Dauer des Arbeitsverhältnisses **ohne Hinweis auf die Krankheit** abzugeben.[222] Ansonsten würde dem Arbeitnehmer die Krankheit ohne Rücksicht auf eine mögliche Genesung das ganze Berufsleben lang anhängen.

Praxistipp
Ein potentieller neuer Arbeitgeber kann seinem Interesse an einem einwandfreien Gesundheitszustand des Arbeitnehmers zudem durch Offenbarungspflichten bzw. ärztliche Untersuchungen bei der Einstellung Rechnung tragen.

---

188 **Ohne Einverständnis** des ehemaligen Arbeitnehmers sind Krankheiten im Arbeitszeugnis im Ausnahmefall jedoch dann zu erwähnen, wenn sie **erhebliche Leistungsschwankungen bzw. dauernden Leistungsabfall** zur Folge haben und durch ein Verschweigen das Zeugnis einen unrichtigen Inhalt erhalten oder doch zumindest einen unzutreffenden Gesamteindruck über die Persönlichkeit bzw. die Leistungs- und Einsatzfähigkeit des Arbeitnehmers erwecken würde.[223] Das gleiche gilt, wenn von der Krankheit eine **akute Gefährdung** Dritter ausgeht.[224]

3. Krankheit als Kündigungsgrund

189 Dass die Krankheit des Arbeitnehmers zur Kündigung geführt hat, ist grundsätzlich nicht im Arbeitszeugnis anzugeben, da nach überwiegender Ansicht der Kündigungsgrund insgesamt nicht im Arbeitszeugnis zu nennen ist.[225] Insbesondere darf nicht erwähnt werden, dass die Kündigung auf krankheitsbedingten Ausfallzeiten des Arbeitnehmers beruht.[226]

F. Auskünfte über den Arbeitnehmer

190 Häufig haben Arbeitgeber ein Interesse daran, beim aktuellen oder ehemaligen Arbeitgeber Auskünfte über einen Bewerber einzuholen. Hintergrund hierfür ist zumeist eine Einschätzung der Leistungsfähigkeit des Bewerbers. Gerade bei Berufen, die

---

222 *Schleßmann*, S. 99.
223 LAG Hamm, Urt. v. 21.12.1993 – 4 Sa 1077/93 – juris.
224 *Lepke*, Kündigung bei Krankheit, Rn 767 m.w.N.
225 MünchHdb-ArbR/*Wank*, § 105, Rn 23; LAG Köln, Urt. v. 29.11.1990 – 10 Sa 801/90 – LAGE § 630 BGB Nr. 11, m.w.N.
226 Sächsisches LAG, Urt. v. 30.1.1996 – 5 Sa 996/95 – NZA-RR 1997, 47.

mit körperlichen Berührungen einhergehen (z. B. medizinische Berufe, Sportler und Trainer, Betreuer), oder die mit einem hohen Verletzungsrisiko verbunden sind (z. B. Bauarbeiter), besteht dieses Interesse allerdings auch zum Schutz der übrigen Belegschaft.

I. Verpflichtung zur Auskunftserteilung

Grundsätzlich besteht **keine Rechtspflicht** des alten Arbeitgebers gegenüber einem neuen (potentiellen) Arbeitgeber zur Auskunftserteilung.[227] 191

Praxistipp
Etwas anders ergibt sich in der betrieblichen Praxis zumeist allenfalls aufgrund einer Amtshilfeverpflichtung oder aufgrund Rechtsgeschäfts, insbesondere zwischen Konzernunternehmen.[228]

Der Arbeitgeber ist jedoch gegenüber seinem früheren Arbeitnehmer aufgrund der **nachwirkenden Fürsorge- oder Schutzpflicht** verpflichtet, ihm bei seinem weiteren Fortkommen behilflich zu sein. Diese nachwirkende Fürsorge- oder Schutzpflicht umfasst auch, dass er einem (potentiellen) neuen Arbeitgeber auf Wunsch des Arbeitnehmers Auskünfte über diesen erteilt.[229] 192

II. Recht zur Auskunftserteilung

Der Fall einer gewünschten Auskunft ist allerdings zumeist unproblematisch. Praktisch schwieriger sind die Fälle zu lösen, in denen kein ausdrücklicher Wunsch des Arbeitnehmers über eine Auskunftserteilung vorliegt. 193

Ob der Arbeitgeber auch **ohne Einverständnis** seines früheren Arbeitnehmers gegenüber Dritten Auskünfte erteilen darf, wird unterschiedlich beurteilt. Die Rechtsprechung hat bisher angenommen, dass der Arbeitgeber grundsätzlich auch ohne Einverständnis seines ehemaligen Arbeitnehmers berechtigt ist, Auskünfte an Dritte zu erteilen, sofern diese daran ein **berechtigtes Interesse** haben.[230] Ein berechtigtes Interesse des potentiellen künftigen Arbeitgebers ist insbesondere dann zu bejahen, wenn es um Erkrankungen geht, die eine **akute Gefährdung des Arbeitnehmers selbst oder Dritter ernsthaft befürchten lassen.** 194

---

227 MünchHdb-ArbR/*Wank*, § 105 Rn 37.
228 MünchHdb-ArbR/*Wank*, § 105 Rn 38.
229 Staudinger/*Richardi/Fischinger*, § 611 BGB Rn 1110.
230 BAG, Urt. v. 25.10.1957 – 1 AZR 434/55 – NJW 1958, 1061; LAG Köln, Urt. v. 27.6.1997 – 11 Sa 1310/96 – NZA-RR 1998, 533.

Beispiel
Ein potentieller Arbeitgeber aus dem Baugewerbe, der seine Arbeitnehmer auf Baustellen und auch auf Gerüsten einsetzt, hat ein berechtigtes Interesse an der Information, dass der Arbeitnehmer an Epilepsie leidet, da diese einem solchen Einsatz des Arbeitnehmers entgegensteht.

Praxistipp
Im Hinblick auf § 32a Abs. 6 S. 3 des Regierungsentwurfes eines Gesetzes zur Regelung des Beschäftigungsdatenschutzes vom 25.8.2010, wonach der Arbeitgeber Beschäftigungsdaten bei Dritten nur noch mit Einwilligung des Arbeitnehmers einholen darf, wird eine Auskunftserteilung ohne Zustimmung des Arbeitnehmers zukünftig in der Regel nicht mehr möglich sein.[231] Es ist daher ratsam, die Auskunftserteilung von der ausdrücklichen Zustimmung des Arbeitnehmers abhängig zu machen. Liegt eine solche nicht vor, sollte auf das Auskunftsersuchen eines neuen (potentiellen) Arbeitgebers mit einem Verweis auf das Zeugnis reagiert werden.

Klauselmuster
Aus Datenschutzgründen können wir ohne ausdrückliche Zustimmung von Herrn/Frau XY die von Ihnen erbetene Auskunft nicht erteilen. Wir verweisen daher auf das von uns ausgestellte Arbeitszeugnis, das Ihnen sicherlich vorliegen wird, und bitten um Ihr Verständnis.

III. Inhalt der Auskunft

195 Wird eine Auskunft erteilt, muss diese – wie auch das Arbeitszeugnis – wahr und vollständig sein. Da die Auskunft in der Regel nicht weitergehen darf als der Inhalt eines entsprechenden Zeugnisses, gelten hinsichtlich der Mitteilung von Krankheiten, krankheitsbedingten Fehlzeiten etc. im Rahmen von Auskünften dieselben Grundsätze wie beim Zeugnisinhalt (vgl. Kapitel 5 Rn 171 ff.).

Praxistipp
Der Arbeitgeber ist in der Regel verpflichtet, dem Arbeitnehmer auf dessen Verlangen vor der zu erteilenden Auskunft deren Inhalt zur Kenntnis zu bringen.[232]

IV. Haftung für Falschauskünfte

196 Erteilt der Arbeitgeber vorsätzlich oder fahrlässig falsche oder unvollständige Auskünfte, verletzt er seine **nachwirkende Fürsorgepflicht**. Führt dies dazu, dass der

231 Bislang ist eine derartige Neufassung noch nicht in Kraft getreten.
232 BAG, Urt. v. 10.7.1959 – VI ZR 149/58 – AP Nr. 2 zu § 630 BGB.

potentielle neue Arbeitgeber von einer Einstellung des Arbeitnehmers absieht, macht der Arbeitgeber sich gemäß §§ 280 bis 282 BGB schadensersatzpflichtig.

Gegenüber einem Dritten kommt eine Haftung wegen einer Falschauskunft regelmäßig nur in Betracht, wenn es sich dabei um eine vorsätzliche sittenwidrige Schädigung im Sinne des **§ 826 BGB** handelt. Das wird in der betrieblichen Praxis selten der Fall sein. 197

G. Ausschlussfristen und Krankheit

In der betrieblichen Praxis herrscht nicht selten die – in aller Regel nicht zutreffende – Vorstellung, Ausschlussfristen müssten durch den Arbeitnehmer dann nicht beachtet werden, wenn er arbeitsunfähig erkrankt ist. 198

I. Eingreifen bei Krankheit

Zuletzt mit Blick auf Urlaubsabgeltungsansprüche hat das BAG indes in seinem Urteil vom 19.6.2012[233] noch einmal klargestellt, dass es grundsätzlich nicht nur dem arbeitsunfähigen Arbeitnehmer, sondern erst recht auch dem arbeitsfähig ausgeschiedenen Arbeitnehmer regelmäßig unschwer tatsächlich möglich ist, seinen Abgeltungsanspruch zur Wahrung von Ausschlussfristen geltend zu machen. 199

Entgegen einer von Teilen der Literatur vertretenen Auffassung[234] – und einer in der betrieblichen Praxis verbreiteten Ansicht – hindert die Krankheit des Arbeitnehmers daher den Lauf von Ausschlussfristen grundsätzlich nicht. Ist eine Ausschlussfrist wirksam vereinbart,[235] kann sich der Arbeitgeber grundsätzlich auch bei einer Arbeitsunfähigkeit des Arbeitnehmers infolge Krankheit auf den Ablauf der Ausschlussfrist berufen. 200

II. Geltendmachung

Typischerweise sieht die Ausschlussfrist den Verfall von Ansprüchen vor, wenn sie nicht innerhalb der Frist geltend gemacht werden. Sowohl die Form der Geltend- 201

233 9 AZR 652/10 – NZA 2012, 1087.

234 Vgl. *Krause*, RdA 2004, 106, 120 und die Nachweise bei *Lepke*, Kündigung bei Krankheit, Rn 770.

235 Zu den Anforderungen an individualvertragliche Vereinbarungen vgl. ErfK/*Preis*, §§ 194-218 BGB Rn 32 ff.; HWK/*Gottwald*, Anh §§ 305-310 BGB Rn 7 ff.; HWK/*Thüsing*, § 611 BGB Rn 425 ff.; zu denen an tarifliche Ausschlussfristen vgl. HWK/*Henssler*, § 4 TVG Rn 72 ff.; ErfK/*Franzen*, § 4 TVG Rn 48 f.

machung als auch die Ausgestaltung der Frist (ein- oder zweistufig) werden in der betrieblichen Praxis ganz unterschiedliche Anforderungen gestellt.[236]

1. Fälligkeitsbegriff

202 Auch wenn dies nicht explizit vereinbart ist, beginnt die Frist regelmäßig mit der Fälligkeit des Anspruchs zu laufen.[237]

a) Besonderheiten des Fälligkeitsbegriffs

203 Für die betriebliche Praxis wichtig ist, dass die Rechtsprechung insoweit **teilweise einen von § 271 BGB abweichenden subjektiven Fälligkeitsbegriff** verwendet. So hat das BAG z. B. für die Geltendmachung von Schadensersatzansprüchen angenommen, diese könnten erst geltend gemacht werden, sobald der Gläubiger in der Lage sei, sich den erforderlichen Überblick ohne schuldhaftes Zögern zu verschaffen und seine Forderungen wenigstens annähernd zu beziffern. Der Schuldner müsse erkennen können, **aus welchem Sachverhalt und in welcher ungefähren Höhe** er in Anspruch genommen werden soll.[238] Dagegen sei ein Schadensersatzanspruch nicht schon dann fällig im Sinne der Ausschlussklausel, wenn nur die Möglichkeit der Erhebung einer unbezifferten Feststellungsklage bestehe, eine annähernde Bezifferung der Forderung aber noch nicht möglich sei.[239]

b) Hintergrund

204 Begründet wird diese Abweichung von den vom BGH[240] zur die Verjährung unterbrechenden Feststellungsklage ohne Anspruchsbezifferung entwickelten Grundsätzen damit, dass eine Ausschlussfrist sich für den Gläubiger des Anspruchs wesentlich schwerwiegender auswirkt als die zivilrechtliche Verjährung. Denn der Ablauf der Ausschlussfrist habe rechtsvernichtende Wirkung und sei von Amts wegen zu berücksichtigen, die Verjährung gibt dem Schuldner dagegen nur eine erhebungsbedürftige Einrede (§ 214 Abs. 1 BGB). Für den Betroffenen habe die Ausschlussfrist damit eine **stärkere, nachteiligere Rechtsfolgenwirkung** als die Verjährung. Hinzu komme,

236 Vgl. ErfK/*Preis*, §§ 194-218 BGB Rn 32 ff.; HWK/*Gottwald*, Anh §§ 305-310 BGB Rn 7 ff.; HWK/Thüsing, § 611 BGB Rn 425 ff.; zu denen an tarifliche Ausschlussfristen vgl. HWK/*Henssler*, § 4 TVG Rn 72 ff.; ErfK/*Franzen*, § 4 TVG Rn 48 f.

237 BAG, Urt. v. 18.3.2003 – 9 AZR 44/02 – AP Nr. 28 zu § 157 BGB.

238 BAG, Urt. v. 16.5.2007 – 8 AZR 709/06 – AP Nr. 85 zu § 4 TVG Ausschlussfristen; BAG, Urt. v. 17.7.2003 – 8 AZR 486/02 – AP Nr. 27 zu § 611 BGB Haftung des Arbeitgebers; BAG, Urt. v. 27.4.1995 – 8 AZR 582/94 – ZTR 1995, 520.

239 BAG, Urt. v. 30.10.2008 – 8 AZR 886/07 – NZA 2009, 864 (LS).

240 BGH v. 18.12.1980 – VII ZR 41/80 – BB 1981, 324.

dass die Kürze einer Ausschlussfrist für den Gläubiger wesentlich belastender als die Frist für die Verjährung sei. Schließlich diene die Notwendigkeit der wenigstens annähernden Bezifferung auch dem Schutz des Schuldners.[241]

2. Folgen für die betriebliche Praxis

Für die betriebliche Praxis bedeutet dies eine nicht unerhebliche Unsicherheit (die durch die Vereinbarung von Ausschlussfristen ja gerade ausgeschlossen werden sollte). Dennoch wird man die vorstehend skizzierten, vom BAG zu Schadensersatzansprüchen entwickelten Grundsätze vorsorglich auf andere Zahlungsansprüche übertragen müssen:[242] 205

Die Fälligkeit im Sinne der Ausschlussfrist tritt daher bei ihnen nicht ohne Weiteres schon mit der Entstehung des Anspruchs ein. Vielmehr muss es dem Gläubiger praktisch möglich sein, seinen Anspruch geltend zu machen. Zahlungsansprüche muss der Gläubiger dementsprechend **wenigstens annähernd beziffern** können.[243] Andererseits muss der Gläubiger **ohne schuldhaftes Zögern die Voraussetzungen für eine solche Bezifferung schaffen.**[244] 206

a) Anerkannte Fallgruppen

Die jeweils maßgeblichen Anforderungen richten sich damit nach den Umständen des Einzelfalles, wobei die Rechtsprechung mittlerweile bestimmte Fallgruppen herausgebildet hat.[245] Dies gilt z. B. für 207
- Schadensersatzansprüche des Arbeitgebers wegen eigener Schäden,[246]
- zu Regressansprüchen des Arbeitgebers,[247]
- zur Erstattung von durch den Arbeitgeber für den Arbeitnehmer abgeführter Lohnsteuer,[248]
- zu einer Vertragsstrafe[249] und
- zu Entgeltforderungen aus einem gem. § 10 Abs. 1 AÜG fingierten Arbeitsvertrag.[250]

---

241 BAG, Urt. v. 30.10.2008 – 8 AZR 886/07 – NZA 2009, 864 (LS); BAG, Urt. v. 14.12.2006 – 8 AZR 628/05 – AP Nr. 28 zu § 618 BGB.
242 In diesem Sinne wohl auch HWK/*Henssler*, § 4 TVG Rn 80.
243 BAG, Urt. v. 30.10.2008 – 8 AZR 886/07 – NZA 2009, 864 (LS).
244 BAG, Urt. v. 30.10.2008 – 8 AZR 886/07 – NZA 2009, 864 (LS).
245 Ausführlich Wiedemann/*Wank*, § 4 TVG Rn 814 ff.
246 BAG, Urt. v. 16.12.1971 – 1 AZR 335/71 – DB 1972, 586.
247 BAG, Urt. v. 16.5.1984 – 7 AZR 143/81 – DB 1984, 2711.
248 BAG, Urt. v. 20.3.1984 – 3 AZR 124/82 – DB 1984, 1888.
249 BAG, Urt. v. 7.11.1969 – 3 AZR 303/69 – NJW 1970, 1146.
250 BAG, Urt. v. 27.7.1983 – 5 AZR 194/81 – DB 1984, 54.

b) Ansprüche auf Erstattung von Entgeltfortzahlungen bei Fortsetzungserkrankung

208 Im Kontext einer krankheitsbedingten Arbeitsunfähigkeit bzw. Beendigung des Arbeitsverhältnisses sind Ausschlussfristen insbesondere mit Blick auf **Regressansprüche des Arbeitgebers bei Fortsetzungserkrankungen** relevant.

209 Stehen dem Arbeitgeber Ansprüche auf Lohn- bzw. Gehaltsrückzahlung zu, weil er wegen Vorliegens einer Fortsetzungserkrankung nicht zur Entgeltfortzahlung verpflichtet war, werden diese Ansprüche im Sinne einer Ausschlussfrist nach der Rechtsprechung des BAG erst fällig, wenn der Arbeitgeber **Kenntnis von der Fortsetzungserkrankung hatte oder sich die Kenntnis ohne schuldhaftes Zögern hätte verschaffen können.**[251]

210 Daraus ergeben sich für Arbeitgeber und Arbeitnehmer nach der Rechtsprechung des BAG **weitreichende Handlungspflichten**:[252]

- Liegen objektive Anhaltspunkte dafür vor, dass der Arbeitnehmer infolge derselben Krankheit wiederholt arbeitsunfähig geworden ist (§ 1 Abs. 1 S. 2 EFZG – Fortsetzungskrankheit), trifft den Arbeitgeber eine Erkundigungspflicht. Danach ist er gehalten, durch Rückfrage bei Arzt oder Krankenkasse zu klären, ob eine Fortsetzungskrankheit besteht.
- Der Arbeitnehmer ist dabei nach Treu und Glauben zur Mitwirkung verpflichtet. Dies bedeutet, er muss den Arzt oder die Krankenkasse von der Schweigepflicht befreien, damit diese die erforderliche Auskunft erteilen können. Solange der Arbeitnehmer die Mitwirkung ablehnt, kann der Arbeitgeber die Fortzahlung des Arbeitsentgelts verweigern.
- Die Befreiung von der Schweigepflicht erstreckt sich allerdings nur auf die Frage, ob eine Fortsetzungskrankheit vorliegt. Weitere Auskünfte (insbesondere über den Krankheitsbefund) kommen nicht in Betracht.

3. Formale Anforderungen an eine Geltendmachung

211 Zur Geltendmachung im Sinne (tariflicher) Ausschlussfristen gehört nach der Rechtsprechung des BAG, die andere Seite zur Erfüllung des Anspruchs aufzufordern.[253]

Praxistipp

Bevor auf eine Arbeitnehmerforderung vorschnell gezahlt wird, muss geprüft werden, ob die Geltendmachung überhaupt die nachfolgenden Voraussetzungen erfüllt. Hinzu kommen können zudem – über die vom BAG entwickelten Voraussetzungen hinaus – insbesondere formale Anforderungen, die sich aus den Vereinbarungen über die Ausschlussfrist ergeben. Diese werden in der betrieblichen Praxis häufig mit der Folge nicht erfüllt, dass eine wirksame Geltendmachung nicht vorliegt.

251 BAG, Urt. v. 19.3.1986 – 5 AZR 86/85 – DB 1986, 1877.
252 BAG, Urt. v. 19.3.1986 – 5 AZR 86/85 – DB 1986, 1877.
253 BAG, Urt. v. 16.10.2013 – 10 AZR 1053/12 – ZTR 2014, 147.

Der Anspruchsinhaber muss unmissverständlich zum Ausdruck bringen, dass er Inhaber einer bestimmten Forderung ist und auf deren Erfüllung besteht. 212

Die Geltendmachung setzt (**kumulativ**)[254] voraus, dass der Anspruch 213
- seinem Grunde nach hinreichend deutlich bezeichnet und
- die Höhe des Anspruchs sowie
- der Zeitraum, für den er verfolgt wird,

mit der für den Schuldner **notwendigen Deutlichkeit** ersichtlich gemacht wird. 214

Sowohl 215
- die **Art des Anspruchs** als auch
- die **Tatsachen, auf die der Anspruch gestützt wird**,

müssen erkennbar sein. 216

Eine **Bezifferung** der Forderung ist nach der Rechtsprechung des BAG **nur dann nicht erforderlich**,[255] wenn 217
- dem Schuldner die Höhe
  - bekannt oder
  - für ihn ohne Weiteres errechenbar ist und
- die schriftliche Geltendmachung erkennbar hiervon ausgeht.

Praxistipp

Dies ist besonders bei Lohnklagen regelmäßig der Fall. Denn hier ist der Arbeitgeber aufgrund seiner besonderen Sachkenntnis nach der Bewertung des BAG zur genauen Bezifferung regelmäßig eher in der Lage als der Arbeitnehmer.[256]

Praxistipp

Aus Sicht des Arbeitgebers sollte für die erforderliche Geltendmachung im Rahmen von Ausschlussfristen die Schriftform i. S. d. § 126 Abs. 1 BGB vereinbart werden. Sie wird nämlich insbesondere durch eine Geltendmachung per E-Mail oder Fax nicht gewahrt (Umkehrschluss aus §§ 126a, 126b BGB sowie § 127 Abs. 2 BGB) und kann, wenn explizit auf § 126 Abs. 1 BGB verwiesen wird, auch nicht durch die elektronische Form (§ 126 Abs. 3 BGB) ersetzt werden, weil es sich um eine vereinbarte Form (§ 127 BGB) handelt, deren Art, Umfang und Rechtsfolge die Parteien festlegen.[257] Erfolgt die Geltendmachung also nicht in der Form des § 126 Abs. 1 BGB, ist sie grundsätzlich nichtig (§ 125 BGB) und wahrt daher die Ausschlussfrist nicht.[258]

---

254 BAG, Urt. v. 16.10.2013 – 10 AZR 1053/12 – ZTR 2014, 147.
255 BAG, Urt. v. 16.10.2013 – 10 AZR 1053/12 – ZTR 2014, 147.
256 BAG, Urt. v. 16.10.2013 – 10 AZR 1053/12 – ZTR 2014, 147.
257 Vgl. nur ErfK/*Preis*, §§ 125-127 BGB Rn 38, 40.
258 BAG, Urt. v. 13.12.2000 – 10 AZR 168/00 – DB 2001, 928; LAG Düsseldorf v. 14.4.2004 – 12 Sa 177/04 – ArbuR 2004, 276; ArbG Frankfurt v. 13.8.2003 – 2 Ca 5568/03 – NZA-RR 2004, 238.

Klauselmuster

„Zur Wahrung der Ausschlussfrist ist die rechtzeitige schriftliche (§ 126 Abs. 1 BGB) Geltendmachung erforderlich. Eine Geltendmachung per Fax oder E-Mail sowie in Textform genügt nicht."

Praxistipp

Entgegen einer in der Literatur (mit pauschaler Begründung) vertretenen Ansicht[259] besteht auch aufgrund der Fürsorgepflicht des Arbeitgebers regelmäßig keine Pflicht, über die Formvorgaben aufzuklären. Denn dabei würde übersehen, dass dann bei fehlender Belehrung durch den Arbeitgeber über die Formbedürftigkeit über den Umweg von Treu und Glauben einer formwidrigen Erklärung stets zur Wirksamkeit verholfen werden könnte.[260] Dieses Ergebnis stünde aber im Gegensatz zu dem Grundsatz, dass eine Formdurchbrechung gem. § 242 BGB im Interesse der Rechtssicherheit und um die Aushöhlung der Formvorschriften zu verhindern, nur in Ausnahmefällen durchgreifen kann.[261] Eine allgemeine Fürsorgepflicht, den Arbeitnehmer über das Bestehen von Formvorschriften zu belehren, erkennt das BAG daher zu Recht nicht an.[262] Eine Treuwidrigkeit kann daher nur angenommen werden, wenn außergewöhnliche Umstände hinzutreten.[263]

Beispiel

Dies hat das BAG z. B. dann angenommen, wenn das Verhalten des Arbeitgebers darauf abzielt, einen Auszubildenden von der form- und fristgerechten Geltendmachung des Weiterbeschäftigungsverlangens nach § 78 a Abs. 2 S. 1 BetrVG abzuhalten, obwohl dem Arbeitgeber zumutbar wäre, die für ihn vorhersehbaren Nachteile abzuwenden.[264]

218 Ausgehend von den oben zum Eingreifen von Ausschlussfristen bei Krankheit entwickelten Grundsätzen wird man **eine Krankheit aber in aller Regel nicht als „außergewöhnlichen" Umstand qualifizieren können**, der ein Berufen auf die fehlende Schriftform ausschließt. Dies erscheint nämlich mit der Grundbewertung einer Zumutbarkeit der Wahrung von Ausschlussfristen trotz Krankheit unvereinbar. Schließlich ist für den Arbeitgeber bei krankheitsbedingter Arbeitsunfähigkeit gar nicht erkennbar, zu welchen Handlungen der Arbeitnehmer noch in der Lage ist und zu welchen nicht. Daher erscheint es interessengerechter, das Risiko der Nichteinhaltung der Schriftform in der Regel dem Arbeitnehmer zuzuweisen.

219 Wichtig für die betriebliche Praxis ist losgelöst davon, dass ein Arbeitnehmer mit einer Bestandsschutzklage – d. h. auch in Fällen krankheitsbedingter Kündigung – nach der Rechtsprechung des BAG[265] die vom Ausgang des Kündigungsschutzprozes-

259 Vgl. z. B. *Tophoven*, Anm. AP Nr. 1 zu § 4 TVG Ausschlussfristen.
260 ErfK/*Preis*, §§ 125-127 BGB Rn 59.
261 Vgl. BAG, Urt. v. 16.9.2004 – 2 AZR 659/03 – NJW 2005, 844.
262 BAG, Urt. v. 1.12.2004 – 7 AZR 135/04 – NZA 2006, 211.
263 ErfK/*Preis*, §§ 125-127 BGB Rn 59.
264 BAG, Urt. v. 15.12.2011 – 7 ABR 40/10 – NZA-RR 2012, 413.
265 BAG, Urt. v. 19.9.2012 – 5 AZR 627/11 – NZA 2013, 101.

ses abhängigen Vergütungsansprüche „gerichtlich" geltend macht. **Er wahrt damit die zweite Stufe einer (tariflichen) Ausschlussfrist.**

III. Grenzen eines zulässigen Berufens auf Ausschlussfristen

Dies bedeutet allerdings nicht, dass sich der Arbeitgeber unbegrenzt auf Ausschlussfristen berufen kann. Denn das Berufen auf eine Ausschlussfrist kann nach der Rechtsprechung des BAG eine unzulässige Rechtsausübung i. S. d. § 242 BGB mit der Folge bilden, dass die Ausschlussfrist – entsprechend dem Rechtsgedanken von § 162 Abs. 1 BGB – als endgültig gewahrt gilt.[266] 220

Dies ist allerdings nur dann der Fall, wenn der Arbeitgeber dem Arbeitnehmer entweder **durch positives Tun oder pflichtwidriges Unterlassen** die Geltendmachung des Anspruchs **erschwert oder unmöglich gemacht hat.**[267] 221

Dies ist z. B. dann der Fall, wenn er den Arbeitnehmer von der Einhaltung der Frist abgehalten oder es pflichtwidrig unterlassen hat, dem Arbeitnehmer die Umstände mitzuteilen, die ihn zur Einhaltung der Ausschlussfrist veranlasst hätten.[268] 222

Beispiel
Dies ist z. B. bei einer angekündigten, dann aber nicht vollzogenen Rückgruppierung der Fall. Denn dadurch wird bei dem Arbeitnehmer der Eindruck erweckt, seine Tätigkeit sei von Beginn an in der zutreffenden Vergütungsgruppe eingruppiert.[269]

Gleiches gilt, wenn der Arbeitgeber – an objektiven Maßstäben gemessen – den **Eindruck erweckt** hat, der Arbeitnehmer könne darauf **vertrauen**, dass der Anspruch auch ohne Wahrung einer tarifliche Ausschlussfrist erfüllt werde.[270] 223

Beispiel
Das hat das BAG z. B. bei der – im Wege der Auslegung ermittelten – Abgabe eines deklaratorischen Schuldanerkenntnisses im Zusammenhang mit möglichen Schadensersatzansprüchen wegen Schlechtleistung angenommen.[271]

266 BAG, Urt. v. 4.9.1985 – 5 AZR 655/84 – NZA 1986, 225.
267 Statt vieler ErfK/*Preis*, §§ 194-218 BGB Rn 68.
268 BAG, Urt. v. 22.1.1997 – 10 AZR 459/96 – NZA 1997, 445; BAG, Urt. v. 5.6.2003 – 6 AZR 249/02 – NZA 2004, 400; BAG, Urt. v. 18.11.2004 – 6 AZR 651/03 – NZA 2005, 516; BAG, Urt. v. 13.10.2010 – 5 AZR 648/09 – NZA 2011, 219.
269 BAG, Urt. v. 5.6.2003 – 6 AZR 249/02 – NZA 2004, 400.
270 BAG, Urt. v. 8.8.2000 – 9 AZR 418/99 – NZA 2000, 1236; BAG, Urt. v.10.10.2002 – 8 AZR 8/02 – NZA 2003, 329; BAG, Urt. v. 25.1.2006 – 4 AZR 613/04 – NZA 2007, 472; BAG, Urt. v. 18.8.2011 – 8 AZR 187/10 – ZTR 2012, 31.
271 BAG, Urt. v. 10.10.2002 – 8 AZR 8/02 – NZA 2003, 329.

224 Diese Voraussetzungen sind allerdings nicht erfüllt, wenn der Arbeitgeber dem Arbeitnehmer eine **unzutreffende Auskunft** über das Bestehen seines Anspruchs gegeben hat. Denn dadurch ist der Arbeitnehmer nicht an der Geltendmachung seines Anspruchs in irgendeiner Art gehindert. Im Gegenteil: Er hat bei einer für ihn nachteiligen Auskunft erst recht Anlass, vermeintliche Ansprüche fristwahrend in der vorgeschriebenen Form geltend zu machen.[272]

225 Auch der alleinige Verstoß gegen die Pflichten aus § 2 Abs. 2 S. 1 NachwG begründet – entgegen Teilen der Instanzrechtsprechung[273] – nach der zutreffenden Rechtsprechung des BAG[274] den Rechtsmissbrauchseinwand nicht.

H. Wiedereinstellungsanspruch bei Genesung?

226 Nach der Rechtsprechung des BAG können fortbestehende nachvertragliche Pflichten aus einem Arbeitsverhältnis ausnahmsweise einen Wiedereinstellungsanspruch auch nach Beendigung eines Arbeitsverhältnisses begründen.[275] Die Frage, ob ein Wiedereinstellungsanspruch im Fall einer auf Krankheitsgründe gestützten Kündigung bejaht werden kann, **hat das BAG allerdings bislang offen gelassen.**[276]

Praxistipp
Vorgaben hierzu können sich in der betrieblichen Praxis allerdings aus für den Arbeitgeber geltenden Tarifverträgen ergeben,[277] die stets geprüft werden müssen.

1. Grundlagen eines Wiedereinstellungsanspruchs

227 Für den Fall der betriebsbedingten Kündigung hat das BAG einen Wiedereinstellungsanspruch grundsätzlich anerkannt, wenn sich zwischen dem Ausspruch der Kündigung und dem Ablauf der Kündigungsfrist unvorhergesehen eine Weiterbeschäftigungsmöglichkeit ergibt und der Wiedereinstellung keine berechtigten Interessen des Arbeitgebers entgegenstehen. Es hat diesen Anspruch aus einer vertraglichen,

272 BAG, Urt. v. 22.1.1997 – 10 AZR 459/96 – NZA 1997, 445.

273 LAG Schleswig-Holstein v. 8.2.2000 – 1 Sa 563/99 – DB 2000, 724.

274 BAG, Urt. v. 29.5.2002 – 5 AZR 105/01 – NZA 2002, 1360; BAG, Urt. v. 17.4.2002 – 5 AZR 89/01 – NZA 2002, 1096.

275 BAG, Urt. v. 7.11.2002 – 2 AZR 599/01 – AP Nr. 40 zu § 1 KSchG 1969 Krankheit.

276 Vgl. zuletzt BAG, Urt. v. 7.11.2002 – 2 AZR 599/01 – AP Nr. 40 zu § 1 KSchG 1969 Krankheit, zuvor bereits BAG, Urt. v. 27.6.2001 – 7 AZR 662/99 – AP Nr. 10 zu § 1 KSchG 1969 Wiedereinstellung. Zur Rechtsprechungsentwicklung vgl. auch *Bartels*, RdA 2010, 109, 113 m.w.N.

277 Vgl. z. B. den Manteltarifvertrag für die Waldarbeiter der Länder und Gemeinden und dazu BAG, Urt. v. 22.8.2001 – 5 AZR 699/99 – DB 2002, 640.

den Vorgaben des Kündigungsschutzgesetzes und der staatlichen Schutzpflicht aus Art. 12 Abs. 1 GG Rechnung tragenden Nebenpflicht des Arbeitgebers hergeleitet.[278]

Dass dieser methodische Ausgangspunkt zunächst nicht danach differenziert, ob der Kündigungsgrund in der Sphäre des Arbeitgebers oder des Arbeitnehmers liegt, spricht nach der Rechtsprechung des 2. Senats des BAG dafür, einen Wiedereinstellungsanspruch **grundsätzlich auch bei der krankheitsbedingten Kündigung in Betracht zu ziehen**, wenn 228

- sich nachträglich herausstellt, dass die bei Ausspruch der Kündigung begründete Besorgnis langanhaltender oder dauerhafter Arbeitsunfähigkeit nicht mehr gerechtfertigt ist **und**
- der Wiedereinstellung berechtigte Interessen des Arbeitgebers – insbesondere wegen zwischenzeitlicher anderweiter Dispositionen – nicht entgegenstehen.[279]

2. Grenzen eines Wiedereinstellungsanspruchs

In seinem Urteil vom 7.11.2002[280] hat das BAG im Anschluss an seine Feststellungen im Urteil vom 27.6.2001[281] allerdings Grenzen für einen derartigen Anspruch aufgezeigt: 229

a) Sichere Prognoseänderung

Zunächst einmal ist für einen Wiedereinstellungsanspruch nach Krankheitskündigung jedenfalls nur dann Raum, wenn eine **veränderte, positive Prognose gerechtfertigt** ist.[282] Nicht ausreichend ist dabei, wenn die Prognose lediglich zweifelhaft wird; vielmehr ist erforderlich, dass die Besorgnis der wiederholten Erkrankung **ausgeräumt** ist.[283] 230

Praxistipp

Dafür trägt der Arbeitnehmer die Darlegungs- und Beweislast.[284]

---

278 Vgl. BAG, Urt. v. 28.6.2000 – 7 AZR 904/98 – NZA 2000, 1097; BAG, Urt. v. 16.5.2007 – 7 AZR 621/06 – juris.

279 BAG, Urt. v. 27.6.2001 – 7 AZR 662/99 – AP Nr. 10 zu § 1 KSchG 1969 Wiedereinstellung.

280 2 AZR 599/01 – AP Nr. 40 zu § 1 KSchG 1969 Krankheit.

281 BAG, Urt. v. 27.6.2001 – 7 AZR 662/99 – AP Nr. 10 zu § 1 KSchG 1969 Wiedereinstellung.

282 Vgl. bereits BAG, Urt. v. 17.6.1999 – 2 AZR 639/98, NJW 2000, 2762.

283 BAG, Urt. v. 27.6.2001 – 7 AZR 662/99 – AP Nr. 10 zu § 1 KSchG 1969 Wiedereinstellung.

284 BAG, Urt. v. 27.6.2001 – 7 AZR 662/99 – AP Nr. 10 zu § 1 KSchG 1969 Wiedereinstellung; BAG, Urt. v. 17.6.1999 – 2 AZR 639/98, NJW 2000, 2762.

b) Neuer Kausalverlauf

231 Außerdem scheidet ein Wiedereinstellungsanspruch dann aus, wenn die neu eintretenden Umstände **auf einem neuen Kausalverlauf beruhen.**[285]

232 Die methodische Begründung des Wiedereinstellungsanspruchs als einer vertraglichen Nebenpflicht führt nämlich dazu, dass der Arbeitnehmer eine Wiedereinstellung grundsätzlich nicht verlangen kann, wenn die Änderung der maßgeblichen Umstände erst nach Beendigung des Arbeitsverhältnisses eintritt.[286] Dies gilt nicht nur bei betriebsbedingter, sondern auch bei einer krankheitsbedingten Kündigung. Denn auch hier enden mit dem Arbeitsverhältnis die entsprechenden Pflichten zur Wahrung der wechselseitigen Interessen. Im Anschluss bestehen nur noch nachvertragliche Pflichten, die **regelmäßig schwächer und nur in besonderen Ausnahmefällen** geeignet sind, einen Wiedereinstellungsanspruch zu rechtfertigen.[287]

Beispiel

Trägt der Kläger z. B. vor, die Änderung der Prognose beruhe auf einer nach Ablauf der Kündigungsfrist durchgeführten Untersuchung und der sich daran anschließenden weiteren Therapie,[288] scheidet ein Wiedereinstellungsanspruch aus:

Denn kam die Therapie – nach vorheriger Therapieverweigerung durch den Kläger – erst auf Grund eines Entschlusses des Klägers nach Ablauf der Kündigungsfrist zur Anwendung, beruhte sie auf einem neuen Kausalverlauf, der erst nach Ablauf der Kündigungsfrist in Gang kam und deshalb jedenfalls außer Betracht zu bleiben hat.

Wichtig für die betriebliche Praxis ist in diesem Zusammenhang allerdings auch die weitere Feststellung des BAG: War die neue Therapie bereits vor der Kündigung angelegt, dürfte sie nach den Feststellungen des BAG eine Negativprognose ausschließen, so dass ein Wiedereinstellungsanspruch schon deshalb ebenfalls ausscheidet.

Praxistipp

Daran ändert nach der Rechtsprechung des BAG auch der Umstand, dass der beklagte Arbeitgeber den Kläger während des Prozesses weiterbeschäftigt, dann nichts, wenn es sich um eine Prozessbeschäftigung zur Vermeidung etwaiger Annahmeverzugsansprüche handelte.[289] Denn mit einer derartigen Beschäftigung schafft der Arbeitgeber keinen zu Gunsten des Klägers wirkenden Vertrauenstatbestand.[290]

---

285 Vgl. bereits BAG, Urt. v. 4.12.1997 – 2 AZR 140/97 – NZA 1998, 701.

286 BAG, Urt. v. 27.6.2001 – 7 AZR 662/99 – AP Nr. 10 zu § 1 KSchG 1969 Wiedereinstellung.

287 BAG, Urt. v. 27.6.2001 – 7 AZR 662/99 – AP Nr. 10 zu § 1 KSchG 1969 Wiedereinstellung.

288 Beispiel nach BAG, Urt. v. 7.11.2002 – 2 AZR 599/01 – AP Nr. 40 zu § 1 KSchG 1969 Krankheit, dort auch zu den nachfolgenden Schlussfolgerungen.

289 Zu den mit einer Prozessbeschäftigung zusammenhängenden Chancen und Risiken vgl. zusammenfassend *Mückl*, Personalmagazin 02/2014, S. 66 f.

290 Vgl. zuletzt BAG, Urt. v. 7.11.2002 – 2 AZR 599/01 – AP Nr. 40 zu § 1 KSchG 1969 Krankheit; zuvor bereits BAG, Urt. v. 27.6.2001 – 7 AZR 662/99 – AP Nr. 10 zu § 1 KSchG 1969 Wiedereinstellung.

Kapitel 6
Das betriebliche Eingliederungsmanagement

A. Grundlagen und Ziele

Das betriebliche Eingliederungsmanagement (kurz „**BEM**") wurde im Jahr 2004 mit dem Gesetz zur Förderung der Ausbildung und Beschäftigung schwerbehinderter Menschen eingeführt. An praktischer Bedeutung gewann das BEM jedoch erst in jüngerer Zeit, nachdem das BAG in mehreren Entscheidungen den Ausspruch einer krankheitsbedingten Kündigung erschwert hatte, falls kein ordnungsgemäßes BEM durchgeführt wurde.[1] Aktuell ist das BEM in **§ 84 Abs. 2 SGB IX** geregelt und wird dort legal definiert als Klärungsprozess, in dem der Arbeitgeber mit dem Betriebsrat bzw. dem Personalrat, bei schwerbehinderten Menschen außerdem mit der Schwerbehindertenvertretung, mit Zustimmung und Beteiligung des betroffenen Beschäftigten bei Arbeitsunfähigkeitszeiten von mehr als sechs Wochen innerhalb eines Jahres Möglichkeiten ermittelt, wie die Arbeitsunfähigkeit möglichst überwunden werden und mit welchen Leistungen oder Hilfen erneut der Arbeitsunfähigkeit vorgebeugt und der Arbeitsplatz erhalten werden kann. 1

Beim BEM handelt es sich also um einen **rechtlich regulierten Suchprozess**,[2] mit dem auf betrieblicher Ebene individuell angepasste Lösungen zur Überwindung einer bestehenden Arbeitsunfähigkeit, zum Vorbeugen einer erneuten Arbeitsunfähigkeit und somit zum Erhalt des Arbeitsplatzes – bzw. genauer gesagt: des Beschäftigungsverhältnisses – gefunden werden sollen. Weil damit zugleich die durch lange oder häufig wiederkehrende Arbeitsunfähigkeitszeiten entstehenden Friktionen der betrieblichen Abläufe vermieden oder zumindest verringert werden können, dient das BEM zugleich den Interessen des Arbeitgebers. 2

Praxistipp

Das BEM sollte aus Arbeitgebersicht keineswegs nur als notwendiger (oder gar lästiger) Zwischenschritt auf dem Weg zu einer ohnehin bereits geplanten krankheitsbedingten Kündigung verstanden werden. Bei verständiger Durchführung können aus ihm **Potenziale** erwachsen, das Know-how von oftmals langjährigen und verdienten Mitarbeitern für das Unternehmen zurückzugewinnen.

---

1 Etwa BAG, Urt. v. 28.6.2007; – 6 AZR 750/06 – NZA 2007, 1049; Urt. v. 12.7.2007 – 2 AZR 716/06 – NZA 2008, 173; Urt. v. 24.1.2008 – 6 AZR 96/07 – NZA-RR 2008, 404; Urt. v. 23.4.2008 – 2 AZR 1012/06 – NZA-RR 2008, 515; Urt. v. 10.12.2009 – 2 AZR 198/09 – NZA 2010, 639; Urt. v. 10.12.2009 – 2 AZR 400/08 – NZA 2010, 398; Urt. v. 30.9.2010 – 2 AZR 88/09 – NZA 2011, 39.

2 BAG, Urt. v. 10.12.2009 – 2 AZR 400/08 – NZA 2010, 398.

B. Voraussetzungen für die Durchführung

I. Sachlicher Anwendungsbereich

3 Zur Durchführung eines BEM ist **jeder Arbeitgeber** unabhängig von der Größe seines Unternehmens verpflichtet. Es gibt also insbesondere keine Ausnahme für Kleinbetriebe (wie etwa beim allgemeinen Kündigungsschutz).[3] Darauf, ob ein Betriebsrat existiert, kommt es ebenfalls nicht an.[4]

II. Persönlicher Anwendungsbereich

4 Inzwischen ist geklärt, dass die Pflicht zur Durchführung eines BEM – obwohl es in Teil 2 des SGB IX geregelt ist, dessen Vorschriften gemäß § 68 Abs. 1 SGB IX eigentlich nur für Schwerbehinderte und diesen gleichgestellte behinderte Menschen (dazu ausführlich Kap. 9. B., Rn 2 ff.) gelten – gegenüber **allen Beschäftigten** besteht.[5] Bei § 84 Abs. 2 SGB IX handelt es sich also nicht um eine Spezialregelung für schwerbehinderte Beschäftigte. Zu den Beschäftigten zählen alle Arbeitnehmer, Auszubildende, sonstige zu ihrer beruflichen Bildung Beschäftige sowie Beschäftige in einem öffentlich-rechtlichen Dienstverhältnis wie Beamte, Richter, Referendare und Soldaten.[6] Eine bestimmte Mindestbeschäftigungsdauer ist nicht erforderlich.[7]

5 Die Durchführung eines BEM bei **Leiharbeitnehmern** ist mit Blick auf die kündigungsschutzrechtlichen Auswirkungen der Durchführung dieses Verfahrens (dazu unten, Rn 69 ff.) vor allem für den Verleiher von Bedeutung, weil sich dieser ggf. zur Kündigung des Anstellungsverhältnisses mit dem Leiharbeitnehmer gezwungen sieht, wenn es weiterhin durch erhebliche Arbeitsunfähigkeitszeiten belastet ist. Bei der Durchführung eines BEM muss nicht nur nach Möglichkeiten gesucht werden, wie der Leiharbeitnehmer beim derzeitigen Entleiher so eingesetzt werden kann, dass sich seine Arbeitsunfähigkeitszeiten verringern. Es muss vielmehr auch geprüft werden, ob die Arbeitsunfähigkeitszeiten möglicherweise durch den Einsatz in einem anderen Entleiherbetrieb reduziert werden können. Unklar ist allerdings, ob auch der **Entleiher** zur Durchführung eines BEM verpflichtet ist. Hierfür spricht erstens, dass der Wortlaut des § 84 Abs. 2 SGB IX nicht zwingend das Bestehen eines Anstellungsverhältnisses zum Arbeitgeber voraussetzt, und zweitens, dass beim Einsatz im

---

3 Dau/Düwell/Joussen/*Düwell*, § 84 SGB IX Rn 55.

4 BAG, Urt. v. 30.9.2010 – 2 AZR 88/09 – NZA 2011, 39.

5 BAG, Urt. v. 12.7.2007 – 2 AZR 716/06 – NZA 2008, 173; zum zuvor bestehenden Streit vgl. Dau/Düwell/Joussen/*Düwell*, § 84 SGB IX Rn 59 m.w.N.

6 So die h.M., s. etwa Kossens/von der Heide/Maaß/*Kossens*, § 84 SGB IX Rn 13 m.w.N.; a.A. *Steiner*, PersV 2006, 417, 420 f.

7 Kossens/von der Heide/Maaß/*Kossens*, § 84 SGB IX Rn 12.

Entleihbetrieb auch der Grundsatz des „equal treatment" gilt, § 10 Abs. 4 AÜG.[8] Drittens kann dem Sinn und Zweck des BEM, nämlich der Suche nach Möglichkeiten zur Verringerung oder Vermeidung von Arbeitsunfähigkeitszeiten, durch ein BEM unter Beteiligung des Entleihers besser Rechnung getragen werden.

Praxistipp
In der Praxis enthalten die Überlassungsverträge häufig ein Austauschrecht für den Fall, dass der Leiharbeitnehmer – entschuldigte oder unentschuldigte – Fehlzeiten in einem bestimmten Ausmaß aufweist. Macht der Entleiher hiervon Gebrauch, stellt sich für ihn die Frage nach der Durchführung eines BEM nicht (mehr). Wird der Einsatz des Leiharbeitnehmers aufgrund der häufigen Fehlzeiten aber nicht beendet – etwa weil es sich um einen nicht leicht austauschbaren Spezialisten handelt –, dürfte es sich empfehlen, dass Verleiher und Entleiher das BEM gemeinsam durchführen.

III. Umfang der Arbeitsunfähigkeit

Ein BEM ist dann durchzuführen, wenn der Beschäftigte innerhalb einer Rahmenfrist von **einem Jahr** (nicht Kalenderjahr, sondern die jeweils zurückliegenden zwölf Monate[9]) **länger als sechs Wochen arbeitsunfähig** ist. Die Ursache für die Arbeitsunfähigkeit ist unerheblich.[10] Auch spielt es keine Rolle, ob Langzeit-, Kurzzeit- oder Einzelerkrankungen vorliegen. 6

Zur Berechnung des Sechs-Wochen-Zeitraums sind die vom Arbeitnehmer nach § 5 Abs. 1 EFZG angezeigten Arbeitsunfähigkeitszeiten maßgeblich.[11] Dabei kann entsprechend § 191 BGB wie im Falle der Entgeltfortzahlung im Krankheitsfall[12] grundsätzlich auf die Anzahl der **Kalendertage** (7 Tage x 6 = 42 Tage) abgestellt werden. Wie viele Tage auf Arbeitstage entfallen, ist grundsätzlich unerheblich, d. h. auch Feiertage, regelmäßig freie Arbeitstage bei Teilzeit sowie Wochenenden, auf die sich eine Arbeitsunfähigkeitsbescheinigung erstreckt, zählen bei der Berechnung des Sechs-Wochen-Zeitraums mit. 7

Nicht abschließend geklärt ist, wie im Falle **häufiger Kurzzeiterkrankungen** zu verfahren ist, ob also beispielsweise bereits 30 einzelne Arbeitstage genügen, um die Pflicht zur Durchführung eines BEM auszulösen, oder ob stets volle 42 Krankheitstage erforderlich sind. Ärzte stellen die Arbeitsunfähigkeitsbescheinigungen bei Kurzzeiterkrankungen häufig nur für die betroffenen Arbeitstage, nicht aber auch für Wochenenden oder Feiertage aus. Die Arbeitsunfähigkeitsbescheinigung sagt in 8

---

8 Vgl. *Anton-Dyck/Böhm*, ArbR 2012, 58, 59 f.
9 *Knittel*, § 84 SGB IX Rn 104.
10 *Deinert*, NZA 2010, 969, 971; ErfK/*Rolfs*, § 84 SGB IX Rn 5; a.A. *Balders/Lepping*, NZA 2005, 854, 855.
11 BAG, Beschl. v. 13.03.2012 – 1 ABR 78/10 – NZA 2012, 748.
12 Zur Berechnung des Sechs-Wochen-Zeitraums bei der Entgeltfortzahlung im Krankheitsfall vgl. BAG Urt. v. 22.2.1973 – 5 AZR 461/72 –.

solchen Fällen jedoch nichts darüber aus, ob der Arbeitnehmer nicht dennoch auch an diesen Tagen arbeitsunfähig war.

Praxistipp
Bis zur Klärung der Frage in der Rechtsprechung sollte bei Kurzzeiterkrankungen ein BEM daher bereits bei einer krankheitsbedingten Fehlzeit von **30 Arbeitstagen** (basierend auf einer Fünf-Tage-Woche) durchgeführt werden.[13]

9 Bei einem Zusammentreten von Langzeit- und Kurzzeiterkrankungen sollte dementsprechend eine kombinierte Betrachtung angestellt werden.

Beispiel
War der Arbeitnehmer beispielsweise bereits 14 Tage durchgängig erkrankt, wäre der Sechs-Wochen-Zeitraum nach dieser kombinierten Berechnung bereits beim Hinzutreten von 20 weiteren Arbeitstagen mit Kurzzeiterkrankungen erfüllt; ab diesem Zeitpunkt sollte vorsorglich ein BEM eingeleitet werden.

IV. Zustimmung des Beschäftigten

10 § 84 Abs. 2 S. 1 SGB IX bestimmt ausdrücklich, dass ein BEM nur mit **Zustimmung** des betroffenen Beschäftigten durchgeführt werden darf. Grund hierfür ist auch, dass ein BEM ohne die aktive Mitwirkung des betroffenen Mitarbeiters nicht sinnvoll durchgeführt werden kann. Denn die vom Gesetzgeber angestrebte Klärung der möglichen Maßnahmen zur Reduzierung der Arbeitsunfähigkeitszeiten ist ohne die Angaben des Arbeitnehmers zu den Gründen für seine Fehlzeiten nicht möglich. Dieses Zustimmungserfordernis gilt für **jedes Stadium des Verfahrens**, d. h. von der Klärungsphase bis grundsätzlich[14] zur Durchführung eventuell gefundener BEM-Maßnahmen.[15] Lehnt der Beschäftigte die (weitere) Teilnahme am BEM ab, wird der Arbeitgeber von seiner Pflicht zur Durchführung eines BEM entbunden. Für diesen besteht dann kein Anlass, weitere Maßnahmen im Sinne des § 84 Abs. 2 SGB IX zu prüfen.

11 Für den Beschäftigten kann der von ihm veranlasste Abbruch eines BEM im Falle einer später eventuell erforderlich werdenden krankheitsbedingten Kündigung allerdings zu Nachteilen in der Darlegungs- und Beweislast im Kündigungsschutzprozess

13 So auch *Knittel*, § 84 SGB IX Rn 106.

14 Der Beschäftigte ist nur ausnahmsweise auch ohne seine Zustimmung verpflichtet, eine im Rahmen des BEM gefundene Maßnahme durchzuführen, wenn ihm der Arbeitgeber diese auch einseitig kraft seines Direktionsrechts nach § 106 GewO zuweisen kann.

15 BAG, Beschl. v. 7.2.2012 – 1 ABR 46/10 – NZA 2012, 744.

führen. Dies gilt jedoch nur dann, wenn der Arbeitgeber den Arbeitnehmer ordnungsgemäß zum BEM eingeladen[16] (dazu ausführlich unten, Rn 21 ff.) und ihn zudem darauf hingewiesen hatte, dass er im Falle einer Weigerung oder eines Abbruchs des BEM mit einer **Kündigung rechnen** müsse.[17]

Die Ablehnung des Arbeitnehmers, (weiter) am BEM teilzunehmen, muss **eindeutig** sein. Nicht genügend ist die bloße Vermutung des Arbeitgebers, dass der Arbeitnehmer ohnehin nicht an der Durchführung eines BEM interessiert sei. 12

C. Ablauf

I. Gesetzliche Verfahrensanforderungen

§ 84 Abs. 2 SGB IX enthält – abgesehen von bestimmten Hinweisen, die dem betroffenen Beschäftigten vor der Durchführung des BEM gegeben werden müssen (dazu näher unten, Rn 22) – keine näheren Vorgaben zur Ausgestaltung des BEM-Verfahrens. Aus dem Gesetz lassen sich lediglich **Mindeststandards** ableiten, nämlich dass die gesetzlich vorgesehenen Stellen, Ämter und Personen beteiligt werden müssen und dass zusammen mit ihnen eine an den gesetzlichen Zielen des BEM orientierte Klärung ernsthaft versucht werden muss.[18] 13

Somit entspricht jedes Verfahren den Anforderungen des § 84 Abs. 2 SGB IX, das die **zu beteiligenden Stellen** und Personen einbezieht, das **ergebnisoffen** durchgeführt wird, also keine vernünftigerweise in Betracht zu ziehenden Maßnahmen und Möglichkeiten zur Wiederherstellung und Erhaltung der Arbeitsfähigkeit des betroffenen Beschäftigten ausschließt, und in dem eine **sachliche Erörterung** der eingebrachten Vorschläge stattfinden kann. Fehlt es an diesen Voraussetzungen, ist ein BEM i. S. d. § 84 Abs. 2 SGB IX nicht durchgeführt. Der Arbeitgeber muss dann in einem eventuellen Kündigungsschutzverfahren mit Nachteilen bei der Darlegungs- und Beweislast rechnen. 14

16 Vgl. BAG, Urt. v. 24.3.2011 – 2 AZR 170/10 – NZA 2011, 992.
17 Vgl. BAG, Urt. v. 10.12.2009 – 2 AZR 400/08 – NZA 2010, 398.
18 BAG, Urt. v. 10.12.2009 – 2 AZR 400/08 – NZA 2010, 398.

15 Zu den gesetzlich vorgesehenen **Beteiligten** am BEM zählen die folgenden Personen und Stellen:

Person/Stelle	Rolle im BEM
Arbeitgeber	Pflicht zur Initiierung, Leitung und Durchführung des Verfahrens
Beschäftigter	individuelle (drohende) Arbeitsunfähigkeit als Hauptgegenstand des BEM; Entscheidung über (weitere) Durchführung/Abbruch des Verfahrens
Betriebsrat/Personalrat	Recht zur Initiierung des Verfahrens; Überwachung des Verfahrens; Beratung
ggf. Schwerbehindertenvertretung	zwingend nur bei Schwerbehinderten und Gleichgestellten; Überwachung des Verfahrens; Beratung
ggf. Werks-/Betriebsarzt	Einbringung externen Sachverstands, hinzuzuziehen soweit erforderlich
ggf. Rehabilitationsträger (Koordination über wörtliche gemeinsame Servicestellen, § 23 SGB IX)	möglicherweise Erbringen von Leistungen der medizinischen Rehabilitation oder von begleitenden Hilfen im Arbeitsleben
ggf. Integrationsamt	bei Schwerbehinderten zur Einbringung externen Sachverstands; möglicherweise Erbringen von Leistungen oder begleitenden Hilfen im Arbeitsleben, § 102 SGB IX
ggf. sonstige externe Stellen (z. B. Integrationsfachdienste, behandelnde Ärzte)	Einbringung weiteren externen Sachverstands, hinzuzuziehen soweit erforderlich

II. Möglicher Ablauf

16 Aufgrund der wenigen konkreten gesetzlichen Verfahrensvorgaben besteht in der Praxis ein großer Spielraum für die tatsächliche Ausgestaltung des BEM.[19] Nachfolgend wird ein möglicher Verfahrensablauf dargestellt, der sich in vielen Fällen als sinnvoll und geeignet erweisen wird, jedoch keineswegs zwingend ist.

1. Bildung eines Integrationsteams

17 Bezogen auf den jeweiligen Einzelfall ist ein BEM immer dann durchzuführen, wenn die Arbeitsunfähigkeitszeiten im letzten Jahr mehr als sechs Wochen betragen haben. Weil diese Voraussetzungen auf betrieblicher Ebene bei verschiedenen Mitarbeitern aber immer wieder vorliegen werden, empfiehlt es sich, **abstrakte Strukturen und**

19 *Nassibi*, NZA 2012, 720, 721.

Prozesse einzuführen, auf die im Bedarfsfall zurückgegriffen werden kann. Diese können beispielsweise in einer **Betriebsvereinbarung zum BEM** niedergelegt werden (dazu näher unten, Rn 62 ff.).

Als ein Teil solcher Strukturen ist es ratsam, ein **innerbetriebliches Integrationsteam** zu bilden, dessen Aufgabe es ist, die wesentlichen Verfahrensschritte des BEM im Einzelfall durchzuführen. Da neben dem betroffenen Arbeitnehmer insbesondere der Betriebsrat einer der Hauptakteure des BEM ist, empfiehlt es sich, das Integrationsteam aus zwei Beauftragten des Arbeitgebers und zwei Vertretern des Betriebsrats zusammenzusetzen. Auf diese Weise kann zum einen vermieden werden, dass der Betriebsrat im Einzelfall verlangt, mit dem gesamten Gremium am BEM teilzunehmen, was einer sachgerechten Suche nach Lösungen für den betroffenen Arbeitnehmer sicherlich nicht immer förderlich wäre. Zum anderen bietet die Schaffung eines festen Integrationsteams die Chance, dass sich die vom Betriebsrat entsandten Vertreter im Laufe der Zeit eine erhebliche Expertise bezüglich des BEM aneignen können. 18

Falls es sich bei dem betroffenen Arbeitnehmer um einen schwerbehinderten Mitarbeiter[20] handelt, sollte einer der beiden Vertreter des Betriebsrats für den betreffenden Einzelfall durch einen Beauftragten der Schwerbehindertenvertretung ersetzt werden. 19

Praxistipp

Das Integrationsteam sollte aus nicht mehr als vier bis sechs Mitgliedern bestehen. Erfahrungsgemäß sind Diskussionen und „Brainstormings" in kleineren Runden effektiver als bei einer größeren Teilnehmerzahl, weil der Einzelne stärker gefordert ist, sich aktiv am Prozess zu beteiligen.

2. Feststellung der Arbeitsunfähigkeitszeiten

Um zu erkennen, ob bei bestimmten Mitarbeitern die Voraussetzungen für die Durchführung eines BEM vorliegen, müssen die Arbeitsunfähigkeitszeiten von Mitarbeitern **systematisch ausgewertet** werden. Hierzu sollten generalisierte Prozesse aufgesetzt werden, beispielsweise dahingehend, dass die Personalabteilung in der ersten Woche eines jeden Quartals die krankheitsbedingten Fehlzeiten der Mitarbeiter auswertet. Stellt die Personalabteilung dabei fest, dass einzelne Mitarbeiter innerhalb des vergangenen Jahres länger als sechs Wochen arbeitsunfähig waren, muss sie das Integrationsteam hierüber unverzüglich informieren. 20

20 Ausführlich zu den besonderen Herausforderungen für Arbeitgeber bei der Beschäftigung schwerbehinderter Menschen unten, Kap. 9.

3. Kontaktaufnahme zum Arbeitnehmer

a) Anschreiben an Mitarbeiter zur Verfahrenseinleitung

21 Der Arbeitnehmer, bei dem BEM-relevante Fehlzeiten vorliegen, muss über die Möglichkeit zur Teilnahme an einem BEM informiert werden. Da die Durchführung des BEM eine Pflicht des Arbeitgebers ist und dieser auch von den Nachteilen betroffen wäre, die ein unterbliebenes BEM insbesondere im Kündigungsschutzprozess mit sich brächte, sollte auch die Initiierung des BEM noch durch die Personalabteilung selbst und nicht durch das Integrationsteam vorgenommen werden.

22 Gemäß § 84 Abs. 2 S. 3 SGB IX ist der betroffene Arbeitnehmer über die Ziele des BEM zu **unterrichten**. Ferner muss er auf Art und Umfang der hierfür erhobenen und verwendeten Daten hingewiesen werden. Dabei ist zu beachten, dass bei der Durchführung des BEM nicht nur zwangsläufig personenbezogene Daten erhoben und verwendet werden (wie beispielsweise die Einschränkungen, denen ein Arbeitnehmer bei der Ausführung seiner Tätigkeiten unterliegt), sondern dass es sich in der Praxis auch nicht vermeiden lässt, dass gesetzlich besonders geschützte, sensible personenbezogene Daten in Gestalt von **Gesundheitsdaten** erhoben und verwendet werden. Denn bereits die zur Feststellung der Voraussetzungen für die Durchführung eines BEM erforderliche Auswertung der Arbeitsunfähigkeitszeiten basiert auf einer Erhebung und Auswertung von Gesundheitsdaten. Zwar sollten die am BEM beteiligten Personen nicht aktiv nach Gesundheitsdaten (wie z. B. Krankheitsdiagnosen) fragen, sondern auf Basis einer vom jeweiligen Krankheitsbild losgelösten **Beschreibung der verbliebenen Leistungsfähigkeit** nach Möglichkeiten zur Verringerung der Arbeitsunfähigkeitszeiten suchen. Selbst dann kann aber nicht ausgeschlossen werden, dass der betroffene Arbeitnehmer oder der Betriebsarzt bzw. der behandelnde Arzt (nach einer entsprechenden Befreiung von der Schweigepflicht) von sich aus Angaben zu Diagnosen macht. Vor diesem Hintergrund muss der Arbeitnehmer darauf hingewiesen werden, dass es sich bei den zur Durchführung des BEM erhobenen und verwendeten personenbezogenen Daten zum Teil auch um Gesundheitsdaten handelt.

Praxistipp

Die Formulierung des Hinweises an den Arbeitnehmer über Art und Umfang der für das BEM erhobenen und verwendeten Daten gerät damit zu einer „Gratwanderung“ zwischen der Erfüllung der gesetzlichen Anforderungen und dem Bemühen, den betroffenen Arbeitnehmer nicht mit einer „Drohkulisse“ hinsichtlich der Erhebung personenbezogener Daten von der Durchführung eines BEM abzuschrecken.

Beispiel

Der Hinweis zu Art und Umfang der erhobenen und verwendeten Daten könnte beispielsweise wie folgt lauten:

„Zur Durchführung des BEM werden verschiedene personenbezogene Daten erhoben und verwendet. Bei diesen Daten handelt es sich zum Teil auch um Gesundheitsdaten (wie etwa Ihre Arbeitsunfähigkeitszeiten oder Angaben zu Ihrem Gesundheitszustand), soweit diese dem Arbeitgeber bereits

vorliegen (so z. B. die ausgewertete Dauer Ihrer Arbeitsunfähigkeit) oder Sie auf freiwilliger Basis oder – nach einer entsprechenden Befreiung von der Schweigepflicht – z. B. der Betriebsarzt oder Ihr behandelnder Arzt im Rahmen des BEM solche Angaben machen.
Dokumente, die Gesundheitsdaten enthalten (wie z. B. Krankheitsdiagnosen oder Gesprächsprotokolle, die solche sensiblen Daten dokumentieren), werden wir jedoch nicht zur Personalakte, sondern zu einer getrennten und vor unberechtigtem Zugriff besonders geschützten BEM-Akte nehmen. In der Personalakte werden wir nur Informationen aufbewahren, die keinen Bezug zu Ihrer Gesundheit haben, so etwa eine von Ihnen möglicherweise abgegebene Zustimmung zur Durchführung des BEM, die Dokumentation über Verläufe und Ergebnisse von Arbeitsversuchen oder etwaiger Maßnahmen zur stufenweisen Wiedereingliederung oder die Dokumentation über innerbetriebliche Umsetzungen oder über etwaige Umgestaltungen Ihres Arbeitsplatzes.
Die am BEM-Prozess beteiligten Personen unterliegen der Schweigepflicht und sind zur Beachtung des Datenschutzes verpflichtet. Daten, die im Rahmen des BEM erhoben wurden, werden wir nur mit Ihrer vorherigen Zustimmung an Dritte (z. B. die Rehabilitationsträger) weitergeben. Sie können zudem alle Ihre Person betreffenden Dokumente einsehen."

Damit der Arbeitgeber in einem eventuellen späteren Kündigungsschutzverfahren im Zusammenhang mit dem BEM keine Darlegungs- und Beweislastnachteile erleidet, ist wichtig, dass die Aufforderung an den Arbeitnehmer zur Teilnahme am BEM sowie die erteilten Hinweise auf die Ziele und zum Umgang mit den personenbezogenen Daten **schriftlich dokumentiert** werden. Gleiches gilt sodann für die Zustimmung oder die Ablehnung des Arbeitnehmers zur Durchführung des BEM. 23

Praxistipp
Der Arbeitnehmer sollte deshalb schon im Anschreiben zur ersten Kontaktaufnahme aufgefordert werden, schriftlich mitzuteilen, ob er mit der Durchführung des BEM einverstanden ist oder nicht.

---

b) Eventuelles Folgeanschreiben nach Ablehnung des BEM

Sollte der Mitarbeiter die Durchführung eines BEM nach dem ersten Anschreiben ablehnen, ist ein **Folgeanschreiben** durch den Arbeitgeber erforderlich. Grund hierfür ist, dass dem Arbeitgeber bei der Nichtdurchführung eines BEM nach der Rechtsprechung des BAG nur dann keine Nachteile drohen, wenn er den Arbeitnehmer zuvor deutlich darauf hingewiesen hatte, dass er mit einer **Kündigung** rechnen müsse, wenn er sich nicht aktiv am BEM beteiligt.[21] 24

Beispiel
Das Folgeanschreiben könnte etwa folgenden Hinweis enthalten:
„Wenn Sie die Durchführung eines BEM weiterhin ablehnen, sehen wir keine Möglichkeit, etwaige Maßnahmen und andere Beschäftigungsmöglichkeiten, die zur Verbesserung Ihrer gesundheitlichen Situation und zur Verringerung künftiger Arbeitsunfähigkeitszeiten beitragen könnten, zu erkennen.

---

21 Vgl. BAG, Urt. v. 10.12.2009 – 2 AZR 400/08 – NZA 2010, 398.

Wir weisen Sie deshalb darauf hin, dass die Gefahr besteht, dass wir Ihr Arbeitsverhältnis – unter Beachtung der kündigungsschutzrechtlichen Vorschriften – aufgrund der weiterhin zu erwartenden Fehlzeiten aus personenbedingten Gründen kündigen werden.“

---

25 Verweigert ein Arbeitnehmer nach einem solchen Folgeanschreiben die Teilnahme an einem BEM weiterhin, wird der Arbeitgeber – jedenfalls bis zum Eintreten neuer Umstände, die den erneuten Versuch eines BEM erforderlich machen – von seiner Pflicht zur Durchführung eines BEM frei. Aufgrund der fehlenden Einwilligung des Arbeitnehmers darf er ein solches auch nicht weiter aktiv vorantreiben.[22]

26 In der Praxis nicht selten anzutreffen ist eine Reaktion des Arbeitnehmers dergestalt, dass er zwar grundsätzlich am BEM interessiert sei, sich aufgrund seiner Arbeitsunfähigkeit derzeit aber nicht zur Teilnahme an einem BEM in der Lage sehe – sprich: er sei **„zu krank für ein BEM“**. Hierzu sei zunächst darauf hingewiesen, dass der Arbeitgeber ein BEM grundsätzlich auch schon während einer andauernden Arbeitsunfähigkeit einleiten muss. Auch stellt die Teilnahme an einem BEM keine Arbeitstätigkeit dar, der die attestierte Arbeitsunfähigkeit automatisch entgegenstünde. Nach der Zielsetzung des § 84 Abs. 2 SGB IX sollen Arbeitsunfähigkeitszeiten gerade keine Phasen der Passivität mehr darstellen; vielmehr sollen diese bereits zu einer frühzeitigen Suche nach Möglichkeiten der Überwindung der Arbeitsunfähigkeit genutzt werden.[23]

27 Sollte der Gesundheitszustand des Arbeitnehmers die Teilnahme an einem BEM aber tatsächlich nicht zulassen, ist fraglich, ob der Arbeitgeber weiterhin zur Durchführung des Klärungsverfahrens verpflichtet bleibt und dieses folglich aufschieben muss. Grundsätzliche dürfte die Verpflichtung zur Durchführung eines BEM in diesen Fällen fortbestehen – sein Zweck macht es mit jedem weiteren Krankheitstag nur dringlicher. Davon zu trennen ist aber die Frage, ob der Arbeitgeber weiterhin auch Nachteile in einem Kündigungsschutzverfahren hinzunehmen hat (näher hierzu unten, Rn 69 ff.), wenn er das BEM in einer solchen Situation nicht (zeitnah) durchführen kann und sich deshalb für den Ausspruch einer krankheitsbedingten Kündigung entscheidet. Da das BEM nicht dazu dient, den Kündigungsschutz des Arbeitnehmers zu verstärken und faktisch dessen Kündigungsfristen zu verlängern, muss für die Fallkonstellation „Zu krank für BEM“ Folgendes gelten: Ist ein BEM auch nach einem für den Arbeitgeber **zumutbaren Aufschub** (von ca. 4-6 Wochen in Anlehnung an die Wertung des § 3 Abs. 1 EFZG) weiterhin nicht durchführbar, steht das BEM als Suchprozess zur Ermittlung eventuell in Betracht kommender milderer Mittel bei Kündigungsausspruch **nicht zur Verfügung**. Die Nichtdurchführung darf für den Arbeitgeber in einem Kündigungsschutzprozess dann nicht mit Nachteilen

---

22 Vgl. Dau/Düwell/Joussen/*Düwell*, § 84 SGB IX Rn 62 f.; *Knittel*, § 84 SGB IX Rn 129, 152.
23 *Deinert*, NZA 2010, 969, 971.

in der Darlegungs- und Beweislast verbunden sein.[24] Allerdings muss der Arbeitgeber den betroffenen Arbeitnehmer unter Hinweis auf eine ansonsten möglicherweise drohende Kündigung wohl zunächst unter Fristsetzung zur Teilnahme am BEM auffordern.[25]

Hinweis
Sollte der Arbeitnehmer an der Durchführung eines BEM grundsätzlich interessiert sein, jedoch die Beteiligung der Arbeitnehmervertretung ablehnen, muss der Arbeitgeber das Klärungsverfahren ohne Beteiligung des Betriebs- bzw. Personalrats durchführen.[26] Die gegenteilige Ansicht, nach der die Beteiligung der Interessenvertretungen nicht zur Disposition des Arbeitnehmers steht,[27] verkennt, dass die Beteiligung einer Interessenvertretung, zu der der Arbeitnehmer kein Vertrauen hat, diesen an der aktiven und motivierten Mitwirkung hindern kann. Für die Erreichung der Ziele des BEM ist dies kontraproduktiv. Demgegenüber ist es nicht unwahrscheinlich, dass auch in einem BEM ohne Beteiligung des Betriebs- bzw. Personalrats durch ein konstruktives Mitwirken des betroffenen Arbeitnehmers zusammen mit den übrigen Beteiligten (wie etwa dem Werks- oder Betriebsarzt) Lösungsmöglichkeiten zur Verringerung der Arbeitsunfähigkeitszeiten gefunden werden.[28]

4. Erstgespräch

Stimmt der Arbeitnehmer der Durchführung eines BEM zu, empfiehlt es sich, 28
zunächst ein **Erstgespräch** in der gesetzlich vorgeschriebenen **Mindestbesetzung** durchzuführen. An dem Erstgespräch müssen neben dem betroffenen Arbeitnehmer jeweils mindestens ein Vertreter der Arbeitgeberseite und des Betriebsrats (falls ein solcher gebildet ist und der Arbeitnehmer nicht ausdrücklich auf einem Gespräch ohne Betriebsrat besteht) teilnehmen, bei schwerbehinderten Arbeitnehmern zusätzlich ein Vertreter der Schwerbehindertenvertretung. In Betrieben, in denen ein Integrationsteam gebildet ist, wird dieses sinnvollerweise genau diese vom Gesetz erforderliche Mindestzusammensetzung aufweisen, so dass das Erstgespräch zwischen dem Integrationsteam und dem Arbeitnehmer geführt werden kann.

Zu Beginn des Erstgesprächs sollte der Arbeitnehmer nochmals über die Ziele 29
des BEM informiert, auf die Freiwilligkeit des Verfahrens hingewiesen und von der im Rahmen des BEM zu erwartenden Erhebung und Verwendung personenbezogener Daten und insbesondere Gesundheitsdaten in Kenntnis gesetzt werden. Zudem sollte der Arbeitgeber spätestens im Erstgespräch versuchen, vom Arbeitnehmer eine

24 Anders *Schiefer/Borchard*, DB 2011, 2435, 2437 und ihm folgend *Knittel*, SGB IX, § 84 Rn 204, wonach in derartigen Konstellationen der Arbeitgeber die Beweislast dafür trage, dass auch ein BEM kein positives Ergebnis erbracht hätte.
25 Vgl. BAG, Urt. v. 10.12.2009 – 2 AZR 400/08 – NZA 2010, 398.
26 BVerwG, Beschl. v. 23.6.2010 – 6 P 8/09 – NZA-RR 2010, 554; vgl. auch *Rose/Ghorai*, BB 2011, 949, 952 zu dem vergleichbaren Fall, dass der Betriebsrat die Teilnahme am BEM selbst verweigert.
27 Kreikebohm/*Kohte*, § 84 SGB IX Rn 24.
28 Vgl. BVG, Beschl. v. 23.6.2010 – 6 P 8/09 – NZA-RR 2010, 554.

schriftliche **datenschutzrechtliche Einwilligung** gem. § 4a BDSG zu erhalten, die es ihm gestattet, zur Durchführung des BEM personenbezogene Daten und insbesondere Gesundheitsdaten zu erheben, zu verarbeiten und zu nutzen. Eine solche Zustimmung liegt nicht bereits konkludent in der Zustimmung des Arbeitnehmers zum BEM.[29]

30 Sodann kann mit dem Arbeitnehmer erörtert werden, ob die Arbeitsunfähigkeitszeiten in irgendeiner Weise auf die betriebliche Situation zurückzuführen sind und ob (bzw. welche) Maßnahmen in Betracht kommen, um die aktuelle Arbeitsunfähigkeit zu überwinden und künftige Arbeitsunfähigkeitszeiten zu verringern oder ganz zu verhindern. Kern des Gesprächs ist dabei nicht die Krankheit als solche, sondern deren Auswirkungen auf die Arbeitsfähigkeit und der **Umgang mit den betreffenden Einschränkungen**. Soweit die am Erstgespräch beteiligten Personen eine solche Klärung nicht selbst herbeiführen können, muss geklärt werden, ob es sinnvoll und erforderlich ist, das **Know-how weiterer Stellen** in das BEM einzubringen. Hierfür kommen beispielsweise die örtlichen gemeinsamen Servicestellen der Rehabilitationsträger, der Werks- oder Betriebsarzt oder der betreuende Arzt, das Integrationsamt (bei Schwerbehinderten) und sonstige externe Stellen (etwa die Berufsgenossenschaften, wenn Anzeichen für eine Berufskrankheit vorliegen, oder der Integrationsfachdienst) in Betracht. Wenn es um die technische Ausstattung des leidensgerechten Arbeitsplatzes geht, ist es häufig sinnvoll, die Fachkraft für Arbeitssicherheit bzw. Fachleute der zuständigen Berufsgenossenschaft zu beteiligen.[30]

Praxistipp

Die **örtlichen gemeinsamen Servicestellen** für Rehabilitation dienen als erster Ansprechpartner, die unter den verschiedenen in Betracht kommenden Rehabilitationsträgern diejenigen Träger ermitteln, die für den konkreten Fall zuständig sind. Bei Bedarf stellen sie den weiteren Kontakt zu diesen her und übernehmen bei mehreren Reha-Leistungen gegebenenfalls die Koordinierung. Ein Verzeichnis der jeweils nächstgelegenen gemeinsamen Servicestellen für Rehabilitation ist im Internet unter http://www.reha-servicestellen.de abrufbar.

---

5. Eingliederungsgespräch

31 Das eigentliche Eingliederungsgespräch findet sodann **unter Beteiligung der weiteren externen Personen** wie etwa eines Vertreters der örtlichen gemeinsamen Servicestellen oder des Integrationsamts statt, auf deren Hinzuziehung sich die Beteiligten im Erstgespräch geeinigt haben. Wenn freilich bereits das Erstgespräch ergibt, dass es zur weiteren Aufklärung nicht erforderlich ist, externen Sachverstand hinzuzuzie-

---

29 *Deinert*, NZA 2010, 969, 973.
30 *Stück*, AuA 2013, 210, 211.

hen, oder falls der Arbeitnehmer mit der Beteiligung Dritter nicht einverstanden ist, kann das Erstgespräch auch unmittelbar in das Eingliederungsgespräch übergeleitet werden.

Ziel des Eingliederungsgesprächs ist es, gemeinsam mit allen am BEM beteiligten 32
Personen mögliche Maßnahmen und Leistungen zu ermitteln, mit denen die Arbeitsunfähigkeit des betroffenen Arbeitnehmers möglichst überwunden werden kann und mit denen einer erneuten Arbeitsunfähigkeit vorgebeugt werden kann, um das Beschäftigungsverhältnis aufrecht zu erhalten. Aus dieser Zielrichtung ergeben sich folgende mögliche **Inhalte und Themen** des Eingliederungsgesprächs:
- Darstellung der mit der Krankheitssituation verbundenen Leistungseinschränkungen;
- Beurteilung von Belastungsrisiken und Gefährdungsfaktoren am Arbeitsplatz;
- Möglichkeiten zu Vermeidung arbeitsbedingter Gesundheitsgefahren, gesundheitlicher Beeinträchtigungen und Erkrankungen;
- mögliche Maßnahmen zur Wiederherstellung der Arbeitsfähigkeit am konkreten Arbeitsplatz (s. auch Rn 38);
- Suche nach anderen leidensgerechten Einsatzmöglichkeiten innerhalb des Unternehmens (s. auch Rn 38);
- bei Beteiligung der örtlichen gemeinsamen Servicestellen oder des Integrationsamts: Beratung zu begleitenden Hilfen und Leistungen zur Teilhabe am Arbeitsleben.

Praxistipp
Aufgrund des datenschutzrechtlichen **Gebots der Datensparsamkeit** sollte in den BEM-Gesprächen darauf geachtet werden, so wenig gesundheitsbezogene Daten wie möglich zu erheben. In der Regel wird es für die Durchführung des BEM genügen, anstatt nach Krankheitsbildern und -diagnosen lediglich nach den tatsächlichen Einschränkungen zu fragen, die das Krankheitsbild des Arbeitnehmers in Bezug auf seine Arbeitskraft mit sich bringt. Gerade dann, wenn ein Arzt am BEM teilnimmt, der über die gesundheitliche Situation des betroffenen Arbeitnehmers im Bilde ist, können Gefährdungspotentiale am Arbeitsplatz ermittelt und möglicherweise entschärft werden, ohne dass hierzu zwingend die Krankheit des Arbeitnehmers besprochen werden muss.

Wichtig ist, dass das Eingliederungsgespräch **ergebnisoffen** geführt wird, dass also 33
keine vernünftigerweise in Betracht zu ziehenden Maßnahmen und Möglichkeiten zur Wiederherstellung bzw. zur Erhaltung der Arbeitsfähigkeit ausgeschlossen werden.[31] Dies setzt voraus, dass die von den Beteiligten eingebrachten Vorschläge auch tatsächlich sachlich erörtert werden.[32] Wiegelt der Vertreter des Arbeitgebers ernsthaft eingebrachte, vernünftige Vorschläge vorschnell ab, riskiert der Arbeitgeber, dass ihm vorgeworfen wird, kein ordnungsgemäßes BEM durchgeführt zu haben;

31 Vgl. BAG, Urt. v. 10.12.2009 – 2 AZR 400/08 – NZA 2010, 398.
32 Vgl. BAG, Urt. v. 10.12.2009 – 2 AZR 400/08 – NZA 2010, 398.

in einem späteren Kündigungsschutzprozess drohen dann Darlegungs- und Beweislastnachteile.

34 Eine Verpflichtung speziell des Arbeitgebers, **bestimmte Vorschläge** zu unterbreiten, besteht **nicht**. Das Gesetz schreibt weder bestimmte Mittel vor, die auf jeden Fall bzw. umgekehrt keinesfalls in Erwägung zu ziehen sind, noch benennt es Personen oder Stellen, denen die – inhaltliche[33] – Leitung des BEM anvertraut wäre.[34] Vielmehr kann jeder Beteiligte im BEM von sich aus Lösungsmöglichkeiten in das Klärungsverfahren einbringen.[35] Eine mit dieser grundsätzlich gleichberechtigten Stellung sämtlicher Verfahrensbeteiligter nicht ohne Weiteres zu vereinbarende besondere Verpflichtung des Arbeitgebers nahm das LAG Köln[36] allerdings für den Fall an, dass dem Arbeitgeber bekannt ist, dass die Arbeitsunfähigkeit jedenfalls in einem gewissen Umfang auch durch ein **„Mobbing"** des betreffenden Arbeitnehmers verursacht sein könnte: in diesem Fall müsse im Eingliederungsgespräch – zumindest vom Arbeitgeber – auch das „zwischenmenschliche Miteinander" zur Verbesserung des Arbeitsumfeldes thematisiert werden.

35 Soweit in der Literatur gefordert wird, dass in Fällen, in denen die umfangreichen Arbeitsunfähigkeitszeiten eines Arbeitnehmers auf ein Mobbing am Arbeitsplatz zurückzuführen sind, im BEM stets ein **externer Mediator** eingeschaltet werden muss,[37] kann dem – jedenfalls in dieser Pauschalität – nicht gefolgt werden. Zum einen darf dann, wenn Mobbingvorwürfe gegen den Arbeitgeber oder speziell gegen einen Mitarbeiter im Raum stehen, der für den Arbeitgeber am BEM teilnimmt, nicht unbesehen unterstellt werden, die Arbeitgebervertreter im BEM seien parteiisch, voreingenommen und nicht in der Lage, ergebnisoffen und sachorientiert am Klärungsprozess mitzuwirken; selbst wenn die Mobbingvorwürfe im Einzelfall tatsächlich zutreffen sollten, kann von den Arbeitgebervertretern im BEM ein professionelles Verhalten erwartet werden, zumal am Klärungsgespräch gleichzeitig auch noch weitere Beteiligte wie die Arbeitnehmervertretung und ggf. das Integrationsamt teilnehmen. Zum anderen ist der Einsatz eines externen Mediators in tatsächlichen oder behaupteten Mobbingfällen auch deshalb nicht automatisch zur Durchführung eines fehlerfreien BEM erforderlich, weil es sich beim BEM im Grundsatz **nicht um ein kontradiktorisches** Verfahren handelt, in dem zwangsläufig gegenläufige Interessen zum Ausgleich gebracht werden müssten. Nach der gesetzlichen Konzeption des § 84 Abs. 2 SGB IX steht vielmehr das parallele Interesse sowohl des Arbeitneh-

---

33 Prozessual liegt die „Initiativlast" für die Durchführung des BEM demgegenüber klar beim Arbeitgeber, vgl. BAG, Beschl. v. 7.2.2012 – 1 ABR 46/10 – NZA 2012, 744; *Brose*, DB 2013, 1727, 1727.

34 BAG. Urt. v. 10.12.2009 – 2 AZR 198/09 – NZA 2010, 639.

35 BAG. Urt. v. 10.12.2009 – 2 AZR 198/09 – NZA 2010, 639; *Höser*, BB 2012, 1537, 1538.

36 LAG Köln, Urt. v. 26.10.2009 – 2 Sa 292/09 – BeckRS 2010, 65602, siehe hierzu auch ausführlich *Brose*, DB 2013, 1727, 1279.

37 *Brose*, DB 2013, 1727, 1729 f.

mers als auch des Arbeitgebers an der Verringerung der Arbeitsunfähigkeitszeiten im Vordergrund.

Hinweis
Wenn Mobbingvorwürfe im Raum stehen, sollte der Arbeitgeber aber freilich gleichwohl genau prüfen, wer als sein Vertreter am BEM teilnehmen soll. Schließlich trägt der Arbeitgeber das Risiko, dass ein Mitarbeiter im Einzelfall tatsächlich voreingenommen handelt und an sich vernünftige Vorschläge vorschnell ablehnt. Das BEM entspräche dann nicht den gesetzlichen Verfahrensmindestanforderungen. In diesem Sinne kann es in einzelnen Ausnahmefällen durchaus überlegenswert sein, im Einvernehmen mit dem betroffenen Mitarbeiter zusätzlich einen externen Mediator hinzuzuziehen.

Der Arbeitgeber sollte den Verlauf des Eingliederungsgesprächs **schriftlich dokumentieren**. Dabei empfiehlt es sich, insbesondere die vorgeschlagenen Maßnahmen und die für oder wider diese Maßnahmen vorgebrachten Argumente festzuhalten. Auch diese Dokumentation sollte nach Möglichkeit keine sensiblen Gesundheitsdaten des betroffenen Arbeitnehmers enthalten. 36

Praxistipp
Weil in der Praxis nicht gänzlich auszuschließen ist, dass im Einzelfall möglicherweise doch auch Gesundheitsdaten notiert werden, sollten die BEM-Gesprächsprotokolle grundsätzlich in einer von der allgemeinen Personalakte **getrennten BEM-Akte** geführt werden. Diese muss in besonderer Weise gegen den unberechtigten Zugriff Dritter geschützt werden, z. B. durch die Verwendung eines verschlossenen Kuverts oder durch Aufbewahrung in einem verschlossenen Schrank, zu dem nur die am BEM beteiligten Personen Zugriff haben. Die äußeren Rahmendaten des BEM (wie das Einladungsschreiben, das Antwortschreiben des Arbeitnehmers mit dessen Zustimmung oder Ablehnung, ein eventuell vereinbarter Maßnahmenkatalog und die Evaluierung der ergriffenen Maßnahmen) sollten demgegenüber in der allgemeinen Personalakte geführt werden.

6. Vereinbarung eines Maßnahmeplans

Falls im Eingliederungsgespräch Maßnahmen gefunden werden konnten, die zu einer Verringerung der künftigen Arbeitsunfähigkeitszeiten führen können, entwickelt das Integrationsteam hieraus einen individuellen Maßnahmeplan. 37

a) Maßnahmen

Welche Maßnahmen im Rahmen eines BEM zur Überwindung der Arbeitsunfähigkeit bzw. zur Vermeidung künftiger krankheitsbedingter Fehlzeiten ergriffen werden können, lässt sich § 84 Abs. 2 SGB IX nicht entnehmen. In Betracht kommen grundsätzlich alle Modifikationen, Interventionen und Hilfestellungen mit Bezug zur 38 betrieblichen Ebene,[38] mit denen etwaigen arbeitsplatzbedingten Krankheitsursachen entgegengewirkt werden kann.

Beispiel
Dies können beispielsweise spezielle Beratungsleistungen, technische Hilfsmittel, eine ergänzende Ausstattung oder Umgestaltung des Arbeitsplatzes, Veränderungen des Arbeitsablaufs, die Einrichtung eines Home-Office-Arbeitsplatzes, die Versetzung auf einen anderen Arbeitsplatz – gegebenenfalls in Kombination mit Weiterbildungsmaßnahmen – oder die Reduzierung des Tätigkeitsumfangs von einer Vollzeit- auf eine Teilzeittätigkeit sein. Als mögliches Ergebnis eines BEM kommt auch eine stufenweise Wiedereingliederung im Sinne der §§ 28 SGB IX, 74 SGB V in Betracht,[39] nämlich dann, wenn der betroffene arbeitsunfähige Mitarbeiter seine bisherige Tätigkeit nach ärztlicher Feststellung teilweise wieder verrichten und durch eine stufenweise Wiederaufnahme der Tätigkeit voraussichtlich besser in das Erwerbsleben re-integriert werden kann.

b) Anspruch auf Durchführung einer bestimmten Maßnahme?

39 Der im BEM entwickelte Maßnahmeplan muss **mit dem Arbeitgeber abgestimmt** werden. Allein dem Arbeitgeber obliegt die Entscheidung, ob überhaupt Maßnahmen ergriffen werden sollen und, wenn ja, welche. Weder der Betriebsrat noch – jedenfalls im Grundsatz – der Arbeitnehmer können allein unter Berufung auf das Ergebnis des BEM vom Arbeitgeber die Durchführung bestimmter Maßnahmen verlangen.[40]

40 Der Arbeitgeber muss bei seiner Entscheidung zwar die Vorschläge der am BEM-Gespräch Beteiligten in seine Überlegungen einbeziehen, er ist aber nicht an deren Auffassung gebunden.[41] Sollte der Arbeitgeber allerdings die Durchführung sachgerechter und ihm zumutbarer Maßnahmen ablehnen, riskiert er, das BEM letztlich nicht ordnungsgemäß durchgeführt zu haben; dies kann vor allem in einem eventuell nachfolgenden Kündigungsschutzprozess Nachteile mit sich bringen.

41 Anders kann sich die Rechtslage darstellen, wenn es sich bei dem Arbeitnehmer, für den ein BEM durchgeführt wird, um einen **schwerbehinderten Menschen** handelt. Schwerbehinderte Arbeitnehmer haben gegen ihren Arbeitgeber Anspruch auf behinderungsgerechte Beschäftigung. Gem. § 81 Abs. 4 Nr. 4 und 5 SGB IX beinhaltet dies unter anderem die Pflicht des Arbeitgebers zur behinderungsgerechten Gestaltung des Arbeitsplatzes, des Arbeitsumfeldes und der Arbeitsorganisation

38 *Steiner*, PersV 2006, 417, 418 f.

39 Während der Wiedereingliederung gem. § 74 SGB V besteht die Arbeitsunfähigkeit des Arbeitnehmers fort. Ohne eine gesonderte Zusage steht diesem deshalb aus der Beschäftigung zur Wiedereingliederung kein Vergütungsanspruch gegen den Arbeitgeber zu, s. BAG, Urt. v. 29.1.1992 – 5 AZR 37/91 –.

40 Vgl. *Deinert*, NZA 2010, 969, 971, mit dem zutreffenden Hinweis, dass sich Anpassungspflichten in Einzelfällen aus anderen Vorschriften wie etwa § 618 BGB ergeben können.

41 Dau/Düwell/Joussen/*Düwell*, § 84 Rn 30.

sowie zur Ausstattung des Arbeitsplatzes mit den erforderlichen technischen Arbeitshilfen (näher dazu Kap. 9. E. III., Rn 77 ff.).

c) Arbeitsvertraglicher Anpassungsbedarf?

Ob zur Durchführung einer im Rahmen des BEM gefundenen Maßnahme (vorübergehend) auch der **Arbeitsvertrag** des betroffenen Arbeitnehmers angepasst werden muss, hängt von der konkreten Maßnahme ab: 42

In den Fällen, in denen der Arbeitgeber die angedachte Maßnahme gegenüber dem Arbeitnehmer bereits kraft seines **Direktionsrechts** nach § 106 GewO einseitig anordnen kann, ist ein Einverständnis des Arbeitnehmers und damit eine – gegebenenfalls konkludente – Vertragsänderung entbehrlich. Sollte der Arbeitnehmer in solchen Fällen seine Zustimmung zur Maßnahme verweigern, müsste der Arbeitgeber jedenfalls vor Ausspruch einer personenbedingten Kündigung in der Regel zunächst versuchen, die betreffende Maßnahme (als milderes Mittel gegenüber dem Ausspruch einer Beendigungskündigung) einseitig durchzusetzen. 43

Viele der im Rahmen eines BEM denkbaren Maßnahmen sind jedoch nicht vom Direktionsrecht des Arbeitgebers umfasst. Dies trifft beispielsweise zu auf die (vorübergehende oder dauerhafte) Reduzierung des Arbeitsumfangs auf eine Teilzeittätigkeit, auf einen Arbeitsversuch an einem anderen, mit der bisherigen Tätigkeit nicht vergleichbaren Arbeitsplatz (jedenfalls bei Fehlen einer entsprechenden Versetzungsklausel) oder bei sonstigen Maßnahmen, die der Arbeitnehmer nach dem Inhalt seines Arbeitsvertrags nicht schuldet. Dies gilt insbesondere dann, wenn mit der Maßnahme zugleich eine – zumindest vorübergehende – Absenkung des Arbeitsentgelts verbunden ist, wie etwa bei einem Einsatz auf einem geringwertigeren Arbeitsplatz oder einer Einschränkung des Arbeitszeitvolumens. In diesen Fällen kann die Maßnahme nur im **Einvernehmen** mit dem Arbeitnehmer umgesetzt werden. 44

Praxistipp
Sobald der Maßnahmeplan aufgestellt und vom Arbeitgeber konsentiert ist, sollte dieser auch dem betroffenen Arbeitnehmer zur **Gegenzeichnung** vorgelegt werden, um dessen Einverständnis mit den angedachten Maßnahmen zu dokumentieren.

Unterzeichnet auch der Betriebsratsvertreter im Integrationsteam den Maßnahmeplan, liegt hierin noch keine – ggf. erforderliche – Zustimmung des Betriebsratsgremiums nach § 99 BetrVG. Eben so wenig führt dies zu einer Bindung des Betriebsrats dahingehend, dass die Zustimmung später erklärt werden müsse. 45

Praxistipp
Die Zustimmungssituation sollte der Betriebsratsvertreter im Integrationsteam nach Möglichkeit noch vor Unterzeichnung des Maßnahmeplans vorab informell klären.

---

7. Umsetzung und Kontrolle der Maßnahmen

46 Das BEM ist mit der Durchführung der Eingliederungsgespräche und der Aufstellung eines Maßnahmeplans noch keineswegs beendet. Erforderlich ist vielmehr, dass die im Maßnahmeplan vereinbarten Maßnahmen nunmehr auch entsprechend **erprobt** und dahingehend **überwacht** werden, ob sie zu dem erhofften Erfolg, d. h. zu einer relevanten Abnahme der Arbeitsunfähigkeitszeiten, führen.

47 Auch in diesem Stadium ist das BEM weiterhin grundsätzlich von der fortbestehenden Zustimmung des betroffenen Arbeitnehmers abhängig. Eine Ausnahme besteht lediglich für diejenigen Maßnahmen, die der Arbeitgeber einseitig kraft seines Direktionsrechts anordnen kann. Bricht der Arbeitnehmer das BEM ab, weil er nicht länger zur Durchführung einer im BEM entwickelten Maßnahme bereit ist, muss ihn der Arbeitgeber zunächst unter Setzung einer angemessenen Frist zur weiteren Mitwirkung **auffordern** und ihn darauf **hinweisen**, dass er anderenfalls damit rechnen muss, dass sein Arbeitsverhältnis aufgrund der befürchteten fortbestehenden Arbeitsunfähigkeit aus personenbedingten Gründen gekündigt wird.[42] Dieses Aufforderungsschreiben hat also gewissermaßen einen „Abmahncharakter“[43].

48 Falls sich die im BEM entwickelten Maßnahmen als **nicht zweckmäßig** erweisen, d. h. wenn die Maßnahmen entweder praktisch nicht durchgeführt werden können (Beispiel: der betroffene Arbeitnehmer ist für den ihm probeweise zugedachten Arbeitsplatz doch nicht geeignet) oder aber nicht zu einer spürbaren Verringerung der Arbeitsunfähigkeitszeiten führen, sollte die betreffende Maßnahme beendet und das Scheitern dokumentiert werden. Dabei ist allerdings zu beachten, dass eine im BEM gefundene Lösung erst über einen für eine verlässliche Prognose **hinreichend langen Zeitraum** versucht worden sein muss, bevor die betreffende Maßnahme als erfolglos eingestuft werden kann.[44]

49 **Verweigert der Betriebsrat seine Zustimmung** nach § 99 BetrVG zu einer Maßnahme, die als Ergebnis eines BEM vereinbart wurde (zum Mitbestimmungsrecht bei der Maßnahmenumsetzung siehe unten, Rn 57), darf der Arbeitgeber diese Maßnahme wohl noch nicht allein deshalb als gescheitert ansehen. Jedenfalls bei einem offensichtlich unbegründeten Widerspruch des Betriebsrats trifft den Arbeitgeber die Obliegenheit, anstelle des Ausspruchs einer Kündigung ein Zustimmungsersetzungsverfahren durchzuführen.[45] Ob dem Arbeitgeber aber auch dann, wenn die Rechtswidrigkeit der Zustimmungsverweigerung nicht augenscheinlich ist, ein Zustimmungsersetzungsverfahren zuzumuten ist, ist bislang nicht abschließend geklärt.[46]

---

42 BAG, Urt. v. 10.12.2009 – 2 AZR 400/08 – NZA 2010, 398.

43 *Höser*, BB 2012,1537, 1540.

44 LAG Hamm, Urt. v. 11.11.2011 – 13 Sa 805/11 – BeckRS 2012, 66104; Kreikebohm/*Kohte*, § 84 SGB IX Rn 21.

45 Vgl. BAG, Urt. v. 22.9.2005 – 2 AZR 519/04 – NZA 2006, 486; Urt. v. 3.12.2002 – 9 AZR 481/01 – NZA 2003, 1215 (jeweils bezogen auf schwerbehinderte Arbeitnehmer).

46 Vgl. hierzu *Seel*, ÖaT 2012, 265, 268.

Ob mit dem Fehlschlagen einer zunächst ins Auge gefassten Lösung zugleich das BEM insgesamt beendet ist, hängt davon ab, ob sich im Rahmen des BEM noch **weitere mögliche Maßnahmen** ergeben haben, die bislang nicht erprobt wurden. Ist dies der Fall, müssen vor Beendigung des BEM zunächst die anderen gefundenen Möglichkeiten zur Verringerung der Arbeitsunfähigkeit versucht werden. Dies gilt allerdings nur solange, wie derartige Maßnahmen vernünftigerweise in Betracht gezogen werden müssen und die weiteren Versuch dem Arbeitgeber überdies **zumutbar** sind. Dabei sind umso strengere Anforderungen an die Zumutbarkeit weiterer Maßnahmen zu stellen, je mehr Versuche bereits gescheitert sind. 50

Sind keine weiteren, vernünftigerweise in Betracht kommenden Maßnahmen mehr ersichtlich oder zumutbar, ist das BEM **ergebnislos zu beenden**. Dem Gesetz ist nicht ohne Weiteres zu entnehmen, wann der Arbeitgeber – bei fortbestehenden erheblichen Arbeitsunfähigkeitszeiten – verpflichtet ist, ein **erneutes BEM-Verfahren** einzuleiten. Mit Blick auf den Sinn und Zweck des BEM wird man dabei darauf abstellen müssen, ob dem Arbeitgeber seit Abschluss des letzten BEM neue Umstände bekannt wurden, die es möglich erscheinen lassen, dass im Rahmen eines Eingliederungsgesprächs nunmehr andere Maßnahmen gefunden werden könnten, die möglicherweise zu einer Besserung der Arbeitsunfähigkeitssituation führen. Die Gründe für eine derartige **„Zäsur“**, die die erneute Durchführung eines BEM erforderlich machen, können zum einen in der Veränderung der gesundheitlichen Situation des betroffenen Arbeitnehmers liegen (z. B. Ausheilung des ursprünglichen Leidens und Ablösung durch ein anderes Krankheitsbild, das umfangreiche Arbeitsunfähigkeitszeiten nach sich zieht). Zum anderen kann eine mittlerweile erfolgte Umgestaltung der Arbeitsorganisation oder das Entstehen neuer alternativer Beschäftigungsmöglichkeiten die erneute Einleitung eines BEM sinnvoll machen. Richtigerweise wird für das Wiederaufleben der Pflicht zur Durchführung eines BEM zudem erforderlich sein, dass nach Abschluss des letzten BEM (also nach Scheitern der hierbei entwickelten Maßnahmen) erneut eine Arbeitsunfähigkeitsdauer von insgesamt mehr als sechs Wochen vorliegt. 51

D. Mitbestimmungsrechte der Arbeitnehmervertretungen

In Bezug auf die Mitbestimmungs- und Beteiligungsrechte des Betriebsrats und des Personalrats muss grundsätzlich unterschieden werden zwischen 52

- der Einbeziehung der Arbeitnehmervertretung im konkreten **Einzelfall** (d. h. bei Durchführung eines BEM in Bezug auf einen bestimmten Arbeitnehmer) und ggf. bei der Umsetzung der gefundenen Ergebnisse,
- der Überwachung der generellen **Einhaltung der Pflichten** zur Durchführung von BEM-Verfahren im Allgemeinen sowie schließlich
- der Beteiligung des Betriebsrats an der Aufstellung **allgemeiner Regelungen**, nach denen sich die Durchführung von BEM-Verfahren richten sollen.

I. Einzelfallbezogene Mitbestimmungsrechte

53 Die Beteiligungsrechte der Arbeitnehmervertretungen bezogen auf die Durchführung eines konkreten BEM im Einzelfall sind in § 84 Abs. 2 SGB IX niedergelegt.

1. Unterrichtung, Mitklärung und Mitbestimmung bei der Umsetzung

54 Nach § 84 Abs. 2 S. 1 SGB IX ist der Betriebsrat bzw. der Personalrat zwingend in den BEM-Klärungsprozess einzubeziehen (eine Ausnahme besteht nach der hier vertretenen Auffassung nur, wenn der Arbeitnehmer die Mitwirkung des Betriebsrats ablehnt, s. oben Rn 27). Wenn im Betrieb oder in der Dienststelle Arbeitnehmervertretungen bestehen, ist der Arbeitgeber folglich gehindert, einseitig ein BEM durchzuführen.[47] Das **Recht zur Mitklärung** bedeutet, dass der Betriebs- bzw. Personalrat während des gesamten BEM-Prozesses „mit am Tisch" sitzt und gleichberechtigt mit den anderen Verfahrensbeteiligten Maßnahmen zur Diskussion stellen und von anderen eingebrachte Vorschläge diskutieren kann.

55 Damit die Arbeitnehmervertretung ihr Recht zur Mitklärung wahrnehmen kann, muss der Arbeitgeber sie zudem **unterrichten**, wenn bei einem bestimmten Mitarbeiter die Voraussetzungen für die Durchführung eines betrieblichen Eingliederungsmanagements vorliegen.

56 Das Recht des Betriebs- bzw. Personalrats zur Mitklärung erstreckt sich jedoch nicht auf die Entscheidung, ob überhaupt Maßnahmen zur Verringerung bzw. Verhinderung der Arbeitsunfähigkeitszeiten getroffen werden sollen und, wenn ja, welche. Die **abschließende Entscheidung** hierüber trifft allein der **Arbeitgeber**.[48] Allerdings trägt der Arbeitgeber das Risiko, eine sachgemäße und ihm auch zumutbare Maßnahme nicht ergriffen zu haben. Dies kann für ihn zu Nachteilen in einem Kündigungsschutzverfahren führen (dazu unten, 77 f.).

57 Schließlich kann die **Umsetzung** einer gefundenen BEM-Maßnahme Mitbestimmungsrechte des Personalrats (§§ 75 ff. BPersVG) bzw. des Betriebsrats (§ 99 BetrVG) auslösen.

2. Initiativrecht

58 Der Betriebsrat bzw. der Personalrat kann nach § 84 Abs. 2 S. 6 SGB IX im Einzelfall zudem die **Einleitung** und – solange nicht der betroffene Arbeitnehmer widerspricht – die Durchführung eines BEM verlangen. Weigert sich der Arbeitgeber,

---

47 Dau/Düwell/Joussen/*Düwell*, § 84 Rn 68.

48 Vgl. Dau/Düwell/Joussen/*Düwell*, § 84 Rn 30; *Knittel*, § 84 SGB IX Rn 54.

können die Arbeitnehmervertretungen dieses Initiativrecht im Beschlussverfahren vor den Arbeitsgerichten geltend machen.[49]

Das Initiativrecht der Arbeitnehmervertretung betrifft allerdings nur das BEM-Verfahren als solches; konkrete Maßnahmen kann die Arbeitnehmervertretung lediglich vorschlagen, nicht aber erzwingen.[50] 59

II. Allgemeine Überwachungspflichten

Losgelöst von konkreten Einzelfällen steht dem Betriebsrat bzw. dem Personalrat gemäß § 84 Abs. 2 S. 7 SGB IX ein allgemeines Überwachungsrecht in Bezug darauf zu, ob der Arbeitgeber seine Pflichten zur Durchführung eines BEM prinzipiell erfüllt. Dieses **Überwachungsrecht** ist auch in § 93 S. 1 Nr. SGB IX (und speziell für die Schwerbehindertenvertretung nochmals in § 95 Abs. 1 S. 2 Nr. 1 SGB IX) niedergelegt. Es korrespondiert mit der allgemeinen Überwachungspflicht des Betriebsrats bzw. Personalrats gem. § 80 Abs. 1 Nr. 1 BetrVG, § 68 Abs. 1 Nr. 2 BPersVG bezüglich der Einhaltung von Arbeitnehmerschutzvorschriften. 60

Zur Erfüllung seiner Überwachungspflichten kann die Arbeitnehmervertretung nach § 80 Abs. 2 S. 1 BetrVG bzw. § 68 Abs. 2 BPersVG verlangen, dass sie der Arbeitgeber regelmäßig (z. B. quartalsweise) darüber **informiert**, welche Mitarbeiter innerhalb eines Jahres länger als sechs Wochen ununterbrochen oder wiederholt arbeitsunfähig waren. Sie kann dabei die Nennung der Namen der betroffenen Mitarbeiter auch dann verlangen, wenn diese der Durchführung eines BEM (noch) nicht zugestimmt haben.[51] Einen Anspruch auf Nennung der exakten Dauer der Arbeitsunfähigkeitszeiten hat die Personalvertretung dabei jedoch nicht.[52] Zudem kann der Betriebsrat bzw. Personalrat die Vorlage der BEM-Einladungsschreiben an die betroffenen Mitarbeiter verlangen. Hingegen hat er ohne Zustimmung der Beschäftigten kein Recht auf Einsichtnahme in die jeweiligen Antwortschreiben.[53] 61

---

49 *Nassibi*, NZA 2012, 720, 722; *Düwell*, BB 2000, 2570, 2572; Kreikebom/*Kohte*, § 84 SGB IX Rn 37; vgl. auch *Baumeister/Richter*, ZfA 2010, 3, 5.

50 Vgl, auch Dau/Düwell/Joussen/*Düwell*, § 84 Rn 30; *Knittel*, § 84 SGB IX Rn 54.

51 BAG, Beschl. v. 7.2.2012 – 1 ABR 46/10 – NZA 2012, 744; BVerwG, Beschl. v. 4.9.2012 – 6 P 5/11 – NZA-RR 2013, 164; *Weinbrenner*, öAT 2012, 229, 229.

52 BVerwG, Beschl. v. 4.9.2012 – 6 P 5/11 – NZA-RR 2013, 164.

53 BVerwG, Beschl. v. 23.6.2010 – 6 P 8/09 – NZA-RR 2010, 554; BVerwG, Beschl. v. 4.9.2012 – 6 P 5/11 – NZA-RR 2013, 164.

III. Zwingende Mitbestimmung bei Formalisierung des BEM

62 Möchte der Arbeitgeber eine **allgemeine Verfahrensordnung** schaffen, um den Ablauf des BEM allgemein, d. h. losgelöst vom jeweiligen Einzelfall, zu definieren, muss er hieran den Betriebsrat beteiligen. Die originäre Zuständigkeit für eine solche kollektive Regelung wird in aller Regel beim örtlichen Betriebsrat liegen.[54]

1. Mitbestimmungstatbestände

63 Die Grundlage für das Mitbestimmungsrecht, die für jede einzelne Regelung gesondert zu prüfen ist, ist im Einzelnen umstritten. Nach wohl überwiegender Auffassung kann die Einführung eines **formalisierten BEM** der zwingenden Mitbestimmung nach § 87 Abs. 1 Nr. 7 BetrVG (Regelungen über den Gesundheitsschutz) unterliegen.[55] Wird bei der Durchführung des BEM auf die IT-Systeme des Arbeitgebers zurückgegriffen (z. B. bei einer automatisierten Auswertung von Arbeitsunfähigkeitszeiten), ist in aller Regel auch der Mitbestimmungstatbestand des § 87 Abs. 1 Nr. 6 BetrVG (Verwendung technischer Einrichtungen zur Leistungsüberwachung) erfüllt.[56] Ferner spricht einiges dafür, dass in Bezug auf allgemeine Verfahrensfragen (beispielsweise bezüglich der Durchführung von Erst- und Eingliederungsgesprächen) auch § 87 Abs. 1 Nr. 1 BetrVG (Ordnung des Betriebs) einschlägig ist.[57]

64 Für das Personalvertretungsrecht werden regelmäßig Mitbestimmungsrechte nach § 75 Abs. 3 Nr. 11 BPersVG (Maßnahmen zur Verhütung von Gesundheitsschädigungen)[58], § 75 Abs. 3 Nr. 15 BPersVG (Ordnungsverhalten in der Dienststelle)[59] und – bei Nutzung oder Verarbeitung von Gesundheitsdaten mittels EDV-Systemen – § 75 Abs. 3 Nr. 17 BPersVG (Verwendung technischer Einrichtungen zur Leistungsüberwachung)[60] gegeben sein.

54 So auch *Stück*, AuA 2013, 210, 212.

55 BAG, Beschl. v. 13.3.2012 – 1 ABR 78/10 – NZA 2012, 748; *Nassibi*, NZA 2012, 720, 722 f.; Kossens/von der Heide/Maaß/*Kossens*, § 84 Rn 28; *Deinert*, NZA, 2010, 969, 972; a.A. LAG Berlin-Brandenburg, Beschl. v. 23.9.2010 – 25 TaBV 1155/10 – BeckRS 2011, 69319; LAG Hamburg, Beschl. v. 21.5.2008 – H 3 TaBV 1/08 – , BeckRS 2008, 54567; *Balders*/Lepping, NZA 2005, 854, 856; *Weinbrenner*, öAT 2012, 229, 230 f.

56 Vgl. BAG, Beschl. v. 13.3.2012 – 1 ABR 78/10 – NZA 2012, 748; *Nassibi*, NZA 2012, 720, 722.

57 BAG, Beschl. v. 13.3.2012 – 1 ABR 78710 –; vgl. BAG, Beschl. v. 8.11.1994 – 1 ABR 22/94 – NZA 1995,857, (für formalisierte Krankengespräche); LAG Berlin-Brandenburg, Beschl. v. 23.9.2010 – 25 TaBV 1155/10 – BeckRS 2011, 69319; *Nassibi*, NZA 2012, 720, 722; a.A. *Balders*/*Lepping*, NZA 2005, 854, 856.

58 Kossens/von der Heide/Maaß/*Kossens*, § 84 Rn 28; Kreikebohm/*Kohte*, § 84 SGB IX Rn 30; *Weinbrenner*, öAT 2012, 229, 230 f.; vgl. auch OVG Berlin-Brandenburg, Beschl. v. 8.11.2012 – OVG 62 PV 2.12 – BeckRS 2013, 45877; a.A. Richardi/Dörner/Weber/*Kaiser*, § 75 BPersVG Rn 439.

59 *Weinbrenner*, öAT 2012, 229, 230.

60 *Weinbrenner*, öAT 2012, 229, 230.

2. Reichweite der betrieblichen Mitbestimmung

§ 87 Abs. 1 BetrVG räumt dem Betriebsrat bei der Ausgestaltung eines formalisierten BEM ein zwingendes Mitbestimmungsrecht ein. Dies bedeutet, dass der Betriebsrat ein Initiativrecht hat und die **Aufstellung einer Betriebsvereinbarung zum BEM** auch gegen den Willen des Arbeitgebers durch Anrufung einer Einigungsstelle nach §§ 76 Abs. BetrVG, 98 ArbGG erzwingen kann. Entsprechendes gilt im Grundsatz nach §§ 70 Abs. 1, 69 Abs. 2, 3 BPersVG auch für den Personalrat.[61] 65

Dabei beschränkt sich das Mitbestimmungsrecht des Betriebsrats allerdings auf solche Regelungen, die das **„Wie" des BEM-Verfahrens** näher ausgestalten. Demgegenüber ist die Frage des „Ob", d. h. wann und unter welchen Voraussetzungen ein BEM durchzuführen ist, abschließend in § 84 Abs. 2 SGB IX geregelt und damit der Mitbestimmung entzogen.[62] Dies bedeutet beispielsweise, dass der Betriebsrat nicht die Einführung eines „Work-Ability-Index" erzwingen kann, nach dem beurteilt werden soll, ob Mitarbeiter einen Anspruch auf ein BEM haben oder nicht.[63] Das Mitbestimmungsrecht des Betriebsrats erstreckt sich ferner **nicht auf einzelne Maßnahmen** oder Umsetzungshandlungen.[64] 66

3. Mögliche Inhalte einer Betriebs- bzw. Dienstvereinbarung zum BEM

Nach alledem kommt einer Betriebs- bzw. Dienstvereinbarung vor allem die Aufgabe zu, den in § 84 Abs. 2 SGB IX nur sehr punktuell, nämlich in Bezug auf die zu beteiligenden Personen geregelten **Verfahrensablauf** näher auszugestalten und zu standardisieren. Zudem kann die Betriebsvereinbarung genutzt werden, um einen zusätzlichen Erlaubnistatbestand für die Erhebung und Verarbeitung **personenbezogener Daten** und insbesondere Gesundheitsdaten zu schaffen. 67

Checkliste

Eine schlank gehaltene und gut praktikable Dienst- bzw. Betriebsvereinbarung könnte somit folgende Inhalte haben:

- Definition der Ziele des betrieblichen Eingliederungsmanagements in Übereinstimmung mit § 84 Abs. 2 SGB IX;
- Festlegung eines Standardverfahrens zur turnusmäßigen Auswertung der Arbeitsunfähigkeitszeiten;
- Bildung eines Integrationsteams;

---

61 *Weinbrenner*, öAT 2012, 229, 230. Die Spruchkompetenz der Einigungsstelle kann – statt einer bindenden Entscheidung – im Einzelfall allerdings auf eine Empfehlung beschränkt sein, dazu näher Richardi/Dörner/Weber/*Kaiser*, § 75 BPersVG Rn 211.

62 *Schiefer/Borchard*, DB 2011, 2435, 2437.

63 BAG, Beschl. v. 13.3.2012 – 1 ABR 78/10 – NZA 2012, 748.

64 Kreikebohm/*Kohte*, § 84 SGB IX Rn 30; anders in Bezug auf den Personalrat aber wohl *Weinbrenner*, öAT 2012, 229, 231.

- Festlegung der Inhalte und Verantwortlichkeiten für die Erstellung des BEM-Einladungsschreibens sowie eines Folgeanschreibens, falls der Arbeitnehmer seine Zustimmung nicht erteilt;
- Festlegung der Verantwortlichkeit für Terminierung eines Erstgesprächs;
- Bestimmung der Teilnehmer und der Inhalte des Erstgesprächs;
- Zuweisung der Verantwortlichkeiten für Durchführung eines Eingliederungsgesprächs;
- Definition der Ziele und Inhalte des Eingliederungsgesprächs;
- Festlegung der Verantwortlichkeiten für die Entwicklung eines Maßnahmeplans;
- Abläufe zur Überwachung des vereinbarten Maßnahmeplans;
- Zuweisung der Verantwortlichkeiten für die abschließende Beurteilung sowie die Beendigung des BEM;
- Festlegung der Prozesse bei Abbruch des BEM durch den Arbeitnehmer;
- Ermächtigung zur Erhebung, Verarbeitung und Nutzung personenbezogener Daten und insbesondere Gesundheitsdaten zur Durchführung des BEM;
- Grundsätze für die Dokumentation und die Führung der BEM- bzw. Personalakten;
- Schulungsmaßnahmen für die Mitglieder des Integrationsteams.

68 Beispiele für in der Praxis verwendete **BEM-Betriebsvereinbarungen** können auf der Internetseite des Zentrum Bayern Familie und Soziales unter folgendem Link abgerufen werden: http://www.zbfs.bayern.de/integrationsamt/eingliederungsmanagement/betriebsvereinbarung.html.[65] Die dort eingestellten Inhalte sollten vor einer etwaigen Übernahme aber dringend im Einzelnen sowohl rechtlich als auch auf die Geeignetheit für den konkreten Fall überprüft werden.

E. Auswirkungen des BEM auf krankheitsbedingte Kündigungen

I. Grundsätze

69 Die Bedeutung, die das BEM in den letzten Jahren sowohl in der Rechtsprechung des BAG als auch in der betrieblichen Praxis erlangt hat, erklärt sich vor allem durch dessen Auswirkung auf einen etwaigen **Kündigungsschutzprozess** nach Ausspruch einer krankheitsbedingten Kündigung.

70 Die Durchführung eines BEM ist allerdings **keine formelle Wirksamkeitsvoraussetzung** einer solchen Kündigung, d. h. das Unterlassen des BEM führt nicht automatisch zu deren Unwirksamkeit.[66] Das BEM dient vielmehr der **Konkretisierung des Verhältnismäßigkeitsgrundsatzes.**[67] Dieses beim Ausspruch einer Kündigung jedenfalls im Anwendungsbereich des Kündigungsschutzgesetzes stets zu beachtende Prinzip besagt insbesondere, dass eine Kündigung stets nur als allerletztes Mittel ausgesprochen werden kann, d. h. nur dann, wenn es keine anderen, milde-

65 Letzter Abruf am 8.8.2014.
66 BAG, Urt. v. 12.7.2007 – 2 AZR 716/06 – NZA 2008, 173.
67 BAG, Urt. v. 23.4.2008 – 2 AZR 1012/06 – NZA-RR 2008, 515.

ren Mittel gibt, durch die die eingetretenen Vertragsstörungen bzw. die betrieblichen Beeinträchtigungen beseitigt werden können. Bei einer krankheitsbedingten Kündigung kommt als vorrangiges Mittel zum einen eine Weiterbeschäftigung auf einem anderen, freien Arbeitsplatz in Betracht. Zum anderen muss der Arbeitgeber überprüfen, ob er über andere gleichwertige und leidensgerechte Arbeitsplätze verfügt, auf die der betroffene Arbeitnehmer kraft des arbeitgeberseitigen Direktionsrechts versetzt werden könnte; dies gilt selbst dann, wenn diese Arbeitsplätze nicht frei sind, aber durch Ausübung des Direktionsrechts freigemacht werden können.[68] Das BEM dient gerade dazu, derartige mildere Mittel zu erkennen und zu entwickeln.

Das BEM ändert zwar nichts an den materiell-rechtlichen Anforderungen für 71
die soziale Rechtfertigung einer Kündigung. Allerdings hat die (Nicht-)Durchführung eines BEM einen erheblichen Einfluss auf die **Verteilung der Darlegungs- und Beweislast** in einem Kündigungsschutzprozess. Grundsätzlich trägt der Arbeitgeber nach § 1 Abs. 2 S. 4 KSchG die Darlegungs- und Beweislast für die Tatsachen, die die Kündigung bedingen. Dazu zählt auch das Fehlen alternativer Beschäftigungsmöglichkeiten, die einen zukünftigen störungsfreien Verlauf des Arbeitsverhältnisses möglich erscheinen lassen. Hinsichtlich der fehlenden Weiterbeschäftigungsmöglichkeiten kann sich der Arbeitgeber – nach den allgemeinen Darlegungsregeln – grundsätzlich auf die pauschale Aussage beschränken, es bestünden keine anderen Beschäftigungsmöglichkeiten für den erkrankten Arbeitnehmer. Daraufhin muss der Arbeitnehmer konkret darlegen, wie er sich eine Änderung des bisherigen Arbeitsplatzes oder seine weitere Beschäftigung unter Berücksichtigung seiner gesundheitlichen Beeinträchtigungen vorstellt.

Diese abgestufte Darlegungs- und Beweislast wird infolge der Durchführung bzw. 72
Nichtdurchführung eines BEM – kurz gesprochen – wie folgt modifiziert:[69]

- Ist seitens des Arbeitgebers ein BEM nicht oder nicht ordnungsgemäß durchgeführt worden, hat der Arbeitgeber darzulegen, warum es keine Alternativen zur Kündigung gibt.
- Ist das BEM ordnungsgemäß durchgeführt worden und zu einem negativen Ergebnis gelangt, muss der Arbeitnehmer darlegen, welche Alternativen es zu einer Kündigung gab.
- Kommt das ordnungsgemäß durchgeführte BEM zu einem positiven Ergebnis, hat der Arbeitgeber dessen Vorschläge umzusetzen. Will er gleichwohl kündigen, muss er darlegen, warum die Vorschläge nicht umsetzbar waren bzw. zu keiner Verbesserung geführt hätten.

Im Einzelnen können folgende Fallgruppen unterschieden werden: 73

---

68 BAG, Urt. v. 12.7.2007 – 2 AZR 716/06 – NZA 2008, 173; vgl. auch BAG, Urt. v. 29.1.1997 – 2 AZR 9/96 – NJW 1997, 2700.

69 In Anlehnung an Tschöpe/*Tschöpe*, Anwaltshandbuch Arbeitsrecht, Teil 3 E Rn 83c.

II. Fallgruppen

1. BEM wurde vom Arbeitgeber ordnungsgemäß durchgeführt

a) BEM führte zu negativem Ergebnis

74 Falls ein BEM vom Arbeitgeber ordnungsgemäß durchgeführt wurde, kann sich dennoch ein Kündigungsszenario ergeben, wenn im Rahmen des Klärungsprozesses entweder keine geeigneten Maßnahmen gefunden werden konnten oder wenn zwar Maßnahmen vereinbart wurden, deren Durchführung die Arbeitsunfähigkeitszeiten aber nicht hinreichend verringert hat. In diesen Fällen wirkt sich der Umstand, dass ein ordnungsgemäß durchgeführtes BEM zu der Erkenntnis geführt hat, dass es keine Möglichkeiten gibt, die Arbeitsunfähigkeit des Arbeitnehmers zu überwinden oder künftig zu vermeiden, aus Arbeitgebersicht **positiv** auf die Darlegungs- und Beweislast im Kündigungsschutzprozess aus:

75 Der Arbeitgeber genügt seiner Darlegungslast in dieser Situation bereits dann, wenn er darauf hinweist, dass ein BEM mit negativem Ergebnis durchgeführt wurde, und pauschal behauptet, es bestünden keine anderen Beschäftigungsmöglichkeiten. Nunmehr muss der Arbeitnehmer konkret darlegen, wie er sich eine Änderung des bisherigen Arbeitsplatzes oder eine andere Beschäftigungsmöglichkeit vorstellt, die er trotz seiner gesundheitlichen Beeinträchtigung ausüben kann. Dabei kann er aber grundsätzlich nicht mehr auf alternative Beschäftigungsmöglichkeiten verweisen, die während des BEM diskutiert und verworfen worden sind. Auch ein Verweis auf nicht behandelte Alternativen ist grundsätzlich ausgeschlossen, weil der Arbeitnehmer diese bereits in das BEM hätte einbringen müssen. Der Arbeitnehmer kann seiner Darlegungslast deshalb allenfalls dadurch genügen, dass er auf Möglichkeiten verweist, die sich **erst nach Abschluss des BEM** bis zum Zeitpunkt der Kündigung ergeben haben.[70] Ein solcher Nachweis wird dem Arbeitnehmer aber jedenfalls dann kaum gelingen können, wenn zwischen der (erfolglosen) Beendigung des BEM und dem Ausspruch der Kündigung nur eine kurze Zeitspanne lag.

b) AN verweigerte Zustimmung oder brach BEM ab

76 Erteilt der Arbeitnehmer von vorneherein seine Zustimmung zur Durchführung eines BEM nicht, bricht er dieses später ab, oder kann eine im BEM gefundene Maßnahme nur mit der Einwilligung oder Initiative des Arbeitnehmers umgesetzt werden, die dieser jedoch verweigert, braucht der Arbeitgeber das BEM nicht weiter durchzuführen. Die Nichtdurchführung des BEM ist dann **„kündigungsneutral“**.[71] Eine in diesem Verfahren gegebenenfalls gefundene, dem Arbeitgeber aber nicht bekannte

---

70 BAG, Urt. v. 10.12.2009 – 2 AZR 400/08 – NZA 2010, 398; kritisch gegenüber einer solchen Präklusion *Deinert*, NZA 2010, 969, 974.

71 BAG, Urt. v. 24.3.2011 – 2 AZR 170/10 – NZA 2011, 992.

Maßnahme ist richtigerweise nicht mehr als milderes Mittel gegenüber einer Kündigung zu berücksichtigen. Dies setzt allerdings voraus, dass der Arbeitgeber den betroffenen Arbeitnehmer vorher ordnungsgemäß zum BEM eingeladen (s. dazu näher oben, 21 ff.) und ihn unter Fristsetzung zur (weiteren) Beteiligung am BEM bzw. zur Einwilligung zur Durchführung der Maßnahme **aufgefordert** und ihn ferner deutlich darauf **hingewiesen** hatte, dass er im Weigerungsfall mit einer Kündigung rechnen müsse (s. oben, Rn 24).[72]

2. BEM wurde vom Arbeitgeber nicht ordnungsgemäß durchgeführt

a) BEM wurde gar nicht oder verfahrensfehlerhaft durchgeführt

Ganz anders stellt sich die Situation dar, wenn der Arbeitgeber vor Ausspruch der 77
Kündigung entweder gar kein BEM oder nur ein BEM, das den gesetzlichen Mindestanforderungen nicht genügt, durchgeführt hat. Der Arbeitgeber darf sich aus dem pflichtwidrigen Unterlassen eines BEM keine darlegungs- und beweisrechtlichen Vorteile verschaffen. In diesen Fällen kann sich der Arbeitgeber nicht auf den pauschalen Vortrag beschränken, er kenne keine alternativen Einsatzmöglichkeiten. Er hat stattdessen **von sich aus umfassend und konkret** im Einzelnen darzulegen, aus welchen Gründen denkbare oder vom Arbeitnehmer aufgezeigte Alternativen zu den bestehenden Beschäftigungsmöglichkeiten – wie etwa eine Anpassung des bisherigen Arbeitsplatzes oder ein Einsatz auf einem leidensgerechten Arbeitsplatz – nicht in Betracht kommen, um die Ausfallzeiten künftig zu reduzieren.[73] Der Arbeitgeber muss dabei also selbst solche denkbaren Möglichkeiten vortragen, die noch nicht einmal der Arbeitnehmer in Erwägung gezogen hätte.[74] Der Arbeitgeber trägt somit die Darlegungs- und Beweislast dafür, dass ein BEM deswegen entbehrlich war, weil es wegen der gesundheitlichen Beeinträchtigung des Arbeitnehmers unter keinen Umständen ein positives Ergebnis hätte erzielen können.[75] Erst wenn dem Arbeitgeber dies gelingen sollte (was in der Praxis aber voraussetzen dürfte, dass der Arbeitgeber in der Vergangenheit bereits konkrete Maßnahmen durchgeführt hatte, die mit Elementen des BEM vergleichbar sind)[76], ist es wieder Sache des Arbeitnehmers, sich hierzu substantiiert einzulassen.

---

72 Vgl. BAG, Urt. v. 10.12.2009 – 2 AZR 400/08 – NZA 2010, 398.

73 BAG, Urt. v. 30.9.2010 – 2 AZR 88/09 – NZA 2011, 39; BAG, Urt. v. 10.12.2009 – 2 AZR 400/08 – NZA 2010, 398; BAG, Urt. v. 23.4.2008 – 2 AZR 1012/06 – NZA-RR 2008, 515; BAG, Urt. v. 12.7.2007 – 2 AZR 716/06 – NZA 2008, 173.

74 *Baumeister/Richter*, ZfA 2010, 3, 26.

75 BAG, Urt. v. 30.9.2010 – 2 AZR 88/09 – NZA 2011, 39.

76 Vgl. *Baumeister/Richter*, ZfA 2010, 3, 23 f.

b) Arbeitgeber setzt im BEM gefundene Maßnahme nicht um

78 Hat das BEM zu einem positiven Ergebnis geführt, ist der Arbeitgeber – jedenfalls vor Ausspruch einer krankheitsbedingten Kündigung – grundsätzlich „verpflichtet", die ermittelte Maßnahme als milderes Mittel umzusetzen, soweit dies in seiner alleinigen Macht steht.[77] Kündigt der Arbeitgeber dennoch, **ohne die Maßnahme über einen aussagekräftigen Zeitraum versucht** zu haben, muss er im Kündigungsschutzprozess im Einzelnen darlegen, warum die Maßnahme entweder – trotz der im BEM gewonnenen Erkenntnis – undurchführbar war oder warum sich auch bei einer Umsetzung der Maßnahme die Arbeitsunfähigkeitszeiten des betroffenen Arbeitnehmers keinesfalls verringert hätten.[78] Bestreitet der Arbeitnehmer diese Aussagen, wird es dem Arbeitgeber oft nur sehr schwer gelingen, seine Aussagen zu beweisen.

---

i **Hinweis**
Ohne ein in der Sache erfolglos durchgeführtes BEM bzw. einen gescheiterten Arbeitsversuch zu geänderten Bedingungen wird der Arbeitgeber einen Kündigungsschutzprozess um eine krankheitsbedingte Kündigung nur schwer gewinnen können.

---

c) „Heilung" durch Zustimmung des Integrationsamts?

79 Nicht abschließend geklärt ist bislang, ob sich die Darlegungs- und Beweislast auch dann wie vorstehend geschildert zum Nachteil des Arbeitgebers verschiebt, wenn dieser zwar die ordnungsgemäße Durchführung eines BEM unterlassen hat, es sich bei dem Gekündigten jedoch um einen schwerbehinderten Arbeitnehmer handelt und das **Integrationsamt** der Kündigung des Arbeitsverhältnisses vorher gemäß §§ 85 ff. SGB IX **zugestimmt** hatte.

80 Das BAG hat zwar nicht zum BEM, aber zu dem ähnlich gelagerten Präventionsverfahren nach § 84 Abs. 1 SGB IX (ausführlich dazu unten, Kap. 9. E. VI., Rn. 97 ff.) entschieden, dass – wenn das Integrationsamt nach eingehender Prüfung die Zustimmung zur Kündigung erteilt hat – nur noch **bei Vorliegen besonderer Anhaltspunkte** davon ausgegangen werden kann, ein solches Präventionsverfahren hätte die Kündigung verhindern können.[79] Der Entscheidung lag allerdings eine verhaltensbedingte Kündigung zugrunde.

81 Nach Ansicht des LAG Nürnberg[80] und einiger Stimmen in der Literatur[81] kann diese Rechtsprechung dennoch **auf das BEM übertragen** werden. Dafür spricht, dass auch im Rahmen des Zustimmungsverfahrens beim Integrationsamt nach §§ 85, 87

---

77 BAG, Urt. v. 10.12.2009 – 2 AZR 400/08 – NZA 2010, 398.
78 BAG, Urt. v. 10.12.2009 – 2 AZR 400/08 – NZA 2010, 398.
79 BAG, Urt. v. 7.12.2006 – 2 AZR 182/06 – NZA 2007, 617.
80 LAG Nürnberg, Urt. v. 21.6.2006 – 4 (9) Sa 933/05 – BB 2006, 2362.
81 *Arnold/Fischinger*, BB 2007, 1894, 1896 f.

Abs. 2 SGB IX unter Hinzuziehung des Betriebsrats und der Schwerbehindertenvertretung geprüft wird, ob geeignete Rehabilitationsmaßnahmen eine Entlassung des betroffenen schwerbehinderten Menschen vermeiden können. Wenn sich das Integrationsamt deshalb dazu veranlasst sah, die beantragte Zustimmung zu erteilen, könne davon ausgegangen werden, dass auch ein BEM keine Möglichkeiten zur Erhaltung des Arbeitsverhältnisses aufgezeigt hätte.[82]

Demgegenüber hält die **Gegenansicht**[83] ein Abrücken von der verschärften Darlegungs- und Beweislast nach einer erteilten Zustimmung des Integrationsamts nicht für gerechtfertigt. Schon die hohe Zahl erfolgreicher Widersprüche gegen Entscheidungen des Integrationsamts sprächen empirisch gegen eine Vermutungsregel des Inhalts, dass ein Präventionsverfahren bzw. ein BEM keine Lösungen erzielt hätte, wenn auch das Integrationsamt solche nicht gefunden hat.[84] Zudem sei der Prüfungsmaßstab des Integrationsamts auf die im Zeitpunkt der Zustimmungsentscheidung bestehenden aktuellen (alternativen) Beschäftigungsmöglichkeiten begrenzt. Auch deshalb könne die Vermutungswirkung einer Zustimmung durch das Integrationsamt nicht weitergehen als der Inhalt dieser Sachprüfung.[85] 82

Richtigerweise wird man davon ausgehen müssen, dass eine so gravierende **Verschiebung** der Darlegungs- und Beweislast zum Nachteil des Arbeitgebers wie im Fall der unterlassenen oder nicht ordnungsgemäßen Durchführung eines BEM dann **nicht mehr gerechtfertigt** ist, wenn das Integrationsamt nach einem geordneten Verfahren der beabsichtigten Kündigung zugestimmt hat. Das Zustimmungsverfahren bezweckt, die besonderen Schutzinteressen schwerbehinderter Arbeitnehmer zur Geltung zu bringen. Es soll verhindern, dass sich Arbeitgeber ihrer besonderen Pflichten gegenüber schwerbehinderten Arbeitnehmern durch Beendigung des Arbeitsverhältnisses entledigen.[86] Damit deckt sich der Verfahrenszweck zumindest teilweise mit dem des BEM. 83

Nach den allgemeinen Grundsätzen der Darlegungs- und Beweislast kann der Arbeitgeber in solchen Fällen deshalb zunächst pauschal behaupten, es bestünden keine anderen Beschäftigungsmöglichkeiten für den erkrankten Arbeitnehmer. Darin liegt regelmäßig zugleich die Behauptung, es bestehe keine Möglichkeit einer leidensgerechten Ausgestaltung des Arbeitsplatzes und der Arbeitsbedingungen. Darauf hat der Arbeitnehmer konkret darzulegen, wie er sich eine Änderung des bisherigen Arbeitsplatzes oder seine weitere Beschäftigung – gegebenenfalls zu geänderten 84

82 LAG Nürnberg, Urt. v. 21.6.2006 – 4 (9) Sa 933/05 – BB 2006, 2362.

83 Kreikebohm/*Kohte*, § 84 SGB IX Rn 11; *Düwell*, BB 2011, 2485, 2487 f.; kritisch auch *Deinert*, NZA 2010, 969, 974.

84 *Düwell*, BB 2011, 2485, 2487.

85 *Düwell*, BB 2011, 2485, 2488 f.

86 BAG, Urt. v. 16.3.1994 – 8 AZR 688/92 – NZA 1994, 879; ErfK/*Rolfs* § 85 SGB IX Rn 1.

Arbeitsbedingungen – unter Berücksichtigung seiner gesundheitlichen Beeinträchtigung vorstellt.[87]

85 Anders als in den Fallgruppen des vom Arbeitnehmer verweigerten oder abgebrochenen BEM ist es allein aufgrund der Zustimmung des Integrationsamts zum Ausspruch der Kündigung aber wohl **nicht gerechtfertigt**, den zulässigen Gegenvortrag des Arbeitnehmers auf Möglichkeiten zu **beschränken**, die sich erst nach Abschluss des Integrationsamtsverfahrens bis zum Zeitpunkt der Kündigung ergeben haben. Weil nicht davon ausgegangen werden kann, dass das Integrationsamt in gleicher Weise Kenntnisse von den innerbetrieblichen Umständen hat wie die am BEM Beteiligten (die nach § 87 Abs. 2 SGB IX eingeholten Stellungnahmen können den BEM-Klärungsprozess nicht ersetzen), muss sich der betroffene Arbeitnehmer weiterhin auch auf solche alternativen Beschäftigungsmöglichkeiten berufen können, die er bereits im Rahmen des Integrationsamtsverfahrens vorgebracht hatte oder vorbringen hätte können.

86 Ob die Fallkonstellation „Zustimmung zur Kündigung trotz unterlassenem BEM“ in Zukunft häufiger auftreten wird, bleibt allerdings abzuwarten. Die zunehmende Etablierung des BEM in der betrieblichen Praxis lässt wohl eher erwarten, dass die Integrationsämter unter dieser Voraussetzung zunehmend von der Möglichkeit Gebrauch machen werden, das Zustimmungsverfahren bei der Kündigung eines Schwerbehinderten oder eines gleichgestellten Arbeitnehmers auszusetzen und dem Arbeitgeber die Nachholung des BEM aufzugeben.[88]

3. Kündigung außerhalb des Kündigungsschutzgesetzes

87 Das BEM gem. § 84 Abs. 2 SGB IX stellt eine Konkretisierung des Verhältnismäßigkeitsgrundsatzes dar. Dieser findet bei der Prüfung der Wirksamkeit einer Kündigung außerhalb des Geltungsbereichs des Kündigungsschutzgesetzes jedoch keine Anwendung. Die unterbliebene bzw. nicht ordnungsgemäße Durchführung eines BEM hat daher keine Auswirkungen in Kündigungsschutzverfahren bei Arbeitsverhältnissen, die (noch) nicht dem Kündigungsschutzgesetz unterfallen.[89] Die unterbliebene Durchführung eines BEM hat also beispielsweise keine kündigungsrechtlichen Folgen für **Wartezeitkündigungen**.[90]

87 Vgl. BAG, Urt. v. 10.12.2009 – 2 AZR 400/08 – NZA 2010, 398.

88 Vgl. zu dieser Möglichkeit auch *Höser*, BB 2012, 1537, 1541; Rolfs/Giesen/*Gutzeit*, § 84 SGB IX Rn 8; *Dainer/Neumann*, § 18 Rn 17.

89 Vgl. BAG, Urt. v. 24.1.2008 – 6 AZR 96/07 – NZA-RR 2008, 404; BAG Urt. v. 28.6.2007; – 6 AZR 750/06 – NZA 2007, 1049; a.A. *Deinert*, NZA 2010, 969, 973 f., der eine Kündigung außerhalb des Kündigungsschutzes nach § 242 BGB als willkürlich erachtet, wenn der Arbeitgeber bei einem unterlassenen BEM nicht umfassend zum Fehlen milderer Mittel vorträgt.

90 BAG, Urt. v. 28.6.2007 – 6 AZR 750/06 – NZA 2007, 1049; *Höser*, BB 2012, 1537,1541.

Zwar ist das BEM auch bei Kündigungen außerhalb des Anwendungsbereichs des Kündigungsschutzgesetzes geeignet, bestehende Kündigungsgründe auszuräumen. Jedoch bedarf eine solche Kündigung gerade keiner sozialen Rechtfertigung nach § 1 Abs. 2 Kündigungsschutzgesetz, so dass es auch keinen Kündigungsgrund „auszuräumen“ gibt.[91] 88

F. BEM und betriebsbedingte Kündigung?

Auch wenn die Auswirkungen eines durchgeführten bzw. unterlassenen BEM kündigungsschutzrechtlich praktisch ausschließlich im Zusammenhang mit krankheitsbedingten Kündigungen diskutiert werden, darf nicht übersehen werden, dass die Frage nach anderweitigen Beschäftigungsmöglichkeiten, die durch ein BEM möglicherweise ermittelt werden, auch bei **betriebsbedingten Kündigungen** eine maßgebliche Rolle spielen kann. Das BEM dient gerade auch dazu, zur Reintegration arbeitsunfähiger Arbeitnehmer etwaige Möglichkeiten der Umorganisation inklusive des „Freimachens“ von Arbeitsplätzen durch Umsetzungen zu prüfen. Vor diesem Hintergrund hielt das LAG Berlin-Brandenburg in einem Kündigungsschutzprozess über eine betriebsbedingte Kündigung einen Arbeitgeber, der ein BEM unterlassen hatte, hinsichtlich des konkreten Vortrags für darlegungs- und beweisbelastet, weshalb der betroffene Arbeitnehmer – auch unter Beachtung möglicher Umorganisationen – nicht mehr auf einem anderen Arbeitsplatz beschäftigt werden könne.[92] 89

Hinweis i
Vor diesem Hintergrund sollte die **weitere Entwicklung der Rechtsprechung** zum Erfordernis eines BEM vor dem Ausspruch einer betriebsbedingten Kündigung genau beobachtet werden.

G. Fazit

Auch wenn § 84 Abs. 2 SGB IX formal betrachtet keine Wirksamkeitsvoraussetzung für die Kündigung eines Arbeitnehmers mit erheblichen Fehlzeiten darstellt, hat die Rechtsprechung des BAG zum Einfluss des BEM auf die Verteilung der Beweislast die vorherige Durchführung dieses Klärungsverfahrens zumindest zu einer **„faktischen“ Voraussetzung** einer personenbedingten Kündigung im Krankheitsfall gemacht.[93] 90

91 Vgl. für den Fall der Kündigung innerhalb der Wartezeit BAG, Urt. v. 24.1.2008 – 6 AZR 96/07 – NZA-RR 2008, 404.
92 LAG Berlin-Brandenburg, Urt. v. 4.1.2010 – 10 Sa 2071/09 – BeckRS 2010, 69818.
93 So auch *Fuhlrott*, DB 2012, 2343, 2344.

91 Allerdings greift es zu kurz, das BEM nur unter dem Blickwinkel einer späteren Kündigung zu sehen. Gerade in Zeiten des allgemein beklagten Fachkräftemangels sollte auch die mit dem BEM verbundene **Chance**, das berufliche Erfahrungswissen häufig krankheitsbedingt fehlender Mitarbeitern für das Unternehmen wieder besser nutzbar zu machen, an Bedeutung gewinnen.

Kapitel 7
Die Kündigung wegen Fortfalls der Eignung

A. Einleitung

Die Beendigung von Arbeitsverhältnissen aufgrund eines Verlusts der persönlichen Eignung, die geschuldete Arbeitsleistung zu erbringen, ist sehr praxisrelevant. Ein solcher Eignungsfortfall des Arbeitnehmers für eine bestimmte Tätigkeit liegt dann vor, wenn sein Leistungsprofil vom Anforderungsprofil des Arbeitsplatzes negativ abweicht. Dabei begründet jedoch nicht jede noch so kleine Abweichung einen Fortfall der Eignung. Vielmehr muss die Abweichung so ausgeprägt sein, dass die Leistung des Arbeitnehmers im wesentlichen Umfang ihren arbeitsvertraglichen Zweck verfehlt.[1] Ein Fortfall der Eignung kann auf **zwei verschiedenen Ursachen** beruhen: 1

Zum einen können **objektive Eignungsanforderungen** für die geschuldete Tätigkeit selbst wegfallen. Das ist etwa dann der Fall, wenn die Fluglizenz eines Piloten widerrufen oder einem Berufskraftfahrer der Führerschein entzogen wird, ein Rechtsanwalt die Zulassung zur Anwaltschaft verliert oder ein Ausländer keine Arbeitserlaubnis mehr besitzt. 2

Der Verlust der Eignung kann seinen Grund aber auch darin haben, dass **subjektive** Eigenschaften des Arbeitnehmers, die für die Erfüllung der vertraglich vereinbarten Arbeitsleistung vorhanden sein müssen, fehlen. Hauptanwendungsfall ist die **geminderte Leistungsfähigkeit** des Arbeitnehmers, welche in vielfältiger Form auftreten kann. So kann die Leistungsfähigkeit etwa durch krankheits- oder verletzungsbedingte Probleme, charakterliche Mängel, altersbedingte Leiden oder eine Alkohol- bzw. Drogensucht herabgesetzt sein. 3

Viele dieser Mängel liegen jedoch häufig schon bei Abschluss des Arbeitsvertrags vor, so dass insoweit nicht von einem „Fortfall" der Eignung gesprochen werden kann. Ferner können viele dieser Fälle durch Ausspruch einer krankheitsbedingten Kündigung gelöst werden.[2] Die folgenden Ausführungen zu den subjektiven Mängeln beschränken sich daher auf den Fall einer nachträglich eintretenden Änderung des **Anforderungsprofils** des Arbeitsplatzes bei ansonsten unveränderter Eignung des Arbeitnehmers. 4

---

1 *Berkowsky*, NZA-RR 2001, 393, 404.

2 Zur krankheitsbedingten Kündigung s. ausführlich Kap. 4.

B. Subjektive Mängel

5 Die Anforderungen an die Qualifikation der Arbeitnehmer verändern sich in der heutigen Zeit schnell und nachhaltig, bedingt durch technischen Wandel, die in nahezu alle Bereiche vorgedrungene IuK-Technik, globalisiertes Wirtschaften und der Internationalisierung des gesamten Wirtschafts- und Arbeitslebens. Dementsprechend ist ein **„lebenslanges Lernen“**, also die Bereitschaft und Fähigkeit, neues Wissen zu erwerben und zu verarbeiten, unabdingbar geworden.

6 Die Festlegung und Änderung der Anforderungsprofile für einen eingerichteten Arbeitsplatz gehört nach Rechtsprechung des BAG[3] und nach ganz h. M.[4] zur **unternehmerischen Entscheidungsfreiheit**. Die vertraglich geschuldete Hauptleistungspflicht ist damit nicht statisch, sondern im Sinne der tatsächlichen Gegebenheiten und des dynamischen Berufsbildes auszulegen.[5] Ändert sich das Anforderungsprofil der Stelle derart, dass die bisherige Arbeitsleistung nicht mehr geeignet ist, zum unternehmerischen Erfolg beizutragen, stellt sich die Arbeitsleistung nicht mehr als Erfüllung der Hauptleistungspflicht dar. Damit entfällt nach allgemeinen Regeln der Vergütungsanspruch des Arbeitnehmers (§ 326 Abs. 1 BGB).

7 Darüber hinaus ist fraglich, ob die betroffenen Arbeitnehmer verpflichtet sind, sich den geänderten Anforderungen **anzupassen** und wenn ja, welche **Reaktionsmöglichkeiten** der Arbeitgeber hat, wenn der Arbeitnehmer sich die neuen Qualifikationen nicht aneignen kann oder will.

Beispiel[6]
Ein Unternehmen, das sich auf den Bau von Elektro-Anlagen spezialisiert hat, beschäftigt Arbeitnehmer A seit 12 Jahren mit der „Erstellung technischer Zeichnungen am Reißbrett“. Aufgrund von technischen Neuerungen im Betrieb müssen die Zeichnungen jetzt am PC erstellt werden. Darüber hinaus müssen die Mitarbeiter programmieren können. A besitzt dafür keine Vorkenntnisse und weigert sich trotz Abmahnung, an einer technischen Fortbildung teilzunehmen.

---

3 BAG, Urteil v. 24.6.2004 – 2 AZR 326/03 – NZA 2004, 1268; BAG, Urteil v. 10.7.2008 – 2 AZR 1111/06 – NZA 2009, 312.

4 Küttner/*Eisemann*, Kündigung, betriebsbedingte, Rn 7; MüKoBGB/*Hergenröder* Rn 318; *Freckmann*, DStR 2009, 2200; *Hunold*, NZA 2000, 802; *Wisskirchen/Bissels/Schmidt*, NZA 2008, 1386, 1391.

5 *Wisskirchen/Bissels/Schmidt*, NZA 2008, 1386, 1393.

6 Sachverhalt (leicht abgewandelt) nach BAG, Urteil v. 29.1.1997 – 2 AZR 49/96 – NZA 2003, 430.

I. Fortbildung, Weiterbildung, Training

1. Zulässigkeit Anordnung Arbeitgeber

Nach herrschender Ansicht ist die Fortbildungspflicht des Arbeitnehmers Teil der geschuldeten Hauptleistungspflicht.[7] Die Herleitung aus einer Nebenpflicht wird dagegen zu Recht abgelehnt.[8] 8

Die Anordnung von Fortbildungen fällt damit unter das **Direktionsrecht** des Arbeitgebers, so dass er auf diesem Weg den Arbeitnehmer zur Teilnahme an Fortbildungsveranstaltungen verpflichten kann.[9] Das Direktionsrecht ermöglicht es dem Arbeitgeber jedoch nur, die im Arbeitsvertrag rahmenmäßig umschriebene Leistungspflicht des Arbeitnehmers („normaler Schwankungsbereich"[10]) näher zu bestimmen. Das Erlernen von Kenntnissen und Fähigkeiten, die über das hinausgehen, was der Arbeitnehmer vertraglich zu leisten verpflichtet ist, bedarf indes einer einvernehmlichen Vertragsänderung oder einer Änderungskündigung.[11] Das gilt jedenfalls dann, wenn die Fortbildung **on the job** und damit während der Arbeitszeit erfolgen soll. 9

Beispiel[12] i

Arbeitnehmer A ist seit neun Jahren als „Produktionshelfer" bei Unternehmen B beschäftigt. Er ist türkischstämmig und verfügt nur über geringe Deutschkenntnisse. Um einen gewissen Qualitätsstandard zu erreichen und die Zertifizierung des Unternehmens nicht zu verlieren, verlangt B von seinen Arbeitnehmern, dass sie in der Lage sein müssen, Ausführungs- und Prüfanweisungen auf Deutsch lesen und verstehen zu können. B bietet Arbeitnehmern mit Sprachdefiziten Deutschkurse an.

Die Anweisung des Arbeitgebers zur Teilnahme an einer betrieblichen Fortbildung **off the job**, also außerhalb der Arbeitszeiten oder an einem anderen als den Betriebsstandort, ist nur insoweit wirksam, wie eine Konkretisierung der vertraglich geschuldeten Arbeitspflicht stattfindet.[13] Aus diesem Grund ist die Weigerung des Arbeitnehmers, an einer außerhalb der Arbeitszeit stattfindenden Fortbildungsveranstaltung teilzunehmen, nur dann eine Pflichtverletzung, wenn sie als Nebenpflicht im Arbeitsvertrag oder als Nachtrag dazu vereinbart wurde. Arbeitgeber sollten also mit dem Mitarbeiter eine Vereinbarung über Lernpflichten im Arbeitsvertrag treffen. 10

---

7 *Wisskirchen/Bissels/Schmidt*, NZA 2008, 1386, 1388; *Bosman*, NZA 1984, 185.
8 *Hunold*, NZA 2000, 802, 805.
9 *Hunold*, NZA 2000, 802, 805; *Wisskirchen/Bissels/Schmidt*, NZA 2008, 1386, 2388.
10 *Kocher*, NZA 2010, 841, 844.
11 *Wisskirchen/Bissels/Schmidt*, NZA 2008, 1386, 2388.
12 Sachverhalt stammt aus *Wisskirchen/Bissels/Schmidt*, NZA 2008, 1386 mit Verweis auf LAG Hessen, Urteil v. 19.7.1999 – 16 Sa 1898/98 – juris.
13 BAG, Urteil v. 18.8.2005 – 8 AZR 523/04 – NZA 2006, 145.

Praxistipp
Eine solche Klausel könnte wie folgt lauten: „Ändern sich, insbesondere aus technisch-organisatorischen und/oder Wettbewerbsgründen, die Anforderungen des Arbeitsplatzes des Arbeitnehmers, ist dieser verpflichtet, sich die notwendigen Kenntnisse und Fertigkeiten anzueignen."[14]
Vorsicht: Der Arbeitgeber hat nur dann das Recht, eine Weiterbildungsveranstaltung außerhalb des regelmäßigen Arbeitsortes anzuordnen, wenn der Tätigkeitsort vertraglich variabel gestaltet wird, z. B. in Form von Versetzungsklauseln[15] oder Klauseln zur Anordnung von Dienstreisen.
Achtung: Durch eine Versetzungsklausel wird zwar das arbeitsvertragliche Direktionsrecht erweitert. Auf der anderen Seite erweitert sich hierdurch ggf. aber auch der Kreis derjenigen Arbeitnehmer, die in die Sozialauswahl einzubeziehen sind. Diese Fernwirkung sollte bei der Verwendung von Versetzungsklauseln bedacht werden.

2. Kostentragung

11 Die Kosten für Fortbildungen des Arbeitnehmers hat der **Arbeitgeber** zu tragen, soweit sie im Rahmen der **normalen Anpassungsqualifizierung** anfallen.[16] Zwar existiert keine allgemeine Verpflichtung des Arbeitgebers zur Fortbildung des Arbeitnehmers oder zur Übernahme der Kosten sämtlicher beruflicher Fortbildungen, es sei denn, eine solche Fortbildungspflicht ist in Tarifvertrag, Betriebsvereinbarung oder Arbeitsvertrag speziell geregelt.[17] Auch § 81 Abs. 4 S. 2 BetrVG kann hierfür nicht herangezogen werden, da diese Vorschrift dem Arbeitgeber lediglich eine Erörterungspflicht auferlegt. Allerdings folgt die Pflicht zur Kostentragung für zumutbare Fort- und Weiterbildungen des Arbeitnehmers schon aus § 1 Abs. 2 S. 3 KSchG. Zwar handelt es sich insoweit lediglich um eine kündigungsrechtliche Obliegenheit des Arbeitgebers. Eine strikte Trennung zwischen kündigungsrechtlich gebotenen Fortbildungen und notwendigen Schulungen ohne kündigungsrechtlichen Hintergrund ist jedoch nicht möglich.[18] Im Rahmen der Einführung von Maßnahmen der betrieblichen Berufsbildung nach § 97 Abs. 2 BetrVG liegt die Kostentragungspflicht ohnehin beim Arbeitgeber.[19]

Praxistipp
Abweichende Vereinbarungen, die z. B. eine Beteiligung des Arbeitnehmers an den Kosten vorsehen, sind zulässig. Mittels Rückzahlungsklauseln[20] kann der Arbeitgeber auch eine Bindung des Arbeitnehmers an das Unternehmen erreichen.

14 Klausel entstammt aus *Hunold*, NZA 2000, 802, 805.
15 Grundsätzlich zu Versetzungsklauseln BAG, Urteil v. 11.4.2006 – 9 AZR 557/05 – NZA 2006, 1149.
16 *Vogt/Oltmanns*, NZA 2012, 599, 600.
17 *Wisskirchen/Bissels/Schmidt*, NZA 2008, 1386, 1389.
18 *Wisskirchen/Bissels/Schmidt*, NZA 2008, 1386, 1388.
19 ErfK/*Kania*, § 97 BetrVG Rn 7 m.w.N.
20 Aktueller Überblick bei Kap. 5 D.III., Rn 119 ff.

3. Reaktionsmöglichkeiten bei Weigerung

Weigert sich der Arbeitnehmer seiner Fortbildungsverpflichtung nachzukommen, kann der Arbeitgeber gegen den Arbeitnehmer **Klage auf Feststellung**, dass der Arbeitnehmer zur Fortbildung verpflichtet ist, erheben.[21] Alternativ kommt der Ausspruch einer **Abmahnung** in Betracht.[22] Voraussetzung für die Rechtmäßigkeit einer verhaltensbedingten Kündigung ist in jedem Fall die Annahme einer entsprechenden Leistungs- bzw. Lernpflicht des Arbeitnehmers. 12

Praxistipp

Um eine Pflichtverletzung rechtssicher darlegen zu können, sollte der Arbeitgeber unbedingt eine vertragliche Fortbildungsverpflichtung mit dem Arbeitnehmer vereinbart haben. Darüber hinaus ist dem Arbeitnehmer die Teilnahme an einer konkret bezeichneten Fortbildung unter Setzung einer angemessenen Frist anzubieten.

II. Kündigung

Kann das Arbeitsverhältnis nicht schon aufgrund der fehlenden Teilnahme an der Fortbildung beendet werden, stellt sich im Weiteren die Frage nach der Rechtmäßigkeit einer **Beendigungskündigung** wegen des Fortfalls der Eignung für die ausgeübte Tätigkeit. Die nachfolgenden Ausführungen gelten nur im Anwendungsbereich des KSchG. Außerhalb dessen Anwendungsbereichs bedarf der Arbeitgeber keines Kündigungsgrundes gem. § 1 KSchG und wird dessen Kündigung nicht auf ihre soziale Rechtfertigung geprüft.[23] 13

1. Abgrenzung der Kündigungsarten bei Änderung des Anforderungsprofils

Eine strikte Unterscheidung im Sinne des § 1 Abs. 2 KSchG zwischen personen- und betriebsbedingten Gründen ist bei einer Kündigung wegen geänderter Anforderungsprofile kaum möglich. Vielmehr erfolgt die Kündigung oftmals aus einer Mischung von Kündigungsgründen (kündigungsrechtlicher Mischtatbestand).[24] Nach der vom BAG entwickelten **Sphärentheorie** richtet sich der Prüfungsmaßstab in erster Linie danach, aus welchem Bereich die das Arbeitsverhältnis negativ beeinträchtigende 14

---

21 Wisskirchen/Bissels/Schmidt, NZA 2008, 1386, 1388; ArbG Bonn, Urteil v. 4.7.1990 – 4 Ca 751/90 – NZA 1991, 512

22 Ein Formulierungsvorschlag für eine entsprechende Abmahnung ist zu finden bei *Hunold*, NZA 2000, 802, 805.

23 Zu den rechtlichen Mindeststandards einer solchen Kündigung vgl. Preis, NZA 1997, 1256 ff.

24 *Mauer/Holthausen*, NZA 2003, 1370, 1371.

Störung primär stammt.[25] Maßgeblich für die Bestimmung der primären Störung ist, wodurch sie unmittelbar verursacht wurde.[26]

15 Um einen **verhaltensbedingten** Kündigungsgrund handelt es sich, wenn die Störung des Arbeitsverhältnisses dem Arbeitnehmer als Vertragspflichtverletzung persönlich vorwerfbar ist („Der Arbeitnehmer kann, will aber nicht"). Das ist regelmäßig dann der Fall, wenn sich der Arbeitnehmer trotz entsprechender Pflicht nicht fortbildet oder sich umschulen lässt.[27] Ein **personenbedingter** Kündigungsgrund kommt bei subjektiven Mängeln hingegen in Betracht, wenn der Arbeitnehmer nicht mehr die geistige, psychische oder körperliche Fähigkeit und Eignung besitzt, die nunmehr geschuldete Arbeitsleistung zu erbringen. Das entscheidende Kriterium der personenbedingten Kündigung ist die fehlende Steuerbarkeit des Verhaltens („Der Arbeitnehmer will, kann aber nicht"). Ändern sich also im Verlaufe des Arbeitsverhältnisses die Anforderungen innerhalb der normalen Schwankungsbreite und ist der Mitarbeiter nicht mehr in der Lage, sich diese anzueignen, liegt ein personenbedingter Kündigungsgrund vor.

Faustregel
Die geänderten Anforderungen bleiben innerhalb der normalen Schwankungsbreite, wenn keine Umgruppierung erforderlich wird.

16 Dagegen kommt eine **betriebsbedingte** Kündigung infrage, wenn die vom Arbeitgeber aufgestellte Forderung nach zusätzlichen Kenntnissen des Arbeitnehmers so weit außerhalb des üblichen Schwankungsbereichs liegt, dass sie vom Direktionsrecht nicht mehr gedeckt ist. Grund hierfür ist, dass der Arbeitgeber auf Grund der von ihm getroffenen **Unternehmerentscheidung** die kausale und unmittelbare Ursache für die Kündigung setzt.[28]

2. Rechtfertigung

a) Personenbedingte Kündigung

17 Ein personenbedingter Kündigungsgrund setzt zunächst voraus, dass der Mitarbeiter **nicht verpflichtet** ist, sich später notwendig gewordene zusätzliche Kenntnisse anzueignen. Darüber hinaus darf er im Zeitpunkt des Zugangs der Kündigung und voraussichtlich auch alsbald danach die Fähigkeit und Eignung nicht besitzen, die geschuldete Arbeitsleistung ganz oder teilweise zu erbringen. Ob er die Fähigkeit und Eignung je besessen hat, ist unerheblich, da es einzig auf den Zeitpunkt des Zugangs

25 St. Rspr. seit BAG, Urteil v. 17.5.1984 – 2 AZR 109/83 – NZA 1985, 489.
26 BAG, Urteil v. 29.1.1997 – 2 AZR 6/96 – BeckRS 2004, 40260.
27 S.o. B. II. Rn 13.
28 *Vogt/Oltmanns*, NZA 2012, 599, 602.

der Kündigung ankommt. Ebenso unerheblich ist, ob die im Zeitpunkt der Kündigung und alsbald danach fehlende Eignung in absehbarer Zeit vom Arbeitnehmer neu oder wieder erlangt werden kann, weil für die Beurteilung der sozialen Rechtfertigung der Kündigung die Verhältnisse im Zeitpunkt ihres **Zugangs** maßgeblich sind.[29] Im Übrigen ist unerheblich, ob der Arbeitnehmer das Fehlen der Fähigkeit und Eignung zur Erbringung der Arbeitsleistung verschuldet hat.[30]

aa) Negative Prognose

Voraussetzung für die Rechtsmäßigkeit einer personenbedingten Kündigung wegen 18 Fortfalls der Eignung ist – ähnlich wie bei einer krankheitsbedingten Kündigung – eine negative Prognose (s. hierzu ausführlich unter Kap. 4 C. I., Rn 138 ff.). Danach darf der Arbeitnehmer aufgrund von Umständen, die in seiner Sphäre begründet sind, auf unabsehbare Dauer nicht mehr in der Lage sein, seine geschuldete Arbeitsleistung zu erbringen.[31]

Vorsicht !
Der Arbeitgeber hat diese negative Zukunftsprognose in einem Kündigungsschutzprozess darzulegen und ggf. zu beweisen.

---

bb) Interessenabwägung

Schließlich muss die Abwägung der gegenläufigen Interessen von Arbeitnehmer (an 19 der Fortsetzung des Arbeitsverhältnisses) und Arbeitgeber (an dessen Beendigung) ergeben, dass die Interessen des Arbeitgebers im konkreten Fall höher zu bewerten sind als diejenigen des Arbeitnehmers.[32] Zu berücksichtigen sind an dieser Stelle wie bei jeder personenbedingten Kündigung insbesondere die persönlichen Verhältnisse des Arbeitnehmers auf der einen und die wirtschaftlichen und unternehmerischen Belange auf der anderen Seite. Darüber hinaus ist in der Interessenabwägung auch ein etwaiges **Verschulden** des Arbeitnehmers am Fortfall der Eignung von Relevanz.[33]

Der Arbeitgeber muss zudem alle zumutbaren Möglichkeiten einer Weiterbeschäf- 20 tigung des leistungsgeminderten Arbeitnehmers auf einem seinem Leistungsprofil angemessenen Arbeitsplatz sorgfältig prüfen. Ist eine solche Weiterbeschäftigungsmöglichkeit vorhanden, dann muss der Arbeitnehmer entweder mit seinem Einverständnis **versetzt** oder ihm gegenüber eine Änderungskü**ndigung** ausgesprochen

29 GK-KR/*Etzel*, § 1 KSchG, Rn. 293; *Hunold* NZA 2000, 802, 804.
30 *Hunold*, NZA 2000, 802, 804 m.w.N.
31 St. Rspr. des BAG, vgl. BAG, Urteil v. 25.11.1982 – 2 AZR 140/81 – NJW 1983, 2897.
32 *Berkowsky*, NZA-RR 2001, 393, 394.
33 BAG, Urteil v. 26.11.2009 – 2 AZR 272/08 – 2010, 628.

werden. Ist der alternative Arbeitsplatz mit einem anderen Arbeitnehmer besetzt, muss der Arbeitgeber diesem anderen Arbeitnehmer durch Ausübung seines Direktionsrechts auf den Arbeitsplatz des leistungsgeminderten Arbeitnehmers umsetzten.

Praxistipp
Zu einer weitergehenden betrieblichen Umorganisation, etwa durch Ausspruch einer Änderungskündigung gegenüber dem anderen Arbeitnehmer, ist der Arbeitgeber nicht verpflichtet. Auch ein Ringtausch, der die Umsetzung eines oder mehrerer dritter Arbeitnehmer voraussetzt, ist nicht erforderlich.[34] Das gilt jedoch nicht bei einem nachträglichen Fortfall der Eignung aufgrund von Krankheit. Insoweit sind die Grundsätze einer krankheitsbedingten Kündigung anzuwenden (s. hierzu ausführlich unter Kap. 4 C., Rn 34 ff.).

b) Betriebsbedingte Kündigung

21 Bei der Prüfung der Rechtfertigung der Kündigung kommt es nicht darauf an, ob der Arbeitnehmer die geänderten Anforderungen nicht mehr erbringen kann oder will. Stattdessen ist entscheidend, ob die Kündigung wegen **dringender betrieblicher Erfordernisse** gerechtfertigt ist.

22 Grundsätzlich unterliegt der unternehmerische **Entschluss** des Arbeitgebers, das bisherige Anforderungsprofil zu ändern, nach Rechtsprechung des BAG[35] und nach ganz h. M.[36] lediglich der **Willkürkontrolle** dahingehend, ob er offensichtlich unsachlich oder willkürlich ist. Verstöße gegen gesetzliche und tarifliche Normen sollen dabei genauso verhindert wie Diskriminierung und Umgehungsfälle vermieden werden.[37] Auch ist die Entscheidung des Arbeitgebers, bestimmte Tätigkeiten nur von Arbeitnehmern mit gewissen Qualifikationen ausführen zu lassen, grundsätzlich zu respektieren, wenn die Qualifikationsmerkmale einen nachvollziehbaren Bezug zur Organisation der auszuführenden Arbeiten aufweisen.[38]

23 Dagegen ist die **Umsetzung** der unternehmerischen Entscheidung, also die Kündigungsentscheidung, gerichtlich **voll überprüfbar**. Es bestehen erhöhte Anforderungen an die Darlegungslast dahingehend, dass der Arbeitgeber nachzuweisen hat, dass es sich bei der zusätzlich geforderten Qualifikation nicht nur um eine wünschenswerte Voraussetzung, sondern um ein nachvollziehbares, arbeitsplatzbezogenes Kriterium für eine Stellenprofilierung handelt.[39] Nicht ausreichend ist es, rein persönliche Merkmale festzulegen, die keinen hinreichenden Bezug zur

34 *Berkowsky*, NZA-RR 2001, 393, 405.
35 BAG, Urteil v. 7.11.1996 – 2 AZR 811/95 – NZA 1997, 253.
36 MüKo/*Hergenröder*, § 1 KSchG Rn. 318; BeckOK/*Rolfs*, § 1 KSchG Rn 367; *Freckmann*, DStR 2009, 220; *Hunold*, NZA 2000, 802; *Mauer/Holthausen*, NZA 2003, 1370.
37 BAG, Urteil v. 23.4.2008 – 2 AZR 1110/06 – NZA 2008, 939.
38 BAG, Urteil v. 07.7.2005 – 2 AZR 399/04 – 2006, 266.
39 BAG, Urteil v. 10.7.2008 – 2 AZR 1111/06 – 2009, 312.

Arbeitsaufgabe haben oder an das Verhalten bzw. die Leistung des Arbeitnehmers anknüpfen. Der Arbeitgeber muss daher eine **organisatorische Maßnahme** entwickeln und durchführen, die zu einem veränderten Beschäftigungsbedarf führt, der auch die Anforderungen an den Stelleninhaber erfasst. Legt das Unternehmen bloß rein **persönliche Merkmale** fest – indem es beispielsweise die erforderlichen Jahre an Berufserfahrung heraufsetzt – genügt dies nicht, insbesondere wenn es sich bei dem Stelleninhaber um einen langjährigen Mitarbeiter handelt.[40]

Achtung

Die Änderung des Anforderungsprofils darf nicht in erster Linie deswegen erfolgen, um dem missliebigen Mitarbeiter zu kündigen. Dann läge eine bloße Umwidmung der Stelle vor und das geänderte Anforderungsprofil wäre nur vorgeschoben.[41]

Erforderlich ist vielmehr eine Absicherung der Kündigungsentscheidung über **objektivierbare Gesichtspunkte.** So genügt es, dass sich die geänderte Anforderung aus einem allgemeinen und anerkannten **Qualitätssystem** ergibt oder der Kunde/Auftraggeber höhere Anforderung stellt.[42] 24

Praxistipp

Denkbar ist auch ein Rückgriff auf Beurteilungen und Zeugnisse des Arbeitnehmers, die eine stärker objektivierte Bestimmung seiner (fehlenden) Fähigkeiten ermöglicht.[43]

Dem arbeitgeberseitigen **Gestaltungsinstrument** der Änderung der Anforderungsprofile wird in der Praxis also in erster Linie durch die kontrollbedürftige Kündigungsentscheidung Grenzen gesetzt. Darüber hinaus sind allgemeine kündigungsrechtliche Schranken zu beachten, etwa der Grundsatz der Verhältnismäßigkeit, also die Pflicht der Beschäftigung auf einem anderen freien Arbeitsplatz (§ 1 Abs. 2 S. 2 KSchG), der Vorrang der Änderungskündigung (§ 1 Abs. 2 S. 3 Alt. 2 KSchG) und die Weiterbeschäftigung nach zumutbaren Umschulungs- und Fortbildungsmaßnahmen (§ 1 Abs. 2 S. 3 Alt. 1 KSchG). Eine Beendigung des Arbeitsverhältnisses aufgrund subjektiver Mängel setzt jedoch keine Reduzierung des **Arbeitskräftebedarfs** in dem betroffenen Betrieb voraus. Insoweit handelt es sich bei der betriebsbedingten Kündigung wegen Änderung des Anforderungsprofils um eine kündigungsrechtliche Besonderheit. 25

---

40 *Barthel*, AuA 2009, 552.
41 BAG, Urteil v. 21.9.2000 – 2 AZR 440/99 – NZA 2001, 255.
42 LAG Hamm, Urteil v. 15.6.2010 – 12 Sa 349/10 – NZA-RR 2010, 578.
43 *Mauer/Holthausen*, NZA 2003, 1370, 1374.

C. Objektive Mängel

I. Fallgruppen

26 Ein Verlust der persönlichen Eignung ist arbeitsrechtlich insbesondere dann problematisch, wenn der Arbeitnehmer seine Erlaubnis zur Ausübung eines bestimmten Berufs verliert. Solche **persönlichen Erlaubnisse** sind oftmals bei Freiberuflern (Zulassung bei Kammern für Rechtsanwälte, Architekten, Wirtschaftsprüfer) oder im sicherheitsrelevanten Bereich erforderlich. Besondere gesetzliche Anforderungen an die **Zuverlässigkeit** des Arbeitnehmers finden sich hauptsächlich im Bewachungsgewerbe (§ 34a Abs. 4 GewO), in der Kinderbetreuung (§ 72a Abs. 1 SGB VIII), im Luftverkehr (§ 7 Abs. 1 LuftSiG) sowie in der Personenbeförderung (§ 11 Fahrerlaubnis-Verordnung, § 2 Fahrlehrergesetz). Dazu kommen **allgemeine persönliche Erlaubnisse** wie der PKW-Führerschein oder eine Aufenthaltserlaubnis bei Nicht-EU-Ausländern (§§ 7, 18 ff. AufenthG).

27 Entfallen die Voraussetzungen für die persönliche Eignung des Arbeitnehmers, kann der Arbeitgeber den Arbeitnehmer nicht mehr in dem vorgesehenen Bereich einsetzen.

Beispiel
Einem Arbeitnehmer wird aufgrund einer privaten Trunkenheitsfahrt im Verkehr die Fahrerlaubnis entzogen. Gleichzeitig wird für die Neuerteilung eine Sperre von einem Jahr angeordnet. Da der Arbeitnehmer als Kraftfahrer beschäftigt ist, kann er die geschuldete Arbeitsleistung nicht mehr erbringen.

---

28 In diesen Fällen muss der Arbeitgeber den Arbeitnehmer entweder auf einem anderen Arbeitsplatz, auf dem die persönliche Zuverlässigkeit keine Voraussetzung für die Erbringung der Arbeitsleistung darstellt, beschäftigen. Oder der Arbeitgeber muss das Arbeitsverhältnis mangels Existenz anderweitiger Beschäftigungsmöglichkeiten personenbedingt gem. § 1 Abs. 2 S. 1 KSchG beenden.

Vorsicht
Die behördliche Entscheidung, durch die einem Arbeitnehmer die persönliche Zuverlässigkeit aberkannt wird, wird in der Praxis häufig für sofort vollziehbar erklärt. Der Arbeitgeber darf den betroffenen Arbeitnehmer – sofern dieser keinen Eilrechtsschutz begehrt[44] – mit sofortiger Wirkung ab Erlass der Entscheidung nicht mehr auf dem bisherigen Arbeitsplatz beschäftigen.

---

44 § 80 Abs. 5 S. 1 VwGO.

II. Personenbedingte Kündigung

Will der Arbeitgeber bei Wegfall der persönlichen Eignung das Arbeitsverhältnis beenden, bleibt ihm im Anwendungsbereich des Kündigungsschutzgesetzes nur die personenbedingte Kündigung gem. § 1 Abs. 2 S. 1 KSchG.[45] Eine verhaltensbedingte Kündigung scheidet dagegen regelmäßig aus. Maßgeblich ist nach der **Sphärentheorie** allein, aus welchem Bereich die das Arbeitsverhältnis negativ beeinträchtigende Störung primär stammt, wodurch sie also unmittelbar verursacht wurde.[46] Bei dem Verlust der persönlichen Eignung wird die Störung unmittelbar vom Arbeitnehmer, der mangels Zuverlässigkeit nicht mehr auf seinem bisherigen Arbeitsplatz beschäftigt werden darf, verursacht. Dass der Verlust der Eignung oftmals auf einem aus seiner persönlichen Sphäre resultierenden Hindernis basiert, ist als mittelbare Ursache hingegen unerheblich. Eine vorherige **Abmahnung** ist angesichts der mangelnden Beeinflussbarkeit des zu rügenden Verhaltens daher weder sachgerecht noch rechtlich erforderlich. 29

Die Fortsetzung des Arbeitsverhältnisses bei Verlust der Eignung ist grundsätzlich **unzumutbar** – obwohl keine Pflichtverletzung des Arbeitnehmers vorliegt – da dieser objektiv die Fähigkeit oder Eignung zur Erbringung der Arbeitsleistung verloren hat.[47] 30

Darüber hinaus kann in besonderen Fällen sogar eine **außerordentliche Kündigung** gerechtfertigt sein. Verliert z. B. ein als Kraftfahrer beschäftigter Arbeitnehmer seine Fahrerlaubnis und entfällt dadurch die Eignung zur Verrichtung der vertraglichen Tätigkeit sofort und dauerhaft, erkennt das BAG regelmäßig einen wichtigen Grund im Sinne des § 626 BGB an.[48] Es ist jedoch nicht erforderlich, dass die Eignung zur Verrichtung der vertraglichen Tätigkeit dauerhaft entfällt. Im Falle der Rücknahme von **behördlichen Erlaubnissen** reicht ein nicht unerheblicher Zeitraum aus. Wann dieser erreicht ist, hängt von den Umständen des Einzelfalles, insbesondere von Dauer und Dringlichkeit der Stellenneubesetzung, ab. 31

Achtung !

Arbeitgeber dürfen sich nicht Kündigungsgründe selbst schaffen, indem sie Fähigkeitsnachweise als Voraussetzung für die Beschäftigung definieren, die sie nach selbst aufgestellten Regeln verleihen und wieder entziehen können.

Beispiel: Grundsätzlich liegt kein Kündigungsgrund vor, wenn dem Arbeitnehmer nicht der Führerschein als behördliche Erlaubnis entzogen wird, sondern der Arbeitgeber dem Arbeitnehmer aufgrund erheblicher Verkehrsverstöße lediglich eine zusätzliche betriebliche Fahrerlaubnis entzieht.[49]

---

45 LAG Köln, Urteil v. 25.6.2007 – 2 Sa 189/07 – juris.
46 Zur Sphärentheorie s. o. B. II. 1, Rn 14.
47 BAG, Urteil v. 18.9.2008 – 2 AZR 417/07 – juris.
48 BAG, Urteil v. 30.5.1978 – 2 AZR 630/76 – NJW 1979, 332.
49 BAG, Urteil v. 5.6.2008 – 2 AZR 984/06 – juris.

1. Negative Prognose

32 Der Arbeitgeber hat ferner – ebenso wie bei subjektiven Mängeln[50] – eine negative Prognose in Bezug auf die Wiederherstellung der Eignung darzulegen. Allerdings stellt der Fortfall der persönlichen Eignung nach Maßgabe besonderer gesetzlicher Vorgaben regelmäßig einen sog. **„Dauerstörtatbestand“** dar, infolgedessen sich das fehlende Leistungsvermögen des betroffenen Arbeitnehmers täglich neu verwirklicht, so dass von einer negativen Prognose ausgegangen werden kann.[51] In allen übrigen Fällen des objektiven Eignungsfortfalls ist Voraussetzung, dass im Zeitpunkt der Kündigung nicht mit einer Wiederherstellung der Eignung (z. B. durch Wiedererteilung einer Lizenz) in absehbarer Zeit gerechnet werden kann.

Praxistipp
Arbeitnehmer sollten gegen den Verwaltungsakt des Entzugs von behördlichen Erlaubnissen rechtzeitig Widerspruch einlegen und im Falle der fehlenden Abhilfe eine Anfechtungsklage beim Verwaltungsgericht erheben. Andernfalls – also im Falle der Bestandskraft des Verwaltungsakts bzw. der Rechtskraft des Urteils – ist das Arbeitsgericht in einem Kündigungsschutzprozess an die Entscheidung einer Behörde oder eines Gerichts gebunden.[52]

2. Interessenabwägung

33 Bei der erforderlichen Abwägung der Interessen im Einzelfall ist zu Lasten des Arbeitnehmers zu berücksichtigen, dass der Wegfall der persönlichen Eignung zu einer schweren und dauerhaften **Störung des Arbeitsverhältnisses** führt.[53] Der Arbeitgeber wiederum muss alle zumutbaren Möglichkeiten einer Weiterbeschäftigung sorgfältig prüfen. Der Verlust der objektiven Eignung muss nicht nur der **Weiterbeschäftigung** auf dem bisherigen, sondern auch auf einem anderen Arbeitsplatz des gleichen Arbeitgebers entgegenstehen.[54] Der Arbeitgeber muss zur Vermeidung einer Kündigung auch alternative Arbeitsplätze durch Ausübung seines Direktionsrechts „freimachen“. Liegt das objektive Leistungshindernis aber in der Sphäre des Arbeitnehmers, ist der Arbeitgeber nicht verpflichtet, seine Arbeitsorganisation zu verändern, um eine Weiterbeschäftigung zu ermöglichen. Insoweit ist die Interessenabwägung nach den gleichen Grundsätzen wie bei subjektiven Eignungsmängeln durchzuführen (s. o. B, Rn 5).

---

50 S.o. B. II. 2 aa) Rn 18.
51 *Rossa/Hoppe*, ArbRAktuell 2011, 525.
52 BAG, Urteil v. 2.3.2006 – 2 AZR 46/05 – 2006, 1211.
53 LAG Köln, Urteil v. 25.6.2007 – 2 Sa 189/07 – juris
54 BAG, Urteil v. 26.11.2009 – 2 AZR 272/08 – 2010, 628.

III. Alternative Beendigungsmöglichkeiten

Fehlt dem Arbeitnehmer eine objektive Eignungsvoraussetzung von Beginn des Arbeitsverhältnisses an, kommt bei Vorliegen der weiteren Voraussetzungen eine **Anfechtung** wegen arglistiger **Täuschung** in Betracht, § 123 BGB. Alternativ kann der Arbeitgeber den Arbeitnehmer wegen der Täuschung – welche auch durch schlüssiges Verhalten erfolgen kann – **verhaltensbedingt** kündigen. 34

Problematisch ist, ob der Arbeitgeber die rechtlichen Unsicherheiten, die mit jeder Kündigung verbunden sind, auch durch **vertragliche Gestaltung** umgehen kann. In Betracht kommt insbesondere die vertragliche Vereinbarung einer **auflösenden Bedingung**, nach der das Arbeitsverhältnis automatisch endet, wenn die persönlichen Eignungsanforderungen nicht mehr erfüllt werden. 35

Praxistipp
Eine entsprechende vertragliche Vereinbarung könnte etwa lauten: „Das Arbeitsverhältnis endet bei Verlust der persönlichen Zuverlässigkeit nach Maßgabe der für das Gewerbe des Arbeitgebers geltenden öffentlich-rechtlichen Vorschriften."[55]

Eine solche Beendigung des Arbeitsverhältnisses durch auflösende Bedingung gem. §§ 21, 14 Abs. 1 TzBfG tritt nach der Rechtsprechung des BAG jedoch nur dann ein, wenn zum Zeitpunkt des **Bedingungseintritts** keine Weiterbeschäftigungsmöglichkeit für den Arbeitnehmer besteht.[56] Nur vereinzelt wird in der Literatur die Auffassung vertreten, eine Beendigung sei auch dann möglich, wenn der Arbeitgeber schon zum Zeitpunkt des Vertragsschlusses prognostizieren durfte, dass bei Bedingungseintritt eine Weiterbeschäftigungsmöglichkeit nicht mehr bestehe.[57] 36

In jedem Fall hat der Arbeitgeber gem. §§ 21, 15 Abs. 2 TzBfG die **zweiwöchige Auslauffrist** zu wahren, vor deren Ablauf das Arbeitsverhältnis nicht wirksam endet. Der Arbeitnehmer muss im Falle des Bestreitens der Wirksamkeit der auflösenden Bedingung entsprechend § 17 TzBfG binnen einer **materiellen Ausschlussfrist** von drei Wochen nach der Beendigung des Arbeitsverhältnisses Feststellungsklage beim Arbeitsgericht erheben. 37

Vorsicht
Bei Vereinbarung einer auflösenden Bedingung muss der Arbeitgeber in einem etwaigen Prozess vor dem Arbeitsgericht darlegen und ggf. beweisen, dass er den Arbeitnehmer bei Eintritt der Bedingung nicht mehr auf einem anderen Arbeitsplatz weiterbeschäftigen kann.

---

55 Aus *Rossa/Hoppe*, ArbRAktuell 2011, 525, 526.
56 BAG, Urteil v. 19.3.2008 – 7 AZR 1033/06 – NZA-RR 2008, 570; BAG, Urteil v. 25.8.1999 – 7 AZR 75/97 – juris, LAG Stuttgart, Urteil v. 27.6.2008 – 6 Sa 81/08 – juris.
57 *Rossa/Hoppe*, ArbRAktuell 2011, 525, 526 f.

Kapitel 8
Krankheitsbedingte Beendigung von Beamtenverhältnissen

A. Einführung

I. Abgrenzung zum Arbeitsverhältnis

Der Beamte[1] wird definiert als ein auf Dauer mit der Wahrnehmung hoheitlicher Aufgaben beauftragter und in einem öffentlichen Treueverhältnis zu seinem Dienstherren stehender Beschäftigter einer öffentlich-rechtlichen Körperschaft.[2] Ein Beamter ist insofern kein „gewöhnlicher" Arbeitnehmer. Zur Veranschaulichung der Rechte und Pflichten eines Beamten – im Unterschied zum „gewöhnlichen" Arbeitnehmer – soll die folgende Tabelle dienen: 1

Wesentliche Unterschiede zwischen einem Beamten- und Arbeitsverhältnis

Beamtenverhältnis	Arbeitsverhältnis
Öffentliches Recht (Beamtenrecht)	Privatrecht (Arbeitsrecht)
Ernennung durch formbedürftigen Verwaltungsakt, § 8 BeamtStG, § 10 BBG	Begründung durch Arbeitsvertrag als Art des Dienstvertrages, §§ 611 ff. BGB
Regelung durch Gesetze des Bundes und der Länder	Gestaltung durch Arbeits- und Tarifvertrag
Alimentationsprinzip (amtsangemessene Dienst- und Versorgungsbezüge)	Arbeitsentgelt als Gegenleistung für die vertraglich geschuldeten Dienste
Beendigung nur durch oder aufgrund einer gesetzlichen Regelung	Beendigung durch ordentliche oder außerordentliche Kündigung
Rechtsweg zu den Verwaltungsgerichten, § 54 Abs. 1 BeamtStG	Rechtsweg zu den Arbeitsgerichten, § 2 Abs. 1 ArbGG

Von besonderer Relevanz bei dieser Abgrenzung ist die Tatsache, dass das Beamtenverhältnis – anders als das privatrechtliche Arbeitsverhältnis – nicht durch Kündigung beendet werden kann. Vielmehr handelt es sich um ein öffentlich-rechtliches Sonderrechtsverhältnis, welches **besonderen Beendigungstatbeständen** unterliegt. 2

1 Hinweis: Aus sprachlichen Gründen wird allein die männliche Form verwendet. Gemeint sind sowohl Beamtinnen als auch Beamte.
2 *Battis*, § 2 Rn 2.

3 Umgekehrt kann jedoch vereinbart werden, dass für das Arbeitsrecht sinngemäß die Grundsätze des Beamtenverhältnisses gelten.[3] Von einer solchen Vereinbarung wird in der Praxis indes relativ selten Gebrauch gemacht. Denkbar ist insbesondere der Abschluss eines **Sonderarbeitsvertrags** mit dem Ziel der späteren Begründung eines Beamtenverhältnisses. Dies kann dann sachgerecht sein, wenn noch nicht alle Voraussetzungen für die Verbeamtung vorliegen, etwa die Einstellungsuntersuchung noch nicht durchgeführt wurde oder die Zustimmung des Personalrats noch nicht vorliegt.

4 In einem derartigen Fall der privatrechtlichen Vereinbarung von beamtenrechtlichen Grundsätzen ist die Rechtsstellung des Arbeitnehmers jedoch nicht uneingeschränkt mit der eines Beamten **„vergleichbar"**. Die maßgeblichen beamtenrechtlichen Grundsätze gelten nämlich nur insoweit, als sie nicht auf der **Eigenart des öffentlichen Dienstes** beruhen. Das ist nicht der Fall, wenn ihre Anwendung außerhalb des öffentlichen Dienstes sinnwidrig wäre oder aus praktischen Gründen nicht in Betracht kommt.[4]

Beispiel
Trotz entsprechender Anwendung des Beamtenrechts können weder das zweigleisige System von Disziplinar- und Entlassungsrecht noch das beamtenrechtliche Verbot der „Verdachtsentlassung" auf das Arbeitsverhältnis übertragen werden.[5]

II. Rechtsquellen

5 Während sich die Rechte und Pflichten des Arbeitsverhältnisses im Wesentlichen aus den Arbeits- und Tarifverträgen sowie aus der Rechtsprechung der Arbeitsgerichte ergeben, wird das Beamtenrecht **durch Gesetze** geregelt.

6 Der Bund hat von seinen Gesetzgebungskompetenzen auf dem Gebiet des Beamtenrechts umfassend Gebrauch gemacht.[6] Im Ergebnis ist mangels Geltung der Vertragsfreiheit für individuelle Gestaltungsmöglichkeiten kaum Platz. Darüber hinaus fußt das Beamtenrecht gem. Art. 33 Abs. 5 GG auf den **hergebrachten Grundsätzen des Berufsbeamtentums.** Unstreitig gehören folgende Grundsätze zu diesem Katalog:
- Treuepflicht des Beamten
- Fürsorgepflicht des Dienstherren
- parteipolitische Neutralität im Amt

3 BeckOK-BGB/*Stoffels*, Stand 01.06.2013, § 626 Rn 153.
4 BAG, Urteil v. 29.01.1991 – 5 AZR 226/99 – Rn 39 f., juris.
5 BAG, Urteil v. 06.12.2001 – 2 AZR 496/00 – Rn 58 ff. juris.
6 Das Beamtenrecht der Länder bleibt in diesem Kapitel grundsätzlich – mit Ausnahme des durch Bundesrecht geregelten Landesrechts (BeamtStG) – außer Betracht.

- Koalitionsrecht
- Unzulässigkeit des Beamtenstreiks
- Leistungsprinzip
- Laufbahnprinzip
- angemessene Amtsbezeichnung
- Alimentationsprinzip
- Legalitätsgrundsatz
- Haftungsprivileg des Beamten
- **Lebenszeitprinzip**, welches im Zusammenhang mit der krankheitsbedingten Beendigung von Beamtenverhältnissen der wohl wichtigste Grundsatz ist.

Das Beamtenverhältnis ist regelmäßig ein solches auf Lebenszeit, vgl. §6 Abs. 1 S. 2 7
BBG. Es bietet den **stärksten Bestandsschutz** und wird lediglich durch Alter (Ruhestand), Dienstunfähigkeit und durch die gesetzlich geregelten Fälle der Entlassung und Entfernung aus dem Dienst begrenzt.

Das Lebenszeitprinzip ist also prägend für das Beamtenrecht, so dass eine krank- 8
heitsbedingte **Kündigung** von Beamtenverhältnissen – anders als eine krankheitsbedingte Kündigung von Arbeitsverhältnissen – rechtlich nicht möglich ist. Im Folgenden werden daher die Voraussetzungen und Folgen einer **Entlassung** und einer **Versetzung in den Ruhestand** wegen Dienstunfähigkeit von Beamten dargestellt. Ein Schwerpunkt liegt dabei – entsprechend seinem Regelcharakter – auf dem Beamtenverhältnis auf Lebenszeit.

B. Beendigungsmöglichkeiten

I. Einführung

Unabhängig von der jeweiligen Art des Beamtenverhältnisses kann das Dienstver- 9
hältnis enden durch
- Entlassung
- Verlust der Beamtenrechte
- Entfernung nach den Disziplinargesetzen
- Ruhestand und
- Tod.

Unter dem Gesichtspunkt der krankheitsbedingten Beendigung sind jedoch lediglich 10
die **Entlassung** sowie die **Versetzung in den Ruhestand wegen Dienstunfähigkeit** von Bedeutung.

Das Beamtenrecht enthält ein differenziertes System der Beendigung von Beam- 11
tenverhältnissen. Dabei ist die **Entlassung** streng zu trennen von der **Versetzung in den Ruhestand**:

12 Im Falle der Entlassung endet das Beamtenverhältnis, während es bei der Versetzung in den Ruhestand grundsätzlich fortgeführt wird. Insoweit sind § 21 Nr. 4 BeamtStG, § 30 Nr. 4 BBG, wonach das Beamtenverhältnis durch Eintritt in den Ruhestand endet, **missverständlich**. Vielmehr folgt schon aus § 23 Abs. 1 Nr. 3 BBG, dass zwischen Entlassung und Versetzung in den Ruhestand ein Unterschied besteht. Nach dieser Vorschrift ist ein Beamter zu entlassen, wenn er dauernd dienstunfähig ist und das Beamtenverhältnis nicht durch Versetzung in den Ruhestand endet. Die Versetzung in den Ruhestand beendet also lediglich das **aktive Beamtenverhältnis**, insbesondere die Verpflichtung zur Dienstleistung. Das Grundverhältnis zum Dienstherren bleibt hingegen bestehen.[7] Insoweit spricht man auch vom **Ruhestandsverhältnis**.

Praxistipp

Daraus folgt ein praktisch sehr bedeutsamer Unterschied: Bei einer Entlassung wird der Beamte in der gesetzlichen Rentenversicherung nachversichert und hat damit lediglich einen Anspruch auf eine Rente nach dem SGB VI. Im Falle der Versetzung in den Ruhestand enthält der Beamte dagegen ein Ruhegehalt nach dem BeamtVG, welches in der Regel wesentlich höher ist als die gesetzliche Rente.

13 Allgemein gilt, dass das Beamtenverhältnis nur in den durch das **Gesetz** vorgeschriebenen Formen und unter den dortigen Voraussetzungen beendet werden darf, §§ 21 ff. BeamtStG, §§ 30 ff. BBG.

14 Um das System der Beendigungsmöglichkeiten von Dienstverhältnissen zu verstehen, muss man neben dem Beamtenverhältnis auf Lebenszeit auch dessen **Vorstufen**, nämlich die Beamtenverhältnisse auf Probe und auf Widerruf, näher untersuchen. Bei der krankheitsbedingten Beendigung von Beamtenverhältnissen wird im Folgenden zwischen diesen Verhältnissen und damit zwischen der **Dauer der Bindung** unterschieden.

Unterscheidung von Beamtenverhältnissen

Nach der Dauer	Nach dem Dienstherrn	Nach den Laufbahngruppen	Nach der Bindung
Beamte auf Widerruf	Bundesbeamte	Einfacher Dienst	Berufsbeamte
Beamte auf Probe	Landesbeamte	Mittlerer Dienst	Ehrenbeamte
Beamte auf Lebenszeit	Kommunalbeamte	Gehobener Dienst	Politische Beamte
Beamte auf Zeit	Beamte anderer Körperschaften, Anstalten, Stiftungen des öffentlichen Rechts	Höherer Dienst	Aktive Beamte/ Ruhestandsbeamte

7 *Battis*, § 31 BBG, Rn 4 m.w.N.

II. Beamter auf Widerruf

1. Vorliegen eines sachlichen Grundes

Beamte auf Widerruf können gem. § 23 Abs. 4 S. 1 BeamtStG, § 37 Abs. 1 BBG jederzeit und ohne Einhaltung einer Frist **entlassen** werden. Das bedeutet jedoch nicht, dass eine grundlose Entlassung zulässig wäre. Vielmehr muss ein **sachlicher Grund** vorliegen. 15

In Betracht kommen – neben **verhaltensbedingten Gründen** wie mehrfache dienstliche Verfehlungen, eigenmächtiges Fernbleiben vom Dienst oder erhebliche Überschuldung – **personenbedingte Gründe**, beispielsweise die fehlende körperliche Eignung. Der Dienstherr ist nicht verpflichtet, auf Kosten der Allgemeinheit Bewerber auszubilden, die später mangels gesundheitlicher Eignung nicht in der angestrebten Laufbahn in das Beamtenverhältnis auf Probe und auf Lebenszeit übernommen werden können.[8] 16

Beispiel

Eine Entlassung aus personenbedingten Gründen wegen mangelnder körperlicher Eignung wurde in der Rechtsprechung etwa als zulässig erachtet bei Herzerkrankungen,[9] Depressionen,[10] chronischer Erkrankung eines Kniegelenks[11] sowie bei psychischen Erkrankungen.[12] i

---

2. Ermessenausübung

Die Entlassung steht im Ermessen des Dienstherrn. Die Beurteilung der persönlichen Eignung des Beamten durch den Dienstherrn ist gerichtlich nur eingeschränkt daraufhin überprüfbar, ob der Begriff der mangelnden Bewährung und die gesetzliche Grenze des **Beurteilungsspielraums** verkannt worden sind, ob der Beurteilung ein unrichtiger Tatbestand zu Grunde liegt und ob allgemeine Wertmaßstäbe nicht beachtet oder sachwidrige Erwägungen angestellt wurden.[13] 17

Allerdings soll Beamten auf Widerruf im Vorbereitungsdienst die Gelegenheit gegeben werden, den **Vorbereitungsdienst** zu beenden und die Laufbahnprüfung abzulegen. 18

---

8 VG München, Beschluss v. 30.6.1998 – M 5 6 98.2483 – BeckRS 1998, 24229.

9 OVG Lüneburg, Beschluss v. 1.4.2009 – 5 LA 56/08, juris.

10 VG Augsburg, Beschluss v. 2.5.2012 – Au 2 S 12.430 – juris.

11 VG München, Beschluss v. 30.6.1998 – M 5 6 98.2483 – BeckRS 1998, 24229.

12 VG Augsburg, Beschluss v. 17.1.2013 – Au 2 S 12.1066 -Rn 28 ff., juris.

13 VGH München, Beschluss v. 16.5.2002 – 3 CS 02.629 –, juris.

Praxistipp
Diese Sollvorschrift räumt dem Dienstherrn die schwächste Form des Ermessens ein. Im **Regelfall** ist bei Beamten im Vorbereitungsdienst – auch bei weniger qualifizierten – eine Entlassung vor Beendigung der Laufbahnprüfung **ermessensfehlerhaft**. Von dieser Grundregel darf nur ausnahmsweise abgewichen werden, insbesondere aus personenbedingten und den Sinn des Vorbereitungsdienstes gefährdenden Gründen, etwa bei fehlender Verfassungstreue des Beamten.[14]

3. Folgen

19 Die Entlassung eines Beamten auf Widerruf ist trotz des entgegenstehenden Wortlauts des §37 Abs. 1 S. 2 BBG („ohne Einhaltung einer Frist") regelmäßig erst nach Ablauf einer Frist wirksam.

Praxistipp
Für die Wirksamkeit der Entlassungsverfügung gelten die für die Entlassung von Beamten auf Probe vorgeschriebenen Fristen (§ 34 Abs. 2 BBG) entsprechend. **Fristlos** kann der Beamte nur **ausnahmsweise** entlassen werden, etwa wegen einer Handlung, die bei einem Beamten auf Lebenszeit eine Disziplinarmaßnahme zur Folge hätte.[15]

20 Die weiteren Folgen der Entlassung ergeben sich aus §39 BBG. Der Beamte verliert den Anspruch auf Besoldung und Versorgung und darf seine Amtsbezeichnung mit dem Zusatz „a. D." (**außer Dienst**) nur dann führen, wenn die oberste Dienstbehörde eine entsprechende Erlaubnis erteilt.

III. Beamter auf Probe

21 Das Beamtenverhältnis auf Probe kann krankheitsbedingt aus **drei Gründen** beendet werden:
- Der Beamte kann entweder wegen fehlender Bewährung entlassen werden,
- er kann wegen Dienstunfähigkeit entlassen werden oder
- wegen Dienstunfähigkeit in den Ruhestand versetzt werden,

22 vgl. §23 BeamtStG, §34 Abs. 1 BBG.

23 Die übrigen Beendigungsgründe, insbesondere die Entlassung wegen eines Dienstvergehens (§34 Abs. 1 Nr. 1 BBG) und wegen organisatorischer Änderungen (§34 Abs. 1

14 *Battis*, §37 Rn 4 m.w.N.
15 *Battis*, §37 Rn 5.

Nr. 4 BBG)[16], spielen bei Krankheiten und Gesundheitsmängeln keine Rolle und sind aus diesem Grund auch nicht Gegenstand der weiteren Darstellung.

1. Entlassung

a) Fehlende Bewährung

Voraussetzung für die Entlassung nach § 23 Abs. 3 Nr. 3 BeamtStG, 34 Abs. 1 Nr. 2 BBG ist die fehlende Bewährung. 24

Dem Dienstherrn steht hinsichtlich der Bewährung des Beamten in der Probezeit ein **Beurteilungsspielraum** zu[17]. Dabei ist schon von Gesetzes wegen ein strenger Maßstab anzusetzen, vgl. § 11 Abs. 1 S. 2 BBG. 25

Praxistipp

Von einer fehlenden Bewährung kann der Dienstherr ausgehen, wenn der Beamte mit ***überwiegen*der Wahrscheinlichkeit** vor Erreichen der gesetzlichen Altersgrenze vorzeitig in den Ruhestand versetzt werden wird oder wenn er über Jahre hinweg regelmäßig krankheitsbedingt ausfallen und deshalb eine erheblich geringere Lebensdienstzeit aufweisen wird.[18]

Maßgeblicher Zeitpunkt ist der Ablauf der Probezeit, nicht der Zeitpunkt der letzten Verwaltungsentscheidung. Zu der mangelnden Bewährung zählt auch die fehlende **gesundheitliche Eignung**, z. B. bei 26

- schwerer Erkrankung[19],
- gesundheitsgefährdendem Übergewicht[20],
- psychischer Erkrankung[21] oder
- charakterlichen Mängeln[22].

Von Belang sind insbesondere **chronische Erkrankungen**, da sich ihre Risiken regelmäßig erst nach Ablauf der Probezeit realisieren. 27

---

16 Vgl. dazu Ausführungen in *Wagner/Leppek*, § 13 Beendigung; Wichmann/Langer/*Wichmann*, S. 625 ff.; *Schnellenbach*, S. 111 ff.

17 BVerwG, Urteil v. 29.09.1960 – 2 C 79/59; BVerwG, Urteil v. 19.03.1998 – 2 C 5/97-, beide juris.

18 BVerwG, Urteil v. 30.10.2013 – 2 C 16/12 –, juris.

19 BVerwG, Urteil v. 18.07.2001 – 2 A 5/00 –, juris.

20 VG Gelsenkirchen, Urteil v. 26.06.2008 – 1 K 3134/06 (Body-Maß-Index von über 30), juris.

21 VGH München, Beschl. v. 9.7.2013 – 3 CS 13.302 (Vorliegen einer wahnhaften Störung), juris.

22 VGH Kassel, Urteil v. 25.07.1990 – 1 UE 2162/87 (Betrieb einer Sexfilmbar), juris.

Beispiel

Als eine Entlassung rechtfertigende chronische Erkrankungen wurden in der Rechtsprechung etwa eine chronische Nierenfunktionsstörung,[23] eine chronische Polyarthritis[24] sowie die Folgen eines Bandscheibenvorfalls anerkannt.[25]

Praxistipp

Um hier keine „bösen Überraschungen“ zu erleben, sollte der Beamte schon während der Probezeit sämtliche bekannte chronische Leiden (etwa Rückenschmerzen) nachhaltig und ggf. fachärztlich behandeln lassen. Auf der anderen Seite sollte der Dienstherr die begutachtenden Ärzte bei der entscheidenden personalärztlichen Untersuchung zur Lebenszeitverbeamtung insbesondere in Bezug auf die Erkennung von chronischen Erkrankungen sensibilisieren.

28 Einer Entlassung wegen fehlender Bewährung steht auch die Vorschrift des § 11 Abs. 2 S. 1 BBG nicht entgegen. Danach ist ein Beamtenverhältnis auf Probe zwar spätestens nach **5 Jahren** in ein solches auf Lebenszeit umzuwandeln. Allerdings müssen auch insoweit die **beamtenrechtlichen Voraussetzungen** erfüllt sein und zu diesen Anforderungen gehört auch die gesundheitliche Eignung des Beamten.[26]

Praxistipp

Allein die Feststellung der fehlenden Bewährung aufgrund gesundheitlicher Mängel reicht nicht aus, um einen Beamten auf Probe zu entlassen. Erforderlich ist darüber hinaus der Nachweis, dass eine **anderweitige Verwendung** des Beamten nicht möglich ist, §§ 23 Abs. 3 S. 2, 26 Abs. 2 BeamtStG, § 34 Abs. 1 S. 2 BBG. Insoweit werden die Grundsätze über die weitere Verwendung von Beamten auf Lebenszeit entsprechend angewendet. Was genau „anderweitige Verwendung“ bedeutet, wird in Rn 63 ff. dieses Kapitels ausführlich behandelt.

b) Dienstunfähigkeit und keine Versetzung in den Ruhestand

29 Der zweite in Betracht kommende Entlassungsgrund ist die Dienstunfähigkeit. Ist ein Beamter auf Probe dienstunfähig und wird nicht in den Ruhestand versetzt, ist er zu entlassen, § 23 Abs. 1 Nr. 3 BeamtStG, § 34 Abs. 1 Nr. 3 BBG.

30 Der Dienstherr hat also die **Wahl**, ob er den Beamten im Falle der Dienstunfähigkeit entlässt oder ihn in den Ruhestand versetzt. Die Entscheidung, den Beamten zu entlassen, ist nur fehlerhaft, wenn sie auf **sachwidrigen Erwägungen** beruht.[27]

23 VG Magdeburg, Urteil v. 25.10.2012 – 5 A 256/11 –, juris.
24 VG München, Urteil v. 7.9.2010 – M 5 K 08.3707 –, juris.
25 VG Ansbach, Urteil v. 20.12.2011 – AN 1 K 10.02143 –, BeckRS 2012, 46756.
26 BVerwG, Urteil v. 01.10.2001 – 2 B 11/01 –, juris.
27 *Battis*, § 34 Rn 10.

Praxistipp
Hat der Dienstherr die Klärung der Dienstunfähigkeit ***während der Probezeit*** **nicht schuldhaft verzögert**, so ist sein Ermessen nicht eingeschränkt, den Beamten entweder zu entlassen oder in den Ruhestand zu versetzen.[28]

Prüfungsmaßstab ist das **abstrakt-funktionelle Amt**, wobei der Dienstherr lediglich auf die ihm zur Verfügung stehenden Erkenntnismittel zurückgreifen muss.[29] 31

Praxistipp
Dem entlassenen Beamten steht zwar kein Ruhegehalt zu, weil er gem. § 8 Abs. 2 Nr. 1 SGB VI in der gesetzlichen Rentenversicherung nachversichert wird. Ihm kann jedoch gem. § 15 Abs. 2 BeamtVG ein **Unterhaltsbeitrag** bewilligt werden.

c) Ermessensausübung

Rechtsfolge der Entlassungstatbestände ist, dass der Beamte auf Probe entlassen werden kann. 32

Achtung
Das Wort „kann" deutet zwar auf ein Ermessen des Dienstherrn hin. Indes hat der Dienstherr grundsätzlich die **Pflicht**, den Beamten zu entlassen, wenn er definitiv zu der Überzeugung gelangt ist, dass die gesetzlichen Voraussetzungen für die Entlassung gegeben sind.[30]

Nur ausnahmsweise hat der Dienstherr einen Ermessensspielraum: 33

aa) Fehlende Bewährung

Bei der Entlassung wegen fehlender Bewährung kann der Dienstherr entscheiden, ob er die **Probezeit ausschöpft** oder ob er den Beamten schon vorher entlässt bzw. anderweitig verwendet. Bei gesundheitlichen Mängeln, auf die der Beamte keinen Einfluss hat und bei denen keine Besserung zu erwarten ist, darf die Entlassung jedoch schon aus Fürsorgegründen nicht hinausgeschoben werden.[31] Kann die Bewährung dagegen bis zum Ablauf der regelmäßigen Probezeit nicht festgestellt werden, obliegt es dem Dienstherrn, die Probezeit nach seinem Ermessen zu **verlängern**. 34

28 BVerwG, Beschluss v. 1.10.2001 – 2 B 11/01 –, juris.
29 *Battis*, § 34 Rn 10.
30 *Schnellenbach*, § 5 Rn 6 m.w.N.
31 BVerwG, Urteil v. 29.9.1960 – 2 C 79.59 –; BVerwG, Urteil v. 29.5.1990 – 1 C 4/87-, beide juris.

Achtung
Einen Anspruch auf diese Entscheidung hat der Beamte nicht.[32]

35 Im Übrigen kann ein Beamter, der sich nur aus gesundheitlichen Gründen nicht bewährt hat, vom Dienstherrn grundsätzlich auch im **Angestelltenverhältnis** weiterbeschäftigt werden.

Achtung
Hierauf hat der Beamte jedoch ebenso wenig einen Anspruch, da die Weiterbeschäftigung als Angestellter kein „milderes Mittel" im Vergleich zur Entlassung ist.

bb) Dienstunfähigkeit

36 Im Falle der Dienstunfähigkeit hat der Dienstherr ein Ermessen, ob er den Beamten entlässt oder in den Ruhestand versetzt. Die Wahl des Dienstherrn zwischen Entlassung und Versetzung in den Ruhestand richtet sich nach der **Notwendigkeit und Angemessenheit einer Versorgung** des Beamten. Hierbei sind insbesondere dessen Lebens- und Dienstalter, der Grad seiner Versorgungsbedürftigkeit, seine wirtschaftliche Lage, seine Bewährung und seine Würdigkeit von Belang.[33]

Praxistipp
Nicht außer Acht gelassen werden sollte auch die Frage, ob der Beamte seine Dienstunfähigkeit durch eigenes (grobes) **Verschulden** herbeigeführt hat. In Zeiten knapper öffentlicher Haushalte werden neuerdings auch **fiskalische Gründe** anerkannt.[34]

37 Schließlich ist etwa von Belang, ob der Beamte noch eine **Rest-Erwerbsfähigkeit** hat, so dass er eine gesetzliche Erwerbsminderungsrente gem. § 43 Abs. 2 S. 2, 3 SGB VI beanspruchen könnte.

d) Entlassungsfrist

38 Während der Beamte bei der Entlassung wegen eines Dienstvergehens fristlos entlassen werden kann, sind die Entlassungen wegen fehlender Bewährung und Dienstunfähigkeit **fristgebunden**. Die Dauer der Frist hängt von der Dauer der Beschäftigungszeit ab, wobei darin Urlaub und Zeiten krankheitsbedingter Abwesenheit zu berücksichtigen sind. Gem. § 34 Abs. 2 BBG beträgt die Frist bei einer Beschäftigungs-

32 *Schellenbach*, § 5 Rn 23.
33 BVerwG, Urteil v. 14.10.1965 – II C 3.63 –, juris; zur Würdigkeit s. auch § 10 Abs. 3 S. 2 BDG.
34 *Schnellenbach*, § 5 Rn 32; offen gelassen: VGH München, Beschluss v. 18.7.1997 – 3 CS 96.2244, juris.

zeit von bis zu drei Monaten zwei Wochen zum Monatsschluss und bei einer darüber hinausgehenden Beschäftigungszeit **sechs Wochen** zum Schluss eines Kalendervierteljahres.

Beispiel
Entlassung eines Beamten am 24.2.2014, der vor 2 Jahren eingestellt wurde.
Entlassungsfrist: 6 Wochen = 7.3.2014, Entlassung zum 30.6.2014 möglich.

---

2. Versetzung in den Ruhestand

Die dritte und letzte Möglichkeit, ein Beamtenverhältnis auf Probe wegen Krankheit 39 zu beenden, ist die Versetzung in den Ruhestand wegen Dienstunfähigkeit, vgl. § 49 BBG. Nach dieser Vorschrift ist der Beamte in den Ruhestand zu versetzen, wenn die Dienstunfähigkeit aufgrund eines **Dienstunfalls** oder einer dienstlich bedingten Erkrankung eingetreten ist (Abs. 1). Darüber hinaus kann er gem. Abs. 2 nach Ermessen der obersten Dienstbehörde in den Ruhestand versetzt werden, wenn er aus anderen Gründen dienstunfähig geworden ist, sog. **fakultative Zurruhesetzung.**

Zweck dieser Vorschrift ist es, einem dienstunfähig gewordenen Beamten eine 40 **Versorgung** zu gewähren, wenn und soweit dies nach den Umständen des Einzelfalls **notwendig und angemessen** erscheint, um der Fürsorgepflicht des Dienstherren zu genügen.[35] Liegen die Voraussetzungen der fakultativen Dienstunfähigkeit vor, entscheidet der Dienstherr nach seinem Ermessen über die Versetzung in den Ruhestand.

Achtung
Eine Ermessensreduzierung auf Null ist dann gegeben, wenn der Dienstherr die 5-Jahres-Frist zur Verbeamtung auf Lebenszeit verletzt. Der Beamte hat dann einen Anspruch auf Versetzung in den Ruhestand.[36] Hat der Beamte dagegen die versorgungsrechtliche Wartezeit nicht erfüllt, kommt nur eine Entlassung bzw. anderweitige Verwendung in Betracht, §§ 23 Abs. 1 S. 1 Nr. 2 BeamtStG, 32 Abs. 1 Nr. 2 BBG i. V. m. § 4 Abs. 1 S. 1 Nr. 1 BeamtVG.

IV. Beamter auf Lebenszeit

1. Allgemeines

Ein Beamtenverhältnis auf Lebenszeit kann im Falle von Krankheit und mangelnder 41 Gesundheit nicht durch Entlassung beendet werden. Einzig in Betracht kommende Beendigungsmöglichkeit ist die **Versetzung in den Ruhestand wegen Dienstunfähigkeit**.

---

35 *Battis*, § 49 BBG, Rn 6.
36 Schnellenbach, Rn 106; *Battis*, § 49 BBG Rn 6 m.w.N.

42 **Kraft Gesetzes** treten Beamte auf Lebenszeit nur bei Erreichen der gesetzlichen Altersgrenze in den Ruhestand, §§ 30 Nr. 4, 51 BBG. Diese liegt bei Bundesbeamten zurzeit bei 67 Jahren. Hier tritt die rechtsgestaltende Beendigung des Beamtenverhältnisses durch Gesetz ein, so dass es keines Verwaltungsaktes bedarf.

Praxistipp
Die Mitteilung über den Grund und den genauen Zeitpunkt des Ruhestandes ist lediglich ein bloßer **Hinweis** auf die Rechtslage und hat keinen Regelungscharakter.[37]

---

43 Im Falle der Dienstunfähigkeit wird das Beamtenverhältnis durch rechtsgestaltenden **Verwaltungsakt** beendet. Diese Art der Versetzung in den Ruhestand ist lediglich bei Beamten auf Lebenszeit vorgesehen, wohingegen eine entsprechende Anwendung bei Beamten auf Probe und Widerruf aufgrund der Formstrenge des Beamtenrechts nicht zulässig ist.[38]

44 Das Beamtenrecht kennt **drei** Fälle von Dienstunfähigkeit:

- Die nachgewiesene Dienstunfähigkeit (§ 26 Abs. 1 S. 1 BeamtStG, § 44 Abs. 1 S. 1 BBG),
- die fingierte Dienstunfähigkeit (§ 26 Abs. 1 S. 2 BeamtStG, § 44 Abs. 1 S. 2 BBG) und
- die besondere Dienstunfähigkeit für landesrechtlich festgelegte Personengruppen (§ 26 Abs. 1 S. 4 BeamtStG, § 44 Abs. 7 BBG).

45 Die folgenden Ausführungen beschränken sich auf die ersten beiden Varianten.[39]

2. Nachgewiesene Dienstunfähigkeit

46 Nach der Legaldefinition der § 44 Abs. 1 S. 1 BeamtStG, § 26 Abs. 1 S. 1 BBG liegt Dienstunfähigkeit vor,

> *wenn der Beamte wegen seines körperlichen Zustandes oder aus gesundheitlichen Gründen zur Erfüllung der Dienstpflichten dauernd unfähig ist.*

47 Dies kann sowohl bei körperlichen Gebrechen (z. B. Körperbehinderungen) als auch bei Schwächen der körperlichen (z. B. Schwerhörigkeit) oder geistigen Kräfte (z. B. Depression) der Fall sein.

48 Eine „dauernde" Dienstunfähigkeit liegt vor, wenn der Beamte auf **absehbare Zeit** nicht im Stande sein wird, seine Aufgaben wahrzunehmen.[40]

---

37 Wichmann/Langer/*Wichmann*, Rn 287.
38 Wichmann/Langer/*Wichmann*, Rn 288.
39 Die letzte Variante betrifft im Wesentlichen nur den Polizeivollzugsdienst.
40 BVerwG, Urteil v. 16.10.1997 – 2 C 7/97-, juris.

Praxistipp
Dabei reicht es aus, wenn der Beamte **bis auf weiteres** dienstunfähig ist. Dagegen ist eine lebenslängliche Unfähigkeit, seine Dienste wahrzunehmen, nicht erforderlich.[41]

Abgesehen davon, dass eine solche Prognose in den meisten Fällen praktisch kaum zu treffen ist, geht das Beamtenrecht davon aus, dass ein zunächst dienstunfähiger Beamter im Laufe der Zeit seine Dienstfähigkeit wiedererlangen kann.[42] 49

Bei **Krankheiten** kommt es grundsätzlich darauf an, dass die Krankheit (beispielsweise eine HIV-Infektion) schon ausgebrochen ist. 50

Praxistipp
Ausnahmsweise kann schon während der bloßen **Inkubationszeit** eine Dienstunfähigkeit vorliegen, etwa wenn es sich um eine ansteckende Krankheit handelt und der Beamte dienstlichen Kontakt mit anderen Menschen hat.[43]

Darüber hinaus liegt eine nachgewiesene Dienstunfähigkeit auch dann vor, wenn der Beamte seinen Dienstpflichten infolge **gesundheitlicher Mängel** nur unter Umständen nachkommen kann, die mit den dienstlichen Anforderungen unvereinbar sind und dies den ordnungsgemäßen Ablauf der Dienstgeschäfte unzumutbar beeinträchtigt.[44] 51

Beispiel
Ein Beamter auf Lebenszeit leidet an depressiven Erschöpfungsstörungen. Dienstunfähigkeit liegt vor, wenn der Beamte die Arbeiten in Zeiten personeller Engpässe und unter erhöhtem Zeit- und Termindruck sowie im Einsatz mit Publikumsverkehr zu verrichten hat.[45]

Der Begriff der Dienstunfähigkeit ist kein medizinischer, sondern ein beamtenrechtlicher. Dementsprechend umfasst er jeden in der Konstitution des Beamten begründeten Zustand, der ihn außerstande setzt, seine Dienstpflichten zu erfüllen. Es kommt nicht darauf an, dass es sich um (anerkannte) Krankheiten im engeren Sinne handelt. Aus diesem Grund ist ein ärztliches Gutachten nicht die einzige **beweiserhebliche Erkenntnisquelle** für die Klärung der Dienstunfähigkeit. Vielmehr füllen den unbestimmten Rechtsbegriff der Dienstunfähigkeit **zwei Beurteilungselemente** aus: 52

- Neben dem (amts-)ärztlichen **Gutachten** über den Gesundheitszustand gem. §§ 47 Abs. 1, 48 Abs. 1 BBG

41 *Battis*, in: Battis, § 44 BBG Rn. 5.
42 S. dazu unten B IV 10c) Rn 130.
43 Wichmann/Langer/*Wichmann*, Rn 288 m.w.N.
44 OVG Münster, Urteil v. 11.3.2009 – 6 A 2615/05-, juris.
45 OVG Münster, Urteil v. 11.3.2009 – 6 A 2615/05, Rn 50 f., juris.

- trifft der Dienstherr eine **Entscheidung**, ob der Beamte noch in der Lage ist, die Dienstpflichten aus seinem abstrakt-funktionellen Amt[46] zu erfüllen.

Praxistipp
Das Gutachten des Arztes ist eine **bloße Stellungnahme** ohne Verwaltungsakt-Qualität, während die unabhängige Entscheidung des Dienstherrn Regelungscharakter hat.[47] Allerdings darf der Dienstherr von den medizinischen Feststellungen des Gutachtens nicht abweichen, es sei denn es ist offensichtlich widersprüchlich oder fehlerhaft.

---

53 Um eine ausreichende Entscheidungsgrundlage zu haben, hat der begutachtende Arzt **keine Schweigepflicht**[48] und muss die für seine Meinungsbildung tragenden Feststellungen und Gründe der Behörde auf Anforderung mitteilen. Dementsprechend hat der Beamte, der in eine amtsärztliche Untersuchung eingewilligt hat, kein Recht, den Amtsarzt zum Schweigen über das Untersuchungsergebnis zu verpflichten.[49]

54 Der Dienstherr hat bei der Entscheidung, ob Dienstunfähigkeit vorliegt, keine Beurteilungsermächtigung, sondern die Feststellungen im Gutachten sind gerichtlich **voll überprüfbar**.[50]

Praxistipp
Um diese Überprüfung zu ermöglichen, muss das Gutachten hinreichend und nachvollziehbar begründet sein. Letztlich muss es die wesentlichen Grundgedanken, von denen sich der Arzt hat leiten lassen, erkennen lassen.[51]

---

55 Wenn der Dienstherr **Zweifel** an der Dienstfähigkeit des Beamten hat, kann er eine ärztliche Untersuchung auch **von Amts wegen** anordnen, vgl. § 44 Abs. 6 BBG. Zweifel an der Dienstfähigkeit des Beamten bestehen dann, wenn die Behörde kein klares Bild darüber gewinnen kann, ob Dienstfähigkeit oder Dienstunfähigkeit gegeben ist.[52] Dafür reicht es, wenn der Dienstherr aufgrund nachteiliger Auswirkungen des schlechten Gesundheitszustandes auf den Dienstbetrieb den Eindruck gewinnen muss, dass der Beamte die Dienstpflichten eines seinem Amt entsprechenden abstrakten Aufgabenbereichs (funktionelles Amt im abstrakten Sinne) auf Dauer nicht mehr erfüllen kann.[53]

46 BVerwG, Urteil v. 23.09.2004 – 2 C 27/03-, juris.
47 Wichmann/Langer/*Wichmann*, Rn 288.
48 *Nokiel/Hartmann*, DÖD 2009, 165, 168 f.
49 Wichmann/Langer/*Wichmann*, Rn 288.
50 H.M., vgl. BVerwG, Urteil v. 30.8.1963 – 6 C 179.61 –, juris; a.A. *Battis*, § 44 BBG, Rn 4 m.w.N.
51 VGH München, Urteil v. 251.2013 – 6 B 12.2062 –, juris.
52 *Battis*, § 44 BBG, Rn 8.
53 VG Düsseldorf, Urteil v. 14.8.2001 – 2 K 1351/97 –, juris.

Praxistipp
Einen solchen Eindruck wird der Dienstherr regelmäßig dann gewinnen, wenn der **Beamte selbst** einen Antrag auf Versetzung in den Ruhestand wegen Dienstunfähigkeit stellt.[54]

Weigert sich der Beamte, an der ärztlichen Untersuchung teilzunehmen, gibt es im Bereich des Bundes keine gesetzliche Sanktionsnorm. Dagegen haben einige Länder Vorschriften zur **Beweislastumkehr** eingeführt. Danach kann Dienstunfähigkeit unterstellt werden, wenn der Beamte einer wiederholten Weisung ohne hinreichenden Grund nicht nachkommt. 56

Beispiel
§ 41 Abs. 1 S. 2 Hamburgisches Beamtengesetz

Prüfungsmaßstab für die Dienstunfähigkeit ist das zuletzt ausgeübte **abstrakt-funktionelle Amt** ohne Beschränkung auf einen bestimmten Dienstposten. Dienstunfähigkeit liegt also nicht schon dann vor, wenn der Beamte in Bezug auf den konkret wahrgenommenen Dienstposten dienstunfähig ist. Erforderlich ist vielmehr, dass er das gesamte Amt im abstrakten Sinne nicht mehr ausüben kann. 57

Amt

Amt im statusrechtlichen Sinn	Amt im funktionellen Sinn	
	Abstrakt-funktionell	Konkret-funktionell
(vgl. Anlage 1 zum BBesG, z. B. Amt eines Inspektors, Besoldungsordnung A, Besoldungsgruppe A 9)	(„Amtsposten“, z. B. Aufgabenkreis eines Regierungsinspektors im Bundeskanzleramt)	(„Dienstposten“, z. B. die Tätigkeitsbeschreibung eines Juristen in der Rechtsabteilung eines Ministeriums)

3. Fingierte Dienstunfähigkeit

Als gesetzliche Regelungen zur **Beweiserleichterung** enthält das Beamtenrecht die Vorschriften der § 26 Abs. 1 S. 2 BeamtStG, § 44 Abs. 1 S. 2 BBG. Danach kann als dienstunfähig auch angesehen werden, 58

> *wer infolge Erkrankung innerhalb von sechs Monaten mehr als drei Monate keinen Dienst geleistet hat, wenn keine Aussicht besteht, dass innerhalb weiterer sechs Monate die Dienstfähigkeit wieder voll hergestellt ist.*

54 Einige Bundesländer haben genau diesen Fall geregelt, vgl. etwa § 33 Abs. 2 LBG NRW oder § 41 Abs. 1 S. 3 Hamburgisches Beamtengesetz (HmbBG).

59 Der Vorteil einer solchen Regelung ist, dass der Dienstherr ein Verfahren zur Versetzung in den Ruhestand wegen Dienstunfähigkeit eröffnen kann, ohne dass es – zunächst – eines ärztlichen Gutachtens bedarf. Dabei genügt es, wenn sich kleinere Krankheitszeiten zu einem Zeitraum von drei Monaten summieren.

60 Ist die 3-Monats-Schwelle überschritten, muss der Dienstherr jedoch weitere Ermittlungen durchführen. Insbesondere hat er den Beamten ärztlich untersuchen zu lassen, um herauszufinden, ob eine **negative Gesundheitsprognose** vorliegt. Dafür genügt es, wenn die Dienstfähigkeit aufgrund tatsächlicher Umstände mit hinreichender Wahrscheinlichkeit nicht wiederhergestellt werden kann.[55]

! **Vorsicht**

Die Fürsorgepflicht des Dienstherrn gebietet es, den Beamten **ohne schuldhaftes Zögern** untersuchen zu lassen.

61 Sind die Voraussetzungen der fingierten Dienstunfähigkeit erfüllt, liegt die Feststellung der Dienstunfähigkeit im Ermessen des Dienstherrn („kann").

! **Vorsicht**

Diese gesetzlich geregelte vermutete Dienstunfähigkeit darf nicht verwechselt werden mit der ***ärztlichen Vermutung*** der Dienstunfähigkeit. Letztere liegt vor, wenn aus dem Krankheitsverlauf unter Berücksichtigung der Krankheitszeiten auf die Dienstunfähigkeit geschlossen wird.

62 Der **Unterschied** zur „nachgewiesenen" Dienstunfähigkeit liegt darin, dass dort nach verständiger, sachkundiger Prüfung eine Wiederherstellung der Dienstfähigkeit in absehbarer Zeit nicht zu erwarten ist. Während die nachgewiesene Dienstunfähigkeit primär auf einer negativen Prognose beruht, wird die vermutete Dienstunfähigkeit aus Umfang und Ausmaß der **vorhandenen Krankengeschichte** geschlossen. Hierzu kann auch anhaltende Konstitutionsschwäche zählen.[56]

4. Keine anderweitige Verwendung („Reha und Weiterverwendung vor Versorgung")

63 Trotz festgestellter Dienstunfähigkeit ist die Versetzung in den Ruhestand ausgeschlossen, wenn der Beamte **anderweitig verwendbar** ist. Diese zwingende Ausgestaltung des Grundsatzes „Weiterverwendung und Reha vor Versorgung" folgt unmittelbar aus dem Gesetz, vgl. § 26 Abs. 1 S. 3 BeamtStG, § 44 Abs. 1 S. 3 BBG. Der Grundsatz beruht auf dem Gedanken, dass der Eintritt des Ruhestands und damit

55 BGH, Urteil v. 16.12.2010 – RiZ (R) 2/10 –, juris.
56 OVG Koblenz, Urteil v. 21.3.1997 – 10 A 11954/96-, juris.

etwaiger Versorgungsansprüche die letzten möglichen Konsequenzen sein sollen (**Ultima-ratio-Prinzip**).

Praxistipp
Nicht nur aufgrund rechtlicher Verpflichtung, sondern auch mit Blick auf den für alle Verwaltungen bestehenden **Konsolidierungsdruck** stellt die Vermittlung von dienstunfähigen Beamten auf freie Stellen für den Dienstherrn ein attraktives Modell dar, dass dazu beitragen kann, seinen Gesamthaushalt zu entlassen. Eine alternative Weiterverwendung ist für den Dienstherrn in jedem Fall **kostengünstiger** als eine vorzeitige Versetzung in den Ruhestand. Zwar fallen bei einer Weiterbeschäftigung bis zur Altersgrenze neben den regulären laufenden Kosten (Besoldung) auch höhere Kosten für die Beamtenversorgung an, weil der altersbedingt in den Ruhestand versetzte Beamte einen Anspruch auf volle Versorgungsbezüge hat. Allerdings müssen im Fall der vorzeitigen Versetzung in den Ruhestand diejenigen Personalkosten hinzugerechnet werden, die dadurch entstehen, dass freie Stellen nicht mit Dienstunfähigen, sondern durch anderweitiges Personal besetzt werden müssen.

Eine anderweitige Weiterverwendung oder die Wiederherstellung der Dienstfähigkeit 64
des Beamten sind damit stets **vorrangig zu prüfen**. Dabei handelt es sich nicht um ein Minus gegenüber der Versetzung in den Ruhestand wegen Dienstunfähigkeit, sondern um ein **Aliud**. Ohne ausdrückliche gesetzliche Ermächtigung wäre die Übertragung eines anderen Amtes daher unzulässig.[57]

Praxistipp
Die Suche nach einem anderen Amt muss sich grundsätzlich auf den ganzen Bereich des Dienstherrn erstrecken. Im Ausnahmefall kann sich unter Fürsorgeaspekten jedoch eine räumliche Begrenzung auf eine bestimmte Region ergeben. Außerdem darf die Prüfung nicht nur auf den aktuellen Zeitpunkt abstellen, sondern muss auch künftig freiwerdende Dienstposten einbeziehen. Hier ist der Zeitraum zugrunde zu legen, der nach den laufbahnrechtlichen Bestimmungen für einen Laufbahnwechsel erforderlich wäre, also mindestens ein Zeitraum von sechs Monaten.[58] Schließlich ist zu berücksichtigen, dass es sich bei der anderen Stelle sowohl um Beamtenstellen als auch um solche für Arbeitnehmer handeln kann.

---

a) Gleichwertige Tätigkeit

Gem. § 44 Abs. 2 BBG hat der Dienstherr inhaltlich zu prüfen, ob ein anderes Amt, 65
auch in einer anderen Laufbahn, übertragen werden kann. Die andere Laufbahn muss nicht gleichwertig sein, d. h. es kann sich um eine inhaltlich nicht verwandte Laufbahn handeln. Erfasst wird also allein der **„horizontale" Laufbahnwechsel**.[59]

Die Zustimmung des Beamten ist für die Übertragung des neuen Amtes nicht 66
erforderlich, was schon aus § 44 Abs. 2 S. 2 BBG folgt. Voraussetzung für die Übertra-

57 VGH München, Urteil v. 8.7.1992 – 3 B 92.282-, juris.
58 BVerwG, Beschluss v. 6.3.2012 – 2 A 5/10 –, juris.
59 OVG Koblenz, Beschluss v. 21.07.2003 – 1 B 413/03-, juris.

gung ist aber in objektiver Hinsicht, dass das Amt zum **selben Bereich des Dienstherrn** gehört und mindestens mit **demselben Endgrundgehalt** verbunden ist wie das bisherige Amt. Etwaige Stellen- oder Gefahrzulagen zählen dabei nicht zum Endgrundgehalt.

---

i **Beispiel**

Ein Studienrat (A 13) ist für den Beruf des Lehrers dienstunfähig, weil er nach einer Kehlkopfoperation seine Stimme verloren oder wesentlich eingebüßt hat. In diesem Fall ist nach dem Grundsatz „Weiterverwendung vor Versorgung" eine anderweitige Beschäftigungsmöglichkeit bei seinem Dienstherren zu suchen. Regelmäßig kommt dann noch eine Verwendung in der Wertigkeit A 13 im Verwaltungsdienst der Schul- oder Ministerialverwaltung in Betracht, so dass insgesamt keine Dienstunfähigkeit vorliegt.

! **Vorsicht**

Aufgrund der Unterschiedlichkeit der Laufbahnen in den verschiedenen Bundesländern stehen die Dienststellen in der Praxis regelmäßig vor dem Problem, dass ein Dienstposten zur anderweitigen Verwendung lediglich bei einem anderen Dienstherrn zur Verfügung steht. Versetzungen zu anderen Dienstherren sind indes nur einvernehmlich unter den Dienstherren zulässig, vgl. §§ 15 Abs. 3 BeamtStG, 28 Abs. 5 BBG.

---

67 Lässt sich mangels Herstellung des Einvernehmens die Versetzung nicht realisieren und hat der Dienstherr weiterhin keinen geeigneten Dienstposten zur Verfügung, liegen die **objektiven** Voraussetzungen des § 44 Abs. 2 BBG vor.

68 Ferner ist in **subjektiver** Hinsicht die Erwartung, der Beamte werde den gesundheitlichen Anforderungen des neuen Amtes gerecht, erforderlich. Auffällig ist, dass das Gesetz in § 44 Abs. 2 BBG – anders als in den beiden folgenden Absätzen – nicht voraussetzt, dass das neue Amt in der anderen Laufbahn zumutbar ist. Aufgrund der Fürsorgepflicht des Dienstherrn ist jedoch darauf zu achten, dass dem Beamten nicht irgendein anderes Amt übertragen wird. Vielmehr sind auch im Rahmen des Absatzes 2 als Ausdruck des **Verhältnismäßigkeitsgrundsatzes** die bisherige Tätigkeit, die Befähigung und die Qualifikationen des Beamten zu berücksichtigen.[60] Das wird bei einer zumindest teilweise vergleichbaren Laufbahn eher der Fall sein.[61]

! **Faustregel**

Vergleichbar sind die Laufbahnen der Polizei und der Feuerwehr. Nicht vergleichbar ist der technische mit dem nichttechnischen Verwaltungsdienst.

---

60 Vgl. BT-Drs. 13/3994, S. 33.
61 *Battis*, § 44 BBG, Rn 11.

Beispiel
Ein Polizeihauptkommissar A 11, der den Anforderungen des Vollzugsdienstes nicht mehr gewachsen ist, kann im Stabsbereich in einer adäquaten Innendienstfunktion A 11 eingesetzt werden. Insoweit handelt es sich um dieselbe Laufbahn. Ist eine alternative Einsatzmöglichkeit dagegen nur in der Laufbahn der Allgemeinen Dienste möglich, z. B. in einem Sozialamt, handelt es sich um eine andere Laufbahn.

Praxistipp
Die Dienststelle sollte vor Verfügung einer alternativen Verwendung in einer anderen Laufbahn stets eine **Eignungsprognose** bzgl. der Frage, ob der Beamte die Eignung für die andere Laufbahn erlangen kann und ob deren Aufgaben voraussichtlich erfolgreich wahrgenommen werden, erstellen. Hierfür können Beurteilungen oder entsprechende Vermerke der Dienststelle zugrunde gelegt werden.

Da der Beamte in der Regel nicht die **Befähigung** für eine andere Laufbahn besitzt 69 (z. B. der dienstunfähige Lehrer für den allgemeinen Verwaltungsdienst), ist er gem. § 44 Abs. 5 BBG zur **Teilnahme an Qualifizierungsmaßnahmen** verpflichtet. Diese Pflicht wird überwiegend als „Effektuierung" des Grundsatzes „Weiterverwendung vor Versorgung" gesehen.[62] Die Durchführung des Vorbereitungsdienstes und das Bestehen einer Laufbahnprüfung werden indes nur für jüngere Beamte in Frage kommen. Für ältere Beamte wäre dies angesichts des immensen Aufwandes wohl unverhältnismäßig. In einem solchen Fall kommen alternativ spezielle **theoretische und praktische Kurse und Unterweisungen** in Betracht.

b) Geringwertige Tätigkeit, gleiches Endgrundgehalt

Liegen die Voraussetzungen der Dienstunfähigkeit nunmehr vor, weil keine ander- 70 weitige Verwendung möglich ist, steht dem Dienstherrn eine letzte Möglichkeit offen, doch noch eine Weiterverwendung des Beamten zu erreichen. Gem. § 26 Abs. 3 BeamtStG, § 44 Abs. 3 BBG kann dem Beamten ohne dessen Zustimmung eine **geringwertige Tätigkeit** übertragen werden. Eine solche Übertragung kann auch in eine niedrigere Laufbahngruppe erfolgen.

Beispiel
Einem dienstunfähigen Oberregierungsrat (Besoldungsgruppe A 14, höherer Dienst) kann sowohl eine Beschäftigung als Regierungsrat (A 13, höherer Dienst) als auch eine Tätigkeit als Amtsrat (A 12, gehobener Dienst) übertragen werden.

Durch diese Übertragung wird das Recht des Beamten auf amtsangemessene Tätig- 71 keit beeinträchtigt. Aus diesem Grund ist eine Übertragung nur insoweit zulässig, wie

62 *Battis*, § 44 BBG, Rn 11.

die Ausübung der geringwertigen Tätigkeit noch **zumutbar** ist. Bei der Frage, was noch zumutbar ist und welche Verwendung schon gegen den Grundsatz der amtsangemessenen Verwendung verstößt, hat der Dienstherr **Ermessen**. Bei der Ermessensausübung ist einerseits das öffentliche Interesse daran, den Beamten nicht vorzeitig in den Ruhestand versetzen zu müssen und dadurch Versorgungsmittel einzusparen, zu berücksichtigen. Andererseits sind aus Gründen der **Fürsorgepflicht des Dienstherrn** und im Hinblick darauf, dass dem Beamten die geringwertige Tätigkeit ohne seine Zustimmung übertragen werden kann, die schutzwürdigen Belange des Beamten, z. B. in gesundheitlicher Hinsicht, zu beachten.[63]

Beispiel

Die Übertragung wird dann unzumutbar sein, wenn der Beamte bislang eine Führungsposition mit Personalverantwortung übernommen hat und ihm nunmehr untergeordnete Hilfstätigkeiten übertragen werden sollen.

Achtung

Unter keinen Umständen darf einem Beamten ohne dessen Zustimmung zugemutet werden, abwertende oder gar diskriminierende Tätigkeiten zu übernehmen.[64]

---

72 Die Übertragung einer Tätigkeit, die in ihrer Wertigkeit maximal **zwei Ämter** unter dem zuletzt innegehabten Amt rangiert, dürfte ohne weitere Prüfung noch zumutbar sein.

Faustregel

Eine Übertragung bis zu zwei niedrigeren Ämtern ist regelmäßig noch zumutbar.

---

73 Einem Regierungsrat (Besoldungsgruppe A 13) kann also grundsätzlich ohne dessen Zustimmung das Amt eines Amtmanns (Besoldungsgruppe A 11) übertragen werden.

Praxistipp

Unabhängig von der Frage der Zumutbarkeit stellt sich die Übertragung einer geringwertigen Tätigkeit für beide Parteien oftmals als attraktive Lösung im Vergleich zur Alternative – der Dienstunfähigkeit – dar: Der Beamte behält sein abstrakt-funktionelles Amt und wird lediglich auf einem geringwertigen Dienstposten eingesetzt. Dadurch steht ihm die Besoldung aus seinem bisherigen Amt weiter zu, aus der sich später auch die Höhe seiner Versorgung ergibt. Auch der Dienstherr profitiert, indem er den Beamten weiterhin verwenden kann und bis auf weiteres kein Ruhegehalt zahlen muss.

---

63 VG Göttingen, Urteil v. 12.8.2013 – 1 A 274/12 –, juris.
64 *Schütz/Maiwald/Brockhaus*, § 26 BeamtStG, Rn 109.

c) Geringwertige Tätigkeit, geringeres Endgrundgehalt

Eine noch weitergehende Möglichkeit der Übertragung anderer Tätigkeiten enthält die Vorschrift des § 44 Abs. 4 BBG. Danach können dem Beamten geringwertige Tätigkeiten sogar mit **geringerem Endgrundgehalt** übertragen werden, wenn dies zur Vermeidung der Versetzung in den Ruhestand zumutbar ist. Daraus wird der Wille des Gesetzgebers deutlich, dass die Versetzung in den Ruhestand das letzte Mittel sein soll und vorher alle Möglichkeiten auszuschöpfen sind, um dies zu vermeiden. 74

Allerdings kommt diese Rechtsfolge in ihrer Wirkung einer **disziplinarrechtlichen Degradierung** nahe. Aus diesem Grund sind an die Zumutbarkeit, die insbesondere auch die Vorbildung und die bisherige Tätigkeit des Beamten berücksichtigen muss, hohe Anforderungen zu stellen.[65] Es liegt auf der Hand, dass die Übertragung einer geringwertigen Tätigkeit ohne Beibehaltung des bisherigen Endgrundgehalts einen **intensiven Eingriff** in die Rechte des Beamten darstellt und nur unter strenger Verhältnismäßigkeitsprüfung gerechtfertigt sein kann. Weitergehende Untersuchungen dieser Vorschrift – etwa zur Verfassungsmäßigkeit – sind indes nicht angebracht, da der Bundesgesetzgeber die Vorschrift zunächst bis zum 31.12.2014 befristet hat. Primärer Adressatenkreis soll ohnehin die spezielle Gruppe der **Polizeivollzugsbeamten** sein, die wegen Polizeivollzugsdienstunfähigkeit einen Laufbahnwechsel vollzogen haben.[66] 75

Praxistipp
Grundsätzlich sollte die Dienststelle bei jeder Prüfung einer anderweitigen Verwendung ihre unternommenen Schritte im Einzelnen **dokumentieren**. Im Streitfall obliegt es nämlich dem Dienstherrn, schlüssig darzulegen, dass er alle gesetzlichen Erfordernisse bei der Suche nach einem anderen Arbeitsplatz beachtet hat.

---

5. Begrenzte Dienstunfähigkeit

Ein weiteres Instrument zur Vermeidung von Pensionierungen wegen Dienstunfähigkeit ist die Möglichkeit, auf eine **begrenzte Dienstunfähigkeit** zu erkennen (§ 27 BeamtStG, § 45 BBG). Im Unterschied zur „vollen" Dienstunfähigkeit muss der Betroffene noch **mindestens zu 50 Prozent** dienstfähig sein. 76

Praxistipp
Bei Lehrern ist darauf abzustellen, ob sie noch mindestens die Hälfte der für ihre Schulstufe maßgebenden Pflichtstunden erbringen können, bei Hochschullehrern, ob sie noch mindestens die Hälfte des in ihrem Amt festgelegten oder üblichen Lehrdeputats erbringen können.[67]

---

65 *Battis*, § 44 Rn 13; *Wagner/Leppek*, Rn 159.
66 BT-Drs. 16/7076, S. 111.
67 *Schütz/Maiwald/Brockhaus*, § 27 BeamtStG, Rn 16 m.w.N.

77 Sowohl die Arbeitszeit als auch die Aktivbezüge werden bei der begrenzten Dienstunfähigkeit dem Grad der Restdienstfähigkeit entsprechend angepasst. Die **reduzierten Bezüge** werden dem Beamten aber mindestens in Höhe des Ruhegehalts gewährt, das er erhalten hätte, wenn er in den Ruhestand versetzt worden wäre, § 72a Abs. 1 S. 2 BBesG. Es handelt sich bei der begrenzten Dienstunfähigkeit also nicht um eine „Teilpensionierung", die neben einer anteiligen Besoldung einen Anspruch auf ein anteiliges Ruhegehalt eröffnet.

Praxistipp
Die für den Beamten günstige Feststellung, er besitze noch die erforderliche begrenzte Dienstfähigkeit, erhält zugleich die ihn belastende Feststellung seiner Teildienstunfähigkeit. Insoweit sind also Widerspruch und Anfechtungsklage zulässig.

---

6. Zurruhesetzungsverfahren

78 Das Verfahren und die Zuständigkeit bei vorzeitiger Versetzung in den Ruhestand wegen Dienstunfähigkeit regelt § 47 BBG. Anders als auf der Ebene der Länder unterscheidet die bundesrechtliche Vorschrift nicht zwischen beantragter und zwangsweiser Versetzung.

a) Ärztliches Gutachten

79 Grundlage zur Beurteilung der Dienstunfähigkeit ist zunächst ein ärztliches Gutachten. Dieses muss nicht zwangsläufig von einem Amtsarzt erstellt werden, sondern die Untersuchung kann einem als Gutachter zugelassenen Arzt übertragen werden. Das folgt schon aus dem Wortlaut des § 48 Abs. 1 S. 1 BBG („oder"). Die Entscheidung über die Wahl des beauftragten Arztes trifft die oberste Dienstbehörde bzw. eine von ihr ermächtigte Behörde.

Achtung
Dabei ist wichtig, dass immer unvoreingenommene und neutrale Ärzte beauftragt werden und nicht systematisch und ohne Ausnahme der eigene betriebsärztliche Dienst.[68]

---

b) Mitteilung

80 Nach Einholung des ärztlichen Gutachtens hat der Dienstvorgesetzte dem für dienstunfähig erachteten Beamten förmlich **mitzuteilen**, dass seine Versetzung in den Ruhestand beabsichtigt sei. Dabei muss er angeben, aus welchen Gründen er Dienst-

68 VG Arnsberg, Urteil v. 18.06.2010 – 13 K 185/09; OVG Bautzen, Urteil v. 23.10.2013 – 2 A 756/11-, beide juris.

unfähigkeit annimmt und muss auf die Möglichkeit der Erhebung von Einwendungen **hinweisen**. Diese Mitteilung enthält als rein vorbereitende Maßnahme keine Regelung und entfaltet keine Außenwirkung, so dass sie **keinen Verwaltungsakt** darstellt.[69] Dennoch hat sie für den Schutz des Beamten eine hohe Bedeutung. Ein gravierender Verfahrensmangel – etwa das Ergehen der Mitteilung ohne vorherige Einholung eines Gutachtens – kann zur Aufhebung der Verfügung über die Versetzung in den Ruhestand führen.[70]

c) Einwendungen

Der Beamte kann innerhalb eines Monats nach Zustellung der Mitteilung[71] **Einwendungen** gegen die geplante Versetzung in den Ruhestand erheben. 81

Praxistipp
Aufgrund der Fürsorgepflicht des Dienstherrn sind auch verspätete Einwendungen zu prüfen.[72] Inhaltlich sind jedoch nur solche Einwendungen beachtlich, die sich auf die der Annahme der Dienstunfähigkeit zugrunde liegende Tatsachengrundlage beziehen.

---

d) Entscheidung Dienstherr

Die **Entscheidung** über die Versetzung in den Ruhestand trifft die für die Ernennung zuständige Behörde. Im Falle der Abordnung an eine andere Behörde oder an einen anderen Dienstherrn ist also allein die „Mutterbehörde" befugt, über die Dienstunfähigkeit zu entscheiden. 82

Praxistipp
Die Entscheidung über die Versetzung in den Ruhestand muss **ohne schuldhaftes Zögern** erfolgen. Im Falle von künftigen Änderungen im Versorgungsrecht können dem Beamten **Schadensersatzansprüche** gegen den Dienstherrn zustehen, falls er aufgrund der Untätigkeit einen unabwendbaren Nachteil erleidet, etwa weil er beachtliche Stichtagsregelungen versäumt.[73]

Legt der Beamte gegen den Verwaltungsakt der Versetzung in den Ruhestand Widerspruch oder Anfechtungsklage ein, besteht für die oberste Dienstbehörde gem. § 66 S. 1 BBG die Möglichkeit, ihm die **Führung der Dienstgeschäfte** zu verbieten. 83

69 BVerwG, Urteil v. 6.7.1967 – II C 101.63 –, juris.
70 Wichmann/Langer/*Wichmann*, Rn 288.
71 Die Zustellung ist gem. § 128 BBG obligatorisch.
72 BVerwG, Urteil v. 14.8.1974 – VI C 20.71 – Rn 28, juris.
73 OVG Koblenz, Urteil v. 21.1.2005 – 2 A 11800/04 –, juris.

Praxistipp
Aus Sicht des Dienstherrn ist das Verbot dann sinnvoll, wenn der Gesundheitszustand des Beamten eine Beeinträchtigung des Dienstbetriebes besorgen lässt.[74] Der Ausspruch eines solchen Verbots ist aus fürsorgerechtlichen Gesichtspunkten sogar **erforderlich**, wenn die weitere Dienstausübung den Gesundheitszustand des Beamten verschlechtern kann.

e) Rechtsfolgen

84 Mit Bekanntgabe der Versetzung in den Ruhestand wird gem. § 39 S. 1 BeamtStG, § 44 Abs. 4 S. 2 BBG die **Besoldung** einbehalten, soweit sie das fiktive Ruhegehalt übersteigt. Das gilt auch bei denjenigen Beamten, die Widerspruch gegen die Entscheidung zur Versetzung in den Ruhestand einlegen. Ein Rechtsbehelf gegen die Ruhestandsversetzung entfaltet zwar grundsätzlich **aufschiebende Wirkung** (§ 80 Abs. 1 VwGO, Umkehrschluss aus § 54 Abs. 4 BeamtStG); dies gilt jedoch aufgrund der gesetzlichen Anordnung nicht für den vollen Besoldungsanspruch.

85 Sinn und Zweck dieser Konzeption des Gesetzes ist es, dass Beamte **keinen wirtschaftlichen Vorteil** durch die Einlegung von Rechtsmitteln erlangen sollen.[75] Der einbehaltene, das Ruhegehalt übersteigende Betrag ist nur dann nachzuzahlen, wenn die Pensionierungsverfügung endgültig aufgehoben wird. Hat der Rechtsbehelf dagegen keinen Erfolg oder wurde gar kein Rechtsbehelf eingelegt, beginnt der Ruhestand mit dem Ende des Monats, in dem die Versetzungsverfügung dem Beamten zugestellt wurde, § 47 Abs. 4 S. 1 BBG.

7. Versetzung in den Ruhestand auf Antrag

86 Sollte der Beamte aufgrund seiner Krankheit oder seines Gebrechens **schwerbehindert** im Sinne des § 3 Abs. 2 SGB IX sein, kann er auch auf seinen Antrag in den Ruhestand versetzt werden. Diese Möglichkeit besteht indes erst ab Vollendung des 62. Lebensjahres, vgl. § 52 BBG.

87 Ein nicht schwerbehinderter Beamter auf Lebenszeit kann nur dann auf Antrag in den Ruhestand versetzt werden, wenn sein Dienstvorgesetzter ihn nach Einholung eines ärztlichen Gutachtens **nach pflichtgemäßem Ermessen** für dienstunfähig hält (§ 47 Abs. 1 BBG). Auch in diesem Fall muss vor der Versetzung in den Ruhestand wegen Dienstunfähigkeit zunächst geprüft werden, ob eine andere Verwendung möglich ist. Auch insoweit gilt der Grundsatz „Reha und Weiterverwendung vor Versorgung".

74 OVG Lüneburg, Beschluss v. 03.03.1989 – 2 B 95/88-, juris.
75 OVG Münster, Beschluss v. 05.10.2012 – 1 B 790/12-, juris.

Rechtsfolge der Ruhestandsversetzung auf Antrag ist ein **Ermessen** des Dienstherrn. Der Beamte hat damit lediglich Anspruch auf eine ermessensfehlerfreie Entscheidung. 88

Praxistipp
Ein sachlicher Grund für die Ablehnung des Antrages kann vorliegen, wenn der **ordnungsgemäße Dienstbetrieb** bei Versetzung des Beamten in den Ruhestand gefährdet wäre.[76]

Ob auch **fiskalische Gründe** für eine Ablehnung des Antrags genügen, ist umstritten. Während die Rechtsprechung und ein Teil der Lehre finanzielle Gründe nicht ausreichen lassen wollen,[77] spricht sich ein anderer Teil der Lehre für ein weites Verständnis des „sachlichen Grundes" aus.[78] Da sich die schlechte Haushaltslage vieler Dienstherrn zusehends auch auf die Personalausstattung und damit auf den Dienstbetrieb auswirkt, ist es überzeugender, auch fiskalische Gründe als Ablehnungsgrund gelten zu lassen. 89

Praxistipp
Eine **Rücknahme** des Antrages durch den Beamten ist noch bis zum Zeitpunkt der Zustellung der Verfügung über die Versetzung möglich. Danach ist die Rücknahme durch den Beamten[79] oder ein Wiederaufgreifen des Verfahrens ausgeschlossen.[80]

8. Wiederherstellung der Dienstfähigkeit

Das Vorliegen der Voraussetzungen der Dienstunfähigkeit hat der Dienstherr regelmäßig zu überprüfen. Gleichzeitig haben sich die frühzeitig pensionierten Beamten aktiv an der Wiederherstellung ihrer Dienstfähigkeit zu beteiligen. Zu diesem Zweck haben sie sich – unabhängig von der Art der Erkrankung und der medizinischen Begutachtung – allen geeigneten und zumutbaren Maßnahmen zur Wiederherstellung der Gesundheit zu unterziehen. 90

Achtung
Die Kosten dafür hat der Dienstherr zu tragen, der insoweit die Aufgaben eines Rehabilitationsträgers im Sinne des § 6 SGB IX übernimmt.[81]

76 *Battis*, § 52 BBG Rn 4.
77 BVerwG, Urteil v. 2.7.1963 – 2 C 157/60, juris; *Schütz/Maiwald/Brockhaus*, § 33 LGB-NRW, Rn 55.
78 *Battis*, § 52 Rn 4; Wichmann/Langer/*Wichmann*, Rn 290.
79 BVerwG, Beschluss v. 17.09.1996 – 2 B 98/96-, juris.
80 BVerwG, Urteil v. 25.10.2007 – 2 C 22/06-, juris.
81 BT-Drs. 16/7076, S. 11.

91 Die Nichtbefolgung von hierzu ergangenen Weisungen kann disziplinarisch verfolgt werden. Der Dienstherr ist sogar befugt, den Ruhestandsbeamten zwangsweise zu **reaktivieren**, wenn dieser sich ohne hinreichenden Grund weigert, sich wie angeordnet ärztlich untersuchen zu lassen.[82]

a) Reaktivierung von Amts wegen

92 Beamte, die wegen Dienstunfähigkeit in den Ruhestand versetzt wurden, können unter **zwei Voraussetzungen** wieder in das aktive Beamtenverhältnis berufen werden:

- Zum einen muss ihnen im Dienstbereich ihres früheren Dienstherrn ein Amt ihrer früheren oder einer anderen Laufbahn mit mindestens demselben Endgrundgehalt übertragen werden.
- Zum anderen muss zu erwarten sein, dass sie den gesundheitlichen Anforderungen des neuen Amtes genügen, vgl. §§ 29 Abs. 2 BeamtStG, § 46 Abs. 1 S. 1 BBG.

93 Falls eine **anderweitige Verwendung** nicht möglich ist, kann es sich im Falle der Übertragung eines Amtes in einer früheren Laufbahn des Ruhestandsbeamten auch um eine geringwertige Tätigkeit handeln. Diese muss ihm jedoch unter Berücksichtigung seiner früheren Tätigkeit zumutbar sein.

94 Liegen diese Voraussetzungen **kumulativ** vor, ist der Beamte verpflichtet, einer erneuten Berufung in das Beamtenverhältnis Folge zu leisten. Dagegen lässt sich aus den genannten Vorschriften **kein Rechtsanspruch** des Beamten auf Reaktivierung herleiten.[83] Der Beamte hat noch nicht einmal einen Anspruch auf ermessensfehlerfreie Entscheidung, da die Vorschrift nicht dazu bestimmt ist, auch dem Interesse des Beamten zu dienen.[84]

b) Reaktivierung auf Antrag

95 Eine Reaktivierung des Beamten kann jedoch auch in dem seltenen Fall erfolgen, dass er dies selbst beantragt. Gem. § 29 Abs. 1 BeamtStG, § 46 Abs. 6 BBG ist diesem Antrag zu entsprechen, falls nicht **zwingende dienstliche Gründe** entgegenstehen. Bei der Frage, was zwingende dienstliche Gründe sind, hat der Dienstherr einen Beurteilungsspielraum, der nur **eingeschränkt gerichtlich überprüfbar** ist.[85]

---

82 BVerwG, Urteil v. 19.9.1997 – 2 C 33.96; BVerwG, Urteil v. 19.6.2000 – 1 DB 13.00-, beide juris.

83 BVerwG, Urteil v. 26.10.2000 – 2 C 38/99, juris.

84 BVerwG, Urteil v. 26.10.2000 – 2 C 38/99 –, juris; Wichmann/Langer/*Wichmann*, Rn 290.

85 *Battis*, § 46 Rn 10 m.w.N.

Praxistipp
Die mit der Wiederberufung regelmäßig verbundenen finanziellen und personalorganisatorischen Auswirkungen sind jedenfalls regelmäßig keine derartigen Gründe.[86]

Der Beamte hat bei Vorliegen dieser Voraussetzungen einen **Anspruch** auf Wiederberufung. Mit der Wiederberufung gilt gem. § 46 Abs. 7 BBG das frühere Beamtenverhältnis als fortgesetzt. Diese **Fiktion** ist erforderlich, weil das Beamtenverhältnis wegen § 21 Nr. 4 BeamtStG, § 30 Nr. 4 BBG infolge der Versetzung in den Ruhestand endet. Indes hat der Beamte keinen Anspruch, so behandelt zu werden, als ob sein aktives Beamtenverhältnis ununterbrochen bestanden hätte. Insbesondere hat er keinen Anspruch auf Nachzahlung der Differenz zwischen den Bezügen als aktiver Beamter und den Versorgungsbezügen.[87] 96

9. Präventionsverfahren und BEM als Voraussetzung für Versetzung in den Ruhestand?

Die Einhaltung der Vorschriften zum **Präventionsverfahren** gem. § 84 Abs. 1 SGB IX und zum **betrieblichen Eingliederungsmanagement** (BEM) gem. § 84 Abs. 2 SGB IX sind nicht nur in der arbeitsrechtlichen Praxis problematisch, sondern auch und gerade im Bereich des Dienstrechts. Grund dafür ist insbesondere, dass es hierzu bisher an Rechtsprechung des BVerwG fehlt. 97

Allgemein anerkannt ist jedoch, dass sowohl das Präventionsverfahren als auch das BEM für **alle Beamten- und Richterverhältnisse** gelten.[88] Nur vereinzelt wird mit dem Argument, das Beamtenrecht sei im Bereich der Konkretisierung der Fürsorgepflicht abschließend, eine gegenteilige Auffassung vertreten.[89] Das ist jedoch nicht überzeugend. Schon aus § 122 SGB IX folgt, dass die Verpflichtungen aus dem SGB IX im Zweifel unabhängig von sonstigen Rechtsvorschriften zu erfüllen sind. Sonstige Bestimmungen treten also neben die des SGB IX und begründen gerade kein Vorrang-Nachrang-Verhältnis. 98

86 BVerwG, Urteil v. 13.08.2008 – 2 C 41/07, juris. Dennoch gilt in Hamburg aufgrund des angestrebten Personalabbaus die Zustimmung der obersten Dienstbehörde zum Verzicht auf die Reaktivierung generell als erteilt, vgl. III. Nr. 4 der Verwaltungsvorschrift „Dienstunfähigkeit" v. 1.12.2012.
87 Wichmann/Langer/*Wichmann*, Rn 290.
88 BeckOK/*Gutzeit*, Stand: 1.3.2013, § 84 SGB IX Rn 6; Hauck/Noftz/*Schröder*, § 84 SGB IX Rn 9; *von Roetteken*, ZBR 2013, 325, 325 m.w.N.
89 *Balders/Lepping*, NZA 2005, 854; VG Berlin, Urteil v. 26.02.2008 – 28 A 134.05 –, juris.

Praxistipp

Darüber hinaus besteht Einigkeit darüber, dass die Rechte und Pflichten aus § 84 Abs. 1, 2 SGB IX sowohl bei Dienstverhältnissen auf **Lebenszeit** als auch bei solchen auf **Probe** oder **Widerruf** Anwendung finden können.[90]

99 Im Folgenden ist zwischen den beiden Verfahren des § 84 SGB IX zu differenzieren, da eine fehlende oder falsche Beachtung der Verfahrensregeln zu **unterschiedlichen Rechtsfolgen** führen kann.

a) Präventionsverfahren, § 84 Abs. 1 SGB IX

100 Das Präventionsverfahren ist darauf gerichtet, eine Gefährdung des jeweiligen Beschäftigungsverhältnisses zu vermeiden. Im Unterschied zum BEM richten sich die Pflichten des Präventionsverfahrens explizit an den **Arbeitgeber**. Auf der Gegenseite unterliegen dem personellen Geltungsbereich des Verfahrens lediglich **Schwerbehinderte** im Sinne des § 2 Abs. 2 SGB IX und die ihnen gem. § 2 Abs. 3 SGB IX gleichgestellten Personen.

Achtung

Eine bloße Zusicherung der Gleichstellung im Sinne von § 34 SGB X ist dagegen nicht ausreichend.[91] Ebenso wenig ist die Vorschrift (analog) auf alle Menschen mit einer Behinderung gem. § 3 Abs. 1 SGB IX anzuwenden.

101 Tatbestandliche Voraussetzung des § 84 Abs. 1 SGB IX ist die **Gefährdung** des Beschäftigungsverhältnisses aufgrund von personen-, verhaltens- oder betriebsbedingten Schwierigkeiten. Das Dienstverhältnis als solches muss durch die im Raum stehende Maßnahme in seinem Fortbestand bedroht sein, etwa durch die Gefahr der Entlassung[92], der vorzeitigen Versetzung in den Ruhestand wegen Dienstunfähigkeit[93] oder der Entfernung aus dem Dienstverhältnis.

Vorsicht

Die **Risikoschwelle** für die Annahme einer Gefährdung ist niedrig anzusetzen.[94] Sowohl in der arbeits-[95] als auch in der verwaltungsgerichtlichen Rechtsprechung[96] ist anerkannt, dass die Schwierigkeiten noch nicht den Grad der „Kündigungsreife" erreicht haben müssen. Dagegen muss beim BEM

90 *Von Roetteken*, ZBR 2013, 325, 326 f.

91 BAG, Urteil v. 27.1.2011 – 8 AZR 580/09 – Rn 32 f., juris.

92 BGH, Urteil v. 20.12.2006 – RiZ (R) 2/06 – Rn 19 f., juris.

93 VG Frankfurt a. M., Urteil v. 29.2.2008 – 9 E 491/07-, juris.

94 ErfK/*Rolfs*, § 84 SGB IX Rn 2.

95 BAG, Urteil v. 7.12.2006 – 2 AZR 182/06 – Rn 30-, juris.

96 VG Saarland, Urteil v. 9.1.2007 – 7 K 2080/07 – Rn 31, juris.

bereits eine „Störung" des Beschäftigungsverhältnisses durch das Auftreten einer Arbeitsunfähigkeit vorliegen.

Die in § 84 Abs. 1 SGB IX genannten Schwierigkeiten sind den Kündigungsgründen nach § 1 Abs. 2 KSchG nachgebildet und müssen in keinem Zusammenhang zur Schwerbehinderung des Beamten stehen.[97] **Personenbezogene Schwierigkeiten** treten immer dann auf, wenn der Beamte nicht mehr in der Lage ist, die Dienstaufgaben zu erledigen, etwa bei Erkrankungen, Drogen- oder Alkoholsucht oder –missbrauch und bei nicht vorwerfbarer Minderleistung.[98] 102

Beispiel für eine nicht vorwerfbare Minderleistung: Ein verbeamteter und seit 20 Jahren im Schuldienst tätiger Lehrer erleidet ein Burnout-Syndrom und kann infolgedessen nur noch 15 Minuten am Stück vor einer Klasse stehen und den Unterricht leiten. Anschließend braucht er regelmäßig eine 5-minütige Pause.

Vorwerfbare Minderleistungen des Beamten sind hingegen ein Fall der **verhaltensbezogenen Schwierigkeiten**. 103

Beispiel

Ein Beamter nimmt täglich um 14 Uhr an der Rückenschule im Wasser in seinem Fitnessstudio teil. Dabei ignoriert er die täglich einzuhaltende Kernarbeitszeit seiner Dienststelle, die bis 15 Uhr dauert.

Rechtsfolge der Vorschrift ist, dass der Dienstherr unverzüglich nach Eintritt der Schwierigkeiten das Präventionsverfahren einzuleiten und durchzuführen hat. Inhaltlich handelt es sich bei dem Verfahren um ein **offenes Erörterungsgespräch** mit dem Ziel der Erhaltung des Dienstverhältnisses. Dagegen wird eine Klärung – im Gegensatz zum BEM, vgl. § 84 Abs. 2 S. 1 SGB IX – nicht verlangt. 104

Der Schwerbehindertenvertretung oder dem Personalrat stehen auch **kein eigenes Recht auf Einleitung und Durchführung** des Verfahrens zu, was schon aus der fehlenden Existenz einer § 84 Abs. 2 S. 6 SGB IX vergleichbaren Vorschrift folgt. 105

Praxistipp

Ausnahmsweise kann die Durchführung des Präventionsverfahrens **gerichtlich durchgesetzt** werden, wenn der Dienstherr selbst von einer möglichen Gefährdung ausgeht bzw. eine solche nicht durch eine eigene Erklärung ausschließt.[99]

---

97 BGH, Urteil v. 20.12.2006 – RiZ (R) 2/06 – Rn 24, juris.

98 *Von Roetteken*, ZBR 2013, 325, 329 m.w.N.

99 *Von Roetteken*, ZBR 2013, 325, 332 m.w.N.

106 Im Falle der **Unterlassung** eines ordnungsgemäßen Präventionsverfahrens stellt sich die Frage nach möglichen Rechtsfolgen. Die diesbezüglich anerkannte arbeitsrechtliche Sichtweise – Verstoß gegen § 84 Abs. 1 SGB IX hat keine Konsequenzen auf den rechtlichen Bestand der Kündigung, beeinflusst aber die Darlegungs- und Beweislast des Arbeitgebers im Kündigungsschutzprozess[100] – lässt sich jedenfalls nicht ohne Weiteres auf das Dienstrecht übertragen. Vielmehr ist im Beamtenrecht die materiellrechtliche Entscheidung oder Beurteilung des Dienstherrn rechtswidrig, soweit ihm ein **Ermessen** eingeräumt wurde.

Beispiel
Ein Ermessen des Dienstherrn sieht das Gesetz etwa bei der Prüfung der anderweitigen Verwendung nach § 26 Abs. 2, 3 BeamtStG, § 44 Abs. 3, 4 BBG oder bei der Entscheidung über die fingierte Dienstunfähigkeit gem. § 26 Abs. 1 S. 2 BeamtStG, § 44 Abs. 1 S. 2 BBG vor. Diese Entscheidungen des Dienstherrn werden in der Regel ermessensfehlerhaft sein, wenn ihnen kein einzuleitendes Präventionsverfahren vorausgegangen ist.

Praxistipp
Der Beamte kann dennoch ergangene Verfügungen zur Versetzung in den Ruhestand wegen Dienstunfähigkeit durch Anfechtungsklage vom Verwaltungsgericht aufheben lassen.[101]

b) Betriebliches Eingliederungsmanagement, § 84 Abs. 2 SGB IX

107 Gem. § 84 Abs. 2 SGB IX ist der Arbeitgeber verpflichtet, mit allen Beschäftigten, die in den vergangenen **zwölf Monaten länger als sechs Wochen** ununterbrochen oder wiederholt arbeitsunfähig waren, ein BEM durchzuführen. Ob ein BEM auch im Verfahren zur Feststellung der Dienstunfähigkeit eines Beamten durchgeführt werden muss, ist in der Rechtsprechung noch nicht abschließend geklärt. Einige Obergerichte nehmen an, das BEM konkurriere mit dem Dienstrecht, insbesondere mit der fingierten Dienstunfähigkeit gem. § 26 Abs. 1 S. 2 BeamtStG, § 44 Abs. 1 S. 2 BBG.[102] Dagegen bejahen einige Verwaltungsgerichte die Anwendbarkeit von § 84 Abs. 2 SGB IX mit Hinweis auf § 128 Abs. 1 SGB IX, der für Beamte auf die Vorschriften des 2. Teils des SGB IX und damit auf § 84 SGB IX verweist.[103]

---

100 BAG, Urteil v. 4.5.2010 – 9 AZR 632/07 –; BAG, Urteil v. 24.1.2008 – 6 AZR 96/07 – Rn 32, beide juris.

101 VGH München, Beschluss v. 25.6.2012 – 3 C 12.12 –; VG Frankfurt a. M., Urteil v. 29.2.2008 – 9 E 941/07 (V) – beide juris; a.A. *von Roetteken*, ZBR 2013, 325, 333: Verfahrensfehler, der zwangsläufig zur Rechtswidrigkeit der Entscheidung führe.

102 OVG Berlin, Urteil v. 26.4.2012 – OVG 6 B 5.12 – Rn 45; OVG Bautzen, Beschluss v. 25.8.2010 – 1 L 116/10 – Rn 10-, beide juris.

103 VG Frankfurt, Urteil v. 29.2.2008 – 9 E 941/07; VG Gelsenkirchen, Urteil v. 25.6.2008 – 1 K 3679/07 –, beide juris.

Praxistipp
Zur Vermeidung jeglicher Rechtsunsicherheit sollte der Dienstherr dem Beamten nach Ablauf der Sechswochenfrist (§ 84 Abs. 2 SGB IX) jedenfalls ein BEM anbieten. Zu einem Konflikt mit der Dreimonatsfrist der fingierten Dienstunfähigkeit kann es dadurch nicht kommen. Gleichzeitig kann das BEM damit seinen Zweck als Präventionsmaßnahme erfüllen und zur Wiederherstellung der Dienstunfähigkeit beitragen.[104]

Das BEM gilt im Gegensatz zum Präventionsverfahren für **alle Beschäftigen**, unabhängig vom Umfang ihrer individuellen Arbeitszeit, der Dauer ihres Beschäftigungsverhältnisses und ohne Rücksicht darauf, ob sie als behinderte Menschen gem. § 2 SGB IX einzustufen sind.[105] 108

Die gesetzlich vorausgesetzte **Mindestdauer** ist überschritten, sobald der Beamte **mehr als sechs Wochen** während eines Zeitraums eines Jahres (nicht Kalenderjahres) dienstunfähig war, wobei eine Teildienstunfähigkeit nicht ausreicht. 109

Praxistipp
Bei der Dauer der Dienstunfähigkeit zählen auch **Sonn- und Feiertage** sowie bei teilzeitbeschäftigten Beamten **dienstfreie Tage** mit. Andernfalls könnten Teilzeitbeschäftigte nur unter sehr viel strengeren Voraussetzungen als Vollzeitbeschäftigte ein BEM in Anspruch nehmen.

Ferner zählen bei der Berechnung der Dienstunfähigkeitszeiten auch solche Zeiten mit, für die **keine Arbeitsunfähigkeitsbescheinigung** vorgelegen hat. 110

Da der Gesetzgeber davon ausgegangen ist, dass das BEM ohne Zustimmung des Betroffenen keine Aussicht auf Erfolg hat, stellt die **Zustimmung** eine **zwingende Verfahrensvoraussetzung** dar.[106] Der Beamte kann auch eine **eingeschränkte Zustimmung** dergestalt erteilen, dass das BEM zwar durchgeführt werden soll, jedoch ohne Beteiligung der in § 84 Abs. 2 SGB IX genannten Institutionen. 111

Praxistipp
Die gänzliche **Verweigerung der Zustimmung** ist trotz der grundsätzlichen beamtenrechtlichen Verpflichtung, an der Erhaltung der Dienstfähigkeit mitzuwirken (§§ 34 S. 1 BeamtStG, 61 Abs. 1 S. 1 BBG), **zulässig**. Das BEM ist nämlich nur eine von vielen Möglichkeiten, die Dienstfähigkeit zu erhalten.

Allerdings kann der betroffene Beamte – anders als im Arbeitsrecht – zur **Offenlegung von sensiblen Daten** und Sachverhalten, insbesondere Gesundheitsinformationen und Krankheitsursachen, verpflichtet sein. Eine darüber hinausgehende Verpflichtung zur Teilnahme an ärztlichen Untersuchungen besteht im Rahmen des BEM 112

104 Zustimmend *Schulz*, PersV 2008, 244, 250 f. –; *von Roetteken*, ZBR 2013, 261, 362.
105 A.A. ErfK/*Rolfs*, § 84 SGB IX Rn 4.
106 BVerwG, Beschluss v. 25.6.2010 – 6 P 8.09 – Rn 39 f.; BAG, Urteil v. 24.3.2011 – 2 AZR 170/10 – Rn 24-, beide juris.

jedoch nicht. Die Vorschriften zum BEM sind nämlich keine Rechtsvorschriften im Sinne des § 26 Abs. 2 S. 3 VwVfG.

Praxistipp
Da das Präventionsverfahren und das BEM nicht im Verhältnis der Spezialität zueinander stehen, sondern **selbständig zu erfüllende Pflichten** des Dienstherrn regeln, bleibt im Falle der nicht erteilten oder zurückgenommenen Zustimmung des Betroffenen für ein BEM die Pflicht zur Durchführung eines Präventionsverfahrens unberührt.[107]

---

113 Weder inhaltlich noch für die verfahrensmäßige Durchführung des BEM bestehen gesetzliche Vorgaben. Im Unterschied zum Präventionsverfahren ist jedoch ausdrücklich vorgeschrieben, dass die **Möglichkeiten geklärt** und nicht lediglich erörtert werden. Durch die arbeitsrechtliche Judikatur ist zudem anerkannt, dass zunächst eine Gefährdungsbeurteilung des Arbeitsplatzes erfolgen muss sowie die konkreten Ursachen der Dienstunfähigkeit ermittelt werden müssen.[108] Anschließend ist zu untersuchen, ob durch mögliche **Anpassungsmaßnahmen** eine den individuellen gesundheitlichen Möglichkeiten adäquate Beschäftigungsmöglichkeit geschaffen werden kann. Dazu gehören etwa

- die Veränderung des Arbeitsplatzes,
- Arbeitszeitverkürzungen,
- Änderungen der dienstlichen Aufgaben oder
- die Genehmigung von Telearbeit.[109]

114 Beteiligter des BEM ist neben dem Dienstherrn der einzelne Beschäftigte. Seine Teilnahme ist der zentrale Unterschied zum Präventionsverfahren, bei dem eine **Mitwirkung** des Betroffenen gerade nicht vorgesehen ist.

115 Darüber hinaus ist – soweit der Betroffene dem zustimmt – die nach § 93 S. 1 SGB IX zuständige **Interessenvertretung** (im Beamtenbereich der örtlich zuständige Personalrat), bei schwerbehinderten Menschen die Schwerbehindertenvertretung und „soweit erforderlich" auch der Betriebsarzt hinzuzuziehen.

116 Die Regelungen zur Durchführung des BEM können im Übrigen nach § 83 Abs. 2a Nr. 5 SGB IX Gegenstand einer **Integrationsvereinbarung** sein. Darüber hinaus ist auch der Abschluss einer **Dienstvereinbarung** zulässig, soweit für die jeweilige Einzelregelung ein Mitbestimmungsrecht besteht und das Mitbestimmungsrecht den Abschluss einer Dienstvereinbarung erlaubt.[110] Im Bereich der Bundesverwaltung

---

107 *Von Roetteken*, ZBR 2013, 361, 364.

108 BAG, Urteil v. 10.12.2009 – 2 AZR 198/09 – Rn 20-, juris.

109 EuGH, Urteil v. 11.4.2013 – Rs. C.-335/11, C-337/11 – Rn 56; VG Frankfurt a. M., Beschluss v. 21.12.2009 – 9 L 3763/09 F –, beide juris.

110 *Von Roetteken*, ZBR 361, 366.

kommen insbesondere die Mitbestimmungstatbestände nach § 75 Abs. 3 Nr. 11 und 16 BPersVG in Betracht.

Aus dem BEM-Verfahren folgt **keine selbständige Verpflichtung** des Dienstherrn, die erörterten und vereinbarten Maßnahmen durchzuführen. Allerdings kann sich eine solche Pflicht aus anderen Vorschriften ergeben, insbesondere aus 117
- der Fürsorgepflicht des Dienstherrn (§ 45 BeamtStG, § 78 BBG),
- dem Diskriminierungsverbot wegen einer Behinderung (§§ 7 Abs. 1, 12 Abs. 1 i. V. m. 24 Nr. 1, 2 AGG) und
- arbeitsschutzrechtlichen Regelungen (§ 4 ArbSchG i. V. m. Art. 6 RL 89/391/EWG).

Im Übrigen enthält die Pflicht des Dienstherrn zum Anbieten und zur Durchführung des BEM die **Nebenpflicht**, bis zum Abschluss des BEM oder bis zur Nichterteilung der Zustimmung einseitige Maßnahmen oder Entscheidungen zu **unterlassen**. Insbesondere könnte die Ingangsetzung eines auf Beendigung des Dienstverhältnisses gerichteten Verfahrens dem Zweck des BEM widersprechen und seinen möglichen positiven Erfolg vereiteln.[111] 118

Da das BEM – wie gesehen – für alle Beschäftigten gilt, ist die Frage, welche Rechtsfolgen die **Unterlassung** der Durchführung eines ordnungsgemäßen BEM hat, sehr praxisrelevant. Ebenso wie beim Präventionsverfahren fehlt im SGB IX eine ausdrückliche Regelung zu den Rechtsfolgen eines Verstoßes gegen § 84 Abs. 2 SGB IX. Allerdings folgt schon daraus, dass die zuständigen Interessenvertretungen die Durchführung eines BEMs verlangen können und sogar über die Erfüllung der Pflichten wachen, dass es sich um einzuhaltende Verhaltenspflichten des Arbeitgebers handelt. 119

Die herrschende arbeitsrechtliche Meinung stuft § 84 Abs. 2 SGB IX jedoch nicht als Verbotsnorm im Sinne von § 134 BGB ein, so dass ein Verstoß gegen § 84 Abs. 2 SGB IX die Maßnahme des Arbeitgebers (insbesondere die Kündigung des Arbeitsverhältnisses) nicht unwirksam macht.[112] Die Vorschrift wird vielmehr als **Konkretisierung des Verhältnismäßigkeitsgrundsatzes** gesehen.[113] 120

Ob eine solche Einordnung als Ausgestaltung des Verhältnismäßigkeitsgrundsatzes auch im Beamtenrecht übernommen werden soll, ist umstritten. Nach der h. M. ist die ordnungsgemäße Durchführung des BEM – ebenso wie im Arbeitsrecht – **keine formelle Voraussetzung** für die Rechtmäßigkeit der Maßnahme des Dienstherrn.[114] 121

111 *Von Roetteken*, ZBR 361, 367.
112 BAG, Urteil v. 28.04.2011 – 8 AZR 515/10 – Rn 39; BAG, Urteil v. 10.12.2009 – 2 AZR 400/08 – Rn 18-, beide juris.
113 BAG, Urteil v. 27.7.2011 – 7 AZR 402/10 – Rn 64; BAG, Urteil v. 12.7.2007 – 2 AZR 716/06 – Rn 41 f., beide juris; ErfK/*Rolfs*, § 84 SGB IX Rn 11.
114 OVG Berlin, Urteil v. 26.4.2012 – OVG 6 B 5.12 – Rn 44 f; VGH München, Beschluss v. 25.1.2012 – 3 C 12.12 – Rn 15; OVG Schleswig, Urteil v. 19.5.2009 – 3 LB 27/08 – Rn 28, beide juris.; Dau/Düwell/Joussen/*Düwell*, SGB IX, § 84 Rn 54; *von Roetteken*, jurisPK-ArbR 37/2012, Anm. 5.

Dementsprechend muss § 84 Abs. 2 SGB IX auch nicht zwingend vor einer Verfügung der Versetzung in den Ruhestand beachtet werden. Allerdings sind **Ermessensentscheidungen** des Dienstherrn, die vor der Erfüllung der ihm aus § 84 Abs. 2 SGB IX obliegenden Pflichten getroffen werden, wegen Ermessensunterschreitung regelmäßig rechtswidrig. Dazu gehören etwa

- die Entscheidung, ob eine anderweitige Verwendung nach § 26 Abs. 1 S. 3, Abs. 3 BeamtStG, § 44 Abs. 3, 4 BBG vorhanden ist oder
- die Feststellung der Dienstunfähigkeit nach längerer Erkrankung (§ 26 Abs. 1 S. 2 BeamtStG, § 44 Abs. 1 S. 2 BBG).

122 Ein Teil der Literatur geht dagegen einen Schritt weiter und hält Maßnahmen des Dienstherrn ohne Einhaltung des BEM-Verfahrens generell für **rechtswidrig.**[115]

Praxistipp
Welche der beiden Sichtweisen vorzugswürdig ist, kann hier dahinstehen. Jedenfalls ist dem Dienstherrn die rechtzeitige Durchführung eines BEMs, d. h. vor Erreichen der 3-Monatsfrist der fingierten Dienstunfähigkeit, dringend zu empfehlen.

---

123 Ein **Verstoß** dagegen wird entweder als wesentlicher Verfahrensverstoß zur Unwirksamkeit der Entlassung bzw. Versetzung in den Ruhestand oder jedenfalls zur materiellen Fehlerhaftigkeit der Ermessensentscheidung des Dienstherrn führen.

Achtung
Ungeachtet dessen kann die mangelnde oder fehlende Durchführung des BEM den Dienstherrn zum **Schadensersatz** verpflichten. Als Anspruchsgrundlagen kommen § 280 BGB analog, § 839 BGB i. V. m. Art. 34 GG sowie die beamtenrechtlichen Vorschriften der §§ 45 BeamtStG, 78 BBG in Betracht. Voraussetzung ist jedoch, dass dem Betroffenen durch die zunächst bzw. gänzlich unterbliebene oder die fehlerhafte Durchführung des Verfahrens ein **Schaden** entstanden ist, etwa weil der Eintritt der Dienstunfähigkeit bei ordnungsgemäßer Durchführung vermeidbar gewesen wäre.

Achtung
Die materielle Beweislast dafür, dass der Eintritt der Dienstunfähigkeit vermeidbar war, trägt in Anlehnung an die Rechtsprechung des BAG zum Kündigungsschutz der Dienstherr.[116]

---

115 *Welti*, NZS 2006, 623, 625; *von Roetteken*, ZBR 2013, 361, 367.

116 *Von Roetteken*, ZBR 2013, 361, 369; BAG, Urteil v 4.10.2005 – 9 AZR 632/04 – Rn 29 ff.-, juris.

10. Rechtsschutz

a) Anordnung der ärztlichen Untersuchung

Strittig ist, ob die Anordnung, sich nach Weisung der Behörde ärztlich untersuchen zu lassen, ein Verwaltungsakt ist.[117] Gegen das Vorliegen eines **Verwaltungsakts** spricht, dass es sich bei der Weisung um einen innerdienstlichen Akt ohne Außenwirkung handelt. Bei Zugrundelegung dieser Auffassung kann der Beamte gem. § 44a VwGO **Rechtsschutz** nur in Verbindung mit der Anfechtung der Feststellung der Dienstunfähigkeit erlangen. Einstweiliger Rechtsschutz wäre ggf. nach § 123 VwGO zu gewähren.[118] 124

Dafür, dass es sich bei der Weisung um einen Verwaltungsakt handelt, spricht indes, dass die körperliche Untersuchung einen **Eingriff in das Grundrecht** auf körperliche Unversehrtheit gem. Art. 2 Abs. 1 GG darstellt und den Beamten damit in seinem Grundverhältnis trifft. Folgt man dieser Auffassung, müsste der Beamte gegen die Anordnung der Weisung **Anfechtungsklage** vor dem Verwaltungsgericht erheben bzw. im Falle der Anordnung der sofortigen Vollziehung einen Antrag nach § 80 Abs. 5 S. 1 2. Alt. VwGO stellen. 125

Letztlich braucht dieser Streit nicht entschieden zu werden, denn die Rechtsprechung hat anerkannt, dass es jedenfalls ausnahmsweise eine **gerichtliche Überprüfung** der Untersuchungsanordnung geben kann. Voraussetzung dafür ist, dass die Anordnung wegen eines mit der ärztlichen Untersuchung verbundenen Gesundheitsrisikos oder eines mit dem Untersuchungsantrag verbundenen Eingriffs in das Persönlichkeitsrecht unmittelbare Rechtswirkungen zu Lasten des Beamten entfaltet. Dann gebiete Art. 19 Abs. 4 GG eine selbständige gerichtliche Überprüfung.[119] 126

b) Versetzung in den Ruhestand wegen Dienstunfähigkeit

Hält der Beamte die Versetzung in den Ruhestand wegen Dienstunfähigkeit ohne seinen Antrag für rechtswidrig, sind in der Hauptsache Widerspruch und Anfechtungsklage und im einstweiligen Rechtsschutz ein Antrag nach § 80 Abs. 5 S. 1 VwGO statthaft. 127

Praxistipp

Maßgeblicher Zeitpunkt für die Prüfung der Rechtmäßigkeit der Versetzung in den Ruhestand ist der Zeitpunkt der **letzten Verwaltungsentscheidung**. Dies wird ggf. der Erlass des Widerspruchsbescheids sein, nicht der des Ausgangsbescheids.

---

117 Dafür: VGH Kassel, Urteil v. 23.2.1994 – 1 UE 3980/88; a.A.: OVG Lüneburg, Beschluss v. 13.6.1990 – 5 M 22/90-, beide juris; *Battis*, § 44 BBG, Rn 8

118 So auch OVG Bautzen, Beschluss v. 17.11.2005 – 3 BS 164/05-, juris.

119 VGH Mannheim, Urteil v. 3.2.2005 – 4 S 2398/04; VGH Kassel, Urteil v. 23.2.1994 – 1 UE 3980/88 –, beide juris.

128 Entscheidend ist, ob die Behörde **zu diesem Zeitpunkt** mit den ihr **zur Verfügung stehenden Erkenntnissen** annehmen durfte, dass der Betroffene dauernd dienstunfähig ist. Danach eingetretene wesentliche Veränderungen – etwa während eines sich anschließenden verwaltungsgerichtlichen Prozesses – sind nicht zu berücksichtigen.[120]

129 Gleiches gilt für die Entlassung wegen **vermuteter Dienstunfähigkeit** gem. § 44 Abs. 1 S. 2 BBG. Maßgeblich ist auch insoweit die Sach- und Rechtslage im Zeitpunkt der letzten Verwaltungsentscheidung.[121]

Praxistipp
Bei der Prognose, ob die Wiederherstellung der vollen Dienstfähigkeit innerhalb der maßgeblichen Frist aussichtslos ist, ist also auf den Zeitpunkt des Widerspruchsbescheids, nicht des Ausgangsbescheids abzustellen.

---

c) Wiederherstellung der Dienstfähigkeit

130 Die an einen vorzeitig in den Ruhestand versetzten Beamten gerichtete Anordnung, sich zur Nachprüfung seiner Dienstunfähigkeit ärztlich untersuchen zu lassen, ist grundsätzlich nicht als selbständig anfechtbarer Verwaltungsakt, sondern als **unselbständige Verfahrenshandlung** im Sinne vom § 44a VwGO zu qualifizieren. Sie dient der Feststellung der Dienstunfähigkeit des Ruhestandsbeamten und damit der Vorbereitung einer abschließenden Sachentscheidung über seine Reaktivierung.[122] **Ausnahmsweise** ist auch hier die selbständige gerichtliche Überprüfung der Untersuchungsanordnung möglich.[123]

C. Rechtsfolgen der Beendigung

I. Dienstbezüge, Versorgung, Amtsbezeichnung

131 Der Ruhestand beginnt am Ende des Monats, in dem die Zurruhesetzungsverfügung zugestellt wurde, § 47 Abs. 4 S. 1 BBG. Durch den Eintritt des Ruhestands wandelt sich das aktive Beamtenverhältnis in ein **Ruhestandsbeamtenverhältnis.**

132 Das bedeutet, dass das allgemeine Beamtenverhältnis und damit einige **Nebenpflichten** und -rechte bestehen bleiben. So bleiben etwa
- die Pflicht zur Amtsverschwiegenheit,

---

120 BVerwG, Urteil v. 16.10.1997 – 2 C 7.97 –, juris.
121 OVG Lüneburg, Urteil v. 6.7.1994 – 2 L 746/91 –, juris.
122 OVG Koblenz, Beschluss v. 23.1.2003 – 2 B 11956/02 –, juris.
123 S.o. Kapitel 8, B. III. 10a), Rn 124 ff.).

- das Verbot zur Annahme von Belohnungen und Geschenken in Bezug auf das Amt sowie
- die Pflicht zur Anzeige einer Tätigkeit außerhalb des öffentlichen Dienstes

bestehen. 133

Eine **neue Tätigkeit** ist gem. § 41 S. 2 BeamtStG, § 105 Abs. 2 S. 1 BBG zu untersagen, 134
soweit zu besorgen ist, dass durch sie dienstliche Interessen beeinträchtigt werden. Das Verbot endet spätestens **5 Jahre** nach Eintritt des Ruhestandes und soll verhindern, dass durch die private Verwertung von Amtswissen nach Ausscheiden aus dem Amt das Vertrauen der Allgemeinheit in die Integrität des öffentlichen Dienstes leidet.[124]

Auf der anderen Seite hat ein Ruhestandsbeamter das **Recht auf Fürsorge**, auf 135
Einsicht in die Personalakte sowie das Recht auf Weiterführung seiner Amtsbezeichnung mit dem Zusatz „a. D.".

Unter finanziellen Gesichtspunkten ist die wichtigste Rechtsfolge des Eintritts 136
in den Ruhestand wegen Dienstunfähigkeit der Anspruch auf ein lebenslängliches **Ruhegehalt**, § 14 BeamtVG. Ist der Beamte infolge eines Dienstunfalles dienstunfähig geworden und in den Ruhestand getreten, so erhält er stattdessen gem. §§ 36, 37 BeamtVG ein **Unfallruhegehalt**.

II. Abgeltung von Urlaubsansprüchen

1. Ruhestand

Beamte, die aus krankheitsbedingten Gründen in den Ruhestand versetzt werden 137
und zuvor nicht dienstfähig waren, konnten vor Beginn des Ruhestandes in der Regel nicht ihren gesamten Urlaub nehmen. Gleichzeitig gibt es im deutschen Beamtenrecht **keinen Urlaubsabgeltungsanspruch**, da die Vorschrift des § 7 Abs. 4 BUrlG lediglich auf Arbeitnehmer, nicht aber auf Beamte anwendbar ist.

Aus diesem Grund haben Beamte gem. Art. 7 Abs. 2 der Richtlinie 2003/88/EG 138
des Europäischen Parlaments und des Rates vom 4. November 2003 über bestimmte Aspekte der Arbeitszeitgestaltung (RL 2003/88/EG) einen Anspruch auf Abgeltung des **unionsrechtlich gewährten Mindesturlaubs** von vier Wochen Erholungsurlaub. Das folgt aus der hierzu ergangenen Rechtsprechung des EuGH und des BVerwG.[125] Die Gerichte haben insoweit Beamte mit Arbeitnehmern, welche schon seit der Leit-

124 *Battis*, § 105 Rn 5.

125 EuGH, Urteil v. 3.5.2012 – C-337/10 (Neidel/Stadt Frankfurt a. M.) –; BVerwG, Urteil v. 31.1.2013 – 2 C 10.12 –, juris.

entscheidung Schultz-Hoff des EuGH[126] einen Urlaubsabgeltungsanspruch für krankheitsbedingt nicht genommenen Urlaub hatten, **gleichgestellt.**

139 Im Ergebnis wurde also der Anwendungsbereich von Art. 7 RL 2003/88/EG auch auf Beamte ausgedehnt, so dass er über den deutschen Arbeitnehmerbegriff hinausreicht. Allerdings haben deutsche Beamte lediglich einen Anspruch auf **Abgeltung des vierwöchigen Mindesturlaubs** aus Art. 7 Abs. 1 RL 2003/88/EG. Ein darüber hinausgehender Anspruch auf Abgeltung von weiteren Erholungsurlaubstagen, von Freistellungen nach den Arbeitszeitverordnungen der Länder[127] und von Zusatzurlaub für schwerbehinderte Menschen nach § 125 Abs. 1 S. 1 SGB IX besteht dagegen nicht.

140 Darüber hinaus ist mit dem **Verfall** des ursprünglichen Urlaubsanspruches ein **Abgeltungsanspruch ausgeschlossen.** Der Zeitraum, nach dessen Ablauf der Urlaubsanspruch verfällt, muss mindestens **15 Monate** lang sein. Gibt es keine ausreichend langen nationalstaatlichen Verfallsregelungen, dann tritt auf der Grundlage der Rechtsprechung des EuGH ein Verfall des Urlaubsanspruchs 18 Monate nach dem Ende des Urlaubsjahres ein.

Beispiel

Da für ***Bundesbeamte*** der Urlaub bereits 12 Monate nach Ende des Urlaubsjahres verfällt (§ 7 S. 2 Erholungsurlaubsverordnung, EUrlV), stellt dies einen unangemessen langen Zeitraum dar, so dass ein Verfall des Urlaubsanspruchs erst 18 Monate nach dem Ende des Urlaubsjahres eintritt.

Praxistipp

Zugunsten der Beamten haben die Gerichte zudem entschieden, dass der Abgeltungsanspruch **nicht beantragt** werden muss und lediglich der **regelmäßigen Verjährungsfrist** von 3 Jahren (§ 195 BGB) unterliegt, welche mit dem Schluss des Jahres, in dem der Beamte in den Ruhestand versetzt wird, beginnt.

---

141 Diese urlaubsrechtliche Rechtsprechung hat zur Konsequenz, dass in der Praxis zwischen **Mindest- und Zusatzurlaub unterschieden** werden muss. Das Unionsrecht gibt lediglich einen Mindeststandard von vier Wochen Jahresurlaub vor, es verdrängt die nationalen Regelungen also nur teilweise. Für einen darüber hinausgehenden Zusatzurlaub bleiben hingegen die jeweils einschlägigen nationalen Vorschriften anwendbar. Solange also in der EUrlVO nicht zwischen Mindest- und Zusatzurlaub differenziert wird, verbleibt es bei der Abgeltung von maximal 4 Wochen unionsrechtlichem Mindesturlaub.

142 Die **Höhe der Abgeltung** bemisst sich nach der durchschnittlichen Besoldung der letzten 3 Monate vor Eintritt oder Versetzung in den Ruhestand. Maßgebend ist

126 EuGH, Urteil v. 20.1.2009 – C- 350/06 und C-520/06 (Gerhard Schultz-Hoff/Deutsche Rentenversicherung Bund/Stringer u. a./Her Majesty´s Revenue and Customs), juris.

127 Sog. AZV-Tag, welcher in der Arbeitszeitverordnung des Bundes gestrichen wurde.

das unmittelbar vor der Pensionierung zustehende Bruttogehalt – ohne Sonderzahlung oder Nachzahlungen. Das BVerwG verweist zur Ermittlung des Bruttogehalts auf § 1 Abs. 2 BBesG.[128]

Praxistipp
Der Abgeltungsbetrag ist **steuerpflichtig** und unterliegt der **Pfändung**. Eine Anrechnung des Abgeltungsbetrages auf die Versorgungsbezüge gem. § 53 BeamtVG kommt nicht in Betracht.[129]

Beispiel
Ein Bundesbeamter, BesGr A 8, verheiratet ein Kind,
mit Unterbrechungen seit dem 15.08.2010 dienstunfähig erkrankt, Versetzung in den Ruhestand mit Ablauf des 31.7.2013. Im Jahr 2010 hatte er noch den vollen Urlaubsanspruch aus 2010. Im Jahr 2012 nahm er während einer Phase kurzer Dienstfähigkeit 10 Tage Urlaub. In den Jahren 2011 und 2013 war er durchgehend dienstunfähig.

Berechnung der abzugeltenden Urlaubstage:

Die Mindesturlaubsansprüche der Jahre 2010 und 2011 sind verfallen (jeweils 18 Monate nach dem Ende des Urlaubsjahres).

20	Tage Mindesturlaub aus 2012 (entspricht 4 Wochen)
./. 10	Tage genommener Urlaub in 2012
+ 11,66	Anteiliger Mindesturlaub aus 2013 (20 x 7/12 = 11,66)
ges. 21,66	Tage.

Berechnung des abzugeltenden Betrages:
Bruttobesoldung im Juli 2013:

2.947,01 Euro	A 8 Endstufe
+ 228,84 Euro	Familienzuschlag Stufe 2, § 40 Abs. 2 BBesG

3.175,85 Euro x 3 Monate = 9.527,55 Euro (Quartalsbetrachtung)
geteilt durch 13 (Wochenzahl des Quartals) = 732,89 Euro geteilt durch 5 (bei 5-Tage-Woche) = 146,58 Euro,
multipliziert mit 21,66 abzugeltenden Tagen = 3.174,92 Euro

---

2. Entlassung

Endet das Beamtenverhältnis nicht durch Versetzung in den Ruhestand, sondern **143**
durch Entlassung, stellt sich ebenso die Frage nach einem Abgeltungsanspruch für den nicht genommenen Urlaub. Wie gesehen gibt es im nationalen Recht für Beamte jedoch **keine Anspruchsgrundlage** für die Abgeltung von nicht genommenem Urlaub. § 7 Abs. 4 BUrlG ist – wie gesehen – nicht anwendbar. Auch eine entsprechende Anwendung kommt wegen der Besonderheiten des durch das Alimentationsprinzip geprägten Beamtenverhältnisses nicht in Betracht. Die für Beamten geltende

128 BVerwG, Urteil v. 31.1.2013 – 2 C 10/12 –, Rn 24 ff-, juris.
129 BVerwG, Urteil v. 31.1.2013 – 2 C 10/12 –, Rn 37-, juris.

EUrlV sieht eine Abgeltung in Geld nicht vor, sondern geht im Gegenteil von dem Grundsatz aus, dass nicht in Anspruch genommener Urlaub nach 12 Monaten verfällt, vgl. §7 S.2 EUrlV. Einzig in Betracht kommende Anspruchsgrundlage für den Anspruch auf Urlaubsabgeltung ist damit – ebenso wie im Falle der Dienstunfähigkeit – Art. 7 Abs. 2 RL 2003/88/EG.

144 **Voraussetzung** dafür ist, dass der entlassene Beamte **infolge Krankheit** seinen Anspruch auf bezahlten Jahresurlaub nicht ausüben konnte. Dagegen scheidet der Abgeltungsanspruch aus, wenn er aus dienstlichen Gründen den Urlaub nicht nehmen konnte.

---

i **Beispiele**

Im Falle der Entlassung eines Beamten auf Widerruf wegen endgültig nicht bestandener Laufbahnprüfung (§22 Abs. 4 BeamtStG, §37 Abs. 2 Nr. 1 BBG) sind die tatbestandlichen Voraussetzungen des Art. 7 Abs. 2 RL 2003/88/EG also nicht erfüllt.[130] Wurde hingegen ein Beamter auf Probe wegen Dienstunfähigkeit entlassen (§23 Abs. 1 Nr. 3 BeamtStG, §34 Abs. 1 Nr. 3 BBG) und war er aufgrund seiner Krankheit verhindert, seinen Erholungsurlaub zu nehmen, steht ihm ein Anspruch auf Abgeltung seines unionsrechtlichen Mindesturlaubs zu. Ebenso verhält es sich bei einem Beamten auf Widerruf, der aufgrund von gesundheitlichen Gründen entlassen wurde und aus diesem Grund nicht seinen vollen Mindesturlaub nehmen konnte.

---

145 Diese Beispiele zeigen, dass es für einen Anspruch auf Urlaubsabgeltung allein auf die tatbestandlichen **Voraussetzungen des Art. 7 Abs. 2 RL 2003/88/EG** ankommt. Nicht entscheidend ist dagegen, ob das Beamtenverhältnis durch Versetzung in den Ruhestand oder durch Entlassung endete.

D. Mitwirkungsrechte des Personalrats und sonstiger Stellen

146 Im **Bund** hat der Personalrat ein **Mitwirkungsrecht bei der Entlassung** von Beamten auf Probe und Widerruf, wenn sie die Entlassung nicht selbst beantragt haben, §78 Abs. 1 Nr. 4 BPersVG. Das darüber hinaus bei vorzeitiger Versetzung in den Ruhestand vorgesehene Mitwirkungsrecht des Personalrats (§78 Abs. 1 Nr. 5 BPersVG) umfasst auch die Entlassung von Beamten auf Lebenszeit wegen Dienstunfähigkeit.[131]

! **Vorsicht**

In machen **Ländern** ist der Katalog der mitwirkungsrechtlichen Tatbestände noch weiter gefasst.[132]

---

130 VG Düsseldorf, Urteil v. 22.2.2012 – 10 K 4318/11-, juris.

131 BVerwG, Urteil v. 9.12.1999 – 2 C 4/99-, juris.

132 In NRW begründet z. B. schon die Anordnung zur ärztlichen Untersuchung zur Feststellung der Dienstunfähigkeit ein Recht des Personalrats auf Anhörung, §75 Abs. 1 Nr. 4 LPersVG NRW.

Wichtig ist, dass der Personalrat gem. § 78 Abs. 2 S. 2 BPersVG nur **auf Antrag** des Beamten beteiligt wird, wobei der Antrag nicht fristgebunden ist. Um das Antragsrecht überhaupt wirkungsvoll ausüben zu können, muss der Beamte rechtzeitig über die beabsichtigte Entlassung **unterrichtet** werden, § 72 Abs. 2 S. 2, 2. Hs BPersVG. 147

Entspricht die Beteiligung nicht den gesetzlichen Vorgaben, dann sind die entsprechenden Verwaltungsakte nicht nichtig, aber **fehlerhaft** und anfechtbar.[133] 148

Praxistipp
Zur **Anfechtung** der fehlerhaften Maßnahme ist nur der **Betroffene** befugt, während der Personalrat selbst die Verletzung des Mitbestimmungsrechts durch die Dienststelle gem. § 83 Abs. 1 Nr. 3 BPersVG feststellen lassen muss.[134]

Die Fehlerhaftigkeit führt ausnahmsweise zur **Rechtswidrigkeit**, wenn das Beteiligungsverfahren wegen angeblich nicht fristgerechter oder nicht ordnungsgemäßer Zustimmungsverweigerung zu Unrecht abgebrochen wurde.[135] **Unerheblich** ist der Fehler jedoch, wenn der Personalrat der Maßnahme zugestimmt hat oder wenn eine rechtzeitige und richtige Anhörung die Entscheidung in der Sache nicht beeinflusst hätte.[136] 149

In allen Fällen kann eine fehlerhafte oder unterlassene Beteiligung der Personalvertretung bis zum Abschluss des Widerspruchsverfahrens **nachgeholt** werden.[137] Offen bleibt jedoch, ob die Fehlerhaftigkeit der Beteiligung der Personalvertretung gem. § 45 Abs. 2 VwVfG i. V. m. § 87 Abs. 1 S. 2 Ziff. 7 VwGO noch während des Rechtsstreits nachgeholt werden kann.[138] 150

Praxistipp
Jedenfalls im Zurruhesetzungsverfahren scheidet eine Nachholung im **Klageverfahren** schon deswegen aus, weil für die Beurteilung der Rechtmäßigkeit der Versetzung der Zeitpunkt der letzten Verwaltungsentscheidung – gegebenenfalls des Widerspruchsbescheides – maßgeblich ist.

Im Gegensatz zur früheren Rechtslage ist eine **Zustimmung des Integrationsamtes** bei der Entlassung oder der Versetzung in den Ruhestand eines schwerbehinderten Beamten **nicht mehr erforderlich**. Der entsprechende Verweis auf § 85 SGB IX wurde in der Vorschrift des § 128 Abs. 2 SGB IX gestrichen. 151

133 BVerwG, Urteil v. 9.5.1985 – 2 C 23.83; OVG Münster, Beschluss v. 23.3.1996 – 1 B 353/96 –, beide juris.
134 Richardi/Dörner/Weber/*Weber*, § 72 Rn. 52.
135 OVG Kassel, Beschluss v. 29.11.1994 – 1 TH 3059/94 – Rn 9, juris.
136 BVerwG, Urteil v. 23.2.1989 – 2 C 76/86; BVerwG, Urteil v. 9.12.1999 – 2 C 4/99-, juris.
137 OVG Greifswald, Urteil v. 14.12.1998 – 2 L 204/98 –; OVG Bautzen, Beschluss v. 7.4.2004 – 2 BS 91/04 –, beide juris.
138 Dazu *Zimmerling*, PersV 2000, 250, 252.

152 Stattdessen ist die **Schwerbehindertenvertretung** der jeweiligen Beschäftigungsbehörde gem. § 95 Abs. 2 S. 1 SGB IX unverzüglich zu **unterrichten** und vor der Entscheidung zu **hören**. Im Gegensatz zur unterlassenen Anhörung des Beamten, die einen heilbaren Verfahrensverstoß darstellt, muss die Vollziehung der Entlassung im Falle der Versäumung der Beteiligung der Schwerbehindertenvertretung ausgesetzt werden. Die Anhörung ist innerhalb von sieben Tagen nachzuholen, anschließend ist endgültig zu entscheiden (§ 95 Abs. 2 S. 2 SGB IX). Eine spätere **Nachholung** und damit Heilung des Verfahrensfehlers ist spätestens bis zum Erlass des Widerspruchsbescheids möglich.[139]

153 Darüber hinaus ist die oder der **Gleichstellungsbeauftragte** vor Durchführung der Maßnahme unverzüglich zu unterrichten und anzuhören, vgl. §§ 19 Abs. 1. S. 3 Nr. 3, 20 Abs. 1 BGleiG. Neben der Möglichkeit der Stellungnahme hat sie oder er ein **Einspruchsrecht**. Allerdings handelt es sich insoweit um **kein zwingendes Beteiligungsrecht**, da die Maßnahme im Falle der unterlassenen Beteiligung mangels Verletzung von Rechten des Beamten nicht unwirksam ist.[140]

154 Ferner muss die Versetzung in den Ruhestand wegen Dienstunfähigkeit (§ 44 Abs. 1 BBG) bei Bundesbeamten im **Einvernehmen** mit der **obersten Dienstbehörde** erfolgen, § 47 Abs. 2 S. 2 BBG. Entsprechendes gilt bei der Entlassung wegen Dienstunfähigkeit, sofern der Beamte nach seiner Entlassung keinen Anspruch gem. § 4 Abs. 1 BeamtVG auf ein Ruhegehalt hat.[141]

Praxistipp

Vor der Entlassung von Beamten auf Probe und Beamten auf Widerruf aufgrund eines **Dienstvergehens** ist eine verfahrensrechtliche Besonderheit zu beachten: Gem. §§ 5 Abs. 3, 21 ff. BDG, § 34 Abs. 1 S. 1 Nr. 1 BBG ist ein **Untersuchungsverfahren** erforderlich, bei dem der Sachverhalt entsprechend der Vorschriften des BDG aufzuklären ist.[142]

E. Checkliste

155 Folgende Übersicht soll als Checkliste für die Entlassung bzw. Versetzung in den Ruhestand wegen Dienstunfähigkeit dienen:

- ☑ Einleitung des Verfahrens. Drei Mögliche Anlässe: 1. Zweifel an der Dienstunfähigkeit, 2. Antrag des Beamten, 3. Fingierte Dienstunfähigkeit

139 OVG Münster, Urteil v. 15.03.2010 – 6 A 4435/06 –, juris.
140 OVG Münster, Urteil v. 03.09.2009 – 6 A 3083/06 –, juris.
141 OVG Münster, Beschluss v. 29.05.2001 – 1 B 46/01 –, juris.
142 Dazu *Fleig*, RiA 1999, 265.

☑ Durchführung eines Präventionsverfahrens (nur bei schwerbehinderten Beamten) bzw. eines BEM (Beginn im Falle der fingierten Dienstunfähigkeit vor Ablauf der 3-Monats-Frist)

☑ Einholung eines ärztlichen Gutachtens (ohne schuldhaftes Zögern des Dienstherrn; Anordnung der Untersuchung ist kein VA). Bei Änderung des Gesundheitszustands oder sehr langer Verfahrensdauer ist ggf. ein ergänzendes Gutachten einzuholen.

☑ Anhörung Beamter (§ 28 Abs. 1 VwVfG)

☑ Entscheidung des Dienstherrn (= VA). Entweder mangelnde Bewährung (nur bei Probezeitbeamten, dann Entlassung) oder Dienstunfähigkeit

☑ Nur bei Dienstunfähigkeit: Prüfung anderweitige Verwendung + Entscheidung über Rechtsfolge (Entlassung oder Versetzung in den Ruhestand)

☑ Anhörungen/Beteiligungen:
- Anhörung Beamter (§ 28 Abs. 1 VwVfG): Möglichkeit der Erhebung von Einwendungen (Frist: 1 Monat)
- Mitteilung an Personalrat gem. § 72 Abs. 2 S. 2, 2. Hs. BPersVG
- Bei Antrag des Beamten: Mitwirkung des Personalrats
- Ggf. Anhörung Schwerbehindertenvertretung (§ 95 Abs. 1 S. 1 SGB IX) und der Gleichstellungsbeauftragten
- Ggf. Herstellung Einvernehmen der obersten Dienstbehörde

☑ Entscheidung des Dienstherrn: Entweder Versetzung in den Ruhestand oder begrenzte Dienstunfähigkeit (= VA)

☑ Bei Widerspruch/Anfechtungsklage des Beamten: Entscheidung über Verbot der Führung von Dienstgeschäften, Einbehaltung der Besoldung

☑ Regelmäßige Überprüfung der Dienstunfähigkeit

Kapitel 9
Schwerbehinderung und Sonderschutz

A. Allgemeines

Art. 3 Abs. 3 S. 2 GG enthält das verfassungsrechtliche **Verbot der Benachteiligung wegen einer Behinderung**. Speziell mit Blick auf Arbeitnehmer ist das Verbot der Diskriminierung Behinderter zudem in der Richtlinie 2000/78/EG des Rates der Europäischen Union vom 27.11.2000[1] enthalten. Zur Ausgestaltung dieser Diskriminierungsverbote sowie des besonderen Gebots zur Förderung behinderter Menschen existieren auf einfach-gesetzlicher Ebene, insbesondere im **AGG** und im **SGB IX**, zahlreiche Vorschriften, die dem Schutz (schwer)behinderter Menschen im Arbeitsleben dienen. 1

B. Schwerbehinderte und diesen gleichgestellte behinderte Menschen

I. Schwerbehinderte

1. Begriff

Der Begriff der **Behinderung** ist in § 2 Abs. 1 SGB IX definiert. Danach sind Menschen behindert, wenn ihre körperliche Funktion, geistige Fähigkeit oder seelische Gesundheit mit hoher Wahrscheinlichkeit länger als sechs Monate von dem für das Lebensalter typischen Zustand abweichen und daher ihre Teilhabe am Leben in der Gesellschaft beeinträchtigt ist. 2

Eine Behinderung beruht also stets auf einem **regelwidrigen Gesundheitszustand**, so dass allein altersbedingte Funktionsbeeinträchtigungen, die das typische Ausmaß nicht übersteigen, noch keine Behinderung begründen. Hinsichtlich der zeitlichen Dauer der Funktionseinbußen ist unerheblich, ob der regelwidrige Zustand schon mehr als sechs Monate lang besteht. Entscheidend ist allein, dass dieser nach der Prognose voraussichtlich mindestens weitere sechs Monate anhalten wird.[2] Ferner muss der regelwidrige Zustand zu einer **Einschränkung der Teilhabe** in der Gesellschaft führen, d. h. zu einer Beeinträchtigung der Fähigkeit zur Ausübung einer beruflichen Tätigkeit, der aktiven Teilnahme am gesellschaftlichen Leben oder der 3

1 ABl. EG Nr. L 303 vom 2.12.2000, S. 16.

2 BSG, Urt. v. 12.4.2000 – B 9 SB 3/99 R – BeckRS 2000, 40795; Kreikebohm/*Kreikebohm*, § 2 SGB IX Rn 3.

ausreichenden Sicherstellung der eigenen hauswirtschaftlichen Versorgung.[3] Eine Behinderung ist damit keine der Person anhaftende Eigenschaft, sondern beschreibt das **soziale Verhältnis** zwischen dem behinderten Menschen und seiner Umwelt.[4]

4 Die besonderen Schutzvorschriften in §§ 68 ff. des SGB IX greifen jedoch – anders als der Diskriminierungsschutz Behinderter nach dem AGG – nicht bei jeder Behinderung ein, sondern setzen zudem eine bestimmte Schwere der Behinderung – nämlich grundsätzlich eine **Schwerbehinderung** – voraus. Nach § 2 Abs. 2 SGB IX sind Menschen schwerbehindert im Sinne des SGB IX, wenn bei ihnen ein **Grad der Behinderung von wenigstens 50** vorliegt und sie ihren Wohnsitz, ihren gewöhnlichen Aufenthalt oder ihre Beschäftigung auf einem Arbeitsplatz rechtmäßig im Geltungsbereich des SGB IX haben.

5 Die Schwerbehinderteneigenschaft folgt damit unmittelbar aus dem Gesetz, d. h. sie bedarf **keiner behördlichen Anerkennung**. Etwaige Bescheide, Entscheidungen und Ausweise haben deshalb keine konstitutive Wirkung, sondern dienen allein dem Nachweis der Schwerbehinderung.[5]

Praxistipp

Für die Anwendung der Vorschriften zum Sonderschutz Schwerbehinderter ist in der Praxis von Bedeutung, dass sich das Verständnis von Behinderung **ständig weiterentwickelt** und insbesondere vom Europäischen Gerichtshof (EuGH) Impulse für eine Erweiterung der Begrifflichkeit ausgehen. So entschied der EuGH kürzlich[6], dass der Begriff „Behinderung" i. S. d. Richtlinie 2000/78/EG zur Verwirklichung der Gleichbehandlung in Beschäftigung und Beruf unter bestimmten weiteren Voraussetzungen auch eine heilbare oder unheilbare Krankheit einschließt, wenn diese Krankheit eine Einschränkung von langer Dauer mit sich bringt, die den Betreffenden an der vollen und wirksamen Teilhabe am Berufsleben hindern kann. Somit ist davon auszugehen, dass auch bestimmte **chronische Krankheiten** zum Vorliegen einer Behinderung führen können. Auch wenn die Interpretation des Behindertenbegriffs durch den EuGH unmittelbar zunächst nur für diejenigen Gesetze maßgeblich ist, die in Umsetzung der betreffenden EG-Richtlinie ergangen sind (wie insbesondere das AGG), muss damit gerechnet werden, dass dieses Begriffsverständnis Einfluss auf den Behindertenbegriff im Allgemeinen haben wird. Das BAG hat das Begriffsverständnis des EuGH bei chronischen Krankheiten zwischenzeitlich bestätigt und das Vorliegen einer Behinderung im Sinne des AGG auch bei einer symptomlos verlaufenden HIV-Infektion bejaht. Bei dieser Krankheit werde die gesellschaftliche Teilhabe typischerweise durch die Stigmatisierung und das soziale Vermeidungsverhalten beeinträchtigt.[7] Damit die besonderen Schutzvorschriften der §§ 68 ff. SGB IX anwendbar werden, muss die mit der Behinderung einhergehende Beeinträchtigung im Einzelfall aber freilich eine gewisse Schwere aufweisen (Schwerbehinderung bzw. Gleichstellung).

---

3 Dau/Düwell/Loussen/*Joussen*, § 2 SGB IX Rn 11.

4 Kossens/von der Heide/Maaß/*Kossens*, § 2 SGB IX Rn 6.

5 Vgl. BAG, Urt. v. 19.4.1979 – 2 AZR 469/78 – DB 1979, 1560; BVerwG, Urt. v. 12.7.2012 – 5 C 16/11 – NZA 2013, 97.

6 EuGH, Urt. v. 11.4.2013 – C 335/11, C – 337/11 – NZA 2013, 553.

7 BAG, Urt. v. 19.12.2013 – 6 AZR 190/12 – BeckRS 2014, 66665; s. auch die Anmerkung von *Fuhlrott*, GWR 2014, 96.

2. Feststellungsverfahren

a) Grundzüge

Die Zuständigkeit zur – deklaratorischen – Feststellung der Schwerbehinderteneigenschaft liegt gem. § 69 Abs. 1 SGB IX bei den **Versorgungsämtern** bzw. den von den Ländern mit den Aufgaben des Versorgungsamts betrauten Behörden. In Bayern beispielsweise ist dies das Zentrum Bayern Familie und Soziales. Eine Übersicht über die in den jeweiligen Bundesländern zuständigen Behörden findet sich in der sozialrechtlichen Literatur[8] sowie im Internet unter den Adressen http://www.versorgungsaemter.de/Versorgungsaemter_index.htm und http://www.familienratgeber.de/schwerbehinderung/versorgungsamt.php[9]. 6

Das zuständige Versorgungsamt stellt das Vorliegen und den Grad der Behinderung **auf Antrag** fest. Ob der Schwerbehindertenstatus festgestellt werden soll, entscheidet allein der behinderte Mensch.[10] Obwohl auch der Arbeitgeber ein berechtigtes Interesse an der Feststellung der Schwerbehinderteneigenschaft eines seiner Mitarbeiter haben kann, kann er die Antragstellung weder selbst vornehmen noch erzwingen.[11] Im Antrag sind u. a. die Funktionsbeeinträchtigungen sowie die behandelnden Ärzte anzugeben. Ferner enthält das Antragsformular eine Einverständniserklärung zur Einholung von Auskünften und Unterlagen über den Gesundheitszustand insbesondere von Ärzten, Krankenhäusern und Sozialleistungsträgern. 7

Das Versorgungsamt hat im Feststellungsverfahren den Sachverhalt sodann **von Amts wegen aufzuklären** (vgl. § 20 Abs. 1 und 2 SGB IX). Zur Verfahrensbeschleunigung und aus Kostengründen wird in der Regel zunächst nur ein Befundbericht des Hausarztes und erforderlichenfalls weiterer Fachärzte angefordert.[12] Falls die der Behörde vorliegenden Befundberichte kein hinreichendes Bild über Art und Ausmaß der geltend gemachten Behinderung vermitteln, ist zusätzlich eine versorgungsärztliche Untersuchung des Antragstellers erforderlich. 8

Der **Grad der Behinderung**, der sich aus der Funktionsbeeinträchtigung und der hieraus folgenden Beeinträchtigung des Betroffenen an der Teilhabe am Leben in der Gesellschaft ergibt, wird nach Zehnergraden abgestuft von **20-100** festgelegt. In der Praxis orientieren sich die Versorgungsämter an der **Versorgungsmedizin-Verordnung**[13]. Dabei wird aus verschiedenen einzelnen Funktions- und Teilhabebeeinträchtigungen in einer Gesamtschau unter Berücksichtigung der wechselseitigen 9

8 *Knittel*, § 69 SGB IX Rn 14 ff.;

9 Letzter Abruf jeweils am 8.8.2014.

10 BVerwG, Urt. v. 21.10.1987 – 5 C 42/84 – NZA 1988, 431; BSG, Urt. v. 6.12.1989 – 9 RVs 4/89 – BeckRS 1989, 30409182.

11 BVerwG, Urt. v. 21.10.1987 – 5 C 42/84 – NZA 1988, 431; *Knittel*, § 69 SGB IX Rn 25.

12 *Knittel*, § 69 SGB IX Rn 57.

13 Verordnung vom 10.12.2008, BGBl. I S. 2412, zuletzt geändert durch Verordnung vom 11.10.2012, BGBl. I S. 2122.

Beziehungen eine Gesamtbewertung des Grades der Behinderung vorgenommen.[14] Gem. §§ 69 Abs. 1 S. 2, 14 Abs. 2 und Abs. 4 SGB IX muss das Versorgungsamt die Feststellung der Behinderung grundsätzlich drei Wochen nach Antragstellung treffen, bzw. bei Erforderlichkeit eines Gutachtens über den Gesundheitszustand innerhalb von sieben Wochen.[15]

10 Über das Ergebnis des Verfahrens erlässt das Versorgungsamt einen **Feststellungsbescheid**. Weil in diesem u. a. die medizinische Diagnose aufgeführt ist, stellen die Versorgungsämter ab einem Grad der Behinderung von 50 auf Antrag des schwerbehinderten Menschen zusätzlich einen **Schwerbehindertenausweis** aus, der zum Nachweis gegenüber Behörden, Arbeitgebern usw. dient, § 69 Abs. 5 SGB IX.

11 Das Versorgungsamt hat den Grad der Behinderung auf einen entsprechenden Antrag des Betroffenen nur ausnahmsweise dann nicht festzustellen, wenn dessen Behinderung und deren Grad bereits in einem Rentenbescheid, einer entsprechenden Verwaltungs- oder Gerichtsentscheidung oder einer vorläufigen Bescheinigung der zuständigen Dienststellen getroffen wurde und der Betroffene kein besonderes Interesse an einer anderweitigen Feststellung durch das Versorgungsamt geltend machen kann, § 69 Abs. 2 SGB IX.

b) Rechtsschutz

12 Streitigkeiten zwischen Antragsteller und Versorgungsamt über das Vorliegen einer Behinderung und deren Schwere werden – nach Abschluss des Widerspruchsverfahrens – von den **Sozialgerichten** entschieden, § 51 Abs. 1 Nr. 7 SGG. Der Arbeitgeber kann die Feststellung über den Grad der Behinderung durch das Versorgungsamt nicht anfechten.[16]

II. Gleichgestellte

1. Begriff

13 Behinderte Menschen mit einem Grad der Behinderung von **weniger als 50 aber mindestens 30**, die ihren Wohnsitz, ihren gewöhnlichen Aufenthalt oder ihre Beschäftigung auf einem Arbeitsplatz rechtmäßig im Geltungsbereich des SGB IX haben, sollen auf ihren Antrag hin von der Arbeitsverwaltung schwerbehinderten Menschen **gleichgestellt** werden, wenn sie in Folge der Behinderung ohne die Gleichstellung einen geeigneten Arbeitsplatz nicht erlangen oder nicht behalten können (sog. gleichgestellte behinderte Menschen, § 2 Abs. 3 SGB IX).

---

14 Schaub/*Koch*, § 178 Rn 13.
15 Schaub/*Koch*, § 178 Rn 15.
16 BSG, Urt. v. 22.10.1986 – 9a RVs 3/84 – NJW 1987, 2462.

Voraussetzung für die Gleichstellung ist, dass der Antragsteller dahingehend schutzbedürftig ist, dass er sich infolge seiner Behinderung im **Wettbewerb um einen Arbeitsplatz** gegen gesunde Menschen nicht behaupten kann.[17] Entscheidend ist also, ob die Erlangung bzw. Beibehaltung eines Arbeitsplatzes möglich ist, wenn aufgrund der Gleichstellungsentscheidung bestimmte Schutzpositionen, Vergünstigungen und Fördermöglichkeiten erlangt werden.[18] Dies kann auch dann noch der Fall sein, wenn das Arbeitsverhältnis im Zeitpunkt der Antragstellung bereits gekündigt war, solange die Wirksamkeit der Kündigung noch nicht rechtskräftig festgestellt wurde; in diesem Fall kann bei Durchführung eines Kündigungsschutzverfahrens noch die Chance zum Behalten des betreffenden Arbeitsplatzes bestehen.[19] 14

Die Entscheidung über die Erteilung der Gleichstellung steht im Ermessen der Agentur für Arbeit. Der Bescheid hat – anders als der Feststellungsbescheid über die Schwerbehinderung – **konstitutive Wirkung.**[20] 15

Gem. § 68 Abs. 4 SGB IX sind schwerbehinderten Menschen auch behinderte Jugendliche und junge Erwachsene während der Berufsausbildung gleichgestellt, selbst wenn der Grad ihrer Behinderung weniger als 30 beträgt oder nicht festgestellt ist. 16

2. Folgen der Gleichstellung

Auf gleichgestellte behinderte Menschen werden die **besonderen Regelungen** für schwerbehinderte Menschen mit Ausnahme des § 125 SGB IX (Zusatzurlaub) und der Vorschriften des SGB IX über die unentgeltliche Beförderung im öffentlichen Personenverkehr angewendet, § 68 Abs. 3 SGB IX. 17

Bei behinderten Jugendlichen und jungen Erwachsenen während der Berufsausbildung, die Schwerbehinderten gem. § 68 Abs. 4 SGB IX gleichgestellt sind, finden die besonderen Regelungen für schwerbehinderte Menschen demgegenüber grundsätzlich **keine** Anwendung; eine Ausnahme bildet nur § 102 Abs. 3 Nr. 2c SGB IX betreffend die Zahlung von Prämien und Zuschüssen zu den Berufsausbildungskosten, § 68 Abs. 4 S. 3 SGB IX. 18

---

17 OVG Münster, Beschl. v. 4.2.1958 – VII A 1464/55 – FHArbSozR 6 Nr. 2133.

18 Vgl. BSG, Urt. v. 2.3.2000 – B7 AL 46/99 R – BSGE 86, 10.

19 Vgl. BSG, Urt. v. 2.3.2000 – B7 AL 46/99 R – BSGE 86, 10; Unklar *Knittel*, § 2 Abs. SGB IX Rn 152 einerseits und Rn 163 andererseits. Allerdings wirkt sich die rückwirkende Anerkennung als Gleichgestellter nicht mehr auf diese bereits ausgesprochene Kündigung aus, wenn die Antragstellung nicht mindestens drei Wochen vor dem Zugang der Kündigung gestellt wurde.

20 BAG, Urt. v. 24.11.2005 – 2 AZR 514/04 – NZA 2006, 665.

3. Anerkennungsverfahren

a) Grundzüge des Verfahrens

19 Die Gleichstellung behinderter Menschen mit schwerbehinderten Menschen erfolgt auf **Antrag** des behinderten Menschen, § 68 Abs. 2 S. 1 SGB IX; der Arbeitgeber ist nicht antragsbefugt.[21] Zur Entscheidung ist die **Agentur für Arbeit** zuständig, in deren Bezirk der Behinderte seinen Wohnsitz, Aufenthalt oder Arbeitsplatz hat.

20 Basis für die Entscheidung über die Gleichstellung ist zunächst die Feststellung der Behinderung und des Grades der Behinderung durch das Versorgungsamt gem. § 69 SGB IX. Liegen die Voraussetzungen für die Gleichstellung vor, wird diese grundsätzlich **rückwirkend** auf den Tag erteilt, an dem der Antrag bei der Agentur für Arbeit einging, § 68 Abs. 2 S. 2 SGB IX.

21 Der **Arbeitgeber** ist **nicht Beteiligter** im Gleichstellungsverfahren, da die Gleichstellung nicht in seine eigenen Rechte eingreift.[22] In der Praxis wird der Arbeitgeber jedoch regelmäßig angehört, um aufzuklären, ob eine Gefährdung des Arbeitsplatzes gegeben ist.[23] Die Agentur für Arbeit muss über den Antrag auf Gleichstellung schriftlich entscheiden. Auch im Falle einer positiven Entscheidung wird jedoch kein Schwerbehindertenausweis bzw. „Gleichstellungsausweis“ erteilt.

b) Rechtschutz

22 Lehnt die Agentur für Arbeit die Gleichstellung ab, kann der Behinderte hiergegen zunächst **Widerspruch** einlegen, über den der Widerspruchsausschuss der Bundesagentur für Arbeit entscheidet, §§ 118, 120 SGB IX. Gegen den ablehnenden Widerspruchsbescheid kann der Antragsteller **Klage** beim Sozialgericht erheben, § 51 Abs. 1 Nr. 4 SGG. Dem Arbeitgeber steht auch dann kein Widerspruchs- und Klagerecht zu, wenn dem Gleichstellungsantrag stattgegeben wurde.[24]

C. Auskunftspflichten des Arbeitnehmers

23 Wenn eine bestimmte körperliche Funktion, geistige Fähigkeit oder seelische Gesundheit **wesentliche und entscheidende berufliche Anforderung** für die Ausübung einer beabsichtigten vertraglichen Tätigkeit ist, darf sich der Arbeitgeber bei dem Arbeitnehmer nach entsprechenden gesundheitlichen, seelischen oder ähnlichen

21 LAG Baden-Württemberg, Urt. v. 25.05.1959 – IV Sa 29/59 – BB 1959, 1103.
22 BSG, Urt. v. 19.12.2001 – B 11 AL 57/01 R – BSGE 89, 119.
23 Vgl. *Knittel*, § 68 SGB IX Rn 17.
24 Küttner/*Kania*, Stichwort „Behinderte“ Rn 12.

Beeinträchtigungen erkundigen, bei deren Vorliegen dieser nicht zur Verrichtung der betreffenden Tätigkeit geeignet wäre.[25]

Praxistipp
Bei einer solchen tätigkeitsbezogenen Frage nach der körperlichen Eignung sollte der Arbeitgeber aber explizit nur nach den betreffenden Beeinträchtigungen fragen und die Worte „Behinderung" und „Schwerbehinderung" nicht erwähnen.

Demgegenüber ist höchstrichterlich bislang nicht abschließend geklärt, ob und unter welchen Voraussetzungen der Arbeitgeber einen Bewerber oder einen bereits eingestellten Arbeitnehmer nach einer bestehenden Schwerbehinderung fragen darf, wenn diese **„tätigkeitsneutral"**, d. h. für die auszuübende Tätigkeit ohne Bedeutung ist. 24

Die rechtliche Problematik solcher Fragerechte bzw. korrespondierender Auskunftspflichten des Arbeitnehmers liegt zum einen im grundrechtlich geschützten **Persönlichkeitsrecht** des Arbeitnehmers (Art. 2 Abs. 1 i. V. m. Art. 1 Abs. 1 GG). Dieses begrenzt den Informationsanspruch des Arbeitgebers auf solche Auskünfte, an denen dieser ein berechtigtes, schützenswertes und das Geheimhaltungsinteresse des Arbeitnehmers überwiegendes Informationsinteresse hat.[26] Zum anderen besteht für den Arbeitgeber das Risiko, dass die Frage nach einer Schwerbehinderung im Falle der Nichteinstellung oder bei einer späteren Kündigung als Indiz für eine nach § 80 Abs. 2 S. 1 SGB IX, §§ 1, 7 Abs. 1 AGG **unzulässige Benachteiligung** wegen der Behinderung gewertet werden könnte. 25

I. Fragerecht des Arbeitgebers

1. Im bestehenden Arbeitsverhältnis

Höchstrichterlich entschieden ist bislang allein, dass ein Arbeitgeber die tätigkeitsneutrale Frage nach der Schwerbehinderung jedenfalls **im bestehenden Arbeitsverhältnis nach sechs Monaten** stellen darf, also nach Erwerb des Sonderkündigungsschutzes gem. §§ 85 ff., 90 Abs. 1 Nr. 1 SGB IX (siehe hierzu unten, Rn 36, 141 ff.).[27] Im vom BAG hierzu entschiedenen Fall hatte der Arbeitgeber den Arbeitnehmer anlässlich einer bevorstehenden Kündigung zulässigerweise mit einem Fragebogen um Auskunft u. a. über das Bestehen einer Schwerbehinderung gebeten. 26

---

25 Vgl. BAG, Urt. v. 5.10.1995 – 2 AZR 923/94 – NZA 1996, 371; LAG Hamm, Urt. v. 19.10.2006 – 15 Sa 740/06 – BeckRS 2007, 40902; ErfK/*Preis*, § 611 BGB Rn 274; *Schrader*, ArbRAktuell 2012, 157, 158.
26 Vgl. BAG, Urt. v. 7.9.1995 – 8 AZR 828/93 – NZA 1996, 637.
27 BAG, Urt. v. 16.2.2012 – 6 AZR 553/10 – NJW 2012, 2058.

27 Die Frage nach der Schwerbehinderung dürfte jedenfalls nach einer Wartezeit von sechs Monaten **auch ohne konkreten Anlass** zulässig sein,[28] weil der Arbeitgeber schon aufgrund seiner Verpflichtung zur Beschäftigung Behinderter gem. §§ 71 ff. SGB IX[29] und der bei Nichterfüllung der Beschäftigungsquote zu zahlenden Ausgleichsabgabe ein berechtigtes Interesse an dieser Information hat. Überdies treffen ihn besondere Schutzpflichten[30] gegenüber schwerbehinderten Arbeitnehmern.

Praxistipp
Vor diesem Hintergrund kann es für Arbeitgeber nach einem länger als sechs Monate bestehenden Arbeitsverhältnis empfehlenswert sein, ihre Arbeitnehmer in einem Standardprozess über das Bestehen einer Schwerbehinderung zu befragen (siehe hierzu auch oben, Kap. 2. B. I., Rn 38).

---

28 Noch ungeklärt ist, ob ein Arbeitnehmer die Frage seines Arbeitgebers nach der Schwerbehinderung schon **in den ersten sechs Monaten** des Arbeitsverhältnisses zutreffend beantworten muss, wenn diese keine Relevanz für die auszuübende Tätigkeit besitzt. Zwar greift in diesem Zeitraum der besondere Kündigungsschutz der Schwerbehinderten noch nicht, so dass der Schwerbehinderte befürchten muss, der Arbeitgeber werde sich bei wahrheitsgemäßer Beantwortung der Frage möglicherweise von ihm trennen, um den mit der Beschäftigung eines Schwerbehinderten verbundenen Lasten – wie der Pflicht zur behindertengerechten Gestaltung des Arbeitsplatzes und des Arbeitsumfeldes sowie der erschwerten Kündigungsmöglichkeiten – zu entgehen. Der Arbeitgeber hat aber bereits in den ersten sechs Monaten ein berechtigtes und schützenswertes Interesse, sich mit Blick auf die besonderen Pflichten gegenüber schwerbehinderten Menschen rechtstreu zu verhalten, die Einhaltung der Beschäftigungspflicht nach §§ 71 ff. SGB IX korrekt ermitteln zu können und die Ausgleichsabgabe gem. § 77 SGB IX nicht bzw. nicht in unzutreffender Höhe abzuführen. Man wird die Frage nach der Schwerbehinderten- bzw. Gleichgestellteneigenschaft im begründeten Arbeitsverhältnis deshalb wohl unabhängig von der Beschäftigungsdauer als **zulässig** erachten müssen.[31] Weil der Arbeitgeber damit aber zugleich ein überwiegendes, schützenswertes Interesse an der wahrheitsgemäßen Beantwortung seiner Frage hat, wäre es wertungswidersprüchlich, dem Arbeitnehmer vor Ablauf der Wartezeit für den Sonderkündigungsschutz dennoch ein Recht

---

28 ErfK/*Schlachter*, § 2 AGG Rn 4a; ähnlich *Giesen*, RdA 2013, 47, 52, der die Frage nach der Schwerbehinderung allerdings dann wiederum für unzulässig hält, wenn beim Arbeitgeber sonstige Indizien für eine Diskriminierung Behinderter vorliegen.
29 S. hierzu näher unten, Rn 54 ff.
30 S. hierzu sogleich unten, Rn 76 ff.
31 So zutreffend etwa auch *Schrader/Siebert*, ArbRAktuell 2012, 157; a.A. *Husemann*, RdA 2014, 16, 21 ff.

zur Lüge einzuräumen.[32] Vielmehr muss dieser die Frage seines Arbeitgebers nach einer Schwerbehinderung nach Begründung des Arbeitsverhältnisses wahrheitsgemäß beantworten.

Praxistipp
Ein Arbeitgeber sollte sich dennoch genau überlegen, ob er die Frage nach der Schwerbehinderung tatsächlich schon vor Entstehen des Sonderkündigungsschutzes stellen möchte. Auch wenn man diese Frage für zulässig und den Arbeitnehmer für verpflichtet hält, zutreffend zu antworten, kann die Frage bei einer anschließenden Arbeitgebermaßnahme – wie etwa einer in den ersten sechs Monaten der Beschäftigung ausgesprochenen Kündigung – ein **Indiz für eine verbotene Benachteiligung** darstellen.[33] Der Arbeitgeber muss in einem Kündigungsschutzprozess also überzeugende Gründe für den Ausspruch der Kündigung anführen können, um die Vermutung zu entkräften, dass die Beendigung des Arbeitsverhältnisses – auch – wegen der nunmehr offenbarten Schwerbehinderung erfolgt ist.

Hat ein Arbeitnehmer seine Eigenschaft als Schwerbehinderter bzw. Gleichgestellter 29
trotz einer zulässigen Frage seines Arbeitgebers nicht offengelegt bzw. wahrheitswidrig verneint, kann er sich hinsichtlich einer vom Arbeitgeber in zu hoher Summe entrichteten Schwerbehindertenabgabe **schadensersatzpflichtig** machen.[34] Korrigiert er seine Aussage nicht rechtzeitig vor Ausspruch einer Kündigung, ist es ihm angesichts des **Verbots widersprüchlichen Verhaltens** in aller Regel zudem verwehrt, sich in einem Kündigungsschutzverfahren auf den Sonderkündigungsschutz nach §§ 85 ff. SGB IX zu berufen.[35]

2. Im Bewerbungsverfahren

Ob sich ein Arbeitgeber auch bereits im **Einstellungsprozess** nach der Eigenschaft 30
des Bewerbers als Schwerbehinderter oder Gleichgestellter erkundigen darf, wenn dies für die auszuübende Tätigkeit nicht von wesentlicher Bedeutung ist, ist – unter der Geltung der Diskriminierungsverbote des § 81 Abs. 2 S. 1 SGB IX und der §§ 1, 7 Abs. 1 AGG – ebenfalls noch nicht höchstrichterlich entschieden. Das BAG ließ diese

---

32 Anders *Giesen*, RdA 2013, 47, 50, der die Frage des Arbeitgebers zwar für lauter hält, dem Arbeitnehmer aber dennoch ein Recht zur Lüge zubilligt.
33 *Bauer/Göpfert/Krieger*, § 2 Rn 23a; vgl. auch *Glatzel*, NZA-RR 2012, 403, 405.
34 *Husemann*, RdA 2014, 16, 20; *Giesen*, RdA 2013, 47, 52; Schaub/*Koch*, § 179 Rn 18 c; *Schaub*, NZA 2003, 299, 30.
35 Vgl. BAG, Urt. v. 16. 2. 2012 – 6 AZR 553/10 – NJW 2012, 2058.

Frage, die es vor Inkrafttreten der genannten Regelungen noch bejaht hatte,[36] zuletzt dahinstehen.[37]

31 Nach der h. M. im Schrifttum ist die tätigkeitsneutrale Frage nach der Schwerbehinderung vor bzw. **bei Begründung** des Arbeitsverhältnisses **unzulässig.**[38] Weil die Schutzvorschriften des SGB IX zugunsten schwerbehinderter Menschen eine nicht unerhebliche Belastung für den Arbeitgeber bedeuten können, besteht die Gefahr, dass die Frage nach der Schwerbehinderteneigenschaft im Einstellungsverfahren – einzig – auf die Vermeidung dieser Kosten abzielt. § 81 Abs. 2 S. 1 SGB IX zeigt jedoch, dass dieses Interesse des Arbeitgebers keinen legitimen Grund zur Ungleichbehandlung bildet.

32 Die Frage nach der Schwerbehinderung bzw. Gleichstellung ist vor Begründung des Arbeitsverhältnisses aber dann **ausnahmsweise zulässig**, wenn sie dazu dient, behinderte Menschen **bevorzugt** einzustellen, etwa um die Beschäftigungsquote nach § 71 SGB IX oder die Vorgaben aus einer Integrationsvereinbarung zu erfüllen.[39] Darin liegt zwar ebenfalls eine Ungleichbehandlung aufgrund der Behinderung, diesmal aber zulasten nicht behinderter Arbeitnehmer. Dies ist gem. § 5 AGG als positive Maßnahme zum Ausgleich von Nachteilen Behinderter am Arbeitsmarkt zulässig. Man wird allerdings verlangen müssen, dass der Arbeitgeber seine Absicht, bevorzugt schwerbehinderte Arbeitnehmer einstellen zu wollen, gegenüber dem Bewerber **offenlegt,** z. B. durch eine entsprechende Erklärung in der Stellenausschreibung.[40] Anderenfalls könnte der Bewerber nicht beurteilen, ob die Frage zulässigerweise gestellt wurde.

33 Geht es dem Arbeitgeber jedoch nicht um die bevorzugte Einstellung Schwerbehinderter, und stellt er dennoch eine tätigkeitsneutrale Frage nach der Schwerbehinderung, darf der Bewerber hierauf nicht nur schweigen, sondern die Frage **bewusst unwahr beantworten.**[41] Der Arbeitgeber kann den Arbeitsvertrag in diesem Fall nicht nach § 123 BGB anfechten, weil die Täuschung des Arbeitnehmers auf eine unzulässige Frage nicht arglistig ist.[42] Auch eine verhaltensbedingte Kündigung des Arbeitnehmers aufgrund der falschen Antwort im Bewerbungsverfahren scheidet aus.[43]

---

36 Vgl. etwa BAG, Urt. v. 5.10.1995 – 2 AZR 923/94 – NZA 1996, 371; Urt. v. 18.12.2000 – 2 AZR 380/99 – NZA 2001, 315.

37 BAG, Urt. v. 7.7.2011 – 2 AZR 396/10 – NZA 2012, 34 (mit zahlreichen Nachweisen zum Streitstand).

38 So etwa ErfK/*Preis*, § 611 BGB Rn 274; Dau/Düwell/Joussen/*Düwell*, § 85 SGB XI Rn 27; *Husemann*, RdA 2014, 16, 17; *Glatzel*, NZA-RR 2012, 403, 404; *Thüsing/Lambrich*, BB 2002, 1146, 1149; *Rolfs/Paschke* BB 2002, 1260, 1261.

39 *Joussen*, NZA 2007, 174, 178; *Düwell*, BB 2006, 1741, 1743; a.A. *Husemann*, RdA 2014, 16, 17 f.

40 Dau/Düwell/Joussen/*Düwell*, § 85 SGB IX Rn 28.

41 Schaub/*Link*, § 26 Rn 16.

42 Vgl. BAG, Urt. v. 5.10.1995 – 2 AZR 923/94 – NZA 1996, 371; ErfK/*Preis*, § 611 BGB Rn 286.

43 Schaub/*Link*, § 26 Rn 16.

Stellt der Arbeitgeber einen wahrheitsgemäß antwortenden schwerbehinderten Bewerber nicht ein, stellt die Tatsache, dass er in der Bewerbungsphase nach der Behinderung gefragt hat, regelmäßig ein Indiz i. S. d. § 22 AGG für eine – grundsätzlich schadensersatzpflichtige – Benachteiligung aufgrund der Behinderung dar.[44] Diese Indizwirkung entfällt jedoch beispielsweise dann, wenn der Arbeitgeber glaubhaft darlegen kann, die Frage gestellt zu haben, weil er bevorzugt Schwerbehinderte einstellen wollte.[45] 34

Praxistipp
Arbeitgebern ist dringend anzuraten, im Bewerbungsverfahren von tätigkeitsneutralen Fragen nach einer Behinderung, Gleichstellung oder nach Krankheiten, die auf eine Behinderung hindeuten, abzusehen. Wird die Frage allerdings dennoch gestellt, um bevorzugt Schwerbehinderte einzustellen, sollte diese Intention – um der Indizwirkung in Richtung einer unzulässigen Benachteiligung erforderlichenfalls entgegentreten zu können – hinreichend offengelegt und dokumentiert werden (z. B. deutlicher Hinweis in der Stellenausschreibung sowie bei der Meldung der freien Stelle an die Agentur für Arbeit nach § 81 SGB IX). Zudem sollte dann nach Möglichkeit auch tatsächlich ein schwerbehinderter Bewerber eingestellt werden; ist dies nicht praktikabel, sollten die – diskriminierungsneutralen – Gründe hierfür ausführlich und nachvollziehbar dokumentiert werden.

II. Offenbarungspflichten schwerbehinderter Arbeitnehmer

Weder im Bewerbungsverfahren noch im laufenden Arbeitsverhältnis müssen Schwerbehinderte oder diesen gleichgestellte Arbeitnehmer von sich aus über die bestehende Schwerbehinderung **aufklären**, sofern diese die Verrichtung der arbeitsvertraglich geschuldeten Tätigkeiten nicht unmöglich macht.[46] Erst wenn ein behinderter Bewerber oder Arbeitnehmer erkennen kann, dass er die mit dem Arbeitsplatz verbundenen Anforderungen nicht erfüllt, ist er – auch ungefragt – zur Offenbarung seiner Funktionsbeeinträchtigungen verpflichtet.[47] 35

Auch das Interesse des Arbeitgebers, die Ausgleichsabgabe nach § 77 SGB IX nicht oder zumindest nicht höher als tatsächlich geschuldet zahlen zu müssen, reicht nicht aus, um den Arbeitnehmer für verpflichtet zu halten, eine bestehende Schwerbehinderung jedenfalls nach der Einstellung **von sich aus** zu offenbaren.[48] Der Arbeitnehmer muss sich erst auf eine entsprechende Frage des Arbeitgebers wahrheitsgemäß erklären. Dies gilt nach der hier vertretenen Auffassung bereits ab dem Beginn des 36

44 Vgl. BAG, Urt. v. 17.12.2009 – 8 AZR 670/08 – NZA 2010, 383; vgl. auch *Bauer/Göpfert/Krieger*, § 22 Rn 11; *Breitfeld/Strauß*, BB 2012, 2817, 2820; a.A. *Husemann*, RdA 2014, 16, 18 f.

45 Vgl. BAG, Urt. v. 7.7.2011 – 2 AZR 396/10 – NZA 2012, 34.

46 BAG, Urt. v. 18.10.2000 – 2 AZR 389/99 – BB 2001, 627; BeckOK-ArbR/*Joussen*, § 611 BGB Rn 73

47 Dau/Düwell/Joussen/*Düwell*, § 85 SGB IX Rn 21.

48 Unklar MüKo-BGB/*Thüsing*, § 11 AGG Rn 24, der zwar eine „Offenbarungspflicht" nach Einstellung bejaht, dies aber – wie hier vertreten – wohl nur auf eine entsprechende Frage des Arbeitgebers.

Arbeitsverhältnisses und ist vom BAG zumindest für die Zeit ab Erwerb des Sonderkündigungsschutzes nach §§ 85 ff. SGB IX anerkannt.[49]

D. Errichtung einer Schwerbehindertenvertretung

37 Die in §§ 94 ff. SGB IX geregelte **Schwerbehindertenvertretung** stellt gewissermaßen einen zusätzlichen „Betriebsrat der Schwerbehinderten"[50] dar. Sie besteht aus einer Vertrauensperson (früher: „Ombudsmann") und deren Stellvertreter.

I. Voraussetzungen und Rechtsstellung

38 Eine Schwerbehindertenvertretung wird – auf Initiative der schwerbehinderten Arbeitnehmer[51] – errichtet, wenn im Betrieb oder der Dienststelle **wenigstens fünf schwerbehinderte Menschen** nicht nur vorübergehend beschäftigt sind, § 94 Abs. 1 S. 1 SGB IX.

39 Wenn für mehrere Betriebe eines Arbeitgebers ein Gesamtbetriebsrat gebildet ist, wählen die Schwerbehindertenvertreter der einzelnen Betriebe zudem eine **Gesamtschwerbehindertenvertretung**, § 97 Abs. 1 S. 1 SGB IX. Liegen Konzernstrukturen vor, so dass ein Konzernbetriebsrat gebildet ist, wählen die Gesamtschwerbehindertenvertretungen ferner eine **Konzernschwerbehindertenvertretung**, § 97 Abs. 2 S. 1 SGB IX.

40 Die Vertrauensperson übt ihr Amt nach § 96 Abs. 1 SGB IX unentgeltlich als **Ehrenamt** aus, darf gem. § 96 Abs. 2 SGB IX wegen ihres Amtes weder benachteiligt noch begünstigt werden und genießt Kündigungs-, Versetzungs- und Abordnungsschutz, § 96 Abs. 3 SGB IX. Dasselbe gilt für den Stellvertreter, wenn er tatsächlich im Aufgabenbereich der Schwerbehindertenvertretung tätig wird, § 96 Abs. 3 S. 2 SGB IX.

41 Der Arbeitgeber muss die Vertrauensperson – ohne Minderung des Arbeitsentgelts – von ihren **beruflichen Tätigkeiten entbinden**, soweit dies zur Durchführung der Aufgaben der Schwerbehindertenvertretung erforderlich ist, § 96 Abs. 4 S. 1 SGB IX. Die Vertrauensperson kann auch eine **vollständige Befreiung** von der Arbeitsleistung verlangen, falls dies wegen der Fülle der zu erledigenden Aufgaben erforderlich ist[52] oder wenn im Betrieb mit mindestens 200 schwerbehinderte Menschen

---

49 Hierzu ausführlich oben, Rn 23 ff.

50 So *Fuhlrott/Balupuri-Beckmann*, ArbRAktuell 2012, 267 unter Verweis auf die zahlreichen Parallelen der Schwerbehindertenvertretung zum Betriebsrat.

51 *Fuhlrott/Balupuri-Beckmann*, ArbRAktuell 2012, 267.

52 Vgl. BAG, Urt. v. 30.4.1987 – 6 AZR 428/84 – NZA 1988, 172.

(einschließlich der gleichgestellten Behinderten[53]) beschäftigt sind, § 96 Abs. 4 S. 2 SGB IX.

II. Grundzüge des Wahlverfahrens

42 Die Errichtung der Schwerbehindertenvertretung erfolgt durch **Wahl** im Betrieb bzw. in der Dienststelle. Die Wahlen finden regelmäßig alle vier Jahre in der Zeit vom 01.10. bis 30.11. statt (die nächsten regulären Wahljahre sind 2014 und 2018). Außerhalb dieser Zeiten werden nur ausnahmsweise in den in § 94 Abs. 5 S. 2 SGB IX genannten Fällen Wahlen abgehalten, etwa wenn bislang noch keine Schwerbehindertenvertretung gebildet ist. Die Amtszeit der Schwerbehindertenvertretung beträgt grundsätzlich vier Jahre.

43 **Wahlberechtigt** sind alle in dem Betrieb oder der Dienststelle beschäftigten Schwerbehinderten, § 94 Abs. 2 SGB IX. Dies schließt gem. § 68 Abs. 2 SGB IX die Gleichgestellten ein. Auf das Lebensalter oder die Dauer der Beschäftigung kommt es nicht an.[54] Leiharbeitnehmer sind im Entleiherbetrieb wahlberechtigt, wenn sie dort länger als drei Monate eingesetzt werden, § 7 Abs. 2 BetrVG.[55]

44 Zur Vertrauensperson **wählbar** sind demgegenüber nicht nur Schwerbehinderte oder Gleichgestellte, sondern – mit Ausnahme der leitenden Angestellten – alle im Betrieb oder der Dienststelle nicht nur vorübergehend Beschäftigten, die am Wahltag das 18. Lebensjahr vollendet haben und dem Betrieb bzw. der Dienststelle seit mindestens sechs Monaten angehören,[56] § 94 Abs. 3 S. 2 SGB IX. Nicht wählbar sind Leiharbeitnehmer im Betrieb des Entleihers, § 14 Abs. 2 S. 1 AÜG.

45 Die Vertrauensperson und ihr Stellvertreter werden in geheimer und unmittelbarer Wahl nach den Grundsätzen der **Mehrheitswahl** gewählt, § 94 Abs. 6 S. 1 SGB IX. Jede Form der offenen Stimmabgabe stellt einen groben Verstoß gegen den Wahlrechtsgrundsatz der geheimen Wahl dar, der zur Nichtigkeit der Wahl führt.[57]

46 Die Einzelheiten des Wahlverfahrens regelt die **Wahlordnung Schwerbehindertenvertretung**[58] (SchwbVWO). Danach findet entweder das förmliche Wahlverfahren (§§ 1 – 17 SchwbVWO) oder – in Betrieben mit weniger als 50 wahlberechtigten schwerbehinderten Menschen – das vereinfachte Wahlverfahren (§§ 18 – 21 Schwb-

53 Dau/Düwell/Joussen/*Düwell*, § 96 SGB IX Rn 37.
54 *Knittel*, § 94 SGB IX Rn 28.
55 *Knittel*, § 94 SGB IX Rn 39.
56 Auf die sechsmonatige Betriebs- bzw. Dienstzugehörigkeit kommt es allerdings nicht an, wenn der Betrieb oder die Dienststelle erst kürzer besteht, § 94 Abs. 3 S. 1 Halbs. 2 SGB IX.
57 *Knittel*, § 94 SGB IX Rn 65 f.
58 In der Fassung der Bekanntmachung vom 23. April 1990 (BGBl. I S. 811), zuletzt geändert durch Gesetz vom 19.6.2001 (BGBl. I S. 1046).

VWO) Anwendung. Regelungen zur Wahl der Gesamt- und der Konzernschwerbehindertenvertretung finden sich in § 22 SchwbVWO.

47 Hinsichtlich der Wahlanfechtung, des Wahlschutzes und der Wahlkosten sind die für die Betriebs- bzw. Personalratswahlen geltenden Vorschriften entsprechend anzuwenden, § 94 Abs. 6 S. 2 SGB IX.

Hinweis
Unabhängig von der Wahl einer Schwerbehindertenvertretung – und somit ggf. zusätzlich zu dieser – hat der Arbeitgeber nach § 98 SGB IX einen **Schwerbehindertenbeauftragten** zu bestellen, der für schwerbehinderte Menschen als Ansprechpartner auf Seiten des Arbeitgebers fungiert. Teilt der Arbeitgeber dem Integrationsamt und der Agentur für Arbeit die Benennung eines Schwerbehindertenbeauftragten nicht mit, kann dies als Ordnungswidrigkeit mit einer Geldbuße von bis zu 10.000,00 € geahndet werden, § 156 Abs. 1 Nr. 8 SGB IX.

III. Aufgaben und Befugnisse

48 Die Schwerbehindertenvertretung hat die **Aufgabe**, die Eingliederung schwerbehinderter Menschen in den Betrieb oder die Dienststelle zu fördern, deren Interessen dort zu vertreten und ihnen beratend und helfend zur Seite zu stehen, § 95 Abs. 1 S. 1 SGB IX. Hierzu hat sie gem. § 95 Abs. 1 S. 2, 3 SGB IX insbesondere

- die Einhaltung der zugunsten schwerbehinderter Menschen geltenden Normen – von Gesetzen bis hin zu Betriebs- bzw. Dienstvereinbarungen – zu **überwachen**;
- präventive und sonstige den Schwerbehinderten dienenden Maßnahmen bei den zuständigen Stellen (dazu zählen neben den innerbetrieblichen auch außerbetriebliche Stellen wie vor allem das Integrationsamt, die Agenturen für Arbeit, die Berufsgenossenschaften und die Gewerbeaufsichtsämter) zu **beantragen**. Dies schließt die Unterstützung Schwerbehinderter bei der Erstellung von Anträgen auf Feststellung der Schwerbehinderteneigenschaft ein;
- Anregungen und **Beschwerden** von Schwerbehinderten zu bearbeiten und – wenn diese berechtigt erscheinen – darüber mit dem Arbeitgeber zu verhandeln.

49 Ferner nimmt die Schwerbehindertenvertretung gegenüber dem Arbeitgeber **Informations- und Anhörungsrechte** wahr, wenn dieser Maßnahmen plant, die einen einzelnen Schwerbehinderten oder die Schwerbehinderten als Gruppe betreffen, § 95 Abs. 2 S. SGB IX. Von diesem in der Praxis wohl bedeutsamsten Beteiligungsrecht sind insbesondere **personelle Einzelmaßnahmen** wie Bewerbungen, Einstellungen, Umsetzungen, Abordnungen, Versetzungen und Kündigungen umfasst.[59] Nach

59 BAG, Beschl. v. 17.8.2010 – 9 ABR 83/09 – NZA 2010, 1431.

umstrittener Ansicht soll es auch bei Aufhebungsverträgen gelten.[60] Eine Beteiligung der Schwerbehindertenvertretung ist allerdings dann ausnahmsweise nicht erforderlich, wenn die Angelegenheit die Belange der Schwerbehinderten nicht anders berührt als die nicht schwerbehinderter Beschäftigter.[61]

Beispiel
Die Schwerbehindertenvertretung hat solche Bewerbungsverfahren zu überwachen, bei denen auch Bewerbungen Schwerbehinderter eingehen. Demgegenüber führt allein der Umstand, dass eine ausgeschriebene Position Führungsfunktionen gegenüber Schwerbehinderten aufweist, noch nicht zu Beteiligungsrechten der Schwerbehindertenvertretung.[62]

Bevor der Arbeitgeber eine Entscheidung über eine personelle Einzelmaßnahme trifft, 50
muss er der Schwerbehindertenvertretung **Gelegenheit zur Stellungnahme** geben (mit einer angemessenen Frist, die regelmäßig mindestens eine Woche beträgt[63]), die Stellungnahme sodann prüfen und in seine Entscheidungsfindung einbeziehen. An die Auffassung der Schwerbehindertenvertretung ist er dabei jedoch nicht gebunden.

Hat der Arbeitgeber eine solche Entscheidung ohne Beteiligung der Schwerbe- 51
hindertenvertretung getroffen, die Maßnahme aber bislang noch nicht umgesetzt, kann die Schwerbehindertenvertretung gerichtlich durch eine einstweilige Verfügung die **Aussetzung der Maßnahme** erwirken und vom Arbeitgeber die Nachholung der Beteiligung binnen sieben Tagen verlangen. Ist die Maßnahme demgegenüber bereits vollzogen, bleibt sie trotz der fehlenden Anhörung der Schwerbehindertenvertretung **rechtlich wirksam**.[64] Die Beteiligung der Schwerbehindertenvertretung ist also – anders als z. B. die Betriebsratsanhörung – keine formelle Wirksamkeitsvoraussetzung einer Kündigung. Die Schwerbehindertenvertretung hat kein Recht auf Rückgängigmachung der Entscheidung. Sie kann – bei Wiederholungsgefahr – lediglich eine vorbeugende Unterlassungsverfügung erwirken.[65]

Praxistipp
Aus Arbeitgebersicht ist trotz der Wirksamkeit einer ohne Beteiligung der Schwerbehindertenvertretung getroffenen Maßnahme dennoch Vorsicht geboten. Die Durchführung einer Maßnahme gegenüber einem Schwerbehinderten ohne die vorherige Anhörung der Schwerbehindertenvertretung kann gem. § 156 Abs. 1 Nr. 9 SGB IX u. U. als **Ordnungswidrigkeit** mit einer Geldbuße von bis zu 10.000,00 €

---

60 So zuletzt etwa ArbG Stuttgart, Beschl. v. 29.09.2010 – 22 BV 294/09 – BeckRS 2012, 68069; a.A. *Fuhlrott/Balupuri-Beckmann*, ArbRAktuell 2012, 267.
61 BAG, Beschl. v. 17.8.2010 – 9 ABR 83/09 – NZA 2010, 1431.
62 BAG, Beschl. v. 17.8.2010 – 9 ABR 83/09 – NZA 2010, 1431.
63 Vgl. *Fuhlrott/Balupuri-Beckmann*, ArbRAktuell 2012, 267; Kossens/von der Heide/Maaß/*Kossens*, § 95 SGB IX Rn 17 m.w.N.
64 LAG Rheinland-Pfalz, Urt. v. 18.8.1993 – 10 Sa 332/93 – NZA 1993, 1133; Kossens/von der Heide/Maaß/*Kossens*, § 95 SGB IX Rn 22.
65 Vgl. ArbG Stuttgart, Beschl. v. 29.09.2010 – 22 BV 294/09 – BeckRS 2012, 68069.

geahndet werden. Zudem kann eine von der Schwerbehindertenvertretung erwirkte Aussetzung der Maßnahme dazu führen, dass der Arbeitgeber etwaige **Fristen** – z. B. Kündigungsfristen – nicht mehr einhalten kann.

---

52 **Weitere Befugnisse** der Schwerbehindertenvertretung sind das Recht auf Einsichtnahme in die entscheidungsrelevanten Teile von Bewerbungsunterlagen sowie auf Teilnahme an Vorstellungsgesprächen nach § 95 Abs. 2 S. 3 SGB IX, auf beratende Teilnahme (inklusive Rederecht) an den Sitzungen der verschiedenen kollektiven Interessenvertretungen und an Betriebsversammlungen in anderen Betrieben des Arbeitgebers, §§ 95 Abs. 4, 5 und 7 SGB IX. Das Recht auf beratende Teilnahme umfasst auch Ausschusssitzungen des Betriebs- und Personalrats sowie des Wirtschaftsausschusses.[66] Es gilt auch für solche Sitzungen, in denen keine schwerbehindertenspezifischen Themen auf der Tagesordnung stehen.[67] Die Schwerbehindertenvertretung kann erzwingen, dass einzelne Beratungsgegenstände auf die Tagesordnung gesetzt werden.[68] Sieht die Schwerbehindertenvertretung in einem Beschluss einer kollektiven Interessenvertretung eine erhebliche Beeinträchtigung wichtiger Interessen schwerbehinderter Menschen, oder wurde sie hierzu nicht ordnungsgemäß beteiligt, kann sie die **Aussetzung des Beschlusses** für eine Woche beantragen, § 95 Abs. 4 S. 2 SGB IX. Handelt es sich um fristgebundene Maßnahmen, kann das Aussetzungsverlangen in Einzelfällen zur Undurchführbarkeit führen. Schließlich kann die Schwerbehindertenvertretung mindestens einmal kalenderjährlich eine Versammlung der schwerbehinderten Menschen im Betrieb bzw. der Dienststelle durchführen, § 95 Abs. 6 SGB IX.

53 § 83 SGB IX verpflichtet den Arbeitgeber, mit der Schwerbehindertenvertretung und dem Betriebsrat in Zusammenarbeit mit dem Schwerbehindertenbeauftragten eine **verbindliche Integrationsvereinbarung**[69] abzuschließen. Diese Vereinbarung soll Regelungen über die Eingliederung schwerbehinderter Menschen, insbesondere zur Personalplanung, über die Gestaltung des Arbeitsplatzes und des Arbeitsumfeldes, über die Arbeitsorganisation und die Arbeitszeit enthalten, § 83 Abs. 2 S. 1 SGB IX. Der Abschluss einer solchen Integrationsvereinbarung kann nicht über die Einigungsstelle erzwungen werden.[70]

---

66 Kossens/von der Heide/Maaß/*Kossens*, § 95 SGB IX Rn 29.

67 LAG Hessen, Urt. v. 4.12.2001 – 15 Sa 384/01 – NZA-RR 2002, 587; Küttner/*Kania*, Stichwort „Schwerbehindertenvertretung" Rn 4.

68 Schaub/*Koch*, § 178 Rn 76.

69 S. zur Integrationsvereinbarung etwa *Edenfeld*, NZA 2012, 713, 717; *Düwell*, BB 2000, 2570, 2571 f.

70 Küttner/*Kania*, Stichwort „Schwerbehindertenvertretung" Rn 4.

E. Besondere Pflichten des Arbeitgebers

I. Allgemeine Beschäftigungspflicht

Die Teilhabe behinderter Menschen am Erwerbsleben wird durch die öffentlich-rechtliche **Verpflichtung** der Arbeitgeber gefördert, eine bestimmte **Mindestzahl schwerbehinderter Menschen zu beschäftigen.** Kommt der Arbeitgeber dieser Verpflichtung nicht nach, hat er eine **Ausgleichszahlung** zu leisten. Diese Pflichten sind in den §§ 71 bis 78 SGB IX geregelt; von der Verordnungsermächtigung in § 79 SGB IX hat die Bundesregierung bisher keinen Gebrauch gemacht. Der allgemeinen Verpflichtung der Arbeitgeber zur Beschäftigung Schwerbehinderter steht kein individualrechtlicher Anspruch auf Einstellung und Beschäftigung eines Schwerbehinderten gegenüber.[71] Die Vorschrift gilt aufgrund der Inbezugnahme gem. § 68 Abs. 3 SGB IX auch für gleichgestellte behinderte Menschen. 54

1. Pflichtquote

Der Verpflichtung, schwerbehinderte Menschen zu beschäftigen, unterliegt grundsätzlich jeder Arbeitgeber, der im Jahresdurchschnitt monatlich mindestens 20 Arbeitsplätze unterhält. Die **Mindest-Soll-Zahl** der zu beschäftigenden schwerbehinderten Menschen ist wie folgt gestaffelt (§ 71 Abs. 1 SGB IX): ein Mitarbeiter bei jahresdurchschnittlich pro Monat weniger als 40 Arbeitsplätzen, zwei Mitarbeiter bei jahresdurchschnittlich pro Monat weniger als 60 Arbeitsplätzen und darüber **5 % der Arbeitsplätze.** 55

Für die **Berechnung** der Mindestzahl von Arbeitsplätzen und der Zahl der Arbeitsplätze, die mit Schwerbehinderten zu besetzen sind, sind Bruchteile von mindestens 0,5 bei Arbeitgebern mit weniger als 60 Arbeitsplätzen abzurunden, für Arbeitgeber mit mindestens 60 Arbeitsplätzen aufzurunden, § 74 Abs. 1 SGB IX. Als „Arbeitsplätze" zählen in diesem Zusammenhang gem. § 73 SGB IX alle Stellen, auf denen Arbeitnehmer, Richter, Beamte und Auszubildende (und andere zu ihrer beruflichen Bildung Eingestellte) beschäftigt werden. Für die Berechnung der bestehenden Arbeitsplätze im Sinne von § 71 SGB IX sind Stellen, auf denen Auszubildende beschäftigt werden, nicht mitzuzählen, § 74 Abs. 1 SGB IX, wodurch die Gesamtarbeitsplatzzahl zur Entlastung der ausbildenden Arbeitgeber gesenkt wird. Als Arbeitsplätze gem. § 73 Abs. 2 und 3 SGB IX gelten weder Stellen, die für höchstens acht Wochen besetzt sind, noch Stellen mit weniger als 18 Stunden Wochenarbeitszeit. Auch ruhende Arbeitsverhältnisse gelten nicht als Arbeitsplätze, solange eine Vertretung eingestellt ist, genauso wenig wie die in § 73 Abs. 2 SGB IX aufgezählten Einzelfälle wie etwa Stellen, auf 56

71 BAG, Urt. v. 1.8.1985 – 2 AZR 101/83 – NZA 1986, 635.

denen Personen im Rahmen von Arbeitsbeschaffungsmaßnahmen nach dem SGB III beschäftigt werden.

57 Ob die Pflichtquote durch den jeweiligen Arbeitgeber erreicht wird, bestimmt sich nach §§ 75 und 76 SGB IX. Nach § 75 Abs. 1 SGB IX gilt der Grundsatz, dass jeder Schwerbehinderte, der auf einem Arbeitsplatz i. S. v. § 73 Abs. 1 oder Abs. 2 Nr. 1 oder Abs. 2 Nr. 4 SGB IX beschäftigt wird, auf einen **Pflichtarbeitsplatz** angerechnet wird. Die **Anrechnung** erfolgt ausschließlich zu ganzen Zahlen, Bruchteile werden nicht gebildet. Teilzeitbeschäftigte Schwerbehinderte mit mindestens 18 Stunden pro Woche werden voll gezählt, bei weniger Wochenarbeitsstunden nur ausnahmsweise, wenn die Bundesagentur für Arbeit die Anrechnung zulässt, weil die Art oder Schwere der Behinderung eine Teilzeitbeschäftigung erfordern oder die geringere Arbeitszeit aufgrund Altersteilzeitbeschäftigung gilt. Besonderheiten gelten für Schwerbehinderte, die aus Förderprogrammen von Behindertenwerkstätten beschäftigt werden, oder Inhaber von Bergmannsversorgungsscheinen (§ 75 Abs. 2a u. 4 SGB IX). **Schwerbehinderte Auszubildende** werden während der Ausbildung und im ersten Jahr der Beschäftigung auf zwei Pflichtarbeitsplätze angerechnet; eine Anrechnung auf drei Pflichtarbeitsplätze kann von der Bundesagentur für Arbeit genehmigt werden, wenn die Art oder Schwere der Behinderung die Vermittlung auf einen Ausbildungsplatz besonders erschweren. Auch im regulären Arbeitsverhältnis kann eine **Mehrfachanrechnung** auf bis zu drei Pflichtarbeitsplätze zugelassen werden, wenn die Teilhabe am Arbeitsleben auf besondere Schwierigkeiten stößt, § 76 Abs. 1 und 2 SGB IX. Einen Antrag auf Mehrfachanrechnung kann der Arbeitgeber bei der Agentur für Arbeit am Sitz des Betriebs formlos stellen.

---

i **Beispiel**

Eine Mehrfachanrechnung kommt zum Beispiel bei Schwerbehinderten in Betracht, die mit sonstigen ihre Teilhabe am Arbeitsleben besonders beeinträchtigenden persönlichen Gegebenheiten belastet sind (wie etwa fehlender fester Wohnsitz, Drogen- oder Strafentlassungshintergrund). Weitere Beispiele für Umstände, in welchen eine Mehrfachanrechnung üblicherweise zugelassen wird, finden sich unter http://www.arbeitsagentur.de/web/content/DE/BuergerinnenUndBuerger/Menschenmit-Behinderung/Detail/index.htm?dfContentId=L6019022DSTBAI486086[72]

---

58 Das Gesetz schreibt in § 72 SGB IX die Pflicht vor, Schwerbehinderte, die nach Art oder Schwere ihrer Behinderung im Arbeitsleben besonders (schwer) betroffen sind, zu beschäftigen. Der Gesetzgeber sanktioniert Verstöße gegen diese Verpflichtung nicht, sondern hat umgekehrt vorgesehen, dass bei Beschäftigung dieser Menschen eine Mehrfachanrechnung gem. § 76 Abs. 2 SGB IX leichter möglich ist.

72 Letzter Abruf am 8.8.2014.

2. Ordnungswidrigkeit

Ein Verstoß gegen die Erfüllung der Mindest-Beschäftigungspflicht (§ 71 Abs. 1 S. 1 oder S. 3 SGB IX) bedeutet eine Ordnungswidrigkeit, die von der Bundesagentur für Arbeit mit einer Geldbuße von bis zu 10.000,00 € geahndet werden kann, § 156 Abs. 1 Nr. 1 und Abs. 2 SGB IX. 59

3. Ausgleichsabgabe

Kommt der Arbeitgeber der in § 71 SGB IX normierten Beschäftigungspflicht nicht oder nicht im erforderlichen Umfang nach, hat er **jährlich** eine **Zahlung** an das Integrationsamt zu leisten, die sog. **Ausgleichsabgabe** (§ 77 SGB IX). Die Zahlung der Ausgleichsabgabe ist unabhängig davon, ob sich schwerbehinderte Arbeitnehmer bei dem Arbeitgeber beworben haben, und sie **entbindet** den Arbeitgeber **nicht** von der öffentlich-rechtlichen **Beschäftigungsverpflichtung**. Es besteht also **kein Wahlrecht** des Arbeitgebers, entweder schwerbehinderte Menschen zu beschäftigen oder die Ausgleichsabgabe zu entrichten. Erfüllt der Arbeitgeber die Pflichtquote nicht, so kann trotz Zahlung der Ausgleichsabgabe ein Bußgeld (siehe Rn 59) verhängt werden.[73] 60

Die **Berechnung** der Ausgleichsabgabe wird auf Grundlage der **jahresdurchschnittlichen Beschäftigungsquote** vorgenommen, so dass monatliche Schwankungen ausgeglichen werden. Je intensiver der Verstoß gegen die Beschäftigungspflicht, desto höher fällt der zu zahlende Betrag pro Pflichtarbeitsplatz aus. Für jeden pflichtwidrig nicht mit einem schwerbehinderten Menschen besetzten Pflichtarbeitsplatz hat der Arbeitgeber im Jahr 2014 115,00 €, 200,00 € oder 290,00 € pro Kalenderjahr abzuführen. Für Kleinbetriebe (bis 59 Arbeitsplätze und maximal 2 Pflichtarbeitsplätzen) gilt eine reduzierte Höhe von 105,00 € oder 180,00 €. Die Höhe der in § 77 Abs. 2 SGB IX bezifferten Ausgleichsabgabe verändert sich regelmäßig; die **aktuelle Höhe** wird vom Bundesministerium für Arbeit und Soziales im Bundesanzeiger bekannt gegeben. 61

Beispiel i

Ein Arbeitgeber mit jahresdurchschnittlich 50 Arbeitsplätzen beschäftigt keine schwerbehinderten Arbeitnehmer. Der Arbeitgeber muss 360,00 € an das Integrationsamt zahlen (2 x 180,00 €). Würde der Arbeitgeber einen Schwerbehinderten im Jahresdurchschnitt beschäftigen, läge die Ausgleichsabgabe bei lediglich 105,00 €.

Die Ausgleichsabgabe muss für das vorangegangene Jahr bis jeweils zum 31.03. geleistet sein, § 77 Abs. 4 i. V. m. § 80 Abs. 2 SGB IX. Die **Zahlungspflicht** besteht automatisch von Gesetzes wegen, **ohne** dass ein **Bescheid** durch das Integrationsamt 62

73 Kossens/von der Heide/Maaß/*Kossens*, § 77 SGB IX Rn 5.

erlassen wird. Für nicht fristgerecht gezahlte Beiträge erhebt das Integrationsamt **Säumniszuschläge**.

4. Dokumentations- und Mitteilungspflichten des Arbeitgebers

63 Jeder Arbeitgeber muss gem. § 80 Abs. 1 SGB IX für jeden Betrieb ein **Verzeichnis** der bei ihm beschäftigten schwerbehinderten Menschen führen. Bis spätestens zum 31.03. des Folgejahres hat jeder Arbeitgeber, der Arbeitsplätze für schwerbehinderte Menschen zur Verfügung stellen muss, der für seinen Sitz zuständigen Agentur für Arbeit die **Daten** aufgegliedert nach Monaten **anzuzeigen**, die zur Berechnung der Beschäftigungspflicht, zur Überwachung ihrer Erfüllung und der ggf. zu zahlenden Ausgleichsabgabe erforderlich sind, § 80 Abs. 2 SGB IX. Danach erfolgt lediglich eine einheitliche Anzeige des Unternehmens und nicht etwa eine Anzeige durch jeden Betrieb. Die Verzeichnisse für die jeweiligen Betriebe sind der Anzeige beizufügen, so dass daraus die erforderlichen Daten im Einzelnen ersichtlich sind. Ein Verstoß gegen die Anzeigepflicht wegen Unterlassen oder Unvollständigkeit über den 30.06. hinaus führt zu einer einseitigen Festsetzung der Daten in einem Feststellungsbescheid der Bundesagentur für Arbeit, § 80 Abs. 3 SGB IX. Daneben stellt jeder vorsätzliche oder fahrlässige Verstoß gegen die Anzeigepflicht oder das Führen des Verzeichnisses eine **Ordnungswidrigkeit** gem. § 156 Abs. 1 Nr. 1 und 3 SGB IX dar.

64 Eine Kopie der Anzeige muss den Arbeitnehmervertretungen, der Schwerbehindertenvertretung sowie dem Beauftragten des Arbeitgebers übermittelt werden.

Praxistipp

Auf der Seite http://www.rehadat-elan.de/de/ist die Software abrufbar, die beim Institut der deutschen Wirtschaft in Zusammenarbeit mit der Bundesagentur für Arbeit und den Integrationsämtern entwickelt wurde und die Arbeitgeber bei der Berechnung der Ausgleichsabgabe und der Erstellung der Anzeige nach § 80 Abs. 2 SGB IX unterstützt. Die **Vordrucke** sind gem. § 80 Abs. 6 SGB IX **zwingend** zu verwenden.

---

65 Die Bundesagentur für Arbeit und das Integrationsamt haben Anspruch auf Einblick in die Betriebe und auf Auskünfte, soweit dies für die Durchsetzung des Gesetzeszwecks notwendig ist, § 80 Abs. 5 und 7 SGB IX; Verstöße gegen die Verpflichtung seitens des Arbeitgebers stellen Ordnungswidrigkeiten dar, § 156 Abs. 1 Nr. 4 und 5 SGB IX.

II. Prüfpflicht bei der Besetzung freier Arbeitsplätze

1. Prüfpflicht bei der Besetzung freier Arbeitsplätze

66 Verfügt ein Arbeitgeber über freie Arbeitsplätze i. S. v. § 73 Abs. 1 SGB IX, ist er verpflichtet zu prüfen, ob diese Arbeitsplätze mit schwerbehinderten Menschen (und

ihnen Gleichgestellten), insbesondere mit bei der Agentur für Arbeit arbeitslos oder arbeitssuchend gemeldeten schwerbehinderten Menschen, besetzt werden können, § 81 Abs. 1 S. 1 SGB IX.

Hinweis

Dieser Prüfpflicht ist **jeder Arbeitgeber** unterworfen, unabhängig davon, ob er mehr als 20 Arbeitsplätze hat und ob er die für ihn ggf. einschlägige Pflichtquote nach § 71 Abs. 1 SGB IX erfüllt.[74] Auch mit Leiharbeitnehmern zu besetzende Arbeitsplätze sind in die Prüfung einzubeziehen.[75]

Die Prüfung hat unter Beteiligung der Schwerbehindertenvertretung und des Betriebsrats (bzw. eines sonstigen Gremiums i. S. v. § 93 SGB IX) zu erfolgen, § 81 Abs. 1 S. 6 SGB IX. Die Arbeitgeber sind verpflichtet, frühzeitig mit der Agentur für Arbeit Kontakt aufzunehmen, damit ihnen Vorschläge zur Besetzung der freien Arbeitsplätze unterbreitet werden können. 67

Praxistipp

Auf der Homepage der Bundesagentur für Arbeit ist es im Bereich „Jobbörse" unter http://jobboerse.arbeitsagentur.de/vamJB/startseite.html?kgr=ag möglich, online nach den gewünschten Arbeitskräften zu suchen und das Suchprofil auf Schwerbehinderte oder ihnen gleichgestellte Menschen einzuschränken.[76] Auf diese Weise kann die Prüfplicht (z. T. erheblich) schneller erfüllt werden als bei einer schriftlichen Anfrage bei der Arbeitsagentur. Sollte die online-Suche keinen geeigneten Bewerber ergeben, sollte ein Arbeitgeber sich dieses Suchergebnis ausdrucken und als Nachweis der Erfüllung der Prüfpflicht aufbewahren.

Über (sämtliche) **Bewerbungen** schwerbehinderter Menschen und Vermittlungsvorschläge ist die **Schwerbehindertenvertretung** sowie der **Betriebsrat** (bzw. die sonstigen Gremien gem. § 93 SGB IX) unmittelbar nach Eingang **zu unterrichten**; in Bezug auf die Schwerbehinderung gilt dieser Schritt und die weitere Beteiligung (z. B. Teilnahme am Bewerbungsgespräch gem. § 95 Abs. 2 SGB IX) nur unter dem Vorbehalt, dass der Schwerbehinderte die Beteiligung nicht ablehnt (§ 81 Abs. 1 S. 10 SGB IX). 68

Erfüllt der Arbeitgeber die Beschäftigungsquote nach § 71 SGB IX nicht (und nur dann!) und ist die Schwerbehindertenvertretung oder der Betriebsrat (bzw. das sonst zuständige Gremium gem. § 93 SGB IX) mit der Entscheidung des Arbeitgebers nicht einverstanden, ist die Entscheidung über die Bewerbung unter Anhörung des schwerbehinderten Menschen mit den Gremien zu erörtern und schließlich allen Beteiligten unter Darlegung der Gründe bekannt zu geben, § 81 Abs. 1 S. 7, 8, 9 SGB IX. 69

---

74 BAG, Urt. v. 17.8.2010 – 9 AZR 839/08 – NZA 2011, 153.

75 BAG, Beschl. v. 23.6.2010 – 7 ABR 3/09 – NZA 2010, 1361.

76 Letzter Abruf am 8.8.2014.

2. Zustimmungsverweigerung des Betriebsrats

70 Verletzt der Arbeitgeber die Pflichten nach § 81 Abs. 1 SGB IX, kann der **Betriebsrat** gemäß § 99 Abs. 2 Nr. 1 BetrVG seine **Zustimmung** zu der geplanten **Einstellung** des (in der Regel nicht schwerbehinderten) Bewerbers, für den sich der Arbeitgeber im Stellenbesetzungsverfahren entschieden hat, **wirksam** unter Hinweis auf die Verletzung gesetzlicher Pflichten im Einstellungsverfahren **verweigern**.[77] Dieses Zustimmungsverweigerungsrecht unter Berufung auf einen Verstoß gegen § 81 Abs. 1 S. 1 SGB IX steht dem Betriebsrat jedoch nicht für den Fall einer Versetzung zu, bei der der Arbeitgeber von Anfang klargestellt hat, dass er ausschließlich einen internen Bewerber auf diese Stelle setzen will.[78]

3. Benachteiligungsverbot und Entschädigungsanspruch

71 § 81 Abs. 2 SGB IX bestimmt, dass Beschäftigte nicht wegen ihrer Behinderung benachteiligt werden dürfen, und verweist für die Einzelheiten auf das Allgemeine Gleichbehandlungsgesetz (AGG). Der Begriff des „**Beschäftigten**" wird auch im Sinne des § 81 Abs. 2 SGB IX grundsätzlich auf **Bewerber** erweitert, jedenfalls in § 6 Abs. 2 S. 1 AGG ist dies für das AGG selbst ausdrücklich geregelt. Gem. § 15 Abs. 1 AGG hat der Arbeitgeber **Schadensersatz** für einen Verstoß gegen das Benachteiligungsverbot zu leisten, und nach § 15 Abs. 2 AGG kann ein Beschäftigter wegen eines Schadens, der nicht Vermögensschaden ist, eine Entschädigung in Geld verlangen; liegt der Schaden in der Nichteinstellung, darf die Entschädigung drei Monatsgehälter nicht überschreiten, wenn eine Einstellung auch bei benachteiligungsfreier Auswahl nicht erfolgt wäre.

72 Nach der Beweislastregel des § 22 AGG hat der abgelehnte schwerbehinderte Bewerber Indizien vorzutragen, die eine Benachteiligung wegen seiner Behinderung vermuten lassen. Gelingt dies dem Bewerber, so trägt der **Arbeitgeber** die **Beweislast** dafür, dass keine Benachteiligung wegen der Behinderung vorlag. Für die Darlegung von Indizien i. S. v. § 22 AGG, dass der schwerbehinderte Arbeitnehmer gerade wegen seiner Schwerbehinderung benachteiligt wurde, ist häufig ausreichend, dass der Arbeitgeber seine Prüf- und Förderpflichten nach § 81 Abs. 1 SGB IX verletzt. Dies gilt etwa für die unterbliebene Prüfung gem. § 81 Abs. 1 S. 1 SGB IX,[79] eine verspätete Unterrichtung über Bewerbung Schwerbehinderter gem. § 81 Abs. 1 S. 4 SGB IX[80] und das Unterlassen der Begründung für die Ablehnung nach § 81 Abs. 1 S. 9 SGB IX.[81]

---

77 *Hoppe/Fuhlrott*, ARbRAktuell 2012, 131, 133; BAG, Beschl. v. 23.6.2010 – 7 ABR 3/09 – NZA 2010, 1361.

78 BAG, Beschl. v. 17.6.2008 – 1 ABR 20/07 – NZA 2008, 1139.

79 BAG, Urt. v. 13.10.2011 – 8 AZR 608/10 – BeckRS 2012, 65090.

80 BAG, Urt. v. 16.9.2008 – 9 AZR 791/07 – NZA 2009, 79.

81 LAG Hessen, Urt. v. 7.11.2005 – 7 Sa 473/05 – NZA-RR 2006, 312.

Die Vermutung einer solchen Diskriminierung aufgrund einer Behinderung kann der Arbeitgeber im Rahmen von Entschädigungsklagen schwerbehinderter Bewerber regelmäßig nur **schwer widerlegen**, etwa dadurch, dass er nachweist, dass bestimmte Fähigkeiten für die Erfüllung der Tätigkeit erforderlich waren, über die der schwerbehinderte Bewerber nicht verfügte.

Ein **Anspruch auf Einstellung** besteht dagegen auch bei einer ungerechtfertigten Benachteiligung **nicht**, § 15 Abs. 6 i. V. m. § 7 Abs. 1 i. V. m. § 1 AGG. 73

Öffentliche Arbeitgeber sind gem. § 82 S. 2 SGB IX der weitergehenden Verpflichtung unterworfen, einen schwerbehinderten Menschen, der sich auf eine ausgeschriebene Stelle unter Mitteilung seiner Schwerbehindertenstellung beworben hat, zu einem Vorstellungsgespräch **einzuladen**. (Nur) ausnahmsweise muss der Bewerber nicht eingeladen werden, wenn diesem (deutlich) die fachliche Eignung für die ausgeschriebene Stelle fehlt, § 82 S. 3 SGB IX. Lädt der öffentliche Arbeitgeber den schwerbehinderten Menschen nicht zu einem Vorstellungsgespräch ein, rechtfertigt dies die Vermutung, der Bewerber sei wegen seiner Schwerbehinderung benachteiligt worden.[82] 74

4. Ordnungswidrigkeiten

Der Arbeitgeber, der gegen seine Pflichten aus § 81 Abs. 1 S. 4 (Unterrichtungspflicht über Vermittlungsvorschläge und Bewerbungen), S. 7 (Erörterungspflicht) oder S. 9 (Entscheidungsbegründung gegenüber Beteiligten) SGB IX vorsätzlich oder fahrlässig verstößt, handelt ordnungswidrig gem. § 156 Abs. 1 Nr. 7 und 8 SGB IX. Die Ordnungswidrigkeit kann mit einer Geldbuße bis zu 10.000,00 € geahndet werden. 75

Praxistipp

Die vom Gesetzgeber verfolgte Intention, die Teilhabe schwerbehinderter Menschen am Erwerbsleben zu fördern, wird durch den Pflichtenkatalog der §§ 80-82 SGB IX deutlich. Verstöße gegen die den Arbeitgebern auferlegten Pflichten können sowohl behördliche Bußgelder als auch Entschädigungsansprüche abgelehnter Bewerber nach sich ziehen. Vor diesem Hintergrund ist jedem Arbeitgeber anzuraten, sich mit den Vorschriften gründlich auseinander zu setzen und ihre Erfüllung ernst zu nehmen.

III. Behinderungsgerechte Beschäftigung

1. Allgemeines

Neben der allgemeinen Beschäftigungspflicht und den Pflichten im Rahmen der Stellenbesetzung unterliegt der Arbeitgeber im laufenden Arbeitsverhältnis bestimmten 76

82 BAG, Urt. v. 12.9.2006 – 9 AZR 807/05 – NZA 2007, 507.

Anforderungen an die **behinderungsgerechte Beschäftigung** seiner Mitarbeiter, § 81 Abs. 4 und 5 SGB IX. Darin sind die Pflichten konkretisiert, die den Programmsatz des § 81 Abs. 3 SGB IX ausfüllen, dass Arbeitgeber durch geeignete Maßnahmen die möglichst dauerhafte behinderungsgerechte Beschäftigung wenigstens im Umfang der Mindestarbeitsplätze i. S. v. § 71 SGB IX sicherstellen. Die Schwerbehindertenvertretung und der Betriebsrat (bzw. das gem. § 93 SGB IX sonst zuständige Gremium) haben gem. §§ 93, 95 Abs. 1 Nr. 1 SGB IX über die Einhaltung der Ansprüche und Förderpflichten zu wachen. Eine Verpflichtung zur Schaffung neuer Arbeitsplätze besteht aufgrund der Pflicht zur behinderungsgerechten Beschäftigung jedoch nicht.[83]

2. Pflicht zur individuell behinderungsgerechten Beschäftigung, § 81 Abs. 4 S. 1 Nr. 1 SGB IX

77 Schwerbehinderte haben gegenüber ihrem Arbeitgeber einen **Anspruch** auf Beschäftigung, bei der sie ihre Fähigkeiten und Kenntnisse möglichst voll verwerten und weiterentwickeln können (**qualifikationsgerechte Beschäftigung**). Das bedeutet, dass der Schwerbehinderte gemäß seiner Leistungsfähigkeit (nicht: seinen Wünschen[84]) einzusetzen ist und der Arbeitgeber auf Veränderungen in der Leistungsfähigkeit grundsätzlich entsprechend durch Umorganisation des Arbeitsplatzes reagieren muss, sei es, dass die Leistungsfähigkeit zu- oder abnimmt. Dabei kann es sowohl um die **Anpassung** des derzeitigen Arbeitsplatzes des Schwerbehinderten als auch um die **Versetzung** auf einen bestehenden (freien) geeigneten Arbeitsplatz gehen. Das Direktionsrecht des Arbeitgebers wird aufgrund der Anforderungen an die behinderungsgerechte Beschäftigung eingeschränkt. Erfüllt die geplante Beschäftigung auf dem (umorganisierten/anderen) Arbeitsplatz den Tatbestand der Versetzung i. S. v. §§ 99 Abs. 1, 95 Abs. 3 BetrVG, hat der Arbeitgeber den Betriebsrat entsprechend zu beteiligen und bei Verweigerung der Zustimmung ein Zustimmungsersetzungsverfahren zu betreiben.[85]

3. Behinderungsgerechte Gestaltung des Arbeitsplatzes und der Arbeitsumgebung, § 81 Abs. 1 S. 1 Nr. 4 und 5 SGB IX

78 Die in der Praxis bedeutsamste Verpflichtung für den Arbeitgeber besteht darin, den individuellen **Arbeitsplatz** des Schwerbehinderten sowie das Arbeitsumfeld, die Arbeitsorganisation und die Arbeitszeit **behinderungsgerecht zu gestalten**. Bei der Ausgestaltung muss insbesondere eine etwaige Unfallgefahr für den Schwerbehinderten berücksichtigt werden. Diese Ausgestaltungspflicht kann z. B. folgende (ein-

83 BAG, Beschl. v. 22.11.2005 – 1 ABR 49/04 – NZA 2006, 389.
84 LAG Rheinland-Pfalz, Urt. v. 9.2.2004 – 7 Sa 1099/03 – BeckRS 2004, 41943.
85 Henssler/Willemsen/Kalb/*Thies*, § 81 SGB IX Rn 26.

klagbare) Maßnahmen erfordern: Unterlassen der Einteilung zu Wochenend- und Nachtarbeit[86], Zurverfügungstellung von Sehhilfen, Hebe- und Transportvorrichtungen, besondere Büroausstattung wie höhenverstellbare Tische, Haltevorrichtungen, behindertengerechte Toilettenanlagen, Schutz vor Lärm etc.

Praxistipp
Der **Technische Beratungsdienst** ist ein Service der Integrationsämter. Seine spezialisierten Ingenieure beraten bei der Einrichtung und Gestaltung behinderungsgerechter Arbeitsplätze und kommen direkt in die Betriebe:
http://www.integrationsaemter.de/service/60c168i1p39/index.html.[87]

---

4. Berufliche Förderung und Teilzeitbeschäftigung, § 81 Abs. 4 S. 1 Nr. 2 und Nr. 3, Abs. 5 SGB IX

Der Arbeitgeber hat die berufliche Bildung der bei ihm beschäftigten schwerbehin- 79
derten Arbeitnehmer zu fördern: schwerbehinderte Arbeitnehmer sind bei innerbetrieblichen Maßnahmen der beruflichen Bildung bevorzugt zu berücksichtigen (Nr. 2); bei außerbetrieblichen Maßnahmen der beruflichen Bildung ist die Teilnahme zu erleichtern (Nr. 3). Der schwerbehinderte Arbeitnehmer hat Anspruch auf Freistellung zur Teilnahme an der Maßnahme, er oder sie muss jedoch die Voraussetzungen zur Teilnahme erfüllen – eine Herabsetzung der Anforderungen zur Teilnahme kann nicht verlangt werden. Bei externen Weiterbildungen hat der Arbeitgeber die Kosten zu tragen. Bei der Erfüllung der Ansprüche können die **Arbeitsagenturen** und **Integrationsämter** den Arbeitgeber **unterstützen,** insbesondere durch finanzielle Leistungen (Näheres zu den Förderungs-/Zuschussmöglichkeiten unter Rn 96).

Daneben haben die Arbeitgeber die Einrichtung von **Teilzeitarbeitsplätzen** zu 80
fördern (§ 81 Abs. 5 S. 1 SGB IX). Wenn die kürzere Arbeitszeit gerade wegen der Art oder Schwere der Behinderung notwendig ist, haben Schwerbehinderte grundsätzlich Anspruch auf Teilzeitbeschäftigung. Dieser Anspruch steht selbständig neben dem Anspruch auf Verringerung der Arbeitszeit nach § 8 TzBfG. Liegen die Voraussetzungen für den Teilzeitanspruch nach dem SGB IX vor, bedarf es keiner Zustimmung des Arbeitgebers zu einer Änderung des Inhalts des Arbeitsvertrages, sondern die Verringerung erfolgt von Gesetzes wegen.[88] Es bleibt dem Arbeitgeber überlassen, wie er die Arbeit entsprechend umorganisiert.

---

86 BAG, Urt. v. 3.12.2002 – 9 AZR 462/01 – NZA 2004, 1219.
87 Letzter Abruf am 8.8.2014.
88 BAG, Urt. v. 14.10.2003 – 9 AZR 100/03 – NZA 2004, 614; zu beachten ist aber die Zumutbarkeitsschwelle des § 81 Abs 4 S. 3 SGB IX, die aufgrund der Verweisung in Abs. 5 für den Teilzeitanspruch ebenfalls gilt.

5. Zumutbarkeitsgrenzen

81 Die Ansprüche der Schwerbehinderten nach § 81 Abs. 4 S. 1 Nr. 1-5 und Abs. 5 SGB IX stehen unter dem Vorbehalt des § 81 Abs. 3 S. 3 SGB IX: Die Ansprüche stehen den Schwerbehinderten nicht zu, wenn die Erfüllung dem **Arbeitgeber nicht zumutbar** oder nur mit unverhältnismäßigen Aufwendungen zu erreichen ist oder wenn Arbeitsschutzvorschriften (oder sonstige Vorschriften) entgegenstehen.[89] Die Ansprüche sind folglich nicht absolut ausgestaltet, sondern es hat eine **Abwägung** zwischen den besonderen Bedürfnissen der Schwerbehinderten und den betrieblichen/wirtschaftlichen Belangen der Arbeitgeber zu erfolgen. Wenn die Kosten für die behinderungsgerechte Umorganisation des Arbeitsplatzes die wirtschaftliche Lage eines Unternehmens (auch nach Berücksichtigung etwaiger Zuschüsse der Arbeitsagentur und des Integrationsamts) überfordern, so dass z. B. andere Arbeitsplätze in Gefahr geraten, muss die Maßnahme nicht durchgeführt werden. Gleiches muss gelten, wenn das **Arbeitsverhältnis** in absehbarer Zeit z. B. aufgrund einer Befristung oder des Renteneintritts **endet.**[90] Ob die Unzumutbarkeit auch dadurch begründet werden kann, dass andere Arbeitsverhältnisse von der Umorganisation betroffen würden (z. B. im Fall einer Versetzung), ist rechtlich umstritten;[91] die Unzumutbarkeit wird im Einzelfall von der Intensität der Eingriffe abhängen.

6. Rechtliche Durchsetzung der Ansprüche

82 Für die rechtliche Durchsetzung der Ansprüche nach § 81 Abs. 4 S. 1, Abs. 5 SGB IX gelten die üblichen Grundsätze der Verteilung der **Darlegungs- und Beweislast.** Der Schwerbehinderte hat das Vorliegen der Voraussetzungen für den Anspruch vorzutragen, der Arbeitgeber kann sich bei Vorliegen auf die Unzumutbarkeit berufen. In der Folge gelten die Regeln zur abgestuften Darlegungs- und Beweislast, also der Vortrag, welcher geeignete freie Arbeitsplatz vorhanden ist oder auf welche Art und Weise eine Umorganisation erforderlich und möglich wäre, sowie der hiergegen gerichtete Vortrag, warum eine solche Umorganisation unmöglich/unzumutbar sei und/oder kein freier geeigneter Arbeitsplatz bestehe. Die **Einrede** der Unzumutbarkeit kann der Arbeitgeber regelmäßig **nicht** mit Erfolg **geltend machen,** wenn er es zuvor unterlassen hat, das **Präventionsverfahren** gem. § 84 Abs. 1 SGB IX durchzuführen, er sich also nicht, wie dies das Gesetz vorschreibt, der Beratung durch Fachleute des Integrationsamtes für die Suche nach konstruktiven Lösungen bedient hat.[92] Der Arbeitgeber hat dann im Einzelnen darzulegen und zu beweisen, dass auch bei gesetzmäßiger

---

89 Ausführlich zu den Zumutbarkeitsgrenzen *Mückl/Hiebert*, NZA 2010, 1259, 1260 ff.

90 ErfK/*Rolfs*, SGB IX § 81 Rn 14.

91 Vgl. Kossens/von der Heide/Maaß/*Kossens*, § 81 SGB IX Rn 60; LAG Schleswig-Holstein Urt. v. 23.10.2001 – 3 Sa 393/01 – BeckRS 2001, 30793581.

92 BAG, Urt. v. 4.10.2005 – 9 AZR 632/04 – NZA 2006, 442.

Beteiligung der zuständigen Stellen und Zurverfügungstellung technischer Hilfen eine zumutbare Beschäftigungsmöglichkeit nicht besteht.

Verletzt der Arbeitgeber vorsätzlich oder fahrlässig seine Pflichten zur behinderungsgerechten Beschäftigung und Ausgestaltung des Arbeitsplatzes, und kann der Schwerbehinderte deshalb seine Arbeitsleistung nicht erbringen, hat der schwerbehinderte Arbeitnehmer einen Schadenersatzanspruch gem. § 823 Abs. 2 BGB i. V. m. § 81 Abs. 4 SGB IX bzw. § 280 Abs. 1 BGB i. V. m. dem Arbeitsvertrag gegen den Arbeitgeber, in der Regel im Umfang der Vergütung, die ihm entgangen ist (anstelle eines Anspruchs auf Arbeitsentgelt aufgrund Annahmeverzugs).[93] 83

IV. Sonstige Rechte der Schwerbehinderten

1. Freistellung von Mehrarbeit

Gemäß § 124 SGB IX werden schwerbehinderte (und aufgrund der Inbezugnahme in § 68 Abs. 3 SGB IX auch ihnen gleichgestellte) Menschen auf ihr Verlangen (und nur dann) **von Mehrarbeit freigestellt**. Der Begriff der Mehrarbeit orientiert sich in diesem Fall nicht nach der individuellen Arbeitszeit des Arbeitnehmers, sondern richtet sich nach § 3 S. 1 ArbZG und meint damit die acht Stunden pro Werktag überschreitende Arbeitszeit.[94] Die nach dem ArbZG mögliche Erhöhung der täglichen Arbeitszeit auf zehn Stunden wird nach der Rechtsprechung des BAG nicht berücksichtigt, so dass es stets bei acht Stunden als maßgeblicher Grenze bleibt. Nur Arbeiten, die eine **über acht Stunden hinausgehende Arbeitszeit** erfordern, kann der schwerbehinderte/gleichgestellte Arbeitnehmer rechtmäßig ablehnen. Dies gilt auch für Teilzeitmitarbeiter – für sie wird die Grenze nicht etwa zeitanteilig reduziert.[95] 84

Beispiel

Beträgt die arbeitsvertraglich vereinbarte werktägliche Arbeitszeit eines schwerbehinderten Arbeitnehmers vier Stunden, kann er unter Verweis auf § 124 SGB IX erst die über die achte Stunde hinausgehende (Mehr-)Arbeit ablehnen.

Eine Freistellung von **Sonn-, Feiertags- und Nachtarbeit** kann aufgrund von § 124 SGB IX nicht verlangt werden.[96] 85

Der schwerbehinderte/gleichgestellte **Arbeitnehmer** muss die Freistellung von Mehrarbeit unmissverständlich gegenüber dem Arbeitgeber **verlangen** und muss sich in diesem Zusammenhang nach herrschender Meinung auch auf seine Schwer- 86

93 BAG, Urt. v. 4.10.2005 – 9 AZR 632/04 – NZA 2006, 442.
94 BAG, Urt. v. 21.11.2006 – 9 AZR 176/06 – NZA 2007, 446.
95 Jahn/*Schell*, § 124 Rn 7.
96 ErfK/*Rolfs*, SGB IX, § 124 Rn 1.

behinderung/Gleichstellung berufen.[97] **Konkrete Gründe** braucht er jedoch **nicht** anzugeben.[98] Neben dem konkreten Freistellungsverlangen ist auch ein einmaliges Verlangen der generellen Freistellung von Mehrarbeit zulässig.[99] Nach Äußerung des Verlangens ist der Arbeitnehmer von der Leistung von Mehrarbeit von Gesetzes wegen befreit, eine Zustimmung des Arbeitgebers ist nicht erforderlich.[100]

2. Gewährung von Zusatzurlaub

87 Schwerbehinderte Menschen haben gem. §125 Abs.1 SGB IX Anspruch auf **fünf Arbeitstage bezahlten Zusatzurlaub pro Urlaubsjahr**, ausgehend von einer Arbeitswoche des schwerbehinderten Menschen mit fünf Arbeitstagen. Bei einer davon abweichenden Anzahl von Wochenarbeitstagen erhöht/vermindert sich die Anzahl der zusätzlichen Urlaubstage entsprechend. Tarifverträge, betriebliche oder sonstige Regelungen können auch für die Schwerbehinderten günstigere Regelungen vorsehen, jedoch den Anspruch nicht einschränken; ein Verzicht (z. B. in einem Aufhebungsvertrag) durch den Schwerbehinderten ist gleichfalls nicht möglich, da der Anspruch auf Zusatzurlaub gem. §125 SGB IX unabdingbar ist.[101] Der **Anspruch** auf Zusatzurlaub wird zu dem dem Arbeitnehmer individuell zustehenden Urlaubsanspruch **addiert**, also nicht etwa auf einen über den gesetzlichen Mindesturlaub hinausgehenden Urlaubsanspruch angerechnet.[102]

Praxistipp

Gleichgestellte behinderte Menschen haben **keinen Anspruch** auf Zusatzurlaub, wie §68 Abs. 3 SGB IX ausdrücklich bestimmt.

Ein Anspruch auf zusätzliches **Urlaubsgeld** gewährt §125 SGB IX nicht!

Soweit §125 SGB IX nicht Abweichendes regelt, gelten die Normen des BUrlG auch für den Anspruch auf Zusatzurlaub.
Kann der Arbeitnehmer den Zusatzurlaub aufgrund Erkrankung bis zum Ende des Urlaubsjahres bzw. des Übertragungszeitraums nicht mehr nehmen, soll nach dem BAG entgegen §7 Abs. 3 BUrlG der Anspruch nicht mehr verfallen, sondern als gesetzlicher Mindesturlaub bestehen bleiben.[103]

---

97 Kossens/von der Heide/Maaß/*Kossens*, §124 SGB IX Rn 12.
98 Kossens/von der Heide/Maaß/*Kossens*, §124 SGB IX Rn 12.
99 BAG, Urt. v. 3.12.2002 – 9 AZR 462/01 – NZA 2004, 1219.
100 BAG, Urt. v. 21.11.2006 – 9 AZR 176/06 – NZA 2007, 446.
101 Jahn/*Schell*, §125 Rn 7.
102 Jahn/*Schell*, §125 Rn 3.
103 BAG, Urt. v. 23.3.2010 – 9 AZR 128/09 – NZA 2010, 810; BAG, Urt. v. 7.8.2012 – 9 AZR 353/10 – NJW 2012, 3529 in der Folge von EuGH, Urt. v. 22.11.2011 – C-214/10 (Schultz-Hoff) – NJW 2012, 290.

Für die Entstehung des Anspruchs ist es ausreichend, dass der Anspruchsteller schwerbehindert ist – eine förmliche Feststellung der Schwerbehinderteneigenschaft ist nicht erforderlich,[104] wenngleich in der Praxis ein Anspruch auf Zusatzurlaub häufig durch Vorlage eines entsprechendes Nachweises geltend gemacht wird. 88

Sowohl für den unterjährigen Eintritt in das Unternehmen als auch für den unterjährigen Austritt des Schwerbehinderten richtet sich die **Berechnung** der Dauer des Zusatzurlaubs nach den **Regelungen des BUrlG.**[105] Scheidet ein Schwerbehinderter etwa in der zweiten Jahreshälfte aus dem Unternehmen aus, steht ihm der volle Zusatzurlaub nach § 125 SGB IX zu. Scheidet er hingegen nach erfüllter Wartezeit in der ersten Jahreshälfte aus, hat er gem. § 5 Abs. 1 c) BUrlG nur einen zeitanteiligen Anspruch auf Zusatzurlaub. 89

Tritt die Schwerbehinderteneigenschaft im Laufe eines Urlaubsjahres ein, entsteht für jeden vollen Monat des Bestands des Arbeitsverhältnisses ein Zwölftel des vollen Zusatzurlaubs nach § 125 Abs. 2 S. 1 i.Vm. Abs. 1 SGB IX. Nach § 125 Abs. 2 S. 2 SGB IX sind die Bruchteile von Urlaubstagen, die mindestens einen halben Tag ergeben, auf einen vollen Urlaubstag aufzurunden. Eine Abrundung von Bruchteilen, die 0,5 nicht erreichen, findet dagegen nicht statt. 90

Beispiel

Die Schwerbehinderung bei einem Arbeitnehmer, der die Wartezeit nach dem BUrlG zurückgelegt hat und in einer Fünf-Tage-Woche tätig ist, tritt am 15. Mai ein. Zusätzlich zu seinem vertraglich bestehenden Anspruch auf 30 Tage Grundurlaub erhält er noch einen Anspruch auf 3 Tage Zusatzurlaub für das laufende Urlaubsjahr.

Berechnung: 5 Tage Zusatzurlaub für eine volles Urlaubsjahr ./. 7 *volle* Beschäftigungsmonate (ab Juni) = 2,917 Tage; sodann Rundung auf 3 Tage.

Eine für ein bereits zurückliegendes Urlaubsjahr **rückwirkende** Geltendmachung eines Anspruchs auf Zusatzurlaub aufgrund einer bereits im vorangegangenen Urlaubsjahr vorliegenden Schwerbehinderteneigenschaft ist **nicht** möglich.[106] 91

Beispiel

Der Arbeitnehmer macht im Februar 2015 geltend, er sei bereits während des gesamten Jahres 2014 schwerbehindert gewesen. Ihm steht für das Jahr 2014 kein Anspruch auf Zusatzurlaub nach § 125 SGB IX zu.

Gleiches gilt für den Fall, dass die Schwerbehinderteneigenschaft erst im nächsten Urlaubsjahr mit Rückwirkung für das vorangegangene Urlaubsjahr festgestellt wird 92

104 BAG, Urt. v. 26.06.1986 – 8 AZR 266/84 – NZA 1986, 833.
105 Neumann/Pahlen/Majerski-Pahlen/*Pahlen*, § 125 Rn 10.
106 BAG, Urt. v. 28.1.1982 – 6 AZR 636/79 – DB 1982, 1329.

und sich der Schwerbehinderte im vorangegangenen Urlaubsjahr nicht auf seine Schwerbehinderung berufen hat.[107] Bei Feststellung der Schwerbehinderteneigenschaft während eines laufenden Urlaubsjahrs ist eine **Übertragung** dieses Zusatzurlaubs in das **nächste Urlaubsjahr** nur zulässig, wenn eine Übertragung nach § 7 BUrlG zulässig ist, § 125 Abs. 3 SGB IX.

93 Besteht die Eigenschaft als Schwerbehinderter dagegen z. B. bereits seit Beginn des Urlaubsjahres und macht der Schwerbehinderte erst im Oktober den Zusatzurlaub gem. § 125 SGB IX geltend, steht ihm der volle Anspruch für das laufende Urlaubsjahr zu.

94 Die **Vergütung** für die Zeit des Zusatzurlaubs entspricht in ihrer Höhe der Vergütung für den entsprechenden Grundurlaub des Arbeitnehmers.

V. Vom Arbeitgeber zu leistendes Arbeitsentgelt und Zuschüsse für den Arbeitgeber

95 Das Arbeitsentgelt für die Arbeitsleistung Schwerbehinderter bemisst sich in gleicher Weise wie für die übrigen Arbeitnehmer des Arbeitgebers. § 123 SGB IX bestimmt dabei, dass Renten und vergleichbare Leistungen, die wegen der Behinderung bezogen werden, nicht auf das Arbeitsentgelt angerechnet werden dürfen, es sei denn, die Beschäftigung wird tatsächlich nicht ausgeübt und in den Vorschriften über die Zahlung der Rente oder der vergleichbaren Leistung ist eine Anrechnung oder ein Ruhen abweichend geregelt.

96 Der **Arbeitgeber** kann nach vielfältigen Vorschriften **Darlehen** oder **Zuschüsse** im Rahmen der Beschäftigung Schwerbehinderter von verschiedenen Stellen wie der Arbeitsagentur, dem Integrationsamt und Träger der Rehabilitation **erhalten**. Die Leistungen werden u. a. auf der Grundlage von § 34 SGB IX, § 102 Abs. 3 SGB IX i. V. m. der Schwerbehinderten-Ausgleichsabgabenverordnung (SchwbAV) und Regelungen des SGB III erbracht. Die Leistungen erfassen z. B. Eingliederungszuschüsse (bis zu 70 % des Arbeitsentgelts), Zuschüsse für die behinderungsgerechte Einrichtung oder Ausgestaltung von Arbeits- und Ausbildungsplätzen, Minderleistungsausgleich etc.

Praxistipp
Auf der Internetseite der Integrationsämter ist eine Übersicht über sämtliche **Fördermöglichkeiten** zugunsten von Arbeitgebern und Arbeitnehmern abrufbar: http://www.integrationsaemter.de/files/11/ZBinfo_BIH_screen.pdf.[108]

107 Neumann/Pahlen/Majerski-Pahlen/*Pahlen*, § 125 Rn 9.
108 Letzter Abruf am 8.8.2014.

VI. Präventionsverfahren

Treten in einem Beschäftigungsverhältnis mit einem schwerbehinderten Menschen oder einem Gleichgestellten personen-, verhaltens- oder betriebsbedingte Schwierigkeiten auf, die zur **Gefährdung dieses Beschäftigungsverhältnisses** führen können, schreibt § 84 Abs. 1 SGB IX die möglichst frühzeitige Durchführung eines sog. „**Präventionsverfahrens**" vor. Inhalt dieses Präventionsverfahrens ist, dass der Arbeitgeber zusammen mit der Schwerbehindertenvertretung, dem Betriebs- bzw. Personalrat und dem Integrationsamt alle Möglichkeiten sowie alle zur Verfügung stehenden Hilfen zur Beratung und mögliche finanzielle Leistungen erörtert, mit denen die Schwierigkeiten beseitigt und das Beschäftigungsverhältnis möglichst dauerhaft fortgesetzt werden kann. 97

Zur Abwendung der Gefahren ist neben innerbetrieblichen Maßnahmen (wie etwa dem Wechsel auf einen leidensgerechten Arbeitsplatz, einer beruflichen Bildungsmaßnahme, aber auch dem Ausspruch einer Ermahnung oder Abmahnung)[109] vor allem an die Einschaltung außerbetrieblicher Stellen zu denken. Insbesondere das Integrationsamt kann im Rahmen seiner Aufgabe zur Erbringung begleitender Hilfen im Arbeitsleben mit Beratungsleistungen sowie technischen und finanziellen Hilfen unterstützen.[110] 98

Damit verfolgt das Präventionsverfahren dasselbe Ziel wie das betriebliche Eingliederungsmanagement[111] (BEM) gem. § 84 Abs. 2 SGB IX, nämlich die Integration und die **vorrangige Erhaltung** des bestehenden Beschäftigungsverhältnisses vor der Reintegration in den Arbeitsmarkt.[112] Im Vergleich zum BEM setzt das Präventionsverfahren jedoch einerseits zeitlich früher an und hat zudem einen weiteren, über krankheitsbedingte Gefährdungen hinausreichenden sachlichen Anwendungsbereich. Schwierigkeiten im Rahmen der Beschäftigung – nicht nur aufgrund von Fehlzeiten – sollen möglichst erst gar nicht entstehen.[113] Andererseits ist der persönliche Anwendungsbereich des Präventionsverfahrens insofern enger gestaltet, als es **nur für schwerbehinderte und diesen gleichgestellte Beschäftigte** vorgesehen ist.[114] Ein deutlicher Unterschied zwischen dem BEM und dem Präventionsverfahren besteht zudem darin, dass der betroffene schwerbehinderte Arbeitnehmer bei letzte- 99

109 Siehe *Knittel*, § 84 SGB IX Rn 40 ff.
110 *Knittel*, § 84 SGB IX Rn 2.
111 Dazu ausführlich Kap. 6.
112 Vgl. *Deinert*, NZA 2010, 969; *Knittel*, § 84 SGB IX Rn 1.
113 Vgl. BT-Drs. 14/3372, S. 16.
114 *Knittel*, § 84 SGB IX Rn 16; *Brose*, RdA 2006, 149, 149; a.A. *Deinert*, NZA 2010, 969, 970, der sämtliche behinderten Menschen – unabhängig vom Grad der Behinderung – vom Anwendungsbereich umfasst sieht.

rem nicht zum gesetzlich vorgeschriebenen Teilnehmerkreis zählt (er kann aber freilich trotzdem eingebunden werden).[115]

100 Die von § 84 Abs. 1 SGB IX aufgezählten **Schwierigkeiten** orientieren sich an den Gründen, bei deren Vorliegen eine Kündigung nach § 1 Abs. 2 KSchG sozial gerechtfertigt sein kann, setzen aber in einem früheren Stadium an. Die Störung des Beschäftigungsverhältnisses, die den Arbeitgeber zur Einleitung eines Präventionsverfahrens verpflichtet, kann ihren Ursprung demgemäß in der Person oder im Verhalten des Schwerbehinderten haben. Ferner kann sie aus inner- oder außerbetrieblichen Entwicklungen resultieren, die den Fortbestand der Beschäftigungsmöglichkeit in Frage stellen. Die Störung muss keineswegs gravierend sein, bereits eine geringe Intensität genügt. Ein Präventionsverfahren muss aber nur dann eingeleitet werden, wenn aufgrund der Störung zumindest auf lange Sicht eine Gefährdung des Beschäftigungsverhältnisses zu besorgen ist.[116]

---

i **Beispiel**
Schwierigkeiten, die die Pflicht zur Durchführung eines Präventionsverfahrens auslösen können, sind etwa Alkohol- oder Drogenprobleme, Leistungsmängel infolge gesundheitlicher Beeinträchtigungen, Verstöße gegen den Betriebsfrieden, unzulässige private Nutzung der IT-Infrastruktur, unentschuldigte Fehlzeiten, häufiges Zuspätkommen, Auftragsmangel, Änderungen der Betriebsabläufe etc.[117]

---

101 Mit dem Ausspruch einer **Abmahnung** ist zugleich das Vorliegen von Schwierigkeiten i. S. d. § 84 Abs. 1 SGB IX dokumentiert, so dass spätestens dann ein Präventionsverfahren eingeleitet werden muss.[118] Die Durchführung eines vorherigen Präventionsverfahrens ist jedoch keine Wirksamkeitsvoraussetzung für die Abmahnung.[119] Umgekehrt kann deren Ausspruch aber ein im Präventionsverfahren gefundenes Mittel zur Abwendung der Gefährdung des Beschäftigungsverhältnisses sein (s. auch oben, Rn 97 f.).

102 Liegt die Gefährdung in umfangreichen Arbeitsunfähigkeitszeiten, und haben diese innerhalb des letzten Jahres mehr als sechs Wochen betragen, ist anstelle eines Präventionsverfahrens vorrangig das **speziellere BEM** nach § 84 Abs. 2 SGB IX einzuleiten.[120]

---

115 *Brose*, RdA 2006, 149, 153 f.
116 ErfK/*Rolfs*, § 84 SGB IX Rn 2.
117 Vgl. Neumann/Pahlen/Majerski-Pahlen/*Neumann*, § 84 Rn 3; *Knittel*, § 84 Rn 23 ff.
118 *Fuhlrott*, DB 2012, 2343, 2345.
119 *Fuhlrott*, DB 2012, 2343, 2345 f.
120 *Brose*, RdA 2006, 149, 152; ErfK/*Rolfs*, § 84 SGB IX Rn 2.

Hinweis
Jede neu entstehende Schwierigkeit, die bei dem betroffenen Arbeitnehmer nicht schon Gegenstand eines Präventionsverfahrens war, löst eine erneute Pflicht zur Durchführung eines Präventionsverfahrens aus.[121]

Hat sich die Gefährdung allerdings bereits zu einem Kündigungsgrund verdichtet, käme eine Prävention zu spät, so dass keine weitere Pflicht zur Einleitung eines Präventionsverfahrens mehr besteht.[122] Ähnlich wie ein unterlassenes BEM kann sich die **Nichtdurchführung** eines Präventionsverfahrens jedoch in einem späteren Kündigungsrechtsstreit negativ auswirken. Zwar führt das Unterlassen eines Präventionsverfahrens nicht per se zur Unwirksamkeit einer Kündigung.[123] Da das Präventionsverfahren aber der Suche nach milderen Mitteln im Vergleich zu einer Kündigung dient, ist es Ausdruck des kündigungsschutzrechtlichen „ultima ratio"-Grundsatzes.[124] Danach ist eine Kündigung nur dann erforderlich (und bei Eingreifen des allgemeinen Kündigungsschutzes nur dann wirksam), wenn sie nicht durch mildere Maßnahmen vermieden werden kann. Deshalb ist eine Kündigung sozial ungerechtfertigt, wenn bei ordnungsgemäßer Durchführung eines Präventionsverfahrens zumutbare Möglichkeiten bestanden hätten, die Kündigung zu vermeiden.[125] Hätte allerdings auch das Präventionsverfahren keine solchen milderen Mittel aufgezeigt, steht das Unterlassen dieses Verfahrens der Kündigung nicht entgegen.[126] 103

Hinweis
Grundsätzlich muss ein Präventionsverfahren auch in **Kleinbetrieben**, in denen das KSchG keine Anwendung findet, durchgeführt werden. Ferner sieht das Gesetz keine „Wartezeit" für dieses Verfahren vor, so dass es bei Vorliegen entsprechender Schwierigkeiten auch bereits in der **Probezeit** einzuleiten ist.[127] Da der „ultima ratio"-Grundsatz außerhalb des KSchG aber keine Anwendung findet, hat die unterbliebene Durchführung des Präventionsverfahrens in den vorstehend genannten Fällen keine kündigungsrechtlichen Folgen.[128]

Hinsichtlich des **Ablaufs des Präventionsverfahrens** hat der Arbeitgeber einen großen Gestaltungsspielraum. Lediglich die ordnungsgemäße Beteiligung von 104

121 *Brose*, RdA 2006, 149, 155.
122 BAG, Urt. v. 7.12.2006 – 2 AZR 182/06 – NZA 2007, 617.
123 BAG, Urt. v. 7.12.2006 – 2 AZR 182/06 – NZA 2007, 617; Urt. v. 28.6.2007 – 6 AZR 750/06 – NZA 2007, 1049; vgl. auch BVerwG, Beschl. v. 29. 8. 2007 – 5 B 77/07 – NJW 2008, 166; a.A. *Brose*, RdA 2006, 149, 154.
124 BAG, Urt. v. 7.12.2006 – 2 AZR 182/06 – NZA 2007, 617; Urt. v. 12.7.2007 – 2 AZR 716/06 – NZA 2008, 173.
125 BAG, Urt. v. 7.12.2006 – 2 AZR 182/06 – NZA 2007, 617.
126 BAG, Urt. v. 7.12.2006 – 2 AZR 182/06 – NZA 2007, 617.
127 So zutreffend auch *Deinert*, NZA 2010, 969, 970; a.A. *Fuhlrott*, DB 2012, 2343.
128 Vgl. BAG, Urt. v. 28.6.2007 – 6 AZR 750/06 – NZA 2007, 1049 (zur Wartezeitkündigung).

Schwerbehindertenvertretung, Integrationsamt und Betriebsrat stellt eine nicht zur Disposition des Arbeitgebers stehende Mindestanforderung dar.[129]

105 Was die **Darlegungs- und Beweislast** angeht, wird man davon ausgehen müssen, dass die Gerichte einem Arbeitgeber im Kündigungsschutzprozess bei einem rechtswidrig nicht durchgeführten Präventionsverfahren – ähnlich wie beim unterlassenen BEM[130] – auferlegen, von sich aus im Einzelnen umfassend und konkret darzulegen, aus welchen Gründen auch nach einer sachkundigen Prüfung der Möglichkeiten zur Gestaltung der Arbeitsbedingungen und zur Bereitstellung von Hilfen vom Arbeitnehmer aufgezeigte oder sonst denkbare Alternativen nicht als mildere Mittel in Betracht kommen, um das Beschäftigungsverhältnis – störungsfrei – zu erhalten.[131] Der pauschale Verweis des Arbeitgebers auf fehlende alternative Beschäftigungsmöglichkeiten genügt nach einem unterlassenen Präventionsverfahren nicht, weil sich der Arbeitgeber durch die Erörterung mit den in § 84 Abs. 1 SGB IX genannten fachkundigen Stellen das entsprechende Wissen hätte verschaffen können, wie ein behindertengerechter Arbeitsplatz einzurichten und auszustatten ist.[132]

106 Entsprechendes dürfte gelten, wenn ein Arbeitgeber zwar ein Präventionsverfahren durchgeführt, gefundene zumutbare Maßnahmen aber nicht anstelle der Kündigung umgesetzt hat. In diesem Fall werden die Gerichte vom Arbeitgeber einen umfassenden Vortrag dazu verlangen, warum die betreffenden Maßnahmen undurchführbar waren oder warum sie die Störung des Beschäftigungsverhältnisses nicht beseitigt hätten.[133]

107 Fraglich ist, ob dem Arbeitgeber umgekehrt Vorteile in der Darlegungs- und Beweislast zugutekommen, wenn er ein Präventionsverfahren ordnungsgemäß durchgeführt hat, die Kündigung aber letztlich dennoch nicht verhindert werden konnte. Nach den Grundsätzen der **abgestuften Darlegungslast** kann sich der Arbeitgeber hinsichtlich der fehlenden Weiterbeschäftigungsmöglichkeiten zunächst auf die pauschale Aussage beschränken, dass solche nicht bestehen. Daraufhin muss der Arbeitnehmer konkret darlegen, wie er sich eine Änderung des bisherigen Arbeitsplatzes oder seine weitere Beschäftigung unter Berücksichtigung der zur Kündigung führen-

---

129 Zum Verfahrensablauf auch *Fuhlrott*, DB 2012, 2343, 2345.

130 Zur Verschiebung der Darlegungs- und Beweislast bei einem unterlassenen BEM siehe oben, Kap. 6. E., Rn 71 ff.

131 So BAG, Urt. v. 4.10.2005 – 9 AZR 632/04 – NZA 2006, 442 bei einem unterlassenen Präventionsverfahren zur Darlegungslast des Arbeitgebers bei der Abwehr von Lohnansprüchen aus Annahmeverzug; ebenso für das unterlassene BEM gem. § 84 II SGB IX BAG, Urt. v. 30.9.2010 – 2 AZR 88/09 – NZA 2011, 39; BAG, Urt. v. 10.12.2009 – 2 AZR 400/08 – NZA 2010, 398; BAG, Urt. v. 23.4.2008 – 2 AZR 1012/06 – NZA-RR 2008, 515; BAG, Urt. v. 12.7.2007 – 2 AZR 716/06 – NZA 2008, 173; vgl. auch Dau/Düwell/Joussen/*Düwell*, § 84 Rn 94.

132 BAG, Urt. v. 4.10.2005 – 9 AZR 632/04 – NZA 2006, 442; Dau/Düwell/Joussen/*Düwell*, § 84 Rn 94.

133 So in Bezug auf die Nichtdurchführung von Maßnahmen, die im BEM ermittelt wurden, BAG, Urt. v. 10.12.2009 – 2 AZR 400/08 – NZA 2010, 398.

den Schwierigkeiten vorstellt. Anders als nach einem ordnungsgemäß durchgeführten BEM[134] darf dem Arbeitnehmer hierbei aber der Verweis auf solche alternative Beschäftigungsmöglichkeiten nicht verwehrt sein, die schon während des Präventionsverfahrens behandelt und verworfen wurden, oder die im Präventionsverfahren gar nicht erst angesprochen wurden, obwohl sie dort bereits hätten vorgebracht werden können. Eine solche **Präklusionswirkung** ist – anders als beim BEM – nicht gerechtfertigt, weil eine Beteiligung des Arbeitnehmers am Präventionsverfahren gesetzlich nicht vorgeschrieben ist.

Gelingt dem Arbeitnehmer ein konkreter Vortrag zu alternativen Beschäftigungs- 108
möglichkeiten, muss der Arbeitgeber im Einzelnen darlegen und beweisen, warum diese nicht zum Erhalt des Beschäftigungsverhältnisses geeignet waren bzw. gewesen wären. Im Rahmen dieses Gegenvortrags kommt dem Umstand, dass eine Maßnahme schon im Präventionsverfahren behandelt wurde, letztlich aber doch verworfen wurde oder erfolglos blieb, jedoch eine gewisse **Indizwirkung** dahingehend zu, dass diese Maßnahme tatsächlich kein geeignetes Mittel zur Vermeidung der Kündigung darstellte. Ein solches Indiz wird man auch dann annehmen müssen, wenn sich der Arbeitnehmer tatsächlich aktiv am Präventionsverfahren beteiligte, dort aber – trotz seiner Beteiligung – das nun im Kündigungsschutzverfahren vorgetragene angeblich mildere Mittel nicht gefunden wurde.

Eine vergleichbare Indizwirkung kann schließlich auch von einem erfolgreichen 109
Zustimmungsverfahren vor dem **Integrationsamt** nach §§ 87 ff. SGB IX ausgehen. Ist das Integrationsamt nämlich nach einer eingehenden Prüfung zu dem Ergebnis gelangt, dass die Zustimmung zur Kündigung zu erteilen ist, kann nach der Rechtsprechung des BAG nur noch bei Vorliegen besonderer Anhaltspunkte davon ausgegangen werden, ein Präventionsverfahren hätte die Kündigung verhindern können.[135]

F. Kündigungsschutz Schwerbehinderter

Im Rahmen der Kündigung von Arbeitsverhältnissen gewährt der Gesetzgeber 110
schwerbehinderten und ihnen gleichgestellten Menschen **besonderen Schutz**. Dies gilt sowohl im Hinblick auf den Kündigungsschutz nach dem KSchG als auch auf den Sonderkündigungsschutz nach den Bestimmungen der §§ 85 ff. SGB IX. Dieser besondere Status ist von den Arbeitgebern bereits im Vorfeld von Kündigungen zu berücksichtigen.

134 BAG, Urt. v. 10.12.2009 – 2 AZR 400/08 – NZA 2010, 398; dazu ausführlich oben, Kap. 6. E. II. 1., Rn 74 ff.

135 BAG, Urt. v. 7.12.2006 – 2 AZR 182/06 – NZA 2007, 617; kritisch *Deinert*, NZA 2010, 969, 974; zur ähnlich gelagerten Situation der Zustimmung des Integrationsamts trotz Nichtdurchführung eines BEM ausführlich oben, Kap. 6. E. II. 2c, Rn 79 ff.

I. Berücksichtigung der Schwerbehinderung im allgemeinen Kündigungsschutz

1. Betriebsbedingte Kündigung und Sozialauswahl

111 Das Kündigungsschutzgesetz sieht in §1 Abs. 3 S. 1 vor, dass das Vorliegen einer Schwerbehinderung als eines von vier **Merkmalen besonders zu berücksichtigen** ist, wenn betriebsbedingte Kündigungen ausgesprochen werden sollen. Das KSchG definiert den Begriff der Schwerbehinderung nicht, so dass die gesetzliche Definition des § 2 SGB IX herangezogen wird; den gleichen Schutz nach dem KSchG genießen mit Schwerbehinderten gleichgestellte Menschen.[136] Der Arbeitgeber kann Schwerbehinderte (und Gleichgestellte) sogar **gänzlich** aus der Sozialauswahl **herausnehmen**; er ist nicht verpflichtet, einen Antrag auf Zulassung der Kündigung beim zuständigen Integrationsamt zu stellen oder bei einem ablehnenden Bescheid gegen die Ablehnung vorzugehen.[137]

2. Personenbedingte Kündigung

112 Eine personenbedingte Kündigung des Arbeitsverhältnisses im Sinne von §1 Abs. 1 S. 1 KSchG kommt bei Vorliegen einer Schwerbehinderung insbesondere aufgrund **langdauernder Erkrankung** oder **häufiger Kurzerkrankungen** im Zusammenhang mit der Schwerbehinderung in Betracht. Ein Abstellen auf die Schwerbehinderung an sich ist dabei unzulässig, der Arbeitgeber muss sich auf bestimmte Leistungsdefizite berufen, die ihm ein Festhalten an dem Arbeitsverhältnis unmöglich machen. Ein erweiterter Kündigungsschutz ergibt sich nach dem KSchG insoweit nicht, jedoch wird das Integrationsamt, dessen Zustimmung zur Kündigung beantragt werden muss (s. Rn 124 ff.), einen strengen Prüfungsmaßstab anlegen.

3. Verhaltensbedingte Kündigung

113 Der Ausspruch einer verhaltensbedingten Kündigung nach §1 Abs. 2 S. 1 KSchG kann auf ein **(Fehl-)Verhalten** des schwerbehinderten Menschen gestützt werden. Sollte sich das Fehlverhalten als Ausfluss der Schwerbehinderung erweisen, wird auch an dieser Stelle das Integrationsamt im Rahmen des Antragsverfahrens genau prüfen, welche Maßnahmen der Arbeitgeber ergriffen hat, um den Arbeitsplatz des Schwerbehinderten zu sichern (s. Rn 140). Zu den (in der Praxis seltenen) Fällen gehören psychische Behinderungen, die Aggressionsattacken auslösen und zu verbaler oder körperlicher Gewalt im betrieblichen Bereich führen können.

---

136 Vgl. nur Ascheid/Preis/Schmidt/*Kiel*, §1 KSchG Rn 730.

137 Zur Hinnahme des Ablehnungsbescheids ErfK/*Oetker*, KSchG, §1 Rn 334; Ascheid/Preis/Schmidt/*Kiel*, §1 KSchG Rn 729; Moll/*Boewer*, §46 Rn 175.

II. Gesetzlicher Sonderkündigungsschutz

1. Voraussetzungen

a) Sachlicher Anwendungsbereich

Der Kündigungsschutz der §§ 85 ff. SGB IX gilt unabhängig von der Größe des jeweiligen Betriebes, also **auch in Kleinbetrieben** mit bis zu fünf bzw. zehn Arbeitnehmern. Eine Beschränkung aufgrund geringer Mitarbeiterzahl, wie dies etwa § 23 Abs. 1 S. 3 KSchG vorsieht, kennt das SGB IX nicht. 114

b) Persönlicher Anwendungsbereich

Der persönliche Anwendungsbereich des Sonderkündigungsschutzes nach §§ 90 i. V. m. 2, 68 SGB IX umfasst **Schwerbehinderte** (s. Rn 116 ff.) und ihnen **gleichgestellte Menschen** (s. Rn 119), die als Arbeitnehmer (einschließlich leitender Angestellter), Auszubildende oder Heimarbeiter beschäftigt sind. Nach der gesetzlichen Reglung des § 90 Abs. 1 und 2 SGB IX sind spezielle Gruppen von dem Sonderkündigungsschutz ausgenommen (s. Rn 120 ff.). 115

c) Schwerbehinderte Personen

Von dem Sonderkündigungsschutz werden zunächst schwerbehinderte Menschen (zum Begriff vgl. oben Rn 2 ff.) erfasst. 116

Voraussetzung für die Anwendbarkeit des Kündigungsschutzes nach den §§ 85 ff. SGB IX ist, dass der Arbeitnehmer das Vorliegen der Voraussetzungen nach § 2 SGB IX nachweisen kann. Dieser **Nachweis** kann durch einen **Feststellungsbescheid** oder **Schwerbehindertenausweis** der zuständigen Behörde geführt werden, der dem schwerbehinderten Menschen bereits im Zeitpunkt des Zugangs der Kündigung vorliegt. Liegt der Nachweis in diesem Zeitpunkt noch nicht vor, steht dem Schwerbehinderten der Sonderkündigungsschutz (nur) zu, wenn er **mindestens drei Wochen vor Zugang der Kündigung** einen Antrag auf Feststellung der Schwerbehinderung bei dem zuständigen Versorgungsamt gestellt hat,[138] kein Verstoß gegen Mitwirkungspflichten nach § 90 Abs. 2a SGB IX i. V. m. § 60 Abs. 1 SGB I (Angabe aller zur Verbescheidung erforderlichen Auskünfte) vorliegt, und der Antrag später positiv beschieden wird. 117

Eines besonderen Nachweises der Schwerbehinderung bedarf es indes nicht, wenn ihr Vorliegen **offenkundig** ist. Wann die Schwerbehinderung offenkundig ist, ist eine Frage des Einzelfalls. 118

---

138 BAG, Urt. v. 1.3.2007 – 2 AZR 217/06 – NZA 2008, 302; noch nicht durch die Rechtsprechung geklärt ist, ob der Antrag innerhalb der Drei-Wochen-Frist nur vom Antragsteller abgesendet worden sein muss oder ob der Antrag der Behörde bereits zugegangen sein muss.

Beispiel
Die Offenkundigkeit einer Schwerbehinderung wurde von der Rechtsprechung u. a. in den folgenden Fällen angenommen: Blindheit und/oder Gehörlosigkeit,[139] Kleinwüchsigkeit mit eingeschränkter Bewegungsfähigkeit.[140] Aber auch andere klar erkennbare Behinderungsformen – wie etwa das Fehlen von Gliedmaßen – erfüllen das Merkmal der Offenkundigkeit.

d) Gleichgestellte behinderte Arbeitnehmer

119 Von dem Sonderkündigungsschutz werden gem. §§ 85 ff., 68 SGB IX auch solche Personen erfasst, die schwerbehinderten Menschen gleichzustellen sind (zum Begriff vgl. oben B. II. 1.). Für sie gelten daher die gleichen Grundsätze der Nachweispflicht bzw. der (rechtzeitigen) Antragstellung vor Kündigungszugang[141] wie für Schwerbehinderte (s. Rn 13 ff.).

e) Ausgenommener Personenkreis

120 **Arbeitnehmerähnliche Personen** sowie Personen, die aufgrund von Dienstverträgen angestellt sind, werden nicht vom Sonderkündigungsschutz der §§ 85 ff. SGB IX erfasst.[142] Darüber hinaus regelt § 90 Abs. 1 und 2 SGB IX, dass der Sonderkündigungsschutz solchen schwerbehinderten Menschen nicht zusteht, deren Arbeitsverhältnis zum Zeitpunkt des Zugangs der Kündigungserklärung ohne Unterbrechung **noch nicht länger als sechs Monate besteht** (Abs. 1 Nr. 1)[143] oder die auf Stellen im Sinne des § 73 Abs. 2 Nr. 2 bis 5 SGB IX beschäftigt werden (Abs. 1 Nr. 2). Zu beachten ist allerdings, dass eine Kündigung gegenüber Schwerbehinderten, die aufgrund der noch nicht erfüllten Wartezeit vom Sonderkündigungsschutz (und dann regelmäßig auch vom allgemeinen Kündigungsschutz) ausgenommen sind, gem. § 134 BGB i. V. m. § 7 Abs. 1 AGG, §§ 1, 3 AGG unwirksam ist, wenn sie eine Diskriminierung wegen der Behinderung darstellt.[144]

121 Darüber hinaus besteht der Sonderkündigungsschutz nach § 90 Abs. 1 Nr. 3 SGB IX nicht für Schwerbehinderte, deren Arbeitsverhältnis durch Kündigung beendet wird, sofern sie das **58. Lebensjahr** vollendet und **Anspruch** auf eine Abfindung, Entschädigung oder ähnliche Leistung auf Grund eines Sozialplanes oder Anspruch auf Knappschaftsausgleichsleistung nach dem SGB VI oder auf Anpassungsgeld für

139 BAG, Urt. v. 13.2.2008 – 2 AZR 864/06 – NZA 2008, 1055.

140 BAG, Urt. v. 18.10.2000 – 2 AZR 380/99 – NJW 2001, 1885.

141 BAG, Urt. v. 1.3.2007 – 2 AZR 217/06 – NZA 2008, 302.

142 Vgl. ErfK/*Rolfs*, SGB IX, § 85 Rn 3.

143 Der Arbeitgeber hat diese Kündigungen jedoch gem. § 90 Abs. 3 SGB IX dem Integrationsamt innerhalb von vier Tagen anzuzeigen.

144 BAG, Urt. v. 19.12.2013 – 6 AZR 190/12 – BeckRS 2014, 66665; s. dazu auch die Anmerkung von *Fuhlrott*, GWR 2014, 96.

entlassene Arbeitnehmer des Bergbaus haben, wenn der Arbeitgeber ihnen die Kündigungsabsicht rechtzeitig mitgeteilt hat und sie der beabsichtigten Kündigung bis zu deren Ausspruch nicht widersprechen.

Praxistipp
Wann die Mitteilung **„rechtzeitig"** im Sinne von § 90 Abs. 1 Nr. 3 SGB IX ist, ist durch die Rechtsprechung bislang noch nicht geklärt. Aufgrund des Zwecks der „Frist", dem Arbeitnehmer einen angemessenen Überlegungszeitraum einzuräumen, ob er der beabsichtigten Kündigung widersprechen will, sollte ein Zeitraum von drei Wochen eingeräumt werden (so auch die herrschende Ansicht in der Literatur[145] unter Inbezugnahme der Klageerhebungsfrist des § 4 KSchG).

Auf Entlassungen, die aus **Witterungsgründen** vorgenommen werden, finden die Vorschriften des Sonderkündigungsschutzes ebenfalls keine Anwendung, sofern die Wiedereinstellung der schwerbehinderten Menschen bei Wiederaufnahme der Arbeit gewährleistet ist, § 90 Abs. 2 SGB IX. 122

f) Kenntnis des Arbeitgebers

Nach der gesetzlichen Konzeption kommt es für das Bestehen des Sonderkündigungsschutzes der §§ 85 ff. SGB IX nicht darauf an, ob der Arbeitgeber Kenntnis von der Schwerbehinderteneigenschaft bzw. der Gleichstellung des Arbeitnehmers hat. Es reicht aus, wenn die Voraussetzungen der Schwerbehinderung bzgl. Gleichstellung in der Person des Mitarbeiters gegeben sind. Das bedeutet, dass es zur Wirksamkeit einer Kündigung grundsätzlich stets der Zustimmung des Integrationsamtes bedarf, selbst wenn der Arbeitgeber das Vorliegen der Voraussetzungen im Zeitpunkt des Ausspruchs der Kündigung nicht kannte. Um das Risiko des Vorliegens einer (nicht offensichtlichen) Schwerbehinderung indes nicht zeitlich unbegrenzt dem Arbeitgeber aufzubürden, hat die **Rechtsprechung** eine **Regelgrenze** entwickelt, bis zu der ein gekündigter Arbeitnehmer dem Arbeitgeber das Vorliegen seiner Schwerbehinderung bzw. die Antragstellung mitteilen muss, um sich den Sonderkündigungsschutz zu bewahren. Die Mitteilungsfrist beträgt grundsätzlich **bis zu drei Wochen** nach Zugang der Kündigung.[146] Die Mitteilung kann auch im Rahmen der **Kündigungsschutzklage** gemacht werden, jedenfalls sofern die Zustellung an den Arbeitgeber noch innerhalb der Drei-Wochen-Frist erfolgt.[147] Die Drei-Wochen-Frist kann überschritten werden, wenn die Voraussetzungen der nachträglichen Klagezulassung 123

145 S. etwa Kossens/von der Heide/Maaß/*Kossens*, § 90 SGB IX Rn 9 m.w.N.
146 BAG, Urt. v. 9.6.2011 – 2 AZR 703/09 – NZA-RR 2011, 516.
147 Die Berufung auf das Vorliegen des Sonderkündigungsschutztatbestandes ist dem Arbeitnehmer freilich verwehrt, wenn der Arbeitgeber ihn zuvor in zulässiger Weise nach dessen Bestehen gefragt hat und der Arbeitnehmer die Frage wahrheitswidrig verneint hat, vgl. dazu oben Rn 26 ff.

analog §5 KSchG erfüllt sind.[148] Die Mitteilung ist nicht an eine bestimmte Form gebunden und muss auch nicht durch den Arbeitnehmer selbst erfolgen. Es **reicht aus**, dass der Arbeitgeber **durch den Betriebsrat** im Zuge des Anhörungsverfahrens nach §102 BetrVG unterrichtet wird.[149]

2. Zustimmung des Integrationsamts

124 Gemäß §85 SGB IX muss ein Arbeitgeber die Zustimmung des Integrationsamtes einholen, bevor er das Arbeitsverhältnis mit einem schwerbehinderten Menschen kündigt. Die Kündigung eines Schwerbehinderten unterliegt also einem behördlichen **Erlaubnisvorbehalt**.

a) Anwendungsbereich

125 Das Zustimmungserfordernis betrifft **alle Arten von Arbeitsverhältnissen** mit behinderten oder diesen gleichstellten Personen. Ihm unterfallen arbeitgeberseitige **Beendigungs- und Änderungskündigungen**, nicht aber der Abschluss von Aufhebungsverträgen oder die Befristung von Arbeitsverhältnissen.[150] Auch ein Auflösungsantrag des Arbeitgebers im Kündigungsschutzprozess nach §9 Abs. 1 KSchG bedarf nicht der Zustimmung des Integrationsamts, wenn die Schwerbehinderung oder Gleichstellung erst für einen Zeitpunkt nach dem Zugang der Kündigung festgestellt bzw. ausgesprochen wird.[151] Gem. §92 SGB IX gilt das Zustimmungserfordernis auch dann, wenn das Arbeitsverhältnis aufgrund einer entsprechenden auflösenden Bedingung bei Eintritt einer teilweisen Erwerbsminderung, einer Erwerbsminderung auf Zeit, einer Berufsunfähigkeit oder einer Erwerbsunfähigkeit auf Zeit endet.

b) Ablauf des Zustimmungsverfahrens

126 Das Zustimmungsverfahren wird durch einen **schriftlichen Antrag** des Arbeitgebers eingeleitet, §87 Abs. 1 SGB IX. Dies bedeutet, dass der Antrag die Originalunterschrift des Arbeitgebers, eines vertretungsberechtigten Organs oder eines hierzu bevollmächtigten Mitarbeiters tragen muss. Zwar lässt die h. M. ein Telefax für eine wirksame Antragstellung ausreichen, diese Rechtsaufassung ist angesichts des entgegenstehenden Gesetzeswortlauts jedoch nicht unumstritten.[152]

---

148 ErfK/*Rolfs*, §85 SGB IX Rn 10.

149 BAG, Urt. v. 20.1.2005 – 2 AZR 675/03 – NZA 2005, 689.

150 ErfK/*Rolfs*, §85 SGB IX Rn. 12.

151 LAG Baden-Württemberg, Urt. v. 12.03.2003 – 4 Sa 45/02 – BeckRS 2003, 30452923.

152 Nach h. M., die sich teils auf die Entscheidung des Gemeinsamen Senats der obersten Gerichtshöfe des Bundes zur Schriftform bei bestimmenden Schriftsätzen in Gerichtsverfahren (GmS-OGB, Beschl. v. 5.4.2000 – GmS-OGB 1/98 – NZA 2000, 959) beruft, genügt eine Antragstellung durch Te-

Praxistipp
Da ein Telefax die Schriftform nach § 126 BGB nicht wahrt und § 87 Abs. 1 SGB IX die Textform (eine bestimmte Schriftform ohne Unterschrift) nicht genügen lässt, ist dem Arbeitgeber dringend anzuraten, den Antrag allenfalls vorab per Fax einzureichen und das Original sodann – gegen Zugangsnachweis – auf dem Postweg nachzusenden.

Der Antrag ist beim für den **Betriebssitz** örtlich zuständigen Integrationsamt einzureichen, § 87 Abs. 2 SGB IX. Welches dies ist, kann über die Internetseite http://www.integrationsaemter.de/Kontakt/89c7/index.html[153] ermittelt werden. 127

In dem Antrag sind der Name und die Adresse des zu kündigenden schwerbehinderten Arbeitnehmers sowie die Bezeichnung und der Sitz des Beschäftigungsbetriebs zu nennen. Ferner ist anzugeben, ob eine ordentliche oder eine außerordentliche Kündigung beabsichtigt ist, ob es sich um eine Änderungs- oder eine Beendigungskündigung handelt und mit welcher Kündigungsfrist mit Wirkung zu welchem Zeitpunkt gekündigt werden soll. Der Beendigungstermin kann freilich nur als voraussichtlicher angegeben werden, da er u. a. von der Dauer des Zustimmungsverfahrens abhängt. Eine **Begründung** des Antrags ist vom Gesetz nicht zwingend vorgeschrieben. Sie sollte aber gleichwohl erfolgen, um Nachfragen seitens des Integrationsamts zu vermeiden und das Verfahren zu beschleunigen. Neben den Kündigungsgründen und den Angaben zu Weiterbeschäftigungsmöglichkeiten sowie zum allgemeinen Stand der Schwerbehindertenbeschäftigung im Unternehmen (insbesondere zur Beschäftigungsquote) sollten auch das Alter, die Beschäftigungsdauer und die soziale Situation des betroffenen Schwerbehinderten genannt werden. 128

Praxistipp
Für die Praxis empfiehlt es sich, bei der Antragsstellung die auf der Internetseite des jeweiligen Integrationsamts veröffentlichten **Antragsmuster** zu verwenden. Die bayerischen Integrationsämter beispielsweise stellen solche Vordrucke unter http://www.zbfs.bayern.de/imperia/md/content/blvf/integrationsamt/formulare/kuendigungsschutz_ar07.pdf[154] zur Verfügung. Sofern erforderlich, können die im Formular gemachten Angaben in einem Begleitschreiben ergänzend erläutert werden.

Ist eine **außerordentliche Kündigung** beabsichtigt, sollte vorsorglich stets zusätzlich die Zustimmung zur ordentlichen Kündigung beantragt werden. Dazu bedarf es eines expliziten Antrags für jede beabsichtigte Kündigungsart.[155] Dies kann aber freilich in einem Schreiben zusammengefasst werden. 129

lefax: *Fuhlrott*, ArbRAktuell 2011, 317; Kossens/von der Heide/Maaß/*Kossens*, § 87 SGB IX Rn 2; ErfK/*Rolfs*, § 87 SGB IX Rn 2; a.A. Dau/Düwell/Joussen/*Düwell*, § 87 SGB IX Rn 6.

153 Letzter Abruf am 8.8.2014.

154 Letzter Abruf am 8.8.2014.

155 Vgl. *Knittel*, § 87 SGB IX Rn 16; Dau/Düwell/Joussen/*Düwell*, § 87 SGB IX Rn 13.

130 Nach Einreichung des Antrags holt das Integrationsamt zur Aufklärung der innerbetrieblichen Verhältnisse und der vorgetragenen Kündigungsgründe zunächst eine **Stellungnahme** des Betriebsrats oder des Personalrats sowie der Schwerbehindertenvertretung ein, § 87 Abs. 2 SGB IX. Hierzu soll das Integrationsamt den zu beteiligenden Stellen zweckmäßigerweise eine Frist setzen und ihnen die Begründung des Arbeitgebers für die beabsichtigte Kündigung mitteilen. Geht binnen der gesetzten Frist keine Stellungnahme ein, ist das Anhörungsverfahren in Bezug auf diese Stellen abgeschlossen.[156]

131 Die vom **Betriebsrat** im Rahmen des Zustimmungsverfahrens abgegebenen Stellungnahmen ersetzen nicht seine Beteiligung nach §§ 102 f. BetrVG; umgekehrt kann das Integrationsamt auch dann nicht von der Einholung einer Stellungnahme absehen, wenn sich der Betriebsrat im Vorfeld bereits nach § 102 f. BetrVG zur beabsichtigten Kündigung erklärt und der Arbeitgeber dies dem Integrationsamt im Rahmen der Antragstellung mitgeteilt hat.[157] Bei leitenden Angestellten kann das Integrationsamt nach zutreffender Ansicht auf die Einholung einer Stellungnahme des Betriebsrats verzichten;[158] jedenfalls kann es den Sprecherausschuss zu einer Auskunft auffordern.

132 Entsprechendes gilt für die Beteiligung der **Schwerbehindertenvertretung** nach § 95 Abs. 2 S. 1 SGB IX. Auch hier genügt es nicht, dass der Arbeitgeber die Schwerbehindertenvertretung vor der Antragstellung nach § 87 SGB IX angehört hat und das Integrationsamt sodann über das Ergebnis informiert. Gewisse Überschneidungen beider Verfahren ergeben sich allerdings insofern, als das Integrationsamt das Zustimmungsverfahren aussetzen muss, wenn der Arbeitgeber die Schwerbehindertenvertretung vor Einreichung des Antrags nicht angehört hat. Der Arbeitgeber muss die Beteiligung der Schwerbehindertenvertretung sodann binnen sieben Tagen nachholen (§ 95 Abs. 2 S. 2 SGB IX). Erst dann darf das Integrationsamt über den Zustimmungsantrag entscheiden.[159]

133 Zudem muss das Integrationsamt vor seiner Entscheidung den betroffenen **Schwerbehinderten anhören**, § 87 Abs. 2 SGB IX. In aller Regel fordert das Integrationsamt auch diesen in einem **schriftlichen Verfahren** zur Stellungnahme auf. Abweichend hiervon beraumen einzelne Integrationsämter standardmäßig mündliche Verhandlungen an, die gem. § 88 Abs. 1 SGB IX fakultativ durchgeführt werden können. Eine mündliche Verhandlung dürfte allerdings immer dann erforderlich sein, wenn der betroffene Schwerbehinderte selbst nicht anwaltlich vertreten ist und seine Interessen schriftlich nicht hinreichend zum Ausdruck bringen kann.[160]

---

156 Vgl. BVerwG, Urt. v. 11.11.1999 – 5 C 23.99 – NZA 2000, 146.
157 KR/*Etzel*/*Gallner*, § 85-90 SGB IX Rn 73.
158 *Knittel*, § 87 SGB IX Rn 34; Kossens/von der Heide/Maaß/*Kossens*, § 87 SGB IX Rn 9.
159 *Knittel*, § 87 SGB IX Rn 36.
160 *Fuhlrott*, ArbRAktuell 2011, 317.

Unterbleibt eine der in 87 Abs. 2 SGB IX vorgesehenen Anhörungen, ist die später erteilte Zustimmung des Integrationsamts **anfechtbar**. Die fehlende Anhörung kann jedoch noch nachträglich im Widerspruchsverfahren (sofern ein solches im jeweiligen Bundesland statthaft ist) geheilt werden.[161] 134

Das Integrationsamt muss in jeder Lage des Verfahrens auf eine **gütliche Einigung** zwischen dem Schwerbehinderten und dem kündigungswilligen Arbeitgeber hinwirken, § 87 Abs. 3 SGB IX. Diese Einigungsbemühungen finden dort ihre Grenzen, wo sie zu einer Verzögerung des Verfahrens führen würden.[162] 135

c) Entscheidungsgrundsätze

Nachdem das Integrationsamt die relevanten Sachverhaltsinformationen ermittelt hat, entscheidet es grundsätzlich nach pflichtgemäßem **freien Ermessen** über die Erteilung der vom Arbeitgeber beantragten Zustimmung. Nur in bestimmten Fallkonstellationen ist ihr behördliches Ermessen eingeschränkt (§§ 89, 91 Abs. 4 SGB IX, dazu sogleich unten, Rn 142 f.). Bei der Ermessensausübung ist das Interesse des Arbeitgebers an der Erhaltung seiner unternehmerischen Gestaltungsmöglichkeiten gegen das Interesse des Schwerbehinderten am Fortbestand des Arbeitsverhältnisses abzuwägen.[163] 136

Im Rahmen dieser Interessenabwägung kommt es entscheidend auf den **Bezug der Kündigungsentscheidung zur Behinderung** an und darauf, wie sich diese zur Zweckrichtung des Sonderkündigungsschutzes Schwerbehinderter verhält.[164] Dabei gewinnt der Schwerbehindertenschutz an Gewicht, wenn die Kündigung auf Gründe gestützt wird, die ihre Ursache in der Behinderung selbst haben.[165] Umgekehrt tritt der Schwerbehindertenschutz zurück, wenn der Kündigungsentschluss allein auf „behinderungsneutralen" Gründen beruht, wie insbesondere bei rein der betrieblichen Sphäre entstammenden Ursachen (z. B. dem Wegfall des Arbeitsplatzes nach der Ausgliederung eines Unternehmensbereichs[166]). Der Sonderkündigungsschutz findet jedenfalls dort seine Grenzen, wo eine Weiterbeschäftigung des Schwerbehinderten allen Gesetzen wirtschaftlicher Vernunft widerspricht.[167] 137

Die Integrationsämter dürfen im Rahmen ihrer Ermessensausübung **nicht die soziale Rechtfertigung der Kündigung** i. S. d. § 1 Abs. 2 KSchG überprüfen.[168] Es 138

161 KR/*Etzel*/*Gallner*, § 85-90 SGB IX Rn 76.
162 Kossens/von der Heide/Maaß/*Kossens*, § 87 SGB IX Rn 18.
163 BVerwG, Urt. v. 19.10.1995 – 5 C 24/93 – NZA-RR 1996, 288.
164 Vgl. BVerwG, Urt. v. 19.10.1995 – 5 C 24/93 – NZA-RR 1996, 288.
165 BVerwG, Urt. v. 19.10.1995 – 5 C 24/93 – NZA-RR 1996, 288.
166 VG Minden, Urt. v. 27.5.2002 – 7 K 851/02 – NZA-RR 2003, 248.
167 BVerwG, Urt. v. 19.10.1995 – 5 C 24/93 – NZA-RR 1996, 288.
168 BVerwG, Urt. v. 2.7.1992 – 5 C 51.90 – BeckRS 1992, 30440201; Urt. v. 19.10.1995 – 5 C 24/93 – NZA-RR 1996, 288.

ist nicht Sinn der §§ 85 ff. SGB IX, dem Schwerbehinderten die Belastungen eines Kündigungsrechtsstreits mit dem Arbeitgeber abzunehmen. Was den allgemeinen Kündigungsschutz anbelangt (Betriebsratsanhörung, Sozialauswahl, Abmahnung etc.), muss sich der Schwerbehinderte – wie jeder andere Arbeitnehmer auch – auf die Arbeitsgerichte verweisen lassen.[169] Allenfalls bei offenkundiger Unwirksamkeit der Kündigung kann das Integrationsamt die Zustimmung verweigern.[170] Eine solche liegt aber nur vor, wenn die Unwirksamkeit ohne jeden vernünftigen Zweifel in rechtlicher und tatsächlicher Hinsicht offen zu Tage tritt und sie sich jedem Kundigen geradezu aufdrängt.[171]

139 Bei einer **personenbedingten Kündigung**, insbesondere wegen einer Leistungsminderung oder wegen häufiger bzw. langer Arbeitsunfähigkeitszeiten, ist ein Bezug der Kündigungsentscheidung zur Behinderung oft naheliegend. Das Integrationsamt hat deshalb zu prüfen, ob die Prognose gerechtfertigt ist, dass nicht mehr mit einer sinnvollen Arbeitsleistung des schwerbehinderten Arbeitnehmers gerechnet werden kann. Dabei muss es berücksichtigen, ob der Arbeitgeber dem Schwerbehinderten einen leidensgerechten Arbeitsplatz zur Verfügung stellen kann.[172] Liegen langjährige außergewöhnliche Fehlzeiten vor und besteht faktisch keine Aussicht auf Besserung des Gesundheitszustandes, muss die Zustimmung in der Regel erteilt werden.[173] Wenngleich es sich bei der vorherigen Durchführung eines BEM nicht um eine zwingende Voraussetzung für die Erteilung der Zustimmung handelt, ist die unterlassene Durchführung dennoch im Rahmen der Ermessensentscheidung zu Lasten des Arbeitgebers zu berücksichtigen, wenn es bei gehöriger Durchführung möglicherweise mildere Mittel im Vergleich zur Kündigung gegeben hätte.[174]

140 Die Zustimmung zu einer **verhaltensbedingten Kündigung** wird regelmäßig zu erteilen sein, wenn das zugrundeliegende Verhalten nicht mit der Behinderung in Zusammenhang steht.[175] Grund hierfür ist, dass der öffentlich-rechtliche Sonderkündigungsschutz nur bezweckt, den Schwerbehinderten vor spezifisch behinderungsbedingten Gefahren zu bewahren. Er zielt aber nicht darauf ab, den schwerbehinderten Menschen gegenüber nichtbehinderten Menschen besserzustellen.[176] Aber auch dann, wenn ein behinderungsbedingtes Fehlverhalten vorliegt, ist die Erteilung einer Zustimmung nicht ausgeschlossen. Die Zustimmung kann in diesen Fällen beispiels-

169 VGH Mannheim, Beschl. v. 24.11.2005 – 9 S 2178/05 – NZA-RR 2006, 183.

170 BVerwG, Urt. v. 2.7.1992 – 5 C 51.90 – BeckRS 1992, 30440201; ErfK/*Rolfs*, § 89 SGB IX Rn 2.

171 BVerwG, Urt. v. 2.7.1992 – 5 C 51.90 – BeckRS 1992, 30440201.

172 ErfK/*Rolfs*, § 89 SGB IX Rn 3.

173 Vgl. OVG Nordrhein-Westfalen, Urt. v. 27.2.1998 – 24 A 6870/95 – BeckRS 1998, 16973.

174 BVerwG, Beschl. v. 29.8.2007 – 5 B 77/07 – NJW 2008, 166; Ascheid/Preis/Schmidt/*Vossen*, § 89 SGB IX Rn 4a (dort auch zum unterlassenen Präventionsverfahren nach § 84 Abs. 1 SGB IX).

175 *Fuhlrott*, ArbRAktuell 2011, 317.

176 Vgl. BVerwG, Urt. v. 12. 7. 2012 – 5 C 16/11 – (betreffend den Fall einer außerordentlichen verhaltensbedingten Kündigung).

weise erteilt werden, wenn der Betriebsfrieden erheblich gestört wird oder die Würde und das Persönlichkeitsrecht anderer Betriebsangehöriger verletzt werden.[177]

Bei einer **betriebsbedingten Kündigung** besteht in aller Regel kein Zusammenhang zwischen der – vom Integrationsamt hinzunehmenden – unternehmerischen Entscheidung und der Behinderung.[178] Das Integrationsamt muss jedoch prüfen, ob eine Weiterbeschäftigung des schwerbehinderten Arbeitnehmers – ggf. nach Durchführung zumutbarer Fortbildungs- oder Umschulungsmaßnahmen – möglich ist.[179] 141

Das Gesetz nennt in §§ 89 f. SGB IX zudem einige Kündigungssachverhalte, bei denen das Ermessen des Integrationsamts entweder **eingeschränkt** ist oder sogar ganz entfällt: 142

- Wird ein Betrieb oder eine Dienststelle **vollständig dauerhaft stillgelegt,** ohne dass eine zumutbare Weiterbeschäftigungsmöglichkeit in einem anderen Betrieb oder einer anderen Dienststelle besteht, und liegen zwischen dem Tag der Kündigung und dem letzten Tag, für den Gehalt bezogen wird, mindestens drei Monate, **muss** das Integrationsamt der Kündigung zustimmen, § 89 Abs. 1 S. 1 und 3 SGB IX.
- Werden Betriebe oder Dienststellen zwar nicht vollständig stillgelegt, aber für einen nicht nur vorübergehenden Zeitraum **wesentlich eingeschränkt, soll** das Integrationsamt die Zustimmung erteilen, wenn der vorstehend genannte Dreimonatszeitraum eingehalten ist, eine zumutbare Weiterbeschäftigung ausscheidet und der Arbeitgeber die Pflicht zur Beschäftigung Schwerbehinderter nach § 71 SGB IX auch nach der Betriebseinschränkung noch erfüllt, § 89 Abs. 1 S. 2 und 3 SGB IX. Ob eine wesentliche Betriebseinschränkung vorliegt, entscheidet sich nach der Staffelung des § 17 KSchG.[180] Danach ist erforderlich, dass in Betrieben mit 20 bis 59 Arbeitnehmern mehr als 5 Arbeitnehmer entlassen werden, in Betrieben mit 60 bis 499 Arbeitnehmern 10 % oder mehr als 25 Arbeitnehmer, und in Betrieben mit 500 oder mehr Arbeitnehmern mindestens 30. In größeren Betrieben müssen zudem mindestens 5 % der Belegschaft betroffen sein.[181] Ob es sich um Teilzeit- oder Vollzeitbeschäftigte handelt, spielt keine Rolle.[182]
- Ferner **soll** das Integrationsamt die Zustimmung erteilen, wenn dem Schwerbehinderten ein anderer **angemessener und zumutbarer Arbeitsplatz gesichert** ist, § 89 Abs. 2 SGB IX. Dies setzt zunächst voraus, dass derselbe Arbeitgeber (ggf. im Zuge einer Änderungskündigung) oder ein anderer Arbeitgeber dem schwerbehinderten Arbeitnehmer den Abschluss eines neuen Arbeitsvertrags verbind-

177 OVG Lüneburg, Urt. v. 4.12.1990 – 14 L 60/89 – AP SchwbG 1986 § 19 Nr. 1.
178 Vgl. VG Minden, Urt. v. 27.5.2002 – 7 K 851/02 – NZA-RR 2003, 248.
179 BVerwG, Urt. v. 28.2.1968 – V C 33.66 – BeckRS 1968, 30431202; ErfK/*Rolfs*, § 89 SGB IX Rn 3.
180 Kossens/von der Heide/Maaß/*Kossens*, § 89 SGB IX Rn 11.
181 BAG, Beschl. v. 6.12.1988 –1 ABR 47/87 – NZA 1989, 399.
182 *Knittel*, § 89 SGB IX Rn 29.

lich zugesagt hat.[183] Ein lediglich befristeter oder aufschiebend bedingter Arbeitsplatz vermitteln keine hinreichend gesicherte Position. Ob ein Arbeitsplatz auch dann als gesichert anzusehen ist, wenn die sechsmonatige Wartezeit für den Kündigungsschutz erst noch zurückzulegen ist, ist umstritten.[184] Nach richtiger Ansicht genügt es, wenn das Integrationsamt aufgrund objektiver Umstände annehmen kann, dass das zugesicherte Arbeitsverhältnis nicht von vorneherein in der Wartezeit beendet werden soll.[185] Für die Angemessenheit ist schließlich entscheidend, dass der Arbeitsplatz nach Entgelt und Art der Tätigkeit den Fähigkeiten, den durch die Behinderung bedingten Einsatzmöglichkeiten und der Vorbildung des Schwerbehinderten entspricht; dabei braucht das Entgelt für den anderen Arbeitsplatz nicht zwingend dem des vorhergehenden Arbeitsplatzes zu entsprechen.[186]

- Das Integrationsamt **soll** der Kündigung gem. §89 Abs. 3 SGB IX auch dann zustimmen, wenn – kumulativ – ein **Insolvenzverfahren** über das Vermögen des Arbeitgebers eröffnet ist, der Schwerbehinderte in einem Interessenausgleich auf einer Namensliste der zu Kündigenden aufgeführt ist, der Interessenausgleich unter Beteiligung der Schwerbehindertenvertretung zustande kam (falls eine solche errichtet ist[187]), der Personalabbau nicht überproportional die Gruppe der Schwerbehinderten betrifft und wenn zudem die Pflicht zur Beschäftigung Schwerbehinderter nach §71 SGB IX auch nach dem Personalabbau noch erfüllt wird.
- Schließlich ist das Ermessen des Integrationsamts auch dann eingeschränkt, wenn der Arbeitgeber die Zustimmung zu einer **außerordentlichen Kündigung** beantragt. Wird diese wegen eines Grundes erklärt, der nicht im Zusammenhang mit der Behinderung steht, **soll** die Zustimmung erteilt werden, §91 Abs. 4 SGB IX. Ein relevanter Zusammenhang ist nur dann gegeben, wenn das zur Begründung der Kündigung herangezogene Verhalten zwanglos aus der der Behinderung zugrunde liegenden Beeinträchtigung folgt, es sich also nicht nur um einen entfernten Einfluss handelt (der Zusammenhang wurde etwa verneint zwischen einem Diebstahl und einer durch Morbus Crohn und Verschleißerscheinungen der Wirbelsäule und der Hüftgelenke bedingten Behinderung).[188] Weist der Kündigungsgrund aber einen Bezug zur Behinderung auf, entscheidet das Integrationsamt wieder „frei" nach pflichtgemäßem Ermessen; dabei hat es sich

183 ErfK/*Rolfs*, §89 SGB IX Rn 9; *Fuhlrott*, ArbRAktuell 2011, 317.
184 Dazu Dau/Düwell/Joussen/*Düwell*, §89 SGB IX Rn 69 m.w.N.
185 Vgl. Dau/Düwell/Joussen/*Düwell*, §89 SGB IX Rn 69.
186 BVerwG, Urt. v. 12.1.1966 – V C 62/64 – BVerwGE 23, 123; *Knittel*, §89 SGB IX Rn 48 f.; Dau/Düwell/Joussen/*Düwell*, §89 SGB IX Rn 67.
187 ErfK/*Rolfs*, §89 SGB IX Rn 10; a.A. KR/*Etzel*/*Gallner*, §85-90 SGB IX Rn 96b.
188 BVerwG, Urt. v. 12.7.2012 – 5 C 16/11 – NZA 2013, 97.

an denselben Maßstäben wie bei der ordentlichen Kündigung zu orientieren,[189] muss aber zusätzlich die besondere Härte einer fristlosen Kündigung berücksichtigen.[190]

„**Soll**" bedeutet in den genannten Fällen, dass das Integrationsamt die Zustimmung regelmäßig erteilen muss, es sei denn, es handelt sich um einen atypischen Fall, dessen Besonderheiten eine Versagung der Zustimmung rechtfertigen.[191] 143

d) Entscheidung

Für die Entscheidung des Integrationsamts über die Zustimmung zu einer **ordentlichen Kündigung** sieht §88 Abs. 1 SGB IX eine **Soll-Frist von einem Monat** ab Antragseingang vor. In der Praxis wird dieser Zeitrahmen häufig überschritten, vor allem dann, wenn der Arbeitgeber zum Vortrag des Arbeitnehmers im Anhörungsverfahren nochmals Stellung nimmt. Die Integrationsämter hören den Schwerbehinderten dann zum neuerlichen Vortrag in aller Regel vor ihrer Entscheidung nochmals an. 144

Praxistipp

Um das Verfahren zu beschleunigen, sollte bereits die **Antragsbegründung** des Arbeitgebers nach Möglichkeit so umfassend gestaltet sein, dass eine solche „doppelte Anhörungsrunde" vermieden werden kann. Hierfür kann es empfehlenswert sein, auf naheliegende Einwände des Schwerbehinderten bereits vorab in der Antragsbegründung einzugehen. Bei komplizierten Sachverhalten sollte zudem auf die Durchführung einer mündlichen Verhandlung hingewirkt werden. Schließlich ist eine frühzeitige telefonische Kontaktaufnahme zum Integrationsamt ratsam, um etwaige Unklarheiten im Sachverhalt kurzfristig klären zu können.

Im Zustimmungsverfahren zu einer ordentlichen Kündigung wird die Zustimmung bei einer Fristüberschreitung grundsätzlich **nicht fingiert**. Lediglich in den beiden oben bereits erwähnten Fällen der Kündigung wegen einer vollständigen und dauerhaften Stilllegung eines Betriebs oder einer Dienststelle nach §89 Abs. 1 S. 1 SGB IX und der Kündigung während eines Insolvenzverfahrens unter den Voraussetzungen des §89 Abs. 3 SGB IX gilt die Zustimmung nach Ablauf eines Monats als erteilt, §88 Abs. 5 S. 2 SGB IX. Der Arbeitgeber kann – von den beiden Ausnahmefällen abgesehen – die Einhaltung der Monatsfrist gegenüber dem Integrationsamt nicht durchsetzen. Erst nach dem Ablauf von drei Monaten könnte er eine **Untätigkeitsklage** erheben, §75 VwGO. Angesichts der für gewöhnlich sehr langen Verfahrensdauer vor den hierfür zuständigen Verwaltungsgerichten dürfte sich dies aber oft als wenig praxistauglich erweisen. 145

189 VG Oldenburg, Urt. v. 21.1.2003 – 13 A 3791/02 – BeckRS 2005, 22395.
190 ErfK/*Rolfs*, §91 SGB IX Rn 6.
191 BVerwG, Beschl. v. 6.3.1995 – 5 B 59.94 – BeckRS 1995, 31369610.

146 Anders verhält es sich bei einem Antrag auf Zustimmung zu einer **außerordentlichen Kündigung**. Über diesen muss das Integrationsamt **binnen zwei Wochen** ab Antragsstellung entscheiden, ansonsten gilt die Zustimmung als erteilt, § 91 Abs. 3 S. 1 und 2 SGB IX. Diese Zustimmungsfiktion tritt aber dann nicht ein, wenn das Integrationsamt die Entscheidung noch innerhalb der Zwei-Wochen-Frist getroffen und den Bescheid innerhalb dieser Frist zur Post gegeben hat.[192] Zu den Auswirkungen, die sich hieraus für die Obliegenheit des Arbeitgebers zur unverzüglichen Erklärung der Kündigung nach Erteilung der Zustimmung ergeben, siehe im Einzelnen unten, Rn 153 ff., 157 ff.

147 Der Inhalt der Entscheidung besteht grundsätzlich entweder in der antragsgemäßen Erteilung der Zustimmung oder der Ablehnung des Antrags. Die Zustimmung kann mit **Bedingungen bzw. Auflagen** verbunden werden, etwa dergestalt, dass der Betrieb auch tatsächlich stillgelegt wird oder dass dem Schwerbehinderten für einen bestimmten Zeitraum Gehalt fortzuzahlen ist.[193]

148 Als weitere Entscheidungsmöglichkeit kommt die Feststellung in Betracht, dass eine Zustimmung zur Kündigung nicht erforderlich ist (sog. „**Negativattest**"). Das Integrationsamt muss den Antrag auf Erteilung der Zustimmung zur Kündigung mit einem solchen Negativattest bescheiden, wenn die Zustimmung nach § 90 SGB IX nicht erforderlich ist (z. B. weil die Wartezeit für den Erwerb des Sonderkündigungsschutzes zum geplanten Kündigungstermin noch nicht abgelaufen ist), wenn das Arbeitsverhältnis bereits einvernehmlich aufgelöst wurde, wenn der Schwerbehinderte den Sonderkündigungsschutz nach §§ 85 ff. SGB IX verwirkt hat oder wenn eine Schwerbehinderteneigenschaft des Arbeitnehmers **nicht festgestellt** ist.[194] Ist das Feststellungsverfahren über die Schwerbehinderteneigenschaft beim Versorgungsamt allerdings noch anhängig, kann ein Negativattest wohl nur erteilt werden, wenn die dem Versorgungsamt zur Feststellung der Schwerbehinderung gesetzten Fristen (s. oben, Rn 9) wegen einer nicht ordnungsgemäßen Mitwirkung des Arbeitnehmers bereits abgelaufen sind.[195] Solange der Arbeitnehmer umgekehrt noch einen wirksamen Sonderkündigungsschutz gegen die beabsichtigte Kündigung erlangen kann, kann das Integrationsamt allenfalls einen **vorsorglichen Bescheid**[196] über die beantragte Zustimmung erlassen oder das Zustimmungsverfahren bis zum Abschluss des Feststellungsverfahrens über die Schwerbehinderung aussetzen.[197]

---

192 BAG, Urt. v. 9.2.1994 – 2 AZR 720/93 – NZA 1994, 1030; Urt. v. 19.4.2012 – 2 AZR 118/11 –; NZA 2013, 507.

193 *Knittel*, § 85 SGB IX Rn 85.

194 KR/*Etzel/Gallner*, §§ 85-90 SGB IX Rn 54.

195 KR/*Etzel/Gallner*, §§ 85-90 SGB IX Rn 54; ähnlich *Knittel*, § 85 SGB IX Rn 87 (keine Erteilung bei anhängigem Feststellungsverfahren); nach a.A. ist ein Negativattest immer schon vor Abschluss des Feststellungsverfahrens zulässig, so etwa Schaub/*Koch*, § 179 Rn 28.

196 Zu dieser Möglichkeit BVerwG, Urt. v. 15.12.1988 – 5 C 67/85 – NZA 1989, 554.

197 KR/*Etzel/Gallner*, §§ 85-90 SGB IX Rn 54; str., siehe oben Fn 194.

Ein erteiltes Negativattest **ersetzt die Zustimmung** zur Kündigung, so dass eine etwaige Kündigungssperre beseitigt ist und der Arbeitgeber die Kündigung erklären darf.[198] Das Negativattest muss jedoch vor Ausspruch der Kündigung zugegangen sein. Die Arbeitsgerichte sind an ein Negativattest gebunden.[199] Dies gilt auch dann, wenn die Schwerbehinderteneigenschaft nachträglich noch festgestellt wird oder aber bei Erteilung des Attestes bereits festgestellt war, ohne dass das Integrationsamt hiervon Kenntnis hatte. Es ist dann Sache des Schwerbehinderten, das Negativattest rechtzeitig vor Bestandskraft anzufechten.[200] 149

Praxistipp

Ist sich der Arbeitgeber unsicher, ob die Schwerbehinderteneigenschaft des zu kündigenden Arbeitnehmers festgestellt oder zumindest beantragt ist, sollte er „zweigleisig" fahren:[201] Er sollte erstens die beabsichtigte Kündigung möglichst schnell erklären, da eine nicht mindestens drei Wochen vor Zugang der Kündigung beantragte Feststellung der Schwerbehinderung keinen Sonderkündigungsschutz mehr herbeiführen kann (s. oben Rn 117) und zudem – wenn keine Schwerbehinderung festgestellt ist oder wird – mit einem Verfahren vor dem Integrationsamt unnötig Zeit verloren wäre. Zweitens sollte er beim Integrationsamt **vorsorglich** die Zustimmung zur Kündigung beantragen und die Kündigung nach erteilter Zustimmung bzw. nach Erhalt eines Negativattestes hilfsweise erneut aussprechen.

Die vom Integrationsamt getroffene Entscheidung ist – unabhängig von ihrem Inhalt – sowohl dem Arbeitgeber als auch dem Arbeitnehmer **zuzustellen.** Die Bundesagentur für Arbeit erhält eine Abschrift, § 88 Abs. 2 SGB IX. 150

e) Rechtsschutz

Stimmt das Integrationsamt der Kündigung zu oder erteilt es ein Negativattest, kann der Arbeitnehmer hiergegen zunächst **Widerspruch** einlegen und – wenn dieser erfolglos bleibt – eine Anfechtungsklage zu den Verwaltungsgerichten erheben. Die Frist für Widerspruch und Klage beträgt grundsätzlich jeweils einen Monat, §§ 70, 74 VwGO. Landesgesetze können vorsehen, dass ein Widerspruchsverfahren im betreffenden Bundesland nicht statthaft ist. In Bayern ist das Widerspruchsverfahren – trotz des missverständlichen Wortlautes von Art. 15 Abs. 1 S. 1 AGVwGO – fakultativ, so dass dort alternativ auch unmittelbar Klage erhoben werden kann.[202] Dabei sind die Gerichte nicht befugt, die Ermessensentscheidung des Integrationsamts bzw. des 151

198 BAG, Urt. v. 27.5.1983 – 7 AZR 482/81 – DB 1984, 134; Urt. v. 6.9.2007 – 2 AZR 324/06 – NZA 2008, 407; *Breitfeld/Strauß*, BB 2012, 2817, 2820.

199 Schaub/*Koch*, § 179 Rn 28.

200 KR/*Etzel*/*Gallner*, §§ 85-90 SGB IX Rn 56, 58

201 So auch *Breitfeld/Strauß*, BB 2012, 2817, 2821.

202 Vgl. VG Augsburg, Urt. v. 17.9.2013 – Au 3 K 13476 – BeckRS 2013, 5938 C.

Widerspruchsauschusses durch eigene Ermessensüberlegungen zu ersetzen.[203] Sie können jedoch die behördliche Ermessenausübung auf Rechtsfehler (Abwägungsdefizite, Nichtausübung des Ermessens etc.) überprüfen.[204] Widerspruch und Klage haben **keine aufschiebende Wirkung** (§ 88 Abs. 4 SGB IX),[205] d. h. der Arbeitgeber kann die Kündigung zunächst aussprechen (auch die Erklärungsfrist des § 88 Abs. 3 SGB IX läuft weiterhin, s. hierzu unten Rn. 155). Allerdings trägt der Arbeitgeber dann das Risiko, dass die Zustimmung bzw. das Negativattest im Rechtsbehelfsverfahren aufgehoben werden.

152 Lehnt das Integrationsamt den Antrag auf Erteilung der Zustimmung hingegen ab, kann der Arbeitgeber hiergegen – nach einem im jeweiligen Bundesland gegebenenfalls erforderlichen Widerspruchsverfahren – Klage zu den Verwaltungsgerichten erheben. Er kann die Kündigung erst aussprechen, sobald ihm **erstmals eine positive Entscheidung** über die beantragte Zustimmung vorliegt. Diese braucht noch nicht bestands- oder rechtskräftig zu sein. Der Arbeitgeber trägt aber auch in dieser Situation das Risiko, dass die Zustimmung im Laufe des Rechtsschutzverfahrens doch noch versagt wird. In der Praxis ist leider häufig eine sehr lange Verfahrensdauer vor den Verwaltungsgerichten zu beklagen, so dass sich die Durchführung eines Klageverfahrens für den Arbeitgeber mitunter nicht lohnt. Hält der Arbeitgeber an seiner Absicht zur Trennung von seinem schwerbehinderten Arbeitnehmer fest, muss er stattdessen nach einvernehmlichen Möglichkeiten für eine Beendigung des Beschäftigungsverhältnisses suchen, etwa gegen Zahlung einer – dann tendenziell eher hohen – Abfindung.

f) Kündigung nach „vorheriger" Zustimmung

153 Das Erfordernis der „**vorherigen**" Einholung der Zustimmung des Integrationsamts gem. § 85 SGB IX bedeutet, dass dem Arbeitgeber – außer bei der außerordentlichen Kündigung sowie in den Fällen, bei denen eine Zustimmung des Integrationsamts fingiert wird (dazu oben, Rn 145 f.) – eine positive behördliche Entscheidung in **schriftlicher Form förmlich zugestellt** worden sein muss, bevor er die Kündigung gegenüber dem schwerbehinderten Arbeitnehmer aussprechen darf.

---

i **Hinweis**

Eine (fern-)mündliche Mitteilung durch das Integrationsamt von der erteilten Zustimmung zur **ordentlichen** Kündigung beseitigt das Kündigungsverbot noch nicht.[206]

---

203 Kossens/von der Heide/Maaß/*Kossens*, § 89 SGB IX Rn 31.
204 BVerwG, Urt. v. 19.10.1995 – 5 C 24/93 – NZA-RR 1996, 288.
205 BAG, Urt. v. 17.2.1982 – 7 AZR 846/79 – NJW 1982, 2630.
206 ErfK/*Rolfs*, § 88 SGB IX Rn 2.

Da §88 Abs. 2 S. 1 SGB IX für den Zustimmungsbescheid die förmliche Zustellung anordnet, kommt es für den Zeitpunkt des Zugangs beim Arbeitgeber auf das Verwaltungszustellungsgesetz des jeweiligen Bundeslandes an. Dabei ist zu beachten, dass ein Schreiben **je nach Zustellungsart (!)** entweder bereits mit Zugang oder aber erst nach Ablauf einer fiktiven Zustellungsfrist als zugestellt gilt. Beispielsweise gelten nach dem bayerischen und dem baden-württembergischen Verwaltungszustellungsgesetz Schreiben im Falle einer Zustellung durch die Post mittels Einschreiben **erst am dritten Tag nach der Aufgabe zur Post** als zugestellt, wenn sie nicht später bzw. gar nicht zugehen. Das LAG Baden-Württemberg hat in einem – sicherlich wenig praxistauglichen[207] aber gleichwohl zu beachtenden – Urteil entschieden, dass eine Kündigung, die zwar nach dem tatsächlichen Zugang beim Arbeitgeber, aber noch vor Ablauf dieser Drei-Tages-Frist ausgesprochen wurde, unwirksam ist.[208] 154

Praxistipp
In der Praxis sollte der Arbeitgeber eine ordentliche Kündigung deshalb nach Möglichkeit erst einige Tage nach Zugang des Zustimmungsbescheids aussprechen. Würde sich hierdurch etwa bei Überschreiten der Monatsgrenze aufgrund der anzuwendenden Kündigungsfrist der Kündigungstermin verschieben, sollte der Zugangszeitpunkt in Abhängigkeit von der Zustellungsart – ggf. mit anwaltlicher Unterstützung – genau geprüft werden.

Für die Erklärung einer ordentlichen Kündigung hat der Arbeitgeber ein **„Zeitfenster“** von einem Monat nach der Zustellung des Bescheids, § 88 Abs. 3 SGB IX. In dieser Zeit muss der Zugang beim Arbeitnehmer bewirkt sein.[209] Soweit die Anhörung des Betriebs- bzw. Personalrats nach § 102 BetrVG bzw. § 79 BPersVG und der Schwerbehindertenvertretung nach § 95 Abs. 2 SGB IX nicht bereits vor oder während des Zustimmungsverfahrens durchgeführt wurde, muss der Arbeitgeber sie so rechtzeitig einleiten, dass er die Monatsfrist einhalten kann. [210] Ist vor Ausspruch der Kündigung die Zustimmung **weiterer Stellen** erforderlich (wie etwa während des Mutterschutzes oder in der Elternzeit), muss der Arbeitgeber diese noch in der Monatsfrist beantragen und sodann unverzüglich nach Erhalt der letzten erforderlichen Zustimmung kündigen.[211] 155

Anders stellt sich die Rechtslage bei einer **außerordentlichen Kündigung** dar. Da auch zu dieser erst die Zustimmung des Integrationsamts eingeholt sein muss, dadurch aber in aller Regel die Zwei-Wochen-Frist des §626 Abs. 2 BGB nicht eingehalten werden könnte, sieht §91 Abs. 2 und 5 SGB IX folgende Sonderregelung vor: 156

207 So zu Recht *Arnold*, FD-ArbR 2007, 230151.
208 LAG Baden-Württemberg, Urt. v. 22.9.2006 – 18 Sa 28/06 – BeckRS 2006, 45115.
209 LAG Köln, Urt. v. 27.2.1997 – 5 Sa 1377/96 – NZA-RR 1997, 337.
210 ErfK/*Rolfs*, §88 SGB IX Rn 3; *Knittel*, §88 SGB IX Rn 44.
211 Vgl. BAG, Urt. v. 24.11.2011 – 2 AZR 429/10 – NZA 2012, 610; ErfK/*Rolfs*, §88 SGB IX Rn 3; *Knittel*, §88 SGB IX Rn 50 ff.

die Zustimmung des Integrationsamts kann nur innerhalb von zwei Wochen nach Kenntnis der Kündigungsgründe beantragt werden. Sodann muss der Arbeitgeber die Kündigung **unverzüglich** nach **Erteilung** der Zustimmung erklären, damit die Kündigung trotzt des Überschreitens der Zwei-Wochen-Frist des §626 Abs. 2 BGB nicht unwirksam ist. Die von der Rechtsprechung hierfür gezogenen zeitlichen Grenzen sind äußerst eng – bereits das Verstreichenlassen von zwei weiteren Tagen nach Kenntniserlangung von der Zustimmung kann die Kündigung unwirksam machen.[212] Anders als bei der ordentlichen Kündigung kann und muss der Arbeitgeber, wenn die Frist des §626 Abs. 2 BGB bereits verstrichen ist, die außerordentliche Kündigung somit aussprechen, sobald er von der Zustimmungsentscheidung **Kenntnis** erlangt hat, sei es auch nur **fernmündlich** oder **per Telefax.**[213] Wartet er dennoch die förmliche Zustellung ab, ist die Kündigung unwirksam, da sie nicht mehr „unverzüglich" nach Erteilung der Zustimmung erklärt wurde.[214]

Hinweis

Die Obliegenheit zur unverzüglichen Kündigung bedeutet, dass nach erteilter Zustimmung keine neue Ausschlussfrist von zwei Wochen im Sinne des § 626 Abs. 2 BGB zu laufen beginnt.

---

157 Im Zusammenhang mit der Obliegenheit zur unverzüglichen Erklärung der Kündigung nach Erteilung der Zustimmung birgt die Fiktionswirkung des §91 Abs. 3 S. 1 und 2 SGB IX, wonach die Zustimmung zu einer **außerordentlichen Kündigung** im Falle der nicht rechtzeitigen Bescheidung nach zwei Wochen ab Antragstellung als erteilt gilt, eine erhebliche Gefahr für den Arbeitgeber. Übersieht dieser die Fiktionswirkung und spricht die Kündigung erst nach dem späteren tatsächlichen Erhalt des Zustimmungsbescheids aus, ist die außerordentliche Kündigung unwirksam.

Praxistipp

Vor diesem Hintergrund sollte der Arbeitgeber die Zweiwochenfrist ab Antragstellung **sorgfältig notieren.** Weil er allerdings nicht sicher wissen kann, ob bei Fristablauf nicht bereits eine Entscheidung auf dem Postwege zum ihm unterwegs ist (dann würde die Fiktionswirkung nicht eintreten, eine trotzdem ausgesprochene Kündigung wäre verfrüht und damit unwirksam), trifft den Arbeitgeber eine **Obliegenheit,** sich unmittelbar nach Fristablauf beim Integrationsamt zu **erkundigen,** ob eine Entscheidung bereits getroffen wurde.[215] Die weitere Reaktion des Arbeitgebers hängt nun von der erteilten Auskunft ab. Teilt ihm das Integrationsamt mit, dass keine Entscheidung getroffen wurde, tritt die Zustimmungsfiktion ein und der Arbeitgeber muss unverzüglich kündigen. Gibt die Behörde die Auskunft, dass eine Entscheidung getroffen wurde, nennt aber deren Inhalt (Zustimmung oder Verweigerung) nicht, muss der Arbeitgeber den Zugang der Entscheidung abwarten; ihm ist nicht zuzumuten,

---

212 Vgl. LAG Rheinland-Pfalz, Beschl. v. 5.10.2005 – 10 TaBV 22/05 – NZA-RR 2006, 245.

213 BAG, Urt. v. 21.4.2005 – 2 AZR 255/04 – NZA 2005, 991; Urt. v. 19.6.2007 – 2 AZR 226/06 – NZA 2007, 1153.

214 BAG, Urt. v. 21.4.2005 – 2 AZR 255/04 – NZA 2005, 991.

215 BAG, Urt. v. 19.4.2012 – 2 AZR 118/11 – NZA 2013, 507.

auf die Mitteilung auch des Inhalts zu drängen.[216] Setzt die Behörde den Arbeitgeber demgegenüber von der erteilten Zustimmung in Kenntnis, muss er unverzüglich kündigen und darf den Zugang des Bescheids nicht abwarten.[217]

Ist vor Ausspruch der außerordentlichen Kündigung zunächst der **Betriebs- oder Personalrat** nach §§ 102 f. BetrVG bzw. § 79 BPersVG zu **beteiligen**, und erfolgte dies nicht schon vor oder parallel zum Zustimmungsverfahren vor dem Integrationsamt, muss der Arbeitgeber das Beteiligungsverfahren unverzüglich nach Erteilung der Zustimmung oder nach Eintritt der Zustimmungsfiktion einleiten.[218] Der Zugang der Kündigung muss sodann unverzüglich, d. h. grundsätzlich am ersten Arbeitstag nach Abschluss des Beteiligungsverfahrens, bewirkt werden.[219] 158

Erklärt der Arbeitgeber die außerordentliche Kündigung nicht rechtzeitig, kann er allenfalls noch eine ordentlichen Kündigung aussprechen. Dies setzt jedoch voraus, dass er auch hierzu die Zustimmung beantragt hatte und dass das Integrationsamt auch diese bereits erteilt hat. 159

3. Rechtsfolgen der fehlenden Zustimmung

Eine ohne die vorherige Zustimmung des Integrationsamts ausgesprochene Kündigung ist – die rechtzeitige Erhebung der Kündigungsschutzklage vorausgesetzt – gem. § 134 BGB **unheilbar nichtig**. Dabei beginnt die dreiwöchige Klagefrist gem. § 4 S. 1 und 4 KSchG erst zu laufen, wenn das Integrationsamt dem Arbeitnehmer die Entscheidung über den Zustimmungsantrag bekannt gibt.[220] Hat der Arbeitgeber gar keine Zustimmung beantragt, kann der Arbeitnehmer – dem dann ja keine fristauslösende Entscheidung zugeht – die Rechtunwirksamkeit der Kündigung jederzeit bis zur Grenze der Verwirkung geltend machen.[221] Der Arbeitnehmer muss dabei allerdings beachten, dass er sich gegenüber seinem Arbeitgeber innerhalb von drei Wochen auf seinen Schwerbehindertenstatus berufen muss, wenn dieser dem Arbeitgeber bislang unbekannt war (siehe oben, Rn 123).[222] 160

---

216 BAG, Urt. v. 19.4.2012 – 2 AZR 118/11 – NZA 2013, 507.
217 Vgl. BAG, Urt. v. 21.4.2005 – 2 AZR 255/04 – NZA 2005, 991; Urt. v. 19.6.2007 – 2 AZR 226/06 – NZA 2007, 1153.
218 Vgl. BAG, Beschl. v. 22.1.1987 – 2 ABR 6/86 – NZA 1987, 563; *Knittel*, § 91 SGB IX Rn 99 f.; a.A. wohl ErfK/*Rolfs*, § 91 SGB IX Rn 9 (unverzüglich nach „Zustellung" des Zustimmungsbescheids).
219 Vgl. BAG, Urt. v. 27.5.1983 – 7 AZR 482/81 – AP SchwbG § 12 Nr. 12; *Knittel*, § 91 SGB IX Rn 100; ErfK/*Rolfs*, § 91 SGB IX Rn 9.
220 BAG, Urt. v. 13.2.2008 – 2 AZR 864/06 – NZA 2008, 1055; Urt. v. 17.2.1982 – 7 AZR 846/79 – NJW 1982, 2630; ausführlich zur Hemmung der Klagefrist Dau/Düwell/Joussen/*Düwell*, § 85 Rn 55.
221 BAG, Urt. v. 13.2.2008 – 2 AZR 864/06 – NZA 2008, 1055.
222 BAG, Urt. v. 13.2.2008 – 2 AZR 864/06 – NZA 2008, 1055.

161 Die Kündigung bleibt auch dann unwirksam, wenn eine zunächst sowohl vom Integrationsamt als auch im Rahmen des Widerspruchsverfahrens versagte Zustimmung nachträglich nach Ausspruch der Kündigung aufgrund einer gerichtlichen Entscheidung erteilt wird. Der Arbeitgeber kann nach Erhalt einer Zustimmung allenfalls eine **erneute Kündigung** aussprechen. Praxisrelevant ist eine solche Wiederholung freilich nur bei der ordentlichen Kündigung.

Praxistipp
Ist über die erste, unwirksame Kündigung ein Rechtsstreit anhängig, sollte der Arbeitgeber zur Vermeidung von Kosten erklären, dass er aus dieser Kündigung keine Rechtsfolgen ableiten wird.[223] Das Gericht wird dem Kläger dann in der Regel zu einer Rücknahme der Klage raten.

223 *Fuhlrott*, ArbRAktuell 2011, 317.

Kapitel 10
Sucht

A. Die Problemfälle – Begriff der Sucht

I. Verbreitung von alkohol- und suchtbedingten Störungen

Alkohol- und suchtbedingte Störungen kommen in allen gesellschaftlichen Bereichen vor und haben damit noch immer einen erheblichen Einfluss auf die moderne Arbeitswelt. 1

Je nach Belegschaftsstruktur muss davon ausgegangen werden, dass 5 – 10 % der Belegschaft einen kritischen Alkoholkonsum aufweist oder Medikamente oder andere Suchtmittel missbraucht. Untersuchungen der AOK belegen diese Zahlen.[1] 2

Tabak-, Alkohol- und Medikamentenkonsum bei Beschäftigten nach Alter und Geschlecht

	Erwerbstätige insgesamt	Geschlecht		Altersgruppen		
		Männer	Frauen	< 30	30 bis 50	50 bis 65
Anzahl Befragter	*2.005*	*958*	*1.047*	*261*	*1.069*	*668*
Anteil der regelmäßigen/gelegentlichen Raucher*	32,8	33,3	32,4	44,4	31,4	30,6
7 Tage Alkoholkonsum in der letzten Woche*	5,3	8,9	2,0	1,9	3,5	9,6
In den letzten 12 Monaten Medikamente zur Steigerung der Arbeitsleistung eingenommen*	5,0	4,0	6,0	8,0	3,7	6,0

(* in %; Quelle: AOK, Fehlzeiten-Report 2013)

Im Einzelnen geht die Deutsche Hauptstelle für Suchtfragen (DHS) davon aus, dass der Anteil der erwachsenen Allgemeinbevölkerung in Deutschland, bei dem eine **Alkoholabhängigkeit** vorliegt, in 2012 bei 3,4 % (Frauen 2,0 %, Männer 4,8 %) liegt. Zusätzlich beträgt der Anteil, bei dem ein Missbrauch von Alkohol gegeben ist, in 2012 insgesamt 3,1 % (Frauen 1,5 %, Männer 4,7 %). Damit sind absolut mehr als 3 Mio. Erwachsene in Deutschland alkoholkrank oder akut gefährdet. Der volkswirt-

1 Fehlzeiten-Report 2013/*Zok/Jaehrling*, S. 56.

schaftliche Schaden, der durch Alkoholsucht insbesondere wegen Fehlzeiten oder Frühverrentung entsteht, wird in 2007 mit 26,7 Milliarden € beziffert.[2]

3 Mit Blick auf **Medikamentenmissbrauch** gehen Schätzungen davon aus, dass in 2011 zwischen 1,4 Mio. und 1,9 Mio. Menschen von Medikamenten mit Suchtpotential abhängig sind.[3] Zudem wird geschätzt, dass ca. 240.000 Erwachsene im Alter von 18 bis 64 Jahren einen Missbrauch und ca. 320.000 Erwachsene eine Abhängigkeit im Zusammenhang mit dem Konsum der **illegalen Drogen** Cannabis, Kokain oder Amphetamine aufweisen.[4]

4 Hinzu kommt, dass die Anzahl der **Fehltage**, die auf der Einnahme von Suchtmitteln (Alkohol, Tabak, Medikamente u. ä.) beruhen, von 2,07 Millionen in 2002 auf 2,42 Millionen in 2012 gestiegen ist. Der weitaus größte Anteil der Fehltage entfällt dabei auf den Konsum von Alkohol (45,2 %) und Tabak (38,7 %).[5]

Arbeitsunfähigkeitstage wegen Suchtmittelkonsum 2012

Fehltage durch Konsum von	Anteil an allen Fehltagen in %	Anteil an allen AU-Fällen in %	Tage je Fall
Alkohol	45,2	43,5	22,0
Tabak	38,7	41,2	20,0
Multipler Substanzgebrauch	5,2	5,4	20,8
Cannabis	3,5	3,0	24,6
Sedative oder Hypnotika	2,8	2,1	27,5
Opioide	2,6	2,6	21,0
Andere Suchtmittel einschl. Koffein	1,2	1,2	21,4
Kokain	0,6	0,6	19,8
Flüchtige Lösungsmittel	0,1	0,1	18,7
Hallozinogene	0,1	0,1	18,4

(Quelle: AOK Fehlzeiten Report 2013, S. 301)

5 Als Spiegelbild der gesellschaftlichen Struktur sind suchtbedingte Störungen daher auch in allen Bereichen des Arbeitsleben zu finden. Ebenfalls ist Sucht als Krankheit anerkannt und beruht nicht auf der Willensschwäche des Erkrankten. Da den betrof-

2 DHS, Jahrbuch Sucht 2014, www.dhs.de.; Fehlzeiten-Report 2013/*Ducki*, S. 3.
3 Vgl. DHS, Suchtmedizinische Reihe Bd. 5, Medikamentenabhängigkeit, S. 27.
4 DHS, Factsheet Illegale Drogen, www.dhs.de.
5 Fehlzeiten-Report 2013/*Meyer/Mpairaktari/Glushanok*, S. 310 f.

fenen Mitarbeitern indes regelmäßig die Einsicht fehlt, die Sucht auch als Krankheit zu akzeptieren, erfordern Suchterkrankungen im Arbeitsverhältnis angemessene Handlungsweisen des Arbeitgebers, die sich von anderen krankheitsbedingten Verfahren unterscheiden. Dies gilt umso mehr, als dass Arbeit durch Anforderungen an Handlungsdruck, Erreichbarkeit und Flexibilität der Mitarbeiter ein Mitverursacher von Süchten sein kann.

Unabhängig von den einschneidenden persönlichen Konsequenzen für den 6
Betroffenen und seine Angehörigen, bestehen auch erhebliche Beeinträchtigungen für den Arbeitgeber und die betriebliche Organisation. Auch vor diesem Hintergrund ist daher ein sorgsamer Umgang mit Sucht im Betrieb und die Einführung geeigneter Verfahrensweisen zur Vorbeugung von suchtbedingten Störungen und zur Milderung der mit ihnen verbundenen Auswirkungen angebracht.

II. Arten von suchtmittelbedingten Störungen

1. Alkoholkonsum

Kriterien zur Feststellung eines für die Gesundheit kritischen Konsums, der gleichzei- 7
tig Anknüpfungspunkt für Maßnahmen der betrieblichen Suchtprävention ist, gibt es insbesondere für den Alkoholkonsum:

Als **risikoarm** gilt nach den Angaben der Bundeszentrale für gesundheitliche 8
Aufklärung (BZgA) und der Deutschen Hauptstelle für Suchtfragen (DHS) ein Alkoholkonsum von bis zu 24 g Alkohol für Männer und bis zu 12 g für Frauen pro Tag bei mindestens zwei alkoholfreien Tagen pro Woche. Dies entspricht in etwa der Menge von bis zu 0,6 l Bier für Männer und bis zu 0,3 l Bier für Frauen am Tag. Der Begriff „risikoarm" weist im Übrigen darauf hin, dass es einen völlig risikofreien Konsum nicht gibt.

Zum **riskanten Konsum** zählen Konsummengen, für die statistisch ein erhöhtes 9
Risiko für die Ausbildung von Erkrankungen etwa durch eintretende Gewöhnungseffekte oder Alkoholtoleranz besteht. Für die betriebliche Suchtprävention ist der riskante Konsum von besonderer Bedeutung, da zum einen im Einzelfall bereits Gefährdungssituationen durch den Konsum entstehen können. Zum anderen werden durch geeignete Präventionsmaßnahmen bereits zu einem relativ frühen Zeitpunkt Hilfsmittel angeboten, um weitere schwere Folgen für die Gesundheit des Mitarbeiters zu verhindern. Von einem riskanten Konsum gehen BZgA und DHS bei einem täglichen Alkoholkonsum von 24 – 60 g bei Männern und 12 – 40 g bei Frauen aus.

Ein **gefährlicher Konsum** wird für Männer bei 60 bis 120 g Alkohol und für 10
Frauen bei 40 bis 80 g täglich angenommen. **Schädigender Konsum** bezeichnet einen Gebrauch von Alkohol, der – gemessen an seinen Folgen – zu einer Gesundheitsschädigung führt. Dabei wird Alkohol gewohnheitsmäßig meist in größeren Mengen getrunken, damit seine positiven Wirkungen immer wieder erlebt werden

können (ohne dass aber bereits ein unabweisbarer Konsumwunsch oder -zwang besteht).

11 Für den **abhängigen Konsum** werden keine Schwellenwerte angesetzt. Alkoholabhängigkeit als psychiatrischer Erkrankung liegt vor bei einem oft starken, gelegentlich übermächtigen Wunsch, Alkohol zu konsumieren, bei einer Einengung des Denkens und der Interessen auf den Alkoholkonsum sowie einer verminderten Kontrolle über die getrunkene Menge. In der Regel zeigt sich eine psychische Abhängigkeit, die häufig unmerklich entstanden ist und sich subjektiv manifestiert. Hinzu kann eine körperliche Abhängigkeit treten, die sich etwa durch Toleranzentwicklung und Entzugserscheinungen äußert und objektiv zu beobachten ist.

12 Mit der Abhängigkeit wie dem schädlichen bzw. gefährlichem Gebrauch von Alkohol gehen spezielle Störungsbilder einher, z. B. die Alkoholvergiftung (Intoxikation), Alkoholentzugssyndrom, Angstzustände, depressive Stimmungen, sexuelle Funktionsstörungen, Schlafstörungen oder psychotische Störungen.[6]

---

i **Hinweis**

Im Rahmen der betrieblichen Suchtprävention wird empfohlen, die **an den Konsum geknüpften Begrifflichkeiten** statt der herkömmlichen Einteilung in Missbrauch, Abhängigkeit oder Suchterkrankung zu verwenden. Denn mit letzteren Begriffen sind bestimmte Diagnosen oder Krankheitsbilder bezeichnet. Insoweit ist indes nur schwer zu unterscheiden, wann lediglich ein Missbrauch und wann bereits eine spezifische Suchterkrankung gegeben ist. Zudem sind die an den Konsum anknüpfenden Begriffe in der Regel weniger negativ geprägt und erleichtern eine frühzeitige Ansprache erheblich.[7]

---

2. Medikamente

13 Schätzungen gehen davon aus, dass etwa 4 bis 5 % der häufig verordneten Medikamente zur Abhängigkeit führen können. Geschätzte 30 bis 35 % der Medikamente mit Missbrauchs- oder Abhängigkeitspotenzial werden aber nicht wegen akuter medizinischer Probleme, sondern langfristig zur Vermeidung von Entzugserscheinungen verordnet.[8] Nach den Bestimmungen der Weltgesundheitsorganisation WHO wird die Diagnose einer **Medikamentenabhängigkeit** gestellt, wenn während der letzten zwölf Monate drei oder mehr der folgenden sechs Kriterien gleichzeitig erfüllt waren:

- Ein starker Wunsch oder eine Art Zwang, das Medikament einzunehmen;
- Verminderte Kontrollfähigkeit bezüglich des Beginns, der Beendigung und der Menge der Medikamenteneinnahme;

---

6 DHS, Qualitätsstandards in der betrieblichen Suchtprävention, S. 10. Ausführlich zu den gesundheitlichen Folgen von Alkoholkonsum: DHS, Suchtmedizinische Reihe, Bd. 1, Alkoholabhängigkeit; Fehlzeiten-Report 2013/*Bartsch/Merfert-Diete*, S. 67 ff.

7 DHS, Qualitätsstandards in der betrieblichen Suchtprävention, S. 10.

8 *Künzl/Oberlander*, Sucht im Betrieb, S. 18.

- Ein körperliches Entzugssyndrom bei Beendigung oder Reduktion der Einnahme mit für das Medikament typischen Entzugssymptomen oder Einnahme anderer Mittel (z. B. andere Medikamente, Alkohol), um Entzugssymptome zu mildern oder zu vermeiden.
- Wirkungsverlust und Toleranzentwicklung, so dass höhere Dosierungen erforderlich sind, um die ursprüngliche Wirkung hervorzurufen;
- (Fortschreitende) Vernachlässigung anderer Interessen zugunsten der (ungestörten) Medikamenteneinnahme oder wegen erhöhten Zeitaufwands, um die Substanz zu beschaffen oder sich von den Folgen der Einnahme zu erholen.
- Anhaltende Medikamenteneinnahme trotz Nachweises eindeutiger schädlicher Folgen.[9]

Beispiele

Am weitesten verbreitet sind dabei Medikamente aus den Gruppen der Schlaf- und Beruhigungsmittel, der AD(H)S-Medikamente und Appetitzügler (Stimulanzien) sowie der Schmerz- und Betäubungsmittel (peripher und zentral wirksame Analgetika).[10]

---

3. Illegale Drogen

Als illegale Drogen werden alle Substanzen bezeichnet, die unter das **Betäubungs-** 14
mittelgesetz (BtMG) fallen. Herstellung, Besitz, Kauf und Handel mit illegalen Drogen ist strafbar. Zu den am weitesten verbreiteten illegalen Drogen zählen Cannabis und deutlich seltener Heroin, Ecstasy und andere synthetische Drogen sowie Kokain und Crack. 25 % der deutschen Bevölkerung im Alter zwischen 18 und 59 Jahren haben schon einmal illegale Drogen konsumiert; der Großteil von ihnen, ca. 75 %, dabei Cannabis.[11]

Hinweis

Wie auch die Fallpraxis der Rechtsprechung und der Instanzgerichte zeigt, gibt es weit weniger Fälle, in denen der Konsum von illegalen Drogen zu einer Störung im Arbeitsverhältnis führt, als im Vergleich zu den alkoholbedingten Störungen. Daher werden bei der Beurteilung von Rechtsfragen, die sich hieraus für das Arbeitsverhältnis ergeben, regelmäßig auch die zum Alkohol entwickelten Grundsätze herangezogen. Dabei sind indes Besonderheiten, die sich aus Konsum und Wirkungsweise illegaler Drogen ergeben, stets individuell zu berücksichtigen.[12]

---

9 DHS, Suchtmedizinische Reihe, Bd. 5, Medikamentenabhängigkeit, S. 12.

10 Ausführlich zur Verbreitung und zu den Folgen von Medikamentenmissbrauch: DHS, Suchtmedizinische Reihe, Bd. 5, Medikamentenabhängigkeit; Fehlzeiten-Report 2013/*Holzbach*, S. 75 ff.; *Künzl/Oberlander*, Sucht im Betrieb, S. 18 ff.

11 DHS, Suchtmedizinische Reihe, Bd. 4, Drogenabhängigkeit, S. 41 f.

12 Vgl. ausführlich zu Arten und Wirkweisen illegaler Drogen: DHS, Suchtmedizinische Reihe, Bd. 4, Drogenabhängigkeit; Fehlzeiten-Report 2013/*Täschner*, S. 93 ff.; *Bengelsdorf*, NZA-RR 2004, 113.

III. Anzeichen von Suchterkrankungen

15 Der Konsum von Suchtmitteln, insbesondere von Alkohol, kann erhebliche **Auswirkungen** auf das **Arbeitsverhältnis** haben. Mögliche Auffälligkeiten sind dabei nicht immer als solche zu identifizieren, die mit einem Suchtverhalten zusammenhängen.

16 Mögliche Auswirkungen können sich so etwa ergeben mit Blick auf

- **Arbeitsverhalten:** fehlerhafte Arbeitsergebnisse und Arbeitsrückstände, aktive Phasen mit nachfolgendem deutlichem Leistungsabfall, uninteressiert an Arbeitsabläufen oder auch überengagiert, d. h. Arbeitsvorhaben nicht aus der Hand gebend, mit vielen Arbeitsaufgaben gleichzeitig beschäftigt;
- **Arbeitszeit:** Anstieg von Fehlzeiten oder negative Zeitsalden bei Arbeitszeitkonto, unentschuldigtes Fehlen, das nachträglich mit einem Urlaubstag abgegolten wird, Versäumnis von Terminen, vorgezogenes Arbeitsende oder auch Anhäufung von nicht vereinbarten Überstunden, Überziehen der Pausen und unregelmäßiger Arbeitsbeginn;
- **Sozialverhalten:** Zunahme von Aggressivität, Verlust von Kritikfähigkeit, Rückzug und zunehmende Isolation, nachlassende Eigenverantwortung („schuld sind immer andere oder die Umstände“);
- **Gesundheit und äußeres Erscheinungsbild:** Bagatellisierung gesundheitsriskanten Verhaltens, Ablehnung fachgerechter Hilfe und Behandlung, Verwahrlosung.[13]

17 Solange trotz entsprechender Anzeichen bei der gefährdeten Personen kein wesentlicher Leistungsabfall festzustellen ist, besteht die Gefahr, dass eine mögliche Suchtgefährdung nicht erkannt oder ignoriert wird. Hinzu kommt, dass Betroffene oft vom direkten Umfeld im Betrieb abgeschirmt werden und fehlerhaftes Verhalten der betroffenen Person mitgetragen wird. Dies kann vielfache Gründe haben, etwa Solidarität/Mitleid, Ablenken von eigenen Unzulänglichkeiten etc.[14] Für eine erfolgreiche Bewältigung von suchtmittelbedingten Störungen sollten daher auch die direkten Kollegen für die Unterstützung des Veränderungsprozess gewonnen werden. Die umfassende Einbeziehung **aller Mitarbeiter** in Systeme der betrieblichen Suchtprävention insbesondere durch Prävention und Information kann das Verständnis für Anzeichen von riskanten Konsum und damit die Chance einer frühzeitigen Intervention durch den Arbeitgeber steigern.[15]

---

13 DHS, Substanzbezogene Störungen am Arbeitsplatz, S. 21 ff.; DHS, Qualitätsstandards in der betrieblichen Suchtprävention, S. 50.

14 DHS, Substanzbezogene Störungen am Arbeitsplatz, S. 27 ff.

15 Vgl. zur betrieblichen Suchtprävention Kap. 10. C. I., Rn. 39 ff.

Hinweis

Besondere Bedeutung kommt dabei dem Vorbildverhalten von **Führungskräften** und den Mitgliedern der **betrieblichen Interessenvertretung** zu. Das Verhalten dieser Personengruppe im Umgang mit Alkohol und anderen Suchtmitteln hat einen erheblichen Einfluss auf das Verhalten der restlichen Belegschaft. Daher empfiehlt es sich auch, zumindest diese Personengruppe spezifisch über Gebrauch und Wirkung von Suchtmitteln zu schulen.

B. Suchtspezifische Besonderheiten bei der Begründung des Arbeitsverhältnis

I. Fragerecht des Arbeitgebers und Einstellungsuntersuchungen

Im Rahmen von Bewerbungsverfahren kann ein Bedürfnis des Arbeitgebers bestehen, 18
den Mitarbeiter vor der Einstellung zu bestehenden Suchterkrankungen zu befragen oder diese im Rahmen einer ärztlichen Einstellungsuntersuchung abzuprüfen.[16]

Von sich aus jedenfalls muss ein Bewerber im Bewerbungsverfahren eine Suchter- 19
krankung **nicht offenlegen**, auch wenn eine derartige Erkrankung zur Folge haben kann, dass der Bewerber die in Aussicht genommene Tätigkeit nicht störungsfrei ausüben kann. Denn insoweit steht jeder Person grundsätzlich das Recht zu, ihren Gesundheitszustand geheimzuhalten.[17]

1. Fragerecht des Arbeitgebers

Gleichwohl ist es bei der Einstellung eines Mitarbeiters zulässig, eine bestehende 20
Suchterkrankung abzufragen, da suchtbedingte Ausfälle und Störungen – abhängig von den Anforderungen des Arbeitsplatzes – erhebliche Auswirkungen für betriebliche Abläufe haben können. Zudem muss der Arbeitgeber nach § 7 ArbSchG berücksichtigen, ob der Beschäftigte befähigt ist, die für die Sicherheit und den Gesundheitsschutz bei der Aufgabenerfüllung zu beachtenden Bestimmungen und Maßnahmen einzuhalten. Nicht nur aus eigenem Interesse des Arbeitgebers, sondern auch zum **Schutz des Bewerbers** und von bereits beschäftigten Mitarbeitern muss der Arbeitgeber sich daher vor der Aufnahme einer Tätigkeit durch einen neuen Mitarbeiter davon überzeugen, ob Einschränkungen bestehen, die der Aufgabenübertragung im Wege stehen.

Grundsätzlich besteht somit ein Fragerecht des Arbeitgebers, da Suchterkran- 21
kungen so gravierend sein können, dass sie der **uneingeschränkten Einsetzbarkeit**

16 Allgemein zum Fragerecht des Arbeitgebers bei Einstellungsuntersuchungen, s. bereits in Kap. 2. A. I. 1., Rn 4 f.

17 EuGH, Urt. v. 5.10.1994 – Rs. C-404/92 P – NJW 1995, 3005, 3006; a.A. *Künzl/Oberlander*, Sucht im Betrieb, S. 33.

des Stellenbewerbers im Betrieb **entgegenstehen.**[18] Dies gilt erst recht für Tätigkeiten, die wegen der mit ihnen verbundenen Gefahrensituationen hohe Konzentrations- und Koordinationsfähigkeit sowie Reaktionsvermögen erfordern.

Beispiel
Hierzu zählt etwa das Führen von Fahrzeugen, Anlagen oder anderen Maschinen.

22 Damit handelt es sich bei der Frage des Arbeitgebers nach einer möglichen Alkoholabhängigkeit oder anderen Suchterkrankungen um eine **zulässige Frage** im Rahmen eines Bewerbungsverfahrens.

Praxistipp
Wegen der grundsätzlichen Erheblichkeit einer Suchterkrankung für die störungsfreie Abwicklung des Arbeitsverhältnisses und der hieraus resultierenden Zulässigkeit einer diesbezüglichen Frage kann die Frage nach einer Abhängigkeit von Alkohol oder anderen Suchtmitteln in einen standardisierten **Personalfragebogen** (unter Berücksichtigung etwaiger Beteiligungsrechte des Betriebsrats nach § 94 Abs. 1 BetrVG) aufgenommen werden, um so die Bewerberangaben entsprechend zu dokumentieren.

23 Eine **nicht wahrheitsgemäße Beantwortung** dieser Frage durch einen Bewerber würde den Arbeitgeber grundsätzlich zur **Anfechtung** eines später geschlossenen Arbeitsverhältnisses unter den Voraussetzungen des § 123 BGB wegen arglistiger Täuschung berechtigen. Die Anfechtung setzt dabei insbesondere den durch den Arbeitgeber zu führenden Nachweis voraus, dass der Bewerber die Frage vorsätzlich falsch beantwortet hat.[19] Da aber gerade bei einer bestehenden Suchterkrankung die Einsichtsfähigkeit des Betroffenen regelmäßig beeinträchtigt ist, kann nicht immer davon ausgegangen werden, dass sich der Bewerber einer Suchterkrankung bewusst ist. Damit besteht für die Arbeitgeberseite eine **erhebliche Unsicherheit**, die bewusste Täuschung eines Bewerbers über den eigenen Gesundheitszustand als subjektiven Umstand in einer möglichen Auseinandersetzung nachzuweisen.

24 Gelingt der Nachweis und wird die Anfechtung fristgerecht erklärt, gilt ein bereits in Vollzug gesetztes Arbeitsverhältnis nach den Grundsätzen des faktischen Arbeitsverhältnisses mit *ex-nunc*-Wirkung, d. h. zukunftsgerichtet, als nichtig.[20]

Praxistipp
Alternativ kann eine Kündigung in Betracht kommen, wenn die Voraussetzungen des allgemeinen Kündigungsschutzes (noch) nicht erfüllt sind. Die nicht wahrheitsgemäße Beantwortung einer Frage

18 *Künzl/Oberlander*, Sucht im Betrieb, S. 34; ErfK/*Preis*, § 611 BGB Rn 274; *Bengelsdorf*, NZA-RR 2004, S. 113, 118.
19 Vgl. BAG, Urt. v. 17.6.1999 – 2 AZR 639/98 – NZA-RR 1999, 1328, 1329.
20 Vgl. zu den Rechtsfolgen der Anfechtung ErfK/*Preis*, § 611 BGB Rn 365 ff.

im Bewerbungsverfahren stellt aber für sich betrachtet keinen Grund für eine verhaltensbezogene Kündigung dar.

---

2. Einstellungsuntersuchung

Wegen der erheblichen Rechtsunsicherheit einer Anfechtung wegen arglistiger Täuschung empfiehlt es sich, anstelle der Frage nach einer bestehenden Suchterkrankung einen **objektivierten Nachweis** vom Bewerber über seine Eignung für die zu übertragenden Tätigkeiten durch eine ärztliche Untersuchung zu erlangen. 25

Da eine ärztliche Untersuchung die körperliche Integrität und das Recht auf informationelle Selbstbestimmung des Bewerbers beeinträchtigt, kann diese nur mit seiner **Zustimmung** erfolgen. Wichtig ist dabei, dass der Betroffene über Art und Umfang der durchzuführenden Untersuchung aufgeklärt wird und dieser in allen Teilbereichen zugestimmt hat.[21] Zudem ist zu berücksichtigen, dass die Durchführung einer ärztlichen Einstellungsuntersuchung für den Betroffenen einen erheblichen Eingriff in die genannten Rechtsgüter darstellt. Vor diesem Hintergrund muss sich die Untersuchung auf das Ausmaß beschränken, das erforderlich ist, um die Eignung des Bewerbers für die beabsichtigten Tätigkeiten festzustellen.[22] 26

Daher sollte vor jeder Einstellung festgestellt werden, ob der zu besetzende Arbeitsplatz besondere **körperliche** oder **geistige Eigenschaften** erfordert oder mit **spezifischen Gefahren** für den Arbeitnehmer selber oder die Gesundheit Dritter verbunden ist, so dass eine mögliche Suchterkrankung die Eignung des Bewerbers für die angestrebte Tätigkeit auf Dauer oder in periodisch wiederkehrenden Abständen erheblich beeinträchtigt. Kann diese Frage bejaht werden, dann besteht stets ein berechtigtes Interesse des Arbeitgebers, ein potentielles Suchtrisiko im Rahmen einer Einstellungsuntersuchung feststellen zu lassen.[23] Dies korrespondiert mit gesetzlichen Regelungen, die für bestimmte Beschäftigtengruppen die Vornahme von ärztlichen Eignungsuntersuchungen vorschreiben, wie z. B. bei 27

- Beschäftigung von Jugendlichen (§ 32 JArbSchG),
- Kapitänen und Besatzungsmitgliedern im Seedienst (§ 81 SeemG),
- Beschäftigten, die im Sinne der Strahlenschutzverordnung oder dem Infektionsschutzgesetz besonderen Gefahren ausgesetzt sind (§ 60 StrlSchV, § 43 IfSG)
- oder Piloten, die sich einer Untersuchung zur Feststellung der Flugtauglichkeit unterziehen müssen (EU-Verordnung Nr. 1178/2011 v. 3.11.2011).

---

21 EuGH, Urt. v. 5.10.1994 – Rs. C-404/92 P – NJW 1995, 3005, 3006; *Künzl/Oberlander*, Sucht im Betrieb, S. 36.

22 Vgl. hierzu *Fuhlrott/Hoppe*, ArbRAktuell 2010, 183, 184 f.

23 *Fuhlrott/Hoppe*, ArbRAktuell 2010, 183, 184 f.; *Künzl*, ArbRAktuell 2012, 235, 236 f.; Kollmer/Klindt/*Schack/Schack*, § 7 ArbSchG Rn 47.

Praxistipp
Wegen des Nachweises des berechtigten Arbeitgeberinteresses empfiehlt es sich, arbeitsplatzspezifisch Kriterien für Drogentests und andere Einstellungsuntersuchungen festzulegen. Dies kann mit einer **Gefährdungsbeurteilung** nach § 5 ArbSchG verbunden werden. Eine pauschale Anordnung von Standardtests genügt regelmäßig nicht den Anforderungen und sollte auch wegen der damit verbundenen Eingriffe in die Rechtsgüter der Betroffenen vermieden werden.[24]

28 Sind die Voraussetzungen für die Durchführung einer Einstellungsuntersuchung gegeben, kann der Bewerber sich nach dem Grundsatz der **freien Arztwahl** an einen Mediziner seines Vertrauens wenden. Er ist insbesondere nicht verpflichtet, einen vom Arbeitgeber beauftragten Arzt aufzusuchen. Der ausgewählte Arzt führt eine Einstellungsuntersuchung entsprechend der spezifischen Arbeitsplatzanforderungen durch und bescheinigt dann die Eignung bzw. Nicht-Eignung des Betroffenen. Solange der Betroffene den Arzt nicht von der Schweigepflicht entbunden hat, darf keine Mitteilung von Diagnosedaten an den Arbeitgeber erfolgen. Ebenso wenig darf eine Mitteilung über andere, außerhalb des eigentlichen Untersuchungsgegenstandes liegende Umstände erfolgen, die bei einer Untersuchung erkannt worden sind. Insbesondere darf der Arzt diese nicht in seine Entscheidung zur Feststellung der Eignung einfließen lassen.

Ausblick
Sowohl im Gesetzentwurf zum Beschäftigtendatenschutz als auch im Entwurf der EU-Datenschutzverordnung sind spezielle Anforderungen an die Verarbeitung von Gesundheitsdaten enthalten.[25] Es ist zu erwarten, dass an die Zulässigkeit von Fragen nach dem Gesundheitszustand eines Beschäftigten oder Bewerbers besondere Voraussetzungen geknüpft werden. Auch vor diesem Hintergrund ist es daher erforderlich, Umfang und Gründe für eine Abfrage etwaiger Suchterkrankungen im Einstellungsverfahren zu dokumentieren.

29 Nicht nur, wenn im Rahmen der Einstellungsuntersuchung die **fehlende Eignung** des Bewerbers festgestellt wurde, sondern auch bei **fehlender Zustimmung** des Mitarbeiters zur Vornahme einer solchen Untersuchung und berechtigtem Interesse des Arbeitgebers an der Feststellung der gesundheitlichen Eignung kann der Arbeitgeber

24 Zu den Beteiligungsrechten des Betriebsrates im Zusammenhang mit Einstellungsuntersuchungen siehe unten Kap. 10. D. II. 2., Rn. 119.

25 Vgl. Vorschlag für eine Verordnung des Europäischen Parlaments und des Rates zum Schutz natürlicher Personen bei der Verarbeitung personenbezogener Daten und zum Schutz des freien Datenverkehrs (Datenschutz-Grundverordnung) vom 25.1.2012, KOM (2012), 11, und Entwurf eines Gesetzes zur Regelung des Beschäftigtendatenschutzes vom 25.10.2010, BT-Ds. 17/4230. Ausführlich zu den Anforderungen des Datenschutzes bei Einstellungsuntersuchungen *Bayreuther*, NZA 2010, 679; *Behrens*, NZA 2014, 401.

die Einstellung **verweigern**. Insoweit ist der Arbeitgeber nicht verpflichtet, das Risiko einer möglichen Nicht-Eignung des Bewerbers zu übernehmen.[26]

Weiterhin kommt in Betracht, eine Einstellung des Bewerbers zunächst unter der **auflösenden Bedingung** einer erfolgreichen Eignungsuntersuchung vorzunehmen.[27] In diesem Fall sollte aber die Eignungsuntersuchung unverzüglich nach Einstellung nachgeholt werden. Denn ein berechtigtes Interesse an einer Einstellungsuntersuchung und damit die Wirksamkeit der auflösenden Bedingung muss verneint werden, wenn die fehlende Eignung für die übertragene Tätigkeit im Rahmen einer Einstellungsuntersuchung zu einem Zeitpunkt festgestellt wird, in dem der Beschäftigte die mit dem vermeintlichen Risiko verbundene Tätigkeit schon eine geraume Weile ausgeübt hat. 30

Muster i

Vertragliche Regelung einer Einstellungsuntersuchung:

Zur Feststellung der körperlichen und gesundheitlichen Eignung für den vorgesehenen Arbeitsplatz verpflichtet sich der Arbeitnehmer, sich bei einem Arzt seines Vertrauens untersuchen zu lassen. Der Arbeitnehmer entbindet den Arzt von der ärztlichen Schweigepflicht, soweit die Auskünfte dazu erforderlich sind, die Eignung für die Tätigkeit zu beurteilen. Die Wirksamkeit des Arbeitsvertrags steht unter der auflösenden Bedingung, dass der Nachweis einer uneingeschränkten körperlichen und gesundheitlichen Eignung für die vertraglich vereinbarte Tätigkeit nicht innerhalb von sechs Wochen nach Arbeitsaufnahme vom Arbeitnehmer beigebracht wird.

II. Gestaltungsmöglichkeiten für Alkohol- und Drogenverbote

1. Alkoholverbote

Relative Verbote zum Konsum von Alkohol, d. h. lediglich der eingeschränkte Gebrauch, sind **jedem Arbeitsverhältnis** immanent. Denn der Arbeitnehmer muss im Rahmen seiner persönlichen Leistungspflicht die Arbeitsleistung erbringen, die er bei angemessener Anspannung seiner geistigen und körperlichen Kräfte auf Dauer ohne Gefährdung seiner Gesundheit zu leisten imstande ist. Dieser Verpflichtung kann der Arbeitnehmer nicht nachkommen, wenn er durch die Einnahme von Alkohol die Fähigkeit zur ordnungsgemäßen Leistungserbringung beeinträchtigt.[28] Daneben besteht eine identische Verpflichtung aus den berufsgenossenschaftlichen Unfallverhütungsvorschriften, nach der sich ein Arbeitnehmer durch den Konsum von Alkohol, Drogen und anderen berauschenden Mitteln nicht in einen Zustand versetzen darf, in dem er sich und andere gefährdet (vgl. § 15 Abs. 2 BGV A1). 31

---

26 EuGH, Urt. v. 5.10.1994 – Rs. C-404/92 P – NJW 1995, 3005, 3006; Kollmer/Klindt/*Schack/Schack*, § 7 ArbSchG Rn 48.

27 LAG Frankfurt, Urt. v. 8.12.1994 – 12 Sa 1103/94 – DB 1995, 1617.

28 *Künzl/Oberlander*, Sucht im Betrieb, S. 44; Moll, Münch AnwaltsHb ArbR/*Reinfeld*, § 33 Rn 14.

32 Da insoweit wesentlich auf das individuelle Leistungsvermögen eines jeden Mitarbeiters bzw. die konkrete Gefährdungssituation abgestellt wird, ist dieses relative Verbot nur eingeschränkt in der Lage, einen pflichtverletzenden Konsum festzustellen, der arbeitsvertraglichen Sanktionen zugänglich ist. Denn es wird keine allgemeine Grenze des zulässigen Alkoholkonsums festgelegt, da diese wesentlich von **individuellen Umständen**, wie der Art und Weise der Tätigkeit, dem betrieblichen Umgang mit Alkohol- und Suchtmitteln oder dem individuellen Suchtverhalten der Betroffenen, abhängig ist.

Praxistipp

Angesichts der fehlenden objektiven Grenzwerte des unerlaubten Konsums im Rahmen eines relativen Alkoholverbots muss ein etwaiger Verstoß gegen das Verbot nicht nur durch die Feststellung des Konsums, sondern auch **anhand zusätzlicher Anzeichen** für eine suchtmittelbedingte Leistungseinschränkung festgestellt werden. Mit der Vereinbarung eines **absoluten Alkoholverbotes** kann daher einer leistungseinschränkenden und arbeitssicherheitswidrigen Verwendung effektiver begegnet werden als mit einem relativen Alkoholverbot. Der Arbeitgeber kann bereits den betrieblichen Alkoholkonsum und nicht erst folgende alkoholbedingte Pflichtverletzungen sanktionieren, so dass ein absolutes Verbot auch aus Gründen der Prävention vorteilhaft ist.

---

33 Für bestimmte Berufsgruppen, deren Tätigkeit mit besonderen Gefährdungssituationen verbunden ist, gibt es **absolute Alkoholverbote** auf Grund gesetzlicher Anordnung. Dies sind beispielsweise

- Betriebspersonal in der Personenbeförderung, § 8 BO-Kraft, § 13 BOStrab;
- Mitarbeiter im Bewachungsgewerbe, § 5 BGV C 7;
- Fahrzeugführer bei Gefahrguttransporten, § 9 Abs. 11 Nr. 18 GGVSE.

34 Gemeinsam haben diese Vorschriften, dass sie nicht nur die Einnahme während der Arbeitszeit untersagen, sondern auch den **Arbeitsantritt unter dem Einfluss von Suchtmitteln.**

35 Der Vereinbarung des nüchternen Arbeitsantritts im Rahmen eines absoluten Verbots steht im Ausgangspunkt zwar entgegen, dass hierdurch der Konsum außerhalb der Arbeitszeit und damit Privatverhalten des Mitarbeiters eingeschränkt wird. Denn Vereinbarungen über die private Lebensführung stehen grundsätzlich außerhalb der Regelungsbefugnis der Arbeitsvertragsparteien.[29] Jedenfalls, wenn nach der Eigenart der Tätigkeit eine bei Arbeitsantritt vorhandene Restalkoholisierung eine erhebliche Beeinträchtigung der Arbeitsfähigkeit – insbesondere unter Berücksichtigung der mit der Tätigkeit verbundenen Risiken – befürchten lässt, besteht indes ein überwiegendes Interesse des Arbeitgebers an der Vereinbarung einer Pflicht zur nüchternen Arbeitsaufnahme, wie auch die oben genannten gesetzlichen Verbote

29 *Künzl/Oberlander*, Sucht im Betrieb, S. 43.

verdeutlichen. Damit ist eine Differenzierung von Arbeitnehmergruppen anhand sachlicher Kriterein statthaft.[30]

Weitergehender kann aber auch für andere Arbeitnehmergruppen unabhängig von der Tätigkeit ein allgemeines Alkoholverbot – einschließlich der Pflicht zum nüchternen Arbeitsantritt – vereinbart werden. Ein absolutes Alkoholverbot, das diese Frage ausklammert, kann nicht sinnvoll durchgeführt und überwacht werden. Denn das zulässige Interesse des Arbeitgebers, Alkoholgenuss während der Arbeitszeit zu untersagen, wird eingeschränkt, wenn die Frage, wann sich ein Alkoholkonsum leistungsmindernd und sicherheitsgefährdend auswirkt, wegen der grundsätzlich zulässigen Restalkoholisierung bei Arbeitsantritt nur unter Berücksichtigung etwaiger Suchtmittel bedingter Ausfallerscheinungen nach Arbeitsantritt beantwortet werden kann. Zudem ist unter den Gesichtspunkten des Arbeitsschutzes und der betrieblichen Suchtprävention ein derartig weitgehendes Alkoholverbot geboten. Demgegenüber tritt das Interesse des Mitarbeiters am Konsum außerhalb der Arbeitszeit zurück. Denn der Mitarbeiter kann ja grundsätzlich in seiner Freizeit Alkohol zu sich nehmen. Es ist ihm aber zuzumuten, seinen privaten Alkoholkonsum so zu steuern, dass er nüchtern seine Arbeit aufnimmt.[31] 36

2. Drogen- und Medikamentenverbote

Bei der Vereinbarung von Drogen- und Medikamentverboten gelten die arbeitsvertraglichen und berufgenossenschaftlichen Anforderungen bezüglich eines relativen Alkoholverbots entsprechend. Für die Einnahme von Medikamenten ist dies ausdrücklich durch § 15 Abs. 3 BGV A1 klargestellt. Auch gilt ein absolutes gesetzliches Verbot für bestimmte Berufsgruppen. Auch bei der Vereinbarung von absoluten Drogenverboten gilt, dass zur sinnvollen Umsetzung unter Berücksichtigung von Arbeits- und Gesundheitsschutzaspekten auch die **Arbeitsaufnahme** unter dem Einfluss von Suchtmitteln zu untersagen ist.[32] Zudem sind nach § 29 BtMG bestimmte Verhaltensformen im Zusammenhang mit Suchtmitteln, wie insbesondere Besitz und Verschaffung, strafbewehrt (nicht allerdings der Konsum). Gleichwohl bleibt auch vor diesem Hintergrund das Interesse des Mitarbeiters am privaten Drogenkonsum hinter dem Interesse des Arbeitgebers an einem drogenfreien Arbeitsantritt zurück. 37

Da auch der missbräuchliche Medikamentenkonsum zu Störungen im Arbeitsverhältnis führen kann, ist die Einbeziehung von Medikamenten in betriebliche Drogenverbote statthaft. Wichtig ist, dass hierbei der **medizinisch indizierte Medikamentenkonsum** ausgeschlossen wird und geeignete Verfahrensregelungen 38

30 *Künzl/Oberlander*, Sucht im Betrieb, S. 43.
31 LAG Schleswig-Holstein, Beschl. v. 20.11.2007 – 5 TaBV 23/07 – NZA-RR 2008, 184, 185 f.; LAG Hamm, Urt. v. 11.11.1996 – 10 Sa 1789/95 – LAGE § 1 KSchG Verhaltensbedingte Kündigung Nr. 56.
32 *Bengelsdorf*, NZA-RR 2004, 113, 120.

zur Entlastung betroffener Mitarbeiter vorhanden sind. So kann – unter Berücksichtigung der Grundsätze des Schutzes von Gesundheitsdaten – der Betriebsarzt bei der Beurteilung einer therapeutisch notwendigen Einnahme von Medikamenten hinzugezogen werden.

Muster

Absolutes Suchtmittelverbot

Der Konsum von Alkohol, alkoholhaltigen Lebens- oder Genussmitteln und anderer Suchtstoffe ist während der Dienstzeit verboten. Die Aufnahme der Arbeit unter dem Einfluss von Alkohol oder anderer Suchtstoffe ist untersagt.

C. Auswirkungen des Alkohol- und Drogenkonsums auf das Arbeitsverhältnis

I. Betriebliche Suchtprävention und Suchthilfe

1. Betriebliche Suchtprävention als Arbeitgeberaufgabe

39 Gemäß § 3 Abs. 1 ArbSchG ist der Arbeitgeber verpflichtet, die erforderlichen Maßnahmen des Arbeitsschutzes unter Berücksichtigung aller die Sicherheit und die Gesundheit der Beschäftigten bei der Arbeit beeinflussenden Umständen zu treffen. Überdies muss der Arbeitgeber auch nach § 618 Abs. 1 BGB Arbeitsplatz und Arbeitsumgebung so gestalten, dass der Arbeitnehmer gegen Gefahr für Leben und Gesundheit soweit geschützt ist, wie dies unter Berücksichtigung der konkreten Tätigkeit möglich und erforderlich ist. Der Arbeitgeber ist also verpflichtet, für die Beschäftigten einen **sicheren Arbeitsplatz** einzurichten und geeignete Maßnahmen zu ergreifen, um grundsätzlich die Gesundheit des Mitarbeiters durch die ausgeübte Tätigkeit jedenfalls nicht zu verschlechtern. Damit obliegt dem Arbeitgeber eine umfassende, **präventive Handlungspflicht.**[33]

40 Auch zur weiteren Ausgestaltung dieser Verpflichtung lassen sich dem Arbeitsschutzrecht inhaltliche Anforderungen entnehmen. So ist der Arbeitgeber nach § 3 Abs. 1 und Abs. 2 ArbSchG verpflichtet,

- erforderliche Maßnahmen des Arbeitsschutzes zu treffen;
- Wirksamkeitskontrollen mit Blick auf die getroffenen Maßnahmen des Arbeitsschutzes durchzuführen;
- ergriffene Maßnahmen – falls erforderlich – an veränderte Gegebenheiten anzupassen und zu optimieren;
- eine geeignete Arbeitsschutzorganisation aufzubauen und

---

33 Kollmer/Klindt/*Kohte*, § 3 ArbSchG Rn 15.

– Maßnahmen des Arbeits- und Gesundheitsschutzes umfassend in die Strukturen und Prozesse in Betrieb und Unternehmen zu integrieren.

Zu berücksichtigen ist indes, dass für konkrete Maßnahmen auf der betrieblichen 41
Ebene durch § 3 Abs. 1 ArbSchG neben den genannten allgemeinen Handlungspflichten keine weiteren Vorgaben aufgestellt werden. Dies wäre angesichts der Vielgestaltigkeit der betrieblichen Verhältnisse nicht beabsichtigt und auch nicht möglich.

Für den Umgang mit **Alkohol und Suchtmitteln** im Betrieb bedeutet dies, dass 42
der Arbeitgeber zur **Prüfung** verpflichtet ist, ob unter Berücksichtigung der persönlichen Fähigkeiten der einzelnen Arbeitnehmer und den spezifischen Gefahren von Arbeitsplatz und Tätigkeit **besondere Maßnahmen** zur Vorbeugung von Suchtmittelkonsum geboten sind. Insbesondere in Arbeitsbereichen mit einem hohen Gefährdungspotential wird in der Regel die Notwendigkeit bestehen, durch ein Alkohol- und Drogenverbot oder vergleichbare Maßnahmen sicherzustellen, dass die für die ordnungsgemäße Aufgabenerfüllung erforderlichen Eigenschaften wie Auffassungsgabe, Konzentrationsfähigkeit und Reaktionsvermögen nicht eingeschränkt sind.[34]

Losgelöst von diesen spezifischen, auf den konkreten Arbeitsplatz bezogenen 43
Maßnahmen lassen sich dem Arbeitsschutzrecht indes **keine konkreten Handlungspflichten** des Arbeitgebers mit Blick auf die Einführung eines **allgemeinen Systems zur Suchtprävention** entnehmen. Dies ergibt sich schon aus der Zielrichtung des Arbeitsschutzrechts, das allgemein gehaltene Bestimmungen enthält, um den Betrieben genügend Möglichkeiten für die Entwicklung eigener Initiativen einzuräumen.[35] Des weiteren hat der Arbeitgeber bei der Umsetzung der ihm obliegenden Schutzpflicht einen **weiten Gestaltungsrahmen**, auf welche Weise er dieser Pflicht nachkommen möchte. Denn der in § 618 Abs. 1 BGB intendierte Gefahrenschutz ist nicht absolut, sondern besteht nur soweit, „wie es die Natur des Betriebs gestattet“. Der Arbeitgeber ist danach berechtigt, ein akzeptables Risiko hinzunehmen. Außerdem begrenzen die betrieblichen Gegebenheiten und damit auch die wirtschaftliche Situation von Betrieb und Unternehmen die Schutzpflicht des Arbeitgebers, insbesondere dann, wenn diese – wie allgemeine Maßnahmen der Suchtprävention – nicht der Abwehr konkreter Gefahren des Arbeitsplatzes dienen.[36]

Praxistipp
Gleichwohl dienen die mit der Einführung von Mitteln zur betrieblichen Suchtprävention verbundenen Auswirkungen für die Mitarbeiter auch berechtigten Interessen des Arbeitgebers. So sind positive Effekte mit Blick auf Arbeitsqualität und die Senkung von Entgeltfortzahlungskosten zu erwarten.[37]

34 *Bengelsdorf*, NZA-RR 2004, 113, 119 f.
35 Kollmer/Klindt/*Kohte*, § 1 ArbSchG Rn 7.
36 Vgl. ErfK/*Wank*, § 618 BGB Rn 14; BeckOK ArbR/*Joussen*, § 618 BGB Rn 29.
37 Zur Wirtschaftlichkeitsbetrachtung der betrieblichen Suchtprävention vgl. Fehlzeiten-Report 2013/*Tielking*, S. 125 ff.

Außerdem werden krankheitsbedingte Beendigungen von Arbeitsverhältnissen erleichtert, wenn der Arbeitgeber nachweisen kann, dass er alle notwendigen Schritte zur Gesunderhaltung und Weiterbeschäftigung von Mitarbeitern ergriffen hat.

2. Mittel der betrieblichen Suchtprävention

44 Die Deutsche Hauptstelle für Suchtfragen (DHS) hat unter Berücksichtigung insbesondere von Modellen der betrieblichen Praxis, den Vorstellungen von Betrieben sowie Gruppeninterviews mit Akteuren der betrieblichen Suchtprävention und -hilfe **Qualitätsstandards** für die **betriebliche Suchtprävention** zusammengestellt. Ein wesentliches Kernelement ist dabei die Anforderung, die Mittel der Suchtprävention nicht nur auf die Mitarbeiter mit riskantem oder abhängigem Konsum von Suchtmitteln zu beschränken, sondern **alle Mitarbeiter**, d. h. auch die Mitarbeiter mit nur risikoarmen Konsum, zu erfassen. Durch die Einbeziehung auch dieser Mitarbeitergruppe kann etwa durch Information und Aufklärung ein Umfeld für gesundheitsförderliches Verhalten geschaffen werden. Besonders bedeutend ist dabei die Gruppe der Mitarbeiter mit riskantem Konsum. Werden für diese Gruppe bereits **präventive Maßnahmen** getroffen und wird diese in etwaige Interventionsverfahren[38] auf betrieblicher Ebene integriert, kann einem Abgleiten in Formen des risikoreicheren Konums oder gar in die Abhängigkeit entgegen gewirkt werden.

Im Gegensatz dazu stehen traditionelle betriebliche Suchtprogramme, die vorwiegend reaktiv für die Gruppe der akut Suchtmittelabhängigen Maßnahmen anbieten und so – zwar auch mit weniger Aufwand für den Arbeitgeber – weniger effektiv Hilfestellungen für mögliche suchtbedingte Störungen auf der betrieblichen Ebene anbieten.[39]

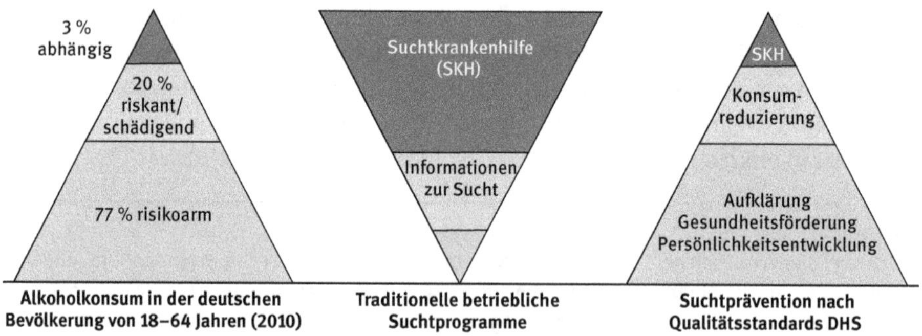

Bedarfsgruppengerechte Ansatzpunkte der Suchtprävention[40]

38 Vgl. hierzu Kap. 10. D. I. 1., Rn. 114 ff.

39 DHS, Qualitätsstandards in der betrieblichen Suchtprävention, S. 26 f.

40 DHS, Qualitätsstandards in der betrieblichen Suchtprävention, S. 27.

Mit Blick auf Standardmaßnahmen, die sich im Rahmen betrieblicher Suchtpräventionsprogramme in Deutschland etabliert haben, identifiziert die DHS fünf Bereiche, in denen – abhängig von den individuellen Gegebenheiten des Betriebs – die Betriebspartner und die Akteure der betrieblichen Suchthilfe tätig werden sollen. Dies sind 45

- Vorbeugung von riskantem Konsum und Suchtgefährdungen im Betrieb;
- Intervention bei suchtspezifischen Auffälligkeiten und Qualifizierung der Personalverantwortlichen;
- Interne und externe Beratungsangebote, betriebliches Unterstützungssystem;
- Organisatorischer Rahmen und strukturelle Einbindung;
- Marketing und Qualitätssicherung.[41]

Essentiell für eine effektive Suchtprävention und Suchthilfe sind damit in gleicher 46 Weise Maßnahmen zur Vorbeugung sowie reaktive Maßnahmen zum Umgang mit akuten Suchtproblemen. **Vorbeugend** bieten sich im wesentlichen Maßnahmen zur Information und Aufklärung der Belegschaft sowie Angebote verhaltensbezogener Maßnahmen zur Unterstützung der Konsumreduzierung an. Ein wesentliches Element der **reaktiven Suchthilfe** ist die Einführung eines Interventionssystems in Form eines Stufenplans mit Eskalationsverfahren im Falle von alkohol- oder suchtmittelbedingten Leistungseinschränkungen. Begleitend zu einem derartigen Interventionssystem werden die Betroffenen regelmäßig bei der Inanspruchnahme von Beratungsangeboten unterstützt, was – ebenso wie die Steuerung des Interventionssystems – eine hinreichende Qualifizierung der im Betrieb mit der Suchtprävention befassten Mitarbeiter erfordert.[42]

Maßnahmen der Suchtprävention und Suchthilfe setzen zudem eine gewisse 47 **betriebliche Organisation** voraus: Hierunter sind nicht nur die Einräumung der Verantwortlichkeit für dieses Thema an eine bestimmte Person oder Personengruppe, sondern auch die Einbindung in auf der betrieblichen Ebene bestehende Arbeitsbereiche, wie insbesondere Arbeits- und Gesundheitsschutz oder Qualitätsmanagement, umfasst. Hier sollten bei der Festlegung von Verfahrensweisen auch Regelungen zur Abgrenzung von Verantwortungsbereichen getroffen werden.

Schließlich ist für den Erfolg von Maßnahmen der Suchtprävention und der 48 Suchthilfe eine **hinreichende Kommunikation** auf der betrieblichen Ebene sowie eine regelmäßige **Evaluation** des Programms zur konzeptionellen Weiterentwicklung erforderlich.

41 DHS, Qualitätsstandards in der betrieblichen Suchtprävention, S. 5 f.

42 Ausführlich zu möglichen Maßnahmen der Suchtprävention: DHS, Qualitätsstandards in der betrieblichen Suchtprävention, S. 13 ff.

II. Suchtbedingte Leistungsstörungen im Arbeitsverhältnis

1. Entgeltfortzahlung im Krankheitsfall

49 Ist ein Arbeitnehmer auf Grund von Alkohol- oder Suchtkonsum nicht in der Lage, seine Arbeitsleistung zu erbringen, hat er – soweit nicht § 3 EFZG greift – grundsätzlich **keinen Anspruch** auf Vergütung. Denn insoweit kann er nicht nur nicht mehr die geschuldete Arbeitsleistung erbringen, vielmehr ist der Arbeitgeber aufgrund von Arbeitssicherheit und Fürsorgepflicht gehalten, dem Mitarbeiter die Weiterarbeit zu untersagen, um so Schäden für ihn selbst und andere Mitarbeiter abzuwenden.

Hinweis

Dies ist kein Fall der **vorübergehenden Arbeitsverhinderung** im Sinne von § 616 BGB durch Hinderungsgründe in der Person des Betroffenen. Denn von § 616 BGB ist der persönliche Lebensbereich des Mitarbeiters (z. B. familiäre Ereignisse, persönliche Unglücksfälle u. ä.) und nicht persönliche Eigenschaften erfasst.[43]

---

50 Entscheidend ist, dass die fehlende Arbeitsfähigkeit anhand **konkreter Ausfallentscheidungen** nachweisbar ist. Dann kann der Arbeitnehmer entscheiden, ob er seinerseits insbesondere durch einen Alkoholtest oder eine (nachträgliche) ärztliche Bescheinigung seine Arbeitsfähigkeit nachweist und sich entlastet.[44] Bei entsprechendem Nachweis ist der Arbeitgeber aus Annahmeverzug zur Vergütung verpflichtet.[45]

Wichtig

Für die Frage der fehlenden Arbeitsfähigkeit spielt es keine Rolle, ob im Betrieb ein absolutes Alkohol- und Drogenverbot besteht. Denn auch im Anwendungsbereich eines solchen Verbots müssen konkrete Ausfallerscheinungen auftreten, um die Arbeitsfähigkeit auszuschließen. Liegen diese nicht vor, kann der Arbeitgeber etwa durch Abmahnung oder Kündigung aber einen verhaltensbedingten Verstoß gegen das Verbot sanktionieren.

---

51 Auch bei fehlender Arbeitsfähigkeit besteht eine **Vergütungspflicht** des Arbeitgebers nach dem EFZG, wenn der suchtmittelbedingte Arbeitsausfall auf einer unverschuldeten Krankheit beruht (vgl. ausführlich zu den Grenzen des Entgeltfortzahlungsanspruchs Kap. 3). Gerade bei langandauernden Zeiten der Arbeitsunfähigkeit, etwa als unmittelbare Folge der Suchterkrankung oder als Folge einer Behandlung oder Therapie, wird der Arbeitsaufall in der Regel eine **krankheitsbedingte Ursache** haben. Ein Lohnabzug wegen alkoholbedingter Arbeitsunfähigkeit kann damit nur dann

43 ErfK/*Preis*, § 616 BGB Rn. 3.

44 BAG, Urt. v. 16.9.1999 – 2 AZR 123/99 – NZA 2000, 141, 143 f.; BAG, Urt. v. 17.8.2001 – 5 AZR 251/10 – NZA-RR 2012, 342, 343; *Hoppe/Fuhlrott*, ArbRAktuell 2010, 464, 464 f.

45 *Künzl/Oberlander*, Sucht im Betrieb, S. 64.

erfolgen, wenn er auf einem suchtunabhängigem, d. h. selbst gesteuertem Suchtmittelkonsum beruht, etwa durch die vorsätzliche Einnahme von Suchtmitteln bei der Arbeit oder der Nichtaufnahme der Arbeit („Blaumachen“) nach Alkohol- oder Drogenkonsum am Vortag.

Denn gemäß § 3 Abs. 1 EFZG ist ein Anspruch auf Entgeltfortzahlung ausgeschlos- 52
sen, wenn den Arbeitnehmer ein **Verschulden** an der Erkrankung trifft. Nach der Rechtsprechung des BAG gibt es keinen Erfahrungssatz, wonach der Arbeitnehmer eine krankhafte Alkoholabhängigkeit in der Regel selbst verschuldet hat. Vielmehr muss für den konkreten Einzelfall entschieden werden, ob eine suchtmittelbedingte Erkrankung durch eigenes Verschulden herbeigeführt worden ist oder nicht. Der Arbeitgeber muss hierzu Anhaltspunkte darlegen, aus denen sich ein Arbeitnehmerverschulden ergibt. Der Arbeitnehmer ist hierbei zur **Mitwirkung** an der Aufklärung aller für die Entstehung des Anspruchs erheblichen Umstände verpflichtet. Lässt sich der Sachverhalt in tatsächlicher Hinsicht nicht aufklären, geht dies zu Lasten des Arbeitgebers.[46]

Hinweis

Diese Grundsätze gelten auch mit Blick auf ein **„Rückfallverschulden“**, d. h. einer erneuten suchtmittelbedingten Arbeitsunfähigkeit nach erfolgter Therapie, so dass auch ein Rückfall in der Regel nicht durch den Arbeitnehmer verschuldet ist.[47] Hier kann ein Verschulden nur angenommen werden, wenn eine Therapie sach- und fachgerecht durchgeführt wurde, eine weitgehende Ausheilung erfolgt ist und der Betroffene sich trotz entsprechender Nachsorgeangebote und Aufklärung bewusst zum erneuten Suchtmittelkonsum entscheidet.

Mittelbare Arbeitsunfähigkeit als Folge eines Suchtmittelkonsums kann aber zu 53
einem Ausschluss des Entgeltfortzahlungsanspruchs wegen Eigenverschulden des Arbeitnehmers führen. Dies gilt für den Fall, dass sich der Arbeitnehmer in steuerungsfähigem Zustand einer erheblichen Gefährdungssituation aussetzt, die sich durch den nachfolgenden Suchtmittelkonsum realisiert.

Beispiel

So hat das BAG ein Verschulden bei einem Arbeitnehmer angenommen, der sein Auto für den Weg zur Arbeitsstelle benutzt, während der Arbeitszeit in erheblichem Maße Alkohol zu sich nimmt und nach Arbeitsende alkoholisiert einen Verkehrsunfall verursacht, bei dem er verletzt wird.[48]

---

46 BAG, Urt. v. 7.8.1991 – 5 AZR 410/90 – AP LohnFG § 1 Nr. 94; BAG, Urt. v. 27.5.1992 – 5 AZR 297/91 – EzA § 1 LohnFG Nr. 123. Zur Abgrenzung zwischen verschuldeter Arbeitspflichtverletzung und suchtbedingter Leistungsmängel siehe Kap. 10. C. III. 1., Rn. 62 ff.

47 BAG, Urt. v. 27.5.1992 – 5 AZR 297/91 – EzA § 1 LohnFG Nr. 123; MünchHB ArbR/*Schlachter*, § 73 Rn 47.

48 BAG, Urt. v. 30.3.1988 – 5 AZR 42/87, AP LohnFG § 1 Nr. 71.

2. Suchtbedingte Arbeitsunfälle

54 Steht ein Arbeitsunfall im Zusammenhang mit dem Konsum von Suchtmitteln, kann dies Auswirkungen für den **Versicherungsschutz** des Beschäftigten in der **gesetzlichen Unfallversicherung** haben. Die Eintrittspflicht des Unfallversicherungsträgers setzt zunächst voraus, dass das Verhalten, das den Unfall ausgelöst hat, in einem inneren Zusammenhang mit der ausgeübten Tätigkeit steht und das diese Tätigkeit kausal den Unfall herbeigeführt hat.[49]

55 Bei **alkoholbedingten Arbeitsunfällen** ist nach der Rechtsprechung des BSG nach dem Grad der Alkoholisierung zu differenzieren, ob der Mitarbeiter noch in der Lage ist, die versicherte Tätigkeit zu verrichten, oder ob der Versicherte derart betrunken ist, dass er zu keiner dem Unternehmen förderlichen Arbeit mehr fähig ist. Ist keine förderliche Arbeit mehr möglich, hat sich der Arbeitnehmer von der versicherten Tätigkeit gelöst und unterliegt nicht mehr der gesetzlichen Unfallversicherungspflicht. Würde in diesem Zustand eine unfallbedingte Verletzung erfolgen, liegt kein Arbeitsunfall vor und Leistungen an den betroffenen Arbeitnehmer und ggf. seine Hinterbliebenen wären ausgeschlossen.[50]

---

i **Beispiele**

*Ein derartiger alkoholbedingter **gänzlicher Leistungsausfall** muss unter Berücksichtigung der konkreten Umstände des Einzelfalls erfolgen und wird auch bei hoher Alkoholisierung vom BSG in der Regel nicht angenommen. So hat das BSG einen gänzlichen Leistungsausfall in den folgenden Fällen abgelehnt:*

- *Treppensturz eines trinkfesten Gastwirtes während des Verlassens seiner Gaststätte mit einer BAK von deutlich über 3 ‰*[51]*;*
- *Treppensturz eines Verwaltungsangestellten mit einer BAK von 2 ‰ im Anschluss an eine zentrale Beförderungsfeier;*[52]
- *Stromschlag bei Reinigung einer Mörtelspritzmaschine durch einen Bauarbeiter nach Konsum einer erheblichen Menge Alkohols (ca. 10 Dosen Bier).*[53]

---

56 Ist der Arbeitnehmer indes grundsätzlich noch zur Verrichtung der versicherten Tätigkeit in der Lage, so dass nur ein **Leistungsabfall** vorliegt, bleibt der Versicherungsschutz in der gesetzlichen Unfallversicherung zunächst erhalten. Fehlt es in diesem Fall aber am **ursächlichen Zusammenhang** zwischen der versicherten Tätigkeit und dem Unfall, weil der alkoholbedingte Leistungsabfall die rechtlich allein wesentliche Bedingung des Unfalles ist, entfällt wiederum der Versicherungsschutz. Dabei ist der

49 BSG, Urt. v. 20.2.2001 – B 2 U 7/00 R – NZS 2001, 496 f.; BSG, Urt. v. 15.5.2012 – B 2 U 8/11 R – BeckRS 2012, 74957.

50 BSG, Urt. v. 30.4.1991 – 2 RU 11/90 – NZA 1992, 93, 94; BSG, Urt. v. 5.9.2006 – B 2 U 24/05 R – BeckRS 2007, 40679.

51 BSG, Urt. v. 5.7.1994 – 2 RU 34/93 – BeckRS 1994, 30418589.

52 BSG, Urt. v. 30.4.1991 – 2 RU 11/90 – NZA 1992, 93, 94.

53 BSG, Urt. v. 5.9.2006 – B 2 U 24/05 R – BeckRS 2007, 40679.

Alkoholkonsum die wesentliche Ursache, wenn der Unfall nach der Lebenserfahrung ohne den Genuss von Alkohol wahrscheinlich nicht eingetreten wäre. Das schädigende Verhalten muss also für einen unter Alkoholeinfluss stehenden Mitarbeiter **typisch** sein, wie beispielsweise Aufmerksamkeitsverlust, falsche räumliche Wahrnehmung oder alkoholbedingtes Unwohlsein. Das BSG hat so für den Fahrer eines Muldenkippers, der mit einer BAK von ca. 2 ‰ in einem Steinbruch von einer Fahrstraße abkommt und einen Abhang hinabstürzt, eine Ursächlichkeit abgelehnt, da die Fahrfehler allein auf alkoholbedingten Ausfallerscheinungen beruhten.[54]

Hinweis
Grundsätzlich unterliegen auch die **Wege von und zur Arbeitsstätte** dem gesetzlichen Unfallversicherungsschutz. Im Zusammenhang mit alkoholbedingten Wegeunfällen ist regelmäßig auch schon bei nur geringer Alkoholisierung eine Ursächlichkeit zwischen verrichteter Tätigkeit und Unfall ausgeschlossen. Im Zweifel muss der Arbeitnehmer nachweisen, dass nicht die alkoholbedingten Ausfallerscheinungen, sondern andere Umstände kausal für den Unfall waren.

Auch wenn ein alkohol- oder suchtmittelbedingter Arbeitsunfall auf eine **Suchterkrankung** des Mitarbeiters zurückzuführen ist, kann der Suchtmittelkonsum nach der Rechtsprechung des BSG zum Ausschluss des Versicherungsschutzes führen.[55] Dies steht indes im Widerspruch zu anderen Entscheidungen des BSG, nach denen eine Krankheit als „innere Ursache" lediglich mitursächlich und die Verrichtung der versicherten Tätigkeit jedenfalls eine wesentliche Mitursache der Schädigung war. Entsprechend muss auch für eine Suchterkrankung als eine „innere Ursache" ein Arbeitsunfall angenommen werden, wenn die im Unfallzeitpunkt verrichtete Tätigkeit zumindest zu einem Teil ursächlich für den Eintritt des schädigenden Ereignisses war.[56] 57

3. Kontrollmaßnahmen des Arbeitgebers

Auch im laufenden Arbeitsverhältnis kann der Arbeitgeber aus Gründen der Arbeits- 58
sicherheit, zum Schutz von Belegschaft und betroffenen Mitarbeiter oder zur Beweissicherung bei der Vorbereitung etwaiger arbeitsrechtlicher Maßnahmen ein erhebliches Interesse daran haben, **Kontollunterscuchungen** zur Feststellung von Alkohol- oder Suchtmittelkonsum durchführen zu lassen. Da eine hierfür erforderliche ärztliche Untersuchung des Arbeitnehmers mit daran anschließender Offenbarung personenbezogener Daten durch den Arzt an den Arbeitgeber regelmäßig zu einem Eingriff in die Intimsphäre des Arbeitnehmers führt, kann sie nicht ohne die

54 BSG, Urt. v. 27.11.1986 – 2 RU 67/85 – NZA 1987, 359. Vgl. BSG, Urt. v. 30.4.1991 – 2 RU 11/90 – NZA 1992, 93, 94; *Künzl/Oberlander*, Sucht im Betrieb, S. 130 f.

55 BSG, Urt. v. 25.8.1982 – 2 RU 19/81 – BeckRS 1982, 05810.

56 *Künzl/Oberlander*, Sucht im Betrieb, S. 132.

Einwilligung des Mitarbeiters durchgeführt werden. Dies gilt erst recht für Untersuchungen, die wie eine Blutalkoholentnahme zur Feststellung der Blutalkoholkonzentration mit einem Eingriff in die körperliche Unversehrtheit verbunden sind. Daher sind im laufenden Arbeitsverhältnis routinemäßige, einseitig angeordnete Kontrollen von Alkohol- oder Suchtmittelkonsum nicht zulässig. Das gilt auch dann, wenn sie im Rahmen einer Betriebsvereinbarung angeordnet sind.[57]

Praxistipp

Damit kann der Arbeitgeber die Feststellung von suchtbedingten Ausfallerscheinungen nur auf solche Erkenntnisse stützen, die er unmittelbar durch **eigene Wahrnehmung** gewinnen kann, wie z. B. Veränderung der Sprache und Verhalten, unkoordinierter Gang, Gleichgewichtsstörungen etc. In diesem Fall empfiehlt es sich, die äußeren Eindrücke zu **dokumentieren** und durch eine weitere Person, z. B. ein Mitglied des Betriebsrats oder ein anderer Vorgesetzter, abzusichern. In Betracht kommt zudem, dem Mitarbeiter die Vornahme von Untersuchungen zur Feststellung von Alkohol- oder Drogenkonsum anzubieten, damit dieser sich entlasten oder ggf. den gewonnenen Eindruck bestätigen kann.

---

4. Handlungspflichten des Arbeitgebers

59 Steht ein Mitarbeiter erkennbar unter dem Einfluss von Alkohol oder Drogen, so dass seine Arbeitsfähigkeit in Frage steht, treffen den Arbeitgeber besondere Handlungspflichten. Zum einen ist der Arbeitgeber aus der arbeitsvertraglichen **Fürsorgepflicht** gehalten, Schaden vom betroffenen Arbeitnehmer oder anderen Mitarbeitern abzuwenden.[58] Zum anderen ist in den **Vorschriften der Unfallversicherungsträger** festgelegt, dass der Unternehmer Arbeitnehmer, die erkennbar nicht in der Lage sind, eine Arbeit ohne Gefahr für sich oder andere auszuführen, mit dieser Arbeit nicht beschäftigen darf (vgl. § 7 Abs. 2 BGV A1).

60 Um dieser Verpflichtung nachzukommen, besteht regelmäßig nur die Möglichkeit, den unter Suchtmitteleinfluss stehenden Mitarbeiter aus dem Betrieb zu **entfernen**. Zwar könnte dem Mitarbeiter auch eine andere, weniger gefahrenkritische Arbeit zugewiesen oder schlicht die Ausnüchterung abgewartet werden. Fraglich ist aber, ob diese Mittel überhaupt geeignet sind, mit vergleichbarem Aufwand die Gefährdung für den betroffenen Mitarbeiter und Kollegen abzuwenden.

Praxistipp

Die Entscheidung über die konkrete Maßnahme muss vom Vorgesetzten oder einem anderen personalverantwortlichen Mitarbeiter getroffen werden. Wie bei der Feststellung einer suchtmittelbedingten Auffälligkeit auch, sollte die Entscheidung in Abstimmung mit einer weiteren Führungskraft oder

---

57 BAG, Urt. v. 12.8.1999 – 2 AZR 55/99 – NZA 1999, 1209, 1210. Vgl. zur Zulässigkeit einer Einstellungsuntersuchung Kap. 10. B. I. 2., Rn. 25 ff.

58 *Fuhlrott/Hoppe*, ArbRAktuell 2010, 464 f.

einem Mitglied des Betriebsrats getroffen werden, um für etwaige folgende Auseinandersetzungen einen entsprechenden **Nachweis** führen zu können.[59]

Wenn der Mitarbeiter von der Arbeit nach Hause verbracht werden soll, hört die Fürsorgepflicht des Arbeitgebers nicht am Werkstor auf: Vielmehr muss dafür Sorge getragen werden, dass der Mitarbeiter die Heimfahrt ohne Eigen- oder Fremdgefährdung bewerkstelligen kann. Da infolge des Suchtmittelkonsums die Fahrtüchtigkeit des Mitarbeiters in der Regel ausgeschlossen ist, muss der Arbeitgeber eine entsprechende Beförderung durch ein Taxiunternehmen oder Kollegen bzw. die Abholung des Mitarbeiters durch Angehörige organisieren. 61

Wichtig !
Da der Mitarbeiter nicht in der Lage ist, seine vertraglich vorgesehene Leistung zu erbringen, entfällt in der Regel für den Zeitraum des Arbeitsausfalls der Anspruch auf Entgeltfortzahlung. Ebenso trägt der Arbeitnehmer die Kosten für einen Rücktransport oder ähnliche Maßnahmen.[60]

III. Beendigung des Arbeitsverhältnisses

1. Abgrenzung verhaltens-/personenbedingte Sachverhalte

Suchtbedingte Leistungsstörungen insbesondere auf Grund von Alkoholkonsum können den Arbeitgeber zur **Beendigung des Arbeitsverhältnisses** durch ordentliche oder außerordentliche Kündigung berechtigen. Für die Wirksamkeit einer Kündigung ist die Frage entscheidend, ob die suchtmittelbedingten Leistungsstörungen im **Verhalten** oder in der **Person des Arbeitnehmers** begründet sind. Denn eine verhaltensbedingte Kündigung setzt – im Gegensatz zur personenbedingten Kündigung – ein Verschulden des Arbeitnehmers voraus. 62

Einem alkoholkranken Mitarbeiter, der die Kontrolle über seinen Alkoholkonsum verloren hat, kann aber in der Regel kein Schuldvorwurf gemacht werden, so dass für diesen nur eine personenbedingte Kündigung in Betracht kommt. 63

Da die Wirksamkeit der Kündigung nach **objektiven Kriterien** im Zeitpunkt ihres Ausspruchs beurteilt wird, lässt sich der Kündigungssachverhalt in der Regel einem der in § 1 Abs. 2 KSchG genannten Gründe zuordnen, was im Einzelfall eine sorgfältige und exakte Bestimmung sowie Abgrenzung der gesetzlich geregelten Kündigungsgründe erfordert.[61] Aber auch wenn sich ausnahmsweise keine zweifelsfreie Zuordnung treffen lässt, richtet sich nach der Rechtsprechung des BAG der Prüfungsmaßstab danach, aus welchem der im Gesetz genannten Bereiche die Störung **primär** 64

---

59 Vgl. DHS, Substanzbezogene Störungen am Arbeitsplatz, S. 41.
60 *Künzl/Oberlander*, Sucht im Betrieb, S. 57.
61 APS/*Dörner/Vossen*, § 1 KSchG Rn 83.

kommt, die sich auf den Bestand des Arbeitsverhältnisses nachteilig auswirkt, während dieser Beeinträchtigung eventuell zu Grunde liegende, fernere Ursachen außer Betracht zu bleiben hat.[62] Auch eine Kündigung wegen suchtmittelbedingter Leistungsstörungen ist daher **ausschließlich** an den Anforderungen zu messen, die sich aus dem der Kündigung zu Grunde liegenden Ursachen entweder im Verhalten oder in der Person des Arbeitnehmers ergeben.

Praxistipp

Wegen der unterschiedlichen Wirksamkeitsvoraussetzungen der verhaltens- und der personenbedingten Kündigung muss vor Aussprache der Kündigung daher eine **sorgfältige Prüfung** des der Kündigung zu Grunde liegenden Sachverhalts vorgenommen werden. Der Arbeitgeber trägt insoweit das Risiko, dass die Kündigung auf einen „falschen" Kündigungsgrund gestützt wird und damit unwirksam ist. Daher empfiehlt es sich, die Kündigung auf einen **einheitlichen Kündigungsgrund** zu stützen und insbesondere Vermischung von Sachverhalten (z. B. Abmahnung bei Suchterkrankung) zu vermeiden. Auch das **vorsorgliche Berufen** auf einen anderen Kündigungsgrund (Abmahnung und vorsorgliche Aufforderung zu Therapiemaßnahmen bzw. präventive Schritte bei Suchterkrankung und vorsorgliche Abmahnung) schafft nur vermeintlich Rechtssicherheit: Denn bei einer verhaltensbedingten Störung dürfte die vorsorgliche Aufforderung zu Therapiemaßnahmen nicht den individuell zu berücksichtigenden Umständen des Einzelfalls gerecht werden. Bei einer personenbedingten Störung wird in der Regel eine Störung im Verhalten des Arbeitnehmers als Anknüpfungspunkt der vorsorglichen Abmahnung ausgeschlossen sein. Gleichwohl kann in diesem Fall die „vorsorgliche Abmahnung" geeignet sein, dem Mitarbeiter den Ernst der Lage zu verdeutlichen und den „konstruktiven Leistungsdruck" zu erhöhen.

---

65 Im Einzelfall ist vor der Kündigung zur **Abgrenzung** eines personen- oder verhaltensbedingten Kündigungssachverhalts zu prüfen, ob die suchtmittelbedingte Leistungsstörung Auswirkung einer Suchterkrankung (und damit personenbedingt) oder einer schuldhaften Arbeitspflichtverletzung ist und damit auf einem steuerbaren Verhalten des Arbeitnehmers beruht.

66 Alkoholabhängigkeit ist von der Rechtsprechung als Krankheit im medizinischen Sinne anerkannt. Von **krankhaftem Alkoholismus** ist auszugehen, wenn infolge psychischer und physischer Abhängigkeit gewohnheits- und übermäßiger Alkoholgenuss trotz besserer Einsicht nicht aufgegeben oder reduziert werden kann. Kennzeichnend für eine Alkoholabhängigkeit ist exzessives Trinken, bei dem die Abhängigkeit des Trinkers vom Alkohol einen solchen Grad erreicht hat, dass er deutliche geistige Störungen oder Konflikte in seiner körperlichen und geistigen Gesundheit, seinen mitmenschlichen Beziehungen, seinen sozialen und wirtschaftlichen Funktionen aufweist oder auf eine derartige zu erwartende Entwicklung hinweist. Dazu

---

62 BAG, Urt. v. 18.9.2008 – 2 AZR 976/06 – NZA 2009, 425, 426.

kommt die Unfähigkeit zur Abstinenz; der Alkoholiker kann auf Alkohol nicht mehr verzichten.[63]

Daher ist eine auf verhaltensbedingte Gründe gestützte Kündigung wegen Pflichtverletzungen, die auf Alkoholabhängigkeit beruhen, in der Regel sozialwidrig, weil dem Arbeitnehmer im Zeitpunkt der Pflichtverletzung **kein Schuldvorwurf** zu machen ist. Nur wenn die suchtmittelbedingte Pflichtverletzung ihre Ursache nicht in einer Abhängigkeit hat, kommt eine verhaltensbedingte Kündigung in Betracht.[64] Damit ist entscheidend darauf abzustellen, ob der Arbeitnehmer noch in der Lage ist, sein Verhalten zu steuern.[65] 67

Da ein Kontrollverlust und die mangelnde Einsichtsfähigkeit des Betroffenen regelmäßig zum Erscheinungsbild einer Suchterkrankung gehört, lässt sich der konkrete Sachverhalt nicht immer zweifelsfrei zuordnen. Denn auch der Suchtkranke wird vielfach subjektiv davon ausgehen, sein Verhalten noch steuern zu können. Folgende Gesichtspunkte können aber die Abgrenzung erleichtern: 68

Einlassungen des Arbeitnehmers

Wenn der Mitarbeiter nachhaltig darauf besteht, nicht suchterkrankt zu sein, erfolgt eine Kündigung in der Regel aus verhaltensbedingten Gründen. Nur wenn sich der Mitarbeiter im unmittelbaren zeitlichen Zusammenhang mit der Kündigung darauf beruft, an einer Suchterkrankung zu leiden, muss eine Beurteilung nach den Grundsätzen der personenbedingten Kündigung erfolgen. Da sich die Wirksamkeit einer Kündigung nach objektiven Kriterien bemisst, wäre in diesem Fall eine Vertragspflichtverletzung dem Arbeitnehmer wegen der Erkrankung nicht vorwerfbar.[66] 69

Ärztliche Untersuchungsergebnisse

Gibt es bereits eine ärztliche Untersuchung, die eine Suchterkrankung festgestellt hat, werden suchtmittelbedingte Vertragspflichtverletzungen in der Regel nicht auf steuerbarem Verhalten des Mitarbeiters beruhen. Im Zweifelsfall kann auch vor Ausspruch einer Kündigung (mit Zustimmung des betroffenen Mitarbeiters) eine ärztliche Untersuchung beauftragt werden.[67] 70

---

63 BAG, Urt. v. 1.6.1983 – 5 AZR 536/80 – AP Nr. 52 zu § 1 LohnFG; BAG, Urt. v. 07.08.1991 – 5 AZR 410/90 – NZA 1992, 69; *Künzl*, NZA 1998, 122, 123.

64 BAG, Urt. v. 26.1.1995 – 2 AZR 649/94 – NZA 1997, 517, 518; BAG, Urt. v. 9.4.1987 – 2 AZR 210/86, NZA 1987, 811, 812.

65 *Fuhlrott/Hoppe*, ArbRAktuell 2010, 464, 465.

66 Vgl. *Künzl/Oberlander*, Sucht im Betrieb, S. 106.

67 Vgl. BAG, Urt. v 9.4.1987 – 2 AZR 210/86 – NZA 1987, 811, 812.

Auffälliges Vorverhalten des Mitarbeiters

71 Auch wenn eine Suchterkrankung noch nicht festgestellt worden ist, deuten eine Vielzahl von Kriterien auf eine mögliche Alkohol- oder Suchtmittelabhängigkeit hin, z. B.
- Häufige Fehltage, die als Kurzerkrankungen ohne ärztlichen Nachweis ggf. durch Dritte entschuldigt werden oder nachträglich mit einem Urlaubstag abgegolten werden sollen;
- Fehlerhafte Arbeitsergebnisse und Arbeitsrückstände;
- Aktive Phasen mit nachfolgendem deutlichem Leistungsabfall;
- Häufige Abwesenheit vom Arbeitsplatz.[68]

72 Sollten sich derartige Anzeichen im Zusammenhang mit einer suchtmittelbedingten Vertragspflichtverletzung häufen, kann möglicherweise eine Verbindung zu einer Suchtmittelerkrankung bestehen.

Praxistipp
Auch wenn suchtmittelbedingte Leistungsstörungen ihre Ursache in vorwerfbaren Pflichtverletzungen des Arbeitnehmers zu haben scheinen, empfiehlt sich eine **nähere Sachverhaltsermittlung**. Jedenfalls ist der betroffene Mitarbeiter zu **hören** und auch konkret nach einer etwaigen krankheitsbedingten Ursache zu befragen.[69] Ggf. gibt es auch betriebliche Regeln, die für diese Fallgruppen ein Verfahren vorgeben.

---

73 Letztlich liegt nach der notwendigen Aufklärung des Sachverhalts die Entscheidung über Aussprache und Begründung der Kündigung beim Arbeitgeber. Wenn sich **keine objektiven Anhaltspunkte** für eine Erkrankung ergeben und insbesondere der Mitarbeiter keine Suchterkrankung einräumt, kann der Arbeitgeber die für eine verhaltensbedingte Kündigung erforderlichen Schritte einleiten. Auch wenn sich im Nachhinein – insbesondere im Rahmen eines Kündigungsschutzverfahrens – herausstellen sollte, dass eine Suchtmittelerkrankung vorliegt, kann die Wirksamkeit der Kündigung nach verhaltensbedingten Grundsätzen beurteilt werden. Denn ähnlich wie bei einer auf einen bloßen **Verdacht** gestützten Kündigung, ist der Arbeitgeber gehalten, alle zur Sachverhaltsaufklärung erforderlichen und ihm möglichen Maßnahmen einzuleiten. Wenn für den Arbeitgeber dann mit **hinreichender Sicherheit** eine schuldhafte Pflichtverletzung angenommen werden kann, ist die Kündigung auch dann wirksam, wenn sich nachträglich, etwa im Rahmen eines Kündigungsschutzprozesses herausstellen sollte, dass doch keine verhaltensbedingten Ursachen gegeben sind.[70]

---

68 Vgl. für weitere Anzeichen DHS, Substanzbezogene Störungen am Arbeitsplatz, S. 22 ff.; *Künzl/Oberlander*, Sucht im Betrieb, S. 39 f.

69 So auch BeckOK/*Rolfs*, § 1 KSchG Rn 127 f.; *Hunold*, NZA-RR 2003, 57, 58.

70 Vgl. LAG Frankfurt, Urt. v. 26.6.1986 – 12 Sa 259/86 – NZA 1987, 24, wonach eine verhaltensbedingte Kündigung zulässig sein kann, wenn der Arbeitgeber im Vorfeld insbesondere auf Grund ärztlicher Untersuchung keine Anhaltspunkte für eine Alkoholerkrankung hatte.

2. Verhaltensbedingte Kündigung

a) Schuldhafte Vertragspflichtverletzung

Eine im Verhalten des Mitarbeiters begründete Kündigung setzt zunächst eine schuldhafte Vertragspflichtverletzung voraus. Im Zusammenhang mit Alkohol- oder Suchtmittelkonsum ist eine Vertragspflichtverletzung regelmäßig dann gegeben, wenn der Mitarbeiter durch den entsprechenden Konsum seine **Arbeitsfähigkeit beeinträchtigt**. Bei der Feststellung, ob eine Beeinträchtigung der Arbeitsfähigkeit gegeben ist, sind die Anforderungen des **konkreten Arbeitsplatzes** zu berücksichtigen. Besteht im Betrieb ein wirksames absolutes Alkoholverbot[71] ist bereits der Konsum von Alkohol unabhängig von etwaigen Ausfallerscheinungen eine Vertragspflichtverletzung.[72] 74

Ein Verschulden ist gegeben, wenn die Vertragspflichtverletzung dem Arbeitnehmer **vorwerfbar** ist und der Arbeitnehmer schuldhaft im Sinne von § 276 BGB gehandelt hat. Dabei ist die Pflichtverletzung nur vorwerfbar, wenn der Arbeitnehmer seine ihr zu Grunde liegende Handlungsweise steuern konnte, was wiederum voraussetzt, dass sein Verhalten vom Willen des Arbeitnehmers beeinflusst werden kann.[73] Vor diesem Hintergrund ist damit bei einem alkoholabhängigen und suchtkranken Mitarbeiter eine verhaltensbedingte Kündigung ausgeschlossen, da durch den mit der Krankheit verbundenen Kontrollverlust eine Steuerbarkeit des Alkoholkonsums und der hieran anknüpfenden Auffälligkeiten nicht mehr gegeben ist. 75

Beispiele

Folgende Sachverhalte hat die Rechtsprechung als schuldhafte Vertragspflichtverletzungen bewertet:

- *Ein Gabelstaplerfahrer, der in einer Arbeitspause mit Kollegen einen Schnaps trinkt und damit – ohne alkoholbedingte Ausfallerscheinungen – gegen ein absolutes Alkoholverbot verstößt;*[74]
- *Ein Bediensteter einer Justizvollzugsanstalt, der – ohne alkoholkrank zu sein – während der Dienstzeit regelmäßig unter Alkoholeinfluss steht und Alkohol konsumiert;*[75]
- *Berufsfahrer (Busfahrer im öffentlichen Nahverkehr, Fahrer eines Gefahrguttransporters oder Rettungshelfer), die Arbeit nach außerdienstlichem Alkoholkonsum mit Restalkohol aufnehmen;*[76]
- *Tätlicher Angriff und Beleidigung von Werksschutzmitarbeitern, die den Mitarbeiter wegen erheblicher Alkoholisierung von der Arbeit nach Hause bringen sollten.*[77]

---

71 Hierzu siehe Kap. 10. B. II., Rn. 31 ff.

72 BAG, Urt. v. 26.1.2010 – 2 AZR 649/94 – NZA 1995, 517, 519; BAG, Urt. v. 23.9.1986 – 1 AZR 83/85 – NZA 1987, 250; Moll, Münch Anwaltshb ArbR/*Vossen/Ulrich*, § 43 Rn 337.

73 BAG, Urt. v. 3.11.2011 – 2 AZR 748/10 – NZA 2012, 607, 608; BeckOK/*Rolfs* KSchG § 1 Rn 225.

74 BAG, Urt. v. 23.9.1986 – 1 AZR 83/85 – NZA 1987, 250.

75 LAG Nürnberg, Urt. v. 13.7.1987 – 4 Sa 105/85 – BeckRS 1987, 30852018; ähnlich LAG Hamm, Urt. v. 11.11.1996 – 10 Sa 1789/95 – LAGE § 1 KSchG Verhaltensbedingte Kündigung Nr. 56.

76 LAG Nürnberg, Urt. v. 17.12.2002 – 6 Sa 480/01 – NZA-RR 2003, 301; LAG Niedersachsen, Urt. v. 14.6.1994 – 13 Sa 60/94 – EWiR § 626 BGB 5/94 (Busfahrer); LAG Köln, Urt. v. 19.3.2008 – 7 Sa 1369/07 – BeckRS 2009, 50573 (Gefahrguttransporter); LAG Sachsen, Urt. v. 26.5.2000 – 2 Sa 995/99 – NZA-RR 2001, 472 (Rettungshelfer).

77 BAG, Urt. v. 30.9.1993 – 2 AZR 188/93 – BeckRS 1993, 30746330.

76 Nicht als schuldhafte Vertragspflichtverletzungen sind indes Sachverhalte zu bewerten, die auf einer Suchterkrankung des Arbeitnehmers beruhen. Das gilt grundsätzlich zunächst für die **Alkoholerkrankung** an sich: Auch wenn eine Abhängigkeit durch einen (zunächst) verhaltensgesteuerten Konsum herbeigeführt wurde, sind etwaige aus der Abhängigkeit resultierende Vertragspflichtverletzungen in der Regel nicht vorwerfbar. Denn es gibt keinen Erfahrungssatz, wonach der Arbeitnehmer eine krankhafte Alkoholabhängigkeit in der Regel selbst verschuldet hat.[78]

77 Auch der Mitarbeiter, der eine **Therapie erfolgreich abgeschlossen** hat, handelt nach richtiger Ansicht nicht schuldhaft, wenn er – obwohl er die Gefahren des Alkoholkonsums kennt – nach längerer Abstinenz rückfällig wird. Insoweit nimmt das BAG mit Urteil vom 7.12.1989 zwar ein Verschulden des Mitarbeiters an, da er nach erfolgreicher Entziehungskur habe wissen müssen, dass schon der „erste Tropfen Alkohol" einen Rückfall zur Folge haben kann.[79] Da die Unfähigkeit zur Abstinenz und damit der Rückfall nach erfolgreicher Therapie regelmäßig Teil des Krankheitsbildes eines Alkoholkranken ist, erfolgt ein Rückfall in der Regel unverschuldet, so dass nur eine personenbedingte Kündigung in Betracht kommt.[80]

78 Im Rahmen eines Kündigungsschutzverfahrens obliegt dem Arbeitgeber die **Darlegungs- und Beweislast** in Bezug auf die schuldhafte Vertragspflichtverletzung. Da ohne die Einwilligung des Arbeitnehmers eine Blutprobe oder ein Atemalkoholtest nicht zulässig ist, wird der Arbeitgeber regelmäßig **Anzeichen** für eine **alkoholbedingte Ausfallerscheinung** (u. a. schwankender Gang, Alkoholfahne, lallende Sprache) nachweisen müssen. Legt der Arbeitgeber entsprechende Tatsachen dar, obliegt es nunmehr dem Arbeitnehmer, sich zu entlasten. Als Bestandteil der arbeitgeberseitigen Fürsorgepflicht kann dem Arbeitnehmer bereits bei Feststellung alkoholbedingter Ausfallerscheinungen im Betrieb die Gelegenheit gegeben werden, durch objektive Tests (z. B. mittels Atemalkoholtest oder einer vom Werksarzt entnommenen Blutprobe) den Verdacht einer Alkoholisierung auszuräumen. Möchte der Arbeitnehmer somit einen entsprechenden **Entlastungsbeweis** führen, ist der Arbeitgeber gehalten, dies unter Berücksichtigung der betrieblichen Gegebenheiten zu ermöglichen.[81]

---

78 BAG, Urt. v. 7.8.1991 – 5 AZR 410/90 – AP LohnFG § 1 Nr. 94; BAG, Urt. v. 27.5.1992 – 5 AZR 297/91 – EzA § 1 LohnFG Nr. 12; andere Ansicht: *Bengelsdorf*, NZA 2001, 993.

79 BAG, Urt. v. 7.12.1989 – 2 AZR 134/89 – BeckRS 1989, 30732593; LAG München, Urt. v. 13.12.2005 – 8 Sa 739/05 – NZA-RR 2006, 350, 351 f.

80 ErfK/*Oetker*, § 1 KSchG Rn 153; *Künzl/Oberlander*, Sucht im Betrieb, S. 98; LAG Hamm, Urt. v. 4.9.2001 – 11 Sa 1918/00 – BeckRS 2001, 30793167.

81 BAG, Urt. v. 26.1.1995 – 2 AZR 649/94 – NZA 1995, 517, 519; Moll, Münch Anwaltshb ArbR/*Vossen/Ulrich*, § 43 Rn 339 f.

Praxistipp
Ein vom Arbeitnehmer geforderter Alkoholtest kann sowohl be- als auch entlastend wirken. Es empfiehlt sich daher, entsprechende Alkoholtests im Betrieb vorzuhalten und dem Arbeitnehmer bei belastenden Sachverhalten konkret anzubieten, um Beweissicherheit in beide Richtungen zu erlangen.

b) Beeinträchtigung des Arbeitsverhältnisses und Abmahnung

Weiterhin muss durch die Vertragspflichtverletzung das Arbeitsverhältnis zunächst 79
konkret beeinträchtigt sein. Dies kann bei einer alkohol- oder suchtmittelbedingten Leistungsminderung grundsätzlich angenommen werden.

Hinweis
Bei der Verletzung eines bestehenden **absoluten Alkoholverbots** liegt die Beeinträchtigung des Arbeitsverhältnisses in dem Pflichtenverstoß selbst, so dass dieser für die Kündigung relevant ist.[82]

Nach der Rechtsprechung des BAG[83] ist für eine verhaltensbedingte Kündigung wei- 80
terhin erforderlich, dass sich die eingetretene Pflichtverletzung auch für die Zukunft noch belastend auswirken muss und damit eine **dauerhaft störungsfreie Vertragserfüllung** in Zukunft nicht mehr wahrscheinlich ist. Dies kann in der Regel angenommen werden, wenn unter Berücksichtigung der konkreten Vertragspflichtverletzung und der daraus resultierenden Vertragsstörung zu erwarten ist, dass der Arbeitnehmer den Arbeitsvertrag auch nach Androhung einer Kündigung erneut in gleicher oder ähnlicher Weise verletzen wird. Ändert der Arbeitnehmer indes nach einer entsprechenden Kündigungsandrohung sein Verhalten, sind zukünftige Störungen des Arbeitsverhältnisses nicht zu erwarten. Daher ist vor der Aussprache einer Kündigung wegen einer Vertragspflichtverletzung regelmäßig eine **Abmahnung** erforderlich, was sich zudem aus dem Grundsatz der Verhältnismäßigkeit ergibt.

Eine vorherige Abmahnung ist unter Berücksichtigung des Verhältnismäßigkeits- 81
grundsatzes ausnahmsweise **entbehrlich**, wenn eine Verhaltensänderung in Zukunft trotz Abmahnung nicht erwartet werden kann oder es sich um eine schwere Pflichtverletzung handelt, deren Rechtswidrigkeit dem Arbeitnehmer ohne weiteres erkennbar ist und bei der eine Hinnahme des Verhaltens durch den Arbeitgeber offensichtlich ausgeschlossen werden kann.[84]

In der Regel ist auch bei alkohol- oder suchtmittelbedingten Vertragspflichtver- 82
letzungen eine vorherige Abmahnung erforderlich. Im Zusammenhang mit suchtbe-

82 Moll, Münch Anwaltshb ArbR/*Vossen/Ulrich*, § 43 Rn 337.
83 BAG, Urt. v. 10.6.2010 – 2 AZR 541/09 – NZA 2010, 1227, 1231; BAG, Urt. v. 21.6.2012 – 2 AZR 153/11 – NZA 2012, 1025, 1026.
84 BAG, Urt. v. 12.1.2006 – 2 AZR 21/05 – NZA 2006, 917, 921; BAG, Urt. v. 19.4.2012 – 2 AZR 156/11 – NZA 2012, 1274, 1275.

dingten Vertragsstörungen muss bei der Frage, ob eine Abmahnung erforderlich ist oder nicht, insbesondere die Schwere der Pflichtverletzung, die mit der Tätigkeit verbundene Gefährdung und ein im Betrieb oder auf Grund gesetzlicher Anordnung ggf. bestehendes Alkoholverbot berücksichtigt werden.[85]

Praxistipp

Wenn wegen der Schwere einer Pflichtverletzung eine Abmahnung entbehrlich ist, kommt der Pflichtverstoß regelmäßig in den Bereich eines **wichtigen Grundes** für eine außerordentliche Kündigung. Gleichwohl sollte zusätzlich zur außerordentlichen Kündigung eine vorsorgliche ordentliche Kündigung ausgesprochen werden.

---

c) Keine anderweitige Weiterbeschäftigungsmöglichkeit

83 Vor Aussprache einer verhaltensbedingten Kündigung ist der Arbeitgeber nach dem **Verhältnismäßigkeitsgrundsatz** gehalten, dem Mitarbeiter im Rahmen der im Unternehmen bestehenden Möglichkeiten einen freien und geeigneten Arbeitsplatz anzubieten und diesen zu gleichen oder geringerwertigen Arbeitsbedingungen **weiterzubeschäftigen**. Eine Weiterbeschäftigung ist ausgeschlossen, wenn dies dem Arbeitgeber nicht zuzumuten oder unmöglich ist.[86]

84 Bei verschuldeten Vertragspflichtverletzungen ist eine Versetzung eher unzumutbar als bei personen- oder betriebsbedingten Kündigungen. Ob der Arbeitgeber gehalten ist, den Arbeitnehmer an einem anderen freien Arbeitsplatz weiterzubeschäftigen statt ihm zu kündigen, hängt sowohl von den Ursachen des Fehlverhaltens und dem am neuen Arbeitsplatz zu erwartenden Verhalten als auch von der Schwere des Pflichtverstoßes ab. Bei alkohol- oder suchtmittelbedingten Vertragspflichtverletzungen kommt eine Weiterbeschäftigung auf einem anderen freien Arbeitsplatz nur in Betracht, wenn die Maßnahme geeignet ist, das **alkoholbedingte Fehlverhalten** am neuen Arbeitsplatz **abzustellen.** Der festgestellte Alkoholkonsum muss sich somit auf den bisherigen Arbeitsplatz und die dort wahrgenommenen Aufgaben beziehen.[87]

85 Insoweit sind bei Alkohol- oder Suchtmittelmissbrauch nur sehr schwer Situationen vorstellbar, in denen eine Weiterbeschäftigung des Mitarbeiters auf einem anderen Arbeitsplatz dazu führen kann, dass sich ein derartiger Missbrauch nicht mehr störend auf das Arbeitsverhältnis auswirken kann. Insbesondere in Bereichen mit einem absoluten Alkoholverbot ist eine Verletzung des Verbots unabhängig von der ausgeübten Tätigkeit als Vertragspflichtverletzung zu bewerten. Dem kann auch

---

85 BAG, Urt. v. 4.6.1997 – 2 AZR 526/96 – NZA 1997, 1281, 1283 f.; LAG Nürnberg, Urt. v. 17.12.2002 – 6 Sa 480/01, NZA-RR 2003, 301

86 BAG, Urt. v. 20.6.2013 – 2 AZR 583/12 – NZA 2013, 1345, 1347 f.; BAG, Urt. v. 6.10.2005 – 2 AZR 280/04 – NZA 2006, 431, 433; ErfK/*Oetker*, § 1 KSchG Rn 195.

87 BAG, Urt. v. 31.3.1993 – 2 AZR 492/92 – NZA 1994, 409, 412; *Bengelsdorf*, NZA 2001, 993, 999 f.

nicht durch die Versetzung des Mitarbeiters auf einen anderen Arbeitsplatz, für den das Alkoholverbot in gleicher Weise gilt, entgegengewirkt werden.

d) Interessenabwägung

Schließlich ist vor Aussprache einer verhaltensbedingten Kündigung eine umfassende 86
Abwägung der Interessen beider Vertragsteile erforderlich. Dabei ist das Interesse des Arbeitnehmers an der **Erhaltung des Arbeitsplatzes** bis zu dem Zeitpunkt, an dem das Arbeitsverhältnis ohne Ausspruch der Kündigung enden würde, dem Interesse des Arbeitgebers an einer **Auflösung des Arbeitsverhältnisses** gegenüberzustellen. Die Kündigung ist danach nur gerechtfertigt, wenn ein Tatbestand vorliegt, der bei gewissenhafter Abwägung der beiderseitigen Interessen einen verständig urteilenden Arbeitgeber zur Kündigung veranlassen würde.[88]

Neben den stets zu berücksichtigenden **sozialen Kriterien** wie Lebensalter, 87
Betriebszugehörigkeit, Unterhaltspflichten und Schwerbehinderung sind im Zusammenhang mit suchtmittelbedingten Leistungsstörungen folgende wesentliche Gesichtspunkte im Rahmen der Interessenabwägung auf **Arbeitnehmerseite** zu berücksichtigen:
- Art, Schwere und Häufigkeit der vorgeworfenen Vertragspflichtverletzungen;
- Grad des Verschuldens bzw. verminderte Schuldfähigkeit auf Grund des Alkoholkonsums, insbesondere wenn der Alkoholkonsum durch betriebliche Probleme veranlasst ist;[89]
- Mitverschulden des Arbeitgebers etwa durch Tolerierung von Suchtmitteln im Betrieb (z. B. Abgabe von Alkohol in der Kantine).[90]

Auf Seiten des **Arbeitgebers** sind insbesondere folgende Kriterien heranzuziehen: 88
- Art und Umfang von betrieblichen Nachteile, z. B. Betriebsablaufstörungen, Gefährdung von Mitarbeitern und Sachgütern, Auswirkungen auf den Betriebsfrieden wegen suchtmittelbedingter Tätlichkeiten oder Beleidigungen;
- Auswirkungen auf Arbeits- und Betriebsdisziplin u. a. durch Verstoß gegen ein betriebliches Alkoholverbot;
- Erhebliche, durch Pflichtverletzung herbeigeführte Schäden;
- Besondere Vertrauensstellung des Mitarbeiters im Betrieb und gegenüber Kunden und damit Ansehensverlust bei Suchtmittelmissbrauch;
- Tätigkeit des Mitarbeiters auf einem suchtmittelkritischen Arbeitsplatz mit entsprechendem Gefährdungspotential, z. B. als Berufsfahrer oder Anlagenführer.[91]

88 BAG, Urt. v. 24.6.2004 – 2 AZR 63/03 – NZA 2005, 158, 160.
89 LAG Düsseldorf, Urt. v. 15.12.1997 – 18 Sa 1390/97 – BeckRS 1997, 30773052.
90 LAG Köln, Urt. v. 11.9.1987 – 9 Sa 222/87 – LAGE § 1 KSchG Verhaltensbedingte Kündigung Nr. 16.
91 Vgl. *Bengelsdorf*, NZA 2001, 993, 1002.

Praxistipp
Sind bestimmte Gesichtspunkte im Zusammenhang mit einer suchtmittelbedingten Kündigung evident, sollte der Arbeitgeber im Vorfeld dokumentieren, dass er diese im Rahmen seiner Kündigungsentscheidung berücksichtigt hat. Hier bietet sich insbesondere das Anhörungsverfahren beim Betriebsrat nach § 102 BetrVG an. Aber auch im Rahmen eines Personalgesprächs mit dem betroffenen Mitarbeiter können Faktoren, die für die Interessenabwägung erforderlich sind, erörtert werden.

e) Prüfungsschema: Verhaltensbedingte Kündigung

89 Vorprüfung: Abgrenzung Verhaltens-/Personenbedingte Kündigung

1. Schuldhafte Vertragspflichtverletzung
   1. Vertragspflichtverletzung
      - Verstoß gegen absolutes Suchtmittelverbot, oder
      - Verstoß gegen relatives Suchtmittelverbot und suchtmittelbedingte Ausfallerscheinungen
   2. Verschulden der Pflichtverletzung
2. Konkrete Beeinträchtigung des Arbeitsverhältnisses
   1. Beeinträchtigung des Arbeitsverhältnisses durch Vertragspflichtverletzung regelmäßig gegeben
   2. Abmahnungserfordernis
      - Regelmäßig vorherige Abmahnung einer gleichartigen Vertragspflichtverletzung erforderlich
      - Ausnahmsweise Entbehrlichkeit der Abmahnung bei schwerwiegender Pflichtverletzung
3. Keine anderweitige Weiterbeschäftigungsmöglichkeit
   Regelmäßig keine Versetzungsmöglichkeit auf anderweitigen Arbeitsplatz, wenn Suchtmittelmißbrauch arbeitsplatzunabhängig erfolgt
4. Interessenabwägung

3. Personenbedingte Kündigung

a) Sucht, insbesondere Alkoholabhängigkeit, als Krankheit

90 Soweit eine suchtmittelbedingte Leistungsstörung dem Arbeitnehmer wegen einer Suchterkrankung nicht vorwerfbar ist, kommt eine personenbedingte Kündigung wegen Krankheit in Betracht. Grundsätzlich ist nach der Rechtsprechung des BAG die Prüfung der Wirksamkeit einer Kündigung, die aus Anlass von Krankheiten ausgesprochen wird, in drei Stufen vorzunehmen.[92] Eine Kündigung ist sozial wirksam, wenn eine **negative Prognose** hinsichtlich der voraussichtlichen Dauer der Arbeitsunfähigkeit vorliegt – erste Stufe –, eine darauf beruhende **erhebliche Beein-**

92 Vgl. hierzu auch bereits unter Kap. 4. C., Rn. 34 ff.

trächtigung betrieblicher Interessen festzustellen ist – zweite Stufe – und eine **Interessenabwägung** ergibt, dass die betrieblichen Beeinträchtigungen zu einer billigerweise nicht mehr hinzunehmenden Belastung des Arbeitgebers führen – dritte Stufe –.[93] Schließlich ist eine Kündigung aus Gründen in der Person des Mitarbeiters entsprechend dem das ganze Kündigungsrecht beherrschenden **Verhältnismäßigkeitsgrundsatz** unwirksam, wenn sie durch andere Mittel vermieden werden kann, d. h. wenn sie zur Beseitigung der betrieblichen Beeinträchtigungen bzw. der eingetretenen Vertragsstörung nicht erforderlich ist.

Auch für die krankheitsbedingte Kündigung wegen Alkoholismus oder anderwei- 91
tiger Suchterkrankungen sind diese Grundsätze heranzuziehen. Denn insoweit muss Alkoholabhängigkeit als Krankheit im medizinischen Sinne beurteilt werden.[94] Dabei sind bei der Prüfung der genannten Wirksamkeitsvoraussetzungen stets die **besonderen Auswirkungen von Suchterkrankungen** zu berücksichtigen und die für die allgemeine krankheitsbedingte Kündigung entwickelte Prüfungsreihenfolge entsprechend anzupassen.

b) Negative Gesundheitsprognose

Anders als bei der allgemeinen krankheitsbedingten Kündigung sind im Rahmen von 92
Suchterkrankungen für die negative Gesundheitsprognose nicht allein die bisherigen Fehlzeiten als Ausgangspunkt der Prognose heranzuziehen. Denn insoweit können wie bei häufigen Kurzerkrankungen erhebliche Fehlzeiten der Vergangenheit zwar darauf hindeuten, dass mit einer Verbesserung des Gesundheitszustandes für die Zukunft nicht zu rechnen ist.[95] Im Rahmen einer Alkoholabhängigkeit oder anderen Suchterkrankungen ist aber wesentlicher Gesichtspunkt der Gesundheitsprognose zusätzlich eine etwaige **Therapiebereitschaft des Mitarbeiters.** Denn wenn der Mitarbeiter sich bereit erklärt, entsprechende Therapiemaßnahmen zur Überwindung der Krankheit zu ergreifen, muss der Arbeitgeber in der Regel den Erfolg der Maßnahme und damit eine etwaige Heilung abwarten. Umgekehrt kann für den Fall, dass der Arbeitnehmer zum Zeitpunkt der Kündigung nicht therapiebereit ist, davon ausgegangen werden, dass er in absehbarer Zeit nicht abstinent leben wird und damit eine negative Gesundheitsprognose gegeben ist.[96]

---

93 BAG, Urt. v. 30.9.2010 – 2 AZR 88/09 – NZA 2011, 39; BAG, Urt. v. 8.11.2007 – 2 AZR 425/06 – NZA 2008, 471, 472.

94 Vgl. BAG, Urt. v. 9.4.1987 – 2 AZR 210/86 – NZA 1987, 811, 812; APS-*Dörner/Vossen*, § 1 KSchG Rn 228.

95 Vgl. zu den Voraussetzungen der krankheitsbedingten Kündigung bei häufigen Kurzerkrankungen BAG, Urt. v. 20.1.2000 – 2 AZR 378/99 – NZA 2000, 768; BAG, Urt. v. 7.11.2002 – 2 AZR 599/01 – AP Nr. 40 zu § 1 KSchG 1969 Krankheit.

96 BAG, Urt. v. 9.4.1987 – 2 AZR 210/86 – NZA 1987, 811, 814 f.; BAG, Urt. v. 20.3.2014 – 2 AZR 565/12 – NZA 2014, 602, 603 f.

Hinweis
Nach der Rechtsprechung des BAG sollen an die negative Gesundheitsprognose im Rahmen einer Alkoholerkrankung **geringere Anforderungen** zu stellen sein als bei einer allgemeinen krankheitsbedingten Kündigung.[97] Das ist insoweit richtig, als dass bei fehlender Therapiebereitschaft des Mitarbeiters die Frage der Häufigkeit vorheriger krankheitsbedingter Abwesenheitszeiten weniger Bedeutung einzuräumen ist als bei der negativen Prognose im Zusammenhang mit häufigen Kurzerkrankungen. Gleichwohl ist eine negative Gesundheitsprognose auch bei Suchterkrankungen regelmäßig nicht gegeben, wenn es nicht bereits in der Vergangenheit zu einer erheblichen Beeinträchtigung der betrieblichen Interessen gekommen ist.[98]

93 Unter Berücksichtigung der besonderen Anforderungen der negativen Gesundheitsprognose ist der Arbeitgeber daher gehalten, dem Mitarbeiter **vor Aussprache einer personenbedingten Kündigung** eine **Therapie** zur Überwindung der Suchtkrankheit anzubieten. Dies ergibt sich zudem aus dem Grundsatz der Verhältnismäßigkeit, nach dem zur Abwendung einer Kündigung zunächst mildere Mittel heranzuziehen sind.[99] Durch das Angebot einer Therapie soll dem Mitarbeiter verdeutlicht werden, dass eine ernsthafte Suchterkrankung besteht, und in Verbindung mit der Androhung einer möglichen Beendigung des Arbeitsverhältnisses die suchtbedingt in der Regel eingeschränkte Einsichtsfähigkeit gefestigt werden: Der Arbeitnehmer soll vor die Wahl zwischen dem **Verlust des Arbeitsplatzes** oder der Überwindung bzw. **Kontrolle des Suchtmittelkonsums** gestellt werden.

Hinweis
Entscheidend für die negative Prognose ist eine objektive Bewertung bei Zugang der Kündigung. Entschließt sich der Arbeitnehmer erst nach Zugang der Kündigung zur Therapie, kann damit eine ursprünglich negative Prognose nicht korrigiert werden.[100]

94 Hatte der Arbeitnehmer bereits erfolgreich eine Therapie beendet und wird nach längerer Abstinenz wieder rückfällig, muss der Arbeitgeber in der Regel – wenn eine entsprechende Therapiebereitschaft besteht – die Durchführung einer **weiteren Therapie** anbieten und ihren Verlauf abwarten. Bei wiederholten Rückfällen und bei nur kurzen Zeiträumen der Abstinenz sind die Anforderungen für die negative Prognose aber zu senken, so dass erneute suchtbedingte Reaktionen und Ausfälle in diesen Fallgruppen und damit das Vorliegen einer negativen Prognose wahrscheinlich werden.[101]

97 BAG, Urt. v. 9.4.1987 – 2 AZR 210/86 – NZA 1987, 811, 814 f.
98 APS-*Dörner/Vossen*, § 1 KSchG Rn 233a.
99 BAG, Urt. v. 17.6.1999 – 2 AZR 639/98 – NZA 1999, 1328, 1330; *Künzl*, NZA 1998, 122, 124.
100 Vgl. BAG, Urt. v. 17.6.1999 – 2 AZR 639/98 – NZA 1999, 1328, 1330.
101 BAG, Urt. v. 16.9.1999 – 2 AZR 123/99 – NZA 2000, 141, 143; LAG Berlin-Brandenburg, Urt. v. 17.8.2009 – 10 Sa 506/09 – ArbRAktuell 2009, 145.

c) Betriebsablaufstörungen

Eine erhebliche Beeinträchtigung der unternehmerischen oder betrieblichen Interessen des Arbeitgebers liegt dann vor, wenn die häufige Arbeitsunfähigkeit des Arbeitnehmers zu nicht vermeidbaren konkreten Störungen des Betriebsablaufs führt, oder sonstige, mit zusätzlichen Kosten verbundene Maßnahmen zur Überbrückung des Produktionsausfall verursacht werden. 95

Liegen infolge der Suchterkrankung bereits **erhebliche Fehlzeiten** vor, sind die Belastung des Arbeitgebers mit den hieraus resultierenden **Entgeltfortzahlungskosten** und die damit einhergehende wirtschaftliche Beeinträchtigung bereits ausreichende Betriebsablaufstörungen. Denn insoweit ist das Austauschverhältnis zwischen Arbeitsleistung und Entlohnung entsprechend der erforderlichen negativen Prognose auf ungewisse Zeit schwerwiegend gestört. Für eine derartige Störung ist erforderlich, dass die zu erwartende Entgeltfortzahlung zukünftig für einen Zeitraum von mehr als sechs Wochen pro Jahr durch den Arbeitgeber zu erbringen ist.[102] 96

Vom Arbeitgeber nicht hinzunehmende Betriebsablaufstörungen können sich aber nicht nur aus zu erwartenden krankheitsbedingten Fehlzeiten und entsprechenden Entgeltfortzahlungskosten ergeben. Vielmehr können entsprechende Beeinträchtigungen auch dann angenommen werden, wenn die **Anforderungen** der vom Arbeitnehmer ausgeübten **Tätigkeit** voraussetzen, dass sie ohne den Einfluss von Alkohol oder Drogen erfolgt. Dies ist der Fall, wenn eine abstinente Lebensführung wegen des Ansehens des Arbeitnehmers Voraussetzung für die von ihm wahrgenommen Arbeitsaufgaben ist, wie z. B. für einen Therapeuten suchtkranker Patienten.[103] 97

Schließlich können die mit der Tätigkeit verbundenen psychischen und physischen Anforderungen oder die mit ihr verbundenen **Gefahren** die Gewissheit erfordern, dass der Arbeitnehmer ohne Einfluss von Suchtmitteln tätig wird. Insoweit sind betriebliche Abläufe eingeschränkt, wenn der Arbeitgeber durch die Abhängigkeit des Mitarbeiters zur dauerhaften Überwachung der Arbeitsfähigkeit gehalten ist.[104] 98

d) Interessenabwägung

Wie auch bei der verhaltensbedingten Kündigung sind im Rahmen einer personenbedingten Kündigung wegen einer Suchterkrankung die gegenseitigen Vertragsinteressen abzuwägen. Unter Berücksichtigung des Interesses des Arbeitnehmers, seinen Arbeitsplatz zu behalten, ist zu prüfen, ob die Störung des Arbeitsverhältnisses so 99

102 BAG, Urt. v. 29.7.1993 – 2 AZR 155/93 – NZA 1994, 67; BAG, Urt. v. 17.6.1999 – 2 AZR 639/98 – NZA 1999, 1328, 1330.

103 BAG, Urt. v. 20.12.2012 – 2 AZR 32/11 – NZA-RR 2013, 627.

104 BAG, Urt. v. 13.12.1990 – 2 AZR 336/90 – EzA § 1 KSchG Krankheit Nr. 33 für einen Hafenmitarbeiter; BAG, Urt v. 20.3.2014 – 2 AZR 565/12 – NZA 2014, 602, 604, für den Mitarbeiter eines Entsorgungsunternehmens, der regelmäßig Gabelstapler, Lader oder Bagger bedient.

gewichtig ist, dass die erheblichen betrieblichen und wirtschaftlichen Interessen des Arbeitgebers an der Beendigung des Arbeitsverhältnisses überwiegen.[105]

100 Im Rahmen einer Interessenabwägung bei Suchterkrankungen sind dabei insbesondere die folgenden Gesichtspunkte zu berücksichtigen:

- Grundsätzlich haben auch bei der personenbedingten Kündigung die **sozialen Kriterien** Alter, Familienstand, Betriebszugehörigkeit und Schwerbehinderteneigenschaft Einfluss auf die Interessenabwägung. Dabei ist beim **Lebensalter** grundsätzlich zu Gunsten des Arbeitgebers zu berücksichtigen, dass bei einem jüngeren Mitarbeiter die zu erwartenden Entgeltfortzahlungskosten höher sind als bei einem älteren. Im Zusammenhang mit der **Betriebszugehörigkeit** ist die Dauer des ungestörten Verlaufs des Arbeitsverhältnisses entscheidend: Je länger das Arbeitsverhältnis ungestört ohne krankheitsbedingte Fehlzeiten in der Vergangenheit dauerte, desto mehr Rücksichtnahme schuldet der Arbeitgeber und desto mehr sind dem Arbeitgeber die nunmehr durch Fehlzeiten entstehenden betrieblichen Belastungen zuzumuten.[106]
- Weiterhin muss berücksichtigt werden, ob es dem Arbeitgeber möglich und zumutbar ist, zur Vermeidung von Betriebsablaufstörungen **Überbrückungsmaßnahmen** einzuleiten, z. B. Anordnung von Über- und Mehrarbeit, Vertretung durch Springer, innerbetriebliche Versetzungen. Im Rahmen der Zumutbarkeit sind die wirtschaftliche Leistungsfähigkeit des Arbeitgebers und die Größe des Betriebs zu berücksichtigen. Krankheitsbedingte Fehlzeiten werden in der Regel in einem größeren Betrieb einfacher zu überbrücken sein, da hier entsprechende Instrumente (Personalreserve, Springer etc.) vorhanden sind. Kommt es trotz zumutbarer Überbrückungsmaßnahmen zu Betriebsablaufstörungen, ist dies zugunsten des Arbeitgebers zu berücksichtigen.
- Ein wesentliches Abwägungskriterium im Rahmen der krankheitsbedingten Kündigung ist die **Ursache der Krankheit**. Ist die Suchterkrankung zumindest teilweise betrieblich veranlasst, ist dies zu Lasten des Arbeitgebers zu bewerten. In Bezug auf eine Alkoholabhängigkeit kommt eine betriebliche Begünstigung ihrer Entstehung bei Berufsgruppen mit gesteigerter Alkoholgefährdung in Betracht, z. B. Brauereimitarbeiter, Kellner oder Kontaktberufe (Vertreter). Die Gemeinsamkeit dieser Berufsgruppen besteht unter anderem darin, dass für ihre Angehörigen eine besonders leichte Zugänglichkeit zu alkoholischen Getränken besteht und der Alkoholkonsum in einem höheren Maße als der anderer Berufsgruppen gesellschaftlich toleriert wird.[107] Hinzu kommt der generelle Umgang mit Alkohol im Betrieb. Auf der anderen Seite wird zu Lasten des Arbeitnehmers ein etwai-

105 BAG, Urt. v. 5.7.1990 – 2 AZR 154/90 – NZA 1991, 185, 187.

106 BAG, Urt. v. 17.6.1999 – 2 AZR 639/98 – NZA 1999, 1328, 1331; APS/*Dörner/Vossen*, § 1 KSchG Rn 178 f.

107 *Bengelsdorf*, NZA-RR 2002, 57, 62 f.

ges Verschulden an der Entstehung der Krankheit berücksichtigt. Insoweit geht die Rechtsprechung grundsätzlich davon aus, dass eine Suchterkrankung nicht verschuldet ist. Daher muss der Arbeitgeber entsprechende Anhaltspunkte darlegen, die für ein Eigenverschulden des Arbeitnehmers sprechen.

Praxistipp
Hat der Arbeitgeber Maßnahmen zur **betrieblichen Suchtprävention** eingeführt, müssen auch diese im Rahmen einer Interessenabwägung berücksichtigt werden. Insoweit können derartige Maßnahmen im Einzelfall eine personenbedingte Kündigung erleichtern, da der Arbeitgeber nachweisen kann, dass er aktiv Schritte zur Vermeidung von Suchterkrankungen im Betrieb eingeleitet hat.

e) Verhältnismäßigkeit, insbesondere Weiterbeschäftigung

Schließlich muss nach dem Grundsatz der Verhältnismäßigkeit geprüft werden, ob 101
für den zu kündigenden Arbeitnehmer ggf. eine **Weiterbeschäftigung** auf einem gleich- oder geringerwertigen Arbeitsplatz im Unternehmen in Betracht kommt. Bei einer krankheitsbedingten Kündigung ist dabei nicht nur eine Weiterbeschäftigung auf einem anderen, freien Arbeitsplatz entscheidend. Der Arbeitgeber hat vielmehr alle gleichwertigen, **leidensgerechten Arbeitsplätze**, auf denen der betroffene Arbeitnehmer unter Wahrnehmung des Direktionsrechts einsetzbar wäre, in Betracht zu ziehen und gegebenenfalls durch Versetzungen „freizumachen". Im Zusammenhang mit Suchterkrankungen dürfte indes ein leidensgerechter Arbeitsplatz nur sehr schwer zu gestalten sein, da regelmäßig die Suchterkrankung arbeitsplatzunabhängig ausgeprägt ist. Gleichwohl ist der Arbeitgeber gehalten, vor Aussprache einer krankheitsbedingten Kündigung unter Berücksichtigung der konkreten betrieblichen Situation die Einrichtung leidensgerechter Arbeitsplätze zu prüfen.

Praxistipp
Soweit der Mitarbeiter länger als sechs Wochen innerhalb eines Jahres arbeitsunfähig erkrankt ist und damit die Voraussetzungen des § 84 Abs. 2 SGB IX erfüllt sind, empfiehlt sich die Durchführung eines **betrieblichen Eingliederungsmanagements**. Denn ansonsten obliegt dem Arbeitgeber die Darlegungs- und Beweislast dafür, dass alle Mittel einer möglichen Weiterbeschäftigung des Mitarbeiters – ggf. auf einem leidensgerechten Arbeitsplatz – ausgeschöpft sind.[108]

f) Prüfungsschema: Personenbedingte Kündigung

Vorprüfung: Abgrenzung Verhaltens-/Personenbedingte Kündigung 102

108 Vgl. BAG, Urt. v. 30.9.2010 – 2 AZR 88/09 – NZA 2011, 39, 42; BAG, Urt. v. 20.3.2014 – 2 AZR 565/12 – NZA 2014, 602, 605. Siehe auch Kap. 6.

1. Negative Gesundheitsprognose
   1. Häufige Fehlzeiten und/oder
   2. Fehlende Therapiebereitschaft des Arbeitnehmers
2. Betriebsablaufstörungen
   1. Erhebliche Entgeltfortzahlungskosten (mehr als sechs Wochen jährlich) und/oder
   2. Abstinenz wegen Anforderungen des Arbeitsplatzes unerlässlich
3. Interessenabwägung
4. Verhältnismäßigkeit, insb. Weiterbeschäftigung
   Regelmäßig keine Versetzungsmöglichkeit auf anderweitigen oder leidensgerechten Arbeitsplatz, wenn Suchterkrankung arbeitsplatzunabhängig vorliegt

4. Außerordentliche Kündigung

103 Schließlich kann eine außerordentliche Kündigung wegen suchtmittelbedingten Vertragspflichtverletzungen – verhaltensbedingt – oder wegen einer Suchterkrankung – personenbedingt – in Betracht kommen, wenn in der suchtmittelbedingten Auffälligkeit ein **wichtiger Grund** im Sinne von § 626 Abs. 1 BGB zu sehen ist. Zudem ist auch bei der außerordentlichen Kündigung eine umfassende **Interessenabwägung** vorzunehmen.

a) Wichtiger Grund nach § 626 Abs. 1 BGB

104 Ein Arbeitsverhältnis kann aus wichtigem Grund ohne Einhaltung einer Kündigungsfrist gekündigt werden, wenn Tatsachen vorliegen, auf Grund derer dem Kündigenden unter Berücksichtigung aller Umstände des Einzelfalls und unter Abwägung der Interessen beider Vertragsteile die Fortsetzung des Arbeitsverhältnisses selbst bis zum Ablauf der ordentlichen Kündigungsfrist nicht zugemutet werden kann. Dafür ist zunächst zu prüfen, ob der Sachverhalt ohne seine besonderen Umstände „an sich", d. h. typischerweise als wichtiger Grund geeignet ist.[109]

105 Grundsätzlich kann eine Suchterkrankung einen wichtigen Grund im Sinne von § 626 Abs. 1 BGB darstellen, der die **Person** des Arbeitnehmers betrifft. Schon an eine ordentliche Kündigung wegen Erkrankung des Arbeitnehmers ist jedoch ein strenger Maßstab anzulegen. Eine außerordentliche Kündigung kommt daher nur in eng begrenzten Fällen in Betracht, etwa bei einem Ausschluss der ordentlichen Kündigung auf Grund tarifvertraglicher oder einzelvertraglicher Vereinbarungen. Auch

---

109 BAG, Urt. v. 20.12.2012 – 2 AZR 32/11 – NZA-RR 2013, 627, 628.

in diesem Fall sind die Anforderungen an eine negative Prognose und betriebliche Beeinträchtigungen zu berücksichtigen.[110]

Auch **Vertragspflichtverletzungen**, die auf dem Konsum von Alkohol oder anderen Suchtmitteln beruhen, können als wichtiger Grund im Sinne von § 626 Abs. 2 BGB qualifiziert werden. Entscheidend ist, dass die Vertragspflichtverletzung so schwerwiegend ist, dass eine Beendigung des Arbeitsverhältnisses ohne eine vorherige Abmahnung erfolgen kann. Der Arbeitnehmer musste also davon ausgehen, dass der Arbeitgeber das beanstandete Verhalten und eine mögliche Weiterbeschäftigung bis zum Ablauf der ordentlichen Kündigungsfrist nicht tolerieren würde. Dies kann insbesondere angenommen werden, wenn im Betrieb ein absolutes Alkoholverbot besteht, auf das der Arbeitnehmer regelmäßig hingewiesen wird, und die Einhaltung des Alkoholverbots für die Tätigkeit wegen der mit ihr verbundenen Gefährdung für Leib, Leben und Eigentum Dritter von überragender Bedeutung ist.[111] Gleiches gilt, wenn der Arbeitnehmer für die Einhaltung von Drogenverboten eine besondere Verantwortung übernommen hat. 106

Beispiel
So hat das BAG entschieden, dass der Verstoß eines Jugend- und Heimerziehers gegen ein in einer Rehabilitationseinrichtung bestehendes Drogen- und Alkoholverbot durch die Weitergabe von Haschischzigaretten an Jugendliche in seiner Obhut dem Grunde nach einen wichtigen Grund nach § 626 Abs. 2 BGB darstellen kann.[112]

b) Interessenabwägung

Im Rahmen der Interessenabwägung ist zu prüfen, ob dem Kündigenden die Fortsetzung des Arbeitsverhältnisses angesichts der konkreten Umstände des Falls und bei Abwägung der Interessen beider Vertragsteile – jedenfalls bis zum Ablauf der Kündigungsfrist – zumutbar ist oder nicht.[113] Bei der Interessenabwägung sind vergleichbare Gesichtspunkte heranzuziehen wie im Rahmen einer ordentlichen Kündigung: Zu Gunsten des Arbeitnehmers sind beispielsweise ein bisher störungsfreier Verlauf des Arbeitsverhältnisses zu berücksichtigen; zu Gunsten des Arbeitgebers eine erhebliche Schwere der mit dem Verstoß verbundenen Betriebsablaufstörungen oder eine 107

110 BAG, Urt. v. 16.9.1999 – 2 AZR 123/99 – NZA 2000, 141, 142 f.; BAG, Urt. v. 9.9.1992 – 2 AZR 190/92 – NZA 1993, 598, 600.

111 Für Busfahrer im Personennahverkehr: LAG Nürnberg, Urt. v. 17.12.2002 – 6 Sa 480/01 – NZA-RR 2003, 301; LAG Niedersachsen, Urt. v. 14.6.1994 – 13 Sa 60/94 – EWiR § 626 BGB 5/94; für Mitarbeiter im untertägigen Steinkohlenbergbau: LAG Hamm, Urt. v. 23.8.1990 – 16 Sa 293/90 – LAGE § 626 BGB Nr. 52; für Fahrer von Gefahrguttransportern: LAG Köln, Urt. v. 19.3.2008 – 7 Sa 1369/07 – BeckRS 2009, 50573; für Rettungshelfer: LAG Sachsen, Urt. v. 26.5.2000 – 2 Sa 995/99 – NZA-RR 2001, 472.

112 BAG, Urt. v. 18.10.2000 – 2 AZR 131/00 – NZA 2001, 383, 384.

113 BAG, Urt. v. 20.12.2012 – 2 AZR 32/11 – NZA-RR 2013, 627, 628.

bestehende Wiederholungsgefahr mit negativer Vorbildfunktion für andere Mitarbeiter.

---

i **Hinweis**
Bei der personenbedingten Kündigung eines tariflich unkündbaren Arbeitnehmers mit wichtigem Grund ist unter Berücksichtigung der beiderseitigen Interessen regelmäßig die Kündigung nur mit **sozialer Auslauffrist**, d. h. mit der an sich bei Anwendung des einschlägigen Tarifvertrags bzw. vertraglichen Regelung anwendbaren ordentlichen Kündigungsfrist, erforderlich. Denn in der Regel wiegen die mit einer Alkohol- oder Suchterkrankung verbundenen Beeinträchtigungen des Betriebsablaufs nicht so schwer, als dass sie eine Kündigung ohne Berücksichtigung einer Mindestfrist rechtfertigen könnten.

---

5. Ruhen des Anspruchs auf Arbeitslosengeld

108 Bei einer Kündigung des Arbeitsverhältnisses, die auf suchmittelbedingten Leistungsmängeln beruht, ist mit Blick auf sozialversicherungsrechtliche Konsequenzen beim etwaigen Bezug von Arbeitslosengeld zu differenzieren:

109 Bei einer verhaltensbedingten Arbeitgeberkündigung wird in der Regel das sanktionierte Verhalten des Arbeitnehmers durch diesen verschuldet sein. Insoweit hat der Arbeitnehmer durch ein **arbeitsvertragswidriges Verhalten** Anlass für die Lösung des Beschäftigungsverhältnisses gegeben und dadurch vorsätzlich oder grob fahrlässig die Arbeitslosigkeit herbeigeführt. Dies führt nach § 159 Abs. 1 Nr. 1 SGB III zum Ruhen des Anspruchs auf Arbeitslosengeld wegen einer Sperrzeit bei Arbeitsaufgabe.

110 Etwas anderes gilt bei der personenbedingten Arbeitgeberkündigung wegen einer Suchterkrankung. Hier sind Vertragsverletzungen in der Regel unverschuldete Folgeerscheinungen der Sucht, so dass ein vorsätzliches oder grob fahrlässiges Lösen des Beschäftigungsverhältnisses durch den Arbeitnehmer nicht in Betracht kommt.[114]

6. Auswirkungen von Verstößen im Privatbereich

111 Grundsätzlich kann **außerdienstliches Verhalten** im Rahmen eines Arbeitsverhältnisses nicht sanktioniert werden. Entsprechend hat der Arbeitgeber auch keine Möglichkeit, Verhaltensregelungen für den privaten Lebensbereich der Mitarbeiter vorzugeben, da dieser außerhalb der Regelungsbefugnis der Arbeitsvertragsparteien liegt. Nur wenn außerdienstliches Verhalten zu einer konkreten **Beeinträchtigung** der arbeitsvertraglichen Pflichten oder zu einer erheblichen Störung im **Vertrauens-**

---

114 *Gagel*, § 159 SGB III Rn 142.

bereich führt, sind verhaltensbedingte Maßnahmen denkbar.[115] Dies gilt auch mit Blick auf die in jedem Arbeitsverhältnis enthaltene Pflicht zur Rücksichtnahme auf berechtigte Interessen des Arbeitgebers, die auch in den privaten Lebensbereich hineinwirkt. Insoweit können außerdienstliche Pflichtverletzungen eine verhaltensbedingte Kündigung rechtfertigen, insbesondere wenn der Arbeitgeber mit einer Straftat in Verbindung gebracht wird.[116]

Außerdienstlicher Alkohol- oder Drogenkonsum kann damit für sich betrachtet 112
keine wirksamen arbeitsvertraglichen Sanktionen nach sich ziehen. Selbst eine Verurteilung wegen Verstößen gegen das BtMG kann für eine verhaltensbedingte Kündigung nicht ausreichen, wenn die Fortsetzung des Arbeitsverhältnisses ohne Einschränkung der Leistungspflicht möglich ist und die ausgeübte Tätigkeit nicht mit einer besonderen Vertrauensstellung gegenüber dem Arbeitgeber oder besonderen Erwartungen der Öffentlichkeit verbunden ist.[117] Entscheidend ist daher, dass ein konkreter Bezug zwischen außerdienstlichem Verhalten und dem Arbeitsverhältnis besteht, etwa beim Angebot von Drogen an Jugendliche oder Auszubildende des Betriebs oder dem Konsum von Alkohol und Drogen trotz besonders öffentlichkeitswirksamer Stellung oder erheblichen Arbeitgeberinteresse an drogenpräventiven Verhalten.

Beispiele

Beispielhaft hat die Rechtsprechung in den nachfolgenden Sachverhalten eine Verletzung arbeitsvertraglicher Pflichten durch Verhalten im privaten Bereich angenommen:

- *Private Bedrohung eines Vorgesetzten mit den Worten „Ich niete dich um" durch einen mit 2,99 ‰ alkoholisierten Mitarbeiter;*[118]
- *Privater Kokainkonsum einer Polizistin;*[119]
- *Privater Drogenhandel eines Sachbearbeiters der Arbeitsagentur mit Vornahme der Geldübergabe am Dienstort und während der Arbeitszeit;*[120]
- *Polizist im Wachschutz, der privat Partydrogen zum Eigenverbrauch herstellt.*[121]

115 BAG, Urt. v. 24.9.1987 – 2 AZR 26/87 – AP Nr. 19 zu § 1 KSchG 1969 Verhaltensbedingte Kündigung; BAG, Urt. v. 10.9.2009 – 2 AZR 257/08 – NZA 2010, 220, 221 f.

116 BAG, Urt. v. 28.10.2010 – 2 AZR 293/09 – NZA 2011, S. 112, 113 f.; BAG, Urt. v. 27.1.2011 – 2 AZR 825/09 – NZA 2011, S. 798, 801.

117 So BAG, Urt. v. 10.9.2009 – 2 AZR 257/08 – NZA 2010, 220, 221 f., für einen gewerblichen Mitarbeiter eines städtischen Bauhofs.

118 LAG Düsseldorf, Urt. v. 15.12.1997 – 18 Sa 1390/97 – BeckRS 1997, 30773052.

119 LAG Berlin-Brandenburg, Urt. v. 19.1.2007 – 6 Sa 1726/06 – BeckRS 2008, 54732.

120 LAG Baden-Württemberg, Urt. v. 20.6.2013 – 11 Sa 159/12 – BeckRS 2013, 72859.

121 LAG Berlin-Brandenburg, Urt. v. 25.10.2011 – 19 Sa 1075/11 (nicht rechtskräftig) – Entscheidungsdatenbank Berlin-Brandenburg, http://www.gerichtsentscheidungen.berlin-brandenburg.de. Siehe auch BAG, Urt. v. 20. 6.2013 – 2 AZR 583/12 – NZA 2013, 1345.

113 Soweit das Privatverhalten dazu führt, dass der Mitarbeiter für eine nicht unerhebliche Zeit nicht in der Lage sein wird, seine arbeitsvertraglichen Verpflichtungen zu erfüllen, kommt eine personenbedingte Kündigung in Betracht, die insoweit nicht an ein suchtmittelbedingtes Fehlverhalten anknüpft.

---

i **Beispiele**
Verlust des Führerscheins bei einem Kraftfahrer in Folge privater Trunkenheitsfahrt;[122]
Verbüßung einer Freiheitsstrafe wegen Handel mit Betäubungsmitteln.[123]

D. Mitbestimmungsrechte des Betriebsrates

I. Mögliche Regelungsinhalte einer Betriebsvereinbarung

1. Verfahrensregelungen zur Suchtprävention – Stufenplan

114 In der betrieblichen Praxis hat sich die Einführung von Verfahrensregelungen etabliert, die eine Reihe von Gesprächen mit dem betroffenen Mitarbeiter vorsehen, in denen betriebliche Störungen, Handlungshilfen für den Betroffen und mögliche arbeitsrechtliche Konsequenzen aufgezeigt werden, sog. Stufenplan, Interventionskette o. ä. Schrittweise wird dabei die Einwirkung auf den Mitarbeiter verstärkt, etwa durch Aufforderung zur Wahrnehmung konkreter Hilfsangebote, Androhung arbeitsrechtlicher Schritte oder die Einbindung zusätzlicher Beteiligter („konstruktiver Leidensdruck“).[124]

115 Ziel dieses Verfahrens ist es, den Betroffenen zunächst über festgestellte betriebliche Störungen bzw. Fehlverhalten und den vermuteten **Zusammenhang** mit kritischem Alkohol- oder Drogenkonsum aufzuklären. Zudem soll ihm verdeutlicht werden, dass mit Blick auf den kritischen Konsum **Handlungsbedarf** besteht, und dem Mitarbeiter konkrete Hilfsangebote vermittelt werden. Schließlich soll dem Mitarbeiter vor Augen geführt werden, dass bei Fortschreiten des Suchtverhaltens ernsthafte **arbeitsrechtliche Konsequenzen** bis hin zur Beendigung des Arbeitsverhältnisses drohen. Denn regelmäßig wird dem betroffenen Mitarbeiter die Einsicht fehlen, dass sein Konsum von Alkohol oder Drogen in einem kritischen oder krankhaften Bereich liegt. Durch die Festlegung eines Verfahrens, wie das Problem im Betrieb behandelt werden soll, wird der Betroffene über einen längeren Zeitraum behutsam und nachhaltig an die Erkenntnis herangeführt, dass sein Zustand Krank-

---

122 BAG, Urt. v. 30.5.1978 – 2 AZR 630/76 – AP BGB § 626 Nr. 70; vgl. ausführlich zu den Rechtsfolgen des suchtmittelbedingten Verlustes der Fahrerlaubnis *Künzl/Sinner*, NZA-RR 2013, 561.
123 BAG, Urt. v. 25.11.2010 – 2 AZR 984/08 – NJW 2011, 1896.
124 *Künzl/Oberlander*, Sucht im Betrieb, S. 58; *Hoppe/Fuhlrott*, ArbRAktuell 2010, 464, 467.

heitswert haben kann, und fördernd, fordernd und sanktionierend mit Hilfe von therapeutischen und arbeitsrechtlichen Maßnahmen unterstützt.

Zudem wird mit diesem Verfahren den Personalverantwortlichen ein verlässlicher **Handlungsrahmen** einschließlich Gesprächsinhalten, Fristen, möglichen Maßnahmen etc. zur Verfügung gestellt, um dem schwierigen Thema im Gespräch mit dem Betroffenen begegnen zu können. Ein solches Verfahren ist entsprechend der betrieblichen Gegebenheiten individuell ausgeprägt und umfasst regelmäßig zwischen vier und sechs Gesprächsstufen.[125] 116

Auch wenn entsprechende Vereinbarungen auf betrieblicher Ebene erhebliche Vorteile haben, da sie für Betroffene, Arbeitgeber und Betriebsrat ein rechtlich bindendes Verfahren einführen, mit dem das sensible Thema Sucht bewerkstelligt werden kann, besteht durch die festgelegte Verfahrensweise die Gefahr, dass dem individuellen Fall nicht hinreichend Rechnung getragen wird: 117

- Ein Stufenplan kann Führungskräfte dazu verleiten, das vorgesehene Verfahren **schematisch** abzuarbeiten und nicht auf die Bedarfe des jeweiligen Mitarbeiters einzugehen. Daher ist es wichtig, dass Führungskräfte hinreichend unterwiesen sind und die Ziele des Verfahrens kennen. Außerdem sollten geeignete Personen, die mit der Suchtproblematik vertraut sind (z. B. Betriebsärzte, Suchtkrankenhelfer) an den einzelnen Gesprächsstufen beteiligt werden.
- Zudem kann sich herausstellen, dass **Handlungsbedarf** sowohl mit Blick auf etwaige vom Arbeitnehmer zu ergreifende Hilfsmaßnahmen als auch mit Blick auf arbeitsrechtliche Sanktionen schon in einer Phase besteht, in der diese Maßnahmen nach den Vorgaben des Stufenplans noch nicht vorgesehen sind. Hier sollte darauf geachtet werden, dass der Stufenplan auch Ausnahmen von der vorgeschriebenen Vorgehensweise vorsieht. Wenn bereits im Erstgespräch eine Suchterkrankung evident und Therapiebereitschaft gegeben ist, muss – auch im Interesse des Betroffenen – nicht erst der vollständige Ablauf des Stufenplans abgewartet werden, um Hilfsangebote zu ergreifen.
- Die Festlegung **arbeitsrechtlicher Sanktionen** muss stets unter Berücksichtigung der Umstände des Einzelfalls erfolgen. Insbesondere ist dabei die Frage zu berücksichtigen, ob ein Verhalten des Arbeitnehmers oder personenbedingte Leistungseinschränkungen sanktioniert werden sollen. Soweit pauschal im Rahmen eines Stufenplans auf einer Stufe bestimmte Maßnahmen festgelegt werden, besteht das Risiko, dass diese Maßnahme nicht geeignet oder aus anderen Gründen unwirksam ist.

125 Für Beispiele von Stufenplänen siehe Musterregelungen in DHS, Substanzbezogene Störungen am Arbeitsplatz, S. 110 ff, oder die Arbeitsplatz-Suchtprävention-Dienstvereinbarung des Landes Bremen vom 11.10.2012, Brem.ABl. S. 763.

– Schließlich ist die Frage, ob eine **Kündigung** wirksam ist oder nicht, unabhängig vom Stufenplan zu beurteilen. Auch wenn alle Stufen entsprechend der betrieblichen Vereinbarung durchlaufen worden sind, kann die Kündigung unwirksam sein; ebenso kann eine Kündigung wirksam sein, auch wenn das im Stufenplan festgelegte Verfahren nicht eingehalten ist.

Hinweis
Sieht der Stufenplan bestimmte Verfahrensweisen mit Blick auf arbeitsrechtliche Maßnahmen vor, kann dadurch die Rechtsstellung des Arbeitgebers insbesondere mit Blick auf die Aussprache von Kündigungen erschwert werden.[126] Auch vor diesem Hintergrund ist es ratsam, Regelungen vorzuhalten, die in begründeten Ausnahmen ein Abweichen von bestimmten Verfahrensschritten vorsehen.

---

2. Andere Regelungsinhalte einer Betriebsvereinbarung

118 Als weitere Regelungsinhalte einer Betriebsvereinbarung über Suchtfragen kommen insbesondere in Betracht:

- **Alkohol- und Drogenverbote**
  Verbot des Konsums von Alkohol und Suchtmittel für den gesamten Betrieb, einzelne Betriebsbereiche oder bestimmte Personengruppen;[127]
- **Einstellungsuntersuchungen**
  Festlegung von suchtkritischen Positionen im Betrieb und Regelungen zu Einstellungsuntersuchungen bei Neubesetzung dieser Positionen;[128]
- **Alkoholkontrollen im Betrieb**
  Festlegung von Voraussetzungen für freiwillige Alkoholkontrollen im Betrieb und Regelung zur Durchführung;[129]
- **Verfahrensweisen bei suchtmittelbedingten Ausfallerscheinungen**
  Ausschluss von akuten Gefährdungen bei alkohol- oder suchtmittelbedingten Ausfallerscheinungen durch Festlegung geeigneter Verfahrensweisen (Gewährleistung eines sicheren Heimwegs, ggf. Einleitung von Schritten medizinischer Versorgung);[130]
- **Maßnahmen zur Suchtprävention**
  Einführung von Aufklärungs- und Schulungsveranstaltungen, Benennung und Ausbildung von innerbetrieblichen Suchtberatern und ähnliche Maßnahmen.[131]

---

126 Vgl. LAG Düsseldorf, Urt. v. 26.10.2010 – 17 Sa 540/10 – BeckRS 2011, 68714.
127 Siehe hierzu oben Kap. 10. B. II., Rn. 31 ff.
128 Siehe hierzu oben Kap. 10. B. I. 2., Rn. 25 ff.
129 Siehe hierzu oben Kap. 10. C. II. 3., Rn. 58.
130 Siehe hierzu oben Kap. 10. C. II. 4., Rn. 59 ff.
131 Siehe hierzu oben Kap. 10. C. I. 2., Rn. 44 ff.

II. Beteiligungsrechte des Betriebsrates

1. Mitbestimmung in personellen Angelegenheiten

Soweit der Arbeitgeber nach **bestimmten Grundsätzen** Stellenbewerber zu Eignungsuntersuchungen – auch mit Blick auf mögliche Suchterkrankungen – heranzieht, stellt dies ein **Auswahlkriterium** dar, das der Mitbestimmung des Betriebsrats nach § 95 BetrVG unterliegt. Gleiches gilt für standardisierte Fragebögen oder psychologische Tests wie Persönlichkeitsprofile, mit denen auch eine etwaige Suchtanfälligkeit abgefragt werden kann. Insoweit kommt auch eine Mitbestimmung wegen der Verwendung von **Personalfragebögen** nach § 94 BetrVG in Betracht.[132] 119

Hinweis i

Erfolgt die Einstellung eines Bewerbers auf Grund einer **unzulässigen Drogenuntersuchung** – etwa weil der Betriebsrat nicht beteiligt wurde – kann der Betriebsrat der Einstellung nach § 99 Abs. 2 Nr. 1 BetrVG wegen eines Gesetzesverstoß die Zustimmung verweigern. Denn eine entsprechende Untersuchung ohne die Einwilligung des Betroffenen und ohne rechtliche Grundlage etwa in Form einer Betriebsvereinbarung verletzt das Persönlichkeitsrecht des Bewerbers und ist damit rechtswidrig.[133]

---

2. Mitbestimmung in sozialen Angelegenheiten

Soweit in einer Betriebsvereinbarung zum Umgang mit Alkohol- und Suchmittelkonsum allgemeine Regelungen und konkrete Verfahrensabläufe für bestimmte Sachverhalte **verpflichtend** vorgegeben werden, sind Fragen der **betrieblichen Ordnung** nach § 87 Abs. 1 Nr. 1 BetrVG betroffen. Dies betrifft insbesondere die Anordnung von Alkohol- und Suchtmittelverboten[134], aber auch Regelungen zur Intervention bei Suchtauffälligkeiten oder zum Umgang mit Mitarbeitern mit akuten Suchtausfallerscheinungen. 120

Grundsätzlich kommt ein Beteiligungsrecht indes nicht aus dem Aspekt des **Arbeits- und Gesundheitsschutzes** nach § 87 Abs. 1 Nr. 7 BetrVG in Betracht, da gesetzliche Rahmenregelungen des öffentlich-rechtlichen Arbeitsschutzes, die im Zusammenhang mit dem Konsum von Alkohol und Drogen im Betrieb einen Ermessensspielraum für betriebliche Regelungen einräumen, nicht gegeben sind.[135]

Wichtig !

Beim Abschluss von Betriebsvereinbarungen zum Umgang mit Sucht im Betrieb ist zu berücksichtigen, dass die Betriebspartner bei der Ausgestaltung der betrieblichen Ordnung gehalten sind, den

---

132 LAG Baden-Württemberg, Beschl. v. 13.12.2002 – 16 TaBV 4/02 – NZA-RR 2003, 417 f.; *Fuhlrott/Hoppe*, ArbRAktuell 2010, 183, 186.

133 *Diller/Powietzka*, NZA 2001, 1227, 1229.

134 BAG, Urt. v. 23.9.1986 – 1 AZR 83/85 – NZA 1987, 250.

135 *Fuhlrott/Hoppe*, ArbRAktuell 2010, 464, 465.

Gesundheitsschutz der Arbeitnehmer zu beachten. Da die Wahrung der Gesundheit und der körperlichen Unversehrtheit gemäß Art. 2 Abs. 2 GG als spezielles Freiheitsrecht grundrechtlich gesichert ist, ist dieses Rechtsgut Bestandteil der den Betriebspartnern vom Gesetzgeber übertragenen **Schutzpflicht** nach § 75 Abs. 2 BetrVG.[136] Diese Handlungspflicht muss auch im Rahmen eines etwaigen Einigungsstellenverfahrens berücksichtigt werden, wenn sich Arbeitgeber und Betriebsrat nicht über Maßnahmen zur Suchtprävention oder den Umfang von Alkohol- oder Drogenverboten verständigen können.

3. Zuständigkeitsverteilung in Unternehmen und Konzern

121 Für die Ausübung der Mitbestimmungsrechte sind grundsätzlich die örtlichen Betriebsräte zuständig. Erst wenn eine Angelegenheit nicht auf der örtlichen Ebene geregelt werden kann, weil mehrere Betriebe eines Unternehmens oder mehrerer Unternehmen in einem Konzern betroffen sind, besteht eine originäre und ausschließliche Zuständigkeit des Gesamtbetriebsrats nach § 50 Abs. 1 BetrVG bzw. des Konzernbetriebsrats nach § 58 Abs. 1 BetrVG. Die fehlende betriebliche Regelungsmöglichkeit setzt ein **zwingendes Erfordernis** nach einer betriebs- bzw. unternehmensübergreifenden Regelung voraus.[137]

122 Regelmäßig fallen Fragen der betrieblichen Ordnung in den Zuständigkeitsbereich des örtlichen Betriebsrats, so dass Regelungen zur Suchtprävention und zum Umgang mit Alkohol- und Drogenkonsum grundsätzlich auf der betrieblichen Ebene angesiedelt sind. Da indes die Einführung von Maßnahmen der Suchtprävention (einschließlich Verfahrensregelungen zu Stufenplänen) ebenso der freiwilligen Mitbestimmung unterliegen wie die Durchführung entsprechender Schulungs- und Ausbildungsmaßnahmen hierzu, kann der Arbeitgeber die Zuständigkeit des Gesamt- oder Konzernbetriebsrats herbeiführen, wenn er nur zu einer **unternehmens- oder konzerneinheitlichen Maßnahme** bereit ist.[138]

Hinweis
Unabhängig davon spricht für eine originäre Zuständigkeit von Gesamt- oder Konzernbetriebsrat auch eine **überbetriebliche Organisation** der Suchtprävention. Dies muss insbesondere beim Einsatz von Suchtkrankenhelfern oder anderen vom Arbeitgeber zur Suchtprävention beauftragten Mitarbeitern gelten, die für mehrere Betriebe oder Konzernunternehmen tätig werden, oder bei zentralen Schulungen von Führungskräften. Korrespondierend zum einheitlichen Standard der Suchtprävention muss auch von einer einheitlichen Regelungsbefugnis des Gesamtbetriebsrats oder des Konzernbetriebsrats ausgegangen werden.

136 BAG, Urt. v. 19.1.1999 – 1 AZR 499/98 – NZA 1999, 546, 549.

137 BAG, Beschl. v. 19.6.2012 – 1 ABR 19/11 – NZA 2012, 1237, 1239; BAG, Urt. v. 19.6.2007 – 1 AZR 454/06 – NZA 2007, 1184, 1186.

138 BAG, Beschl. v. 23.3.2010 – 1 ABR 82/08 – NZA 2011, 642, 643; BAG, Beschl. v. 10.10.2006 – 1 ABR 59/05 – NZA 2007, 523, 524.

III. Musterbetriebsvereinbarung

Betriebsvereinbarung Suchtprävention

zwischen der Firma ... GmbH, nachfolgend „Arbeitgeber“ 123

und dem

Betriebsrat der ... GmbH, nachfolgend „Betriebsrat“

Präambel

Für Arbeitgeber und Betriebsrat ist die Suchtprävention ein wichtiger Baustein des betrieblichen Gesundheitsmanagements. Suchtprävention beinhaltet die Entwicklung und Umsetzung vorbeugender und helfender betrieblicher Maßnahmen zur Verhinderung von Suchtproblemen. 124

Suchtabhängigkeiten sind Erkrankungen im medizinischen und arbeitsrechtlichen Sinn. Mitarbeiter mit Suchtproblemen sind überall in der Arbeitswelt und auf allen Ebenen anzutreffen. Bei frühzeitiger Intervention besteht eine realistische Chance für den Verbleib bzw. für den Wiedereinstieg in die berufliche und soziale Umwelt. Durch die Umsetzung dieser Betriebsvereinbarung sollen Mitarbeiter mit auffälligem Suchtmittelkonsum über einen längeren Zeitraum behutsam und nachhaltig an die Erkenntnis herangeführt werden, dass ihr Zustand Krankheitswert haben kann. Sie sollen fördernd, fordernd und sanktionierend mit Hilfe von therapeutischen und arbeitsrechtlichen Maßnahmen vor die Entscheidung gestellt werden, der möglichen Suchterkrankung aktiv durch geeignete Hilfsangebote zu begegnen oder bei Fortschreiten des Suchtverhaltens ernsthafte arbeitsrechtliche Konsequenzen bis hin zur Beendigung des Arbeitsverhältnisses in Kauf zu nehmen. 125

§ 1
Geltungsbereich[139]

Die Betriebsvereinbarung gilt für alle Mitarbeiterinnen und Mitarbeiter[140] im Betrieb des Arbeitgebers. 126

139 Der Geltungsbereich bezieht sich hier auf die betriebliche Ebene. In Betracht kommt aber auch, ein System der Suchtprävention für das Unternehmen mit dem Gesamtbetriebsrat bzw. für den Konzern mit dem Konzernbetriebsrat zu vereinbaren. Dann müsste der Geltungsbereich entsprechend angepasst werden. Vgl. Kap. 10. D. II. 3., Rn. 121 f.

140 Soweit nachfolgend für Personenbezeichnungen allein die männliche Form verwendet wird, schließt dies auch die weibliche Mitglieder dieser Personengruppe ein.

§ 2
Ziele

127 Die Betriebsvereinbarung soll
- dem Konsum von Alkohol und Drogen sowie Medikamentenmissbrauch am Arbeitsplatz entgegenwirken,
- den Mitarbeitern durch Aufklärung und Information suchtpräventive Verhaltensweisen nahebringen,
- allen Beteiligten und allen Betroffenen Möglichkeiten der Hilfe und Selbsthilfe für suchtgefährdete und suchtkranke Mitarbeiter aufzeigen,
- die Gesundheit und die Arbeitskraft der Mitarbeiter erhalten bzw. wiederherstellen,
- die Arbeitssicherheit im Interesse aller Beteiligten erhalten,
- allen Beteiligten einen Leitfaden für den Umgang mit suchtspezifischen Auffälligkeiten am Arbeitsplatz geben,
- die Kompetenz der Mitarbeiter, besonders die der Vorgesetzten, bei suchtmittelbedingten Konflikten fördern.

§ 3
128 **Betriebliches Alkohol- und Drogenverbot**

1. Die Mitnahme von Alkohol, alkoholhaltigen Lebens- oder Genussmitteln sowie Drogen und anderer Suchtstoffe in den Betrieb sowie ihr Konsum ist während der Dienstzeit verboten. Die Aufnahme der Arbeit unter dem Einfluss von Alkohol oder anderer Suchtstoffe ist untersagt.
2. Die Einnahme von Medikamenten ist zulässig, soweit dies nach Absprache mit einem Arzt des Vertrauens des Mitarbeiters medizinisch erforderlich ist.

§ 4
129 **Betrieblicher Suchtkrankenhelfer**

1. Als kollegialer Multiplikator mit dem Ziel, vor Ort Motivations- und Beratungsarbeit für betroffene Mitarbeiter zu leisten, wird ein betrieblicher Suchtkrankenhelfer bestellt und auf Kosten des Arbeitgebers entsprechend geschult. Der betriebliche Suchtkrankenhelfer ist bei allen Suchtproblemen Ansprechpartner für betroffene Mitarbeiter und Vorgesetzte. Der betriebliche Suchtkrankenhelfer nimmt seine Aufgabe in Abstimmung mit der Niederlassungsleitung und dem örtlichen Betriebsrat während der bezahlten Arbeitszeit wahr.
2. Der betriebliche Suchtkrankenhelfer unterliegt der Schweigepflicht. Inhalte und Informationen über Gespräche mit Betroffenen dürfen nur mit deren Einverständnis weitergegeben werden.

§ 5
Schulungen zur Suchtprävention 130

1. Allen Vorgesetzten mit Personalverantwortung werden durch geeignete örtliche oder externe Schulungsmaßnahmen Kenntnisse über riskanten Suchtmittelkonsum und seine Folgen sowie über Wahrnehmung und Deutung auffälliger Verhaltensweisen von Beschäftigten vermittelt. Die Vorgesetzten sollen durch die Vermittlung von Techniken der Gesprächsführung mit auffälligen Beschäftigten in die Lage versetzt werden, diese Betriebsvereinbarung im Bedarfsfall angemessen anzuwenden.
2. Die Vertreter des Betriebsrates sowie der Schwerbehindertenvertretung sind berechtigt, an Schulungsmaßnahmen teilzunehmen.
3. Die Durchführung von Schulungen erfolgt in Abstimmung mit der Niederlassungsleitung. Der betriebliche Suchtkrankenhelfer wird in die Organisation und ggf. Durchführung der genannten Schulungsmaßnahmen eingebunden.

§ 6
Vorgehensweise bei suchtbedingten Auffälligkeiten/Alkoholkontrolle 131

1. Wird ein Mitarbeiter am Arbeitsplatz auffällig und besteht der Verdacht, dass diese Auffälligkeit auf die Einwirkung eines Suchtmittels zurückzuführen ist, entscheidet der Vorgesetzte nach Möglichkeit unter Hinzuziehung des betrieblichen Suchtkrankenhelfers und einem Mitglied des Betriebsrats, ob dem Betroffenen die weitere betriebliche Tätigkeit untersagt werden muss. Bei der Entscheidung haben die Vorgesetzten die Unfallverhütungsvorschriften zu beachten.
2. Besteht ein Verdacht auf Alkoholisierung oder den Einfluss anderer Drogen, ist der Mitarbeiter berechtigt, sich einer entsprechenden Alkohol- oder Drogenuntersuchung zum Nachweis der Arbeitsfähigkeit zu unterziehen. Bei Verdacht auf Alkoholisierung kann der Vorgesetzte eine Alkoholmessung bei dem Mitarbeiter nach Möglichkeit im Beisein eines Mitglieds des Betriebsrats veranlassen. Hierfür stellt der Arbeitgeber geeignete Atem-Alkohol-Tests zur Verfügung. Das Ergebnis des Tests ist schriftlich festzuhalten. Bei Verdacht auf Einfluss anderer Drogen ist ein geeigneter medizinischer Test heranzuziehen.
3. Die Kosten der Tests trägt der Arbeitgeber.
4. Verweigert der Mitarbeiter einen Test oder eine Untersuchung oder zeigt diese ein positives Ergebnis, darf der betroffene Mitarbeiter seine betriebliche Tätigkeit nicht fortsetzen. In diesem Fall hat der Vorgesetzte unter Berücksichtigung des persönlichen gesundheitlichen Zustandes des Mitarbeiters dafür zu sorgen, dass er schnellstmöglich das Betriebsgelände verlässt. Muss nach dem Verhalten des Mitarbeiters angenommen werden, dass er auf dem Heimweg sich oder andere gefährdet, veranlasst der Vorgesetzte den Transport in die Wohnung bzw. in ärztliche Behandlung. Die Kosten hat der Mitarbeiter zu tragen.

5. Der Vorgesetzte erstellt ein Protokoll über den Vorfall, das vom betrieblichen Suchtkrankenhelfer oder einem Mitglied des Betriebsrats gegengezeichnet wird (Vier-Augen-Prinzip).
6. Mitarbeiter, die infolge der Einwirkung von Alkohol oder anderen Suchtmitteln nicht mehr ordnungsgemäß oder gefahrlos arbeiten können, verletzen regelmäßig ihre arbeitsvertraglichen Pflichten und verlieren für die verbleibende Arbeitszeit des betreffenden Tages den Gehaltsanspruch.

§ 7

132 **Suchtprävention**

1. Im Falle von Suchterkrankungen soll eine frühzeitige Intervention dem Beschäftigten eine realistische Chance für den Verbleib bzw. den Wiedereinstieg in die berufliche und soziale Umwelt ermöglichen. Zielsetzung der Intervention ist dabei insbesondere
   - der Erhalt bzw. die Wiederherstellung der Arbeitsfähigkeit und die Vorbeugung von Suchterkrankungen,
   - die angemessene Betreuung und Unterstützung des Gefährdeten sowie
   - die Verbesserung des Zugangs zu therapeutischen Hilfssystemen.
2. Zu diesem Zweck sollen suchtspezifische Auffälligkeiten entsprechend der nachfolgenden Interventionskette behandelt werden. Soweit diese Interventionskette arbeits- oder disziplinarrechtliche Maßnahmen vorsieht, können diese nicht ohne Berücksichtigung der individuellen Umstände des Einzelfalls und insbesondere nicht ohne Abwägung der betroffenen Interessen von Arbeitnehmer- und Arbeitgeberseite getroffen werden.
3. Soweit die Voraussetzungen für ein betriebliches Eingliederungsmanagement nach § 84 Abs. 2 SGB IX gegeben sind, kann dieses mit den nach der nachfolgenden Interventionskette vorgesehenen Gesprächen verbunden werden.
4. Unberührt hiervon bleiben die Rechte des Arbeitgebers, die auf der Verletzung von Vertragspflichten durch steuerbares Verhalten des Beschäftigten im Zusammenhang mit Alkohol- oder Suchtmittelkonsum beruhen.[141]

141 Durch diese Regelung ist sichergestellt, dass die Möglichkeit zur verhaltensbedingten Kündigung nicht durch die Interventionskette eingeschränkt ist.

§ 8
Interventionskette[142] 133

Die einzelnen Stufen der Interventionskette sollen die folgenden Ziele erreichen:

Stufe 1: Feststellung eines riskanten Konsums von Suchtmitteln

Stufe 2: Angebot und Beschreibung möglicher Hilfsmaßnahmen sowie Festlegung konkreter Hilfsangebote; dem Suchtkranken soll die Entscheidung ermöglicht werden, der Suchterkrankung aktiv durch geeignete Hilfsangebote zu begegnen oder bei Fortschreiten des Suchtverhaltens ernsthafte arbeitsrechtliche Konsequenzen bis hin zur Beendigung des Arbeitsverhältnisses in Kauf zu nehmen

Stufe 3: Beurteilung des Fortschritts möglicher Hilfsangebot, bei Bedarf Angebot zusätzlicher/nachsteuernder Maßnahmen oder Prüfung arbeitsrechtlicher Schritte

Stufe 1

Stellt der unmittelbare Vorgesetzte fest, dass ein Beschäftigter seine Arbeitspflichten 134
durch suchtmittelspezifisches Verhalten vernachlässigt oder nicht mehr ordnungsgemäß erfüllt, führt er mit dem Betroffenen ein vertrauliches Gespräch. Ziel dieses Gesprächs ist es, gemeinsam mit dem Beschäftigten Fehlverhalten oder Leistungsmängel sowie deren mögliche Ursachen festzustellen und zu einer Vereinbarung zu kommen, wie die Auffälligkeiten am Arbeitsplatz abgestellt werden können.

Das erste vertrauliche Gespräch hat noch keine rechtlichen Konsequenzen. Der 135
Vorgesetzte informiert den betrieblichen Suchtkrankenhelfer über das Gespräch. Es werden keine Informationen an andere Stellen gegeben; es erfolgt keine Eintragung in die Personalakte.

Stufe 2

Wenn sich nach dem Gespräch der Stufe 1 der Eindruck bestätigt oder das weitere 136
Verhalten des Mitarbeiters vermuten lässt, dass ein schädigender Konsum von Suchtmitteln oder eine Abhängigkeit vorliegt, führen der unmittelbare Vorgesetzte ein weiteres Gespräch mit dem Mitarbeiter. An diesem Gespräch nehmen der zuständige Betriebsarzt und der betriebliche Suchtkrankenhelfer teil. Auf Wunsch des Betroffenen nimmt ein Mitglied des örtlichen Betriebsrats an dem Gespräch teil. Wenn der Betroffene einverstanden ist, soll zunächst eine Stellungnahme des Betriebsarztes eingeholt werden.

142 Die Interventionskette umfasst im Beispiel nur drei Stufen. Üblich sind vier oder mehr Stufen. Im Beispiel besteht aber die Möglichkeit, die Stufe 2 zu wiederholen bzw. erst nach Abschluss etwaiger therapeutischer Maßnahme in die Stufe 3 überzugehen. Dies hat den Hintergrund, dass dem Betroffenen möglichst frühzeitig Hilfe angeboten werden soll. Vgl. Kap. 10. D. I. 1., Rn. 117.

137 Nach Erläuterung der weiteren, in dieser Interventionskette vorgesehenen Maßnahmen wird der Betroffene mit fester Terminsetzung aufgefordert, eine therapeutische Maßnahme, wie z. B. ein Gesprächstermin bei einer Selbsthilfegruppe und/oder psychosozialen Beratungs- und Behandlungsstelle für Suchtkranke eine stationäre oder ambulante Therapie oder entsprechende Hilfsangebote der Krankenkassen, anzunehmen. Der Betroffene wird zudem darauf hingewiesen, dass arbeitsrechtliche Konsequenzen ergriffen werden können, wenn keine positiven Veränderungen in seinem Verhalten eintreten und von den Hilfsangeboten kein Gebrauch gemacht wird.

138 Der betriebliche Suchtkrankenhelfer fertigt über das Gespräch und die vereinbarte Vorgehensweise einen schriftlichen Vermerk an. Diesen Vermerk leitet er mit einer Kopie der Aufzeichnungen und ggf. der schriftlichen Stellungnahme des Betroffenen an die Personalabteilung zur Aufnahme in die Personalakte weiter. Der Vermerk unterliegt der Tilgung innerhalb von zwei Jahren, wenn nicht Maßnahmen nach Stufe 3 getroffen werden müssen.

Stufe 3

139 Der betriebliche Suchtkrankenhelfer veranlasst nach angemessener Zeit ein Wiederholungsgespräch mit dem gleichen Teilnehmerkreis wie in Stufe 2. In diesem Gespräch wird geklärt, welche Hilfsangebote der Betroffene zwischenzeitlich wahrgenommen hat. Hat der Betroffene die vereinbarten Hilfsangebote nicht angenommen bzw. hatten diese keinen Erfolg, prüft der Vorgesetzte unter Einbindung der Niederlassungsleitung und der zuständigen HR-Abteilung unter Berücksichtigung aller Umstände des Einzelfalls mögliche arbeitsrechtliche Schritte einschließlich einer personenbedingten Kündigung. Falls erforderlich können mit dem Betroffenen auch weitere Hilfsangebote entsprechend des Verfahrens in Stufe 2 vereinbart werden oder die Durchführung gegenwärtiger Hilfsangebote abgewartet werden. In diesem Fall findet nach angemessener Zeit ein erneutes Gespräch der Stufe 3 statt.

140 Über das Gespräch wird ein Vermerk gemacht, der entsprechend des in Stufe 2 beschriebenen Verfahrens zur Personalakte genommen wird.

§ 9
Rückfall

141 Kommt es bei einem Mitarbeiter nach einer therapeutischen Maßnahme zu einem Rückfall, dann tritt die Interventionskette erneut in Kraft. Die Einreihung in eine Stufe der Interventionskette erfolgt im Einvernehmen mit dem Vorgesetzten, dem Betriebsrat und dem betrieblichen Suchtkrankenhelfer. Im Zweifel erfolgt eine Einreihung in die Stufe 2, so dass mit dem Betroffenen die Wahrnehmung von Hilfsangeboten vereinbart werden soll.

§ 10
Wiedereingliederungsgespräch 142

1. Nach Rückkehr des Betroffenen aus einer nachgewiesenen abgeschlossenen therapeutischen Maßnahme führt der unmittelbare Vorgesetzte, der betriebliche Suchtkrankenhelfer und ein Mitglied des Betriebsrates vor dem beabsichtigten Arbeitsantritt des Betroffenen mit diesem ein vorbereitendes Gespräch. Bei arbeitsmedizinischen Belangen kann der betriebsärztliche Dienst hinzugezogen werden.
2. Ziel dieses Gesprächs ist es, über betriebliche Ereignisse während der Abwesenheit zu informieren, die Rückkehr an den Arbeitsplatz zu erleichtern und den Betroffenen zu bestärken, an seiner Gesunderhaltung nachhaltig zu arbeiten. Er wird ausdrücklich auf die Gefahren des Suchtmittelmissbrauchs hingewiesen.
3. Mit dem Betroffenen werden geeignete Präventionsmaßnahmen, insbesondere regelmäßiger Kontakt zu ambulanten Beratungsstellen/Selbsthilfegruppen im Rahmen der Nachsorge, vereinbart.

§ 11
Vorgehensweise nach abgeschlossener Rehabilitation

Nach Kündigung eines Beschäftigten und dem Abschluss einer nachhaltigen the- 143
rapeutischen Maßnahme durch den ehemaligen Beschäftigten wird eine Wiedereinstellung wohlwollend überprüft. Voraussetzung für die Wiedereingliederung ist die betriebsärztliche Bescheinigung der Arbeitsfähigkeit für im Betrieb freie, noch besetzbare Arbeitsplätze. Dies beinhaltet keine Wiedereinstellungsgarantie. Hierzu findet ein Gespräch mit dem ehemaligen Beschäftigten, dem evtl. neuen Vorgesetzten und – soweit der Beschäftigte zustimmt – einem Vertreter des Betriebsrates statt.

§ 12
Schweigepflicht, Datenschutz

1. Alle an den Gesprächen mit dem betroffenen Suchtkranken oder suchtgefährdeten Beteiligten haben stets die Schweigepflicht zu wahren. Sie dürfen nur mit dem schriftlichen Einverständnis des Betroffenen Inhalte und Informationen über Hilfsgespräche an Dritte weitergeben.
2. Bei der Protokollierung des Verlaufs der Interventionskette ist der Datenschutz zu berücksichtigen. Diagnosedaten dürfen nur mit der ausdrücklichen Einwilligung des Beschäftigten erfasst werden.

§ 13
Inkrafttreten/Schlussbestimmungen 144

1. Diese Vereinbarung tritt mit Unterzeichnung in Kraft.
2. Sofern durch Änderung von Vorgaben mit übergeordneter Rechtswirksamkeit (z. B. Gesetze, Tarifverträge) eine Vorgabe dieser Vereinbarung ihre Wirksamkeit verliert, behalten die anderen Regelungen dieser Vereinbarung ihre Gültigkeit.

Kapitel 11
Low-Performance

A. Begriffsbestimmung der Low-Performance

In den letzten zwanzig Jahren haben sich vermehrt englische Begriffe im deutschen Arbeitsrecht etabliert. Zunächst war es der Begriff „mobbing“, dem schnell Begriffe wie „equal pay“ oder „whistle-blower“ folgten. Auch der Begriff „low-performer“ ist seit längerem jedem Arbeitgeber geläufig. 1

Während die als Substantive eingedeutschten Anglizismen „Mobbing“ (vom englischen „mobbing“ – zu deutsch: anpöbeln) „Whistleblower“ (vom englischen „whistle-blower“, zu deutsch: Informant) nur erahnen lassen, welche praktische Ausprägung sie umschreiben, ist der Begriff „Low-Performer“ (zu deutsch eigentlich: spärlicher Diensterbringer) selbsterklärend durch seine Ableitung von der „Low-Performance“ (zu deutsch: geringe Leistung). 2

Im Arbeitsleben und mittlerweile auch im Arbeitsrecht wird ein Mitarbeiter oder Arbeitnehmer als Low-Performer bezeichnet, wenn er eine Leistung erbringt, die nicht der vertraglich geforderten Leistung entspricht. Dies kann eine **unzureichende Arbeitsleistung** (Nichtleistung, Andersleistung und Minderleistung) oder eine **Schlechtleistung** sein. Zum Teil wird auch von einer **erfolgsschwachen Arbeitsleistung** gesprochen.[1] Diese zunächst rein theoretisch anmutende Unterscheidung hat jedoch in der rechtlichen – und somit – gerichtlichen Praxis eine wichtige Bedeutung; während dem willigen aber unfähigen Arbeitnehmer in seiner Person begründete Schlechtleistungen vorzuhalten wären, die er aber nicht wird abändern können, sind dem fähigen aber unwilligen Arbeitnehmer in seiner Persönlichkeit (also seinem Verhalten) begründete Schlechtleistungen vorzuhalten, die durch eine Verhaltensänderung abgestellt werden können. 3

Die Frage, ob eine Low-Performance vorliegt, ergibt sich für Arbeitgeber, wenn ein Arbeitnehmer nicht das „Soll“ erfüllt, das in den Augen des Arbeitgebers zu erfüllen wäre. Dieser Eindruck entsteht regelmäßig dann, wenn die Leistung eines Arbeitnehmers in Relation zu anderen vergleichbaren oder nur vermeintlich vergleichbaren Arbeitnehmern mehr (Arbeits-) Zeit für die gleichen oder vergleichbare Arbeitsergebnisse benötigt oder signifikant mehr Fehler macht als andere mit ihm vergleichbare Arbeitnehmer oder keine Arbeitsleistung oder Arbeitsergebnisse präsentieren kann. Hierbei können folgende Fallgruppen einer Low-Performance unterschieden werden: 4

Bei der sogenannten **Nichtleistung** wird die geschuldete Leistung gar nicht erbracht. 5

1 *Tschöpe*, BB 2006, 213.

Beispiel
Ein Arbeitnehmer kommt gar nicht zur Arbeit oder häufig zu spät.

6 Von einer **Andersleistung** wird gesprochen, wenn der Arbeitnehmer zwar seine Arbeitsleistung erbringt jedoch das Arbeitsergebnis ein anderes, als angewiesen ist.

Beispiel
Ein Arbeitnehmer, der laut Arbeitsauftrag Schläuche mit konkret vorgegebenen technischen Anforderungen fertigen soll, erstellt Schläuche, die andere technische Anforderungen erfüllen.[2]

7 Die so genannte **Minderleistung** liegt vor, wenn der Arbeitnehmer durchgehend seine Arbeitsleistung erbringt, jedoch nicht die Menge bzw. die Quantität der Arbeit erbringt, die regelmäßig von dem Durchschnitt der vergleichbaren Arbeitnehmer erbracht wird.

Beispiel
Ein Mitarbeiter wird als „Aussucher" in der Versandabteilung beschäftigt. Er benötigt für einen Auftrag von 125 kg mit 17 Positionen 4 Stunden, der normalerweise von einem Aussucher in einer halben Stunde erledigt wird.[3]

8 Die objektive Feststellung einer Leistung unterhalb des Durchschnitts vergleichbarer Arbeitnehmer ist im Einzelfall schwierig, wenn die Arbeitsleistung nicht in Leistungsmengendarstellbar ist oder sich auf mehrere Tätigkeiten und variable Anforderungen erstreckt.

Beispiel
Eine Arbeitnehmerin wird als Sekretärin beschäftigt. Zu den Aufgaben einer Sekretärin gehören das Schreiben von Diktaten, die Annahme von Telefonaten und die Bearbeitung der eingehenden und ausgehenden Post. Innerhalb der Arbeitszeit schreibt sie weniger Diktate (gemessen in Minuten, Worten oder Seiten) als andere Sekretärinnen in dem Unternehmen.

9 Die Menge an geschriebenen Diktaten kann als Maßstab für die Leistungsfähigkeit nur bedingt herangezogen werden, weil nicht erkennbar ist, wie hoch der Umfang der weiteren erbrachten Tätigkeiten der Arbeitnehmerin ist.

10 Die **Schlechtleistung** zeichnet sich dadurch aus, dass der Arbeitnehmer zwar zeitlich vertragsgemäß arbeitet, das Arbeitsergebnis aber mangel- bzw. fehlerhaft ist.

2 Vgl. LAG Schleswig-Holstein, Urt. v. 3.6.2008 – 2 Sa 66/08 – BeckRS 2011, 66361.
3 BAG, Urt. v. 22.7.1982 – 2 AZR 30/81 – AP KSchG 1969 § 1 Verhaltensbedingte Kündigung.

Beispiel
Eine Arbeitnehmerin ist im Versand tätig. Es werden Warensendungen auf der Grundlage der Kundenbestellungen fertiggestellt. Die Fehlerhäufigkeit der Arbeitnehmerin liegt um ein Mehrfaches über der ihrer mit vergleichbaren Arbeiten beschäftigten Kolleginnen. Die Arbeitnehmerin hat eine Fehlerquote zwischen 4,01 Promille und 5,44 Promille verursacht, während die Quote vergleichbarerer Arbeitnehmerinnen bei 1,34 Promille liegt.[4]

B. Ermittlung einer Low-Performance

Die wesentlichen Schwierigkeiten im Bereich der Low-Performance bereitet der Nachweis. Häufig ist der Eindruck des Arbeitgebers, dass eine unterdurchschnittliche Leistung vorliegt, auch objektiv sicherlich „richtig". Seine Wertung beruht zumeist auch auf perzeptiven Gegebenheiten und Erfahrungen, gleichwohl können seine „Eindrücke" und sein „Gefühl" nicht für den Nachweis einer Low-Performance dienen. 11

Voraussetzung für die Feststellung einer unzureichenden Leistung oder einer Schlechtleistung ist, dass zunächst feststeht, was als Leistung erwartet werden darf. Es muss also festgelegt werden, zu welcher Leistung der Arbeitnehmer verpflichtet ist („Arbeitssoll"), um feststellen zu können, ob die tatsächlich erbrachte Arbeitsleistung hiervon abweicht.[5] 12

Wenn ein Unterschreiten des Arbeitssolls festgestellt ist, ist nach den Gründen hierfür zu fragen und die Ursache beim jeweiligen Mitarbeiter und seinem Arbeitsumfeld zu suchen; die tatsächlich Minderleistung des Mitarbeiter ist anhand der individuellen Fähigkeiten des Arbeitnehmers und unter Berücksichtigung seiner Arbeitsbereitschaft und seines Einsatzes dann häufig erklärlich. 13

Leistet der Mitarbeiter weniger, weil er körperlich oder intellektuell nur unterdurchschnittliche Fähigkeiten („Unfähigkeit") aufweist, handelt es sich um eine Low-Performance – um die es sich allerdings auch dann handelt, wenn der Mitarbeiter aus Gründen mangelnder Motivation oder Leistungsverweigerung (Unwilligkeit bzw. „Faulheit") das geforderte Arbeitssoll nicht erbringt.[6] 14

Die Low-Performance ist somit systematisch zu untergliedern nach Ursachen, die sich rechtssystematisch entsprechend unterscheiden: 15

- Bei Mitarbeitern, die könnten, aber nicht wollen, ist die Low-Performance durch die Faulheit, fehlende Leistungsbereitschaft und Eigenintitative erklärlich und damit im Verhalten begründet;
- bei Mitarbeitern, die wollen, aber nicht können, ist die Low-Performance durch deren „Unfähigkeit" gegeben und damit in der Person begründet.

4 BAG, Urt. v. 17.1.2008 – 2 AZR 536/06 – NZA 2008, 693.
5 Vgl. *Maschmann*, NZA-Beil. 2006, 13/14.
6 Vgl. *Maschmann*, NZA-Beil, 2006, 13/14.

16 Die arbeitsrechtlichen Konsequenzen – bis hin zur Kündigung – sind dementsprechend daran auszurichten.

17 Liegt ein Unwillen, also ein Leistungsmangel, vor, ist abzumahnen, da die Möglichkeit einer Verhaltensänderung aufgrund des Ausspruchs der Abmahnung besteht. Im Falle der Unfähigkeit, also im Falle eines Eignungsmangels, kann eine Abmahnung keine Änderung herbeiführen. Es liegt kein vorwerfbares und änderbares Verhalten vor.

18 Da es aber für den Arbeitgeber oft nicht erkennbar ist, ob ein Leistungsmangel oder ein Eignungsmangel vorliegt, sollte im Zweifel stets eine Abmahnung ausgesprochen werden. Spätestens vor Ausspruch der Kündigung – nach vorherigen Abmahnungen und erneuten Verstoß – ist dann aber durch den Arbeitgeber der Versuch zu unternehmen, die Ursachen zu klären. Auch Einungsmängel muss ein Arbeitgeber aber nicht akzeptieren.

I. Beurteilungsmaßstab

19 Zunächst ist zu ermitteln, welcher Maßstab zugrunde gelegt werden kann, um festzustellen, dass die Leistungen, die ein Arbeitnehmer erbringt unzureichend oder schlecht sind. Dieser Maßstab ergibt sich aus den Vereinbarungen, die zwischen Arbeitgeber und Arbeitnehmer getroffen wurden und sich aus dem Arbeitsvertrag ergeben.

---

i **Begriffserklärung**

Der **Arbeitsvertrag** ist ein gegenseitiger Vertrag, durch den sich der Arbeitnehmer zur Leistung der versprochenen Arbeit und der Arbeitgeber zur Gewährung des vereinbarten Arbeitsentgelts (Arbeitslohn) verpflichtet.

---

20 Nachfolgend wird – dem landläufigen Verständnis folgend – unter Arbeitsvertrag nicht das Rechtsverhältnis als solches, sondern die Urkunde, die ganz regelmäßig zur Begründung des Arbeitsverhältnisses von Arbeitgeber und Arbeitnehmer unterzeichnet wird, verstanden. Dieser Arbeitsvertrag regelt ausgehend von den gesetzlichen Regelungen und ggf. unter Einbeziehung geltender Kollektivverträge die Leistungspflichten des Arbeitnehmers.

21 Ausgangspunkt für die Bestimmung des Leistungsinhalts ist somit zunächst das Gesetz, dann ergänzend oder – soweit gesetzlich zulässig – die gesetzlichen Regeln ersetzend der Arbeitsvertrag sowie – ggf. begrenzend – die geltenden Kollektivverträge.

1. Inhalt der Leistungspflicht nach den gesetzliche Regelungen

Aus dem Bürgerlichen Gesetzbuch ergibt sich, dass der Arbeitnehmer zur **Leistung der versprochenen Dienste in Person** verpflichtet ist (§§ 611 Abs. 1, 613 Satz 1 BGB). 22

Die Arbeitsleistung ist höchstpersönlich zu leisten.[7] Wenn der Arbeitnehmer aber die Arbeitsleistung höchstpersönlich erbringen muss, ist seine Arbeitskraft nicht beliebig austauschbar, so dass der Arbeitgeber es hinnehmen muss, wenn die Arbeitsleistung individuell ausfällt und nicht in gleichbleibender Qualität und Quantität gefordert werden kann. 23

Praxistipp

Der Arbeitgeber hat damit zwar einen Anspruch darauf, dass jeder Arbeitnehmer subjektiv nach seinen Fähigkeiten das Beste leistet, objektiv hat er aber nur Anspruch auf eine „durchschnittliche" Arbeitsleistung.[8]

Der Arbeitnehmer ist auch nicht verpflichtet, einen konkreten Erfolg zu erbringen. Der Arbeitsvertrag ist nämlich ein Unterfall des Dienstvertrages, demnach – anders als beim Werkvertrag – nur ein sorgfältiges Handeln und nicht etwa ein konkreter Erfolg (das Werk) geschuldet wird. Der Arbeitnehmer verpflichtet sich daher nach dem Gesetz zunächst lediglich zur vertraglich vorgesehenen Tätigkeit.[9] 24

Nicht ausreichend für die Erfüllung der Pflicht aus dem Arbeitsvertrag ist es aber, wenn der Arbeitnehmer seine Dienste bloß bereithält oder zur Verfügung stellt.[10] Wäre das Bereithalten bereits die Erfüllung der Pflicht aus dem Arbeitsvertrag, würde bereits hierdurch ein Anspruch auf Entgeltzahlung nach § 611 BGB entstehen. Der Anwendungsbereich des Annahmeverzuges (§ 615 BGB) würde sich dann auf einen unwesentlichen Bereich reduzieren.[11] Der Arbeitnehmer ist daher verpflichtet, eine Arbeit auch tatsächlich zu erbringen, also tätig zu werden. Ein vom Ergebnis her betrachtet sinnvolles Tätigwerden schuldet der Arbeitnehmer aber nicht. Der Arbeitgeber kann daher nach den gesetzlichen Bestimmungen nicht in jedem Fall auch ein verwertbares Arbeitsergebnis erwarten. 25

Im Hinblick auf die für den Arbeitgeber schädliche Low-Performance des Arbeitnehmers liegt gerade hier das Problem; die gesetzliche Regelung erwartet vom Arbeitnehmer gerade keine Gutleistung, sondern nur eine sog. „Überhauptleistung".[12] 26

Dementsprechend kann der Arbeitgeber unter alleinigem Verweis auf die §§ 611 ff. BGB auch nicht verlangen, dass der Arbeitnehmer eine Arbeitsleistung erbringt, bis 27

---

7 ErfK/*Preis*, § 611 BGB Rn 640.
8 Vgl. Kapitel 10 B. 4.
9 HWK/*Thüsing*, § 611 BGB Rn 285.
10 So: *v. Stebut*, RdA 1985, 66, 70.
11 Vgl. hierzu ErfK/*Preis*, § 611 BGB Rn 642.
12 *Maschmann*, NZA-Beil. 2006, 13, 16.

ein erhoffter Erfolg erreicht ist. Der Arbeitnehmer schuldet nur seine Bemühen und das Erbringen von Arbeit bis zum Ende der definierten Arbeitszeit. Eine Nachleistungspflicht des Arbeitnehmers besteht **nach Ablauf** der Arbeitszeit nicht (er kann den „Besen in die Ecke stellen“, „den Griffel fallen lassen“ und „alles stehen und liegen lassen“.). Der Arbeitgeber kann aber verlangen, dass **innerhalb der Arbeitszeit** die Fehler zu korrigieren sind, soweit er hierzu in der Lage ist. Deshalb besteht das Bedürfnis ergänzende Vereinbarungen in schriftlichen Arbeitsverträgen niederzulegen.

2. Leistungspflicht und Leistungsbegriff im Arbeitsvertrag

28 Die Arbeitsverträge definieren vor diesem Hintergrund Regelungen, die die gesetzlichen Regelungen ergänzen. Bisweilen wird in Arbeitsverträgen auch ein Arbeitsergebnis festgelegt, das die Arbeitsleistung messbar oder bezifferbar machen soll. Mit diesem Arbeitsergebnis besteht dann ein **Maßstab oder eine Maßeinheit**, mit der das jeweilige **„Arbeitssoll“** festgestellt werden kann.

29 Wurden in einem (schriftlichen[13]) Arbeitsvertrag Ergänzungen zu den gesetzlichen Bestimmungen vereinbart, ergibt sich die maßgebliche Verpflichtung zur Arbeitsleistung also aus dem Arbeitsvertrag i. V. m. § 611 BGB. Die Leistungspflicht ist daher zumeist nicht nur aus dem Gesetz, sondern auch aus anderen „Quellen“ ab- oder herzuleiten sein. Im Einzelnen:

a) Arbeitsvertrag

30 Der Arbeitsvertrag beschreibt regelmäßig die Art der geschuldeten Tätigkeit und zwar anhand der Berufsbezeichnung.

---

i **Beispiel**
Im Arbeitsvertrag wird bestimmt:
„{...} werden sie als Schweißer {...} eingesetzt“

---

31 Weiterhin sind dem Arbeitsvertrag häufig auch Angaben zum unternehmerischen Zweck der geschuldeten Tätigkeit zu entnehmen.

---

i **Beispiel**
Im Arbeitsvertrag wird bestimmt:
„{...} werden sie als Schweißer in der Kaskofertigung {...} eingesetzt“

---

13 Vgl. Begriffserklärung in Kap. 10 B. I.

Schließlich sind auch konkretere Regelungen zum Umfeld, in dem diese Tätigkeit zu erbringen ist, enthalten. 32

Beispiel
Im Arbeitsvertrag wird bestimmt:
„{...} werden sie als Schweißer in der Kaskofertigung im Trockendock eingesetzt"

Aus dem Arbeitsvertrag selbst ergibt sich also in der Regel nur, dass eine bestimmte Tätigkeit an einem Ort oder in einem Produktionsschritt zu erbringen ist. Wird diese Tätigkeit dann nicht erbracht, liegt eine „Nichtleistung" vor. Die Schlechtleistung lässt sich hingegen aus dem Arbeitsvertrag selbst nicht direkt, sondern nur indirekt – also wertend – ableiten. Im Regelfall ergibt sich aus dem Arbeitsvertrag nämlich nicht, mit welchem Ergebnis die geschuldete Leistung zu erbringen ist. 33

Beispiel
Im Arbeitsvertrag des Schweißers in der Kaskofertigung im Trockendock einer Werft wird kaum geregelt sein, wie viele Meter Schweißnaht oder wie viele Schweißpunkte der Arbeitnehmer pro Arbeitseinheit zu ziehen oder setzen hat. Auch wird nicht geregelt sein, dass die Schweißnähte (wasser-) dicht oder die Schweißpunkte verbindend sein sollten. Entsprechende Produktivität wird einerseits vorausgesetzt, wäre andererseits aber typische Low-Performance des Schweißers, wenn die Qualität der Schweißnähte oder Schweißpunkte verfehlt wird.

Auch wenn sich aus den meisten Arbeitsverträgen nicht ergibt, in welchem quantitativen Umfang welche Arbeiten in welcher Qualität zu erledigen sind, besteht die Möglichkeit von dieser landläufigen Praxis abzuweichen und bereits im Arbeitsvertrag die Menge und Qualität der zu erbringenden Arbeitsleistung (als Minimalanforderung) zu definieren, soweit eine solche Konkretisierung im Hinblick auf die vereinbarte Tätigkeit möglich und gewollt ist. 34

Praxistipp
Ein bestimmtes Ergebnis kann von dem Arbeitgeber im Falle der Vereinbarung eines Akkord-oder Prämienlohns verlangt werden. Bei der Akkordvereinbarung wird die Vergütung nach dem Arbeitsergebnis berechnet, bei der Prämienlohnvereinbarung wird dem Arbeitnehmer für eine bestimmte Leistung eine Prämie gezahlt.

Zu beachten ist dabei aber, dass jede Konkretisierung und Individualisierung das Direktionsrecht (auch „Weisungsrecht") des Arbeitgebers gegenüber dem Arbeitnehmer für die Zukunft einengt. 35

Begriffserklärung
Auf der Grundlage des Arbeitsvertrages besteht zugunsten des Arbeitgebers das sogenannte **arbeitgeberseitige Direktionsrecht** (§ 106 GewO). Der Arbeitgeber kann aufgrund des Direktionsrechts die Pflichten konkretisieren, die sich aus dem Arbeitsvertrag ergeben.

36 Der Arbeitgeber kann somit wählen, ob er im Arbeitsvertrag **eine konkrete Beschreibung oder Bezifferung der Art und des Umfangs** der zu erbringenden Arbeitsleistung vereinbart oder anfallende Arbeit flexibel über sein Direktionsrecht zuteilt. Zu beachten ist, dass eine Konkretisierung der zu erbringenden Arbeitsleistung in dem Arbeitsvertrag es in Fällen der Low-Performance erleichtert, diese festzustellen und nachzuweisen, da Abweichungen zu der konkret zu erbringende Tätigkeit leichter festgestellt werden können.

37 Andererseits ist aber durch die konkrete Leistungsbeschreibung unter Benennung von Menge oder Qualität eine Änderung der Tätigkeiten des Arbeitnehmers unter Umständen nur noch durch Änderungsvereinbarung mit dem Arbeitnehmer oder Änderungskündigung möglich. Wird die zu erbringende Tätigkeit genau beschrieben, ist auch nur diese geschuldet. Der Arbeitgeber kann dann nicht kraft Direktionsrecht die zu erbringende Tätigkeit neu definieren. Etwas anderes gilt, wenn in dem Arbeitsvertrag ein Versetzungsvorbehalt vereinbart wurde, aufgrund dessen dann unter Umständen andere Tätigkeiten zu gewiesen werden können.

Vertragsmuster für einen Versetzungsvorbehalt

„Der Arbeitgeber behält sich vor, dem Arbeitnehmer nach billigem Ermessen eine andere gleichwertige Tätigkeit zu übertragen und den Arbeitnehmer an einem anderen Ort einzusetzen."

---

38 Weil Arbeitsverträge für einen längeren Zeitraum – überwiegend unbefristet – abgeschlossen werden, im landläufig so verstandenen „besten Fall" bis zum Renteneintritt des Mitarbeiters Geltung haben sollen, werden sich innerhalb der Beschäftigungszeit aber sowohl in dem Unternehmen Änderungen ergeben, die mit Veränderungen der Anforderungen an den Arbeitsplatz einhergehen, als auch Änderungen der Fähigkeiten und Kenntnisse des Arbeitnehmers. Um den Arbeitsvertrag als Grundlage des Arbeitsverhältnisses möglichst langfristig einsetzen zu können, ist es daher bei unbefristeten Arbeitsverträgen ratsam, nicht bereits im Arbeitsvertrag die konkreten Leistungsvorgaben hinsichtlich der Quantität der zu erbringenden Leistungen oder der Qualität der Arbeit aufzunehmen. Jedenfalls ist zu bedenken, dass die Leistungsfähigkeit eines jeden Arbeitnehmers schwankt, Fehler sind für jeden Arbeitnehmer in einem gewissen Umfang unvermeidlich.[14] Darum dürfen die Anforderungen nicht unzumutbar sein, weil sie damit unwirksam wären.

Praxistipp

Prüfen Sie, ob bereits im Arbeitsvertrag oder kraft Direktionsrecht ein klares Anforderungsprofil formuliert werden kann. Ergänzen Sie den Standardarbeitsvertrag gegebenenfalls um das Anforderungsprofil für zukünftige Neuanstellungen oder üben Sie Ihr – entsprechend vorbehaltenes – Direktionsrecht aus.

---

14 APS/*Dörner/Vossen*, § 1 KSchG Rn 247.

b) Kollektivverträge

Neben dem Arbeitsvertrag wird die Verpflichtung zur Arbeitsleistung durch weitere Rechtsquellen konkretisiert. Zu nennen sind hier Kollektivverträge (Tarifverträge, Betriebsvereinbarungen). In diesen Kollektivverträgen können sich nähere Ausführungen zu den Anforderungen an die Tätigkeit ergeben, wie z. B. in den Eingruppierungsmerkmalen eines Tarifvertrages. 39

Auch kann ein Kollektivvertrag bereits eine Regelung zur Qualität der zu erbringenden Leistung enthalten. 40

Beispiel

§ 4 Nr. 3 des Manteltarifvertrags für das graphische Gewerbe: „Der Tariflohn gibt dem Arbeitgeber Anspruch auf Normalleistung."

Der Regelungszweck in diesem Beispiel ist deutlich – „normale, d. h. durchschnittliche Bezahlung gegen normale, d. h. durchschnittliche Leistung". Für den konkreten Leistungsmaßstab, das „Arbeitssoll", ist diese Regelung allerdings unergiebig. Diese Regelung im Tarifvertrag definiert jedenfalls nicht, was als „Normalleistung" zu qualifizieren ist. Für den einzelnen Arbeitgeber, der einen Low-Performer identifizieren möchte, stellt diese Regelung in der Praxis sogar ein Problem dar, weil daraus abzuleiten sein könnte, dass nicht der Leistungsdurchschnitt innerhalb seines Betriebs als Vergleichsgröße gelten soll, sondern der Leistungsdurchschnitt des graphischen Gewerbes, den der einzelne Arbeitgeber nur schwierig wird ermitteln können. Bei diesem Verständnis des Manteltarifvertrags würde die Feststellung des Unterschreitens des Leistungsdurchschnitts für den einzelnen Arbeitgeber nahezu unmöglich. 41

c) Sonstige Vereinbarungen

Neben dem Arbeitsvertrag bestehen auf vertraglicher Ebene oft weitere Vereinbarungen, wie beispielsweise das **Institut der betrieblichen Übung**. Auch hieraus können sich unter Umständen weitere Vorgaben für die Erbringung der Arbeitsleistung ergeben. 42

Arbeitgeber schließen – zuletzt mit ansteigender Häufigkeit – sogenannte **Zielvereinbarungen** mit ihren Arbeitnehmern ab. Zielvereinbarungen sind Abreden zwischen Arbeitgeber und Arbeitnehmer über die Erreichung von Leistungszielen in einem bestimmten Zeitraum.[15] 43

Begriffserklärung

Die Zielvereinbarung ist ein Instrument der Personalführung. Zielvereinbarungen können als Einzelzielvereinbarung mit dem jeweiligen Arbeitnehmer oder auch als Gruppenzielvereinbarung zwischen

15 ErfK/*Preis*, § 611 BGB Rn 504.

dem Arbeitgeber und einer Gruppe von Arbeitnehmern abgeschlossen werden. Zielvereinbarungen werden vor allem bei Fach- und Führungskräften eingesetzt, um Leistungsanreize zu setzen.

---

44 In der Regel werden sogenannte **entgeltsbezogene Zielvereinbarungen** abgeschlossen. Es wird bei Erreichen des Ziels eine Zahlung geleistet. Mit der Zielvereinbarung erfolgt also eine **leistungsorientiertere Vergütung**. Die Zielvereinbarung wird insbesondere für Arbeitsverhältnisse abgeschlossen, in denen die Arbeitsleistung nicht unmittelbar an den Arbeitsergebnissen gemessen werden kann, wie bei Akkordlohn und Provisionszahlungen.

45 Unterscheiden kann man die Zielvereinbarung nach dem vereinbarten Ziel, wie z. B. Unternehmenserfolg (also z. B. Umsatzzahlen), Arbeitnehmerleistung (z. B. Kundenzufriedenheit) und sogenannte Mischtypen. Weiter kann nach dem Vergütungscharakter unterschieden werden. So wird im Rahmen von sogenannten Zielvereinbarungen die Grundvergütung mit dem Bonus zusammen erst zu einer marktüblichen Entlohnung führen. Zum Teil wirde aber der Bonus als ein echter Zusatz zur (marktüblichen) Vergütung geleistet. [16]

46 Bei der Zielvereinbarung geben die vereinbarten Ziele also das zu erzielende Arbeitsergebnis vor. Ein Unterschreiten wird hierbei allerdings kaum als zu ahndende Low-Performance zu verstehen sein. Vielmehr wird die Zielvereinbarung als Motivationsinstrument verstanden. Das Verfehlen des vereinbarten Ziels stellt keine unterdurchschnittliche Leistung dar.

47 Im Hinblick auf Low-Performer stellt sich zudem die Frage, ob bei der Feststellung des Leistungsdurchschnitts die Zielerreichungen der Mitarbeiter, die Spitzenleistungen erreicht haben (zu denen sie möglicherweise sogar durch Anreizsysteme „getrieben" wurden), als repräsentativ für den Durchschnitt gelten und für den Vergleichsmaßstab überhaupt berücksichtigt werden dürfen.[17]

3. Zurückbleiben hinter den Leistungspflichten

48 Wenn feststeht, was der Arbeitnehmer zu leisten hat – sei es aufgrund des Arbeitsvertrages, sei es aufgrund zusätzlicher Vereinbarungen – lässt sich zwar beurteilen, wenn und wann ein Arbeitnehmer seine Leistung unzureichend erbringt. Aber nicht jede Minderleistung ist für den Arbeitgeber unzumutbar. Vielmehr ist zusätzlich festzustellen, in welchem Umfang hinsichtlich Qualität bzw. Quantität und aus welchen Gründen der Arbeitnehmer hinter den Erwartungen zurückblieb. Diese „Ursachenforschung" steht in engem Zusammenhang mit der Art und Weise, in der die Leistungserwartung vereinbart oder angewiesen worden ist.

---

16 Vgl. Riesenhuber, v. Steinau-Steinrück, NZA 2005, 785/786 f.
17 Vgl. Rz. 44 ff.

Der erste Schritt, zur Ermittlung der Ursachen ist die Überprüfung des **Arbeitsvertrags** in Verbindung mit den von dem Arbeitgeber zu dem Arbeitsvertrag erteilten Anweisungen im Rahmen des Direktionsrechts.[18] 49

a) Arbeitsvertraglicher Maßstab – „Arbeitssoll"

Ergeben sich aus dem Arbeitsvertrag brauchbare Anforderungen zur Quantität oder Qualität der geschuldeten Arbeitsleistung, liegt ein Beurteilungsmaßstab vor. Wird dieser nicht erfüllt, ist erforderlich, im Zeitpunkt der Minderleistung zu prüfen, ob diese – ggf. vor langer Zeit vereinbarten – Anforderungen unter den aktuellen Arbeitsbedingungen realistisch sind oder objektiv nicht zu erfüllen gewesen wären. Die Problematik besteht bei der Vorgabe eines **„Arbeitssolls"** im Arbeitsvertrag darin, dass diese Regelung starr ist und hiervon nur einvernehmlich mit dem Arbeitnehmer abgewichen werden kann. 50

Beispiele i

1. Im Arbeitsvertrag eines Vertriebsmitarbeiters einer Bank ist vorgesehen, dass dieser eine definierte Anzahl von Bestandkunden anruft, und aktuelle Produkte (Anlagen) anbietet. Nachdem sich die gesetzlichen Pflichten zur Protokollierung von Beratung und deren Einstufung in Risikokassen nach § 34 Abs. 2a Wertpapierhandelsgesetz (WpHG) erheblich erhöht haben, benötigt der Vertriebsmitarbeiter pro Anruf mehr Zeit und erreicht die Vorgabe aus seinem Arbeitsvertrag nicht. Von einer Low-Performance kann gleichwohl nicht ausgegangen werden. Vielmehr erweist sich die Vorgabe aus dem Arbeitsvertrag als objektiv nicht erfüllbar.
2. Im Arbeitsvertrag einer Näherin ist vorgesehen, dass sie eine tägliche Zielvorgabe von 25 Herrenoberhemden zu erfüllen hat. Nach einer Umstellung der Produktion und Erneuerung der Maschinen, ist die Effizienz um ca. 50 % gesteigert, sodass durchschnittlich 37,5 Oberhemden genäht werden können. Die Näherin stellt weiterhin „nur" 25 Oberhemden pro Tag her, weil sie sich nicht länger „abhetzen möchte".

---

b) Flexibilität bei den Zielvorgaben

aa) Direktionsrecht

Fehlt es – wie so häufig – im Arbeitsvertrag an der Definition eines **Maßstabs oder einer Maßeinheit** und kann somit aus dem Vertragswerk kein **„Arbeitssoll"** abgeleitet werden, hindert dies den Arbeitgeber nicht, Vorgaben zu machen. Diese kann er durch Zuweisung bestimmter Aufgaben und Zeitvorgaben jederzeit nachholen, wobei er sich auf sein Direktionsrecht gem. § 106 GewO berufen kann. 51

Solche weiteren Vorgaben können sich aus den Weisungen, die der Arbeitgeber im Rahmen seines **Direktionsrechts** erteilt, ergeben. 52

---

18 Vgl. auch Kap. 10 B. I. 2. a) „Arbeitsvertrag".

Begriffserklärung
Innerhalb der arbeitsvertraglich festgelegten Arbeitspflicht hat der Arbeitgeber gemäß § 106 GewO das Recht einseitig die Leistungen sowie Leistungsverpflichtungen des Arbeitnehmers nach Art, Ort und Zeit einseitig näher zu bestimmen.[19] Das Direktionsrecht ermöglicht es dem Arbeitgeber, die im Arbeitsvertrag vereinbarten Arbeitsbedingungen zu konkretisieren. Das Direktionsrecht wird insbesondere durch die in dem Arbeitsvertrag vereinbarten Hauptleistungspflichten begrenzt. Werden diese vereinbarten Pflichten modifiziert, würde eine Vertragsänderung vorliegen, die ein Arbeitgeber nicht per Direktionsrecht herbeiführen kann, sondern nur mittels einer Änderungskündigung.

Beispiel
Laut Arbeitsvertrag ist der Arbeitnehmer als Koch beschäftigt. Ein Versetzungsvorbehalt ist nicht vereinbart. Der Arbeitgeber kann dem Arbeitnehmer nicht kraft Direktionsrecht anweisen, Pförtnertätigkeiten zu übernehmen.
Der Arbeitgeber kann den Arbeitnehmer aber grundsätzlich kraft Direktionsrecht anweisen, in welcher zeitlichen Frequenz er bestimmte Speisen vorzubereiten hat.

Hinweis
Selbst wenn ein Versetzungsvorbehalt vereinbart wäre, könnte dieser nicht die Änderung der Tätigkeit in dem oben beschriebenen Maße rechtfertigen. Ein solcher Versetzungsvorbehalt wäre unwirksam. Behält sich der Arbeitgeber vor, einseitig ohne den Ausspruch einer Änderungskündigung die vertraglich vereinbarte Tätigkeit unter Einbeziehung geringerwertiger Tätigkeiten zu Lasten des Arbeitnehmers ändern zu können, so liegt darin regelmäßig eine unangemessene Benachteiligung i. S. des § 307 Absatz 1 Nr. 1 iVm Absatz 2 Nr. 1 BGB vor.[20]

53 Durch das Direktionsrecht wird eine Konkretisierung der Rahmenbedingungen des Arbeitsvertrages bezogen auf Zeit, Ort und Art der Arbeitsleistung sowie Ordnung und Verhalten des Arbeitnehmers im Betrieb vorgenommen.

54 Dass der Arbeitgeber ein Direktionsrecht hat und dieses ausüben kann, ist in dem Arbeitsvertrag in der Regel nicht ausdrücklich vereinbart. Die Befugnis, das Direktionsrecht auszuüben, steht aber jedem Arbeitgeber zu, ohne dass dieses ausdrücklich vereinbart sein muss (vgl. § 106 GewO)

55 Das Direktionsrecht wird durch Gesetz, Tarifvertrag und den Arbeitsvertrag begrenzt. Die Zulässigkeit des Direktionsrechts richtet sich danach, ob es sich im Rahmen des Arbeitsvertrages bewegt oder nicht. Soweit Zeit, Art und Ort der Leistung vertraglich abschließend geregelt sind, ist für die Ausübung eines einseitigen Leistungsbestimmungsrechts kein Raum mehr.[21]

19 BAG, Urt. v. 27.3.1980- 2 AZR 506/78 – AP BGB § 611 Direktionsrecht Nr. 26.
20 BAG, Urt.v. 25.8.2010 -10 AZR 275/09 – NZA 2010, 1355.
21 *Salamon/Hoppe/Rogge*, BB 2013, 1720.

Beispiel
Der Arbeitnehmer ist aufgrund des Arbeitsvertrages verpflichtet, mit einer wöchentlichen Arbeitszeit von 40 Stunden seine Arbeitsleistung zu erbringen. Der Arbeitgeber kann nicht kraft Direktionsrecht die Arbeitszeit auf 20 Stunden/Woche reduzieren.

Im Rahmen des Direktionsrechts kann der Arbeitgeber anweisen, in welchen **zeitlichen Rahmen** bestimmter Aufgaben zu erledigen sind oder mit welcher **Qualität** bestimmte Aufgaben bearbeitet werden müssen. Er kann also Zeit- oder Mengenvorgaben machen, deren Erreichen oder Verfehlen aber keinen Einfluss auf den Lohnanspruch haben. 56

Abhängig von dem Bereich, in dem ein Arbeitnehmer tätig ist und abhängig von den Anforderungen die der Arbeitgeber bzw. dessen Kunden haben, ergeben sich Anforderungen an die Qualität der zu erbringenden Arbeiten sowie den Zeitrahmen, der für die Erbringung zur Verfügung steht. Die Vorgaben werden **Zielvorgaben** genannt und stehen dem Arbeitgeber gegenüber dem Arbeitnehmer im Rahmen des Direktionsrechts zu. Wird entgegen oder abweichend von dieser Anweisung gehandelt, kann eine Low-Performance vorliegen. 57

Beispiel
Weisung des Arbeitgebers an den Arbeitnehmer: 10 Schläuche mit der Eigenschaft „Pitchbar 10 mm" fertigen. Der Arbeitnehmer stellt aber Schläuche mit der Eigenschaft „Pitchbar 12 mm" her. Ausweislich des Prüfprotokolls wird dieses festgestellt.[22]

Mit dem Direktionsrecht kann der Arbeitgeber – im Rahmen billigen Ermessens – Vorgaben machen, anhand derer ein Maßstab für die zu erbringende Arbeitsleistung festgestellt werden kann. Liegt die Leistung unterhalb der angegebenen Anweisungen, ist von einer unzureichenden Leistung auszugehen, wenn die erwartete Leistung objektiv möglich gewesen wäre. 58

Das Direktionsrecht kann formfrei ausgeübt werden, also auch durch mündliche Erklärung gegenüber dem Arbeitnehmer. 59

Praxistipp
Wenn im Rahmen des Direktionsrechts dem Arbeitnehmer Vorgaben zur Qualität oder Quantität der zu erbringenden Arbeitsleistung gemacht werden, sollte eine solche Weisung dokumentiert werden. Es empfiehlt sich daher, das Direktionsrecht in diesem Fall schriftlich oder textlich auszuüben oder zu dem Gespräch, in dem die Anweisung erteilt wird, einen Gesprächsvermerk zu fertigen und zur Personalakte zu nehmen.
Aus Beweisgründen sollte ein solches Gespräch nicht nur zwischen dem Arbeitnehmer und dem Arbeitgeber stattfinden sondern ein Zeuge, also ein weiterer Arbeitnehmer, z. B. aus der Personalabteilung, sollte an dem Gespräch teilnehmen.

---

22 Fall nachgebildet: LAG Schleswig-Holstein, Urt. vom 3.6.2008 – 2 Sa 66/08.

60 Bei der Ausübung des Direktionsrechts muss der Arbeitgeber billiges Ermessen wahren. Dieses ist in § 106 GewO ausdrücklich vorgesehen. Die Leistungsbestimmung entspricht dann diesem billigen Ermessen, wenn die wesentlichen Umstände des Falles abgewogen und die beiderseitigen Interessen angemessen berücksichtigt sind.[23] So darf keine willkürliche Maßnahme angeordnet werden. Gleichwohl wäre der Arbeitnehmer auch bei einer etwaig willkürlichen Maßnahme des Arbeitgebers zunächst – d. h. bis zur gerichtlichen Feststellung darüber, dass die Maßnahme billigem Ermessen i. S. v. § 315 BGB entspricht oder eben nicht entspricht – verpflichtet, der Weisung Folge zu leisten.[24]

61 Die Beweis- und Darlegungslast darüber, dass die vorgenommene Weisung dem Billigkeitsgebot des § 106 GewO entspricht, trägt der Arbeitgeber, da ihm das Recht zur Leistungsbestimmung (vertraglich) zusteht. [25]

---

i **Beispiel**

Eine Klinik änderte unter Verweis auf das Direktionsrecht die zeitliche Lage der Arbeitszeiten von Ärzten. Dies wurde u. a. auch damit begründet, weniger Zuschläge zahlen zu müssen. Das Berufungsgericht vertrat die Ansicht, dass diese Weisung willkürlich gewesen sei, da diese nur erfolgte, um berechtigte Forderungen der Arbeitnehmer auf Zuschläge zu umgehen. Das Bundesarbeitsgericht hat hingegen festgestellt, dass die Maßnahme nicht unvermittelt erfolgte und dass Interessen der Patienten diese Maßnahme rechtfertigen.[26]

Richtigerweise entschied das BAG hier zugunsten der Klinik. Diese konnte nachvollziehbare Gründe für die Veränderung der Arbeitszeiten benennen. Zwar waren diese Gründe – mit Blick auf die Ersparnis von Zuschlägen – rein wirtschaftlich motiviert, gleichwohl war die Weisung damit nicht willkürlich. Anders wäre zu entscheiden gewesen, wenn die Klinik die Zuschläge nicht hätte vermeiden können oder wollen, sondern den Ärzten nur eine Erschwernis hätte auferlegen wollen.

---

bb) Zielvereinbarungen

62 Wie bereits dargelegt, können sich Vorgaben aus entsprechenden Zielvereinbarungen ergeben. Diesen kann ein Maßstab entnommen werden, was zu leisten ist. Gelingt es einem Arbeitnehmer nicht, die vereinbarten Ziele zu erreichen, kann dies ein Zeichen für eine unzureichende Leistung sein[27].

63 Sinn und Zweck der Zielvereinbarung ist es oft, den Mitarbeiter zu einer **besonders guten Leistung** zu motivieren. Diese wird dann ja auch in der Regel mit einer **zusätzlichen Zahlung** honoriert. Insoweit ist davon auszugehen, dass das Erreichen von Zielen eine **überobligatorische Leistungserbringung** darstellt. Im Gegenzug

---

23 BAG, Urt. v. 14.12.1961 – 5 AZR 180/61 – AP BGB § 611 Direktionsrecht Nr. 17 (Ls.).
24 BAG, Urt. v. 22. 2. 2012 – 5 AZR 249/11- NZA 2012, 858.
25 BAG, Urt.v. 11.10.1995 – 5 AZR 1009/94 – NZA RR 1996, 313.
26 BAG, Urt. v. 19.6.1985 – 5 AZR 57/84 – AP BAT § 4 Nr. 11
27 Berwanger, BB 2003, 1499, 1503.

kann nicht davon ausgegangen werden, dass das Nichterreichen von Zielen einer unzureichenden Leistung entspricht. Ansonsten würde es nicht einer gesonderten Zielvereinbarung bedürfen. Zielvereinbarungen sind also als Maßstab dafür, was der Arbeitnehmer qualitativ bzw. quantitativ zu leisten hat, nur bedingt geeignet.

Zu unterscheiden sind Zielvereinbarungen von **Zielvorgaben**. Zielvorgaben sind 64
Vorgaben, die der Arbeitgeber einseitig im Rahmen des Direktionsrechts macht. Es handelt sich also in der Regel um eine Konkretisierung der zu erbringenden Tätigkeit innerhalb des Arbeitsvertrages. Werden die Zielvorgaben nicht erreicht, kann eine Low performance vorliegen.

cc) Minderleistung ohne konkrete Leistungsvorgabe durch den Arbeitgeber

Der Arbeitgeber kann tatsächlich aber nicht immer per Arbeitsvertrag oder durch 65
Ausübung des Direktionsrechts Vorgaben aufstellen, die dann als Maßstab für die von dem Arbeitnehmer zu erbringende Leistung dienen. Zwar richtet sich der Inhalt der zu erbringenden Leistung grundsätzlich nach dem Arbeitsvertrag und den sich aus der Ausübung des Direktionsrechts ergebenden Bedingungen. Dennoch ist es möglich, dass Arbeitnehmer eine unzureichende Leistung erbringen, ohne dass diese allein aufgrund eines Verstoßes gegen den Arbeitsvertrag oder das Direktionsrecht bereits als eine Low-Performance angesehen werden kann.

Beispiel

Eine Arbeitnehmerin wird als Kassiererin eingesetzt. Im Rahmen von Testkäufen stellt sich heraus, dass die Arbeitnehmerin einen im Einkaufswagen belassenen Artikel übersieht.

Die Arbeitnehmerin handelt hier entgegen der Pflichten aus dem Arbeitsvertrag und entgegen der Pflichten aus Arbeitsanweisungen. Ob eine Schlechtleistung vorliegt, ist aber erst feststellbar, wenn u. a. die Zahl der Testkäufe mit der Zahl der aufgetretenen Beanstandungen ins Verhältnis gesetzt wird.[28]

---

4. Anforderungen an Qualität und Quantität der Arbeit

Die Vorgaben aus dem Arbeitsvertrag und aus dem Direktionsrecht sind also an 66
einem allgemeinen, d. h. an dem am Kollektiv ausgerichteten Leistungsmaßstab zu messen, um festzustellen, ob eine Low-Performance oder eine ungerechtfertigte Leistungserwartung vorliegt. Welcher allgemein-kollektive Maßstab anzulegen ist und welche Leistungen von einem Arbeitnehmer erwartet werden dürfen, ist in der Literatur umstritten.[29] Teilweise wird dieser am Kollektiv ausgerichtete Maßstab aller-

28 LAG Baden-Württemberg, Urt. v. 6.9.2006 – 13 Sa 84/05 – BB 2007, 1228.
29 Vgl. *Hunold*, BB 2003, 2345, 2346, m. w. N.

dings sprachlich missverständlich als „objektiver Maßstab“ bezeichnet.[30] An dieser Stelle dürfte allerdings weniger die Frage nach der Objektivität oder Subjektivität der Beurteilung einer Leistung in Rede stehen, als vielmehr die Frage nach dem Vergleich einer Leistung mit der sich am Kollektiv oder am Individuum selbst orientierenden Durchschnittsleistung. Daher ist zwischen dem kollektiv-durchschnittlichen Leistungsmaßstab (kurz: kollektiver Maßstab) und dem individuell-durchschnittlichen Leistungsmaßstab (kurz: individueller Maßstab) zu unterscheiden. Diese begriffliche Klarheit würde auch der Systematik des Arbeitsrechts, das in individuelles und kollektives Arbeitsrecht unterschieden wird, entsprechen.

a) Definitionen kollektiver Maßstäbe

67 Ziel der vom Kollektiv ausgehenden Definitionen des Leistungsmaßstabs ist es, durch eine möglichst große Abstraktion vom Individuum alle Einflüsse und Fälle zu erfassen.

aa) Leistung mittlerer Art und Güte

68 Teilweise wird die Ansicht vertreten, dass der Arbeitnehmer eine Leistung mittlerer Art und Güte schulde.[31] „Art“ ist hierbei als quantitativer Maßstab zu verstehen, „Güte“ als qualitativer Maßstab.[32] Es soll also ein objektiver Maßstab gelten, anhand dessen festgestellt werden kann, ob der Arbeitnehmer im Einzelfall seine vertraglich geschuldete Leistung erbringt.

69 Begründet wird diese Ansicht damit, dass sich aus § 243 Abs. 1 BGB, also einer Vorschrift aus dem allgemeinen Schuldrecht des BGB ergebe, dass der Arbeitnehmer eine Arbeitsleistung „mittlerer Art und Güte“ schulde. Zur Erfüllung dieser Pflicht kann der Arbeitgeber vom Arbeitnehmer allerdings den **vollen Einsatz seiner körperlichen und geistigen Kräfte** verlangen.[33]

70 Liegen graduellen Leistungsdefizite vor, ist die Arbeitsleistung mit der Leistung eines **durchschnittlich leistungsfähigen Kollegen** zu vergleichen.[34] Unterschreitet die Leistung des Arbeitnehmers das so ermittelte Vergleichsniveau, verletzt er seine vertragliche Arbeitspflicht. [35]

71 Legt man den Maßstab der mittleren Art und Güte zugrunde, ist davon auszugehen, dass ein Arbeitnehmer keine Maximal- oder Optimal-Leistung schuldet, sondern

---

30 Vgl. *Hunold*, BB 2003, 2345,2346, m. w. N.
31 Vgl. *Hunold*, BB 2003, 2345,2346, m. w. N.
32 *Hunold*, BB 2003, 2345, 2347.
33 ArbG Celle, Urt. v. 14.5.2001 – 2 Ca 73/01- NZA-RR 2001, 478, 480; *Becker-Schaffner*, DB 1981, 1775.
34 Kittner/*Trittin*, Kündigungsschutzrecht, 3. Auflage,, § 1 KSchG Rn 143.
35 *Becker-Schaffner*, DB 1981, 1775; *Leuchten/Zimmer*, BB 1999, 1973, 1974.

hinter seinen individuellen Fähigkeiten zurückbleiben kann, solange er das Mittelmaß erreicht.

Die Herleitung dieses Maßstabs beruht auf dem Gesetzeswortlaut. In keiner arbeitsrechtlichen gesetzlichen Regelung werden die Leistungsanforderungen anders beschrieben als im allgemeinen Schuldrecht. Der Gesetzeswortlaut stützt also diesen objektiven Ansatz. 72

Allerdings wird bei der Bildung dieses Maßstabs für die Arbeitsleistung die Regelung des § 613 Satz 1 BGB übersehen. Aus dieser gesetzlichen Regelung ergibt sich, dass der Arbeitnehmer die Dienste höchstpersönlich schuldet. Wenn aber die Arbeitsleistung eine höchstpersönliche Leistung ist, stellt sich die Frage, ob für diese individuelle Leistung der Maßstab „mittlerer Art und Güte“ gelten kann. Da jeder Mensch über unterschiedliche Leistungsmöglichkeiten verfügt, können diese wiederum kaum nach einem objektiven Maßstab gemessen werden. 73

bb) Tarifvertragliche Normalleistung

Nach einer ähnlichen in der Literatur vertretenen Ansicht ist eine Leistung geschuldet, die ein **durchschnittlicher Arbeitnehmer nach vollzogener Einarbeitung bei menschengerechte Gestaltung der Arbeitsbedingungen ohne Rücksicht auf Geschlecht, Alter, tägliche Schwankungen der Arbeitsleistungen und ohne gesteigerte Anstrengungen** erbringen kann.[36] Auch hier soll es sich um einen „objektiven Maßstab“[37] handeln, wenngleich richtigerweise von einem am Kollektiv ausgerichteten Maßstab zu sprechen wäre. vorliegend weniger die Frage der Objektivität oder Subjektivität im Raume steht, als vielmehr die Frage nach dem Vergleich, der sich am Kollektiv oder am Individuum selbst orientieren kann. 74

Die Bildung dieses Maßstabs wird aus tarifvertraglichen Regelungen abgeleitet und damit begründet, dass eine individuelle Normalleistung nicht der Maßstab sein könne.[38] Das BAG geht in seiner Rechtsprechung demgegenüber nämlich grundsätzlich von einem individuellen Leistungsmaßstab des Mitarbeiters aus; dieser habe „die übertragenen Arbeiten unter Anpassung der ihm möglichen Fähigkeiten ordnungsgemäß“ zu verrichten.[39] Wenn ein Mitarbeiter nur eine individuelle Normalleistung schulden würde, die allein vom persönlichen Leistungsvermögen des Arbeitnehmers abhängt, könne eine personenbedingte Kündigung wegen mangelnder Arbeitsleistung nicht begründet ausgesprochen werden, solange der Arbeitnehmer unter angemessener Anspannung seiner Kräfte und Fähigkeiten die Arbeitsleistung erbringt, diese aber auf Grund der Konstitution des Arbeitnehmers erheblich unterhalb der 75

36 *Hunold*, BB 2003, 2345, 2346.
37 *Hunold*, BB 2003, 2345, 2346.
38 *Hunold*, BB 2003, 2345, 2346.
39 BAG, Urteil vom 21.5.1992 – 2 AZR 551/91, BB 1992, 2079.

objektiven Normalleistung liege.[40] Legte man ausschließlich einen subjektiven Maßstab zugrunde, würde der Arbeitnehmer dann stets die vertraglich geschuldete Leistung erbringen. Nach dieser Ansicht sei daher der Maßstab nicht rein subjektiv zu setzen. Als arbeitsvertraglich vereinbarte Normalleistung gilt hiernach die Arbeitsleistung, die ein **durchschnittlicher Arbeitnehmer** erbringen kann.

b) Individueller Maßstab („Subjektiver Maßstab" lt. BAG)

76 In der Rechtsprechung, so auch vom Bundesarbeitsgericht, wird die Leistungspflicht individuell bestimmt. Es wird auf die Leistung abgestellt, die der Arbeitnehmer bei angemessener Anspannung der individuellen Kräfte und Fähigkeiten erbringen kann.[41]

77 Welche konkrete Leistung der Arbeitnehmer schuldet, richtet sich damit nicht nur nach der vertraglichen Vereinbarungen sondern auch nach dem persönlichen „subjektiven" (sic! – so der Wortlaut des BAG) Leistungsvermögen des jeweiligen Arbeitnehmers.[42] Wird dieses Leistungsvermögen in angemessener Weise ausgeschöpft, liegt keine unzureichende – sei es Schlecht- oder Minderleistung – vor.

78 Auch stellt der Verstoß gegen eine vom Arbeitgeber bestimmte „Normalleistung" nicht per se eine schuldhafte Pflichtverletzung dar.[43]

79 Wie die Leistung zu erbringen ist, richtet sich damit nach dem persönlichen, individuellen („subjektiven") Leistungsvermögen des Arbeitnehmers. Dieser Maßstab führt aber nicht dazu, dass ein Arbeitnehmer selbst willkürlich bestimmten kann, was er leisten kann und zu leisten hat. Das Bundesarbeitsgericht hat hierzu in seinem Urteil vom 11.12.2003 festgestellt, dass **der Arbeitnehmer tun muss, was er soll, und zwar so gut, wie er kann.**[44] Diese Bewertung hat selbstverständlich anhand von objektiven – im Sinne von unparteiischen und unabhängigen – Kriterien zu erfolgen.

80 Die Leistungspflicht ist laut dem Bundesarbeitsgericht daher nicht starr, sie ist dynamisch und orientiert sich an der Leistungsfähigkeit des Arbeitnehmers. Ein am Kollektiv orientierter („objektiver") Maßstab ist nicht anzusetzen.[45] Die Leistungspflicht ist damit nicht konkret ausgestaltet, sondern hängt von dem jeweiligen Arbeitnehmer und dessen individuellen („subjektiven") Fähigkeiten ab.

81 Das Bundesarbeitsgericht stellt in seiner Entscheidung vom 11.12.2003 ausdrücklich klar, der Arbeitnehmer schulde keine „objektive Normalleistung" in Anlehnung an § 243 BGB. Wäre diese nämlich geschuldet, würde nicht ausreichend berücksichtigt

---

40 *Hunold*, BB 2003, 2345, 2346.

41 BAG, Urt. v. 17.7.1970 – 3 AZR 667/69 -NJW 1971, 111; BAG, Urt. v. 21.5.1992 – 2 AZR 551/91 – NZA 1992, 1028.

42 BAG, Urt. v. 11.12.2003 – 2 AZR 667/02 – NZA 2004, 784.

43 BAG, Urt. v. 11.12.2003 – 2 AZR 667/02 – NZA 2004, 784.

44 BAG, Urt. v. 11.12.2003 – 2 AZR 667/02 – NZA 2004, 784.

45 BAG, Urt. v. 11.12.2003 – 2 AZR 667/02 – NZA 2004, 784, 786.

werden, dass der Arbeitsvertrag als Dienstvertrag keine „Erfolgshaftung“ des Arbeitnehmers kennt. Der Dienstverpflichtete schuldet das „Wirken“, nicht das „Werk“.[46] Weiterhin entspricht diese Ansicht der systematischen Zuordnung des Arbeitsvertrags zum Individual-Arbeitsrecht.

Allein der Umstand, dass der Arbeitnehmer im Verhältnis zu anderen Arbeitneh- 82
mern unterdurchschnittliche Leistungen erbringt, muss nach dieser Auffassung nicht zwangsläufig bedeuten, dass der Arbeitnehmer seine persönliche Leistungsfähigkeit nicht ausschöpft.[47] Das Bundesarbeitsgericht stellt klar, dass in einer Vergleichsgruppe stets ein Angehöriger der Gruppe das „Schlusslicht“ ist. Das kann aber auch daraus resultieren, dass die übrigen, vergleichbaren Arbeitnehmer leistungsstark sind, sich überfordern oder dass der gruppenschwächste Arbeitnehmer besonders leistungsschwach ist.[48]

Unterschreitet ein Arbeitnehmer aber deutlich und längerfristig den von ver- 83
gleichbaren Arbeitnehmern erreichten Mittelwert, kann dieses ein Hinweis dafür sein, dass der Arbeitnehmer seine Reserven nicht ausschöpft, die mit zumutbaren Anstrengungen nutzbar wären.

Beispiel
Siehe Beispiel unter Randnummer 7

Hieraus wird deutlich, dass es für einen Arbeitgeber unter Berücksichtigung des von 84
dem Bundesarbeitsgericht aufgestellten Maßstabs schwierig wird, festzustellen, was der Arbeitnehmer tatsächlich kann bzw. ob dieser seine Reserven ausschöpft. Denn nach den Anforderungen des Bundesarbeitsgerichts muss der Arbeitnehmer nur das leisten, was er kann.

Muss ein Arbeitnehmer so viel leisten, wie er mit seiner individuellen Fähigkeit 85
kann, erfüllt er seine Pflicht, wenn er diese Fähigkeit abruft. Eine personenbedingte Kündigung wäre dann gar nicht mehr möglich. Ein objektiver Maßstab wird nach der Definition des Bundesarbeitsgerichts nicht zugrunde gelegt. Dies stellt eine erhebliche Schwäche dieses Maßstabs dar. Diese Schwäche erkennt aber auch das Bundesarbeitsgericht und lässt es ausdrücklich zu, dass der **Arbeitgeber in einem Prozess**, in dem es um die Leistungsschwäche eines Arbeitnehmers geht, zunächst „**nur die objektive Minderleistung darlegt und beweist**.“

Die von dem Bundesarbeitsgericht aufgestellten Anforderungen haben sich in 86
der Rechtsprechung aber auch in der Literatur[49] durchgesetzt. Bei der Ermittlung des

---

46 BAG, Urt. v. 11.12.2003 – 2 AZR 667/02 – NZA 2004, 784, 786.
47 BAG, Urt. v. 11.12.2003 – 2 AZR 667/02 – NZA 2004, 784, 786.
48 BAG, Urt. v. 11.12.2003 – 2 AZR 667/02 – NZA 2004, 784, 786.
49 HK-KschG/*Dorndorf*, 4. Auflage 2001, § 1 KSchG Rn 745 (in der neueren Auflage nicht enthalten); Tschöpe/*Schmalenberg*, 4. Auflage, Teil 2A Rn 171 (in der neueren Auflage nicht enthalten)); APS/

Maßstabs ist also der subjektive Leistungsbegriff, der sich an der individuellen Leistungsfähigkeit des Arbeitnehmers orientiert, zu beachten.

aa) Korrektur des individuellen („subjektiven“) Maßstabs

87 Der Arbeitnehmer schuldet danach keine – von seinen Fähigkeiten losgelöste – Normal- oder Mindestleistung, sondern ist nur verpflichtet im Rahmen seiner Fähigkeiten und Fertigkeiten sorgfältig zu arbeiten. Der Arbeitgeber kennt aber in der Regel nicht die individuellen Fähigkeiten und Fertigkeiten und kann nicht beurteilen, ob diese durch den jeweiligen Arbeitnehmer ausgeschöpft werden.

88 Aus diesem Grund lässt das Bundesarbeitsgericht eine sogenannte abgestufte Darlegungslast zu.[50] Hiernach ist es zunächst Sache des Arbeitgebers, zu den Leistungsmängeln das vorzutragen, was er wissen kann. Kennt er lediglich die objektiv messbaren Arbeitsergebnisse, so genügt er seiner Darlegungslast, wenn er Tatsachen vorträgt, aus denen ersichtlich ist, dass die Leistungen des betreffenden Arbeitnehmers deutlich hinter denen vergleichbarer Arbeitnehmer zurückbleiben, also die Durchschnittsleistung erheblich unterschreiten.

Beispiel

Ein Arbeitnehmer wird als Kommissionierer beschäftigt. In dem Unternehmer werden Prämien berechnet. Eine Prämie wird gezahlt, wenn der Arbeitnehmer die mit dem Zahlenwert 1,0 versehene so genannte Normalleistung überschreitet. Die Leistung wird nach einem Planzeiten- und Prämienabrechnungssystem gemessen, das auf einem Planzeitenkatalog aufbaut. Die Leistungswerte des Arbeitnehmers lagen zwischen 0,57 und 0,62, die durchschnittlich erreichte Prämienstufe vergleichbarer Arbeitnehmer bei 1,06.[51]

Es war festzustellen, dass der Arbeitnehmer bezogen auf die Normalleistung (1,0) eine um im Mittel mehr als 40 % niedrigere Leistung als die Normalleistung erbrachte und bezogen auf die (kollektive) Durchschnittsleistung (1,06) noch weiter zurückblieb.

Der Arbeitgeber macht geltend, dass zwar Maßstab für die Vertragspflicht das individuelle Leistungsvermögen ist, er aber zu angemessener Anspannung seiner Kräfte und Fähigkeiten verpflichtet sei. Mangels anderweitiger vertraglicher Vereinbarung sei der Arbeitgeber berechtigt, die Normalleistung des Prämiensystems (1,0) zu verlangen. Zumindest spreche eine Vermutung dafür, dass dies die geschuldete Leistung sei.

---

89 Unter Berücksichtigung eines rein individuellen Maßstabs könnte der Arbeitgeber nicht darlegen und beweisen, dass der Arbeitnehmer eine unzureichende Leistung erbringt. Nach dem rein subjektiv bestimmten Maßstab müsste gelten, dass wer zu überdurchschnittlichen Leistungen fähig sei, diese erbringen muss, während der

Dörner, 2. Auflage 2004, (§ 1 KSchG Rn 248 (in der neueren Auflage nicht enthalten); *Gaul/Süßbrich/Aletter*, ArbRB 2005, 82,83.

50 BAG, Urt. v. 11.12.2003 – 2 AZR 667/02 – NZA 2004, 784.

51 Fall nachgebildet nach BAG, Urt. v. 11.12.2003 – 2 AZR 667/02 – NZA 2004, 785.

unterdurchschnittlich befähigte Arbeitnehmer auch nur unterdurchschnittliche Leistungen zu erbringen braucht. Weder die in einem Prämienberechnungssystem festgelegte „Normalleistung“ noch eine angebliche „Durchschnittsleistung“ würde nach dieser Auffassung einen geeigneten Maßstab darstellen.

Nach der Rechtsprechung des Bundesarbeitsgerichts ist der Vortrag zu den objek- 90
tiven Feststellungen zunächst ausreichend, um eine Schlecht- oder Minderleistung darzulegen.[52] Der Arbeitgeber genügt seiner Darlegungslast, wenn er Tatsachen vorträgt, aus denen sich ergibt, dass die Leistungen des betroffenen Arbeitsnehmers hinter den Leistungen der vergleichbaren Arbeitnehmer zurückbleiben. Eine unzureichende Leistung liegt danach dann vor, wenn, gemessen an der durchschnittlichen Leistung der vergleichbaren Arbeitnehmer, das Verhältnis von Leistung und Gegenleistung stark beeinträchtigt ist.[53]

Trägt der Arbeitgeber vor, dass die Leistungen des Arbeitnehmers über einen **län- 91
geren Zeitraum den Durchschnitt der Leistungen der vergleichbaren Arbeitnehmer unterschritten** haben, ist es Sache des Arbeitnehmers, hierauf zu entgegnen.[54] Der Arbeitnehmer hat dann die Möglichkeit, das vorgetragene Zahlenwerk und seine Aussagefähigkeit zu bestreiten und/oder darzulegen, warum er mit seiner deutlich unterdurchschnittlichen Leistung dennoch seine persönliche Leistungsfähigkeit ausschöpft.[55] Der Arbeitnehmer kann hier beispielsweise altersbedingte Leistungsdefizite geltend machen.

bb) Ausblick: individuell-subjektiver und objektiv-kollektiver Maßstab

Richtungsweisend und aus Sicht der Arbeitgeber wünschenswert könnte eine Orien- 92
tierung an den ursächlichen Merkmalen der Low-Performance sein. Insoweit bliebe Raum für einen individuell-subjektiven Maßstab, der sich an inneren Gegebenheiten und Motiven orientiert, und für einen – davon zu unterscheidenden – kollektiven Maßstab, der auf die reinen Fähigkeiten abzielt.

Zu unterscheiden sind die Low-Performer demnach in Arbeitnehmer, die (mehr) 93
könnten, aber nur den Durchschnitt leisten wollen und leisten – bei denen „die Faulheit somit siegt“ und deren Verhalten damit getadelt werden kann –, und Arbeitnehmern, die zwar wollen, aber nicht den kollektiven Durchschnitt leisten können – bei denen mithin Unfähigkeit zu konstatieren wäre.

Bezieht man in diese Betrachtung die berechtigten Interessen eines Arbeitgebers 94
am

52 BAG, Urt. v. 11.12.2003 – 2 AZR 667/02 – NZA 2004, 784.
53 BAG, Urt. v. 11.12.2003 – 2 AZR 667/02 – NZA 2004, 784.
54 BAG, Urt. v. 11.12.2003 – 2 AZR 667/02 – NZA 2004, 784.
55 BAG, Urt. v. 11.12.2003 – 2 AZR 667/02 – NZA 2004, 784.

- (erstens) einzelnen **Arbeitnehmer, der tut, was er soll, und zwar so gut, wie er kann**[56] (individueller Optimal-Leistungsanspruch) und
- (zweitens) an einer Mindestleistung, die der am Kollektiv ausgerichteten Normalleistung entspricht oder dieser gegenüber jedenfalls nicht unverhältnismäßig abfällt[57]

95 ein, so wäre folgerichtig auch bei der Feststellung von Low-Performance entsprechend zu unterscheiden. Denn vor dem Leitbild des betrieblichen Friedens kann die auf mangelndem Fleiß beruhende Low-Performance gleichsam unerträglich sein. Bleibt ein Arbeitnehmer unter seiner individuellen Durchschnittsleistung zurück, obgleich seine Leistung im Bereich der Normalleistung angesiedelte bleibt, stört dieser Arbeitnehmer den betrieblichen Frieden,[58] wenn er dieses „Laissez-faire" zur Schau trägt. Diese Form der vorsätzlichen und zur Schau gestellten fehlenden Arbeitseinstellung ist für den Arbeitgeber ebenso eine Low-Performance und intolerable, wie die absolute Minderleistung eines Arbeitnehmers wegen persönlicher Unfähigkeit.

96 Daher spricht aus Sicht der hier schutzwürdigen Arbeitgeber vieles dafür, sich im Hinblick auf die in der Person begründete Schlechtleistung am Durchschnitt des Kollektivs zu orientieren und im Hinblick auf verhaltensbedingte Leistungsrückgänge ausschließlich an der individuellen Leistungsfähigkeit zu orientieren. Somit würden auch Wertungswidersprüche verhindert.

c) Messbarkeit von Arbeitsleistung

97 Nach der Auffassung des Bundesarbeitsgerichts richtet sich der geschuldete Leistungsumfang nach dem individuellen Leistungsvermögen des Arbeitnehmers. Dieses ist für den Arbeitgeber oft nicht feststellbar, in jedem Fall aber nicht messbar. Der Arbeitgeber kann aber, wenn er feststellt, dass ein Arbeitnehmer hinter den Leistungen anderer Arbeitnehmer zurückbleibt, dieses als Grundlage für die Feststellung einer Low-Performance nehmen und dieses Missverhältnis in einem Rechtsstreit vortragen. Voraussetzung für die Feststellung einer Schlechtleistung durch den Arbeitgeber ist also, dass der Arbeitnehmer hinter den Leistungen vergleichbarer Arbeitnehmer zurückbleibt. Damit ergibt sich aber die Frage, wie die mögliche und durchschnittliche Leistung der Arbeitnehmer gemessen wird, um feststellen zu können, dass die Leistungen eines Arbeitnehmers diesem Maßstab nicht entsprechen.

56 Vgl.: BAG, Urt. v. 11.12.2003 – 2 AZR 667/02 – NZA 2004, 784.

57 So im Ergebnis auch: BAG, Urt. v. 11.12.2003 – 2 AZR 667/02 – NZA 2004, 784.

58 vgl: Spiegel-online/Low Performer: mit minimaler Kraft voraus: http://www.spiegel.de/unispiegel/jobundberuf/low-performer-mit-minimaler-kraft-voraus-a-659848.html (Abrufdatum 1.8.2014)

aa) Messung von Arbeitsergebnissen

Eindeutig festzustellen ist der Fall der so genannten **Nichtarbeit**. Hier erbringt der Arbeitnehmer schlicht keine Arbeitsleistung. 98

Beispiele
1. Der Arbeitnehmer erscheint nicht zur Arbeit.
2. Der Arbeitnehmer erbringt während der Arbeitszeit keinerlei Arbeitsleistung, weil er beispielsweise während der Arbeitszeit im Internet surft.

In beiden Fällen kann festgestellt werden, dass die Arbeitsleistung nicht erbracht wird. 99

Die Arbeitsleistung ist auch dort messbar, wo die zu erbringende Quantität festgestellt werden kann, wie beispielsweise im Bereich der Produktion, indem die während der Arbeitszeit produzierten Waren aller Mitarbeiter erfasst und miteinander verglichen werden können. In diesem Bereich ist es möglich, anhand der produzierten Zahlen zumindest eine durchschnittliche Stückzahl zu ermitteln, die innerhalb der Arbeitszeit erbracht werden kann. Messbar ist das Arbeitsergebnis beispielsweise auch daran, dass der produzierte Ausschuss überprüft wird. 100

Beispiel
Die Arbeitnehmerin ist als Lager- und Versandmitarbeiterin bei der Arbeitgeberin tätig. Sie stellt insbesondere Warensendungen auf der Grundlage von Kundenbestellungen zusammen. Die Arbeitnehmerin verursacht eine Fehlerquote zwischen 4,01 und 5,44 %. Die durchschnittliche Fehlerquote der anderen 209 eingesetzten Mitarbeiter beläuft sich demgegenüber nur auf 1,34 %.[59]

Auch bei der Beschäftigung von nicht gewerblichen Arbeitnehmern ist die Feststellung einer messbaren Durchschnittsleistung möglich. Voraussetzung ist immer, dass sich die Minderleistung an quantitativ messbaren Größen festmachen lässt. 101

Beispiel
Der Arbeitnehmer ist als Arzt (Gutachter) tätig. Die quantitativen Leistungen liegen weit unter dem Durchschnitt der vergleichbaren Arbeitnehmer. In einer Aufstellung des Arbeitgebers für den Zeitraum von einem Jahr erbrachte der Arbeitnehmer eine durchschnittliche tägliche Arbeitsleistung, die zwischen einem Drittel und der Hälfte der durchschnittlichen täglichen Arbeitsleistung der übrigen bei dem Arbeitgeber als Gutachter angestellten Ärzte in quantitativer Hinsicht entsprach.[60]

Grundsätzlich muss ein Arbeitgeber, geht er davon aus, dass ein Arbeitnehmer eine unterdurchschnittliche Leistung erbringt, prüfen, ob und welche objektiven Anknüp- 102

59 BAG, Urt. v. 17.1.2008 – 2 AZR 536/06 – BB 2008, 1454.
60 BAG, Urt. v. 21.5.1992 – 2 AZR 551/91 – BB 1992, 1860.

fungspunkte bestehen, anhand derer ein Vergleich mit den Leistungen anderer Arbeitnehmer möglich ist.

Beispiel

So ist es beispielsweise möglich, beim Einsatz von Außendienstmitarbeitern zu erfassen, wie hoch die Anzahl der besuchten Kunden bei jedem einzelnen Außendienstmitarbeiter ist. Anhand dieser Zahlen ist zu prüfen, ob zumindest bei der Mehrzahl der Außendienstmitarbeiter eine ähnliche Zahl festzustellen ist. Wenn dieses der Fall ist, kann dann davon ausgegangen werden, dass diese Zahl der Norm entspricht. Anhand dieser Norm können dann Abweichungen bei einzelnen Arbeitnehmern geprüft und festgestellt werden.

103 Weiter kann der Arbeitgeber prüfen, ob er qualitative Messgrößen im Betrieb einführen kann. Ein messbarer Wert ist aber kaum zu ermitteln, wenn die Tätigkeiten kontinuierlich zu erledigen sind und sich kein messbares Ergebnis zeigt.

Beispiele

1. Ein Arbeitnehmer ist Redakteur eines Wirtschaftsmagazins. Der Arbeitgeber ist der Ansicht, dass die von dem Arbeitnehmer verfassten Beiträge für das Magazin inhaltlich und sprachlich nicht den Anforderungen entsprechen, insbesondere nicht das Niveau eines gehobenen Wirtschaftsmagazins erreichen.[61]
2. Eine Sekretärin schreibt weniger Diktate als die anderen Sekretärinnen, erbringt daneben aber noch andere nicht messbare Aufgaben.

104 Wenn keinerlei Anhaltspunkte erkennbar sind, anhand derer eine Messung stattfinden kann, besteht noch die Möglichkeit, dass der Arbeitgeber mit dem Arbeitnehmer in einem Gespräch die Ziele festsetzt sowie die Anforderungen, die der Arbeitnehmer zu erreichen hat. Bei solchen Vereinbarungen ist dann stets zu beachten, dass die gesteckten Ziele für den Arbeitnehmer subjektiv erreichbar sind. Es ist ratsam, solche Vereinbarung nicht mit einem Mitarbeiter, sondern mit mehreren vergleichbaren Mitarbeitern zu treffen, um so einen synthetischen Vergleichsmaßstab zu schaffen.

Praxistipp

1. Prüfen Sie, ob eine Leistungsmessung möglich ist:

   Können die Arbeitsergebnisse einzeln erfasst werden?
   Können Stückzahlen gemessen werden?
   Kann produzierter Ausschuss gemessen werden?
   Sind Planzahlen vorhanden?

   Wenn wenigstens eine dieser Fragen bejaht werden kann, kann anhand des bejahten Kriteriums die Leistung gemessen werden.

61 BAG, Urt. v. 16.1.1997 – 2 AZR 98/96 – DStR 1997, 1056.

2. Ist ein quantitativ-qualitativer Beurteilungsmaßstab nicht anhand von Arbeitsergebnissen möglich, kann dennoch ein Beurteilungsmaßstab ermittelt werden. Prüfen Sie, ob die Anzahl der zugewiesenen Tätigkeiten ermittelt werden kann oder z. B. eine Anzahl von Kundenkontakten dokumentiert werden kann.
3. Ist auch ein frequenzbasierter Beurteilungsmaßstab nicht gegeben, kann ein individueller Beurteilungsmaßstab vereinbart werden. Prüfen Sie, ob
   - mit dem Arbeitnehmer Zielvorgaben vereinbart werden können,
   - die Zusammenstellung einer Vergleichsgruppe möglich ist (hier ist darauf zu achten, dass sowohl junge als auch alte Mitarbeiter, Leistungsträger als auch „mäßig Leistende" in die Gruppe aufgenommen werden),
   - ggf. ein Vergleich der jeweiligen „Ist"-Leistungen des betroffenen Arbeitnehmers zu früheren oder zukünftigen Leistungen möglich wird.

bb) Rangreihe

Um festzustellen, dass ein Arbeitnehmer im Vergleich zu mit ihm vergleichbaren Arbeitnehmern eine unzureichende Leistung erbringt, wird unter anderem die Möglichkeit einer Rangreihe benannt.[62] Eine Rangreihe wird in der Regel durch einen Vorgesetzten erstellt, indem dieser eine Tabelle seiner Mitarbeiter nach Leistungen aufstellt. In dieser Tabelle stehen immer ein oder mehrere Mitarbeiter auf den „Abstiegsplätzen". Das muss aber gerade nicht bedeuten, dass diese Mitarbeiter eine unterdurchschnittliche Leistung erbringen. So mag es sich um eine Abteilung handeln, in der ausschließlich leistungsstarke Mitarbeiter beschäftigt werden. Damit sind die Arbeitnehmer, die sich auf den letzten Plätzen der Tabelle befinden aber noch keine Arbeitnehmer, die eine unterdurchschnittliche Leistung erbringen. 105

Arbeitsrechtlich ist diese Rangreihe daher ohne ausreichende Aussagekraft. 106

cc) Vergleichbare Arbeitnehmer

Ist ein Arbeitsergebnis schwer messbar, kann ein Vergleich zu anderen Arbeitnehmern gezogen werden. Dieses bietet sich etwa bei Dienstleistungen an, bei denen Arbeitsergebnisse manchmal schwer festzustellen sind. 107

Voraussetzung für ein Vergleich von Arbeitnehmern miteinander ist zunächst, dass es sich tatsächlich um vergleichbare Arbeitnehmer und Tätigkeiten handelt. Zudem müssen diese Arbeitnehmer auf vergleichbaren Arbeitsplätzen, sei es am gleichen Ort, im gleichen Unternehmen oder bisweilen sogar in der gleichen Abteilung beschäftigt werden. Darüber hinaus sollten die Arbeitnehmer in der Regel mit vergleichbaren Arbeitszeiten, also alle in Vollzeit oder alle in Teilzeit, beschäftigt sein. 108

Nicht nur diese kollektiven Voraussetzungen müssen vergleichbar sein, sondern grundsätzlich auch die individuellen Voraussetzungen. Die Vergleichsgruppe sollte 109

62 *Hunold*, BB 2003, 2345, 2346.

möglichst homogen oder ausgeglichen heterogen sein. Dementsprechend dürften in der Vergleichsgruppe nur ausschließlich „Normal-Leister“ (homogen) oder vom Durchschnitt ausgeglichen nach oben und unten abweichende Leistungserbringer (ausgeglichen heterogen) berücksichtigt werden. Weil es aber gerade darum geht, die Normleistung zu definieren, scheidet eine homogene Besetzung mit Normalleistern aus, weil diese Normleistung regelmäßig unbekannt ist. Somit ist in der Praxis eine heterogene Gruppe wünschenswert, wobei aber auszuschließen ist, dass in dieser Gruppe ausschließlich oder überwiegend leistungsstarke (overperformer) oder leistungsschwache Arbeitnehmer beschäftigt werden. Hierzu wäre aber denknotwendig bereits eine vorherige Einschätzung der Leistungsfähigkeiten notwendig, an der es regelmäßig fehlen wird. Somit kann die gleichmäßige Zusammensetzung und die Repräsentativität der Gruppe nur durch die Diversität mit tätigkeitsfremden Faktoren und durch eine möglichst große Teilnehmerzahl erreicht werden. Es sind also gleichmäßig viele junge und alte, männliche und weibliche Teilnehmer auszuwählen. Keinesfalls sollte die Vergleichsgruppe aber die betrieblichen Verhältnisse dieser Faktoren abbilden, also bspw. mehr ältere Teilnehmer berücksichtigen, nur weil im Betrieb entsprechend mehr ältere Arbeitnehmer tätig sind.

Praxistipp

Die miteinander zu vergleichenden Arbeitnehmer (also mindestens zwei vergleichbare Arbeitnehmer) müssen

- von der Aufgabenstellung her vergleichbar sein, also
  - in der gleichen Arbeitsgruppe oder
  - in der gleichen Abteilung oder
  - im gleichen Betrieb oder
  - im gleichen Unternehmen beschäftigt sein.
- eine Mischung aus in dem Bereich tätigen Arbeitnehmern darstellen.

---

dd) Individuelle (frühere) Leistungen

110 Kann eine Vergleichsgruppe nicht gebildet werden, beispielsweise weil keine vergleichbaren Arbeitnehmer vorhanden sind, kann unter Umständen ein Vergleich der Leistungen des Arbeitnehmers mit den Leistungen zu früheren Zeiten vorgenommen werden. Voraussetzung für einen solchen Vergleich ist, dass die Leistungen des Arbeitnehmers zu jedem Zeitpunkt realistisch beurteilt wurden. Gerade dann, wenn innerhalb der Zeit ein Vorgesetztenwechsels stattgefunden hat, kann alleine dieses dazu führen, dass die ursprünglich bewerteten Leistungen als nicht (mehr) passend angesehen werden.

Praxistipp

Die Arbeitsergebnisse des betroffenen Arbeitnehmers sowie die Arbeitsergebnisse gegebenenfalls vergleichbarerer Arbeitnehmer müssen schriftlich dokumentiert werden. Diese Dokumentation dient ggf. zu Beweiszwecken.

II. Feststellung von Low-Performance

Sind Beurteilungsmaßstäbe und Leistungsanforderungen dem Arbeitgeber bekannt, stellt sich die Frage nach der Identifizierung von Low Performern. Je nach Enge der Zusammenarbeit, werden Arbeitgeber einen Einblick und damit einen persönlichen Eindruck von der Leistungsfähigkeit einzelner Arbeitnehmer haben. Dies setzt selbstverständlich flache Hierarchien und eine überschaubare Belegschaft voraus. Wächst die Belegschaft oder werden die Hierarchieebenen tiefer, wird die unmittelbare Kontrolle der Arbeitnehmer durch den oder die Arbeitgeber schwieriger. Insofern stellt die Frage nach der notwendigen Informationsbeschaffung, mittels derer sich Arbeitgeber einen Eindruck oder bereits ein objektiviertes Bild von der Leistungsfähigkeit einzelner Arbeitnehmer verschaffen können. Die Optionen sind Kontrolle durch den Arbeitgeber und Auskunft durch den (anderen) Arbeitnehmer, der sich beim Arbeitgeber über einen „faulen" Kollegen beschwert. 111

1. Kontrollrechte des Arbeitsgebers

a) Selbstverständnis

Jedem Leistungsaustausch liegt in gewissem Maße auch das Bedürfnis zur Überprüfung der ausgetauschten Leistungen zugrunde. Im Arbeitsverhältnis gilt nichts anderes. Der Arbeitnehmer wird ganz regelmäßig überprüfen, ob ihm der zugesagte Lohn pünktlich (und vollständig) ausgezahlt wird. Auf Seiten des Arbeitgebers besteht hingegen ebenso regelmäßig das Interesse, die bei ihm beschäftigten Arbeitnehmer zu kontrollieren, wobei Ehrlichkeit, Fleiß und Loyalität die verlangten Attribute sind. Die Kontrolle der Arbeitsleistung hinsichtlich Quantität und Qualität ist dabei von besonderem Interesse, wenn es darum geht, „ob der Arbeitnehmer sein Geld auch wert ist". Entsprechende Kontrollrechte werden dem Arbeitgeber auch ganz einheitlich zugesprochen.[63] Schwieriger stellt sich für den Arbeitgeber aber die tatsächliche Ausübung dieses Kontrollrechts dar, wenn es nämlich um die Überprüfung oder Überwachung geht.[64] 112

Während die Überprüfung insoweit unkritisch ist, weil es mehr die Kontrolle von Arbeitsergebnissen meint und häufig auch Anlass für eine konkrete Überwachung sein kann, ist die persönliche Überwachung – insbesondere, wenn dies heimlich geschieht – umstritten. 113

Beispiel

i

Eine Arbeitnehmerin wird als Kassiererin eingesetzt. Bei den täglichen Kassenabschlüssen („Überprüfung") werden regelmäßig Fehlbeträge festgestellt. Der Arbeitgeber erwägt, eine Videokamera zu

---

63 *Joussen*: NZA-Beil. 2011, 35, m.w.N.
64 *Joussen*, NZA-Beil. 2011, 35, m.w.N.

installieren, um festzustellen, ob die Kassiererin „selbst in die Kasse greift" oder bei der Herausgabe von Wechselgeld fehlerhaft arbeitet.
Ziel der Überwachung ist es die Ursache der Fehlbeträge und damit der eventuellen Low Performance festzustellen. In Betracht kommen als Ursache für die Fehlbeträge nämlich nicht nur strafrechtlich relevante Unterschlagungen, sondern auch Ursachen der Low Performance. Gibt die Kassiererin nämlich wegen mangelnder Aufmerksamkeit – „weil sie es nicht so genau nimmt" – zu viel Wechselgeld an die Kunden heraus, würde eine verhaltensbedingte Schlechtleistung vorliegen. Leidet die Mitarbeiterin aber unter einer Rechenschwäche, wäre die Ursache der Schlechtleistung personenbedingt.

114 Wie in dem Beispiel wird als Mittel der Überwachung zuletzt vermehrt der Einsatz von Videokameras problematisiert.[65]

b) Arbeitsrechtliche Grundlagen und Zulässigkeitsgrenzen der Überwachung

115 Wegen der oftmals erheblichen Beeinträchtigung der Persönlichkeitsrechte der kontrollierten/überwachten Arbeitnehmer, die mit der einseitigen Einführung von Überwachungsmaßnahmen durch den Arbeitgeber einhergehen, werden diese kritisch gesehen.[66] Die Ablehnung von Überwachungsmaßnahmen gilt allgemein für jegliche Form der individuellen Überwachung durch Ausspähen, also auch für den Einsatz von Detektiven. Allerdings werden Ausnahmen von dem Verbot der heimlichen Überwachung zugelassen, wenn ein dringender Verdacht einer strafbaren Handlung oder einer schweren Vertragsverletzung gegeben ist.[67]

116 Im Übrigen können Überwachungsmaßnahmen entweder einvernehmlich im Arbeitsvertrag geregelt werden oder bedürfen ansonsten einer Individualabrede, einer Betriebsvereinbarung oder eines Tarifvertrages als Rechtsgrundlage.[68]

117 Zulässigkeitsgrenzen für arbeitgeberseitige Überwachungsmaßnahmen sind systematisch in die des Arbeitsrechts, dort weiter in die des Individual- und des Kollektivarbeitsrechts, sowie des Datenschutzes zu unterscheiden.[69]

aa) Individualarbeitsrecht

118 Im Hinblick auf den einzelnen Arbeitsvertrag stellt der verfassungsrechtlich gewährleistete Schutzbereich des allgemeinen Persönlichkeitsrechts des Art 2 Abs. 1 GG die maßgebende Schranke dar. Bei einer Kollision des allgemeinen Persönlichkeitsrechts des Arbeitsnehmers mit den schutzwürdigen Interessen des Arbeitgebers ist eine

65 *Bauer/Schansker* NJW 2012, 3537; *Byers/Pracka* BB 2013, 760; vgl auch: BAG 21. 6. 12 – 2 AZR 153/11-NZA 2012, 1025.

66 Küttner/*Kreitner*, Kontrolle des Arbeitnehmers Rn. 3.

67 *Bopp/Molkenbur* BB 1995, 514.

68 BAG, Urt. v. 27. 3. 2003 – 2 AZR 51/02, NZA 2003, 1193; Küttner/*Kreitner*, Kontrolle des Arbeitnehmers Rn. 2.

69 *Joussen* NZA-Beil. 2011, 35.

umfassende Güterabwägung unter Berücksichtigung der Einzelfallumstände unabdingbar. Deshalb sind generelle Aussagen über die Zulässigkeit oder Unzulässigkeit der Überwachung kaum möglich. Das zulässige Maß eines Eingriffs in das allgemeine Persönlichkeitsrecht des Arbeitgebers ist aber begrenzt durch den Wesensgehalt des Grundrechts. Das allgemeine Persönlichkeitsrecht des Arbeitnehmers darf demnach nicht durch die Überwachungsmaßnahme ausgehöhlt werden. Grundrechtlich spricht man von der „praktischen Konkordanz“, demnach müssen „verfassungsrechtlich geschützte Rechtsgüter [...] in der Problemlösung einander so zugeordnet werden, dass jedes von ihnen Wirklichkeit gewinnt“.[70] Beiden Gütern müssen Grenzen gesetzt werden, damit beide zu optimaler Wirksamkeit gelangen können. Vereinfacht gesagt ist dem Grundsatz der Verhältnismäßigkeit zu folgen und verhältnismäßig zu reagieren.

Beispiel

Eine Arbeitnehmerin wird als Kassiererin eingesetzt. Bei den täglichen Kassenabschlüssen („Überprüfung“) werden regelmäßig Fehlbeträge festgestellt. Der Arbeitgeber erwägt, eine Videokamera zu installieren, um festzustellen, ob die Kassiererin „selbst in die Kasse greift“ oder bei der Herausgabe von Wechselgeld fehlerhaft arbeitet; alternativ überlegt er der Kassiererin einen Trojaner auf ihr Mobilfunkgerät zu überspielen, um sie abzuhören.

Ziel der Überwachung ist es die Ursache der Fehlbeträge festzustellen. In Betracht kommen als Ursache für die Fehlbeträge letztlich nur Handlungen der Kassiererin, nicht aber deren Kommunikation. Weil die Fehlbeträge letztlich dem Eigentum (diese ist in Art. 14 GG garantiert und wird u. a. im Strafgesetzbuch geschützt) des Arbeitgebers entzogen werden, kann sich auch der Arbeitgeber auf ein Grundrecht berufen. Die Überwachung der Arbeitnehmerin an der Kasse könnte demnach verhältnismäßig und zulässig sein, wenn die Fehlbeträge erheblich sind.[71]

Die Überwachungsmaßnahme muss geeignet, erforderlich und angemessen sein, um 119 den erstrebten Zweck zu erreichen.[72] Eine auf bloßen „Generalverdacht“ gestützte Überwachung ist daher regelmäßig unzulässig.[73]

Beispiel

In einem Lebensmittelgeschäft werden bei den regelmäßigen Inventuren unerklärliche Fehlbestände festgestellt. Der Arbeitgeber stellt seine Arbeitnehmer unter Generalverdacht und vermutet, dass ein oder mehrere Arbeitnehmer Lebensmittel entwenden. Er installiert daher eine Videoüberwachung.

Das LAG Köln urteilte in einem vergleichbaren Fall, dass notwendige Voraussetzung für die Zulässigkeit einer verdeckten Videoüberwachung von Arbeitnehmern u. a. das Vorliegen eines konkreten Ver-

---

70 *Hesse*, Grundzüge des Verfassungsrechts der Bundesrepublik Deutschland, 20. Aufl., Heidelberg 1999, Rn 72.

71 nachgebildet: BAG v. 27.3.2003 – 2 AZR 51/02, NZA 2003, 1193: heimliche Videoüberwachung eines Arbeitnehmers bei konkretem Tatverdacht.

72 grundlegend BAG 26.8.2008 – 1 ABR 16/07, NZA 2008, 1187; Küttner/*Kreitner*, Kontrolle des Arbeitnehmers, Rz. 3. m.w.N.

73 LAG Köln 29.9.2006 – 4 Sa 772/06- BeckRS 2007, 41384.

dachts einer Straftat oder einer sonstigen schwerwiegenden Verfehlung ist. Ein „Generalverdacht" reicht hingegen nicht aus.[74]

---

120 Entsprechende Voraussetzungen sind auf die Überwachung von Low Performern zu übertragen. Es muss mindestens der Verdacht eines schwerwiegenden Vertragsverstoßes vorliegen, bevor Arbeitnehmer mit Mitteln überwacht werden dürfen, die zu einer Einschränkung ihres Persönlichkeitsrechts führen. Ob ein Zurückbleiben der tatsächlichen Arbeitsleistung hinter der erwarteten Arbeitsleistung überhaupt einen schweren Verstoß gegen die Pflichten aus dem Arbeitsvertrag darstellen kann, muss in Anbetracht des sog. „subjektiven (Leistungs-)Maßstabs,[75]" den das Bundesarbeitsgericht in Bezug auf die Arbeitsleistung, die zulässigerweise erwartet werden darf, anlegt, bezweifelt werden. Jedenfalls müsste der Verstoß aber erheblich sein, weshalb geringere Leistungsschwankungen keinesfalls ausreichen. Legt man den hier allerdings – wie oben vorgeschlagenen[76] – individuell-subjektiven respektive objektiv-kollektiven Maßstab an, dürfte jedenfalls im Hinblick auf den verhaltensbedingten (faulen) Low-Performer die Schwelle zur Vorwerfbarkeit und damit zur Erheblichkeit des Vertragsverstoßes genommen sein. Eine vorsätzliche oder bedingt vorsätzliche Minderleistung eines Arbeitnehmers, der bewusst „trödelt" oder dienstfremden Tätigkeiten während der Arbeitszeit nachgeht, wird damit einen schwerwiegenden Vertragsverstoß begehen.

bb) Kollektivarbeitsrecht

121 Beim Kollektivarbeitsrecht ist zunächst an die Mitbestimmungsrechte des Betriebsrats nach § 87 BetrVG zu denken.

---

i **Exkurs**

Nach § 87 Absatz 1 Nummer 1 BetrVG hat der Betriebsrat ein erzwingbares Mitbestimmungsrecht bei Maßnahmen, die die Ordnung des Betriebes und das Verhalten der Arbeitnehmer im Betrieb betreffen. Das BAG unterscheidet dabei zwischen mitbestimmungspflichtigen Maßnahmen, die auf das Ordnungsverhalten der Arbeitnehmer abzielen und anderen sog. arbeitsnotwendigen Maßnahmen des Arbeitgebers, die das Arbeitsverhalten der Arbeitnehmer betreffen und nicht der Mitbestimmungspflicht unterliegen.[77]

---

122 Die Mitbestimmungsrechte sind vom Arbeitgeber in jedem Fall zu bedenken und zumeist auch zu beachten. Dennoch bleiben auch mitbestimmungswidrig erlangte

74 LAG Köln 29.9.2006 – 4 Sa 772/06-BeckRS 2007, 41384.

75 BAG, Urt. v. 11.12.2003 – 2 AZR 667/02 – NZA 2004, 784.

76 Vgl. Kap. 10, B. 4. b) bb).

77 BAG, Urt. v. 23.10.1984 -DB 1985, 495; BAG, Urt. v. 10.3.1998 – 1 AZR 658/97-NZA 1998, 1242; BAG, Urt. v. 27.1.2004 – 1 ABR 7/03 -NZA 2004, 556.

Information für den Arbeitgeber in einem späteren gerichtlichen Verfahren verwertbar, weil das Zivilprozessrecht kein dahingehendes Verwertungsverbot kennt.[78] In Bezug auf die vielen Form der Überwachung – jedenfalls aber bei der technischen Überwachung[79] ist der Betriebsrat zuständig.[80] Seine Zuständigkeit ergibt sich hinsichtlich der Formen technischer Überwachung aus § 87 Abs. 1 Nr. 6 BetrVG; wenn mit der Überwachung auch den Fragen der Ordnung des Betriebs und des Verhaltens der Arbeitnehmer im Betrieb nachgegangen wird, ist der Betriebsrat nach § 87 Abs. 1 Nr. 1 BetrVG zuständig.[81] Dementsprechend verbleibt ein Spielraum für eine mitbestimmungsfreie Überwachung, wenn diese eben nicht technisch ist und auch nicht das Verhalten des Arbeitnehmers oder die Ordnung im Betrieb betrifft.

Das Bundesarbeitsgericht unterscheidet vor diesem gesetzlichen Hintergrund bei 123
nicht technischen Überwachungen nach mitbestimmungspflichtigen Maßnahmen, die auf das Ordnungsverhalten der Arbeitnehmer abzielen, und anderen – dann sog. „arbeitsnotwendigen Maßnahmen" des Arbeitgebers –, die das Arbeitsverhalten der Arbeitnehmer betreffen und nicht der Mitbestimmungspflicht unterliegen.[82]

Gänzlich unproblematisch ist die Verwertung ohnehin immer dann, wenn der 124
Betriebsrat der Verwendung eines Beweismittels, das aus einer (auch technischen) Überwachung erlangt wurde, nachträglich zustimmt.[83]

Praxistipp

Wird eine Überprüfung oder Überwachung eines Arbeitnehmers oder einer Gruppe von Arbeitnehmern angestrebt, ist der Betriebsrat anzuhören. Hierauf kann nach dem Gesetz nicht verzichtet werden. Allerdings wird das Ergebnis der unter Auslassung des Betriebsrats durchgeführten Überprüfung oder Überwachung prozessual nicht unverwertbar. Bestehen somit Bedenken seitens des Arbeitgebers, aus dem Betriebsrat könnten Hinweise in die Arbeitnehmerschaft gegeben werden, wäre es für das Ziel der Überwachung unschädlich, wenn die Mitbestimmungsrecht des Betriebsrats zunächst übersehen werden. Dieser Verstoß wäre zudem gänzliche unproblematisch, wenn der Betriebsrat der Verwertung des Beweismittels nachträglich zustimmt.

Ein (Beweis-) Verwertungsverbot wird nur in Fällen diskutiert, in denen durch die 125
Verwertung von rechtswidrig erlangten Informationen oder Beweismitteln ein weiterer und dauerhafter Eingriff in rechtlich geschützte Positionen der anderen Prozesspartei stattfinden würde.[84] Somit hängt also die Verwertbarkeit nicht von der rechts-

78 Küttner/Kreitner, Kontrolle des Arbeitnehmers, Rn 3.
79 vgl. zu den Formen der Überwachung nachfolgend cc).
80 LAG Berlin-Brandenburg, Beschl. v. 31.07.2013 – 17 TaBV 222/13 – BeckRS 2013, 71644. Die Rechtsbeschwerde liegt dem BAG unter Az: 1 ABR 68/13 vor.
81 Küttner/*Kreitner*, ‚Kontrolle des Arbeitnehmers, Rn. 4 und 5.
82 BAG, Urt. v. 10.3.98 – 1 AZR 658/97 -NZA 98, 1242.
83 BAG, Urt. v. 27.3.2003 – 2 AZR 51/02 – NZA 2003, 1193.
84 BAG, Urt. v. 13.12.2007 – 2 AZR 537/06, NZA 2008, 1008

widrigen Kenntniserlangung, sondern von den Auswirkungen der Verwertung dieser Kenntnis ab.[85]

Beispiel
Einem Außendienstmitarbeiter wird ein dienstliches Mobiltelefon zur Verfügung gestellt. Die Privatnutzung ist vertraglich zugelassen. Der Arbeitgeber stellt bei dem Arbeitnehmer drastische Rückgänge seiner Arbeitsleistung im Außendienst fest. Auffällig ist zudem, dass er häufig nicht erreichbar ist, weil sein Anschluss besetzt ist. Der Arbeitgeber lässt sich vom Telekommunikationsdienstleister einen Einzelverbindungsnachweis ausstellen. Daraus ergibt sich, dass der Arbeitnehmer täglich und während der Dienstzeit mehrere Stunden private Telefongespräche führt.
Das LAG Hamm entschied in einem vergleichbaren Fall, die Einzelverbindungsnachweise eines Diensthandys, das der Arbeitnehmer vertragswidrig für Privatgespräche genutzt hatte, im Prozess als Beweismittel zuzulassen.[86]

---

126 Mitbestimmungsfrei sind Anweisungen des Arbeitgebers an einen einzelnen oder eine Gruppe von Arbeitnehmern, die sich auf die arbeitsvertraglichen Tätigkeiten der jeweiligen Arbeitnehmer beziehen. Danach unterfallen Anordnungen des Arbeitgebers, mit denen dieser die Arbeitspflicht unmittelbar konkretisiert nicht der Mitbestimmungspflicht des § 87 I Nr. 1 BetrVG. [87] Hierbei handelt es sich nämlich um die Ausgestaltung des Individualvertrags.

c) Überwachungsmaßnahmen

127 Überprüfung und Überwachung des Arbeitnehmers sind alle Vorgänge, durch die Informationen über das Verhalten oder die Leistung des Arbeitnehmers erhoben, aufgezeichnet oder ausgewertet werden.[88] Hierzu zählen insbesondere Einrichtungen oder Vorgaben, die zur Kontrolle tauglich sind. Eine Kontrollabsicht des Arbeitgebers ist hingegen nicht erforderlich, um von einer Einrichtung oder Vorgabe zur Überprüfung oder Überwachung auszugehen.

aa) technische Überwachung

128 Der Mitbestimmungstatbestand des Kollektivarbeitsrechts (§ 87 Abs. 1 Nr. 6 BetrVG) ist eröffnet, wenn die Einrichtung einzelne Arbeitnehmer überwacht.[89] Ausnahmsweise genügt auch die Überwachung einer Gruppe von Arbeitnehmern, wenn der

---

85 BAG, Urt. v. 21.6.2012 – 2 AZR 153/11, NZA 2012, 1025.
86 LAG Hamm, Urt. v. 28.11.2008 – 10 Sa 1921/07, NZA-RR 2009, 476
87 BAG, Beschl. v. 8.8.1989 – 1 ABR 65/88 -NZA 1990, 320, 321.
88 BAG, Urt. v. 14.9.1984 – 1 ABR 23/82-NZA 1985, 28.
89 Küttner/*Kreitner*, Kontrolle des Arbeitnehmers, Rn 3.

Überwachungsdruck auf die einzelnen Gruppenmitglieder weitergeleitet wird.[90] Insoweit genügen bereits soziale Anpassungszwänge, die sich infolge Art und Größe der Gruppe sowie Art der ausgeübten Tätigkeit ergeben können.[91] Gesetzlich geregelt ist somit nur die Überwachung mittels technischer Einrichtungen, wobei „technische Einrichtung" als „automatisierter Vorgang" zu verstehen ist.

Beispiel
Der Arbeitgeber trägt dem Arbeitnehmer einen Botengang zum Postfach des Unternehmens in der nächsten Postfiliale auf. Er misst die Dauer des Botengangs mit der Stoppuhr. Tags drauf wird ein anderer Arbeitnehmer mit dem Botengang befasst. Auch hier wird die Zeit gemessen. Der Betriebsrat ist nicht mitbestimmungspflichtig nach § 87 Abs. 1 Nr. 6 BetrVG; denn die manuelle Messung mittels Stoppuhr unterscheide sich grundlegend von einer technischen Datenerhebung.[92]

Wenn hingegen bereits ein Prozess des Überwachungsvorgangs mittels einer technischen Einrichtung (besser: Datenerhebung) durchgeführt wird, ist die Mitstimmungspflicht des Betriebsrats begründet.[93] 129

Beispiel
Der Arbeitgeber lässt ein Meinungsforschungsinstitut eine Kundenbefragung hinsichtlich der Servicequalität seiner Arbeitnehmer durchführen. Der Betriebsrat ist ggf. mitbestimmungspflichtig nach § 87 Abs. 1 Nr. 6 BetrVG, wenn die Ergebnisse der Befragung im Zusammenhang mit der Überwachung der Arbeitnehmer stehen.[94]

Zu den technischen Einrichtungen im Sinne des § 87 Abs. 1 Nr. 6 BetrVG zählen jedenfalls die sog. automatisierten Personalinformationssysteme. Wird die (Arbeits-)Zeiterfassung also automatisiert, liegt hier bereits eine Überprüfung (allerdings keine Überwachung) vor. 130

bb) Einzelmaßnahmen, manuelle Überwachung

Weit weniger problematisch im Hinblick auf das Kollektivarbeitsrecht ist die anlassbezogene Einzelfallüberwachung. So kann der Arbeitgeber jederzeit ein „waches Auge" auf die Gruppe von Arbeitnehmern oder einzelne Arbeitnehmer haben. 131

---

90 BAG, Beschl. v. 11.3.1986 – 1 ABR 12/84- NJW 1986, S. 2724, 2727.
91 BAG, Urt. v. 26.7.1994, 1 ABR 6/94 – DB 1995, 147, mit kritischer Anm. von *Hunold*.
92 vgl. zum Einsatz der Stoppuhr: BAG, Beschl.. v. 8.11.1994 – 1 ABR 20/94 – DB 1995, 783.
93 BAG, Urt. v. 14.9.1984 – 1 ABR 23/82-NZA 1985, 28, 2513; BAG, Beschl. v. 23.4.1985 – 1 ABR 39/81 – DB 1985, 1897.
94 Vgl. BAG, Beschl. v. 28.1.1992 – 1 ABR 41/91 – NZA 1992, 707, 708.

Beispiel
Der Arbeitgeber kennt seine Arbeitnehmer gut und weiß, dass ein bestimmter Arbeitnehmer begeisterter Fußballfan des örtlichen Clubs ist. Der Arbeitnehmer reist regelmäßig zu Auswärtsspielen mit und trinkt dort auch gerne „einen über den Durst". Der Arbeitgeber hegt den Verdacht, dass dies zulasten der Arbeitsleistung geht, wenn der Tag nach dem Auswärtsspiel ein Arbeitstag ist. Er kontrolliert daher den Sachstand der dem Arbeitnehmer übertragenen Projekte vor und nach dem nächsten Arbeitstag, der auf ein Auswärtsspiel folgt. Dies ist zulässig.

cc) Kosten der Überwachung

132 Die Kosten von Überprüfungs- und Überwachungsmaßnahmen sind sog. Vorsorgekosten, die der Arbeitgeber zu tragen hat. Werden jedoch anlassbezogene Überwachungen durchgeführt, kann der Arbeitnehmer, der den Anlass für die Überwachungsmaßnahme geboten hat, ersatzpflichtig sein, wenn er der vorsätzlichen Vertragsverletzung überführt wird.[95]

d) Bundesdatenschutzgesetz

133 Werden Überwachungsmaßnahmen mittels optisch-elektronischer Einrichtungen (Videoüberwachung) in öffentlich zugänglichen Arbeitsbereichen durchgeführt, ist § 6b Abs. 2 Bundesdatenschutzgesetz (BDSG) zu beachten. Demnach sind „der Umstand der Beobachtung und die verantwortliche Stelle {...} durch geeignete Maßnahmen erkennbar zu machen". Gleichwohl bleibt auch nach dieser Vorschrift eine heimliche Überwachung dann zulässig, wenn dies erforderlich ist und keine überwiegenden schutzwürdigen Interessen des Betroffenen ersichtlich sind.[96]

2. Berichts- und Auskunftspflichten des Arbeitnehmers

134 Auskunftspflichten des Arbeitnehmers bestehen gemäß § 242 BGB immer dann, wenn der Arbeitgeber in entschuldbarer Weise über Bestehen oder Umfang seines Rechts im Ungewissen und der Arbeitnehmer unschwer zur Auskunftserteilung in der Lage ist.[97] Auskunftspflichten sind damit Nebenpflichten aus dem Arbeitsvertrag. Daher kann der Arbeitgeber vom Arbeitnehmer Auskunft über seine konkreten Arbeitsleistungen verlangen. Insbesondere kann der Arbeitnehmer auch dazu angehalten werden, seine Tätigkeiten zu protokollieren. Hierbei hat der Arbeitnehmer wahrheitsgemäß, d. h. nach bestem Wissen und Gewissen, umfänglich zu antworten oder – bei der Protokollierung – sorgfältig zu arbeiten.

---

95 LAG Rheinland-Pfalz, Urt. v. 18.9.2008 – 2 Sa 315/08-BeckRS 2009, 53358; ArbG Düsseldorf, Urt. v. 5.11.2003 – 10 Ca 8003/03-NZA-RR 2004, 345.

96 BAG, Urt. v. 21.6.2012 – 2 AZR 153/11 -NZA 2012, 1025.

97 BAG, Urt. v. 18.1.1996 – 6 AZR 314/95 -NZA 1997, 41.

Die Grenze der Auskunftsverpflichtung besteht dort, wo der Arbeitnehmer hierdurch eine übermäßige Belastung erfährt. Eine übermäßige Belastung ist im Bereich der Protokollierung oder der Auskunft über von ihm ausgeführte Tätigkeiten kaum möglich. 135

Allerdings ist das Auskunftsverlangen sowohl hinsichtlich seiner Sinnhaftigkeit und seiner Notwendigkeit als Mittel der Identifizierung von Low Performern zu hinterfragen. Stehen dem Arbeitsgeber andere zur Verfügung, sind diese regelmäßig zweckmäßiger. Denn der Arbeitnehmer, der seine Tätigkeiten protokollieren und aufschlüsseln soll, wird wissen, dass er „unter Beobachtung steht" und sein Arbeitsverhalten entsprechend anpassen, wenn er dazu in der Lage ist. Der verhaltensbedingt („faule") Arbeitnehmer wird sich möglicherweise kurzzeitig, für den Zeitraum der Protokollführung „am Riemen reißen". Das Protokoll ist dann zwar inhaltlich richtig, aber nicht repräsentative für die durchschnittliche Arbeitsleistung. 136

Praxistipp

1. Steht ein Arbeitnehmer im Verdacht einer verhaltensbedingten (auf Faulheit beruhender) Low-Performance, kann es gleichwohl sinnvoll sein, von ihm Auskunft über seine Arbeitsleistungen zu fordern. Dies insbesondere auch durch das Führen eines Tätigkeitsprotokolls. Auch wenn der Arbeitnehmer sein Verhalten korrigiert und zeitweise fleißig und produktiv arbeitet, kann das dies bestätigende Protokoll zu einem späteren Zeitpunkt als Referenz für die individuelle „Normalleistung" dienen. Eine Abweichung von der Normalleistung kann später durch (verdeckte) Überwachungsmaßnahmen nachgewiesen werden.
2. Alternativ kann die durchschnittliche Arbeitsleistung eines verhaltensbedingten Low-Performers auch zuvor durch Überwachung festgestellt werden. Die Aufforderung zur Protokollierung – gleich ob diese mit der unverhohlenen Botschaft ausgesprochen wird, die Arbeitsleistung erscheine schwach oder, ob sie mit einer vermeintlichen Beförderung getarnt wird – kann dann ebenso Anlass für den Arbeitnehmer sein, eine ordentliche Arbeitsleistung zu protokollieren. Auch in dieser Reihenfolge werden dem Low Performer die Argumente fehlen, sich arbeitsrechtlicher Konsequenzen zu erwehren.

III. Ursachenermittlung

Zur Vermeidung von Low-Performance durch Arbeitnehmer ist regelmäßig „an der Wurzel des Übels" anzusetzen. Daher ist zu ergründen, welche Umstände die Low-Performance beeinflussten oder ermöglichten. 137

1. Arbeitnehmerbezogene Ursachen

a) Personenbedingte Ursachen

138 Arbeitnehmer, die trotz des maximalen Einsatzes aller ihnen zur Verfügung stehenden Fähigkeiten, keine ausreichende Arbeitsleistung respektive kein brauchbares Arbeitsergebnis abliefern, sind persönlich ungeeignet für die ausgeübte Tätigkeit. [98]

b) Verhaltensbedingte Ursachen

139 Arbeitnehmer, die mindestens ausreichende Arbeitsleistung und brauchbare Arbeitsergebnis abliefern könnten, deren Leistungen aber dahinter zurückbleiben, weil es am Einsatzwillen fehlt, verhalten sich nicht vertragsgemäß.[99]

2. Arbeitgeberbezogene Ursachen

a) Unternehmenskultur

140 Es gelten im Bereich der Low-Performance die altbekannten Weisheiten: „Ist der Kater aus dem Haus, tanzen die Mäuse auf dem Tisch" – soll heißen: Kontrolle ist wichtig und wird heutzutage, wo Schlagworte wie „vertrauensvollen Zusammenarbeit" und „selbstständiges Arbeiten" als Instrument der Mitarbeiterführung und -gewinnung betont werden, häufig vergessen. Allerdings ist zu viel Freiheit bei zu wenig Kontrolle das ideale Umfeld für verhaltensbedingte Low-Performance. Daher sollte im Unternehmen auch der Leistungsgedanke kommuniziert und ein Verständnis für die Notwendigkeit des Unternehmenserfolgs sowie des Beitrag jedes einzelnen Mitarbeiters hierfür geschaffen werden. Insoweit kann von der kollektiven Motivation gesprochen werden. Gerade gruppendynamische Effekte sind hier häufig zu beobachten. So kann eine verhältnismäßige kleine Gruppe von Arbeitnehmern die „Initialzündung" für eine positive oder negative Beeinflussung der gesamten Belegschaft geben – dies auch durch die Schaffung von Vergleichsgruppen.

b) Motivation

141 Die individuelle Dimension der Leistungskultur im Unternehmen ist die persönliche Motivation. Ist die Low Performance auf das Verhalten von Arbeitnehmern zurückzuführen, kann dies eine „tiefere" Ursache in der mangelnden Motivation oder im mangelnden Anreiz finden. Die Motivation ist heutzutage eher die Aufgabe des Arbeitgebers, denn die gesetzlichen und tarifvertraglichen Rahmenbedingungen können durchaus als leistungshindernd beschrieben werden. So ist in vielen Branchen und Unternehmen die direkte Beziehung von Leistung und Lohn zunehmend in den Hin-

---

98 Schaub/*Linck*, § 131 Rn 48.

99 BAG, Urt. v. 11.12.2003 – 2 AZR 667/02 –NZA 2004, 784.

tergrund getreten. Löhne und Lohnsteigerungen orientieren sich häufig an Tarifverträgen.

142 Daher sind Anreize zu schaffen, die sich insbesondere an Low-Performer richten. Zwar sollte die Low-Performance keinesfalls belohnt werden, aber bereits eine Perspektive aus der Low-Performance auszubrechen (bspw. ein „anderer Arbeitsplatz") können die Gegebenheiten zum Besseren wandeln. Hier ist zu berücksichtigen, dass die vorbeschrieben Leistungskultur eines Unternehmens die Gruppe der Low-Performer zu Außenseitern macht. Deshalb ist es unumgänglich, gerade diesen Low-Performern Perspektiven aus der ansonsten so wahrgenommen Ausweglosigkeit zu schaffen.

c) Selektion bei der Einstellung

143 Häufig wird von der Möglichkeit der Selektion von Arbeitnehmern bei der Begründung des Arbeitsverhältnisses nicht genügend Gebrauch gemacht. Gerade hier bietet sich aber die arbeitsrechtlich unproblematische Chance auszuwählen.[100]

aa) Auszubildende

144 Die Beurteilung von Auszubildenden in den diversen Stationen eines Unternehmens sollte realistisch sein. Viel zu häufig sind Ausbilder und sonstige Mitarbeiter in den Ausbildungsstationen erleichtert, wenn sie den Auszubildenden weitergeben können, weil er bis zuletzt den Anforderungen nicht genügen konnte oder wollte. Trotz einer durchgängigen Low-Performance, die zwar am Anfang einer Ausbildungsstation erklärlich ist, nach der Einarbeitung aber nur eine Begründung in der mangelnden Leistungsfähigkeit oder -bereitschaft finden kann, werden entsprechende Beurteilungen aus einem falsch verstandener Pädagogik vermieden. Die Übernahme des minderleistenden Auszubildenden wird dann kaum dazu führen, dass seine Leistungsfähigkeit oder -bereitschaft wächst.

bb) Neueinstellungen

145 Entsprechendes gilt für Neueinstellungen. Jedem (Neu-)Arbeitnehmer ist deutlich zu machen, dass die Probezeit dazu dient, abzuklären, ob sie/er die individuelle Leistungsfähigkeit bietet und abruft. Landläufig wird über den Verbleib der Arbeitnehmers nach der Probezeit eher nach dem Bedarf an Arbeitskräften entschieden, als nach der Leistungsfähigkeit des Arbeitnehmers. Diese wird häufig, soweit sie nicht erheblich vom Durchschnitt nach unten abweicht als ausreichend angesehen. Hierin liegt – trotz Fachkräftemangels – ein Fehler.

100 *Olfert*, Personalwirtschaft, 15. Aufl., Seite 106 f.

146 Auch empfiehlt es sich, wenn ein objektiver Beurteilungsmaßstab für die Leistungsfähigkeit fehlt (also bspw. keine Stückzahlen die Arbeitsleistung abbilden) im letzten Monat der Probezeit ein Tätigkeitsprotokoll führen zu lassen. Dieses wird den Arbeitnehmer einerseits motivieren mit seinen Leistungen zu beeindrucken und andererseits für die Zukunft die individuelle Normalleistung nachweisbar machen.

IV. Vermeidungsstrategien

147 Ausgehend von den zuvor dargestellten Ursachen, ergeben sich Vermeidungsstrategien. Wenn Low-Performance häufig die Ursache darin findet, dass die Erwartungshaltung der Arbeitgeber über das Arbeitssoll nicht ausreichend an die Arbeitnehmer kommuniziert wird, ist die Vermeidungsstrategie in der Kommunikation und Dokumentation zu finden. Fehlt der Leistungsgedanke beim einzelnen Arbeitnehmer oder in der Unternehmenskultur, ist der Leistungsgedanke über Anreize zu wecken.

1. Zielvereinbarungen und Zielvorgaben

148 Arbeitgeberseitige Erwartungshaltungen können über Zielvereinbarungen und Zielvorgaben an die Arbeitnehmerschaft oder den einzelnen Arbeitnehmer kommuniziert werden.

a) Zielvereinbarungen

149 Mit Zielvereinbarungen einigen sich Arbeitgeber und Arbeitnehmer auf ein bestimmtes Arbeitsziel, das von beiden Arbeitsparteien prognostisch als realistisch angesehen wird. Für die Erreichung dieses Ziels wird häufig ein Anreiz durch den Arbeitgeber ausgelobt. In diesen Fällen sind Zielvereinbarungen zumeist auf das Erreichen eines Ziels weit oberhalb des durchschnittlichen Arbeitssolls ausgerichtet. Sie sollen Leistungsträger motivieren, sich weiterhin überdurchschnittlich zu engagieren. Im Bereich des Low-Performance findet sich ein Einsatzbereich für Zielvereinbarungen dort, wo ein Arbeitnehmer zwar überdurchschnittliche Leistungen erbringt, gleichwohl sein Potential nicht vollends abruft, weil er „sich nicht hetzen“ will. Nach dem individuell-subjektiven Maßstab liegt eine verhaltensbedingte Low-Performance vor, die aber möglicherweise auf mangelnder Wertschätzung besonderer Leistungen beruht. Hier dann werden Zielvereinbarungen Abhilfe schaffen.

Beispiel
Eine Arbeitnehmerin arbeitet als Sekretärin. Sie ist in der Lage durchgängig mit ca. 470 Anschlägen in der Minute zu schreiben. In der Prüfung zur/zum Fachkauffrau/-mann für Büromanagement werden derzeit 230 Anschläge pro Minute erwartet. Der Durchschnitt der Kolleginnen in der Schreibstube leistet etwa. 300 Anschläge pro Minute. Bei vollem Einsatz, wäre die Arbeitnehmerin also ca. 50 %

produktiver, als ihre Kolleginnen. Weil aber alle gleichmäßig bezahlt werden, fragt sich die Arbeitnehmerin, warum sie sich „hetzen" soll und entscheidet sich für eine „entspannte Arbeitswoche". Hier könnte eine Zielvereinbarung neue Motivation schaffen. Bei Ausschöpfung der individuellen Produktivitätspotentiale könnte etwa finanzielle Boni oder Sonderfreizeiten gewährt werden.

b) Zielvorgaben

Zielvorgaben definieren das Mindestmaß an Produktivität. Demnach sind Zielvorgaben prädestiniert, um Low-Performern im Einzelfall die Richtung vorzugeben. Für die Erreichung der Zielvorgaben sind regelmäßig keine Belohnungen auszuloben, sie sind vielmehr als eine Warnung auszusprechen. 150

2. Vergütungssysteme

Motivierend wirken sich stets leistungsbezogene Vergütungssysteme aus. In der jüngeren Vergangenheit haben sich in kleineren Einheiten aber bedauerlicherweise überwiegend nur individuelle Anreizsysteme etabliert. Diese loben Belohnungen (Boni, Sonderzahlungen, sonstige Leistungen) für over-performer aus. Sie richten sich daher an die wenigen „talentierten" Arbeitnehmer, lassen aber die breite Masse der Belegschaft außen vor. Dementsprechend droht Neid und Missgunst in der Belegschaft. Anders sind kollektive Anreizsysteme, die entsprechende Belohnungen für die gesamte oder abgrenzbare Gruppen aus der Belegschaft ausloben. 151

a) Individuelle Anreizsysteme

Ein individuelles Anreizsystem verspricht für außergewöhnliche Einzelleistungen eine Belohnung. Ausgerichtet ist die Zielerreichung dabei entweder an einer absoluten oder relativen Größe. Bei der relativen Größe, wird eine definierte Anzahl von Arbeitnehmern für die jeweils beste Leistung belohnt. Bei absoluten Größen werden hingegen alle Arbeitnehmer belohnt, die die Vorgabe erreichen. 152

Beispiele

1. Der Arbeitgeber betreibt einen Kutter und verkauft die gefangenen Nordseekrabben in einem Fischgeschäft auf einer Nordfriesischen-Insel. Um in der Hochseesaison dem Ansturm der zahlungskräftigen Kundschaft, die lieber gepulte Krabben kauft und hierfür deutlich höhere Preise zahlt, nachzukommen, lobt er drei gestaffelte Sonderprämien für die produktivsten Arbeitnehmer seiner „Krabben-Pulerei" aus. Aufgrund der unterschiedlichen Erfahrung und Geschicklichkeit werden sich die unerfahrenen und ungeschickten (langsamen) Puler(innen) nicht angesprochen oder motiviert fühlen.
2. Im Jahr darauf erkennt der Arbeitgeber seinen Fehler und lobt keine Prämie für die Besten aus, sondern für das Erreichen einer bestimmten Tagesmenge. Hier fühlen sich sicherlich mehr Puler(innen) angesprochen. Zur Leistungssteigerung fühlen sich aber nur diejenigen motiviert,

die nicht ohnehin die Zielvorgabe erreichen werden oder die von vornherein erkennen, das Ziel nicht erreichen zu können.

---

b) kollektive Anreizsysteme

153 Kollektive Anreizsysteme loben für die gesamte Belegschaft oder Funktionsgruppen Belohnungen aus und greift damit die Prinzipien von Gruppendynamik und des Gruppenzwangs auf.

Beispiele

1. Der Nordseekrabben-Händler lobt jeweils eine Sonderprämien für alle Arbeiter(innen) einer Schicht aus, wenn Sie die Produktivität des jeweiligen Vortages steigern. Alle Arbeiter(innen) werden trotz individueller Fähigkeiten und Unterschiede angesprochen oder motiviert, weil jede Leistungssteigerung zu einer Verbesserung der Gesamtproduktivität führt. Auch Minderleister können durch eine Steigerung der eigenen Produktivität ihren Beitrag leisten – und dieser wird von den übrigen Kollegen auch eingefordert werden.
2. Ein bekanntes kollektives Anreizsystem war die sog. „Maloche im Akkord", die besonders im Bergbau angewandt wurde. Bei der Akkordarbeit im Bergbau wurde einzelnen Arbeitsgruppen in klar vorgegebenen Zeitfenstern die Möglichkeit gegeben, eine Sonderprämie zu verdienen, wenn die durchschnittliche Fördermenge um einen vorgegeben Faktor übertroffen wurde.

Checkliste – Low-Performance

- Die (individuelle) **Sollleistung** ist festzustellen. (Arbeitssoll)
- Die (individuelle) **Ist-Leistung** ist festzustellen. (tatsächliche Leistung)
- Die Sollleistung ist der Ist-Leistung gegenüberzustellen. Erhebliche Differenzen bei der Ist-Leistung, also deutlich negative **Abweichungen** von der Sollleistung, sind zu protokollieren.
- Die Abweichungsdauer ist zu protokollieren. Die **Dauer der Abweichung** ist für die Erheblichkeit der Minderleistung ebenso von Bedeutung, wie die Differenz zur Sollleistung.
- Es gilt auszuschließen, dass **nicht äußere Umstände** die Abweichung verursacht haben.

Kapitel 12
Maßnahmen bei Low-Performance

Eine Minderleistung von Mitarbeitern entwickelt sich oft über längere Zeiträume. 1
Nichtsdestoweniger sind die betrieblichen Spielräume Minderleistungen aufzufangen allgemein geringer geworden. Regelmäßig tritt früher oder später der Zeitpunkt ein, an dem es notwendig wird Verbesserungen zu erreichen oder – bei einem Scheitern – ggf. eine Trennung einzuleiten. Ein **erster Einstieg sind zumeist allgemeine Mitarbeitergespräche.** Varianten hiervon sind das gesetzlich vorgesehene betriebliche Eingliederungsmanagement (BEM) sowie das Präventionsverfahren. Als weitere im folgenden darzustellende Maßnahmen kommen in erster Linie eine Versetzung, Abmahnung und eine Kündigung in Betracht.

A. Mitarbeitergespräche

Mitarbeitergespräche werden allgemein als ein **zentrales Instrument der Führung** 2
und Personalentwicklung verstanden.[1] Auch wenn Mitarbeitergespräche regelmäßig stattfinden sollten und gerade auch dann sinnvoll sind, wenn es zu loben gilt, werden sie landläufig überwiegend als Instrument des Tadels gebraucht. In dieser Ausprägung ist das Mitarbeitergespräch dann ein sog. „Kritikgespräch".[2] Daneben treten sie bei vorhandenen **Zielvereinbarungen**[3] in der Form von Zielvereinbarungsgesprächen auf. Neben der allgemeinen und für den Arbeitgeber freiwilligen Option, Mitarbeitergespräche zu führen, bestehen die einleitend erwähnten nach den Regelungen des Sozialrechts arbeitgeberseitigen kommunikativen Verpflichtungen, die auch bei Minderleistungen zu beachten sein können.

I. Kritikgespräche

Allgemeine Kritikgespräche können und sollten einen selbstverständlichen ersten 3
Schritt zur Verbesserung oder Wiederherstellung der früheren Arbeitsleistung leistungsschwacher Mitarbeiter darstellen. Wichtig ist es, Kritikgespräche **nicht zufällig und inhaltlich unstrukturiert** zu führen. Eine Nachvollziehbarkeit für Mitarbeiter und die mögliche Verbesserung ihrer Arbeitsleistung wird sich nur ergeben, wenn

1 *Hollmann*, DStR 2007, 1226.
2 *Drzyzga*, AuA (2003) Heft 9, S. 26.
3 Vgl. auch Kap. 11. B. I. 2c, Rn 43.

Kritikgespräche aus verständlichen Anlässen und mit **nachvollziehbaren Strukturen** geführt werden. Hier bieten sich die folgende Leitlinien an:[4]

Praxistipp
- Führen Sie Kritikgespräche **frühzeitig**, um eingeschliffene Verhaltensweisen des Betroffenen und eine Belastung anderer Kollegen zu vermeiden.
- Führen Sie das Gespräch mit dem Betroffenen nach Möglichkeit alleine oder unter Anwesenheit von ihm gewünschter Personen.
- Recherchieren Sie Ihre Kritikpunkte in der Vorbereitung sorgfältig. Geben Sie dem Mitarbeiters im Gespräch Gelegenheit Kritikpunkte aus seiner Sicht zu erklären und ggf. entkräften.
- Formulieren Sie Ihre Kritik fair und sachlich, aber **klar und nachvollziehbar**. Vermeiden Sie zu viele Kritikpunkte auf einmal.
- Machen Sie gleichzeitig positive Lösungs- und Verbesserungsvorschläge.
- Vereinbaren Sie klare **Ziel- und Verbesserungsvorgaben** und **zeitlich festgelegte Kontrollen** und/ oder neue Gesprächstermine.

4 Kritikgespräche finden nicht im rechtlich luftleeren Raum statt. Grundsätzlich sind Mitarbeiter – von Zeiten der Arbeitsunfähigkeit abgesehen – **verpflichtet, an vom Arbeitgeber gewünschten Gesprächen über ihre Arbeitsleistungen und Arbeitsinhalte teilzunehmen.**[5] Es handelt sich um eine zulässige Ausprägung des allgemeinen Direktionsrechtes des Arbeitgebers gem. § 106 GewO.[6] **Etwas anderes gilt dann, wenn Inhalt des Gespräches über eine Kritik im Rahmen des Arbeitsvertrages hinaus auch die Änderung bestehender Arbeitsvertragsinhalte** sein soll. In diesem Fall ist ein Mitarbeiter zur Teilnahme am Personal- bzw. Kritikgespräch nicht verpflichtet:[7]

Beispiel
Ein Abteilungsleiter hat erhebliche Probleme in der Mitarbeiterführung. Der Personalleiter will im Gespräch nicht nur die Kritik verdeutlichen, sondern dem Mitarbeiter auch den einvernehmlichen Wechsel auf eine Sachbearbeiterposition nahelegen.
In dieser Abgabe der Führungsverantwortung liegt – auch bei Sicherung der bisherigen Vergütung – von Erprobungsfällen abgesehen immer eine einvernehmliche Vertragsänderung, da sie nicht durch alleinige Weisung des Arbeitgebers geschehen könnte. Der Mitarbeiter kann in diesem Fall das Gespräch verweigern oder abbrechen.

5 Hiervon abgesehen hat ein Mitarbeiter das Recht bei Gesprächen über die „Beurteilung seiner Leistungen und die Möglichkeiten seiner beruflichen Entwicklung" gem. § 82 Abs. 2 S. 2 BetrVG **ein Mitglied des Betriebsrates seiner Wahl hinzuzuziehen.** Diese Voraussetzung ist bei Kritikgesprächen regelmäßig gegeben. Dies gilt unab-

4 Nach *Drzyzga*, AuA (2003) Heft 9, S. 26; *Stögbauer*, AuA (2003), Heft 2, S. 24.
5 Vgl. LAG Mecklenburg-Vorpommern, Urt. v. 14.9.2011 – 3 Sa 43/11 – nv.
6 BAG, Urt. v. 23.6.2009 – 2 AZR 606/08 – NZA 2009, 1011.
7 BAG, Urt. v. 23.6.2009 – 2 AZR 606/08 – NZA 2009, 1011.

hängig davon, ob das Gespräch vom Arbeitgeber oder Arbeitnehmer ausgeht.[8] **Nicht abschließend geklärt** ist bisher, ob Arbeitnehmer darüber hinaus bei Kritikgesprächen auch die Teilnahme **sonstiger Vertrauenspersonen** verlangen können. Neuere Urteile der Landesarbeitsgerichte neigen dazu, dies jedenfalls dann zu bejahen, wenn Inhalt des Gespräches mit hoher Wahrscheinlichkeit auch die **Beendigung des Arbeitsverhältnisses** sein wird.[9] Relativ gesichert ist das entsprechende Recht des Arbeitnehmers, wenn die Anhörung über ein Kritikgespräch hinaus sogar als – rechtlich notwendige – Vorbereitung einer sog. Verdachtskündigung erfolgt, also einer Kündigung, die auf den dringenden Verdacht einer schweren Verfehlung gestützt wird.[10]

Praxistipp

Verlangt ein Mitarbeiter, dass an einem ihn betreffenden Kritikgespräch eine Vertrauensperson teilnimmt, so muß dem im Falle eines Betriebsratsmitgliedes zugestimmt werden. Auch im Übrigen **empfiehlt es sich** zur Vermeidung frühzeitiger Gesprächsverhärtung, einer solchen **Bitte trotz fehlender rechtlicher Verpflichtung nachzukommen.** Die teilnehmende Person sollte zur Vertraulichkeit verpflichtet werden.

II. Präventionsverfahren und BetrieblichesEingliederungsmanagement

Über die vorgenannten freiwilligen Kritikgespräche hinaus, finden sich im Schwerbehindertenrecht, dem Sozialgesetzbuch (SGB) IX, zwei besondere „kommunikative Verpflichtungen" des Arbeitgebers, die im Umgang mit Minderleistungen erhebliches Gewicht gewonnen haben. 6

1. Präventionsverfahren für schwerbehinderte Arbeitnehmer

§ 84 Abs. 1 SGB IX regelt ein allgemeines sogenanntes **Präventionsverfahren**, das **nur bei schwerbehinderten Menschen** Anwendung findet.[11] Bei entsprechenden Schwierigkeiten ist möglichst frühzeitig das Gespräch mit der Schwerbehindertenvertretung, Betriebsrat bzw. Personalrat sowie dem Integrationsamt zu suchen, um nach Möglichkeiten und Hilfen zur Überwindung der Schwierigkeiten zu suchen. 7

Diese Vorgabe zur allgemeinen, frühzeitigen und abgestimmten Suche nach Abhilfe im leistungsgeminderten Arbeitsverhältnis von schwerbehinderten Menschen ist **grundsätzlich verpflichtend.** Sie gilt allerdings **nicht bei Arbeitsverhältnissen** 8

---

8 BAG, Urt. v. 24.4.1979 – 6 AZR 69/77 – AP BetrVG 1972 § 82 Nr. 1.
9 LAG Mecklenburg-Vorpommern, Urt. v. 14.9.2011 – 3 Sa 43/11 – nv.
10 BAG, Urt. v. 24. 5. 2012 – 2 AZR 206/11 – NZA 2013, 137; für eine „Vertrauensperson" auch LAG Berlin-Brandenburg, Urt. v. 30. 3. 2012 – 10 Sa 2272/11 – NZA-RR 2012, 353.
11 Erfk/*Rolfs* § 84 SGB IX Rn 1.

außerhalb des Anwendungsbereiches des Kündigungsschutzgesetzes, insbesondere also innerhalb der ersten 6 Monate des Arbeitsverhältnisses bzw. im Kleinbetrieb von nicht mehr als 10 Mitarbeitern.[12]

9 Wird dagegen im Anwendungsbereich des Kündigungsschutzgesetzes im Vorfeld einer Trennung von schwerbehinderten Low-Performern ein entsprechendes Gespräch unterlassen, **kann dieses Unterlassen für das Integrationsamt als Verweigerungsgrund dienen, einer Kündigung zuzustimmen.** Allerdings kann das Präventionsverfahren in der Regel im sich anschließenden Verfahren zur Kündigungszustimmung ersetzt werden.

10 Darüber hinaus ist aus Sicht der Rechtsprechung das **Präventionsverfahren entbehrlich, soweit die Probleme** im Arbeitsverhältnis bereits soweit fortgeschritten sind, dass sie das **Stadium von Kündigungsgründen erreicht haben.** In diesem Fall können sie nämlich durch ein Präventionsverfahren nicht mehr verhindert werden.[13] Ein Integrationsamt hat also in diesem Fall die Zustimmung zur Kündigung gegebenenfalls auch bei unterlassenem Präventionsverfahren zu erteilen. Ein unterlassenes Präventionsverfahren wird deshalb in der Regel nicht dazu führen, dass eine im Übrigen gebotene Zustimmung des Integrationsamtes zu einer Kündigung schwerbehinderter Menschen scheitert. Zu beachten ist jedoch, dass ein **unterlassenes Präventionsverfahren die Darlegungslast eines Arbeitgebers** erhöht, sollte ein schwerbehinderter Mitarbeiter einen **leidensgerechten Arbeitsplatz** geltend machen.[14] Dieser Tatsache kommt im Zuge alternder Belegschaften und häufiger Streitigkeiten um noch leistbare Arbeitsbedingungen zunehmende Bedeutung zu.

2. Betriebliches Eingliederungsmanagement für (alle) erkrankten Arbeitnehmer

11 Eine auf den ersten Blick dem Präventionsverfahren ähnliche Verpflichtung ist vom Gesetzgeber in § 84 Abs. 2 SGB IX eingeführt worden: Das **betriebliche Eingliederungsmanagement** (übliche Abkürzung: BEM). Entgegen seiner Stellung im Schwerbehindertenrecht gilt die entsprechende Verpflichtung für alle Arbeitsverhältnisse auch nicht schwerbehinderter Menschen.[15] Das BEM wird an dieser Stelle in Grundzügen skizziert.[16] Es ist ist eine **Ausprägung des Verhältnismäßigkeitsprinzips** im Bereich der Kündigung. Es gilt damit – wie auch etwa das Erfordernis einer Abmahnung – nicht soweit das Kündigungsschutzgesetz auf ein Arbeitsverhältnis keine Anwendung findet.[17]

---

12 Strittig, wie hier *Fuhlrott*, DB 2012, 2343. A.A. Erfk/*Rolfs* § 84 SGB IX Rn 1.
13 BAG, Urt. v. 7.12.2006 – 2 AZR 182/06 – NZA 2007, 617.
14 BAG, Urt. v. 4.10. 2005 – 9 AZR 632/04 – NZA 2006, 642.
15 BAG, Urt. v. 12.7.2007 – 2 AZR 716/06 – NZA 2008, 173.
16 Vgl die ausführliche Darstellung in Kap. 4.
17 BAG, Urt. v. 28.6.2007 – 6 AZR 750/06 – NZA 2007, 1049.

Inhalt des betrieblichen Eingliederungsmanagements[18] ist die Verpflichtung, 12
mit einer Reihe weiterer Institutionen und Personen **Maßnahmen und Hilfen zu erörtern, wie die Arbeitsunfähigkeit möglichst überwunden, erneuter Arbeitsunfähigkeit vorgebeugt und der Arbeitsvertrag erhalten werden kann.** Die Verpflichtung greift ein, soweit Beschäftigte innerhalb eines Jahres länger als 6 Wochen ununterbrochen oder wiederholt arbeitsunfähig sind. Abzustellen ist nicht auf das Kalenderjahr, sondern auf jeglichen zurückliegenden Jahreszeitraum.[19]

An Gesprächen des BEM sind nach dem Willen des Gesetzes die zuständige Inter- 13
essenvertretung (insbesondere **Betriebs- oder Personalrat**), bei schwerbehinderten Menschen die **Schwerbehindertenvertretung** sowie – soweit vorhanden – **Werks- oder Betriebsarzt** zu beteiligen. Ferner sind die Servicestellen der Rehabilitationsträger und bei schwerbehinderten Menschen das **Integrationsamt** zu beteiligen. Der betroffene Mitarbeiter kann der Teilnahme der vorgenannten Stellen allerdings widersprechen.

Das Gesetz macht **keine Vorgaben**, wie genau Gespräche im Sinne des BEM 14
durchzuführen sind,[20] noch legt es Sanktionen im Falle der Unterlassung eines BEM fest. Es war deshalb lange Zeit umstritten, welche Bedeutung einem BEM im Rahmen der Trennung von leistungsgeminderten Mitarbeitern zukommt. Mittlerweile ist durch die Rechtsprechung des Bundesarbeitsgerichts geklärt, dass das BEM als **allgemeine Ausprägung des Verhältnismäßigkeitsgrundsatzes** zu werten ist,[21] dessen fehlende Durchführung **keine direkte Sanktion** nach sich zieht. Allerdings erhöht die Unterlassung im Falle eines auf eine Kündigung folgenden Kündigungsschutzprozesses die Darlegungslast (weiter) zulasten eines Arbeitgebers. Ein Arbeitgeber muss zusätzlich **darlegen und ggf. beweisen, dass auch die (unterlassene) Durchführung des betrieblichen Eingliederungsmanagements nicht dazu geführt hätte, dass das Arbeitsverhältnis hätte erhalten werden können.**[22] Diese Hürde ist in vielen Fällen für einen Arbeitgeber kaum zu überwinden, so dass von einer Kündigung leistungsgeminderter Mitarbeiter ohne Durchführung eines BEMs dringend abgeraten werden muss. Vielmehr ist Wert darauf zu legen, dass die Durchführung eines betrieblichen Eingliederungsmanagements neben oder an Stelle von sonstigen betrieblichen Kranken- oder Krankenrückkehrgesprächen in die Abfolge entsprechender Maßnahmen integriert wird. Die – über den Einzelfall hinausgehende – Ausgestaltung des betrieblichen Eingliederungsmanagements ist hierbei gem. § 87 Abs. 1 Nr. 1 BetrVG in aller Regel **mitbestimmungspflichtig**, so dass ein bestehender

---

18 Nicht zu verwechseln mit einer stufenweisen Wiedereingliederung arbeitsunfähiger Arbeitnehmer nach § 28 SGB IV.

19 BAG, Urt. v. 24.3.2011 – 2 AZR 170/10 – NZA 2011, 992.

20 BAG, Urt. v. 10.12.2009 – 2 AZR 198/09 – NZA 2010, 639.

21 BAG, Urt. v. 12.7 2007 – 2 AZR 716/06 – NZA 2008, 173.

22 BAG, Urt. v. 10.12.2009 – 2 AZR 400/08 – NZA 2010, 398.

Betriebsrat hierbei zu beteiligen ist.[23] Er kann zudem bereits im Vorfeld die Mitteilung aller Mitarbeiter mit Krankheitszeiten von über sechs Wochen verlangen, um sein Mitbestimmungsrecht prüfen zu können.[24]

15 Auch wenn der Gesetzgeber keine bestimmten Vorgaben aufstellt, in welcher Form ein BEM ablzulaufen hat und dementsprechend auch die Leitung durch den Arbeitgeber nicht zwingend ist, ist die **Einführung von Standards der Durchführung empfehlenswert** und kann ggf. vom Betriebsrat im Rahmen der skizzierten Mitbestimmung erzwungen werden.[25] Da ein BEM für einen Mitarbeiter freiwillig ist, sollte dieser abwägen, ob er einer Einladung zum BEM folgt. Zwar besteht – wie stets im Arbeitsverhältnis[26] – **keine Verpflichtung, näheres zur eigenen gesundheitlichen Situation und medizinischen Diagnosen und Prognosen zu offenbaren**, faktisch ist es jedoch oftmals schwer, sich einer entsprechenden Gesprächsdynamik zu entziehen. Allerdings eröffnet eine Verweigung des BEM durch den Arbeitnehmer dem Arbeitgeber zumeist auch die Möglichkeit einer krankheitsbedingten Kündigung, soweit deren sonstige Voraussetzungen gegeben sind.[27]

16 Auch soweit sich aus einem durchgeführten BEM keine Möglichkeiten weiterer Maßnahmen zur Beendigung aktueller bzw. Vermeidung zukünftiger Arbeitsunfähigkeit ergeben sollten, ist prinzipiell der **Weg zu einer verhaltens- oder personenbedingten Kündigung leistungsgeminderter Personen eröffnet** (jeweils, soweit die entsprechenden inhaltlichen Kündigungsgründe ausreichend gegeben sind). Werden dagegen während des BEM Maßnahmen verabredet, so müssen diese zunächst durchgeführt werden, bevor eine wirksame Kündigung realistisch ist. Anderenfalls muss ein Arbeitgeber nachweisen, weshalb verabredete Maßnahmen tatsächlich ungeeignet gewesen wären, eine Verbesserung der Arbeitsunfähigkeitszeiten zu erreichen.[28] Dies wird in aller Regel nicht nicht möglich sein.

B. Versetzung

17 Die Lösung von Leistungsproblemen im Arbeitsverhältnis ist nicht zwangsläufig darauf beschränkt, die beiderseitige Zusammenarbeit zwischen Arbeitgeber und Arbeitnehmer aufzulösen. Manchmal wird es möglich sein, **leistungsschwache Mitarbeiter auf eine andere Position zu versetzen.**

23 BAG, Beschl. v. 13. 3. 2012 – 1 ABR 78/10 – NZA 2012, 748.

24 BAG, Beschl. v. 7.2.2012 – 1 ABR 46/10 – BB 2012, 2310.

25 Vgl zu empfehlenswerten Inhalten im Einzelnen Kap 4 C und D.

26 BAG, Urt. v. 12.4.2002 – 2 AZR 148/01 – NZA 2002, 1081; LAG Hessen, Urt. v. 7.10.2003 – 13 (12) Sa 1479/02 – nv.

27 Vgl. näher Kap. 4 E II.

28 BAG, Urt. v. 10.12.2009 – 2 AZR 400/08, NZA 2010, 398.

Beispiele
- Versetzung eines Vertriebsmitarbeiters aus dem Aussen- in den Innendienst, um schlechten Umsatzzahlen Rechnung zu tragen.
- Versetzung eines Mitarbeiters in eine andere Abteilung zur Lösung eines belastenden Personalkonfliktes.
- Herausnahme eines Mitarbeiters im Schichtdienst aus bestimmten Schichten, um eine gesundheitliche Belastung abzubauen.

Umgekehrt kann eine Versetzung auch rechtlich erforderlich sein. Nach dem allge- 18
mein im Kündigungsrecht geltenden Grundsatz der Verhältnismäßigkeit ist vor einer Trennung von Mitarbeitern durch **Kündigung** stets zu prüfen, ob ein entsprechendes **milderes Mittel** existiert.[29] Dieses kann sowohl in einer Versetzung als auch einer Änderungskündigung bestehen. Die **Versetzung ist hierbei als Ausfluss des Direktionsrechts arbeitsrechtlich weitaus einfacher** zu handhaben. Sie erfordert keine Vertragsänderung, sondern unterliegt nur den rechtlich erheblich weniger strengen Anforderungen der Änderung des Arbeitsinhaltes im Rahmen des bestehenden Vertrages.

I. Reichweite des Direktionsrechtes

Grundsätzlich ist ein Arbeitgeber nicht darauf beschränkt, Mitarbeiter nur auf der 19
Position einzusetzen, für die sie ursprünglich eingestellt wurden. Vielmehr legt §106 Gewerbeordnung (GewO) fest, dass der Arbeitgeber **Inhalt, Ort und Zeit der Arbeitsleistung nach sog. „billigem Ermessen" näher bestimmen kann**. Etwas anderes gilt, falls dieses Direktionsrecht (andere Beziehung: „Weisungsrecht") durch Arbeitsvertrag, Betriebsvereinbarung, Tarifvertrag oder gesetzliche Vorschriften eingeschränkt ist.[30]

Auch wenn ein Arbeitsvertrag keine explizite Befugnis vorsieht, einen Mitarbei- 20
ter mit anderen Aufgaben oder an einem anderen Ort zu betrauen, ist eine solche **Versetzungsbefugnis vor diesem Hintergrund gem. §106 GewO grundsätzlich gegeben.**

Hinweis
Will sich der Arbeitgeber die Versetzungsbefugnis erhalten, kann er deshalb auch hinsichtlich Einsatzort und Arbeitszeit im Arbeitsvertrag von einer konkreten Regelungen absehen oder schlicht klarstellen, dass das gesetzliche Direktionsrecht nach §106 GewO unberührt bleibt. Dies wird jedoch oftmals als unbefriedigend empfunden, da Missverständnisse beim Arbeitnehmer hinsichtlich der Einsatzreichweite auftreten können.

---

29 BAG, Urt. v. 5.6.2008 – 2 AZR 107/07 – NZA 2008, 1180.
30 Vgl. dazu näher auch Kap. 11. B. I. 2 Rn 35 ff.

Vor diesem Hintergrund ist es ratsam, eine allgemeine und unbestimmte Versetzungsklausel in die Arbeitsverträge aufzunehmen.

---

21 Die Rechtsprechung überprüft solche allgemeinen Versetzungsklauseln daraufhin, ob sie unangemessen benachteiligend von § 106 GewO abweichen. Es ist deshalb sorgfältig darauf zu achten, dass entsprechende Versetzungsklauseln möglichst neutral den Gehalt von § 106 GewO wiedergeben.

---

i **Formulierungshilfe**
Der Arbeitnehmer verpflichtet sich, bei Aufforderung auch andere, seinen Kenntnissen, Fertigkeiten und Erfahrungen entsprechende gleichwertige Tätigkeiten, ggf. auch an anderen Arbeitsorten, zu erbringen.

---

22 Eine solche, **an § 106 GewO orientierte, Bestimmung** berechtigt den Arbeitgeber – soweit nicht weitere Bestimmungen des Arbeitsvertrages dieser Regelung widersprechen – einen Mitarbeiter örtlich, zeitlich und hinsichtlich des Inhaltes seiner Tätigkeit anderweitig – jedoch in gleichwertiger Weise – einzusetzen. Die Gleichwertigkeit ist insbesondere anhand der Wertigkeit der Aufgaben, der vergleichbaren sozialen Stellung sowie – bei vorhandenem betrieblichen oder tariflichem Vergütungsschema – danach zu beurteilen, ob weiterhin die **gleiche Vergütungsgruppe** einschlägig ist.

Praxishinweis
Eine weitgehende Versetzungsmöglichkeit ist jedoch **auch mit arbeitsrechtrechtlichen Nachteilen verbunden.** Bei einer beabsichtigten betriebsbedingten Kündigung kann dem entsprechenden Mitarbeiter bei Wegfall seines Arbeitsplatzes nicht zwingend gekündigt werden. Im Rahmen der notwendigen **Sozialauswahl** gem. § 1 Abs. 3 KSchG ist dann vielmehr i. d. R. (soweit vorhanden) dem Mitarbeiter desselben Betriebes zu kündigen, auf dessen Arbeitsplatz der eigentlich betroffene Mitarbeiter nach seiner vertraglichen Versetzungsmöglichkeit (und seinen Kenntnissen) ebenfalls eingesetzt werden könnte, soweit der versetzbare Mitarbeiter sozial schutzbedürftiger ist. Es sollte deshalb stets abgewogen werden, ob eine Versetzbarkeit vor diesem Hintergrund erforderlich ist.

II. Grenzen des Direktionsrechtes

23 Die Ausübung einer insoweit vorhandenen Versetzungsbefugnis unterliegt in zweierlei Hinsicht Schranken. Sie hat zum einen gem. § 106 GewO nach sog. **billigem Ermessen gem. § 315 BGB** zu erfolgen. Im Streitfall ist vom Arbeitgeber zu beweisen, dass das billige Ermessen eingehalten wurde.[31] Dieser Nachweis wird dadurch erschwert, dass nach der Rechtsprechung bei der Ausübung billigen Ermessens **alle Umstände des Einzelfalls** ohne eine abschließende Eingrenzung von Kriterien

---

31 BAG, Urt. v. 17.1.2006 – 9 AZR 226/05 – AP BAT-O § 24 Nr. 6.

abgewogen werden müssen. Umfasst sind daher alle für den Arbeitgeber und den Arbeitnehmer ersichtlichen Vor- und Nachteile der Zuweisung einer neuen Tätigkeit, insbesondere auch die sozialen Lebensverhältnisse des Mitarbeiters außerhalb des Arbeitsverhältnisses wie sie bspw. durch familiäre Pflichten und Unterhaltsverpflichtungen geprägt sein können.[32]

Beispiel

Zu Gunsten des Arbeitnehmers sind z. B. zu berücksichtigen:
- Gesundheitliche Beeinträchtigungen
- Zeitliche Verhinderungen aufgrund fehlender Kinderbetreuungsmöglichkeiten
- (Längere) Anfahrtswege

Zu Gunsten des Arbeitgebers sind z. B. zu berücksichtigen:
- Berechtigte Belange anderer Arbeitnehmer
- Die Lösung betrieblicher Konflikte
- Sicherheit im Betrieb
- Vermeidung unnötiger Kosten

Trotz dieser Schwierigkeit wird die Zuweisung einer anderen bzw. Veränderung der bestehenden Tätigkeit auch durch eine Reihe in der Rechtsprechung ergangener Grundsätze erleichtert. So ist bei der Abwägung der beiderseitigen Interessenlagen (nur) auf den **Zeitpunkt der Ausübung des Weisungsrechtes** abzustellen. Nachträgliche Entwicklungen – bspw. im persönlichen Umfeld – sind also genauso unbeachtlich wie dem Arbeitgeber unbekannte persönliche Umstände in der Lebensführung von Mitarbeitern. Dies gilt jedenfalls dann, wenn der neue Einsatz mit dem Mitarbeiter besprochen und er hierbei nicht auf private hindernde Umstände hingewiesen hat.[33] Hervorzuheben ist ferner, dass – erst recht bei Leistungsmängeln – im Falle einer Versetzung **keine soziale Auswahl** unter verschiedenen Arbeitnehmern entsprechend der Sozialauswahl bei Kündigungen gem. § 1 Abs. 3 KSchG vorzunehmen ist.[34] Ein leistungsschwacher Mitarbeiter kann sich also bereits aus diesem Grunde nicht darauf berufen, dass eine freie, seinen Fähigkeiten entsprechende Stelle, durch eine dritte Person wahrzunehmen wäre. 24

Auch soweit Mitarbeiter sich hinsichtlich ihrer Leistungsmängel auf bestehende Konflikte mit Kolleginnen und Kollegen berufen, beschränkt dies nicht die Entscheidung des Arbeitgebers zum anderweitigen Einsatz. Ein Arbeitgeber ist **nicht gehalten**, im Falle eines (auch) bestehenden Personalkonfliktes **notwendigerweise dem „schuldigen" Mitarbeiter eine andere Tätigkeit zuzuweisen** oder zuvor eine 25

---

32 BAG, Urt. v. 13.4.2010 – 9 AZR 36/09 – AP BGB § 307 Nr. 45.

33 BAG, Urt. v. 11.4.2006 – 9 AZR 557/05 – NZA 2006, 1149; LAG Nürnberg, Urt. v. 9.2.2007 – 7 Sa 79/06 – NZA-RR 2007, 357.

34 BAG, Urt. v. 23.9.2004 – 6 AZR 567/03 – NZA 2005, 359.

Abmahnung auszusprechen.[35] Auch **langjährige Tätigkeit** auf einer bestimmten Position **führt zudem nicht dazu, dass ein Mitarbeiter nicht mehr versetzbar ist.** Soweit die Versetzung arbeitsvertraglich (also grundsätzlich) zulässig ist und keine anderweitigen Zusicherungen wegen eines konkreten Arbeitsplatzes gegeben wurden, kann ein Arbeitnehmer auch nach Jahren versetzt werden.[36]

---

i **Praxishinweis**
Soweit Unklarheit über die Reichweite einer vertraglichen Versetzungsmöglichkeit besteht, kann diese mit einer hilfsweise ausgesprochenen und auf dasselbe Ziel gerichtete Änderungskündigung verbunden werden.

III. Mitbestimmungspflichtigkeit der Versetzung

26 Existiert im Betrieb ein Betriebsrat, so gehört seine Mitsprache im Falle einer Versetzung zu den Kernaufgaben betrieblicher Mitbestimmung. Sie ist Teil der in den §§ 99 ff. geregelten sog. **Mitbestimmung über personellen Einzelmaßnahmen, gilt jedoch nur in Unternehmen mit in der Regel mehr als 20 wahlberechtigten Arbeitnehmern.** Es handelt sich hierbei um eine nicht-paritätische Mitwirkung des Betriebsrates. Im Gegensatz zur sozialen Mitbestimmung gem. § 87 BetrVG, kann der Betriebsrat einer Versetzung nur mit bestimmten Gründen widersprechen. Zudem existiert ein Verfahren zur vorläufigen Durchsetzung der Versetzung für den Arbeitgeber.

27 Allerdings ist nicht jede Veränderung der Arbeitsumgebung auch eine Versetzung, bei der der Betriebsrat zu beteiligen wäre. Gemäß § 95 Abs. 3 BetrVG ist eine Versetzung die **Zuweisung eines anderen Arbeitsbereichs**, die voraussichtlich die Dauer von einem Monat überschreitet *oder* die mit einer **erheblichen Änderung der Umstände** verbunden ist, unter denen die Arbeit zu leisten ist. Der Begriff „Arbeitsbereich" ist dabei umfassend zu verstehen. Er beschreibt den konkreten Arbeitsplatz und seine Beziehung zur betrieblichen Umgebung in räumlicher, technischer und organisatorischer Hinsicht.[37]

28 Eindeutig liegt eine Veränderung des Arbeitsbereiches bei der Zuweisung einer gänzlich anderen Tätigkeit vor. Auch eine **Teiländerung** ist jedoch bereits dann **mitbestimmungspflichtig**, wenn ein spürbar anderes „Arbeitsregime" gilt.[38] Ein Aufgabenentzug der insgesamt 25 % der Gesamtarbeitszeit eines Mitarbeiters betrifft, über-

---

35 BAG, Urt. v. 24.4.1996 – 5 AZR 1031/94 – NZA 1996, 1088; LAG Schleswig-Holstein, Urt. v. 02.05.2007 – 6 Sa 504/06 – NZA-RR 2007, 402.

36 BAG, Urt. v. 13.3.2007 – 9 AZR 433/06 – AP BGB § 307 Nr. 26.

37 BAG, Urt. v. 17.6.2008 – 1 ABR 38/07 – DB 2008, 2771.

38 BAG, Urt. v. 17.6.2008 – 1 ABR 38/07, DB 2008, 2771.

schreitet dabei die Schwelle zur Versetzung.[39] Auch die Veränderung des Arbeitsortes stellt eine Versetzung dar, jedenfalls soweit sie über die **politischen Grenzen einer Gemeinde hinaus** erfolgt.[40] Darüber hinaus dann, wenn hiermit eine sonstige erhebliche Veränderung der Umstände, wie ein Wechsel des Betriebes, der unmittelbaren Vorgesetzten o. ä. verbunden ist. Demgegenüber stellt der **Schichtwechsel** eines Mitarbeiters – etwa von Normalschicht in Wechselschicht oder von Tag- in Nachtschicht – **nur bei maßgeblicher Veränderung der sonstigen Umstände eine Versetzung** dar.[41] Der bloße Wechsel von Tag- in Nachtschicht ist ebenfalls keine zustimmungspflichtige Versetzung, wenn sich dadurch lediglich die Lage der Arbeitszeit des betroffenen Arbeitnehmers ändert.[42] Auch der reine Wechsel des Vorgesetzten ist alleine keine Versetzung.[43]

Liegt die Zuweisung eines anderen Arbeitsbereichs **unterhalb der Dauer von** 29
einem Monat, liegt eine Versetzung nur vor, wenn zusätzlich **eine erhebliche Änderung der Arbeitsumstände** vorliegt. Dies kann organisatorische Gesichtspunkte wie den Arbeitsablauf betreffen, in erster Linie geht es hierbei aber um kurzfristige Entsendungen an andere Arbeitsorte mit erweiterten Fahrzeiten.[44]

Beispiel

Ein Arbeitnehmer arbeitet als Elektriker in einem Unternehmen für Anlagen- und Maschinenbau, das sich auf die Herstellung von Dampfkesseln spezialisiert hat. Ein Kunde wünscht die Einweisung seines eigenen Personals aus der hauseigenen Werkstatt in die Elektronik des auszuliefernden Dampfkessels.

Der Elektriker wird vom Arbeitgeber angewiesen, für eine Woche im Betrieb der Kunden das dortige Werkstattpersonal zu schulen.

Ist ein Arbeitsverhältnis – auch wenn es nicht explizit im Arbeitsvertrag verankert 30
ist – durch ständig wechselnde Arbeitsorte geprägt (Monteure, „**Springer**“ sowie Leiharbeitnehmer[45]), so liegt im regelmäßigen Wechsel des Einsatzortes ebenfalls keine Versetzung (vgl. § 95 Abs. 3 S. 2 BetrVG). Der Wechsel muss jedoch typisch für das Arbeitsverhältnis sein.[46]

Liegt eine Versetzung im vorgenannten Sinne vor, so ist gem. § 99 Abs. 1 BetrVG 31
vor ihrer Durchführung die Zustimmung des Betriebsrates zu beantragen. Dies gilt **auch dann, wenn der betreffende Mitarbeiter mit der Versetzung einverstanden**

39 BAG, Urt. v. 2.4.1996 – 1 AZR 743/95 – NZA 1997, 112.
40 BAG, Beschl. v. 27.06.2006 – 1 ABR 35/05 – NZA 2006, 1289.
41 BAG, Beschl. v. 23.11.1993 – 1 ABR 38/93 – NZA 1994, 718.
42 BAG, Beschl. v. 23.11.1993 – 1 ABR 38/93 – NZA 1994, 718.
43 HWK/*Ricken*, BetrVG § 99 Rn 47; Fitting, § 99 Rn 139.
44 BAG, Beschl. v. 1.8.1989 – 1 ABR 51/88 – NZA 1990, 196, 197.
45 HWK/*Ricken*, BetrVG § 99 Rn 49.
46 BAG, Beschl. v. 3.12.1985 – 1 ABR 58/83 – NZA 1986, 532.

ist.[47] Der Betriebsrat kann seine Zustimmung nur aus sechs im Einzelnen in § 99 Abs. 2 BetrVG genannten Gründen verweigern. **Praktische Relevanz** unter der Auswahl an möglichen Begründungen für die Zustimmungsverweigerung hat insbesondere die Geltendmachung eines **Verstoßes gegen Rechtsvorschriften** (Gesetz, Tarifvertrag oder Betriebsvereinbarung) gem. § 99 Abs. 2 Nr. 1 BetrVG. Hier kann es z. B. um eine mögliche Diskriminierung des betroffenen Mitarbeiters durch die Versetzung im Sinne des Allgemeinen Gleichbehandlungsgesetzes (AGG) gehen. Ebenfalls häufig vorkommend ist die Befürchtung von Nachteilen durch die Versetzung für andere Mitarbeiter oder den betroffenen Mitarbeiter selbst (§ 99 Abs. 2 Nr. 4 und 5 BetrVG).

32 **Widerspricht der Betriebsrat** ordnungsgemäß mit entsprechender Begründung,[48] so ist der Arbeitgeber verpflichtet, die Zustimmung **arbeitsgerichtlich ersetzen zu lassen**, soweit er an der Maßnahme festhalten will (§ 99 Abs. 4 BetrVG). Erhebliche Bedeutung kommt deshalb der begleitenden Vorschrift des § 100 BetrVG zu. Soweit es aus sachlichen Gründen dringend erforderlich ist, kann ein Arbeitgeber begleitend zum arbeitsgerichtlichen Ersetzungsverfahren eine beabsichtigte „personelle Maßnahme", so auch eine Versetzung, vorläufig durchführen, soweit dies **aus sachlichen Gründen dringend erforderlich** ist. Auf diese Weise ist es einem Arbeitgeber zumeist möglich, eine Versetzung trotz Widerstandes eines Betriebsrates mindestens vorläufig umzusetzen.

33 Sollte eine **Low-Performance** das Motiv des Arbeitgebers für die Versetzung sein, wird die vom Arbeitgeber darzulegende **Dringlichkeit**, die eine vorläufige Maßnahme notwendig macht, **schwieriger zu begründen** sein. Dies gilt insbesondere dann, wenn Leistungsmängel monate- bis jahrelang „stabil" durch Kolleginnen und Kollegen ausgeglichen wurden.

Praxishinweis

Hier sind nach Möglichkeit zusätzliche **neue Umstände zu dokumentieren** und zu beschreiben. So ist es vorstellbar, dass aufgrund geänderter Verhältnisse jetzt betriebliche Schäden aufzutreten drohen oder Kollegen nicht mehr bereit sind, Leistungsmängel eines Kollegen aufzufangen. Auch neue Kundenbeschwerden könnten vorliegen. Ggf. ist das Eintreten entsprechender Umstände abzuwarten oder näher zu recherchieren.

---

34 Wird die vorläufige Durchführung einer personellen Maßnahme angestrebt und umgesetzt, ist zudem das notwendige Prozedere, insb. einzuhaltende Fristen zu beachten. Die vorläufige Durchführung der Maßnahme ist dem Betriebsrat mit der Umsetzung **gesondert nochmals anzuzeigen**. Sollte der Betriebsrat trotz der vom Arbeitgeber erklärten Dringlichkeit die vorläufige Maßnahme verweigern, ist **inner-**

47 Str., so BAG, Beschl. v. 14.11.1989 – 1 ABR 87/88 – NZA 1990, 357; A.A. Schaub/*Koch* § 241 Rn 24.

48 Fehlt eine Begründung oder ist sie auf keine der gesetzlichen Verweigerungsgründe beziehbar, ist der Widerspruch unbeachtlich, vgl. BAG, Beschl. v. 18.7.1978 – 1 ABR 43/75 – NJW 1979, 671; BAG, Beschl. v. 6.8.2002 – 1 ABR 49/01- NZA 2003, 386.

halb einer Frist von 3 Tagen beim Arbeitsgericht die Feststellung der Ersetzung der Zustimmung des Betriebsrat zu beantragen (§ 100 Abs. 2 BetrVG).

Praxishinweis

Die **Versetzung** leistungsschwacher Mitarbeiter wird damit auch bei Widerstand eines bestehenden Betriebsrates **häufig zunächst mindestens vorläufig möglich sein**. Der Grund liegt darin, dass durch die Arbeitsgerichte über die Frage der Dringlichkeit in der Praxis regelmäßig erst nach einigen Monaten zusammen mit der Entscheidung über den Widerspruch des Betriebsrates dem Grunde nach entschieden wird. Wird der Widerspruch hierbei zurückgewiesen bleibt es bei der Versetzung, auch wenn die Dringlichkeit nicht gegeben war. Wird der Widerspruch bestätigt, konnte die Versetzung immerhin einige Monate durchgeführt werden.

Allerdings darf die Mitbestimmungspflichtigkeit einer Versetzung nicht grundsätzlich 35 ignoriert werden. Denn eine **Versetzung ist – auch gegenüber dem Mitarbeiter – bei fehlender Beteiligung des Betriebsrates unwirksam.**[49] Insbesondere kann gem. § 101 BetrVG eine Versetzung, die ohne Wahrung der Mitbestimmungsrechte des Betriebsrats erfolge, durch den Betriebsrat selbst vor dem Arbeitsgericht angefochten werden. Sollte die Anfechtung der Versetzung erfolgreich sein, ist die Maßnahme – also die Versetzung – zu beenden, d. h. „rückgängig" zu machen. Ansonsten kann der Arbeitgeber mit einem Zwangsgeld belegt werden.

IV. Rechtschutzmöglichkeiten des Mitarbeiters

Es ist eindringlich darauf hinzuweisen, dass die Rechtmäßigkeit einer Versetzung 36 gegenüber dem betroffenen Arbeitnehmer (einerseits) und die Wahrung der Rechte eines ggf. bestehenden Betriebsrats (andererseits) **gesondert zu beurteilen** sind. Gegenüber beiden Beteiligten muss die Versetzung rechtmäßig sein, um im Ergebnis Erfolg zu haben.

Allerdings ist die – jedenfalls vorläufige – Durchsetzbarkeit einer Versetzung 37 sowohl – wie dargestellt – gegenüber dem Betriebsrat, als auch gegenüber dem betroffenen Arbeitnehmer, durch Gesetz und Rechtsprechung vergleichsweise vorteilhaft ausgestaltet, sodass hier ein kurzfristig verfügbares Druckmittel von einiger Dauer für den Arbeitgeber besteht. Denn auch wenn es einem Mitarbeiter möglich ist, gegen die Zuweisung einer neuen Position arbeitsgerichtlich vorzugehen, dauern die regulären Klageverfahren vor den Arbeitsgerichten regelmäßig zwischen 3 bis 6 Monaten bis zu einem erstinstanzlichen Urteil.

Selbst wenn sich eine Versetzung dabei als unwirksam herausstellen sollte, muss 38 ein Mitarbeiter der (vorläufigen) Weisung seines Arbeitgebers zunächst nachkom-

---

49 BAG Urt. v 26.1.1988 – 1 AZR 531/86 – AP BetrVG 1972 § 99 Nr. 50.

men, soweit „nur“ streitig ist, ob die Versetzung billigem Ermessen i. S. v. § 315 BGB entspricht.[50] So geht das Bundesarbeitsgericht davon aus, dass der Mitarbeiter **zu einer Arbeitsverweigerung allein wegen fehlender Billigkeit nicht berechtigt** ist und die neue Tätigkeit bis auf weiteres aufzunehmen hat. Auch die Möglichkeit, gegen eine Versetzung im arbeitsgerichtlichen Eilverfahren im Wege der **einstweiligen Verfügung** vorzugehen, wird von der Rechtsprechung **in der Regel abgelehnt.**[51] Sollte in einem späteren arbeitsgerichtlichen Urteil die Rechtswidrigkeit der Versetzung festgestellt werden, muss diese allerdings zu diesem Zeitpunkt rückgängig gemacht werden.

C. Abmahnung

39 Wenngleich die Abmahnung mittlerweile in § 314 Abs. 2 BGB auch im Bürgerlichen Gesetzbuch normiert ist, wurde sie zunächst über Jahrzehnte als Instrument arbeitsrechtlicher Praxis **durch die Rechtsprechung geprägt.** Insbesondere im Bereich von Leistungsmängeln und ggf. einer darauf beruhenden Trennung, ist ihre Bedeutung hoch.[52]

I. Begriff der Abmahnung

40 Abmahnungen beschreiben eine durch den Mitarbeiter **steuerbare Vertragsverletzung**, rügen diese und verbinden damit eine Warnung für die Zukunft.

41 Es ist zwar nicht zu verkennen, dass Abmahnungen regelmäßig vom Mitarbeiter als *Sanktion* seiner (fehlerhaften) Arbeitsleistung empfunden werden. Rechtlich entscheidend ist jedoch keine subjektive empfundene Strafwirkung, sondern eine **Warnfunktion** und die Tatsache, dass ein Mitarbeiter bei erneuter – mindestens vergleichbarer – Pflichtverletzung mit arbeitsrechtlichen Sanktionen, insbesondere also einer **Kündigung seines Arbeitsverhältnisses, rechnen muss.** Gleichzeitig dient eine Abmahnung dazu, für den Arbeitgeber **festzustellen, ob ein Mitarbeiter überhaupt zu verbesserten Leistungen fähig ist.** Im Falle einer personenbedingten Kündigung wegen Minderleistung ist der Arbeitgeber nämlich in der Regel verpflichtet, nachzuweisen, dass ein Mitarbeiter tatsächlich persönlich nicht ausreichend leistungsfähig ist. Dies ist häufig nur über eine erfolglose Abmahnung möglich.[53]

---

50 So nunmehr BAG, Urt. v. 22.2.2012 – 5 AZR 249/11 – NZA 2012, 858; str. vgl. *Boemke*, NZA 2013, 6.
51 LAG Mecklenburg-Vorpommern, Urt. v. 12.5.2009 – 5 SaGa 4/08 – nv., mit weiteren Nachweisen.
52 Vgl. allgemein zur Abmahnung: *Fuhlrott/Hoppe*, AuA 2011, 76.
53 Vgl. LAG Düsseldorf, Urt. v. 8.4.2009 – 7 Sa 1385/08 – nv; *Friemel/Walk*, NJW 2010, 1557.

Ist eine qualitative oder quantitative Minderleistung demgegenüber für den Mitarbeiter steuerbar, also verhaltensbedingt und nicht personenbedingt, so bedarf es erst recht einer Abmahnung vor einer möglichen Trennung. Sie dient dazu, dem Mitarbeiter die **Gefährdung des Arbeitsverhältnisses vor Augen zu führen** und ihm Gelegenheit zu geben, seine Arbeitsleistung zu verbessern. Ihr Ausspruch sichert damit das allgemeine Prinzip des Kündigungsrechts, wonach ein Arbeitgeber vor Ausspruch einer Kündigung stets **mögliche mildere Mittel zur Wiederherstellung der Arbeitsleistung** zu prüfen hat.[54] Abmahnungen werden deshalb auch als Kündigungsandrohungen bezeichnet. 42

In der Praxis wird oftmals verkannt, dass in einer Abmahnung nicht nur die Rüge des vertragswidrigen Verhaltens liegt, sondern mit ihr gleichzeitig die **Aufforderung zu zukünftigem vertragsgemäßen Verhalten** ausgeprochen werden muss. 43

Praxistipp

In einer Abmahnung liegt aus diesem Grunde stets auch gleichzeitig der Verzicht auf ein mögliches Kündigungsrecht, selbst wenn die Kündung auf die aktuelle abgemahnte Situation gestützt werden könnte.[55] Vor Ausspruch einer Abmahnung ist deshalb immer zu prüfen, ob nicht ggf. bereits die Voraussetzungen eines Kündigungsgrundes ausreichend vorliegen. Sollte die Kündigung möglich sein, ist also abzuwägen, ob eine „Warnung" ausreicht oder die sofortige Trennung vom Arbeitnehmer gewollt ist.

Andererseits existiert nach Auffassung des Bundesarbeitsgerichts eine **Bagatellgrenze** für Abmahnungen. Unterhalb einer bestimmten Erheblichkeitsschwelle seien Abmahnungen unverhältnismäßig und damit unwirksam.[56] Im Bereich leistungsgeminderter Arbeitnehmer dürfte dieser Tatsache nur selten Bedeutung zukommen. Sollte ein Leistungsdefizit feststellbar und nachweisbar sein, ist die Abmahnung keine Bagatelle. 44

II. Allgemeine Anforderungen an eine Abmahnung

Abmahnungen unterliegen **kaum förmlichen Voraussetzungen**. Sie können im Prinzip mündlich ausgesprochen werden und es existiert auch keine bestimmte Frist zu ihrer Ausübung. Dennoch ist eine rein mündliche Abmahnung in der Praxis nur selten ausreichend, da ihr Inhalt meistens unzureichend und im Übrigen nach einiger 45

---

54 BAG, Urt. v. 26.11.2009 – 2 AZR 751/08 – NZA 2010, 823.

55 Eine Heranziehung der abgemahnten Gründe für eine Kündigung ist ausnahmsweise möglich wenn anschließend weitere Pflichtverletzungen zu den abgemahnten hinzutreten oder frühere Pflichtverletzungen dem Arbeitgeber erst nach Ausspruch der Abmahnung bekannt werden, vgl. BAG, Urt. vom 26. 11. 2009 – 2 AZR 751/08 – NZA 2010, 823.

56 BAG, Urt. vom 13.11.1991 – 5 AZR 74/91 – AP BGB § 611 Abmahnung Nr. 7.

Zeit nicht mehr zu beweisen sein wird. **Praktisch sind deshalb schriftliche Abmahnungen notwendig**, um eine ausreichende Beweislage zu schaffen. Auch wenn – außerhalb einer Verwirkung – keine feste Zeitgrenze existiert, sollten Abmahnungen möglichst zeitnah erfolgen. Soweit Leistungsmängel als Dauerzustand bestehen, kommt jedoch auch hier der Zeitkomponente nur wenig Bedeutung zu.

Praxistipp

Die **Abmahnung** muss generell und sollte als vom Arbeitnehmer quittiertes Exemplar **zur Personalakte genommen** werden. Soweit der Arbeitnehmer die Bestätigung des Empfanges verweigert, sollte Ort und Zeit der Übergabe auf der Aktenkopie notiert werden.

46 Im Übrigen stellt die Rechtsprechung die folgenden Anforderungen an eine ordnungsgemäße Abmahnung, die grundsätzlich und auch im Falle von Abmahnungen wegen Leistungsmängeln gelten:[57]

Checkliste

- Einhaltung ggf. vorliegender formelle Erfordernisse (insbesondere das teils tarifvertraglich geregelte Anhörungserfordernis des Arbeitnehmers vor Aussprache einer Abmahnung)
- **Konkrete und zutreffende Bezeichnung** des Fehlverhaltens und Aufforderung zur Verbesserung
- Zutreffende rechtliche Bewertung des Vorwurfes
- Mitteilung der **Gefährdung des Arbeitsverhältnisses im Wiederholungsfalle**
- Verhältnismäßigkeit der Abmahnung im Besonderen (keine „Bagatellabmahnung“)

47 Ein **Arbeitgeber** ist für die Ordnungsmäßigkeit einer Abmahnung **im Streitfall darlegungs- und beweispflichtig.**[58] Dies bedeutet, dass vor einer Abmahnung stets der zugrunde liegende Sachverhalt genau überprüft und mitgeteilt werden muss.

48 Ähnliches gilt für die notwendige rechtliche Bewertung des Fehlverhaltens des Arbeitnehmers. Die **rechtliche Bewertung muss zutreffend sein**. Sie darf weder fehlerhaft, noch unvollständig oder überzogen ausfallen.

49 Darüber hinaus ist der dem Mitarbeiter im Rahmen einer Abmahnung vorgeworfene Sachverhalt konkret zu beschreiben. Nur wenn die gerügten **Leistungsmängel genügend konkretisiert werden**, weiß der Arbeitnehmer, welches Verhalten der Arbeitgeber als vertragswidrig ansieht und kann insoweit versuchen seine Arbeitsleistung hierauf einzurichten.[59] Der gerügte Sachverhalt in einer Abmahnung ist deshalb stets nach Ort, Zeit und tatsächlichen Umständen, so genau wie möglich zu beschreiben.

57 BAG, Urt. v. 27.11.2008 – 2 AZR 675/07 – NZA 2009, 842.
58 BAG,Urt. v. 13.3.1987 – 7 AZR 601/85 – AP KSchG 1969 § 1 Verhaltensbedingte Kündigung Nr. 18.
59 BAG, Urt. v. 9.08.1984 – 2 AZR 400/83 – NZA 1985, 124.

Aus den vorgenannten Anforderungen an eine Abmahnung ergibt sich ein bestimmter empfehlenswerter, in der Praxis zumeist zugrunde gelegter **Aufbau einer Abmahnung**: 50

Praxistipp
Aufbau der Abmahnung:
1. genaue Beschreibung des tatsächlichen Fehlverhaltens (**Hinweis- bzw. Dokumentationsfunktion**)
2. Benennung der rechtlichen Pflichtverletzung und Aufforderung, sie in Zukunft nicht zu wiederholen (**Ermahnungsfunktion**).
3. Mitteilung, dass im Wiederholungsfalle der Bestand des Arbeitsverhältnisses gefährdet ist (**Warnfunktion bzw. Kündigungsandrohung**).

Werden diese Bestandteile berücksichtigt, kann die Abmahnung nach neuerer Ansicht auch in eine vom Arbeitnehmer unterzeichnete **Korrekturvereinbarung** eingekleidet werden.[60] 51

III. Abmahnung im Falle von Minderleistung

Die vorgenannten Kriterien zu Inhalt und Aufbau einer Abmahnung sind auf die Situation von Low-Performern möglichst prazise anzuwenden. Die Problematik liegt dabei vor allem darin, dass ein **Arbeitnehmer** im Arbeitsverhältnis **rechtlich nicht den Erfolg einer bestimmten Leistung schuldet**. Vielmehr ist er verpflichtet, sich hinsichtlich des festgelegten Arbeitsinhaltes zu bemühen.[61] Der Arbeitnehmer **muss tun was er soll und zwar so gut wie er kann.**[62] Die zugrundezulegende Leistungspflicht ist demgemäß auch nicht starr, sondern dynamisch und orientiert sich an der – ggf. auch nachlassenden – Leistungsfähigkeit des Arbeitnehmers. Es **geht also um das persönliche, subjektive Leistungsvermögen des Mitarbeiters.**[63] 52

Es ist für einen Arbeitgeber aber regelmäßig kaum feststellbar, ob ein Arbeitnehmer sein subjektives Leistungsmögen in dieser Beziehung ausschöpft und – so verstanden – eine Pflichtverletzung vorliegt, wenn die Arbeitsergebnisse hinter dem Erwarteten zurückbleiben. Die Rechtsprechung hat hieraus die Folgerung gezogen, dass – anders als üblich – im Falle der **Minderleistung** ein Arbeitgeber nicht in der Lage sein muss, den Vorwurf der Pflichtverletzung abschließend zu belegen. Vielmehr **orientieren sich die Anforderungen daran, was der Arbeitgeber letztlich wissen kann**. Bei der sog. **quantitativen Minderleistung** sind dies die Arbeitser- 53

60 Vgl. ErfK/*Müller-Glöge* § 626 BGB Rn. 29a; *Wetzling/Habel* AuA 2006, 654. Vgl. hierzu Kap. 11. C. IV.
61 Vgl. Kap. 10. B. I.
62 BAG, Urt. v. 17.01.2008 – 2 AZR 536/06 – NZA 2008, 693.
63 BAG, Urt. v. 17.01.2008 – 2 AZR 536/06 – NZA 2008, 693; Vgl. ausführlich oben Kap. 10 B.

gebnisse des Arbeitnehmers und die Tatsache, dass diese erheblich hinter den Leistungen vergleichbarer Arbeitnehmer zurückbleiben. Hierbei geht es um **gleichartige zählbare Arbeitsergebnisse** wie bspw. die Fertigung von Kleidungsstücken bei einer Näherin, bei der die Qualität der Arbeit wenig variiert und keine große Rolle spielt. In diesen Fällen kann der Arbeitgeber aus der schlichten erheblich unterdurchschnittlichen Anzahl der Arbeitsprodukte zunächst schließen, dass der Arbeitnehmer seine subjektive Leistungsfähigkeit pflichtwidrig nicht ausschöpft und dies entsprechend als Abmahnung rügen.[64]

54 Klagt der Mitarbeiter gegen die Abmahnung – oder wird diese im Rahmen eines späteren Kündigungsschutzprozesses als ausreichende „Vorbereitung" der Kündigung überprüft – gilt sodann die – unten darzustellende – Verteilung der Darlegungs- und Beweislast wie sie vergleichbar bei einem entsprechenden Kündigungssachverhalt an sich Anwendung findet. Es ist also **zunächst vom betroffenen Arbeitnehmer darzulegen, weshalb** – entgegen dem Anschein – trotz der vorliegenden Minderleistungen (von mehr als einem Drittel) **er sein subjektives Leistungsvermögen ausschöpft.**

55 Die Abmahnung wegen einer quantitativen wie qualitativen Minderleistung setzt damit auch voraus, dass das angestrebte **Leistungsniveau definiert werden kann**. Im Falle einer quantitativen Minderleistung kann dies mit entsprechenden Methoden – bspw. hinsichtlich eines Produktionsergebnisses – geschehen.[65] Auch im Falle einer nicht in Stückzahl oder Ergebnis messbaren sog. **qualitativen Minderleistung** muss einer Abmahnung ein Vergleichsmaßstab zugrunde gelegt werden. Er ist in diesem Fall schwieriger zu bestimmen. Insbesondere ist es nicht ausreichend von einer abstrakt gezählten Fehlerhäufigkeit auszugehen, so dass bspw. eine doppelt oder dreifach über dem Durchschnitt liegende Fehlerhäufigkeit ein geeigneter Maßstab wäre.[66] Das Bundesarbeitsgericht weist zu Recht darauf hin, dass **allein eine Fehleranzahl nicht entscheidend** sein kann. Je nach Tätigkeit kann bereits ein einmaliger Fehler mit schwerwiegenden Konsequenzen verbunden sein,[67] wie auch umgekehrt Tätigkeiten denkbar sind, bei denen Fehler unvermeidbar häufiger auftreten und nur von geringer Belastung für das Arbeitsverhältnis sind.[68] Über eine Fehlerquote hinaus sind deshalb für den Abmahnungs- wie Kündigungsvorwurf bei qualitativen Minderleistungen die **Art, Schwere und Folgen der fehlerhaften Arbeitsleistung** des Mitarbeiters in dem Sinne darzulegen, dass die längerfristige deutliche Überschreitung der Fehlerquoten auch nach den Gesamtumständen auf

64 BAG, Urt. v. 17.11.2008 – 2 AZR 675/07 – NZA 2009, 842.
65 Vgl. näher oben Kap. 10 B. I. 3.
66 BAG, Urt. v. 17.1.2008 – 2 AZR 536/06 – NZA 2008, 693.
67 BAG, Urt. v. 17.1.2008 – 2 AZR 536/06 – NZA 2008, 693.
68 BAG, Urt. v. 17.1.2008 – 2 AZR 536/06 – NZA 2008, 693.

eine vertragliche Pflichtverletzung hinweist.[69] Diese Voraussetzungen sind nicht einfach zu deuten. Angenommen wird, dass die tatsächliche Anzahl, Art, **Schwere und Folgen der Fehler ebenso dargelegt werden müssen wie betriebliche Beeinträchtigungen** durch die auftretenden Fehlleistungen.[70] Das LAG Sachsen hat insoweit bspw. **zusätzliche Kosten und zusätzlichen Arbeitsaufwand sowie Unzufriedenheit der durch Fehlleistungen betroffenen Kunden** anerkannt.[71] Die entsprechenden Fehlerfolgen sind möglichst konkret zu benennen, bloße Wertungen wie „fehlende Führungskompetenz oder fehlende Kommunikationsfähigkeit" genügen nicht.[72] Sowohl bei der quantitativen wie auch bei der qualitativen Minderleistung kann der Abmahnungsvorwurf zunächst auf den **Vergleich mit früheren Leistungsdaten des Mitarbeiters bezogen werden als auch auf den Vergleich mit dem Durchschnitt sonstiger Arbeitnehmer.** Hier wie dort ist die Vermutung für eine fehlende subjektive Anstrengung oder eine personenbedingte **Ungeeignetheit zunächst jedenfalls dann gegeben**, wenn die durchschnittliche Leistung sonstiger Arbeitnehmer oder die früheren **Leistungen** desselben Arbeitnehmers **um ein Drittel unterschritten** werden.[73]

Formulierungshilfe

Die Formulierung einer Abmahnung kann deshalb bspw. wie folgt lauten:

„Sehr geehrte/r Herr/Frau ...,
leider müssen wir feststellen, dass Sie Ihre arbeitsvertraglichen Pflichten verletzt haben, in dem Sie sich nicht entsprechend Ihrer Leistungsfähigkeit um ordnungsgemäße Aufgabenerfüllung bemüht haben.

Quantitative Minderleistung Variante I:
Im Zeitraum vom ... bis ... haben Sie lediglich [Anzahl und Produkbezeichnung] gefertigt und damit 60 % des durchschnittlichen Produktionsergebnisses im Bereich.... erzielt. Das durchschnittliche Produktionsergebnis aller Mitarbeiter in diesem Bereich im gleichen Zeitraum waren...Exemplare

Oder: Quantitative Minderleistung Variante II:
Im Zeitraum vom ... bis ... haben Sie lediglich [Anzahl und Produkbezeichnung] gefertigt. Ihr Produktionsergebnis in diesem Bereich im vergleichbaren Zeitraum ......waren hingegen Exemplare. Ihre jetzige Arbeitsleistung beträgt damit nur ... % Ihrer vergleichbaren früheren Arbeitsleistung.

Oder: Qualitative Minderleistung Variante I:
Im Zeitraum vom ... bis ... hat Ihre Arbeit ... folgende Fehler aufgewiesen: [genaue Beschreibung der Fehler]...... In der Regel kommen in Ihrem Bereich lediglich folgende Fehler ...[genaue Beschreibung der Fehler] vor. Die von Ihnen gemachten Fehler sind gravierend, da [aussagekräftige Begründung der betrieblichen Beeinträchtigungen]

---

69 BAG, Urt. v. 17.1.2008 – 2 AZR 536/06 – NZA 2008, 693.
70 *Friemel/Walk*, NJW 2010, 1557.
71 LAG Sachsen, Urt. v. 1.10.2008 – 3 Sa 298/08 – BB 2009, S. 165.
72 LAG Rheinland-Pfalz, Urt. v. 21.1.2009 – 7 Sa 400/08 – nv.
73 BAG, Urt. v. 11.12.2003 – 2 AZR 667/02 – NZA 2004, 784.

Oder: Qualitative Minderleistung Variante II:
Im Zeitraum vom ... bis ... hat Ihre Arbeit ... folgende Fehler aufgewiesen: [genaue Beschreibung der Fehler]......Im vergleichbaren früheren Zeitraum ....sind bei Ihnen lediglich folgende Fehler aufgetreten. Die von Ihnen nunmehr gemachten weitergehenden Fehler sind gravierend, da [aussagekräftige Begründung der betrieblichen Beeinträchtigungen] Wir müssen aus diesem Grunde davon ausgehen, dass Sie Ihre persönliche Leistungsfähigkeit derzeit nicht ausschöpfen. Hierzu sind Sie jedoch arbeitsrechtlich verpflichtet. Wir mahnen Sie aus diesem Grunde ab. Bitte bemühen Sie sich in Zukunft unter Ausschöpfung Ihrer vollen Leistungsfähigkeit Arbeitsergebnisse zu erzielen, die so gut wie möglich sind.

Im Falle einer Wiederholung gleicher oder ähnlicher Pflichtverletzungen müssen Sie mit einer Kündigung Ihres Arbeitsverhältnisses rechnen.

Mit freundlichen Grüßen
...“

---

56 Die **Erwähnung einer Trennung im Wiederholungsfalle ist notwendig.** Unabhängig von ihrer Bezeichnung und ihrem sonstigen Inhalt ist eine Abmahnung zur Vorbereitung einer Kündigung nicht geeignet, soweit in ihr nicht eine Gefährdung des Arbeitsverhältnisses im Wiederholungsfalle beschrieben wird. Die Erwähnung einer Kündigung ist deshalb dringend anzuraten.[74]

57 Bei der Formulierung von Abmahnungen ist die dargestellte Sorgfalt an den Tag zu legen. **Jeder inhaltliche Fehler** im vorgenannten Sinne wie bspw. eine fehlerhafte Sachverhaltsbeschreibung oder rechtliche Wertung **führt zumeist zur Unwirksamkeit** der gesamten Abmahnung und damit ggf. auch einer späteren Kündigung. Aus dem allgemeinen Persönlichkeitsrecht wird gefolgert, dass ein Mitarbeiter verlangen kann, dass eine solche **fehlerhafte Abmahnung aus der Personalakte des Arbeitgebers entfernt** wird.[75] Dies gilt nach neuerer Rechtsprechung auch nach Beendigung des Arbeitsverhältnisses. Aus diesem Grunde sind typischerweise Klagen von Arbeitnehmern gegen eine Abmahnung nicht auf die Feststellung ihrer Unwirksamkeit gerichtet, sondern direkt auf ihre Entfernung aus der Personalakte. Gleichwohl bleibt es möglich, parallel auch auf einen **inhaltlichen Widerruf des Vorwurfes** zu klagen.[76]

58 Soweit eine Abmahnung **allein wegen formeller Fehler** zu entfernen ist, muss der Arbeitnehmer jedoch **weiterhin eine entsprechende inhaltsgleiche Warnwirkung** gegen sich gelten lassen.[77] Dies gilt auch dann, wenn eine Abmahnung deshalb aus der Personalakte zu entfernen ist, weil sie mehrere Vorwürfe enthält, die nur zum Teil zutreffend sind. Auch in diesem Fall gilt die Abmahnung hinsichtlich der

74 Die Androhung „arbeitsrechtlicher Konsequenzen“ ausreichen lassen hat allerdings BAG, Urt. v. 19.4.2012 – 2 AZR 258/11 – NZA-RR 2012, 567.
75 BAG, Urt. vom 27.11.1985 – 5 AZR 101/84 – AP BGB § 611 Fürsorgepflicht Nr. 93.
76 BAG, Urt. v. 19.7.2012 – 2 AZR 782/11 – NZA 2013, 91.
77 BAG, Urt. v. 19.2.2009 – 2 AZR 603/07 – NZA 2009, 894.

zutreffenden Vorwürfe als mündliche Abmahnung fort und ist zur Vorbereitung einer Kündigung geeignet.[78] Dennoch sollte dieses Risiko nach Möglichkeit vermieden und mehrere Vorwürfe in getrennten Abmahnungen gerügt werden.

Das Recht des Mitarbeiters auf die Entfernung einer Abmahnung zu drängen bzw. 59
zu klagen, ergibt sich nicht nur bei ihrer Fehlerhaftigkeit. Grundsätzlich **verliert eine Abmahnung im Laufe der Zeit ihre Warnwirkung.** In früherer Rechtsprechung wurde angenommen, dass nach einer Regelfrist von insbesondere **2 Jahren** eine Abmahnung keine Warnwirkung mehr innehat und ein Arbeitnehmer dementsprechend ihre Entfernung aus der Personalakte verlangen kann.[79] Diese in der Praxis noch verbreitete Einschätzung **ist überholt**. Eine Regelfrist für die „Verblassung" einer Abmahnung und ihrer Entfernung kann nicht aufgestellt, vielmehr nur unter Berücksichtigung aller Umstände des Einzelfalls beurteilt werden.[80] Das **Bundesarbeitsgericht lehnt jegliche Pauschalierungen zur Länge einer Warnwirkung** und damit dem Verbleib einer Abmahnung in der Personalakte **ab**. Ein berechtigtes Interesse des Arbeitgebers am Verbleib der Abmahnung kann nämlich bereits dann vorliegen, wenn sie ihre Warnwirkung zwar aufgrund Zeitablaufs verloren hat, jedoch in der Interessenabwägung bei einer späteren verhaltensbedingten Kündigung ein zuvor nicht störungsfreier Verlauf des Arbeitsverhältnisses mit einzubeziehen ist, der durch eine ältere Abmahnung dokumentiert werden kann.[81] Allerdings wird man bei nur geringfügigen Fehlleistungen in der Regel in kürzerer Zeit zu einer notwendigen Entfernung der Abmahnung kommen, während **bei schweren Pflichtverletzungen im Leistungsbereich eine Abmahnung auch für eine Vielzahl von Jahren Bedeutung haben kann.**[82]

Wenngleich damit die Klage eines Mitarbeiters auf Entfernung einer inhaltlich 60
zutreffenden Abmahnung aus der Personalakte nur selten Erfolg haben wird, ist dennoch zu beachten, dass ihre arbeitsrechtliche Warnwirkung nachlässt. In der Regel wird **nach einem Ablauf von ca. 2-3 Jahren auch eine zutreffende Abmahnung im Wiederholungsfalle keine ausreichende Warnwirkung** für eine unmittelbare Kündigung mehr haben (ohne, dass die Abmahnung deshalb notwendig zu entfernen wäre).[83] Dies gilt allerdings nicht, wenn in der Zwischenzeit weitere vergleichbare Verstöße aufgetreten sind und durch weitere Abmahnungen gerügt wurden.[84]

---

78 BAG, Urt. v. 19.2.2009 – 2 AZR 603/07 – NZA 2009, 894.
79 LAG Hamm, Urt. v. 14.5.1986 – 2 Sa 320/86 – LAGE § 611 BGB Abmahnung Nr. 2; LAG Hamm, Urt. v. 12.7.2007 – 17 Sa 64/07 – nv.
80 BAG, Urt. v. 18.11.1986 – 7 AZR 674/84 – NZA 1987, 418.
81 BAG, Urt. v. 19.7.2012 – 2 AZR 782/11 NZA 2013, 91.
82 BAG, Urt. v. vom 19.7.2012 – 2 AZR 782/11 NZA 2013, 91.
83 Vgl. Nachweise bei *Schrader*, NJW 2012, 342.
84 LAG Hamm, Urt. vom 14.05.1986 – 2 Sa 320/86 – NZA 1987, 26.

61 Um im Wiederholungsfalle eine Kündigung begründen zu können, ist **im Grundsatz eine Abmahnung ausreichend.**[85] Dies wird man insbesondere bei einer Abmahnung wegen Leistungsminderung annehmen müssen, auf die keine Verbesserung der Leistungen erfolgt. Zur Absicherung empfiehlt es sich ggf. dennoch eine zweite Abmahnung auszusprechen, sollte sich keine Verbesserung ergeben. In diesem Fall empfiehlt es sich ferner, bei einer zweiten Abmahnung die Kündigungsandrohung am Schluss der Abmahnung deutlicher als zuvor zu fassen, um eine gesteigerte Warnwirkung zum Ausdruck zu bringen.[86] Bei langjährigen Arbeitsverhältnissen und allgemeinen Pflichtverletzungen wie Zuspätkommen oder einzelne fehlerhafte Arbeitsleistungen wird man ohnehin von der Notwendigkeit von zwei bis drei Abmahnungen ausgehen dürfen. Für die **Vorbereitung einer Kündigung** geeignet ist darüber hinaus nicht jede vorherige Abmahnung, sondern nur eine solche mit **„einschlägigem" Fehlverhalten.** Der Mitarbeiter muss erkennen können, dass gerade eine bestimmte Art von Fehlverhalten eine Kündigung zur Folge haben kann.

62 Notwendig ist nicht die Identität, wohl aber die **inhaltliche Vergleichbarkeit der Vorwürfe.**[87] Während eine solche inhaltliche Vergleichbarkeit bspw. bei unentschuldigtem Fehlen und Verspätungen am Arbeitsplatz relativ eindeutig bejaht werden kann,[88] ist dies im Bereich von mit Minderleistungen vergleichbaren Sachverhalte schwieriger zu bestimmen. Eine Abmahnung wegen Arbeitsverweigerung bspw. ist nicht unbedingt mit dem Vorwurf einer inhaltlichen Schlechtleistung vergleichbar.[89] **Präzisere Kriterien** hat die Rechtsprechung in diesem Bereich **bislang nicht** herausarbeiten können. Es kann damit derzeit auch nicht als sicher angenommen werden, dass eine Abmahnung wegen qualitativer Minderleistung – bspw. eines individuellen Fehlers – eine spätere Kündigung wegen quantitativer Minderleistung, also allgemein geminderter Leistungsfähigkeit, ausreichend vorbereiten würde.

IV. Alternativen zur Abmahnung

63 Alternativen zur Abmahnung sind die Korrekturvereinbarung, die ähnlich wie die Abmahnung zurückliegende Schlechtleistungen benennt und in der Zukunft vermeiden soll, sowie die vorweggenommene oder öffentliche Abmahnung, die designierte Schlechtleistungen vermeiden soll.

85 *Moll*, § 43 Rn 311.

86 Zu einer sonst eintretenden Gefährdung der Warnwirkung bei mehreren „folgenlosen" Abmahnungen insb. BAG Urt. v 15. 11. 2001 – 2 AZR 609/00 – AP § 1 KSchG Abmahnung Nr. 4, weniger streng jetzt BAG, Urt. v. 27. 9. 2012 – 2 AZR 955/11 – NZA 2013, 425, 429.

87 BAG vom 10.06.2010 – 2 AZR 541/09 – NZA 2010, 1227; BAG vom 13.12.2007, – 2 AZR 818/06 -NZA 2008, 589.

88 Vgl. BAG vom 10.12.1992 – 2 ABR 32/92 – AP Nr. 4 zu § 87 ArbGG 1979.

89 LAG Berlin-Brandenburg, Urt. v.3.3.2011 – 25 Sa 2641/10 – NZA-RR 2011, 522.

1. Korrekturvereinbarung

Die echte Korrekturvereinbarung nimmt dem Arbeitnehmer die Möglichkeit des Bestreitens der Warnwirkung. 64

Begriffserklärung

Korrekturvereinbarungen beruhen auf einer – meist in schriftlicher Form dokumentierten – **Übereinkunft zwischen Arbeitgeber und Arbeitnehmer** und setzen somit die Einsicht (und das Eingeständnis) des Arbeitnehmers in eine Schlechtleistung voraus. Gemeinsam wird in der Korrekturvereinbarung **festgelegt, welches konkrete Verhalten oder welche Leistung zukünftig vom Arbeitnehmer erwartet wird.** Die Mitwirkung des Arbeitnehmes ist im Einzelfall unterschiedlich stark ausgeprägt. Dementsprechend wird zwischen der sog. **„unechten" Korrekturvereinbarung**, die auch „Korrekturvorgabe" genannt wird und der sog. **„echten" Korrekturvereinbarung** unterschieden.[90]

Die unechte Korrekturvereinbarung weist abgesehen davon, dass der Mitarbeiter sich mit dem Inhalt ausdrücklich einverstanden erklärt, keine wesentlichen Unterschiede zu einer gegengezeichneten Abmahnung auf. Die „echte" (= ausgehandelte) Korrekturvereinbarung ist daher als die eigentliche Alternative zur Abmahnung zu verstehen. Deren **Zustandekommen** ist **nur auf freiwilliger Basis möglich**, weil eine Abschlusspflicht also weder für den Arbeitgeber noch den Arbeitnehmer besteht.

Aus taktischer Sicht ist der **Abschluss einer Korrekturvereinbarung die für den Arbeitgeber bessere Alternative.** Sie nimmt dem Arbeitnehmer nämlich einige seiner Möglichkeiten, die Wirksamkeit der Abmahnung zu bestreiten. So wird die Hinweisfunktion vom Arbeitnehmer kaum bestritten werden können; er wird schlechterdings nicht glaubhaft bestreiten können, das Problem gekannt zu haben, wenn er an Lösungsstrategien mitgearbeitet hat und diesen zustimmte. 65

Praxistipp

Der Arbeitnehmer kann **vor die Wahl gestellt werden, eine schriftliche Abmahnung zu erhalten oder an einer „echten" Korrekturvereinbarung mitzuwirken.** Dieses Wahlrecht mag von einem Arbeitnehmer in der Praxis durchaus zu Gunsten der Korrekturvereinbarung ausgeübt werden, weil er darin die vermeintliche Möglichkeit sieht, seine „Rechte" besser einzubringen. Dass er somit die Schlechtleistung eingesteht, ist eine willkommene Begleiterscheinung.

2. Vorweggenommene oder öffentliche Abmahnung

Schließlich ist es möglich, vor einer bereits erwarteten Pflichtverletzung eine **„vorweggenommene Abmahnung"** auszusprechen, die im Falle der eintretenden Pflichtverletzung einen Kündigungsgrund schafft.[91] Vereinzelt wurde auch eine **öffentliche Abmahnung** per Aushang (sog. „Abmahnung an den, den es angeht")[92] anerkannt. 66

90 *Hoffmann-Remy*, Die Korrekturvereinbarung, 2012.

91 LAG Hamm, Urt. vom 11.09.2008 – 15 Sa 490/08, nv; *Kleinebrink*, BB 2011, 2617.

92 LAG Köln Urt.v. 6.8.1999 – 11 Sa 1085/98, NZA-RR 2000, 24.

Beispiel
Einem Arbeitnehmer wurde eine von ihm geforderte Gehaltserhöhung verweigert. Daraufhin kündigt er gegenüber Kollegen an: „... und deshalb werde ich mich jetzt auch erstmal nicht mehr so krumm legen wie bisher".
Erfährt der Arbeitgeber von dem Vorhaben, zukünftig (selbst-)gesteuert weniger zu leisten, kann eine Abmahnung – verhaltensbedingt begründet – bereits vor dem Eintritt der Minderleistung ausgesprochen werden.

D. Die Kündigung des „Low-Performers"

I. Kündigungsgründe

67 Die Kündigung eines „Low-Performers" ist grundsätzlich in drei Fällen vorstellbar. Sie kann **verhaltensbedingt**, **personenbedingt** oder **betriebsbedingt** begründet sein.

1. Verhaltensbedingte Kündigung.

68 Eine verhaltensbedingte Kündigung kommt bei Minderleistung dann in Betracht, wenn diese auf **steuerbarem Verhalten des Arbeitnehmers beruht**. Dies lässt sich in der Regel anhand der Tatsache bestimmen, ob in der Vergangenheit Leistungsschwankungen des Arbeitnehmers auftraten, die keine anderen erkennbaren Ursachen haben. Soweit sich die Frage einer Steuerbarkeit im Vorfeld einer Kündigung nicht abschließend festlegen lässt, sollte eine Kündigung im Falle eines arbeitsgerichtlichen Prozesses **jedenfalls vorsorglich auch als verhaltensbedingte Kündigung begründbar** sein und entsprechend durch eine Abmahnung vorbereitet werden.

69 Wie bereits ausgeführt, kann die Kündigung eines Low-Performers aus verhaltensbedingten Gründen nur mit dem Vorwurf begründet werden, er **schöpfe seine subjektive Leistungsfähigkeit nicht aus**. Nicht entscheidend ist dagegen die Frage, ob er einem objektiven Maßstab, insbesondere einer durchschnittlichen Leistung oder Fehlerhaftigkeit vergleichbarer Arbeitnehmer genügt.[93] Wie bereits im Bereich der Abmahnung stellt sich allerdings auch hier die entscheidende Frage, wie eine solche subjektiv fehlende Anstrengung begründet werden kann. Um der Tatsache Rechnung zu tragen, dass ein Arbeitgeber die persönliche Anstrengung des Mitarbeiters nicht verlässlich bestimmen kann, ist es hierbei deshalb **ausreichend, dass der Arbeitgeber zunächst lediglich die objektiv messbaren Arbeitsergebnisse des Mitarbeiters darlegt**. Ferner die Tatsache, dass die Leistungen des Mitarbeiters

93 BAG, Urt. v. 17.1.2008 – 2 AZR 536/06 – NZA 2008, 693.

deutlich hinter denen vergleichbarer Arbeitnehmer zurückbleiben, also die Durchschnittleistung erheblich unterschritten wird.[94]

Zu achten ist allerdings darauf, dass die **Leistung vergleichbarer Arbeitnehmer tatsächlich vergleichbar ist**. Sie müssen im Wesentlichen unter gleichen Arbeitsbedingungen tätig sein. Das Bundesarbeitsgericht hat Zweifel an einer solchen Vergleichbarkeit angemeldet, wenn Durchschnittswerte **dadurch in Frage gestellt werden, dass höchster und niedrigster Wert sehr weit auseinanderklaffen** und Leistungsunterschiede dies nicht erklären können.[95] 70

Die Tatsache, dass der Arbeitgeber im vorgenannten Sinne sich im Prozess zunächst auf das dauerhafte Unterschreiten – sorgfältig ermittelter – Durchschnittswerte beschränken kann, ist nicht damit zu verwechseln, dass diese Unterschreitung als Kündigungsgrund ausreichend wäre. Es handelt sich lediglich um Gesichtspunkte, aus denen zunächst die Vermutung spricht, dass ein Arbeitnehmer vorwerfbar seine subjektiven Leistungspflichten verletzt. Dementsprechend kann ein Arbeitnehmer im Kündigungsschutzprozess nach Erläuterung der entsprechenden Abweichung durch den Arbeitgeber dennoch darlegen, weshalb er **trotz deutlich unterdurchschnittlicher Leistung dennoch seine persönliche Leistungsfähigkeit ausschöpft.** Hier können aus Sicht des Bundesarbeitsgerichts bspw. altersbedingte Leistungsdefizite, Beeinträchtigungen durch Krankheit, aber auch betriebliche Umstände, eine Rolle spielen.[96] Im Anschluss steht es dem Arbeitgeber offen, diese Rechtfertigungsgründe ggf. seinerseits zu widerlegen.[97] Hierbei ist zu beachten, dass – obwohl es sich um Rechtfertigungsgründe des Arbeitnehmers handelt – diese vom Arbeitnehmer zwar substantiiert dargelegt, nicht aber bewiesen werden müssen. Vielmehr ist es **Aufgabe des Arbeitgebers, Rechtfertigungsgründe eines Arbeitnehmers positiv zu widerlegen.**[98] Gelingt es einem Mitarbeiter nicht, seine Leistungsschwäche plausibel zu erläutern bzw. dem Arbeitgeber, solche Einwände zu widerlegen, so ist eine entsprechende Kündigung des Mitarbeiters sozial gerechtfertigt im Sinne von § 1 Kündigungsschutzgesetz und damit zulässig. 71

Voraussetzung ist selbstverständlich – wie oben dargelegt – eine **vorherige einschlägige Abmahnung**, die den Mitarbeiter auf die Gefährdung seines Arbeitsverhältnisses hinweist. Im Bereich von Leistungsmängeln ist zudem ein gewisser **Zeitraum zwischen Abmahnung und Kündigung** erforderlich, um dem Arbeitnehmer ausreichend Gelegenheit zu geben, seine Leistungsanstrengungen zu verbessern. Je nach Arbeitsleistung wird hierfür ein Zeitraum von **mehreren Wochen bis Monaten** erforderlich sein. 72

94 BAG, Urt. v. 17.1.2008 – 2 AZR 536/06 – NZA 2008, 693.
95 BAG, Urt. v. 17.1.2008 – 2 AZR 536/06 – NZA 2008, 693.
96 BAG, Urt. v. 17.1.2008 – 2 AZR 536/06 – NZA 2008, 693.
97 BAG, Urt. v. 17.1.2008 – 2 AZR 536/06 – NZA 2008, 693.
98 Vgl. BAG, Urt. v, 24.11.1983 – 2 AZR 327/82 – AP BGB § 626 Nr. 76.

73 **Schwieriger** ist die Darlegung und ggf. Beweisbarkeit des Kündigungsvorwurfes für den Fall, dass die fehlende Anstrengung des Mitarbeiters sich nicht in einfach zu bestimmenden quantitativen Arbeitsergebnissen äußert, sondern **in qualitativer Hinsicht.**

74 Bei der qualitativen Minderleistung lässt sich die Relevanz einer Minderleistung – wie erläutert – nicht einfach anhand der Menge eines Arbeitsergebnisses oder einfacher Fehler beurteilen. Außerhalb von reinen Produktionsprozessen wird deshalb in der Regel bei leistungsgeminderten Arbeitnehmern eine qualitative Minderleistung vorliegen.

75 Wie bereits zur Abmahnung ausgeführt ist hierbei der reine Hinweis auf eine Fehlerquote weder im Ergebnis ausreichend, noch zur Erfüllung der primären Darlegungspflicht im Kündigungsschutzprozess. Zwar hat ein Arbeitgeber im Falle einer entsprechenden Kündigung **ebenfalls zunächst darzulegen, dass der Arbeitnehmer über einen längeren Zeitraum die durchschnittliche Fehlerhäufigkeit aller mit vergleichbaren Arbeiten beschäftigter Arbeitnehmer erheblich überschreitet.**[99] Zusätzlich ist jedoch darzulegen, dass die auftretenden **Fehler betriebliche Beeinträchtigungen verursachen**, die neben einer gewissen Häufigkeit über das Ausmaß hinausgehen, das vom Arbeitgeber generell hingenommen werden muss.[100] Auch erst bei einer solchen inhaltlichen Relevanz der Pflichtverletzungen sieht das Bundesarbeitsgericht ein **Indiz dafür, dass der Arbeitnehmer vorwerfbar seine vertraglichen Pflichten verletzt** und dementsprechend im Prozess seinerseits die Vermutung widerlegen muss, dass er seine Leistungsfähigkeiten – trotz Möglichkeit – nicht ausschöpft.

76 Die Frage, **welche Folgen** die Minder- oder Fehlleistungen des Low-Performers bei qualitativer Minderleistung über ihre reine Anzahl hinaus haben muss, ist durch das Bundesarbeitsgericht **bisher nicht abschließend geklärt.** Als prinzipiell geeignet wurden in der Rechtsprechung bisher höhere Kosten und zusätzlichen Arbeitsaufwand durch die anfallenden Fehlleistungen neben der Unzufriedenheit betroffener Kunden anerkannt.[101]

77 Diskutiert wird ferner die **Heranziehung möglicher interner Bewertungssysteme wie sie mit dem Betriebsrat vereinbart werden können.**[102] Allerdings können betriebliche Bewertungssysteme nur dann maßgeblich sein, wenn sie tatsächlich Aussagen zur inhaltlichen Relevanz von auftretenden Fehlern für das betriebliche Geschehen treffen. Dies dürfte in der Regel nicht der Fall sein.[103] **Pauschale Wer-**

---

99 BAG Urt. v. 17.01.2008 – 2 AZR 536/06 – NZA 2008, 693.

100 BAG Urt. v 17.01.2008 – 2 AZR 536/06 – NZA 2008, 693.

101 LAG Sachsen vom 01.10.2008 – 3 Sa 298/08 – BB 2009, 165.

102 Vgl. *Friemel/Walk*, NJW 2010, 1557 unter Verweis auf LAG Düsseldorf, Urt. vom 08.04.2009 – 7 Sa 1385/08 – nv.

103 Das LAG Düsseldorf, Urt. vom 08.04.2009 – 7 Sa 1385/08 – nv., hat sich zur Frage der qualitativen Fehlerrelevanz nicht näher geäußert, sondern bereits die rein quantitative faktische Tatenlosigkeit

tungen ohne Tatsachengrundlage wie bspw. fehlende „Führungskompetenz“ oder „eingeschränkte Kommunikationsfähigkeit“ sind jedenfalls **nicht ausreichend.**[104]

Im Falle für den Mitarbeiter beeinflussbarer, aber weit unterdurchschnittlicher 78
Arbeitsleistung müssen deshalb **Art und betriebliche Auswirkungen des Fehlers stets individuell und konkret dargelegt** werden können.

2. Personenbedingte Kündigung

Die **verhaltensbedingte Kündigung** leistungsschwacher Mitarbeiter kämpft damit 79
letztlich mit der Schwierigkeit, dass ein **Mitarbeiter darlegen kann, dass er trotz auffälliger Minderleistung seine persönliche Leistungsfähigkeit ausschöpft.** Gegebenenfalls unter Berücksichtigung persönlicher Einschränkungen, wie Alter oder Krankheit. In diesem Fall scheitert eine verhaltensbedingte Kündigung in der Regel.

Einen Ausweg hieraus bietet die **Trennung auf personenbedingter Basis.** Sie 80
beruht auf der Tatsache, dass auch das Bundesarbeitsgericht im Ergebnis anerkennt, dass eine Minderleistung so erheblich sein kann, dass sie trotz Ausschöpfung der individuellen Leistungsfähigkeit des Arbeitnehmers die **berechtigten Erwartungen des Arbeitgebers an ein arbeitsrechtliches Austauschverhältnis nicht mehr erfüllt.**

Das Bundesarbeitsgericht hat hierzu seine Rechtsprechung, wonach im Rahmen 81
einer krankheitsbedingten Kündigung eine gegenüber dem Durchschnitt **dauerhaft um ein Drittel niedrigere Arbeitsleistung vom Arbeitgeber nicht hingenommen werden muss,**[105] als Wertmaßstab auch auf die Beurteilung sonstiger Leistungsminderungen übertragen.[106] Diese Grenze ist generell als Grenze noch hinzunehmender Austauschverschiebung im Arbeitsverhältnis heranzuziehen.[107] Zu beachten ist, dass es sich hierbei nicht um einen individuellen Vorwurf gegenüber dem Mitarbeiter handelt. Der Arbeitnehmer, der trotz angemessener Bemühung eine Normalleistung nicht erreicht, verletzt keine Vertragspflicht, sondern unterschreitet die nicht Vertragsgegenstand gewordene berechtigte Erwartung des Arbeitgebers von einem ausgewogenen Verhältnis von Leistung und Gegenleistung. Das Bundesarbeitsgericht geht also von einer dem Vertrag zugrunde liegenden **Geschäftsgrundlage** aus.[108] Anders als im allgemeinen Schuldrecht, bei dem in diesen Fällen auch ein Recht zur Vertragsanpassung oder ein Rücktritt in Betracht kommt, kommt für den Arbeitgeber nur eine Kündigung aus personenbedingten Gründen in Betracht.[109] Wie stets setzt

---

eines Vertriebsmitarbeiters als ausreichenden Vortrag gelten lassen.

104 Vgl. LAG Rheinland-Pfalz vom 21.01.2009 – 7 Sa 400/08 – nv.

105 BAG, Urt. vom 26.09.1991 – 2 AZR 132/91 – NZA 1992, 1073.

106 BAG, Urt. vom 11.12.2003 – 2 AZR 667/02 – NZA 2004, 784.

107 LAG Köln, Urt. vom 02.12.2005 – 4 Sa 1227/05 – nv.

108 BAG vom 11.12.2003 – 2 AZR 667/02 – NZA 2004, 784, 788.

109 BAG vom 11.12.2003 – 2 AZR 667/02 – NZA 2004, 784, 788.

das Prognoseelement der Kündigung ferner voraus, dass auch **auf längere Sicht mit einer Wiederherstellung des Gleichgewichts von Leistung und Gegenleistung nicht zu rechnen ist** und im Übrigen kein milderes Mittel zur Wiederherstellung zur Verfügung steht.[110] Als milderes Mittel könnte eine zumutbare Beschäftigung zu geänderten Vertragsbedingungen in Betracht kommen, u. U. auch unter Vergütungsreduzierung.[111] Darüber hinaus ist – wie bei jeder Kündigung – eine **abschließende Interessenabwägung** vorzunehmen.[112] Hierbei kann im Einzelfall trotz grundsätzlich gegebener Kündigungsvoraussetzungen bei erheblichem Überwiegen sozialer Gesichtspunkte auf Seiten des Arbeitnehmers eine Kündigung dennoch ungerechtfertigt sein.

82 Bei der Bestimmung des Vergleichsmaßstabes sind alle Fragestellungen zu beachten, die auch bei der verhaltensbedingten Kündigung wegen Minderleistung gelten. Insofern kann auf die obigen Ausführungen verwiesen werden. Auch bei der **personenbedingten Kündigung ist es bei quantitativen Minderleistungen notwendig – wie ausreichend – die dauerhafte Unterschreitung der Arbeitsleistung um ein Drittel gegenüber einer geeigneten Vergleichsgruppe zu bestimmen und im Prozess darzulegen**. Bei qualitativen Minderleistungen ist **darüber hinaus näheres zur Relevanz der Fehler** für das Verhältnis von Leistung und Gegenleistung im Allgemeinen wie auch für das betriebliche Arbeitsergebnis im Besonderen darzulegen.

83 Anders als bei der verhaltensbedingten Kündigung ist es **dem Arbeitnehmer jedoch nicht möglich, vom Arbeitgeber dargelegte ausreichende Minderleistungen dadurch zu entkräften,** dass er seine subjektiv ausreichende Anstrengung bzw. rechtfertigende Gründe wie Alter, Krankheit oder betriebliche Umstände darlegt. Rechtfertigungsgrund der personenbedingten Kündigung ist ja gerade das objektive, dauerhafte und erhebliche Auseinanderklaffen von Leistung und Gegenleistung bei fehlender Beeinflussungsmöglichkeit durch den Arbeitnehmer.

3. Betriebsbedingte Kündigung

84 Eine betriebsbedingte Kündigung von Minderleistern **kommt nur selten in Betracht.** Selbstverständlich ist es nicht ausgeschlossen, dass ein Arbeitsplatzwegfall aus allgemein betriebsbedingten Gründen auch Mitarbeiter betreffen kann, die aufgrund von Minderleistungen auffällig sind. In Betracht kommt hierfür bspw. die Fremdvergabe (Outsourcing) von Tätigkeiten an externe Unternehmen (Auftragnehmer). Gleichfalls

---

110 BAG vom 11.12.2003 – 2 AZR 667/02 – NZA 2004, 784, 788.

111 Dies bedeutet allerdings nicht, dass regelmäßig eine Änderungskündigung zur Entgeltreduzierung vor einer personenbedingten Kündigung durchzuführen ist. In der Regel sind die Voraussetzungen hierfür bereits arbeitsrechtlich nicht gegeben, vgl. BAG, Urt. vom 26. 6. 2008 – 2 AZR 139/07 – NZA 2008, 1182.

112 So bereits BAG Urt. vom 20.10.1954 – 1 AZR 193/54 – AP KSchG § 1 Nr. 6.

vorstellbar ist der generelle Abbau des Arbeitsplatzes des Low-Performers und Verteilung verbleibender Tätigkeiten auf andere Mitarbeiter, die entsprechende zeitliche Freiräume besitzen. Hinsichtlich der hierbei zu beachtenden allgemeinen Voraussetzungen wird auf allgemeine arbeitsrechtliche Darstellungen verwiesen.[113] Erinnert werden soll nur daran, dass auch in diesem Fall eine **notwendige Sozialauswahl gem. § 1 Abs. 3 S. 2 KSchG** dazu führen kann, dass die Kündigung letztlich gegenüber einem anderen Mitarbeiter ausgesprochen werden muss.[114]

Speziell in Bezug auf Minderleister relevant ist eine mögliche betriebsbedingte Kündigung aufgrund **Änderung des Anforderungsprofiles für einen Arbeitsplatz.** Grundsätzlich unterliegt es der **ungebundenen unternehmerischen Entscheidung des Arbeitgebers, welche Qualifikationen er voraussetzt,** um einen bestimmten Arbeitsplatz sachgerecht auszufüllen. Eine solche Entscheidung kann durch die Arbeitsgerichte nur daraufhin überprüft werden, ob sie offenbar unsachlich ist, im Übrigen ist die Entscheidung zu respektieren.[115] 85

Dies bedeutet, dass es **prinzipiell auch möglich ist, aufgrund unternehmerischer Entscheidung das Anforderungsprofil eines Arbeitsplatzes zu verändern,** der bereits durch einen Mitarbeiter besetzt ist. In diesem Fall besteht grundsätzlich ein betriebsbedingter Kündigungsgrund hinsichtlich des betreffenden Mitarbeiters, soweit er diesen Anforderungen nicht mehr entspricht. Allerdings sind die Anforderungen der Rechtsprechung für diesen Fall einer Kündigung nicht unerheblich verschärft. Der Arbeitgeber muss zusätzlich darlegen, dass die fragliche Qualifikation nicht nur eine „wünschenswerte Voraussetzung" ist, sondern ein **nachvollziehbares, arbeitsplatzbezogenes Kriterium für eine Stellenprofilierung** existiert.[116] Wichtig ist, dass die Anhebung des Anforderungsprofils mit einer allgemeinen organisatorischen Maßnahme begründet wird, die nicht nur auf die mangelhafte Arbeitsleistung des derzeitigen Stelleninhabers abstellt. Letzterenfalls ist die Kündigung unwirksam.[117] 86

Dies bedeutet, dass eine betriebsbedingte Kündigung durch Anhebung des Anforderungsprofils nicht allein damit begründet werden kann, dass die anfallenden unterdurchschnittlichen Leistungen des derzeitigen Stelleninhabers nicht mehr akzeptabel sind. Vielmehr muss die Stelle darüber hinausgehend und **aus sachlich nachvollziehbaren Gründen mit höheren Anforderungen** versehen werden. Nicht ausreichend ist es auch, die Stelle allein in ihrer Eingruppierung höher zu bewerten, so dass prinzipiell eine (finanzielle) Beförderung des Mitarbeiters vorliegen würde.[118] 87

---

113 Vgl. nur APS/*Kiel*, KSchG § 1 Rn 484 ff.
114 Vgl. auch im Folgenden.
115 BAG, Urt. vom 7. 7. 2005 – 2 AZR 399/04 – NZA 2006, 266.
116 BAG, Urt. vom 10.07.2008 – 2 AZR 1111/06 – NZA 2009, 312.
117 BAG, Urt. vom 10.07.2008 – 2 AZR 1111/06 – NZA 2009, 312.
118 BAG, Urt. vom 10.07.2008 – 2 AZR 1111/06 – NZA 2009, 312.

In der Praxis hat eine entsprechende **betriebsbedingte Kündigung deshalb vor allem dann Erfolg,** wenn sie mit spezifischen **neuen externen Anforderungen** – wie bspw. neuen technischen Entwicklungen – begründet werden kann und auf einem übergeordneten – mehrere Stellen umfassenden – Neuordnungskonzept beruht, für das sachliche Gründe beschrieben werden können.

88 Bei jeder betriebsbedingten Kündigung ist zudem zu beachten, dass nach der Grundkonzeption von § 1 KSchG nicht notwendig dem Arbeitnehmer gekündigt werden kann, dessen Stelle durch eine unternehmerische Entscheidung wegfällt. Vielmehr ist im Anschluss eine **Sozialauswahl** gem. § 1 Abs. 2 KSchG durchzuführen. Bei dieser ist der Mitarbeiter, dessen Stelle wegfällt, im Ergebnis mit allen Mitarbeitern zu vergleichen, die einen hinsichtlich von Hierarchie und Vergütung **„horizontal vergleichbaren" Arbeitsplatz** innehaben, auf den der betreffende Mitarbeiter **arbeitsvertraglich und entsprechend seiner Fähigkeiten** (ggf. nach einer Einarbeitungsphase) **versetzt werden könnte**, die er also ebenfalls ausfüllen könnte. Aus dieser Vergleichsgruppe ist sodann demjenigen Mitarbeiter zu kündigen, der hinsichtlich von Alter, Betriebszugehörigkeit und Unterhaltspflichten sowie ggf. vorhandener Schwerbehinderung **am wenigsten schutzwürdig** ist.

4. Anhörung des Betriebsrates

89 Eindringlich hinzuweisen ist ferner auf die das Kündigungsschutzrecht ebenfalls prägende Vorschrift von § 102 BetrVG im Falle des Vorhandenseins eines Betriebsrates. Existiert ein **Betriebsrat, ist dieser zwingend vor Aussprache einer Kündigung** anzuhören. Eine ganz ohne Anhörung oder auch nur mit unzureichender Anhörung des Betriebsrates ausgesprochene Kündigung ist gemäß § 102 BetrVG unwirksam. Die Unwirksamkeit kann auch durch nachträgliche Einlassung des Betriebsrates nicht mehr geheilt werden. Es kann deshalb nicht genug betont werden, dass auf die ordnungsgemäße Beteiligung des Betriebsrates – die aus **Beweisgründen schriftlich** geschehen sollte – unbedingt Wert zu legen ist. Der **Sachverhalt muss dem Betriebsrat vollständig aus Sicht der Kündigungsgründe geschildert werden, die der Arbeitgeber anführen will.**[119] Die einwöchige Äußerungsfrist des Betriebsrates gem. § 102 BetrVG ist abzuwarten, bevor die Kündigung ausgesprochen wird.[120]

90 Muss eine **Kündigung wiederholt** werden, erfordert dies in der Regel die **erneute Anhörung** des Betriebsrates und damit zumeist auch das erneute Abwarten der 1-Wochen-Frist.[121]

---

119 Sog. subjektive Determination, vgl. BAG, Urt. vom 15.11.1995 – 2 AZR 974/94 – NZA 1996, 419.

120 Anders, soweit sich der Betriebsrat vorher erkennbar abschließend äußert, vgl. BAG, Urt. vom 26.01.1995 – 2 AZR 386/94 – NZA 1995, 672. Dies gilt nicht zwingend in den vergleichbaren Vorschriften des Personalvertretungsrechts. Hier kann eine Abkürzung der Frist ausgeschlossen sein.

121 BAG, Urt. vom 3. 4. 2008 – 2 AZR 965/06 – NJW 2008, 3084.

Entgegen häufiger Einschätzung **kommt es damit bei der Beteiligung des Betriebsrates im Wesentlichen auf seine Anhörung an** und weniger darauf, wie und ob der Betriebsrat reagiert.[122] Prinzipiell kann eine Kündigung unabhängig davon ausgesprochen werden, ob der Betriebsrat dieser zustimmt, ihr widerspricht oder gar nicht reagiert. 91

Eine **professionelle arbeitsrechtliche Prüfung** der jeweiligen kündigungsrechtlichen Rechtslage vor Ausspruch einer Kündigung von Low-Performern ist nach alledem **dringend anzuraten.** 92

II. Der „Low-Performer“ im Kündigungsschutzprozess

Grundsätzlich ist jede Kündigung eines Arbeitnehmers von diesem vor dem Arbeitsgericht angreifbar. Soweit ein Mitarbeiter dem Anwendungsbereich des Kündigungsschutzgesetzes unterfällt, d. h. gemäß §§ 1, 23 KSchG mindestens 6 Monate im Arbeitsverhältnis steht und der Betrieb regelmäßig mehr als 10 Beschäftigte i. S. von § 23 KSchG[123] umfasst, kann der Mitarbeiter die sog. **soziale Rechtfertigung einer Kündigung** gerichtlich überprüfen lassen. Hierbei handelt es sich um die Frage, ob ein ausreichender verhaltensbedingter, personenbedingter oder betriebsbedingter Kündigungsgrund vorliegt. Eine entsprechende **Klage** muss gem. §§ 4, 7 KSchG **innerhalb von 3 Wochen nach Zugang einer Kündigung** beim Arbeitsgericht erhoben werden. Anderenfalls ist die Kündigung wirksam.[124] 93

Ein entsprechender arbeitsgerichtlicher Kündigungsschutzprozess teilt sich prozessual in einen frühen sog. **Gütetermin und (mindestens) einen späteren Kammertermin** auf. Im Gütetermin, der noch weitgehend ohne rechtliche und prozessuale Anforderungen ablauft, soll eine gütliche Einigung zwischen den Parteien erreicht werden, was in arbeitsgerichtlichen Prozessen in hohem Umfang gelingt. Spätestens bei Scheitern einer solchen Güteverhandlung ist dem Arbeitgeber eine professionelle Begleitung bspw. durch einen arbeitsrechtlich spezialisierten Rechtsanwalt oder Verbandsvertreter anzuraten. Hierfür gibt es im Wesentlichen zwei Gründe. Zum einen **obliegt einem Arbeitgeber die vollständige sog. Darlegungs- und Beweislast** dafür, dass eine Kündigung den Voraussetzungen von § 1 KSchG entspricht und damit erfolgreich sein kann. Zum anderen zeichnet sich ein Kündigungsschutzprozess dadurch aus, dass er ab Ende der zugrunde liegenden Kündigungsfrist mit einem 94

122 Zum ggf. daraus jedoch entstehenden Weiterbeschäftigungsanspruch vgl. im Folgenden.

123 Für vor dem Jahre 2004 eingestellte Mitarbeiter gilt gem. § 23 Abs. 1 KSchG eine Übergangsregelung. Das Kündigungschutzgesetz greift bereits bei regelmäßg mehr als fünf Mitarbeitern, soweit es sich hierbei ebenfalls um vor dem Jahre 2004 eingestellte Mitarbeiter handelt.

124 Mit Ausnahme einer auch später noch möglichen Rüge der falschen Kündigungsfrist, vgl. BAG Urt. vom 15.12.2005 – 2 AZR 148/05 – NZA 2006, 791.

stetig steigenden finanziellen Risiko verbunden ist. Da ein Mitarbeiter – soweit nicht andere anzurechnende Bezüge vorliegen – im Falle einer rechtskräftig festgestellten Unwirksamkeit einer Kündigung die **Nachzahlung der bis zum arbeitsgerichtlichen Urteil anfallenden nicht gezahlten Gehälter** verlangen kann, ist ein Kündigungsschutzprozess für einen Arbeitgeber regelmäßig mit einem ernsthaften finanziellen Risiko verbunden. Ein Arbeitnehmer wird dies in der Regel dadurch zu nutzen wissen, dass er eine frühe und für den Arbeitgeber finanziell günstige Einigung im Kündigungsschutzprozess verweigert, um seine eigene Verhandlungsposition zu verbessern.

95 Die spezifischen Einzelheiten der notwendigen Darlegung des Kündigungsgrundes hängen vom einzelnen Sachverhalt und den jeweiligen entsprechenden Auflagen des Gerichts ab. Allerdings ist zu beachten, dass sich ein Mitarbeiter im Falle eines qualitativ ausreichend formulierten Widerspruchs eines Betriebsrates und einer gleichzeitigen Kündigungsschutzklage gemäß § 102 Abs. 5 BetrVG erfolgreich darauf berufen kann, **ab Ablauf der Kündigungsfrist bis zum Prozessende weiterbeschäftigt zu werden.**[125] Es ist aus diesem Grunde für Arbeitgeber regelmäßig ratsam möglichst **darauf hinzuwirken, dass ein Betriebsrat einer Kündigung jedenfalls nicht widerspricht.**

96 Ein ähnlicher sog **allgemeiner Weiterbeschäftigungsanspruch** existiert nach Rechtsprechung des Bundesarbeitsgerichts dann, wenn ein Mitarbeiter ein erstinstanzliches Verfahren gewinnt und der Prozess – insbesondere durch Berufung des Arbeitgebers – weitergeführt wird. [126] In diesem Fall kann es ein Arbeitnehmer durch entsprechende Antragstellung erreichen **ab erstinstanzlichem Urteil während des weiterlaufenden Prozesses** vorläufig im Betrieb an alter Position **weiterbeschäftigt zu werden**

E. Einvernehmliche Beendigung des Arbeitsverhältnisses

97 Jederzeit möglich ist die einvernehmliche **Aufhebung des Arbeitsverhältnisses** mit einem Low-Performer. Sie unterliegt generell der Vertragsfreiheit, bedarf jedoch der **gesetzlichen Schriftform** des § 623 BGB. Eine rein **mündliche Einigung** ist damit ebenso **unwirksam** wie der Austausch rein elektronischer Erklärungen bspw. per E-Mail oder die gegenseitige Bestätigung per Faxschreiben. Vielmehr bedarf es der beiderseitigen Originalunterschrift unter ein entsprechendes Dokument. Zulässig – wenngleich aus Dokumentationsgründen nicht empfehlenswert – ist die beider-

---

125 Eine Entbindung hiervon ist unter den – engen – Voraussetzungen des § 102 Abs. 5 S. 2 KSchG möglich.
126 BAG (GS), Beschl. vom 27.02.1985 – GS 1/84 – AP BGB § 611 Beschäftigungspflicht Nr. 14.

seitige Originalunterzeichnung jeweils nur des Exemplars, das für die andere Seite bestimmt ist.

Ausnahmsweise unzulässig kann ein Aufhebungsvertrag **bei schwerbehinderten Menschen** sein.[127] Dies ist gemäß § 92 SGB IX dann der Fall, wenn die Beendigung (auch durch Aufhebungsvertrag) im Falle des Eintritts einer teilweisen Erwerbsminderung, der Erwerbsminderung auf Zeit, der Berufsunfähigkeit oder der Erwerbsunfähigkeit auf Zeit, erfolgen soll.[128] In diesen Fällen muss analog den §§ 85 ff. SGB IX die **Zustimmung des Integrationsamtes** vor dem rechtlichen Beendigungszeitpunkt des Arbeitsverhältnisses eingeholt werden.[129] Es empfiehlt sich, diese Zustimmung nach Möglichkeit bereits vor Unterzeichnung der Aufhebungsvereinbarung einzuholen. Anderenfalls sollte in der Aufhebungsvereinbarung nach Möglichkeit auch die Tatsache zum Ausdruck gebracht werden, dass sie unter dem Vorbehalt der Zustimmung des Integrationsamtes steht.[130] 98

Die Vorschrift gilt für schwerbehinderte Menschen, deren Schwerbehinderteneigenschaft zum **Zeitpunkt der Beendigung ihres Arbeitsverhältnisses bereits anerkannt ist oder die einen entsprechenden Antrag auf Anerkennung gem. § 69 Abs. 1 Satz 1 SGB IX gestellt haben, soweit dem (ggf. rückwirkend) stattgegeben wird**. Allerdings folgt seit dem 1.5.2004 aus der einschränkenden Vorschrift des § 90 Abs. 2 a 2. Alternative SGB IX, dass ein anhängiger Antrag nur noch dann rückwirkend gelten kann, wenn er spätestens drei Wochen vor vereinbarter Beendigung des Arbeitsverhältnisses gestellt wurde.[131] 99

Im Übrigen ist zu beachten, dass die **Zustimmungsbedürftigkeit bereits dann gilt, wenn die teilweise Erwerbsminderung objektiv gegeben ist**. Auf die Frage, ob dies – insbesondere durch entsprechenden Rentenbescheid – festgestellt wurde, kann es nach dem Wortlaut der Vorschrift nicht ankommen. Sollte eine Erwerbsminderung zweifelhaft sein, müsste deshalb ggf. vorsorglich die Zustimmung des Integrationsamtes beantragt werden. Soweit der **Mitarbeiter gegenüber dem Integrationsamt seine Zustimmung** zur Beendigung des Arbeitsverhältnisses **signalisiert**, ist in der Praxis **in der Regel mit der Erteilung der entsprechenden Zustimmung zu rechnen.** 100

Vom Fall des § 92 SGB IX abgesehen, bedarf die Unterzeichnung eines Aufhebungsvertrages jedoch keiner Zustimmung eines Dritten.[132] 101

---

127 Dies sind Menschen mit einem anerkannten Grad der Behinderung von 50 oder mindestens 30 mit entsprechender Gleichstellung, vgl. § 2 SGB IX.

128 Streitig, vgl. HWK/*Thies*, SGB IX § 92 Rn 3.

129 APS/*Vossen*, § 92 SGB IX Rn 7.

130 Zur streitigen Rechtsfolge eines Verstoßes hiergegen Fuhlrott/Balupuri-*Beckmann*, ArbR Aktuell 2012, 267.

131 Vgl. APS/*Vossen* § 92 SGB IX Rn 7; BAG, Urt. vom 1. 3. 2007 – 2 AZR 217/06 – NZA 2008 – 302.

132 Eine weitere – versteckte – Ausnahme ergibt sich aus § 17 KSchG. Im Falle einer – betriebsbedingten – Massenentlassung kann auch die Wirksamkeit eines Aufhebungsvertrages, der statt einer

102 Vom Vorgenannten abgesehen, beinhaltet der Abschluss eines Aufhebungsvertrages damit für einen Arbeitgeber in der Regel wenig rechtliche Probleme, soweit nicht **ausnahmsweise eine nachträgliche Anfechtung** bei Sinneswandel des Arbeitnehmers aufgrund § 123 BGB bei unzulässiger Drohung in Betracht kommt.[133]

103 In der Regel ist es jedoch aus Arbeitgebersicht wichtig, die möglichen Bedenken eines Arbeitnehmers im Hinblick auf den späteren Bezug von Arbeitslosengeld in seine Erwägungen mit einzubeziehen, um die Zustimmung des Mitarbeiters für einen Aufhebungsvertrag zu erhalten. In der Praxis wesentlichster Gesichtspunkt ist hierbei das Eintreten einer möglichen **Sperrzeit beim Bezug von Arbeitslosengeld gem. § 159 Abs. 1 Satz 1 SGB III**, wenn der Mitarbeiter das Beschäftigungsverhältnis selbst gelöst hat oder Anlass für die Lösung gegeben hat. Eine entsprechende Sperrzeit beträgt 3 bis 12 Wochen (§ 159 Abs. 3 SGB III) und führt nicht nur zu einer Verschiebung des Arbeitslosengeldanspruchs „nach hinten", sondern auch zu einer **Minderung der Gesamtdauer des Arbeitslosengeldanspruches**, die oftmals ein Viertel der Anspruchsdauer umfassen kann (§ 148 Abs. 1 Ziff. 4 SGB III).

104 In der Praxis empfiehlt sich eine Orientierung an der **Durchführungsanweisung der Bundesagentur für Arbeit** zu § 159 SGB III, um die Tatbestände einer Sperrzeit zu vermeiden.[134] **Prinzipiell wird ein Aufhebungsvertrag jeweils als versicherungswidriges Verhalten gewertet**, das zu einer Sperrzeit führt.[135] Ein hierfür rechtfertigender sog. **wichtiger Grund** gem. § 159 Abs. SGB III liegt allerdings vor, wenn die Arbeit dem Arbeitslosen nach seinem Leistungsvermögen nicht (mehr) zumutbar ist.[136] Ausreichend ist eine wesentliche Erschwerung der künftigen Tätigkeit.[137]

Praxistipp

Es ist als Arbeitgeber **unbedingt zu vermeiden, eine Garantie** für den Eintritt bzw. Nichteintritt möglicher sozialrechtlicher Folgen eines Aufhebungsvertrages zu übernehmen. In der Regel besteht auch

---

Kündigung geschlossen wird, von einer vorherigen wirksamen Massenentlassungsanzeige abhängig sein. Hierbei handelt es sich jedoch um ein Ereignis, das selten im Zusammenhang mit der Trennung von Minderleistern eintreten wird.

133 Allein das überraschende Angebot eines Aufhebungsvertrages in einem Personalgespräch ohne Bedenkzeit ist jedoch kein Grund für eine Anfechtung, vgl. BAG, Urt. vom 14.02.1996 – 2 AZR 234/95 – NZA 1996, 811. Auch die Androhung einer alternativen Kündigung ist nur dann anfechtungsrelevant, wenn ein verständiger Arbeitgeber eine solche gar nicht in Betracht ziehen würde, vgl. zur fristl. Kündigung BAG, Urt. vom 27. 11. 2003 – 2 AZR 135/03 – NZA 2004, 597. Ob sie im Einzelfall erfolgreich gewesen wäre, ist nicht entscheidend.

134 Die Anweisungen stehen zum Download auf der Webseite der Bundesagentur für Arbeit (www.arbeitsagentur.de) zur Verfügung.

135 Vgl. Ziff. 1.9.10 der Durchführungsanweisungen.

136 Vgl. Durchführungsanweisungen Ziff. 159.89.

137 Vgl. näher Brandt/*Kamanski*, SGB III Rn 129.

keine entsprechende Aufklärungspflicht in Bezug auf den Bezug von Arbeitslosengeld,[138] weshalb entsprechende Sachverhalte im Aufhebungsvertrag aus Arbeitgebersicht nicht aufgeführt werden sollten. Gegebenenfalls kann **folgender allgemeiner Hinweis** erfolgen:
„Über etwaige Folgen dieser Aufhebungsvereinbarung für sozialversicherungsrechtliche Ansprüche 105
können nur die zuständigen Leistungsträger verbindliche Auskunft erteilen."

F. Minderung des Arbeitsentgelts

Eine Einschränkung der Vergütungszahlung bei Minderleistern kommt grundsätzlich 106
nur in sehr eingeschränktem Umfang in Betracht. Stets ist jedoch **zu prüfen**, ob nicht ggf. – über eine Minderleistung hinaus – von einer **bestehenden Erkrankung** ausgegangen werden kann. Grundsätzlich ist es zwar Pflicht des Arbeitnehmers, eine bestehende Erkrankung zu überprüfen und ggf. anzuzeigen. Im Prinzip ist die Frage einer Arbeitsunfähigkeit aber **objektiv zu bestimmen**. Gegebenenfalls kann auch durch einen Arbeitgeber aufgrund entsprechender Indizien eine Krankheit dargelegt werden, auch wenn ein Mitarbeiter keine Arbeitsunfähigkeitsbescheinigung einreicht.

Für eine Arbeitsunfähigkeit ist es prinzipiell ausreichend, wenn Teile der geschul- 107
deten Arbeitsleistung nicht durchgeführt werden können, da es eine **Teilarbeitsfähigkeit im deutschen Recht nicht gibt.**[139] Allerdings ist eine Minderleistung gerade keine nur teilweise Leistung, da ein Arbeitnehmer – wie ausgeführt – nach ganz herrschender Meinung nur sein Bemühen schuldet, nicht aber eine bestimmte Arbeitsleistung.[140] Der Versuch eines Arbeitgebers, eine **Arbeitsunfähigkeit trotz fehlender Krankmeldung des Mitarbeiters** zu belegen, kann deshalb nur darauf gestützt werden, dass außerhalb einer qualitativ oder quantitativ schlechten Leistung weitere Indizien für eine Erkrankung vorliegen, wie bspw. Äußerungen gegen über Kollegen über ein Unwohlsein, Verletzungen, Unfälle oder offensichtliche Konzentrationsmängel. Entsprechende Indizien werden nur selten vorliegen.

I. Kürzung der Vergütung.

Da ein Arbeitnehmer grundsätzlich nur sein Bemühen schuldet, besteht auch Einig- 108
keit darüber, dass allein die (unverschuldete) **Minderleistung den Arbeitgeber nicht berechtigt, eine Vergütungskürzung vorzunehmen.**[141] Aus diesem Grunde

138 Hiervon zu trennen ist die allgemeine Hinweispflicht des Arbeitsgbers nach § 38 SGB III auf eine notwendige Arbeitslosmeldung bei Kündigung oder Unterzeichnung eines Aufhebungsvertrages.
139 BAG, Urt. vom 29.01.1992 – 5 AZR 37/91 – AP SGB V § 74 Nr. 1.
140 Vgl. bereits BAG v. 17. 7. 70 – 3 AZR 423/69 – DB 1970, 2226.
141 *Moll*, § 24 Rn 278; Schaub/*Linck* § 52 Rn 5.

ist auch eine entsprechende Vertragsbedingung, nach der ein Arbeitnehmer bei Verfehlen eines bestimmten Umsatzzieles eine Strafzahlung zu zahlen hat (sog. Maluszahlung) als Abweichung von wesentlichen Grundgedanken des arbeitsrechtlichen Austauschverhältnisses unwirksam, jedenfalls soweit es nicht einzelvertraglich ausreichend verhandelt wurde und damit nicht dem AGB-Recht unterfällt.[142] Damit scheidet eine Kürzung von Entgelten aufgrund von Minderleistung in der Praxis aus.

109 Möglich ist dementsprechend nur eine faktische Entgeltkürzung dadurch, dass von vornherein Teile des Vergütungsanspruches von einer bestimmten Leistung abhängig gemacht werden. Klassischerweise ist dies beim Akkordlohn der Fall. Im Übrigen werden entsprechende Gestaltungen zumeist über **Zielvereinbarungen** umgesetzt. Entsprechende Vereinbarungen sind grundsätzlich zulässig.[143] Nach Rechtsprechung des Bundesarbeitsgerichts dürfen Vergütungsanteile von in der Regel bis zu **25 % der Vergütung** in diesem Sinne variabel gestaltet werden.[144] Soweit entsprechende Ziele nicht von vornherein im Arbeitsvertrag festgelegt werden, ist zu beachten, dass die dann erforderliche – in der Regel jährliche – zusätzliche **Vereinbarung der Zielvergütungsfaktoren eine beiderseitige Vertragspflicht** ist.[145] Soweit der Arbeitgeber die entsprechenden Gespräche vernachlässigt und aus diesem Grunde keine Zielvereinbarung zustande kommt, kann deshalb bereits aus diesem Grunde eine Zusatzvergütung entsprechend 100 %iger Zielerreichung geschuldet sein.[146] Eine weitere Möglichkeit der **Kürzung ergibt sich ferner für Sondervergütungen wie Weihnachtsgelder**. Sie sind gem. § 4a EFZG – soweit arbeitsvertraglich vereinbart! – bei Krankheitszeiten **pro Fehltag um bis zu ¼ des durchschnittlich auf einen Tag entfallenden Entgeltes** möglich.

II. Ab- und Umgruppierung

110 Eine Ab- oder Umgruppierung von Mitarbeitern **aufgrund von Schlechtleistung ist ebenfalls grundsätzlich nicht zulässig**. Auch hier gilt, dass das dauerhafte Auseinanderfallen von Leistung und Gegenleistung keine Frage der richtigen Eingruppierung ist, sondern dem Arbeitgeber ggf. das Mittel der personenbedingten Kündigung zusteht.

111 Hiervon zu trennen ist die von der Rechtsprechung anerkannte Möglichkeit der sog. **korrigierenden Rückgruppierung**. Hat ein Arbeitgeber irrtümlich eine zu hohe Eingruppierung vorgenommen und ist diese nicht im Arbeitsvertrag bindend verein-

142 LAG Hamm vom 25.11.2010 – 17 Sa 1185/10 – nv.
143 Vgl. auch Kap. 10 B I 2 c.
144 BAG, Urt. vom 11. 10. 2006 – 5 AZR 721/05 – NJW 2007, 536.
145 BAG, Urt. vom 11. 10. 2006 – 5 AZR 721/05 – NJW 2007, 536.
146 BAG, Urt. vom 11. 10. 2006 – 5 AZR 721/05 – NJW 2007, 536.

bart, so kann der Arbeitgeber diese Rückgruppierung auch ohne Änderungskündigung korrigieren.[147] Bei Vorhandensein eines Betriebsrates ist zusätzlich eine Anhörung zur Umgruppierung gem. § 99 BetrVG erforderlich.

Der Arbeitgeber hat in diesem Fall darzulegen, dass die mitgeteilte Vergütungsgruppe objektiv fehlerhaft ist und hat dies ggf. zu beweisen. Ausreichend ist, wenn auch nur eine der (insbesondere tariflichen) Voraussetzungen für die bisherige Eingruppierung fehlt.[148] 112

Eine solche korrigierende Rückgruppierung kommt damit bei Minderleistungen **(nur) dann in Betracht, wenn gleichzeitig ein Irrtum über eine Vergütungsgruppe** insbesondere deshalb vorliegt, weil bspw. notwendige Tarifmerkmale wie persönliche Qualifikationen unzutreffend zugrunde gelegt wurden. Ohne eine entsprechende objektive Fehlerhaftigkeit der Eingruppierung ist eine Rückgruppierung allein aufgrund von Minderleistung regelmäßig nicht möglich. 113

III. Widerruf übertariflicher Leistungen

Soweit ein Tarifentgelt gezahlt wird, sind übertarifliche Entgelte schon entsprechend dem in § 4 Abs. 3 TVG geregelten sog. Günstigkeitsprinzip zulässig. Hier stellt sich die Frage, ob im Einzelfall bei stattfindenden Tariferhöhungen diese Zulage angerechnet und damit abgeschmolzen werden kann. Es gilt der Grundsatz, dass auch ohne gesonderte vertragliche Verankerung eine **Anrechnung möglich ist, wenn sich der zusätzliche Entgeltbestandteil nicht aufgrund zusätzlicher Anhaltspunkte als selbständig darstellt.**[149] Soweit die Zulage dagegen für bestimmte Leistungen oder Zwecke vereinbart wurde, muss eine Anrechnung gesondert vertraglich vereinbart worden sein. Ausreichend ist die Bezeichnung als „anrechenbare Zulage“[150] sowie auch bereits die reine Bezeichnung „übertarifliche Zulage“.[151] Dennoch ist das Instrument des Widerrufs tariflicher Leistungen in der Praxis bei Low-Performern **wenig geeignet**. Zum einen erfolgt eine Anrechnung oftmals bereits automatisch und bedarf keiner gesonderten Erklärung des Arbeitgebers.[152] Auch wenn sie im Einzelfall durch gesonderte Erklärung ausgeübt werden muss, so ist stets der Gleichbehandlungsgrundsatz zu beachten. Die Schlechtleistung eines Mitarbeiters ist hier in der Regel als Differenzierungsgrund nicht geeignet. Zudem ist die Anrechenbarkeit auf zukünf- 114

147 BAG, Urt. vom 15.06.2011 – 4 AZR 737/09 – NZA-RR 2011, 531.
148 BAG Urt. vom 16.02.2000 – 4 AZR 62/99 – NZA-RR 2001, 216.
149 BAG Urt. vom 01.03.2006 – 5 AZR 540/05 – NZA 2006, 688.
150 BAG Urt. vom 01.03.2006 – 5 AZR 540/05 – NZA 2006, 688.
151 BAG vom 27.08.2008 – 5 AZR 820/07 – BAG, Urteil vom 27. 8. 2008 – 5 AZR 820/07 – NZA 2009, 49; anderer Ansicht Münch. Handbuch zum Arbeitsrecht/*Krause* § 54 Rn 48; *Franke*, NZA 2009, 245.
152 Münch. Handbuch zum Arbeitsrecht/*Krause* § 54 Rn 48.

tige Tariferhöhungen beschränkt, so dass sie in der aktuellen Auseinandersetzung mit Low-Performern häufig nicht hilft.

G. Schadenersatzpflicht des Low-Performers

115 Trifft den Mitarbeiter ein Verschulden an der Schlechtleistung, ist ein Schadensersatzanspruch denkbar. Die Notwendigkeit einer vorsätzlichen oder fahrlässigen Pflichtverletzung ergibt sich aus § 619 a BGB. Vom Arbeitgeber ist insoweit nicht nur die **Pflichtverletzung des Arbeitnehmers darzulegen**, sondern auch die sog. haftungsbegründende und haftungsausfüllende **Kausalität sowie die Höhe des Schadens.**[153] Dies bedeutet, dass der Arbeitgeber spezifisch erläutern muss, dass sich die Minderleistung zum einen im Arbeitsergebnis ausgewirkt hat und zum anderen hieraus ein finanzieller Schaden entstanden ist. Dies begegnet oftmals großen Problemen. Darüber hinaus ist zu berücksichtigen, dass nach den Grundsätzen der **Haftungsprivilegierung im Arbeitsverhältnis**[154] Mitarbeiter gegenüber dem Arbeitgeber nur bei vorsätzlichem Handeln potentiell in voller Höhe haften und bei fahrlässigem Handeln anteilig. Ist ein solcher Schadensersatzanspruch gegeben, ist es dem Arbeitgeber allerdings möglich, diesen im Wege der Aufrechnung im Rahmen der Pfändungsfreigrenzen aufzurechnen, d. h. direkt vom Gehalt abzuziehen. Faktisch kann ein Schadensersatzanspruch damit zwar **durch Aufrechnung oftmals zunächst durchgesetzt werden**. Die **Voraussetzungen**, sowohl das **Verschulden als auch die Höhe des Schadens und die Kausalität** hierzwischendarzulegen, sind jedoch in der betrieblichen Praxis **nur schwer zu erfüllen**, so dass auch ein auf diese Weise vorläufig durchgesetzter Anspruch nur schwer im Falle eines Prozesses endgültig verteidigt werden kann.

153 LAG Rheinland-Pfalz, Urt. vom 07.09.2009 – 5 Sa 269/09 – nv; LAG Schleswig-Holstein vom 26.10.2010 – 3 SA 315/10 – nv.
154 BAG GS, Beschluß vom 27.09.1994 – GS 1/89 (A) – NZA 1994, 1083.

Kapitel 13
Burnout und psychische Risiken

Es gibt wohl wenige Erkrankungen, die in der Gesellschaft vergleichbar unterschiedliche Reaktionen auslösen wie die Diagnose Burnout. So wird Burnout teilweise als Modediagnose beschrieben und als Erkrankung, die es tatsächlich gar nicht gebe. Andererseits zeigen die nachfolgenden Zahlen, dass Arbeitgeber ihre Augen vor der Thematik nicht verschließen können. Der Beitrag zeigt die Diagnose Burnout wie auch weitere psychische Erkrankungen auf sowie ihre Behandlung und stellt Handlungsmöglichkeiten für Arbeitgeber dar, um sich den zunehmenden psychischen Erkrankungen zu stellen und ihnen soweit möglich auch vorzubeugen. 1

A. Einführung

I. Häufigkeit psychischer Erkrankungen und ihre wirtschaftlichen Auswirkungen

Es hat sich bereits in den vergangenen Jahren gezeigt, dass psychische Erkrankungen im Arbeitsleben zunehmen: 2

- Verglichen mit dem Jahr 2000 lagen im Jahr 2012 bei Berufstätigen die **Fehlzeiten** aufgrund einer psychischen Erkrankung um 75 % höher.[1]
- Im Jahr 2012 waren Männer durchschnittlich 45 und Frauen durchschnittlich 42 Tage mit der Diagnose psychische und Verhaltensstörungen arbeitsunfähig erkrankt.[2]
- Insgesamt gab es im Jahr 2011 59 Mio. **Krankentage** aufgrund psychischer Belastung am Arbeitsplatz.[3]
- Die **Krankschreibungen aufgrund eines Burnout** sind nach einer Studie der Bundespsychotherapeutenkammer aus 2012 seit dem Jahr 2004 um 700 % und die Anzahl der betrieblichen Fehltage um fast 1.400 % gestiegen.[4]
- Bezogen auf die **Tätigkeit in Voll- oder Teilzeit** zeigt sich, dass in der Altersgruppe bis 59 Jahre Männer in Teilzeittätigkeit deutlich höhere Fehlzeiten mit der Diagnose psychische Erkrankung haben als solche in Vollzeittätigkeit; bei den

1 Gesundheitsreport 2013 der Techniker Krankenkasse, S. 90, abrufbar unter http://www.tk.de/centaurus/servlet/contentblob/516416/Datei/84350/Gesundheitsreport-2013.pdf (abgerufen am 5.3.2014).

2 Gesundheitsreport 2013 der Techniker Krankenkasse, S. 86, abrufbar unter http://www.tk.de/centaurus/servlet/contentblob/516416/Datei/84350/Gesundheitsreport-2013.pdf.

3 Pressemitteilung BMAS 29.01.2013, abrufbar unter http://www.bmas.de/DE/Service/Presse/Pressemitteilungen/psychische-gesundheit-veranstaltung-2013-01-29.html.

4 BPtK-Studie zur Arbeitsfähigkeit Psychische Erkrankungen und Burnout, S. 3, abrufbar unter http://www.bptk.de/uploads/media/20120606_AU-Studie-2012.pdf.

Frauen ist es hingegen umgekehrt. Bei den Männern in Teilzeittätigkeit sinkt die Rate auffällig ab Alter 60, was mit einer damit verbundenen Altersteilzeittätigkeit in Verbindung gebracht werden könnte.[5]

3 Die Deutsche Gesellschaft für Psychiatrie, Psychotherapie und Nervenheilkunde schätzt die **Kosten für die Volkswirtschaft** auf etwa 7 Mrd. € jährlich.[6]

4 Psychische Erkrankungen haben im Jahr 2011 laut BMAS zu einem Ausfall an **Bruttowertschöpfung** von 10,3 Mrd. € und Produktionsausfallkosten in Höhe von 5,9 Mrd. € geführt.[7]

5 Eine Betrachtung der Dax-Konzerne hat ergeben, dass beispielsweise unter 167.684 Daimler-Mitarbeitern in 2011 geschätzt 4.900 bis 11.400 Burnout-Fälle aufgetreten sind; unter 91.000 Metro-Mitarbeitern waren es 2.800 bis 6.600.[8]

6 Diese Zahlen zeigen deutlich, dass in der Arbeitswelt die Diagnose psychische Erkrankung nicht mehr ignoriert werden kann. In diesem Beitrag werden die Ursachen für psychische Erkrankungen, die Diagnose selbst und mögliche Reaktionen des Arbeitgebers hierauf im Detail erläutert.

II. Arbeitswissenschaftliche Betrachtung

7 Für den Arbeitgeber erweist es sich als sehr schwierig, sozusagen „von außen" erkennen zu können, inwieweit seine Mitarbeiter psychisch belastet sind. In diesem Sinne wird auch unter Kollegen häufig eine Arbeitsunfähigkeit aufgrund psychischer Erkrankung als tatsächlich nicht bestehend angezweifelt, da viele Mitarbeiter bis zum Tage ihrer Erkrankung offensichtlich „gesund" am Arbeitsplatz erschienen sind.

8 Umso wichtiger ist zu verstehen, inwieweit eine Beanspruchung für den einen Mitarbeiter noch als wohltuend und im Rahmen der Arbeitstätigkeit völlig in Ordnung empfunden wird, für den anderen Mitarbeiter aber nicht mehr auszuhalten ist. In der

---

5 Gesundheitsreport 2013 der Techniker Krankenkasse, S. 61, abrufbar unter http://www.tk.de/centaurus/servlet/contentblob/516416/Datei/84350/Gesundheitsreport-2013.pdf.

6 Presse-Information Nr. 51/23.11.2012 der Deutschen Gesellschaft für Psychiatrie, Psychotherapie und Nervenheilkunde, abrufbar unter http://www.dgppn.de/fileadmin/user_upload/_medien/download/pdf/pressemitteilungen/2012/pm-2012-11-23-pressekonferenz-versorgung.pdf

7 Pressemitteilung BMAS 29.1.2013, abrufbar unter http://www.bmas.de/DE/Service/Presse/Pressemitteilungen/psychische-gesundheit-veranstaltung-2013-01-29.html.

8 Manager Magazin Online vom 18.07.2012, abrufbar unter http//www.manager-magazin.de/magazin/artikel/a-843360-6.html.

Arbeitswissenschaft hat man hierfür das sog. **Belastungs-/Beanspruchungsmodell**[9] und die **DIN Norm EN ISO 10075** entwickelt.

Unter **Belastung** sind dabei die Gesamtheit aller erfassbaren Einflüsse zu verstehen, die von außen auf einen Menschen treffen[10] und dabei nicht notwendig negativ gemeint sind. Sie können im Arbeitsleben in den Anforderungen durch 9
- die Arbeitsaufgabe,
- die Arbeitsumgebung/physikalische und soziale Bedingungen (z. B. Lärm, Hitze),
- die Arbeitsorganisation/Arbeitsablauf (z. B. Termindruck),
- die Arbeitsmittel und den Arbeitsplatz sowie
- gesellschaftlichen Faktoren (z. B. Arbeitslosigkeit)

bestehen[11]. Hinzu kommen dann die individuellen Merkmale des einzelnen Arbeitnehmers wie Fähigkeiten, Erfahrungen, Alter und Allgemeinzustand. 10

Mit dieser Maßgabe können dann individuell völlig unterschiedliche **Beanspruchungen** entstehen, also dieselbe Arbeit bei unterschiedlichen Personen zu unterschiedlichen Reaktionen führen. Arbeitswissenschaftlich wird eine psychische Beanspruchung definiert als die individuelle, zeitlich unmittelbare und nicht langfristige Auswirkung der psychischen Belastung im Menschen in Abhängigkeit von seinen individuellen Voraussetzungen und seinem Zustand.[12] Darüber hinaus können spezielle Belastungsbedingungen vorkommen wie z. B. Handlungsunterbrechungen bei systembedingten Wartezeiten am Computer.[13] 11

Kurzfristige Beanspruchungen können anregend und aktivierend, aber auch ermüdend wirken und Stress auslösen. Langfristige Beanspruchungen führen entweder zu[14] 12
- Übung,
- Weiterentwicklung körperlicher und geistiger Fähigkeiten,
- Wohlbefinden und
- Gesunderhaltung

9 Belastungs-Beanspruchungs-Modell, Übersicht der Bundesanstalt für Arbeitsschutz und Arbeitsmedizin baua, abrufbar unter http://www.baua.de/de/Themen-von-A-Z/Psychische-Belastung-Stress/ISO10075/Glossar/A-B/Belastungs-Beanspruchungs-Modell.html

10 Dorsch, S. 123, „Belastungen, psychische".

11 Belastungs-Beanspruchungs-Modell, Übersicht der Bundesanstalt für Arbeitsschutz und Arbeitsmedizin baua, abrufbar unter http://www.baua.de/de/Themen-von-A-Z/Psychische-Belastung-Stress/ISO10075/Glossar/A-B/Belastungs-Beanspruchungs-Modell.html (abgerufen am 5.3.2014).

12 Dorsch, S. 110 f., „Beanspruchung" unter Hinweis auf DIN-Norm Nr. 33405, Normenausschuss Ergonomie 1987.

13 Dorsch, S. 110 f., „Beanspruchung" und S. 984 „Systemresponsezeit", wonach sich Beanspruchungsfolgen bereits bei konstanten und variablen Wartezeiten von etwa acht Sekunden nachweisen lassen.

14 Aus: Belastungs-Beanspruchungs-Modell, Übersicht der Bundesanstalt für Arbeitsschutz und Arbeitsmedizin baua, abrufbar unter http://www.baua.de/de/Themen-von-A-Z/Psychische-Belastung-Stress/ISO10075/Glossar/A-B/Belastungs-Beanspruchungs-Modell.html (abgerufen am 5.3.2014).

13 oder aber zu
- allgemeinen psychosomatischen Störungen und Erkrankungen (z. B. Verdauungsbeschwerden, Herzbeschwerden, Kopfschmerzen),
- Ausgebranntsein (Burnout),
- Fehlzeiten, Fluktuation, Frühverrentung.

14 Diese Faktoren machen es umso schwerer, die psychische Belastung messbaren Fakten zuzuschreiben. In diesem Sinne hat die **Gemeinsame Deutsche Arbeitsschutzstrategie (GDA)**, bestehend aus Bund, Ländern und Unfallversicherungsträgern, für die sog. Arbeitsperiode 2013 bis 2018 festgelegt, in den Jahren 2015 bis 2017 mindestens 12.000 Betriebsbesichtigungen durchzuführen und dabei eine Beurteilung der psychischen Belastung in den Betrieben vorzunehmen. Die Betriebe werden dabei auf die Gefährdungsbeurteilung zur psychischen Belastung (s. hierzu unten Kap. 13. D. II.) hingewiesen sowie auf die verschiedenen Aspekte des „betrieblichen Arbeitszeitregimes" und den betrieblichen Umgang mit traumatisierenden Ereignissen. Ziel ist die Dokumentation des im Betrieb vorgefundenen Sachstandes und ggf. Intervention der Aufsichtsperson.[15]

B. Burnout und psychische Erkrankungen

I. Burnout

15 Das Burnout-Syndrom wird als Zustand emotionaler Erschöpfung mit Gefühl von Überforderung und reduzierter Leistungszufriedenheit beschrieben, in dem das Erleben der persönlichen Einheit des Betroffenen gestört ist (Depersonalisierung).[16] Weiteres Kennzeichen ist die Dehumanisierung, also eine zynisch abwertende Haltung gegenüber dem anderen.[17] Der Begriff Burnout stammt dabei aus den 1970-er Jahren von dem New Yorker Psychotherapeuten Herbert Freudenberger, der damit einen Zustand beschrieb, den er bei Beschäftigten in sozialen Berufen beobachtete.[18] Bis heute ist Burnout jedoch nicht in die internationalen Diagnosekriterien psychischer Erkran-

15 Arbeitsplan für GDA-Arbeitsprogramme/GDS-Arbeitsprogramm Psyche Stress reduzieren – Potenziale entwickeln vom 27.1.2014, abrufbar unter http://www.gda-portal.de/de/pdf/Arbeitsplan-AP-Psyche.pdf?__blob=publicationFile&v=2.

16 Pschyrembel, S. 332 „Burnout-Syndrom" und S. 457 „Depersonalisation".

17 Dorsch, S. 163 „Burnout".

18 Positionspapier der Deutschen Gesellschaft für Psychiatrie, Psychotherapie und Nervenheilkunde (DGPPN) zum Thema Burnout, S. 2, abrufbar unter http://www.dgppn.de/fileadmin/user_upload/_medien/download/pdf/stellungnahmen/2012/stn-2012-03-07-burnout.pdf.

kungen (**International Classification of Diseases, ICD-10**) aufgenommen worden.[19] Unter anderem diese Ungenauigkeit führt dazu, dass der Begriff Burnout unterschiedlich gebraucht wird, auch mit der Folge, dass teilweise erhebliche Vorbehalte gegenüber der Diagnose bestehen („nur wer viel geleistet hat, kann ausbrennen“[20]). Die Deutsche Gesellschaft für Psychiatrie, Psychotherapie und Nervenheilkunde bezeichnet es als „undifferenzierte Betrachtungsweise“, wenn Burnout mit jeglicher Form einer psychischen Krise und Erkrankung im zeitlichen Zusammenhang mit einer Arbeitsbelastung gleichgestellt wird.[21]

Es bestehen jedoch diverse Definitionen, um Burnout zu beschreiben, die von 16
Demerouti dahingehend zusammengefasst wurden, dass bei den Betroffenen zu Berufsbeginn eine hohe Motivation bestand, die wegen des Nichterreichens von Zielen und Erwartungen in Frustration übergehen; die daraus resultierende Enttäuschung werde durch die Depersonalisierung verarbeitet. Hinzu kommen eine ungünstige Arbeitsumgebung und ineffektive Bewältigungsstile des Betroffenen.[22]

Burisch[23] hat sieben Kategorien gebildet, nach denen die Symptome von Burnout 17
sortiert werden:

1. Anfangsphase (überhöhter Energieeinsatz, Gefühle von Unentbehrlichkeit, „Nicht-mehr-Abschalten“-Können)
2. Reduziertes Engagement (Verlust positiver Gefühle gegenüber Patienten, Klienten, negative Einstellung zur Arbeit, familiäre Probleme, Fehlzeiten im Beruf)
3. Emotionale Reaktionen/Schuldzuweisungen (z. B. Depression, Aggression, Pessimismus)
4. Abbau der kognitiven Leistungsfähigkeit (z. B. Konzentrationsschwäche, Entscheidungsunfähigkeit, eingeschränkte Flexibilität und Kreativität)
5. Verflachung des emotionalen, des sozialen und des geistigen Lebens
6. Psychosomatische Reaktionen (Schlafstörungen, Herz- und Atembeschwerden, Kopfschmerzen)
7. Verzweiflung bis hin zu Selbstmordabsichten.

Wegen der fehlenden Klassifizierung in ICD-10 ist eine Abrechnung der medizini- 18
schen oder psychotherapeutischen Behandlung nur dann möglich, wenn die Krite-

---

19 Positionspapier der Deutschen Gesellschaft für Psychiatrie, Psychotherapie und Nervenheilkunde (DGPPN) zum Thema Burnout, S. 3, abrufbar unter http://www.dgppn.de/fileadmin/user_upload/_medien/download/pdf/stellungnahmen/2012/stn-2012-03-07-burnout.pdf.

20 Weimer/Pöll, S. 17.

21 Positionspapier der Deutschen Gesellschaft für Psychiatrie, Psychotherapie und Nervenheilkunde (DGPPN) zum Thema Burnout, S. 1, abrufbar unter http://www.dgppn.de/fileadmin/user_upload/_medien/download/pdf/stellungnahmen/2012/stn-2012-03-07-burnout.pdf.

22 Litzcke, S. 154.

23 nach Litzcke, S. 156, und Weimer/Pöll, S. 21.

rien einer anderen psychischen Störung erfüllt sind.[24] Untersuchungen zeigen dabei, dass Burnout häufig unter der Diagnose „Probleme mit Bezug auf Schwierigkeiten mit der Lebensbewältigung“ (Kategoriegruppe Z73 der Internationalen Klassifikation psychischer Störungen) eingeordnet wird.[25]

Praxistipp
Zur Frage der Berücksichtigung der Krankheitskosten als steuerlich abzugsfähige Werbungskosten hat das FG München entschieden, dass Burnout keine typische Berufskrankheit darstellt.[26]

II. Psychische Erkrankungen

19 Anders als bei Burnout sind psychische Erkrankungen im ICD-10 erfasst mit u. a. folgenden Klassifikationen:

1. Depressionen

20 Unter dem Begriff Depression werden verschiedene Symptome zusammengefasst, die sich wie folgt einteilen lassen:[27]
- emotionale Symptome: gedrückte, traurige Verstimmung, Schuldgefühle, Angst;
- motivationale Symptome: Interesse- und Antriebsverlust, Vermeidung, Rückzug;
- kognitive Symptome: negative Sicht auf die eigene Person/Vergangenheit/Zukunft, Selbstvorwürfe und -beschuldigungen, logische Fehler (übersteigertes Verantwortungsbewusstsein, Katastrophisieren) Grübeln, Konzentrationsverlust und Entschlussunfähigkeit;
- motorische Symptome: Rückzug, Veränderung im Aktivitätsniveau;
- vegetative Symptome: Schlaflosigkeit, Appetit- und Libidoverlust.

21 Depressionen treten darüber hinaus allein als Erkrankung auf (z. B. Schwangerschaftsdepression, „primäre Depression“) oder auch als Folge eines Krankheitsfaktors oder einer anderen psychischen Störung (z. B. nach einer Operation, „sekundäre Depression“).[28]

---

24 Weimer/Pöll, S. 16.
25 Litzcke, S. 150.
26 FG München, Urt. v. 26.04.2013 – Az. 8 K 3159/10 – DB 2013, 12, Revision beim BFH – Az. VI R 36/13.
27 Dorsch, S. 202 f. „Depression“; Pschyrembel, S. 457 f. „Depression“.
28 Pschyrembel, S. 457 f. „Depression“.

2. Psychische und Verhaltensstörungen durch psychotrope Substanzen

Unter diese Einteilung werden u. a. Zustände eines akuten Rausches sowie Abhängigkeits- und Entzugssyndrome gefasst, also solche Störungen, die infolge von Alkohol-, Cannabis-, Heroin- oder Nikotingenuss sowie weiterer Substanzen entstehen.[29] Je nach Genussmittel entstehen Abhängigkeiten, also subjektiv erlebte Zwänge oder Notwendigkeiten zu einer wiederholten oder dauernden Einnahme, erst im Verlauf von Monaten oder Jahren häufiger Einnahme, Opiate können hingegen schon binnen weniger Tage zu einer Abhängigkeit führen.[30] Abhängigkeiten werden dabei in psychische und physische Abhängigkeiten unterteilt. Die Drogenabhängigkeit vereint beide Komponenten mit dem zwanghaften Verlangen nach Einnahme von Substanzen bzw. dem körperlichen Angewiesensein auf eine fortlaufende Einnahme mit dem Ziel, einen angenehmen Zustand zu erzeugen oder einen unangenehmen zu vermeiden.[31] 22

3. Schizophrenie

Schizophrenie bezeichnet eine der schwersten psychischen Störungen, die Verhalten, 23
Denken und Emotionen betrifft. Symptome für Schizophrenie sind

- Wahn,
- Halluzinationen,
- desorganisierte Sprechweise,
- grob desorganisiertes Verhalten.

Bekannt ist vor allem das Hören von kommentierenden oder miteinander sprechen- 24
den Stimmen.[32] Betroffene sind in ihrer Wahrnehmung und Denken sowie der Realitätsprüfung gestört; eine entsprechende Diagnose wird erst gestellt, wenn die Störung mindestens einen Monat anhält.[33]

4. Persönlichkeitsstörungen

Als Persönlichkeitsstörungen werden andauernde Verhaltens- und Erlebnismuster 25
bezeichnet, die deutlich, tiefgreifend und inflexibel von den Erwartungen der soziokulturellen Umgebung abweichen.[34] Eine Form der Persönlichkeitsstörung ist die Borderline-Persönlichkeitsstörung, die durch Störung der Affektregulation gekenn-

29 Pschyrembel, S. 2023 „Substanzstörungen“ und S. 4 f. „Abhängigkeitssyndrom“.
30 Dorsch, S. 2 „Abhängigkeit“.
31 Dorsch, S. 2 „Abhängigkeit“, S. 230 „Drogenabhängigkeit“.
32 Dorsch, S. 878 f. „Schizophrenie“.
33 Pschyrembel, S. 1873 „Schizophrenie“.
34 Pschyrembel, S. 1611 „Persönlichkeitsstörung“.

zeichnet ist. Betroffene zeigen Symptome von Impulsivität, häufig scheiternden zwischenmenschliche Beziehungen, Wutanfälle, Selbstverletzung u. ä.[35]

5. Verhaltensstörungen

26 Eine Verhaltensstörung bezeichnet auffällige, von Normen, Erwartungen und Maßstäben abweichende Handlungsweisen, die in ihrem Entstehungszusammenhang meist als psychische Reaktion auf schwierige Situationen und Konflikte oder als Notsignal interpretiert werden können. Formen sind u. a. Sozialverhaltensstörungen (Verstoß gegen Regeln im Umgang mit anderen Personen) und Verstöße gegen gesetzliche Vorschriften.[36]

6. Tief greifende Entwicklungsstörungen

27 Tief greifende Entwicklungsstörungen als psychische Störungen treten bereits in den ersten Lebensjahren auf und zeichnen sich durch eine lebenslang abweichende Entwicklung mit qualitativen Auffälligkeiten in sozialer Interaktion und Kommunikation aus.[37] Eine atypische Form der tief greifenden Entwicklungsstörung ohne eindeutige Entwicklungsverzögerung hinsichtlich der gesprochenen Sprache ist das Asperger-Syndrom, das aber mit Beeinträchtigungen der sozialen Interaktion und intensiven umschriebenen Interessen (z. B. mathematische Themen) einhergeht.[38]

III. Stress

28 Stress wird im allgemeinen Sprachgebrauch unterschieden in positiven und negativen Stress (Eustress bzw. Distress). Negativer Stress führt dabei zu einer vermehrten Ausschüttung von sog. Stresshormonen und zu einem in bestimmten Blutzellen nachweisbarem Protein, das im Körper Abbauprozesse in Gang setzt.[39]

---

i **Hinweis**
Stress wird durch unterschiedliche Faktoren ausgelöst, die als **Stressoren** bezeichnet werden und wie folgt unterschieden werden:[40]

---

35 Pschyrembel, S. 308 „Borderline-Persönlichkeitsstörung“, Dorsch, S. 159 „Borderline-Syndrom“.
36 Pschyrembel, S. 2217 „Verhaltensstörung“.
37 Pschyrembel, S. 593 „Entwicklungsstörungen, tief greifende“.
38 Pschyrembel, S. 182 „Asperger-Syndrom“.
39 Dorsch, S. 967 „Stress“.
40 nach Litzcke, S. 2 unter Hinweis auf Bernhardt und Wermuth 2011, Hilert und Marwitz 2006, Rensing et al. 2006 und Sonnentag und Frese 2003.

- psychische Stressoren (Beispiele: Lärm, Hitze, Passivrauchen, schwere körperliche Arbeit, nicht ergonomische Arbeitsplatzgestaltung);
- aufgabenbezogene Stressoren (Beispiele: Zeitdruck, Arbeitsüberlastung);
- arbeitsbezogene Stressoren (Beispiele: Schichtdienst, Überstunden);
- Rollenstressoren (Beispiele: Rollenunklarheit, -konflikt);
- soziale Stressoren (Beispiel: Isolation);
- veränderungsbezogene Stressoren (Beispiele: Übernahme durch andere Unternehmen, Stellenabbau);
- traumatische Stressoren (Beispiel: Unfall).

Im Arbeitsleben wird unterschieden zwischen einer psychischen Beanspruchung, die – mit der im Arbeitsleben ohnehin gebotenen Aufmerksamkeit – für viele nicht als belastend empfunden, sondern eher als Abgrenzung zur monotonen, langweiligen Arbeit gesehen wird. **Arbeitsstress** wird als subjektiv intensiv unangenehmer Spannungszustand definiert. Dieser Zustand entsteht aus der Befürchtung, sich in einer unangenehmen Situation wiederzufinden, die sehr wahrscheinlich lang andauert, nicht voll kontrollierbar ist und die deshalb unbedingt vermieden werden soll.[41] 29

Hinweis i

Stressoren im Arbeitsleben sind[42]
- Umgebungsbelastungen (Lärm, Hitze, Zugluft, Schmutz etc.);
- Schichtarbeit;
- Ärger mit Kollegen oder Vorgesetzten;
- ständige „kleine" Ärgernisse (Reibungen in der Arbeitsorganisation, Handlungsunterbrechungen).

Im Bereich der sog. **Emotionsarbeit**, also solcher Tätigkeiten, bei der bestimmte Gefühle gezeigt werden müssen, auch wenn der Mitarbeiter sie selbst nicht empfindet (Beispiel Flugbegleiter), wird Stress erzeugt, wenn die geforderte Freundlichkeit nicht mehr mit der inneren Einstellung übereinstimmt.[43] 30

IV. Behandlungsmöglichkeiten/Therapien

Obwohl vielfach Burnout und Depressionen im gleichen Zusammenhang erwähnt werden, unterscheiden sie sich ganz wesentlich. Während bei einem Burnout-Patienten die Anweisung, eine Auszeit zu nehmen und sich zu entspannen, hilfreich ist, 31

41 Dorsch, S. 968 „Stress am Arbeitsplatz".
42 Dorsch, S. 968 „Stress am Arbeitsplatz".
43 Dorsch, S. 255 f. „Emotionsarbeit".

würde dies bei einem depressiven Patienten kontraproduktiv sein. Die Behandlungsmöglichkeiten sind deshalb nachfolgend getrennt dargestellt.

32 Ebenso wie die Ursachen von **Burnout** und deren generelle Akzeptanz wird auch die Behandlung von an Burnout erkrankten Menschen unterschiedlich gesehen. Vielfach wird vertreten, dass in einem frühen Stadium Entspannungsmethoden ausreichen und erst in einem späteren Stadium eine Psychotherapie vorgenommen werden muss.[44] Als Entspannungstechniken kommen dabei neben einer Krisenintervention auch Autogenes Training oder progressive Muskelentspannung in Betracht. Eine Psychotherapie ist je nach Schweregrad ambulant oder stationär geboten.[45]

33 Das Durchführen von **Entspannungsmethoden** bewertet die Deutsche Gesellschaft für Psychiatrie, Psychotherapie und Nervenheilkunde kritisch, da durch den Eindruck, mit Wellness-Methoden wie gesundem Essen, Sport, Entspannungs- und Zeitmanagement-Training der Eindruck entstehen könne, dass hierdurch jegliche psychische Störungsform im Zusammenhang mit Arbeitsstress vermieden werden könne. Dem Patienten dürfe hierdurch nicht eine Therapie vorenthalten werden. Ziel der Therapie könne dementsprechend auch nicht sein, die Patienten in die Lage zu versetzen, inakzeptable und unbewältigbare Arbeitsbedingungen wieder tolerieren zu können. Vielmehr müsse die Therapie auch darauf hinwirken, durch eine Änderung der Arbeitsplatzsituation Burnout zukünftig zu vermeiden.[46]

34 Zur Gestaltung einer **geänderten Arbeitsplatzsituation** kommen verschiedene Ansatzpunkte in Betracht. Zunächst besteht sicherlich – insbesondere in einem frühen Stadium – die Möglichkeit, durch Arbeitspausen, mehr Selbstbestimmung bei der Arbeitsausführung und das Angebot von Supervision o. ä. Besserung zu verschaffen. Sodann sind sowohl die betroffenen Mitarbeiter als auch die Führungskräfte im Visier. Der Mitarbeiter muss lernen, zwischen den Anforderungen des Unternehmens und den eigenen Anforderungen zu unterscheiden. Zusätzlich haben auch die Führungskräfte einen erheblichen Einfluss auf das Erleben des Mitarbeiters, so dass hohe Erwartungen an die Mitarbeiter und die nachfolgend reaktionslose Hinnahme des Arbeitsergebnisses ohne Lob oder Anerkennung Burnout fördert. Denn Führungskräfte ziehen oft quantitative Kriterien für die Bewertung einer Arbeit an; der Mitarbeiter selbst setzt hingegen qualitative Maßstäbe an.[47]

35 Bausteine einer betrieblichen Reaktion auf eine Burnouterkrankung sind in Kap. 13. D. IV. dargestellt.

---

44 Pschyrembel, S. 332 „Burnout-Syndrom".

45 Künzl/Oberlander, S. 29.

46 Positionspapier der Deutschen Gesellschaft für Psychiatrie, Psychotherapie und Nervenheilkunde (DGPPN) zum Thema Burnout, S. 12, abrufbar unter http://www.dgppn.de/fileadmin/user_upload/_medien/download/pdf/stellungnahmen/2012/stn-2012-03-07-burnout.pdf.

47 So Litzcke, S. 166 unter Bezug auf Lauck 2003.

Behandlungsmöglichkeiten bei **Depressionen** sind vielfältig und können in der Einnahme von Medikamenten bestehen. Antidepressiva sind dabei chemische Psychopharmaka, die antriebsteigernd oder -dämpfend und stimmungsaufhellend wirken können.[48] Weiterhin werden Psychotherapien und hierbei auch Gesprächs- und Verhaltenstherapien verordnet. Als Techniken dienen hierbei u. a. die Psychoanalyse, das Training sozialer Kompetenz, Problemlösen und die systematische Desensibilisierung; sie können in Einzel-, Paar-, Familien und Gruppentherapien zur Anwendung kommen.[49] Eine stationäre Therapie ist dann in Erwägung zu ziehen, wenn der Patient suizidgefährdet ist. Ist die Depression Folge einer anderen Erkrankung („sekundäre Therapie"), wird die Grunderkrankung therapiert, um sie als „Herd" auszuschalten.[50] 36

Bei **psychischen und Verhaltensstörungen durch psychotrope Substanzen** erfolgt eine Entzugs-/Entwöhnungsbehandlung, evtl. begleitend eine Psychotherapie. Sofern möglich, werden dabei auch Ersatztherapien (z. B. Substitutions-, Nicotinersatz) eingesetzt.[51] 37

Schizophrenie kann u. a. mittels Psychotherapie, neuropsychologischer Therapie und Verabreichens von Neuroleptika therapiert werden.[52] **Persönlichkeits- und Verhaltensstörungen** werden je nach Erscheinungsform unterschiedlich, u. a. durch Psychotherapien behandelt.[53] 38

C. Beschäftigte zwischen Leistungsanspruch und Leistungsgrenze

I. Warnzeichen chronischer Überbelastung

Überbelastung ist denknotwendig ein Umstand, der für Außenstehende – und damit für den Arbeitgeber – nicht ohne weiteres erkennbar ist. Da Überbelastung in gleicher Weise ein höchst persönliches Thema ist und möglicherweise vom Arbeitnehmer als eine persönliche Unzulänglichkeit empfunden wird, kann sich der Arbeitgeber auch nicht darauf verlassen, dass sich Betroffene offenbaren. Daher ist es wichtig, Warnzeichen chronischer Überbelastung zu erkennen. 39

48 Pschyrembel, S. 111 „Antidepressiva".
49 Dorsch, S. 1066 „Verhaltenstherapie".
50 Pschyrembel, S. 457 f. „Depression".
51 Pschyrembel, S . 4 f. „Abhängigkeitssyndrom".
52 Pschyrembel, S. 1873 „Schizophrenie".
53 Pschyrembel, S. 1611 „Persönlichkeitsstörung, dissoziale".

Hinweis

Da sich starker Stress auf das Verhalten auswirkt, liegen Beobachtungen vor, welche Verhaltensauswirkungen vermehrt vorkommen:[54]

1. Zunahme von Sprechproblemen (erstmaliges Auftauchen und Verstärkung von bereits vorhandenem Stammeln, Stottern und stockendem Sprechen).
2. Verringerung des Interesses und der Begeisterungsfähigkeit, Vernachlässigung von Kontakten.
3. Häufung von Abwesenheiten vom Arbeitsplatz.
4. Zunahme des Konsums von Alkohol, Koffein, Nikotin und Medikamenten.
5. Absinken oder Schwankungen des Energieniveaus.
6. Zunahme von Zynismus und Schuldzuweisungen an anderen.
7. Neue Informationen werden nicht wahrgenommen.
8. Probleme werden „oberflächlich“ gelöst.

40 Für den Arbeitgeber sollte diese Aufzählung mithin nicht dahin verstanden werden, plötzlich und vereinzelt auftretende o. g. Erscheinungsformen zum Anlass für ein Personalgespräch zu nehmen. Andererseits sollte das vermehrte Auftreten über einen nicht unerheblichen Zeitraum dazu führen, ggf. über die in Kap. 13. D. IV. 5. dargestellten betrieblichen Stellen auf den Mitarbeiter zuzugehen.

41 Eine Überforderung liegt vor, wenn der Arbeitnehmer entweder aufgrund des Umfanges der Arbeit oder wegen fehlender persönlicher Kenntnisse und Fähigkeiten einer Aufgabe nicht gewachsen ist. Fälle von Überforderung liegen in der Regel deshalb eher im kurzfristigen Bereich, in dem erkennbar ist, dass der Arbeitnehmer weniger aus gesundheitlichen Gründen, denn aus persönlicher Unzulänglichkeit seine Arbeit nicht erledigt. Hierbei ist zu berücksichtigen, dass der Arbeitnehmer nach dem von der Rechtsprechung entwickelten subjektiven Leistungsbegriff nur das leisten muss, was er auch kann; einen bestimmten Erfolg schuldet er nicht.[55] Mit dieser Maßgabe kann es also sein, dass über einen längeren Zeitraum – zumindest aus Sicht des Vorgesetzten – eine Überforderung besteht, die nicht in Stress ausartet.

Hinweis

Dabei treten infolge von Stress folgende **Erkrankungen** auf:[56]

- Bluthochdruck (Hypertonie) als Folge des Ansteigens der Pulsfrequenz und der Erhöhung des Gefäßwiderstandes;
- Koronarerkrankung und Herzinfarkt; Ursache hierfür können neben dem Bluthochdruck auch Rauchen, Diabetes, Fettstoffwechselstörungen und Übergewicht sein;
- Funktionelle Herzbeschwerden, also Herzrhythmusstörungen und Panikattacken;
- Störungen des Immunsystems, Zeichen hierfür sind häufige Infekte;
- Depressionen, welche auch infolge von Stress auftreten können.

54 Nach Litzcke, S. 24.
55 Grobys/Panzer/*Walk*, SWK ArbR 2012 Low Performance, Rn. 4.
56 Litzcke, S. 32.

II. Quellen und Umfang der Fürsorgepflicht des Arbeitgebers

Bei der **Fürsorgepflicht** handelt es sich um eine Nebenpflicht des Arbeitgebers aus dem Arbeitsverhältnis. Sie kann sich aus diversen Gesetzen ergeben und ist u. a. in §241 Abs. 2 BGB und bezogen auf den Gesundheitsschutz in den §§617 bis 619 BGB sowie in diversen öffentlich-rechtlichen Arbeitsschutzvorschriften normiert.[57] Dabei ist insbesondere §618 BGB zu beachten, wonach der Arbeitgeber Räume, Vorrichtungen oder Gerätschaften, die er zur Verrichtung der Dienste zu beschaffen hat, so einzurichten und zu erhalten hat, dass der Mitarbeiter gegen Gefahr für Leben und Gesundheit geschützt ist. Hierbei ist auch die Verpflichtung des Arbeitgebers einzubeziehen, dem Arbeitnehmer im Falle von möglicherweise vorliegenden psychischen Erkrankungen eine Behandlung durch den Betriebsarzt anzubieten und ihn bei einer etwaigen Therapie im Rahmen der Möglichkeiten zu unterstützen. 42

Die gesetzlichen Regelungen sind zugleich Grenzen der arbeitgeberseitigen Fürsorgepflicht, so dass die allgemeine Fürsorgepflicht über die öffentlich rechtlichen Schutzvorschriften regelmäßig nicht hinausreicht.[58] 43

Damit ist der Arbeitgeber bezogen auf die **psychischen Gefährdungen** im Rahmen der Arbeitsschutzvorschriften verpflichtet, Gefahren für den Arbeitnehmer abzuwenden. Diese Verpflichtung findet ihre Grenzen dadurch, dass der Arbeitgeber nur im Rahmen des Arbeitsverhältnisses zur Rücksichtnahme verpflichtet ist, also nur diejenigen Interessen des Arbeitnehmers beachten muss, die im unmittelbaren Bezug zum Arbeitsverhältnis stehen. Eine weitere Begrenzung erfährt die Fürsorgepflicht durch den Grundsatz der Verhältnismäßigkeit.[59] 44

Der Arbeitgeber ist auf dieser Basis also gehalten, die **Gefährdungsbeurteilung** der Arbeitsplätze auf psychische Gefährdungen auszuweiten (s. hierzu Kap. 13. D. II.). Im Rahmen der Abwehr von Gefahren für das Leben und die Gesundheit des Arbeitnehmers ist er verpflichtet, auch psychische Gefahren auszuschließen. 45

III. Umgang mit psychisch erkrankten Mitarbeitern

Ebenso, wie eine psychische Erkrankung – anders beispielsweise als ein Beinbruch – von außen nicht erkennbar ist, ist der Umgang mit psychisch erkrankten Mitarbeitern insofern heikel, als die Kollegen geneigt sein könnten, mit guten Ratschlägen eine Besserung zu erreichen. 46

---

57 ErfK/*Preis*, § 611 BGB Rn. 610; Grobys/Panzer/*Walk*, SWK ArbR 2012 Nebenpflichten, Rn. 2.
58 Kort, Inhalt und Grenzen der arbeitsrechtlichen Personenfürsorgepflicht, NZA 1996, 854.
59 Grobys/Panzer/*Altenburg*, SWK ArbR 2012, Nebenpflichten Rn. 9.

Hinweis
Vermeintlich gut gemeinte Ratschläge wie „Lass Dich nicht so stressen!" oder „Nimm alles nicht so ernst!" mögen zwar einen positiven Auslöser haben, aber auch hier gilt, dass Ratschläge für den Empfänger oft Schläge sind: Beide Hinweise können beim Empfänger dazu führen, neben dem Arbeitsstress nun zusätzlich auch noch Stress mit den Kollegen zu befürchten, die die Arbeitsweise – zumindest indirekt – kritisieren.

47 Deshalb sollte die medizinische Behandlung dem behandelnden Arzt und/oder Psychologen/Psychotherapeuten vorbehalten bleiben. Im betrieblichen Alltag hingegen sind nur die Aspekte zu betrachten, die betrieblich beeinflussbar sind. In erster Linie ist bei längerfristig erkrankten Mitarbeitern daher ein **betriebliches Eingliederungsmanagement** (BEM) durchzuführen (Kap. 6). Das betriebliche Eingliederungsmanagement ist gesetzlich in § 84 Abs. 2 SGB IX geregelt: Der Arbeitgeber klärt danach mit der zuständigen Interessenvertretung (z. B. Betriebs- oder Personalrat, ggf. Schwerbehindertenvertretung) mit Zustimmung und Beteiligung des betroffenen Arbeitnehmers, wie die Arbeitsunfähigkeit möglichst überwunden und erneute Arbeitsunfähigkeit vermieden werden kann. Das BEM soll dann durchgeführt werden, wenn der Arbeitnehmer innerhalb eines Jahres länger als sechs Wochen ununterbrochen oder wiederholt arbeitsunfähig ist.

Praxistipp
Der Umgang mit dem BEM sollte nicht unterschätzt werden: Zwar ist die Durchführung des Präventionsverfahrens keine formelle Wirksamkeitsvoraussetzung für den Ausspruch einer Kündigung[60]; dennoch ist in der Arbeitnehmerschaft zwischenzeitlich angekommen, dass BEM´s möglicherweise im Zusammenhang mit einer Kündigung stehen. Dies löst teilweise reflexartig das Ablehnen entsprechender Anfragen durch den Arbeitgeber aus – mit der Folge der „Handlungsunfähigkeit" des Arbeitgebers, da er auf das Mitwirken des Arbeitnehmers angewiesen ist. Deshalb sollte der gesetzliche Auftrag ernst genommen werden, wonach der Bestand des Arbeitsverhältnisses gesichert werden soll[61] und dementsprechend das BEM als Teil des weitergeführten und nicht erster Schritt des beendeten Arbeitslebens praktiziert werden.

D. Betriebliche Lösungen zur Stress- und Burnout-Vorsorge

I. Rechtslage

48 Erst seit Oktober 2013 ist in § 4 ArbSchG die Verpflichtung des Arbeitgebers enthalten, bei Maßnahme des Arbeitsschutzes u. a. von dem Grundsatz auszugehen, dass die Arbeit so zu gestalten ist, dass eine Gefährdung für die psychische Gesundheit mög-

60 HWK/*Thies*, § 84 SGB IX, Rn. 8.
61 ErfK/*Rolfs*, § 84 SGB IX, Rn. 1.

lichst vermieden und die verbleibende Gefährdung möglichst gering gehalten wird (§ 4 Nr. 1 ArbSchG).

Noch nicht Gebrauch gemacht wurde von der Möglichkeit in § 18 ArbSchG, durch **Rechtsverordnung** vorzuschreiben, welche Maßnahmen der Arbeitgeber und die sonstigen verantwortlichen Personen zu treffen und wie sich die Beschäftigten zu verhalten haben, um ihre jeweiligen Pflichten aus dem Arbeitsschutzgesetz zu erfüllen. Mithin liegen aber diverse Entwürfe, die in diese Richtung gehen, vor und die nachfolgend betrachtet werden. 49

Die Länder Hamburg, Brandenburg, Bremen, Nordrhein-Westfalen und Schleswig-Holstein haben im März 2013 einen **Entwurf einer Verordnung zum Schutz von Gefährdungen durch psychische Belastung bei der Arbeit** in den Bundesrat eingebracht.[62] Danach ist psychische Belastung „die Gesamtheit aller erfassbaren Einflüsse, die von außen auf die Beschäftigten zukommen und psychisch auf sie einwirken. Sie führen bei den Beschäftigten zu physischen und psychischen Beanspruchungen und können Einfluss auf ihre Gesundheit, ihr Leistungsvermögen und ihr Wohlbefinden haben." (§ 2 Abs. 1 des Entwurfs). Als betriebliche Gestaltungsmaßnahmen zur Vermeidung oder Verringerung der Gefährdungen durch psychische Belastungen werden Arbeitgeber angewiesen, die Arbeit so zu gestalten, dass einseitig belastende, monotone und taktgebundene Arbeit sowie Störungen und Unterbrechungen möglichst vermieden oder begrenzt und das Arbeitstempo so geplant und festgelegt wird, dass Gefährdungen für die psychische Gesundheit vermieden oder begrenzt werden (§ 6 Abs. 3 des Entwurfes). In gleicher Weise sei auch die Arbeitsumgebung entsprechend zu gestalten (§ 6 Abs. 4 des Entwurfes). In § 4 des Entwurfes wird der Arbeitgeber verpflichtet, eine Gefährdungsbeurteilung gemäß § 5 ArbSchG durchzuführen. 50

Auch die aktuell regierende Große Koalition hat das Thema psychische Belastungen in ihren **Koalitionsvertrag** aufgenommen[63], so dass der Entwurf aus dem Bundesrat möglicherweise weiter bearbeitet wird. 51

Bereits seit Juni 2012 liegt ein Entwurf einer **Anti-Stress-Verordnung** der IG Metall vor, die „dem Schutz der Beschäftigten vor Gefährdungen durch psychische Belastung bei der Arbeit dienen soll" (§ 1 Abs. 1 des Entwurfs).[64] Der Arbeitgeber soll verpflichtet werden, die Arbeitsaufgabe, die Arbeitsorganisation, die sozialen Beziehungen, die Arbeitsplatz- und Arbeitsplatzumgebungsbedingungen sowie die Arbeitszeit gemäß den „gesicherten arbeitswissenschaftlichen Erkenntnissen" zu gestalten (§ 3 Abs. 2 des Entwurfs). Auch in der Anti-Stress-Verordnung wird der 52

62 BR-Drucks. 315/13.

63 Koalitionsvertrag zwischen CDU, CSU und SPD, 13. Legislaturperiode, S. 50 f., abrufbar unter https://www.cdu.de/sites/default/files/media/dokumente/koalitionsvertrag.pdf.

64 Anti-Stress-Verordnung, abrufbar unter http://www.igmetall.de/docs_0188530_Anti_Stress_Verordnung_ab6297762b343f1ce2cf2275345a3e1b648a983d.pdf

Arbeitgeber zur Durchführung einer Gefährdungsbeurteilung gemäß § 5 ArbSchG verpflichtet (§ 4 des Entwurfes).

53 Schließlich haben das Bundesministerium für Arbeit und Soziales, die Bundesvereinigung der Arbeitgeberverbände und der Deutsche Gewerkschaftsbund im September 2013 eine **„Gemeinsame Erklärung zur psychischen Gesundheit in der Arbeitswelt"** vorgestellt. Zwar handelt es sich hier nicht um den Entwurf einer Verordnung im Sinne des § 18 ArbSchG, dennoch sind von den Erklärenden Einflüsse auf etwaige Verordnungsinhalte zu erwarten. Auch die Erklärung stellt die „wachsende Bedeutung" der psychischen Gesundheit in den Vordergrund. Als Aspekte für eine erfolgreiche Arbeitsgestaltung soll daher auch die psychische Belastung „möglichst schon früh bei der Planung z. B. von Technik, Abläufen und Arbeitszeit berücksichtigt werden".[65]

II. Rechtliche Anforderungen an eine (psychische) Gefährdungsbeurteilung

54 Gemäß § 5 Abs. 1 ArbSchG hat der Arbeitgeber durch eine Beurteilung der für die Beschäftigten mit ihrer Arbeit verbundenen Gefährdungen zu ermitteln, welche Maßnahmen des Arbeitsschutzes nach erforderlich sind. Die Überwachung des Arbeitsschutzes nach dem ArbSchG ist staatliche Aufgabe, § 21 ArbSchG; die zuständige Behörde ist gemäß § 22 ArbSchG zur Überwachung des Arbeitgebers befugt.

55 Eine **Gefährdung** kann sich gemäß § 5 Abs. 3 ArbSchG ergeben durch die Gestaltung und die Einrichtung der Arbeitsstätte und des Arbeitsplatzes, physikalische, chemische und biologische Einwirkungen, die Gestaltung von Arbeits- und Fertigungsverfahren und – seit Oktober 2013 als neue Nr. 6 aufgenommen – psychische Belastungen bei der Arbeit.

56 Die Gefährdungsbeurteilung ist nicht nur bei neu eingestellten Arbeitnehmern vorzunehmen, sondern auch für alle bestehenden **Arbeitsplätze**.[66] Dabei versteht es sich von selbst, dass bei gleichartigen Arbeitsbedingungen die Beurteilung eines Arbeitsplatzes oder einer Tätigkeit ausreichend ist (§ 5 Abs. 2 Satz 2 ArbSchG). Konkret ist in der Gefährdungsbeurteilung dann ein „Soll-Ist-Vergleich" durchzuführen, der sich an den übrigen Vorschriften des ArbSchG und dabei insbesondere an § 4 ArbSchG sowie an den Schutzzielen aus anderen Arbeitsschutzvorschriften (z. B. ArbStättV, GefStoffV, BildscharbV) zu orientieren hat.[67] Im Übrigen besteht aber ein

65 Gemeinsame Erklärung Psychische Gesundheit in der Arbeitswelt des Bundesministeriums für Arbeit und Soziales, der Bundesvereinigung der Deutschen Arbeitgeberverbände und des Deutschen Gewerkschaftsbundes, S. 3, abrufbar unter http://www.bmas.de/SharedDocs/Downloads/DE/PDF-Pressemitteilungen/gemeinsame-erklaerung-psychische-gesundheit-in-der-arbeitswelt.pdf?__blob=publicationFile.

66 ErfK/*Wank*, § 6 ArbSchG, Rn. 1.

67 Grobys/Panzer/*Walk*, SWK ArbR 2012 Arbeitsschutz, Rn. 6.

Handlungsspielraum hinsichtlich der Art und Weise, wie die Gefährdungsbeurteilung vorgenommen werden soll.[68] Zu beachten ist dabei allerdings, dass der Arbeitnehmer einen Anspruch auf Durchführung der Gefährdungsbeurteilung hat.[69]

Die Ergebnisse der Gefährdungsbeurteilung, die festgelegten Maßnahmen des 57
Arbeitsschutzes und das Ergebnis ihrer Überprüfung sind vom Arbeitgeber durch Unterlagen zu **dokumentieren**, § 6 Abs. 1 ArbSchG. Ebenso sind Unfälle zu erfassen, bei denen ein Beschäftigter getötet oder so verletzt wird, dass er stirbt oder für mehr als drei Tage völlig oder teilweise arbeits- oder dienstunfähig wird. Die Art der Umsetzung der Dokumentationspflicht ist in beiden Fällen nicht festgelegt, die Unterlagen müssen lediglich verfügbar sein.[70] Regelmäßig werden dabei in Form von Tabellen der Arbeitsplatz selbst sowie die auf ihn einwirkenden Einflüsse und die mit der Tätigkeit verbundenen Gefährdungen erfasst. Wichtig ist, dass die in der Vergangenheit geltende Herausnahme von **Kleinbetrieben** aus der Dokumentationspflicht im Oktober 2013 durch den Gesetzgeber gestrichen wurde.

Die oben erwähnten Befugnisse der zuständigen Behörden beinhalten dabei das 58
Verlangen von entsprechenden Unterlagen, das Betreten, Besichtigen und Prüfen der Betriebsstätte, wobei auch die Betriebsanlagen geprüft werden dürfen (§ 22 Abs. 1 und 2 ArbSchG). Die Behörde darf dabei auch Maßnahmen anordnen; die Nichteinhaltung durch den Arbeitgeber stellt eine **Ordnungswidrigkeit** dar, die mit bis zu 25.000 € geahndet werden kann, § 25 ArbSchG.

Beispiel: Jugendliche
So ergeben sich für die Beschäftigung von **Jugendlichen** die Beachtung der §§ 8 ff. und 22 ff. JArbSchG, also beispielhaft die Betrachtung der nach § 23 Abs. 1 Nr. 1 JArbSchG ausgeschlossenen Akkordarbeit und die nicht zulässige Vorgabe eines Arbeitstempos (§ 23 Abs. 1 Nr. 3 JArbSchG). In der Gefährdungsbeurteilung wären also u. a. diese Punkte zu erfassen. Dabei zeigt die Regelung in § 25 JArbSchG, dass nicht nur der Arbeitsplatz selbst und die dort tätige Person, sondern auch das Umfeld zu bewerten ist, indem bestimmte Personengruppen Jugendliche nicht beschäftigen dürfen.

Beispiel: Schwangere
Bei der Beschäftigung von **Schwangeren** sind die Beschäftigungsverbote der §§ 3 und 4 MuSchG zu beachten. So ist bei den physischen Belastungen zu erforschen, ob die Schwangere schwere Lasten heben oder tragen muss und regelmäßig körperlichen Einwirkungen z. B. durch Erschütterungen ausgesetzt ist. Im Rahmen einer Bewertung der gesundheitsgefährdenden Einwirkungen auf den Arbeitsplatz sind solche Stoffe zu erfassen, die sich auf das Ungeborene auswirken können.

---

68 Fitting § 87 Rn. 299.
69 BAG, Urt. v. 12.08.2008 – 9 AZR 1117/06 – NZA 2009, 102.
70 Grobys/Panzer/*Walk*, SWK ArbR 2012 Arbeitsschutz, Rn. 7; ErfK/*Wank* § 6 ArbSchG Rn1.

Beispiel: schwerbehinderte Menschen

Schließlich haben **schwerbehinderte Menschen** gegenüber ihrem Arbeitgeber u. a. Anspruch auf behindertengerechte Einrichtung und Unterhaltung der Arbeitsstätten einschließlich der Betriebsanlagen, Maschinen und Geräte sowie der Gestaltung der Arbeitsplätze, des Arbeitsumfeldes und der Arbeitszeit unter besonderer Berücksichtigung der Unfallgefahr (§ 81 Abs. 4 Satz 1 Nr. 4 SGB IX). Die Gefährdungsbeurteilung eines Arbeitsplatzes, auf dem ein Schwerbehinderter eingesetzt wird, hat also diese Aspekte zu beleuchten.

59 Für die **psychische Belastung** sieht sich der Arbeitgeber vor der Schwierigkeit, diese messbar zu erfassen. Grundsätzlich bieten sich auch hier Fragebögen an.

60 Im Internet verfügbar ist beispielsweise die Salutogenetische Subjektive Arbeitsanalyse **SALSA** als Teil eines umfangreicheren Fragebogens aus dem Projekt SALUTE, der die persönliche Situation im Beruf und Betrieb erfasst.[71] Der Fragebogen enthält 70 Fragen zur eigenen Arbeit und Arbeitsbelastung, der Zusammenarbeit mit den Kollegen und die soziale Unterstützung. Die Bewertung erfolgt von „fast nie/trifft überhaupt nicht zu" bis zu „fast immer/trifft völlig zu" bzw. von „kommt nicht vor/gar nicht" bis zu „sehr stark/völlig".

Beispiel: SALSA-Fragebogen

- Bei dieser Arbeit macht man etwas Ganzes/Abgerundetes.
- Es gibt so viel zu tun, dass es einem über den Kopf wächst.
- Der/Die Vorgesetzte schenkt dem, was ich sage, Beachtung.
- Es gibt häufig Spannungen am Arbeitsplatz.

61 Der **IMPULS**-Test analysiert die Stressfaktoren und Ressourcen im Betrieb.[72] Er umfasst 27 Fragen zur eigenen Arbeit und dem Arbeitsumfeld und sieht zwei Beantwortungsdurchgänge vor, in denen zunächst die aktuelle und dann die wunschgemäße Arbeitssituation erfasst werden. Das Ergebnis wird in eine Grafik übertragen, die die Abweichungen der realen von den Wunsch-Arbeitsbedingungen erfassen; große Abweichungen weisen darauf hin, dass die Arbeitsbedingungen nicht passen.

Beispiel: IMPULS-Test

- Bei meiner Arbeit sehe ich selber am Ergebnis, ob meine Arbeit gut war oder nicht.
- Ich kann mich auf meinen direkten Vorgesetzten verlassen, wenn es bei der Arbeit schwierig wird.
- Ich stehe häufig unter Zeitdruck.

71 Rimann, Martin u. Udris, Ivars, Eidgenössische Technische Hochschule Zürich, Institut für Arbeitspsychologie, abrufbar unter http://www.mentalhealthpromotion.net/resources/salsa.pdf.

72 entwickelt von Molnar, Geissler-Gruber, und Haiden, abrufbar unter http://www.impulstest.at/default.aspx?cid=6.

Der **COPSOQ (Copenhagen Psychosocial Questionnaire)**[73] ist ebenfalls ein Fragebogen zur Erfassung psychischer Belastungen und Beanspruchungen bei der Arbeit. 62

Beispiel: COPSOQ

- Wie oft kommt es vor, dass Sie nicht genügend Zeit haben, alle Ihre Aufgaben zu erledigen?
- Verlangt Ihre Arbeit von Ihnen, sich mit Ihrer Meinung zurück zu halten?
- Meine Arbeit erzeugt Stress, der es schwierig macht, privaten oder familiären Verpflichtungen nachzukommen.

Für die Analyse gewerblicher Arbeitsplätze und solcher in der Verwaltung und Dienst- 63
leistung wurde das **Instrument zur stressbezogenen Tätigkeitsanalyse (ISTA)**[74] entwickelt.

Beispiel: ISTA

- Kommt es vor, dass Sie aktuelle Arbeiten unterbrechen müssen, weil etwas Wichtiges dazwischen kommt?
- Wie stark sind Ihre Kollegen von Ihrem Arbeitstempo abhängig?

Von geringerem Umfang ist der **Kurz-Fragebogen zur Arbeitsanalyse (KFZA)**[75]. Vom 64
Institut für angewandte Arbeitswissenschaft (ifaa) wurde eine App zur Beurteilung „Psychischer Belastung" entwickelt, die auf dem **KBP – Kurzverfahren Psychische Belastung"** beruht.[76]

Reichen die Fragebögen nicht aus, können weitere Verfahren in Betracht gezogen 65
werden. Hierzu gehören u. a.[77]

- Beobachtungen von Arbeitssituation, Arbeitsbedingungen und Arbeitsabläufen;
- (Beobachtungs-)Interviews mit Arbeitnehmern und Vorgesetzten;
- Gruppengespräche;
- Workshops;
- Gesundheitszirkel;
- Auswertung von (anonymisierten) Fehlzeitendaten.

---

73 FFAS Freiburger Forschungsstelle Arbeits- und Sozialmedizin, abrufbar unter http://www.copsoq.de.

74 Bundesanstalt für Arbeitsschutz und Arbeitsmedizin, abrufbar unter http://www.baua.de/de/Informationen-fuer-die-Praxis/Handlungshilfen-und-Praxisbeispiele/Toolbox/Verfahren//ISTA.html

75 Bundesanstalt für Arbeitsschutz und Arbeitsmedizin, abrufbar unter http://www.baua.de/de/Informationen-fuer-die-Praxis/Handlungshilfen-und-Praxisbeispiele/Toolbox/Verfahren//KFZA.html

76 Institut für angewandte Arbeitswissenschaft, abrufbar unter http://www.arbeitswissenschaft.net/.

77 aus Litzcke, S. 37.

III. Mitbestimmungsrecht des Betriebsrates

66 Bei der Betrachtung von psychischen Belastungen am Arbeitsplatz können sich unter verschiedenen Aspekten **Mitbestimmungsrechte** des Betriebsrates ergeben.

67 So ist § 80 Abs. 1 Nr. 1 BetrVG (Überwachung der zugunsten der Arbeitnehmer geltenden Vorschriften) sowie § 80 Abs. 1 Nr. 2 a BetrVG (Förderung der Vereinbarkeit von Familie und Erwerbstätigkeit) und § 80 Abs. 1 Nr. 9 BetrVG (Förderung von Maßnahmen des Arbeitsschutzes) betroffen. Der Arbeitgeber hat demgemäß den Betriebsrat rechtzeitig und umfassend zu unterrichten.

68 Darüber hinaus besteht ein Mitbestimmungsrecht gemäß § 87 Abs. 1 Nr. 7 BetrVG bei Regelungen über den Gesundheitsschutz „im Rahmen der gesetzlichen Vorschriften oder der Unfallverhütungsvorschriften". Hier ist dementsprechend genau zu prüfen, ob eine öffentlich-rechtliche Vorschrift zum Gesundheitsschutz bereits besteht, denn dann ist kein Raum mehr für konkretisierende Regelungen der Betriebspartner.[78]

69 Auch eröffnet § 13 Abs. 2 ArbSchG dem Arbeitgeber die Möglichkeit, die Durchführung der ihm nach dem ArbSchG obliegenden Aufgaben Dritten zu übertragen. Hier besteht kein Mitbestimmungsrecht des Betriebsrats nach § 87 Abs. 1 Nr. 7 BetrVG, da es sich bei der Aufgabenübertragung typischerweise um eine Einzelmaßnahme handelt.[79]

70 Der Betriebsrat hat also bei betrieblichen Regelungen über den Gesundheitsschutz mitzubestimmen, wenn der Arbeitgeber diese auf Grund einer öffentlich-rechtlichen Rahmenvorschrift zu treffen hat und ihm bei der Gestaltung Handlungsspielräume verbleiben.

---

i **Beispiel: Maßnahmen der Wärmeentlastung**

In dem Sachverhalt, der dem Beschluss des LAG Schleswig-Holstein zugrunde lag, ging es um Maßnahmen der Wärmeentlastung in den Arbeitsräumen der Arbeitgeberin. Der Betriebsrat hatte hier mitzubestimmen, da es sich bei § 3a ArbStättVO (Einrichten und Betreiben von Arbeitsstätten) um eine hinreichend konkrete Rahmenvorschrift handelt, bei deren Ausfüllung dem Betriebsrat ein Mitbestimmungsrecht nach § 87 Abs. 1 Nr. 1 BetrVG zusteht.[80]

---

78 ErfK/*Kania* § 87 BetrVG Rn 64.

79 BAG, Beschl. v. 18.8.2009 – 1 ABR 43/08 – NZA 2009, 1434. ErfK/*Kania*, § 87 BetrVG Rn 66 verneint ein Mitbestimmungsrecht, da es sich bei § 13 Abs. 2 ArbSchG nicht um eine ausfüllungsbedürftige Rahmenvorschrift handelt.

80 LAG Schleswig-Holstein, Beschl. v. 1.10.2013 – Az. 1 TaBV 33/13 – Haufe-Index 5757956.

Beispiel: Ausgleich für stehende Tätigkeiten in einem Bekleidungsgeschäft
Über die Frage, ob in einem Bekleidungsgeschäft Maßnahmen zum Ausgleich einer gesundheitlich belastenden „stehenden" Tätigkeit zu treffen sind, muss der Betriebsrat beteiligt werden, da ein Mitbestimmungsrecht nach § 87 Abs. 1 Nr. 7 BetrVG i. v. m. § 3 ff. ArbSchG besteht.[81]

Beispiel: Baumaßnahmen zur Umgestaltung in ein Großraumbüro
Die Arbeitgeberin fasste in 2008 den Entschluss, die Büroräume um Rahmen des Konzeptes „open space" umzugestalten und durch Entfernen bzw. Verändern von Zwischenwänden ein Großraumbüro zu gestalten; dadurch sollte eine bessere Kommunikation hergestellt werden. Mit dem Betriebsrat war man sich aber auch einig, dass die Maßnahmen nicht vorrangig dem Gesundheitsschutz dienen sollen. Hier entschied deshalb das LAG Sachsen-Anhalt, dass der Betriebsrat kein allgemeines Mitbestimmungsrecht bei sämtlichen unternehmerischen Entscheidungen hat, die möglicherweise Auswirkungen auf den Gesundheitsschutz der Beschäftigten haben.[82]

Praxistipp
Die einzelnen Maßnahmen können in einer Betriebsvereinbarung zwischen Arbeitgeber und Betriebsrat festgelegt werden. Inhalte einer solchen Vereinbarung sind in IV. näher dargestellt.

IV. Bausteine eines betrieblichen Programms zum Thema Vermeidung von Burnout und Depression

Mögliche Bausteine eines betrieblichen Programms zum Thema Vermeidung von Burnout und Depression sind vielfältig denk- und einsetzbar und hängen von der individuellen Situation im Betrieb ab. 71

1. Gestaltung der Arbeitszeit

Insbesondere seit der vermehrten Nutzung von Mobilgeräten auch im Arbeitsleben kommt dem verantwortlichen Umgang mit der Arbeitszeit eine hohe Bedeutung zu. Es zeigt sich, dass die Arbeitnehmer und Führungskräfte regelmäßig **erreichbar** sind und sein wollen und auch nach dem Verlassen des Arbeitsplatzes weiterhin am Arbeitsleben teilnehmen. Dies wird auch nicht an Wochenenden beendet. 72

Hier bietet sich die Vereinbarung von Verhaltensregeln an, welche die im Unternehmen bestehenden Arbeitszeiten ernst nehmen und eine Tätigkeit (Besprechungstermine, Versand von E-Mails) vor und nach der Arbeitszeit und am Wochenende ausschließen. Dies schließt in Zeiten der Globalisierung auch die Beachtung unter- 73

81 LAG Niedersachsen, Beschl. v. 21.1.2011 – Az. 1 TaBV 68/10 – NZA 2011, 820 und Haufe-Index 2634007.
82 LAG Sachsen-Anhalt, Beschl. v. 9.3.2010 – Az. 6 TaBv 15/09 – Haufe-Index 2600616.

schiedlicher Zeitzonen ein, so dass auch länderübergreifende Besprechungs-/Telefontermine sowohl die Befindlichkeiten der Arbeitnehmer im In- wie im Ausland beachten und Zeitfenster gesucht werden, in denen beide Arbeitnehmergruppen innerhalb ihrer Arbeitszeit tätig werden können.

74 Ist im Unternehmen bereits die **Vertrauensarbeitszeit** eingeführt, also die eigenverantwortliche Gestaltung der Arbeitszeit ermöglicht, ist diese auch ernst zu nehmen. Vielfach fällt auf, dass die Arbeitnehmer zwar „vertrauensvoll" arbeiten können, aber nach Erledigung ihrer Arbeit diese trotzdem nicht beenden, sondern weiter am Arbeitsplatz bleiben. Hier sollte also die Parole „wer fertig ist, geht" nicht nur geschrieben, sondern auch gelebt werden.

75 Im Sinne einer sog. **„Familienflexibilität"** haben sich Vereinbarungen bewährt, in denen die Arbeitszeit in einem Zeitfenster von bspw. 5 Uhr bis 23 Uhr individuell erledigt werden kann, im Übrigen aber keine Vorgaben zur Anwesenheit im Unternehmen erfolgen. Die Möglichkeit, die Arbeit im Homeoffice zu erledigen, erleichtert es ebenso, Familie und Beruf unter einen Hut zu bringen.

76 Schließlich ist der offene(re) Umgang mit der Erarbeitung von **Zeitwertguthaben** („Sabbatical") eine Möglichkeit, auf die individuellen Bedürfnisse der Arbeitnehmer nach Verwirklichung außerhalb des Arbeitslebens einzugehen.

2. Nutzung E-Mail

77 Die verantwortliche Nutzung der E-Mail-Funktionen geht einher mit der Beachtung der Arbeitszeit. So sollten Führungskräfte, aber auch die Arbeitnehmer dazu angehalten werden, E-Mail-Nachrichten (auch von Mobilgeräten) nicht außerhalb der **Arbeitszeit** zu versenden. Öffentlich bekannt geworden sind bspw. die Maßnahmen der Volkswagen AG, bei der nach Feierabend keine Nachrichten mehr auf die Mobilgeräte weitergeleitet werden; bei BMW können die Mitarbeiter mit ihren Vorgesetzten vereinbaren, wann sie nicht erreichbar sein müssen. In diesem Sinne kann z. B. generell die Weiterleitung der E-Mails auf die Mobilgeräte auf die Zeit zwischen 8 Uhr und 17 Uhr beschränkt werden.

78 Die verantwortliche Nutzung des **E-Mail-Verteilers** sollte ebenfalls geregelt werden. Es fällt auf, dass unternehmensseitig selten festgelegt ist, wer und an welcher Stelle E-Mails empfängt. Hier bietet sich folgende Vorgabe an:

Praxistipp

Feld „An":
Der Empfänger der E-Mail, also der Mitarbeiter/externe Ansprechpartner, der den Inhalt der E-Mail beachten und/oder weiter bearbeiten soll.

Feld „cc":
Ausschließlich die Mitarbeiter/externe Ansprechpartner, die über den Inhalt der E-Mail informiert/auf dem Laufenden gehalten werden sollen.

Es verbietet sich daher, von „cc-Empfängern" einer E-Mail ein Tätigwerden zu erwarten. Denn dieses versetzt den Arbeitnehmer sonst fortan in die Ungewissheit, ob er den Inhalt der E-Mail lediglich zur Kenntnis nehmen soll (dann ist eine spätere Lektüre ausreichend) oder ob er handeln und deshalb auch möglicherweise versteckte Arbeitsaufträge regelrecht suchen muss. 79

Oft entsteht auch der Eindruck, dass der Sender der E-Mail durch die Aufnahme eines ausufernden „cc-Verteilers" sich nicht dem Vorwurf aussetzen will, irgendjemanden nicht informiert zu haben. Auch scheint der Glaube verbreitet zu sein, sich hierdurch jederzeit exkulpieren zu können („ich habe es Herrn ... ja im cc geschickt"). 80

Beim **E-Mail-Inhalt** – wie auch jeder anderen geschäftlichen Nachricht – muss vorher überlegt werden, welche Nachricht und welche Arbeitsaufgabe übermittelt werden soll. Bei Arbeitsaufgaben sind alle erforderlichen Informationen beizufügen und der Auftrag selbst ist deutlich zu formulieren. Auch empfiehlt es sich, abschließend eine Reaktionserwartung zu formulieren („Ich bitte um Rückmeldung/Übermittlung der angeforderten Unterlagen bis ..."). 81

In diesem Zusammenhang empfehlen sich auch Vorgaben zum Umgang mit der E-Mail-Option **„Wichtigkeit: hoch"**, erkennbar durch ein in der E-Mail mitgeführtes rotes Ausrufezeichen und den Begleittext „Diese Nachricht wurde mit Wichtigkeit „hoch" gesendet". Denn es ist häufig völlig unverständlich, aus welchem Grund diese Beifügung erfolgt. Deshalb macht es Sinn, Vorgaben dergestalt zu treffen, dass nur bestimmte Nachrichtentypen diese Ergänzung enthalten dürfen, also z. B. Fristsachen. Dabei sollte auch im Auge behalten werden, dass eine Einstufung eines E-Mail-Inhaltes als „Wichtigkeit: hoch" immer auch impliziert, dass es „weniger wichtige" E-Mails gibt; ob also ein solcher Eindruck überhaupt gewünscht ist. 82

Nicht ohne Wirkung beim Empfänger verbleibt die sog. Übermittlungs- und Lesebestätigung. Die Übermittlungsfunktion bestätigt dem Sender einer E-Mail, wann die Nachricht das Postfach des Empfängers erreicht, die Lesebestätigung, wann dieser die Nachricht gelesen hat. Zwar ist die Lesebestätigung durch den Empfänger gestaltbar, indem diese nie, immer oder nach jeweiliger Bestätigung versendet wird. Dennoch setzt allein der Umstand, dass einer Nachricht eine Lesebestätigung beigefügt wurde, den Empfänger durchaus unter Druck, da für ihn – subjektiv – ab diesem „die Zeit tickt", auf die E-Mail antworten zu müssen. Deshalb sollte auch hier, ähnlich wie bei der Unterscheidung von Briefsendungen, eine Lesebestätigung wie ein Einschreiben behandelt und nur dann genutzt werden, wenn der Sender ein unternehmensseitig definiertes Interesse an der Bestätigung hat. 83

Beispiel

Der bisherige Arbeitgeber oder der neue Inhaber sind im Falle eines Betriebsüberganges gemäß § 613a Abs. 5 BGB verpflichtet, die betroffenen Arbeitnehmer vor dem Übergang zu unterrichten. Dabei ist die Unterrichtung per E-Mail zulässig.[83] Da es nach § 613a Abs. 6 BGB für die Ausübung des Widerspruchsrechts auf den Zugang der Unterrichtung nach § 613a Abs. 5 BGB ankommt, kann mit der Übermittlungs- und Lesebestätigung gearbeitet werden, sofern durch Zugangs- und Passwortbeschränkungen sichergestellt ist, dass der Zugriff auf E-Mails nicht auch anderen Mitarbeitern möglich ist. Ansonsten sollte mit der Unterrichtung eine schriftliche Empfangsbestätigung übermittelt werden, die vom Mitarbeiter zu unterzeichnen und zurückzusenden ist.

---

84 Ist der Inhalt einer E-Mail nur in einem bestimmten Zeitfenster relevant – zum Beispiel bei Vereinbarung eines gemeinsamen Termins – kann in der E-Mail ein **Ablaufdatum** eingerichtet werden, wodurch nach Erreichen des gesetzten Termins die E-Mail automatisch aus dem Posteingang entfernt wird. Dies führt bei solchen Kollegen, die während des gesamten Zeitraums nicht anwesend waren, dazu, dass ihr Posteingang nach Rückkehr nicht mit E-Mails „belastet" ist, deren Inhalt keine Relevanz mehr hat.

85 Ähnlich „aufgeräumt" wirkt der Posteingang bei Nutzung des **Regel-Assistenten**. Dieser führt entweder E-Mails eines bestimmten Absenders oder mit einem bestimmten Inhalt unterschiedlichen Ordnern zu. So können Nachrichten des Vorgesetzten von solchen der Kollegen und von Newslettern getrennt und damit eine priorisierte Bearbeitung erleichtert werden.

3. Vertretungsregelung während Urlaub etc.

86 Den weit verbreiteten Glauben, dass Arbeitnehmer nicht ersetzbar sind, haben in den vergangenen unklare **Vertretungsregelungen** in den Unternehmen weiter gefestigt. Indem nicht klar festgelegt ist, welcher Mitarbeiter von welchem Kollegen bei Abwesenheit vertreten wird, bleibt vielfach Arbeit liegen, die der betroffene Arbeitnehmer dann nach seiner Rückkehr aufwändig nacharbeiten muss. Dies hat zu der Erkenntnis geführt, dass die Arbeit, die während des Urlaubs anfällt, in der Zeit davor und danach vor- und nachgearbeitet wird.

87 Hier muss unternehmensseitig also genau festgelegt werden, welche Aufgaben von welcher Vertretungskraft übernommen werden. Dies sollte über das gesamte Jahr praktiziert werden und die Vertretungskraft demgemäß in die laufenden Aufgaben involviert werden, um nicht unnötig Zeit mit der Einarbeitung der Vertretungskraft vor dem Urlaub/der Abwesenheit zu verbringen. Eine geklärte Vertretungsregelung hilft dementsprechend auch in plötzlich auftretenden Abwesenheiten (Krankheit), ein sofortiges „Einspringen" zu ermöglichen.

88 Die Nutzung der **Mobilgeräte** während des Urlaubs muss ebenfalls eingeschränkt werden. Auch hier kann die Weiterleitung von E-Mails auf die Mobilgeräte gestoppt oder eingeschränkt werden. Ist dies nicht gewollt, sind zumindest sog. Abwesen-

---

83 HWK/*Willemsen/Müller-Bonanni*, § 613a BGB, Rn. 321.

heitsnotizen einzurichten, die den Absender der E-Mail über die Abwesenheit und die Behandlung der Nachricht („Ihre E-Mail wurde an ... weitergeleitet.“) informieren.

Beispiel
Einen weiten Schritt ist Daimler[84] gegangen: dort wird den Mitarbeitern ermöglicht, während ihres Urlaubs eingehende E-Mails zu löschen. Dies führt dazu, dass sie bei ihrer Rückkehr einen „sauberen“ Posteingang vorfinden. Der Sender Nachricht wird auch hier selbstverständlich über die Behandlung seiner E-Mail informiert.

---

4. Schulung der Vorgesetzten

Ein wichtiges Element in der Vermeidung von psychischen Belastungen spielen die **betrieblichen Vorgesetzten**. Der Ausspruch „Der Fisch fängt vom Kopf an zu stinken“ hat sich dabei häufig bewahrheitet. In erster Linie kommt es dabei darauf an, den Vorgesetzten im Führungsverhalten und im Umgang mit den Mitarbeitern in Konfliktsituationen zu schulen. 89

Es überrascht, dass in vielen Unternehmen Mitarbeiter bereits beim Erfassen ihrer **Arbeitsaufgabe** scheitern. Dies liegt jedoch häufig nicht am Mitarbeiter selbst, sondern an der unklaren Aufgabe, die ihm gegeben wurde. Die Aufgabe an die Führungskraft ist daher, genau zu definieren, welches Arbeit und welches Ergebnis er wünscht. 90

Praxistipp
Mindestanforderungen an eine Aufgabe sind
worum geht es/in welchem Zusammenhang wird die Aufgabe gestellt;
welche Aufgabe wird konkret erteilt;
bis wann ist die Aufgabe zu erledigen.

Dann ist das **Führungsverhalten** zu betrachten. Hier sollte auch nicht der Sachverstand der Spezialisten gescheut werden; die Durchführung von entsprechenden Schulungen hat sich vielfach bewährt. Eine Führungskraft ist nicht als solche geboren und Führungsqualitäten sind nicht vererb-, sondern erlernbar. 91

In solchen Schulungen wird dabei u. a. die Gesprächsführung betrachtet und eine wertschätzende Gesprächsführung, die aktiv zuhört und Feedback gibt, beigebracht. 92

Gleiches gilt für das **Konfliktverhalten**. Arbeitnehmer, die aufgrund schlechter Erfahrungen befürchten müssen, wieder in der unangenehmen Situation eines „Heruntermachens“ durch den Chef zu enden, werden umso belasteter an die nächste Arbeitsaufgabe herangehen. Auch hier muss die Führungskraft, wie schon bei Ertei- 93

84 Spiegel Online vom 26.02.2014, abrufbar unter www.spiegel.de/karriere/berufsleben/daimler-vorstand-porth-e-mails-zu-loeschen-ist-emotionale-entlastung-a-955638.html.

lung der Arbeitsaufgabe, möglichst klar und sachlich formulieren, welche Kritikpunkte bestehen und wie diese behoben und zukünftig vermieden werden können.

5. Einrichtung einer Anlaufstelle

94 Es ist damit zu rechnen, dass sich betroffene Arbeitnehmer nicht ohne weiteres mit der Diagnose „Burnout" oder „psychische Erkrankung" hilfesuchend an den eigenen Vorgesetzten wenden wollen. Aus diesem Grund sollte über die Einrichtung einer **Anlaufstelle** nachgedacht werden, die – ähnlich der Beschwerdestelle für Benachteiligungen aufgrund des Allgemeinen Gleichbehandlungsgesetzes – neutraler Ansprechpartner für die Arbeitnehmer ist. Die Anlaufstelle kann mit Vertretern des Betriebsrates und der Personalabteilung oder anderen geeigneten Personen besetzt werden. Ziel ist es, durch den Kontakt mit betroffenen Arbeitnehmern diesen zum einen Unterstützung im betrieblichen Bereich zu geben und den Kontakt – sofern gewünscht – zum Betriebsarzt herzustellen. Zum anderen soll durch die Bündelung der Fälle eine „Task Force" ermöglicht werden, also das möglichst frühzeitige Erkennen von Stressfaktoren und deren Behebung.

6. Kommunikation

95 Oft wird von betroffenen Arbeitnehmern berichtet, dass die Art und Weise, wie mit ihnen umgegangen und gesprochen wurde, einen erheblichen Anteil am Fortschreiten der Erkrankung hatte. Aus diesem Grund sollten die Unternehmen nicht nur bei der E-Mail-Nutzung, sondern generell **Verhaltensregeln** bestimmen, wie mit- und untereinander umgegangen wird. Dies beinhaltet natürlich auch den Umgang über die Hierarchieebenen hinweg.

96 Die Verhaltensregeln sollten dabei auch die **Gesprächsführung** betreffen. Ebenso wie Aufgaben klar formuliert sein müssen, sollte ein Mitarbeiter- oder Kollegengespräch immer vorbereitet und durchdacht werden. Eine ungenaue Kritik, das pauschale Vorwerfen von „schlampiger Arbeit" lässt den Kritisierten im Ungewissen zurück. Hier muss also konkret und mit Beispielen belegt dargestellt werden, welche Punkte der Arbeit verbesserungswürdig sind und wie diese Verbesserungen erreicht werden können. Hilfreich ist dabei auch, den Mitarbeiter in die Problemlösung einzubeziehen und zu erforschen, inwieweit seine persönlichen Fähigkeiten und das gewünschte Arbeitsergebnis zusammenpassen.

97 Auch in Zeiten der vermehrten Nutzung technischer Geräte können persönliche Gespräche nicht ersetzt werden. Insbesondere in größeren betrieblichen Einheiten spricht daher nichts dagegen, den aus dem vergangenen Jahrhundert bekannten „Jour-Fixe", also regelmäßige, z. B. wöchentliche, **Besprechungen** weiterhin durchzuführen.

Beispiel
Im Jour-Fixe treffen sich jeweils wöchentlich Vertreter der Personalabteilung, des Vertriebs und der Produktion, um die Auftragslage mit dem Personaleinsatz und den technischen Voraussetzungen abzustimmen.

Selbstverständlich lassen sich solche Besprechungstermine auch standortübergreifend mittels Telefon- und Videokonferenzen durchführen. Die Termine reduzieren dabei gleichzeitig den Versand von E-Mails, da mehrere Punkte gebündelt und von allen Teilnehmern durch die Tagesordnung vorbereitet abgearbeitet werden können. 98

Über den Inhalt von vereinbarten Besprechungen sollten die Mitarbeiter regelmäßig vorab informiert werden. Nicht nur führt dies zu einem strukturierten Termin, der nicht grenzenlos ausufert. Auch sind inhaltsleere **Besprechungsanfragen** für den Mitarbeiter nicht einschätzbar und daher belastend. Dies ist insbesondere bei der Einladung zum „Personalgespräch“ der Fall, das thematisch von einer Gehaltserhöhung bis zu einer Anhörung vor Ausspruch einer Kündigung reichen kann. 99

Checkliste
Mindestangaben für eine Besprechungsanfrage:
1. Thema/Ziel der Besprechung;
2. Teilnehmer;
3. Ort und Zeit inkl. geplanter Dauer;
4. Inhalt mit Angabe, ob Vorbereitungen durch die Teilnehmer erforderlich/Unterlagen mitzubringen sind o. ä.

7. Stellenabbau

Befindet sich ein Unternehmen in einer wirtschaftlich schlechten Situation, bleibt dies meist auch nicht den Mitarbeitern verborgen, insbesondere, wenn ein Stellenabbau droht. Wird sich in solchen Situationen nicht mit der gebotenen Sorgfalt auch gegenüber den Mitarbeitern verhalten, hat dies erhebliche und vor allem langanhaltende Folgen für die Belegschaft und dadurch auch das Unternehmen. 100

So ist im Falle einer geplanten **Betriebsänderung**, die wesentliche Nachteile für die Belegschaft oder erhebliche Teile der Belegschaft haben kann, natürlich zunächst §§ 106, 111 BetrVG zu beachten, wonach der Unternehmer den Wirtschaftsausschuss und Betriebsrat über die geplante Betriebsänderung rechtzeitig und umfassend zu unterrichten und diese mit ihm zu beraten hat. Mit der Information des Betriebsrates und dem Verhandlungsbeginn sollte dann jedoch nicht vergessen werden, dass die betroffene Belegschaft weiterhin vorhanden ist und die Verhandlungen – soweit möglich – beobachtet. 101

Dabei kommt es erst in zweiter Linie darauf an, wie die Nachteile für die Belegschaft gemildert werden, ob also Versetzungen zu anderen Standorten erfolgen, Qua- 102 lifizierungen für andere Tätigkeiten oder sogar Kündigungen ausgesprochen und ggf. eine Transfergesellschaft eingerichtet wird.

103 Zuvor sollte noch während der Verhandlungen ein **Kommunikationsplan** gemeinsam mit dem Betriebsrat vereinbart werden, in dem z. B. über das Intranet wesentliche Schritte der Verhandlungen verbreitet werden. Hintergrund ist dabei, dass die Art und Weise des Umganges in dieser Situation auch von der im Unternehmen verbleibenden Belegschaft registriert wird. Wird daher mit den zu entlassenden Arbeitnehmern in verantwortungsvoller Weise umgegangen, bleibt die Motivation und vor allem das Zugehörigkeitsgefühl in der verbleibenden Belegschaft erhalten und nachhaltiger Schaden vom Unternehmen abgewendet werden.

8. Vermeidung von Subgruppen

104 Ähnlich wie im gesellschaftlichen Leben bilden sich in Unternehmen sog. **Subgruppen**, also Minderheiten, häufig solche mit Migrationshintergrund, die gegenüber der sonstigen Belegschaft abgegrenzt werden oder durchaus sich auch selbst abgrenzen. Die Zugehörigkeit zu solchen Subgruppen wird dabei von den betroffenen Mitarbeitern teilweise als Stress empfunden, da sie z. B. allein aufgrund ihrer Hautfarbe einer gesellschaftlichen Einheit im Betrieb zugeordnet werden, die sie selbst aber meiden würden. Sind diese Gruppenbildungen absehbar, sollte umgehend reagiert werden. Hier bieten sich Integrationsbeauftragte an, die konkret bezogen auf die tatsächlichen Abgrenzungsfaktoren Lösungen erarbeiten.

---

i **Beispiel**

Häufig ist in Produktionsbetrieben die Beherrschung der Sprache zweitrangig. Daher kann es vorkommen, dass sich Angehörige einer bestimmten Sprache zusammenschließen und durch die Abgrenzung der Erwerb der im Unternehmen gesprochenen Sprache auch nicht erforderlich ist. In solchen Fällen sind betriebliche Sprachkurse und ggf. die Versetzung an einen anderen Arbeitsplatz möglich, um der Abgrenzung entgegenzuwirken.

---

9. Muster einer Betriebsvereinbarung über den Schutz vor Gefährdungen durch psychische Belastungen am Arbeitsplatz

105 Teil einer betrieblichen Lösung kann auch eine Betriebsvereinbarung über den Schutz vor Gefährdungen vor psychischen Belastungen sein, die gemeinsam mit dem Betriebsrat geschlossen wird. Da der Gesundheitsschutz betroffen ist, handelt es sich um einen Fall des § 87 Abs. 1 Nr. 7 BetrVG und dementsprechend nicht um eine freiwillige Betriebsvereinbarung. Soll die Nachwirkung gemäß § 77 Abs. 6 BetrVG ausgeschlossen werden, ist daher eine entsprechende Ergänzung aufzunehmen.

Muster Betriebsvereinbarung

Zwischen der Geschäftsführung/dem Vorstand der xxx (Arbeitgeber) und dem Betriebsrat der xxx wird folgende Betriebsvereinbarung über den Schutz vor Gefährdungen durch psychische Belastungen am Arbeitsplatz geschlossen:

Präambel:

Arbeitgeber und Betriebsrat sind sich einig, dass arbeitsbedingter Stress eine gesundheitsgefährdende Ursache in der Arbeitswelt darstellt. Folge von vermehrtem Stress können psychische Belastungen mit der Folge einer ernsthaften Erkrankung sein. Vor diesem Hintergrund sollen durch die vorliegende Betriebsvereinbarung Gefährdungen vor psychischen Belastungen beseitigt oder zumindest reduziert werden.

I. Geltungsbereich
Die vorliegende Betriebsvereinbarung gilt für alle Arbeitnehmer (hier und nachstehend m/w) im Sinne des § 5 Abs. 1 BetrVG.

II. Definition
Psychische Belastung ist die Gesamtheit aller erfassbaren Einflüsse, die von außen auf die Arbeitnehmer psychisch einwirken und zu psychischen und physischen Beanspruchungen führen.

III. Gefährdungsbeurteilung
xxx wird gemeinsam mit dem Betriebsrat durch eine Beurteilung der für die Arbeitnehmer mit ihrer Arbeit verbundenen psychischen Gefährdungen ermitteln, welche Maßnahmen zum Schutz vor psychischen Belastungen erforderlich sind. Die Beurteilung wird je nach Art der Tätigkeit vorgenommen, bei gleichartigen Arbeitsbedingungen ist die Beurteilung eines Arbeitsplatzes oder einer Tätigkeit ausreichend. Im Rahmen dieser Gefährdungsbeurteilung werden die Arbeitsaufgabe, die Arbeitsorganisation, die Arbeitsplatz- und Arbeitsplatzumgebungsbedingungen und die Arbeitszeit berücksichtigt. xxx und Betriebsrat sind sich einig, dass dabei insbesondere Lärm, Hitze, schwere körperliche Arbeit, Zeitdruck, Schichtarbeit sowie Rollenunklarheit/-konflikt belastend wirken können.
IV. Maßnahmen zum Schutz vor psychischen Gefährdungen
Auf der Grundlage der Gefährdungsbeurteilung gemäß Punkt III. werden sodann gemeinsam Maßnahmen festgelegt, um die Arbeitnehmer vor psychischen Belastungen zu schützen. Mögliche Maßnahmen können dabei arbeitgeberseitig beeinflussbare Anpassungen der Arbeitsumgebung und der Arbeitsorganisation sein, wobei wirtschaftliche Aspekte zu beachten sind. Ebenso ist festzulegen, in welchen zeitlichen Abständen die vereinbarten Maßnahmen überprüft werden.
Der Arbeitnehmer wird über den Inhalt der seinen Arbeitsplatz betreffenden Gefährdungsbeurteilung und die vereinbarten Maßnahmen in geeigneter Weise informiert. Er hat keinen Anspruch auf die Festlegung und/oder – soweit die Betriebsparteien im Einzelfall eine solche Festlegung getroffen haben – die Durchführung solcher Maßnahmen.

V. Dokumentation
Das Ergebnis der Gefährdungsbeurteilung, die vereinbarten Maßnahmen und das Ergebnis der Überprüfung der Maßnahmen wird schriftlich festgelegt.

VI. Bildung einer Anlaufstelle
Jeder Mitarbeiter hat das Recht, sich im Falle von drohenden oder bereits eingetretenen psychischen Belastungen an den Arbeitgeber und/oder den Betriebsrat zu wenden, um eine gemeinsame Lösung für die Verringerung dieser Belastungen zu finden. Hierfür wird eine Anlaufstelle gebildet, die aus je einem Mitglied der Arbeitgeber- und der Betriebsratsseite besteht. Die Anlaufstelle kann auf Grundlage einer einvernehmlichen Entscheidung internes und ausnahmsweise auch externes Know-how hinzuziehen.

Mögliche Maßnahmen zur Abwehr drohender oder Beseitigung bereits eingetretener Belastungen werden im Einzelfall festgelegt und können – sofern für Arbeitgeber und Arbeitnehmer zumutbar – in der Anpassung oder Änderung des Tätigkeitsbereiches, der Arbeitszeitänderung, der Durchführung von Workshops o. ä. bestehen. Die konkrete gebotene arbeitgeberseitige Maßnahme soll dabei möglichst einvernehmlich getroffen werden.
Die Rechte und Pflichten zur Durchführung eines betrieblichen Eingliederungsmanagements gemäß § 84 Abs. 2 SGB IX im Falle einer arbeitsunfähigen Erkrankung des Mitarbeiters bleiben unberührt.

VII. Salvatorische Klausel
Sollten sich einzelne Regelungen dieser Betriebsvereinbarung als unwirksam erweisen, wird dadurch die Wirksamkeit der übrigen Regelungen nicht berührt. Anstelle der unwirksamen Regelung ist eine neue wirksame Regelung zu setzen, welche dem Sinn und Zweck der ursprünglichen, aber unwirksamen Regelung möglichst nahe kommt.

VIII. Schlussbestimmungen
Diese Betriebsvereinbarung tritt mit dem Tage der Unterzeichnung in Kraft.

E. Was ist, wenn nichts mehr geht – Der kündigungsrechtliche Rahmen

106 Wird die Beendigung des Arbeitsverhältnisses in Betracht gezogen, ist zunächst abzuwägen, welche Kündigungsform ausgesprochen wird.

I. Verhaltensbedingte Kündigung

107 Zeigt sich, dass der Arbeitnehmer beiläufig einer gesundheitlichen Einschränkung tatsächlich die Aufgaben nicht oder nicht vollständig erfüllt, kommt eine **verhaltensbedingte Kündigung** in Betracht.

Beispiel
„Der Arbeitnehmer kann, aber will nicht" ergibt eine verhaltensbedingte Kündigung.

108 Bei der verhaltensbedingten Kündigung ist dabei insbesondere zu beachten, dass im Rahmen der Interessenabwägung als milderes Mittel zunächst eine Abmahnung ausgesprochen wird, um dem Mitarbeiter Gelegenheit zur Verhaltensänderung zu geben. Die verhaltensbedingte Kündigung bei gleichzeitigem Vorhandensein von Stress oder psychischen Belastungen ist daher ein zweischneidiges Schwert und sollte nur nach umfassender Abwägung ausgesprochen werden.

II. Krankheitsbedingte Kündigung

Soll hingegen aufgrund des Burnouts bzw. der psychischen Erkrankung gekündigt werden, sind unter Beachtung der nachfolgend aufgestellten Kriterien die Voraussetzungen für eine **krankheitsbedingte Kündigung** zu prüfen. 109

Beispiel
„Der Arbeitnehmer will, aber kann nicht" ergibt eine krankheitsbedingte Kündigung.

Zunächst ist zu unterscheiden, ob die Burnout- bzw. psychische Erkrankung sich als Dauererkrankung darstellt oder der Arbeitnehmer häufig kurzzeitig erkrankt ist. 110

1. Dauererkrankung

Die Voraussetzungen für eine krankheitsbedingte Kündigung aufgrund einer **Dauererkrankung** stellen sich wie folgt dar (s. hierzu Kap. 4. B. I. 3.): 111

Es muss zunächst eine **negative Gesundheitsprognose** zu künftigen Erkrankungen bestehen, also das Vorliegen objektiver Tatsachen, die die Besorgnis weiterer Erkrankungen im bisherigen Umfang rechtfertigen.[85] Dabei ist auf die objektiven Tatsachen und Umstände zum Zeitpunkt des Kündigungsausspruchs und nicht die subjektiven Erwartungen des Arbeitgebers oder Arbeitnehmers abzustellen.[86] 112

Dabei ist es häufig für den Arbeitgeber problematisch, überhaupt zu erfahren, wie sich die Erkrankung prognostiziert. 113

Praxistipp
Wird aufgrund der lang andauernden Erkrankung ein Gespräch im Rahmen des betrieblichen Eingliederungsmanagements gemäß § 84 Abs. 2 SGB IX geführt, kann hier zumindest eine Einschätzung des Betroffenen erfragt werden. Diese erfährt der Arbeitgeber durch die Frage, wann voraussichtlich mit einer Rückkehr des Arbeitnehmers zu rechnen ist.

Liegt hingegen keine ärztliche Bewertung zur negativen Prognose – etwa durch den Betriebsarzt oder den behandelnden Arzt – vor, kann eine **Indizwirkung** aus häufigen Fehlzeiten der Vergangenheit abgeleitet werden. Bei psychischen Erkrankungen zeigen sich dabei häufig längerfristige Erkrankungen in der Vergangenheit, die u. a. mit der langfristigen Therapie verbunden sind. 114

Als Folge müssen **erhebliche Beeinträchtigungen betrieblicher Interessen** vorliegen. Eine solche Beeinträchtigung kann sich aus 115

---

85 Grobys/Panzer/*Mohnke*, SWK ArbR 2012, Kündigung, personenbedingte, Rn. 45.
86 HWK/*Thies*, § 1 KSchG, Rn. 103.

- Betriebsablaufstörungen oder
- wirtschaftlichen Beeinträchtigungen

116 ergeben. Bei psychischen Erkrankung oder der Erkrankung an Burnout ist mit dem vermehrten Auftreten in Pflege- und anderen dienstleistenden Berufen weniger mit Produktionsausfällen oder dem Stillstand von Maschinen denn mit der Belastung des verbliebenen Personals zu rechnen. Aber auch diese Folgen sind Fälle von Betriebsablaufstörungen.[87] Ist wegen des erwarteten weiteren Fehlens des Mitarbeiters damit zu rechnen, dass Aushilfskräfte beschäftigt werden müssen, handelt es sich um einen Fall der wirtschaftlichen Beeinträchtigung.[88]

117 Als nächstes hat eine **Interessenabwägung** zu erfolgen, ob die Beeinträchtigungen durch die Krankheit des Arbeitnehmers aufgrund der Besonderheiten des Einzelfalls (Sozialdaten, familiäre Verhältnisse, Alter, Betriebszugehörigkeit etc.) billigerweise vom Arbeitgeber hinzunehmen sind oder ihn überfordern. Dabei sind auch betriebliche Ursachen der Krankheit, mögliche Überbrückungsmaßnahmen, Versetzungsmöglichkeiten und die Frage nach milderen Reaktionsweisen (z. B. falls vorhanden, krankheitsbedingte Änderungskündigung auf einen – unter Gesundheitsaspekten geeigneten – Arbeitsplatz) zu bewerten.[89]

118 Gerade auf der Stufe der Interessenabwägung sind bei psychischen Erkrankungen und Burnout vertieft Überprüfungen vorzunehmen, da die Ursache der Erkrankung häufig (auch) im beruflichen Bereich liegt. Dabei kommen vor allem Versetzungsmöglichkeiten als milderes Mittel in Betracht, insbesondere dann, wenn sich die Zusammenarbeit mit dem Vorgesetzten und/oder den Kollegen als schwierig erwiesen hat.

119 Schließlich muss eine solche Kündigung in diesem Zusammenhang **verhältnismäßig** sein, wobei auf dieser Prüfungsstufe die mögliche Pflicht zur Prävention nach § 84 Abs. 1 SGB IX und vor allem das Gebot des Betrieblichen Eingliederungsmanagements (BEM) gemäß § 84 Abs. 2 SGB IX bei einer mehr als sechswöchigen (durchgehenden oder stückweise) Erkrankung pro Jahr ausdrücklich beachtet werden muss.

2. Häufige Kurzerkrankungen

120 Im Gegensatz dazu ist bei einer Kündigung wegen **häufigen Kurzerkrankungen** zu prüfen, ob mit weiteren Erkrankungen im bisherigen Umfang zu rechnen ist.[90] Sofern in der Vergangenheit Kurzerkrankungen vermehrt aufgetreten sind, bilden diese ein

87 HWK/*Thies*, § 1 KSchG, Rn. 107.
88 HWK/*Thies*, § 1 KSchG, Rn. 110.
89 Groby/Panzer/*Mohnke*, SWK ArbR 2012, Kündigung, personenbedingte, Rn. 48.
90 BAG, Urt. v. 7.11.2002 – 2 AZR 599/01 – NZA 2003, 816.

wesentliches Indiz für die künftige Entwicklung des Krankheitsbildes.[91] Der Arbeitgeber darf sich in solchen Fällen zunächst darauf beschränken, die Fehlzeiten in der Vergangenheit darzustellen und zu behaupten, in Zukunft seien Krankheitszeiten in entsprechendem Umfang zu erwarten.[92] Der Umstand, dass dabei jeweils einzelne Krankheiten ausgeheilt sind und mit gleichartigen Erkrankungen nicht zu rechnen ist, tritt dabei in den Hintergrund, da sich die krankheitsbedingte Kündigung wegen häufiger Kurzerkrankungen gerade dadurch auszeichnet, dass die einzelne Erkrankung jeweils nach einiger Zeit wieder ausgeheilt ist. Zeigen sich solche Kurzerkrankungen über einen lang bemessenen Referenzzeitraum immer wieder, so kann daraus der Schluss auf eine überdurchschnittlich hohe Krankheitsempfindlichkeit gezogen werden; damit sind prognoserelevante Kurzerkrankungen nicht nur solche, die auf einem chronischen und unheilbarem Grundleiden beruhen.[93]

Für den Fall einer psychischen Erkrankung oder eines Burnout werden häufige 121
Kurzerkrankungen dann vorliegen, wenn der betroffene Arbeitnehmer zunächst die tatsächliche Diagnose nicht selbst erkannt hat und – möglicherweise unwissend – andere Erkrankungen „vorgeschoben" sind.

III. Versetzung/Änderungskündigung

1. Versetzung

Sind die Ursachen für die psychische Erkrankung oder den Burnout betriebliche, 122
muss geprüft werden, ob durch einen anderen Einsatz des betroffenen Arbeitnehmers die Ursachen der Erkrankung und weitere Erkrankungen vermieden werden können. Stammen diese Ursachen aus dem direkten betrieblichen Umfeld, ist zu prüfen, ob durch eine andere Tätigkeit oder ein anderes Umfeld eine Besserung erreicht werden kann.

Dabei kann der Arbeitgeber im Rahmen seines **Weisungsrechtes** gemäß § 106 123
Satz 1 GewO Inhalt, Ort und Zeit der Arbeitsleistung nach billigem Ermessen näher bestimmen, soweit diese Arbeitsbedingungen nicht durch den Arbeitsvertrag, Bestimmungen einer Betriebsvereinbarung, eines anwendbaren Tarifvertrages oder gesetzliche Vorschriften festgelegt sind.

Zunächst ist daher, sofern die Zuweisung eines anderen Arbeitsbereiches in 124
Betracht kommt, mittels des Arbeitsvertrages und ggf. vereinbarter/vorliegender weiterer Vereinbarungen/Regelungen zu prüfen, ob der Arbeitgeber im Rahmen einer

91 BAG, Urt. v. 8.11.2007 – 2 AZR 292/06 – NZA 2008, 593; BAG Urt. v. 10.11.2005 – 2 AZR 44/05 – AP Nr. 42 zu § 1 KSchG 1969 Krankheit.

92 BAG, Urt. v. 17.6.1999 – Az. 2 AZR 639/98 – AP Nr. 37 zu § 1 KschG 1969 Krankheit.

93 Hessisches LAG, Urt. v. 3.6.2013 – 21 Sa 1456/12 – ArbR 2013, 582; LAG Köln, Urt. v. 15.10.2009 – 7 Sa 581/09 – ZTR 2010, 606.

Versetzung einseitig die Änderung der Arbeitsbedingungen bestimmen und einen anderen Arbeitsplatz zuweisen kann.

Checkliste
Eine Versetzung im Sinne des § 99 BetrVG können folgende Änderungen bedeuten:
Änderung des Arbeitsortes;
Änderung der Arbeitsaufgabe und des Arbeitsinhaltes;
Änderung des Platzes in der betrieblichen Organisation;
Änderung der Arbeitsumstände.[94]

Beispiel
Im Mitarbeitergespräch zu den Ursachen der Erkrankung hat sich gezeigt, dass die Zusammenarbeit mit dem direkten Vorgesetzten problematisch ist. Der Arbeitnehmer kann aber an einem nahe gelegenen anderen Standort weiter eingesetzt werden. Dann erfolgt eine Versetzung auf diesen Arbeitsplatz.

125 Dabei ist die Versetzung unter Beachtung der betriebsverfassungsrechtlichen Vorgaben des § 99 BetrVG durchzuführen.

2. Änderungskündigung

126 Vor dem Hintergrund der (drohenden) Erkrankung des Arbeitnehmers wird der Ausspruch einer Änderungskündigung die Ausnahme bleiben.

127 Eine Änderungskündigung erfolgt in zwei Schritten, durch
- den Ausspruch einer Beendigungskündigung und
- das Angebot zur Fortsetzung des Arbeitsverhältnisses unter geänderten Bedingungen.[95]

128 Dem Arbeitnehmer stehen folgende **Reaktionsmöglichkeiten** zu:
- er kann das geänderte Vertragsangebot ablehnen,
- annehmen oder
- gemäß § 2 KSchG unter dem Vorbehalt annehmen, dass die Änderung der Arbeitsbedingungen nicht sozial ungerechtfertigt ist,

129 und im ersten und letzten Fall einer gerichtlichen Überprüfung zuführen.

130 Maßstab für die Prüfung, ob die Kündigung **sozial gerechtfertigt** ist, ist dabei nicht die Beendigung des Arbeitsverhältnisses, sondern die soziale Rechtfertigung der

94 nach Grobys/Panzer/*Gerhardt*, SWK ArbR 2012, Versetzung, Rn. 10.
95 Küttner/*Eisemann*, Personalbuch 2013, Änderungskündigung, Rn. 3.

Änderung der Arbeitsbedingungen, da der Arbeitgeber die Weiterbeschäftigung als solche nicht in Frage stellt.[96]

Eine **personenbedingte Änderungskündigung** erfolgt dann, wenn dem Arbeit- 131
nehmer im Kündigungszeitpunkt die Fähigkeit oder Eignung zur Erfüllung der geschuldeten Arbeitsleistung fehlt oder erheblich eingeschränkt ist.[97] Hierdurch soll ein lang andauerndes Hinnehmen der nicht mehr vollen Leistungsfähigkeit durch den Arbeitgeber vermieden werden; in Betracht kommt eine personenbedingte Änderungskündigung daher auch als mildere Alternative zur krankheitsbedingten Beendigungskündigung.[98]

96 Küttner/*Eisemann*, Personalbuch 2013, Änderungskündigung, Rn. 17.
97 Grobys/Panzer/Juli, SWK ArbR 2012, Änderungskündigung, Rn. 9.
98 ErfK/Oetker, § 2 KSchG, Rn. 45.

Index

www.ingramcontent.com/pod-product-compliance
Lightning Source LLC
LaVergne TN
LVHW080851300926
849162LV00003B/395
* 9 7 8 3 1 1 0 3 3 8 5 1 5 *